disha
Nurturing Ambitions

The New IBPS बैंक पी.ओ.

गाइड to प्रारंभिक परीक्षा

- संख्यात्मक अभियोग्यता
- General English
- तार्किक योग्यता

• **Head Office :** B-32, Shivalik Main Road, Malviya Nagar, New Delhi-110017
• **Sales Office :** B-48, Shivalik Main Road, Malviya Nagar, New Delhi-110017
Tel. : 011-26691021 / 26691713

Typeset by Disha DTP Team

Printed at : Repro Knowledgecast Limited, Thane

DISHA PUBLICATION

For further information about the books from DISHA,
Log on to www.dishapublication.com or email to info@dishapublication.com

विषय सूची

GENERAL ENGLISH

तार्किक योग्यता

आँकड़ों का विश्लेषण एवं पर्याप्तता

संख्यात्मक अभियोग्यता

आईबीपीएस

संयुक्त लिखित पीओ/एमटी परीक्षा - 2016

समय : 1 घंटा (स्मृति पर आधारित) अधिकतम अंक : 100

भाग-1 : संख्यात्मक अभियोग्यता

1. विक्रम ने तीन अलग-अलग स्क्रीमों (योजनाओं) में 4 वर्षों, 8 वर्षों और 12 वर्षों तक क्रमशः 10%, 15% और 20% सामान्य ब्याज दर पर कुछ रुपये निवेश किए। प्रत्येक योजना के पूरा होने पर उसे एक समान ब्याज मिलेगा। उसके निवेश का अनुपात है।
(a) 6 : 2 : 1 (b) 5 : 2 : 1
(c) 5 : 2 : 3 (d) 5 : 2 : 7
(e) इनमें से कोई नहीं

2. 3903 रुपये की राशि P और Q के बीच कुछ इस प्रकार बाँटी गई है कि 8 वर्ष बाद P का हिस्सा, 10 वर्ष बाद Q के हिस्से का बराबर होगा। P का हिस्सा ढूंढ़े यदि वार्षिक रूप से संयोजित ब्याज की दर 4% है।
(a) 2012 (b) 2029
(c) 2028 (d) 2081
(e) इनमें से कोई नहीं

3. दुकानदार कुछ वस्तुएँ 900 रुपये पर खरीदता है। और एक तिहाई वस्तुएं 12% की हानि पर बेच देता है, फिर किस लाभ प्रतिशत % पर संपूर्ण लेनदेन पर 18% लाभ कमाने के लिए बची हुई वस्तुओं को बेचेगा?
(a) 31% (b) 26%
(c) 33% (d) 18%
(e) इनमें से कोई नहीं

4. एक ट्रक 8 घंटों में एक निश्चित गति पर 376 km (किमी) की दूरी पूरी करता है। एक गाड़ी (कार) औसत गति पर 18 किलोमीटर प्रतिघंटा जो कि उस ट्रक की गति से अधिक है, से ट्रक द्वारा पूरी की गई गति से 14 km अधिक दूरी कितने समय में पूरी करती है?
(a) 6 घंटे (b) 5 घंटे
(c) 7 घंटे (d) 8 घंटे
(e) 7.5 घंटे

5. दो रेलें 60 किलोमीटर प्रति घंटा एवं 90 किमी प्रति घंटा की गति से विपरीत दिशा में चल रही हैं। उनकी लंबाई क्रमशः 1.10 किमी और 0.9 किमी है। धीमी रेल द्वारा तेज रेल को पार करने में लिया गया समय सेकेण्डों में कितना होगा?
(a) 58 सेकण्ड (b) 50 सेकण्ड
(c) 48 सेकण्ड (d) 56 सेकण्ड
(e) इनमें से कोई नहीं

6. जेम्स के पिता 30 वर्ष के थे जब वह पैदा हुआ था। उनकी माता 24 वर्ष की थी जब उसकी बहन जो उससे 5 वर्ष छोटी है पैदा हुई थी। जेम्स के माता एवं पिता की उम्र में क्या अंतर है?
(a) 8 (b) 10
(c) 6 (d) 11
(e) 9

7. रवि के परिवार का पहले तीन महीने में मासिक व्यय (खर्च) 2,750 रुपये है, अगले तीन महीने में 2,940 रुपये और अंतिम तीन महीने में 3,150 रुपये हैं। यदि उनका परिवार 9 महीनों के लिए 4,980 रुपये बचाता है तो परिवार की नौ महीनों में औसत आय बताएँ।
(a) ₹ 3800 (b) ₹ 3500
(c) ₹ 3400 (d) ₹ 4200
(e) ₹ 4500

8. A और B 1200 रुपये में एक काम को पूरा करना शुरू करते हैं। A इसे 8 दिनों में पूरा कर सकता है, B 12 दिनों में कर सकता है और C की सहायता के साथ वे इस काम को 4 दिनों में ही पूरा कर सकते हैं। C के किए गए कार्य की मजदूरी का हिस्सा ज्ञात करें।
(a) 100 (b) 200
(c) 300 (d) 400
(e) इनमें से कोई नहीं

9. तीन पाईप A, B, और C टंकी को क्रमशः 10, 20, और 40 घंटों में भर सकते हैं। शुरुआत में तीनों एक साथ खुले हुए थे। 2 घंटे बाद C पाईप को बंद कर दिया गया और A एवं B चलते रहे। चौथे घंटे बाद, B पाईप को भी बंद कर दिया गया। बचा हुआ काम अकेले A पाईप से हुआ। A पाईप द्वारा अकेले किए गए काम का प्रतिशत क्या है?
(a) 30% (b) 35%
(c) 45% (d) 50%
(e) इनमें से कोई नहीं

10. एक स्कूल में लड़कों और लड़कियों की संख्या 4 : 7 के अनुपात में है। यदि लड़कों की संख्या 25% तक बढ़े और लड़कियों की संख्या 15% तक तो लड़कों एवं लड़कियों की संख्या का नया अनुपात क्या होगा?
(a) 100 : 131 (b) 100 : 151
(c) 100 : 161 (d) 100 : 181
(e) इनमें से कोई नहीं

निर्देशः (प्रश्न 11-15) इन प्रश्नों में संख्याशृंखला दी गई है। लापता अंक को ढूंढ़ें।

11. 279936, 46656, 7776, 1296, 216, ?
(a) 60 (b) 66
(c) 46 (d) 26
(e) 36

12. 139, 142, 133, 160, 79, ?
(a) 326 (b) 322
(c) 331 (d) 340
(e) 355

13 164, 40, ?, 43, 188
(a) 224 (b) 68
(c) 90 (d) 176
(e) इनमें से कोई नहीं

14 96, 320, 800, 1600, ?
(a) 640 (b) 2666.7
(c) 2500 (d) 2400
(e) इनमें से कोई नहीं

15 6 4 6 12 22 ?

(a) 26 (b) 36
(c) 86 (d) 66
(e) 46

निर्देश: (प्रश्न 16-20) निम्नलिखित प्रश्नों में दो समीकरण I एवं II दिए गए हैं। इन समीकरणों को हल करने हैं और उत्तर देने हैं।

(a) $x > y$ (b) $x < y$
(c) $x \geq y$ (d) $x \leq y$
(e) $x = y$ या संबंध स्थापित नहीं किया जा सकता।

16. $x^2 + 30x + 221 = 0$
$y^2 - 53y + 196 = 0$

17. $2x^2 - 9x + 10 = 0$
$y^2 - 18y + 72 = 0$

18. $x(35 - x) = 124$
$y(2y + 3) = 90$

19. $1/(x-3) + 1/(x+5) = 1/3$
$(y+2)(27-y) = 210$

20. $\sqrt{36}\,x + \sqrt{64} = 0$
$\sqrt{81}\,y + (4)^2 = 0$

निर्देश: (21-25) निम्न प्रश्नों में प्रश्न चिह्न (?) के स्थान पर क्या अनुमानित मूल्य आना चाहिए (आपसे सही मूल्य गणित करने की आशा/उम्मीद नहीं है।

21. 25.675% of 1321 + 64.328% of 4001 = ___?___

(a) 2912 (b) 3016
(c) 3126 (d) 3254
(e) 3348

22. 8(2/7) + 30% of 60 + 10(5/9) = ?

(a) 32 (b) 34
(c) 37 (d) 44
(e) 41

23. 46% of ? = 46916

(a) 101993.3 (b) 101991.3
(c) 101993.1 (d) 101993.2
(e) इनमें से कोई नहीं

24. $[(729)^{1/2} + (0.0016)^{1/2}]/8$ of 134.567 = ?

(a) 451 (b) 453
(c) 455 (d) 456
(e) 457

25. 299 ÷ 12 × 13.95 + ? = 252

(a) 277 (b) 270
(c) 287 (d) 275
(e) इनमें से कोई नहीं

निर्देश: (प्रश्न 26-30): नीचे दिया गया ग्राफ 4 शेयरों का महीने के अंत का बाजार मूल्य जनवरी से जून के समय के लिए दिखाता है। इस ग्राफ पर आधारित निम्न प्रश्नों का उत्तर दें।

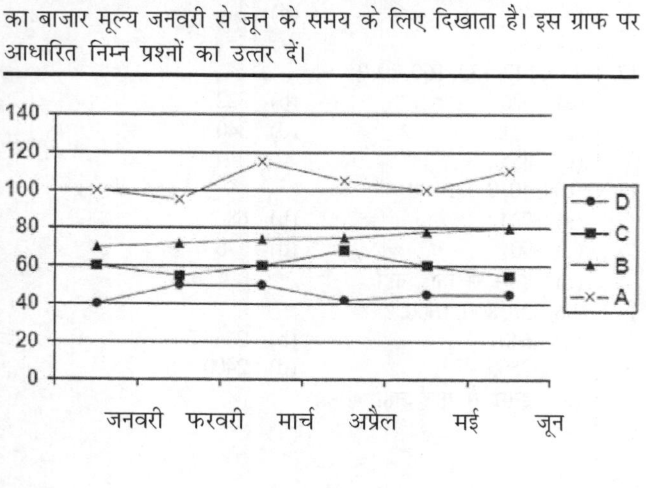

26. पूरी अवधि के दौरान किसी भी महीने में बाजार मूल्य में सबसे अधिक प्रतिशत बढ़ोतरी कौन सा शेयर दिखाता है?

(a) A (b) B
(c) C (d) D
(e) A और B दोनों

27. कौन से महीनें में किसी भी दर्ज किए गए शेयर के लिए बाजार मूल्य में सबसे अधिक पूर्ण परिवर्तन हुआ था?

(a) मार्च (b) अप्रैल
(c) मई (d) जून
(e) फरवरी

28. कौन से महीने में किसी भी दर्ज किए गए शेयर के लिए बाजार मूल्य में अधिकतम प्रतिशत बढ़ोतरी हुई थी?

(a) फरवरी (b) मार्च
(c) अप्रैल (d) मई
(e) जून

29. एक व्यक्ति महीने के अंत में A का 1 शेयर खरीदने के लिए C का 1 शेयर और D का 1 शेयर बेचने की इच्छा रखता है। शेयर मूल्य परिवर्तन से किस महीने के अंत में इस निर्णय से इस व्यक्ति की हानि सबसे ज्यादा होगी?

(a) फरवरी (b) मार्च
(c) अप्रैल (d) जून
(e) जनवरी

30. एक व्यक्ति महीने के अंत में A का 1 शेयर खरीदने के लिए C का 1 शेयर और D का 1 शेयर बेचने का निर्णय लेता है। शेयर मूल्य परिवर्तन से इस निर्णय से इस व्यक्ति को अधिकतम लाभ क्या हो सकता है?

(a) 5 (b) 10
(c) 15 (d) कुछ नहीं
(e) 20

निर्देश: (प्रश्न 31-35): निम्न ग्राफ को नीचे दिए गए प्रश्नों के उत्तर देने के लिए ध्यान से पढ़ें।

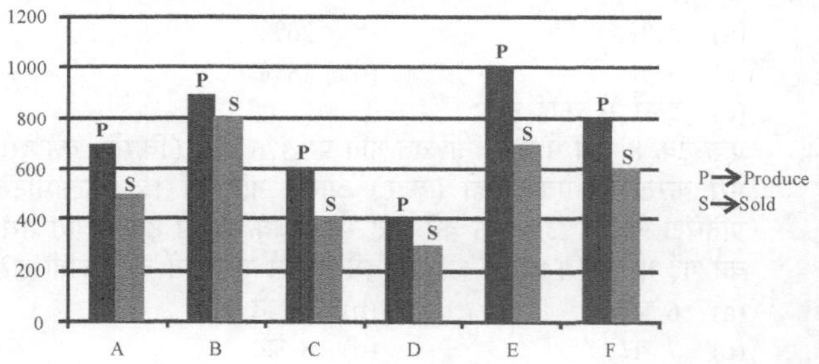

31. सभी कंपनियों द्वारा एक साथ बनाई गई इकाईयों की औसत संख्या क्या है? (अनुमानित)

(a) 700 (b) 720
(c) 733 (d) 740
(e) 750

32. उत्पादन के संबंध में कौन सी कंपनी का बिक्री में सबसे कम प्रतिशत है?

(a) कंपनी A (b) कंपनी B
(c) कंपनी C (d) कंपनी D
(e) कंपनी E

33. कंपनी B और C का एक साथ कुल उत्पादन अनुपात इन्हीं कंपनियों के कुल बिक्री से कितना है?

(a) 4 : 5 (b) 5 : 4
(c) 5 : 2 (d) 2 : 3
(e) इनमें से कोई नहीं

34. D, E, F द्वारा एक साथ बेची गई कुल इकाईयाँ इन सारी कंपनियों द्वारा बनाई गई कुल इकाईयों से अनुमानित कितने प्रतिशत हैं?
(a) 72% (b) 72.12%
(c) 72.22% (d) 72.72%
(e) 73.67%

35. सारी कंपनियों का कुल उत्पादन का अनुपात सारी कंपनियों के कुल बिक्री से क्या है?
(a) 4 : 3 (b) 3 : 4
(c) 3 : 2 (d) 2 : 3
(e) इनमें से कोई नहीं

भाग-2 : तार्किक योग्यता

36. P > Q ? R < T < S में प्रश्न चिह्न के स्थान पर क्या आना चाहिए जिससे व्यंजना P > R और S > Q हमेशा सही बनी रहे?
(a) = (b) >
(c) < (d) >=
(e) इनमें से कोई नहीं

37. T A = B > C ? D < E = F में प्रश्न चिह्न के स्थान पर क्या आना चाहिए जिससे व्यंजना F > C हमेशा सही बनी रहे?
(a) > (b) =
(c) ≥ (d) ≤
(e) b और d दोनों

38. उक्ति : P = S, P < Q, R ≤ Q, R ≤ T
परिणाम : (a) Q > S (b) Q = T
(a) केवल एक अनुसरण करता।
(b) केवल दो अनुसरण करता है।
(c) कोई नहीं अनुसरण करता।
(d) दोनों अनुसरण करते हैं।
(e) दोनों में एक अनुसरण करता है।

39. उक्ति : A > N, K ≥ N, K > M, R > M
परिणाम : (a) M = N (b) R ≥ A
(a) केवल एक अनुसरण करता।
(b) केवल दो अनुसरण करते हैं।
(c) कोई नहीं अनुसरण करता।
(d) दोनों अनुसरण करते हैं।
(e) दोनों में एक अनुसरण करता है।

40. B > D को हमेशा सही बनाने के लिए प्रश्न चिह्न के स्थान पर क्या आना चाहिए?
A = B > C ? D < E
(a) > (b) <
(c) ≥ (d) ≤
(e) a और c दोनों

निर्देश (प्रश्न 41-45) : जानकारी को ध्यान से पढ़ें और दिए गए प्रश्नों के उत्तर दें।

(a) केवल I अनुसरण करता है।
(b) केवल II अनुसरण करता है।
(c) या तो I या II
(d) ना तो I ना II
(e) दोनों I एवं II

41. उक्ति : कुछ पेन-पेंसिल हैं। कुछ पेंसिल रबड़ें हैं, कुछ रबड़ें शार्पनर हैं, कुछ शार्पनर, डस्टर हैं।
परिणाम:
I कुछ शार्पनर पेंसिल नहीं हैं।
II सभी डस्टर पेन हैं।

42. उक्ति : सभी वर्ग वृत्त हैं, कोई भी वृत्त शंकु नहीं है, कुछ शंकु क्षेत्र हैं, कुछ आयत वृत्त हैं।
परिणाम:
I सभी आयत शंकु हो यह एक संभावना है।
II सभी आयत क्षेत्र हो यह एक संभावना है।

43. उक्ति : सभी वर्ग वृत्त हैं, कोई भी वृत्त शंकु नहीं है, कुछ शंकु क्षेत्र हैं, कुछ आयत वृत्त हैं।
परिणाम:
I कुछ आयत शंकु नहीं हैं।
II कोई भी वर्ग शंकु नहीं हैं।

44. उक्ति : कुछ लाल, हरे हैं। सभी हरे नीले हैं। सभी नीले संतरी हैं, कोई भी पीला नीला नहीं हैं।
परिणाम:
I कोई भी लाल पीला नहीं है।
II कुछ संतरी हरे हैं।

45. उक्ति : कुछ लाल, हरे हैं। सभी हरे नीले हैं। सभी नीले संतरी हैं, कोई भी पीला नीला नहीं हैं।
परिणाम:
I कुछ पीले हरे हैं यह एक संभावना है।
II सभी पीले संतरी हों यह एक संभावना है।

46. अनिल पूर्वी दिशा में चलना शुरू करता है और कुछ दूरी तय करके वह दायां मोड़ लेता है और फिर एक बाएं मोड़ के बाद एक और बायां मोड़ लेता है। अब फिर से वह दायां मोड़ लेता है और अंत में एक बायां मोड़। अनिल किस दिशा में चल रहा है?
(a) दक्षिण (b) उत्तर
(c) पूर्व (d) पश्चिम
(e) इनमें से कोई नहीं

निर्देश: (प्रश्न 47-51) दिए गए प्रश्नों का उत्तर देने के लिए निम्न जानकारी को ध्यान से पढ़ें।

आठ लोग A, B, C, D, E, F, G और H एक सीधी लाईन में एक दूसरे के बीच बराबर दूरी पर बैठे हैं, लेकिन जरूरी नहीं है कि एक ही क्रम में बैठे हों। इनमें से कुछ उत्तर का सामना कर रहे हैं और कुछ दक्षिण का सामना कर रहे हैं।

- A लाईन के एक बिल्कुल अंतिम छोर पर बैठा है।
- A और G के बीच में केवल तीन ही लोग बैठे हैं। E, A और G के बिल्कुल बीच में बैठा है।
- H, E के दाईं ओर तीसरे नंबर पर बैठा है, B, H का निकट पड़ोसी है और दक्षिण दिशा का सामना कर रहा है। C, F के दाहिनी ओर दूसरे नंबर पर बैठा है। C, G का एक निकट पड़ोसी नहीं है।
- G का निकट पड़ोसी विपरीत दिशाओं का सामना करता है। (मतलब यदि एक पड़ोसी उत्तर दिशा का सामना करता है तो दूसरा (अन्य) पड़ोसी दक्षिणी दिशा का सामना करता है और इसका विपरीत।)
- E की तरह ही A और D समान दिशा का सामना करते हैं। (मतलब यदि E उत्तरी दिशा का सामना करता है तो A और D भी उत्तरी दिशा का सामना करते हैं और इनका विपरीत) E के दोनों निकट पड़ोसी दक्षिणी दिशा का सामना करते हैं।

47. दी हुई व्यवस्था में यदि दो लोग आते हैं और E के बिल्कुल बाईं तरफ बैठ जाते हैं तो F और C के बीच कितने लोग बैठेंगे?
(a) दो (b) तीन
(c) चार (d) चार से ज्यादा
(e) एक

48. निम्न में से कौन F के दाहिनी तरफ तीसरे नंबर पर बैठा है?
(a) A (b) B
(c) विकल्पों में दिए गए लोगों के अलावा दूसरे लोग (अन्य)
(d) D (e) E

49. दी गई व्यवस्था के अनुसार कितने लोग उत्तरी दिशा का सामना करते हैं?
(a) दो (b) तीन
(c) चार (d) चार से ज्यादा
(e) एक

50. निम्न पाँच में से चार अपनी बैठने की व्यवस्था के आधार पर एक निश्चित प्रकार से एक जैसे है इसलिए ये समूह बनाते हैं। इनमें से कौन समूह से संबंधित नहीं है?
(a) EC (b) AF
(c) BF (d) CG
(e) DG

51. निम्न में से कौन लाईन के अंतिम छोर पर बैठा हुआ है?
(a) B (b) C
(c) D (d) E
(e) विकल्पों में दिए गए लोगों के अलावा अन्य लोग

52. एक व्यक्ति दक्षिण दिशा की तरफ चलना शुरू करता है और 7 मीटर की दूरी पूरी करता है। अब वह बायां मोड़ लेता है और 6 km किमी चलता है। फिर से वह बायां मोड़ लेता है और 15 km किमी चलता है और एक प्वाईंट (केंद्र) P तक पहुँचता है। शुरुआती केंद्र और P के बीच अंतराल और शुरुआती केंद्र से व्यक्ति अब किस दिशा में है, ढूँढ़ें।
(a) 10 मी. दक्षिण पूर्व (b) 10 मी. उत्तर पश्चिम
(c) 10 मी. उत्तर पूर्व (d) 10 मी. दक्षिण पश्चिम
(e) इनमें से कोई नहीं

निर्देशः (प्रश्न 53-55) जानकारी को ध्यान से पढ़ें और निम्न प्रश्नों का उत्तर दें।

'$P \times Q$' मतलब P, Q का पुत्र है।
'$P + Q$' मतलब P, Q की पुत्री है।
'$P \div Q$' मतलब P, Q की पत्नी है।
'$P - Q$' मतलब P, Q का पिता है।

53. व्यंजना $K + H - P ? Q$ में प्रश्न चिह्न के स्थान पर क्या आयेगा। यदि Q, K की माता है?
(a) + (b) –
(c) ÷ (d) ×
(e) इनमें से कोई नहीं

54. व्यंजना $B \div P \times Z - K + O$ के संबंध में निम्न में से कौन सा संबंध सही है?
(a) P, O का भाई है (b) B, K की बहू है
(c) B, O की बहू (पुत्र वधू) है (d) O, Z की पुत्री है
(e) इनमें से कोई नहीं

55. निम्न जोड़े में कौन $L \div V - J + P$ और $S \times A - D + F - E + K$ व्यंजना में पहले रिश्तेदार को दर्शाता है यदि यह दिया हुआ हो कि A, J की बहन है?
(a) LP (b) SP
(c) SK (d) SF
(e) निर्धारित नहीं किया जा सकता

निर्देशः (प्रश्न 56-60) दी गई जानकारी को ध्यान से पढ़ें और निम्न प्रश्नों का उत्तर दें:-

- आठ दोस्त – P, Q, R, S, T, U, V और W एक गोल मेज के आसपास केंद्र का सामना करते हुए बैठे हैं लेकिन जरूरी नहीं है कि एक ही क्रम में बैठे हों। इनमें से हर कोई अलग-अलग किक्रेटर को पसंद करता है- कोहली, रोहित, धवन, स्मिथ, वार्नर, रूट, गेल और नेहरा।
- दो लोग कोहली और रोहित को पसंद करने वाले दो लोगों के बीच में हैं और इनमें से कोई भी P के विपरीत नहीं बैठा है। R और V निकट पडोसी हैं और इनमें से कोई भी नेहरा या रोहित को पसंद नहीं करते। P जो गेल को पसंद करता है वह उस लड़की जो नेहरा को पसंद करती है के दाहिनी ओर दूसरे नंबर पर बैठा है। Q और T ना तो नेहरा को पसंद करते हैं और ना ही P से सटे हुए बैठे हैं। T, जो रोहित को पसंद करता है, वो जो स्मिथ को पसंद करता है V के बायीं तरफ दूसरे नंबर पर बैठा है। R कोहली को पसंद नहीं करता।
- T का निकट पडोसी R का सामना करता है R जो गेल को पसंद करता है उसके बाईं तरफ तीसरे नंबर पर बैठा है। U नेहरा को पसंद नहीं करता। S और W दोनों कोहली और धवन को पसंद नहीं करते। Q रूट को पसंद करता है जबकि S वार्नर को। Q, P का एक निकट पडोसी नहीं है।

56. निम्न में से कौन P का पसंदीदा किक्रेटर है?
(a) वार्नर (b) कोहली
(c) धवन (d) गेल
(e) इनमें से कोई नहीं

57. निम्न में से किसका धवन पसंदीदा क्रिकेटर है?
(a) P (b) Q
(c) R (d) S
(e) इनमें से कोई नहीं

58. निम्न में से कौन बिल्कुल सही Q और S के बीच में है?
(a) R (b) U
(c) V (d) T
(e) इनमें से कोई नहीं

59. दी गई व्यवस्था के आधार पर निम्न पाँच में चार एक निश्चित प्रकार से एक जैसे हैं इसलिए एक समूह बनाते हैं। इनमें से कौन इस समूह से संबंध नहीं रखता।
(a) V - स्मिथ (b) P - गेल
(c) Q - कोहली (d) R - धवन
(e) S - वार्नर

60. जो व्यक्ति नेहरा को पसंद करता है उसके विपरीत कौन बैठा है?
(a) Q (b) T
(c) P (d) R
(e) इनमें से कोई नहीं

निर्देशः (प्रश्न 61-65) निम्न जानकारी को ध्यान से पढ़ें और प्रश्नों के उत्तर दें।

- गोपी, निथ्या, शिल्पा, रेनू, गॉथम, प्रिया, प्रशान्थ और श्रीधर एक वर्गाकर मेज के आसपास इस प्रकार बैठे हैं कि इनमें से चार वर्ग के चारों कोनों पर और चार लोग प्रत्येक कोनों के बीच में बैठे हैं। जो चार लोग कोनों पर बैठें हैं वह केंद्र का सामना कर रहे हैं जबकि जो चार लोग कोनों के बीच में बैठे है बाहर का सामना कर रहे हैं।

- दो महिलाएँ किनारों के बीच में बैठी हैं और दो कोनों पर। शिल्पा, प्रशान्थ के बायीं तरफ दूसरे नंबर पर बैठी है। प्रशान्थ एक किनारे के बीच में बैठा है। गोपी अपनी पत्नी की दाहिनी तरफ चौथे नंबर पर बैठा है जोकि शिल्पा या प्रशांथ की निकट पड़ोसी नहीं है।
- निथ्या अपने पति के दाहिनी तरफ तीसरे नंबर पर बैठी है। निथ्या किसी भी कोने पर नहीं बैठी है। निथ्या और श्रीधर के बीच केवल रेनू बैठी है। श्रीधर शिल्पा का पति है। गॉथम एक पुरुष है।

61. दी गई बैठने की व्यवस्था के संबंध में निम्न में से क्या सही है?
    (a) कोई भी दो पुरुष एक दूसरे के निकट पड़ोसी नहीं हैं।
    (b) प्रशान्थ और श्रीधर बैठने की व्यवस्था में एक दूसरे का सामना नहीं कर रहे।
    (c) गॉथम और रेनू एक दूसरे के निकट पड़ोसी हैं।
    (d) प्रिया, गॉथम के तिरछे विपरीत तरफ बैठी है।
    (e) गॉथम वर्गाकार मेज के किसी एक किनारे के बीच में बैठा है।
62. निम्न में से कौन निथ्या का पति है?
    (a) गोपी (b) प्रशान्थ
    (c) गॉथम (d) प्रिया
    (e) निर्धारित नहीं किया जा सकता
63. कितने लोग निथ्या और गोपी के बीच बैठे है जब निथ्या की तरफ से घड़ी की सुइयों के विपरीत दिशा में गिना जाए तो।
    (a) कोई नहीं (b) एक
    (c) दो (d) तीन
    (e) चार
64. निम्न में से कौन गोपी की पत्नी है?
    (a) रेनू (b) प्रिया
    (c) निथ्या (d) शिल्पा
    (e) निर्धारित नहीं किया जा सकता
65. गोपी के संबंध में गॉथम की क्या स्थिति (व्यवस्था) है?
    (a) बिल्कुल बायीं तरफ
    (b) बायीं तरफ से दूसरे नंबर पर
    (c) दाहिनी तरफ से तीसरे नंबर पर
    (d) बिल्कुल दायीं तरफ

निर्देश: (प्रश्न 66-70) निम्न जानकारी को ध्यान से पढ़ें और दिए गए प्रश्नों के उत्तर दें।

छह दोस्त- अरूण, सतीश, योगेश, गणेश, पीटर और हेमन्थ इंजीनियरिंग के छह अलग-अलग विशिष्टीकरण पढ़ रहे हैं जो इस प्रकार हैं- धातुशोधन (मेटलर्जी), दूर संचार (टेलिकम्यूनिकेशन), सॉफ्टवेयर, मैकेनिकल, इलैक्ट्रिकल और हार्डवेयर लेकिन जरूरी नहीं है कि एक ही क्रम में हों। हर कोई अलग-अलग खेल- हॉकी, किक्रेट, स्विमिंग (तैराकी), फुटबॉल, बैडमिंटन और टेनिस पसंद करते है। और फिर से एक ही क्रम में नहीं।

गणेश हार्डवेयर नहीं पढ़ रहा, पीटर सॉफ्टवेयर पढ़ रहा है और उसे हॉकी पसंद है। योगेश को तैराकी पसंद है और वह हार्डवेयर वहीं पढ़ रहा। वह जिसे फुटबॉल पसंद है वो इलैक्ट्रिकल पढ़ रहा है। हेमन्थ मैकेनिकल पढ़ रहा है और उसे टेनिस पसंद नहीं है। वह जिसे बैडमिंटन पसंद है। वो दूरसंचार पढ़ रहा है। अरुण और सतीश को बैडमिंटन पसंद नहीं है। अरूण टेनिस पसंद नहीं करता।

66. सतीश क्या विशिष्टीकरण पढ़ रहा है?
    (a) धातुशोध (b) मैकेनिकल
    (c) हार्डवेयर (d) इलैक्ट्रिकल
    (e) इनमें से कोई नहीं
67. अरूण कौन से खेल को पसंद करता है?
    (a) फुटबॉल (b) क्रिकेट
    (c) हॉकी (d) निर्धारित नहीं किया जा सकता
    (e) इनमें से कोई नहीं
68. दी गई जानकारी के अनुसार कौन सा व्यक्ति-विशिष्टीकरण मेल ठीक है?
    (a) गणेश-हार्डवेयर (b) सतीश-इलैक्ट्रिकल
    (c) योगेश-धातुशोध (d) हेमंथ-सॉफ्टवेयर
    (e) कोई भी सही नहीं है।
69. यदि सभी छह दोस्तों को एक सीधी लाईन में बैठने को कहा जाए, उत्तर का सामना करते हुए, वर्णानुक्रम में (उनके नामों के अनुसार) बाएं से दाएं, तो जो इलैक्ट्रिकल पढ़ रहा है उसके बिल्कुल बायीं ओर कौन होगा?
    (a) वह जो बैडमिंटन पसंद करता है।
    (b) वह जो दूरसंचार पढ़ रहा है।
    (c) वह जो हार्डवेयर पढ़ रहा है।
    (d) वह जिसे हॉकी पसंद है।
    (e) इनमें से कोई नहीं
70. यदि सभी छह दोस्तों को एक सीधी लाईन में बैठने को कहा जाए, उत्तर का सामना करते हुए, वर्णानुक्रम में (उनके नामों के अनुसार) बाएं से दाएं तो निम्न में से कौन-सा मेल पीटर के निकट पड़ोसियों का पसंदीदा खेल दर्शायेगा।
    (a) बैडमिंटन-फुटबॉल (b) क्रिकेट-टेनिस
    (c) क्रिकेट-फुटबॉल (d) टेनिस-फुटबॉल
    (e) क्रिकेट-बैडमिंटन

भाग-3 : English Language

DIRECTIONS (71-77): Read the following passage carefully and answer the questions given below it. Certain words are printed in bold to help you locate them while answering some of the questions.

Globalization is the objective trend of economic development in the world today, featured by free flow and optimized allocation of capital, technology, information and service in the global context. It is the inevitable result of the development of productive forces and advances of science and technology, especially the revolution of information technology since the 1980s and 1990s.

The influence of globalization on countries at different stages of development is entirely different. The "dividends" derived from globalization are not fairly distributed. The developed countries have apparent advantages in capital, technology, human resources and administrative expertise and in setting the "rules of the game". They are usually the biggest beneficiaries of globalization. The developing countries on the other hand are on the whole in an unfavorably position. Developing countries can obtain some foreign investment, advanced technologies and management expertise, but at the same time they are the most vulnerable to the negative impacts of globalization and lack the ability to effectively fend off and reduce the risks and pitfalls that come along with globalization. In the 1990s, especially in recent years, the gap between the North and the South has further widened. The economic sovereignty and economic security of the developing countries are confronted with enormous pressure and stern challenges. Some least-developed countries are even on the brink of being marginalized by globalization. Therefore, in participation of globalization, developing countries should always be on alert and try by all means to exploit the advantages and avoid all kinds of risk and harm.

In the past 20-odd years, China has maintained an annual growth rate of over 9.3% on average. China is now the 6th largest economy and the 5th largest trading nation in the world. More than 200 million people have been lifted out of poverty. The above accomplishments were achieved against the backdrop of a volatile international situation. The reason why China was so successful in such a short period of time and in a constantly changing international environment is because China has found its own road of development i.e, to base what we do on the realities of China while sticking to the basic system of socialism, reforms should be carried out to solve the problems of incompatibility between the productive forces and the relations of production, and between economic base and the superstructure, so as to achieve self-perfection of socialism. Every country is different from the other.

It opens not only to developed countries, but also to developing countries, not only in economic field, but also in all areas of social development. At the same time, it is not a blind opening, but a self-conscious one, not a disorganized opening but a systematic one. China's opening proceeds and deepens in a gradual and step by step fashion. It started from the 4 special economic zones, to coastal cities, then to capital cities of inland provinces and now it has reached an unprecedented stage of all-round opening demonstrated by China's accession to the World Trade Organization. During its opening-up, China paid special attention to give full play to its comparative advantages to actively conduct international cooperation and competition. For instance, China has fully exploited its advantages of low cost of labour to attract foreign investment and technology to push economic development and better efficiency and quality of economic growth. These measures have brought the Chinese economy increasingly integrated with the world economy.

China has learnt many lessons and accumulated rich experiences in dealing with globalisation from its practice of reform and opening-up. To adopt opening-up policy. It opens not only to developed countries, but also to developing countries, not only in economic field, but also in all areas of social development. At the same time, it is not a blind opening, but a self-conscious one, not a disorganized opening but a systematic one. China's opening proceeds and deepens in a gradual and step by step fashion. It started from the 4 special economic zones, to coastal cities, then to capital cities of inland provinces and now it has reached an unprecedented stage of all-round opening demonstrated by China's accession to the World Trade Organization. During its opening-up, China paid special attention to give full play to its comparative advantages to actively conduct international cooperation and competition.

China's participation in Globalization is by no means a one-way street. When the world economic growth remains weak, China's economy is one of the few bright spots. As World Bank Report on Global Development Finance 2003 published in early April pointed out that China's fast growth "helped to drive the recovery in East Asia. Together with policy stimulus in other countries, China's performance lifted the region to growth of 6.7 % in 2002, up from 5.5% in 2001.China has also provided the world with the largest rising market. When more than 1.25 billion people become well-off, the demand on everything will be enormous. Just to give you an example, in the coming 10 years alone, China will import US$ 2 trillion of goods from the outside world. It goes without saying that we are also facing many challenges. For instance, with the accession to the WTO, China is faced with growing pressure from international competition. China's enterprises have to cope with fiercer competition not only at international market, but at home market as well. Nevertheless, opening the country to the outside world is China's basic and long-term state policy. China is committed to opening still wider to the outside world in an all-directional and multi-tiered way, with an even more active approach.

71. Why the "dividends" derived from globalization are not fairly distributed?
(a) Apprehension in embracing and seizing the opportunities presented by globalization
(b) Failing to adopt reforms to keep up with the steps of the changing world.
(c) Political disadvantage due to inactivity in the developing countries.
(d) Due to the lack of a just and equitable international economic order
(e) None of these.

72. What reason author has given for China's achievement in such a short span of time?
(a) Signficant modifications in the basic system of socialism.
(b) Framing their models on Chinese characteristics rather than relying on plagiarism.
(c) As they gave much more impetus on advancement in technology, human resources and administrative expertise
(d) Their responsible approach as they remained vigilant against various risks, especially financial risks.
(e) None of these

73. Which of the following is the most suitable term for the nature of Chinese opening to the outside world?
(a) Progressive (b) Self conscious
(c) Comprehensive (d) Discerning
(e) Selective

74. How according to author China is contributing to World Economy?
(a) By giving the road development to other developing countries so that they can follow the same path.
(b) By providing a huge market to the World to supply the needs of billion uplifted Chinese population.
(c) By new advancements in technology and human resources.
(d) Focusing their attention to conduct international cooperation and competition.
(e) None of these.

75. Which of the following statement(s) is/ are true in context of the passage?
(i) Developing countries are raising their concern over China's commitment to even more active approach towards opening to World.
(ii) Developing countries are usually the most active propellers of globalization.
(iii) China's rise is a threat for the developing countries like America.
(a) Only (ii) (b) Both (i) and (iii)
(c) Both (i) and (ii) (d) Only (i).
(e) All of the above

76. What is the challenge that is faced by China?
(a) Need to fulfill the enormous demands of more than a billion Chinese people who have recently escaped from poverty.
(b) Adapting to the model adopted by the other countries so as to not get isolated.
(c) Growing pressure from the international market.
(d) Opening the country to the outside world
(e) None of these

77. Which of the following statement is false?
(a) Low cost of labour in China is key to attract foreign investment.
(b) Achieving self-perfection of socialism is a reason for China's incredible growth
(c) Developing country can suffer economically due to globalization.
(d) China is facing a much fiercer competition at home compared to international markets.
(e) None of these.

DIRECTIONS (78-82): Rearrange the following Six sentences (A), (B), (C), (D), (E) and (F) in the proper sequence to form a meaningful paragraph and then answer the questions given below.

A-It is the only country in the world that is carbon negative, which means it produces more oxygen than it consumes.
B-Bhutan, sandwiched between the two most populous nations on Earth, suffers for their sins.
C-So far, so good. But then, two things happened.
D-Carbon sinks, 70% forest cover, powered almost entirely by mountain streams—Bhutan is a poster child for green living.
E-Glaciers are beginning to melt, flash floods and heavy rains—and even droughts—are common, and temperatures are climbing.
F-One, India and China got richer.

78. Which of the following should be the First sentence of the given paragraph?
(a) E (b) D
(c) C (d) B
(e) A

79. Which of the following should be the Third sentence of the given paragraph?
(a) A (b) B
(c) C (d) D
(e) E

80. Which of the following should be the LAST sentence of the given paragraph?
(a) A (b) C
(c) B (d) D
(e) E

81. Which of the following should be the Fourth sentence of the given paragraph?
(a) F (b) C
(c) B (d) E
(e) D

82. Which of the following should be the Second sentence of the given paragraph?
(a) B (b) D
(c) A (d) C
(e) E

DIRECTIONS (Q.83-90): In the following passage, youhave abrief passage. In the following passage, some of the words have been left out. First read the passage over and try to understand what it is about. Then fill in the blanks with the help of the alternatives given.

Big ideas come from tackling --83-- problems. When one is confronted with an overwhelming task, it's pieces. Business jargon is full of phrases about that, like "pilot projects" and "low-hanging fruit." They have their place, but in the repertory of management --84---, they should share their place with bold approaches to big challenges. Much of today's most valuable management knowledge came from wrestling with such issues. The most complicated workplace in the middle of the last century was the automobile assembly plant. Drawn to its complexity where Peter F. Drucker, W. Edwards Deming, and Taiichi Ohno, among others. The work they and their disciples did, applied in industry after industry, is the basis of the best that we know about operations, managing people, innovation, organizational design, and much more.

The most complex workplaces are tertiary care hospitals. These vast --85-- employ tens of thousands of people who, under one roof, do everything from neurosurgery to laundry. Each patient – that is to say, each "job" — calls on a different set of people with a different constellation of ---86---; even when the two patients have the same diagnosis, success may be --87-- differently. This is complexity of an order of magnitude greater than automobile assembly, and anyone who --88--- hospitalized knows that management has thus far been unequal to the scope of task. The workers, managers, consultants, and scholars --89-- crack this nut will reshape industries and institutions just as ---90--- as Drucker, Deming, and Ohno did.

83. (a) Small (b) big
(c) Irrelevant (d) Buildings
(e) minor

84. (a) Weakness (b) Strength
(c) Power (d) practice
(e) symptom

85. (a) houses (b) institute
(c) demagogue (d) Forts
(e) enterprises

86. (a) Barbarity (b) talent
(c) skills (d) unskilled
(e) barbaric

87. (a) managed (b) Officious
(c) Delivered (d) measured
(e) postponed

88. (a) are been (b) have being
(c) have been (d) has been
(e) is be

89. (a) who (b) whom
(c) whose (d) which
(e) whomsoever

90. (a) Profoundly (b) gradually
(c) superficially (d) speciously
(e) earnest

DIRECTIONS (91-100): Identify the error in the sentences given below, if there is no error, click option (e).

91. (a) The need to set up
(b) a good library in the locality
(c) has been in the minds of people
(d) for some time now
(e) No error

92. (a) Most people would have
(b) attended the union meeting
(c) if they had
(d) had longer notice of it.
(e) No error

93. (a) He took to (b) reading Times
(c) for better knowledge (d) of the facts.
(e) No error

94. (a) When children have difficulty understanding
(b) a certain mathematical process, it is often because
(c) their teachers do not understand it conceptually
(d) themselves and do not present it in a way that children can understand.
(e) No error.

95. (a) Studies show that the lives of millions of mothers
(b) and their children could be saved if countries would
(c) invest in programs that ensures a healthy pregnancy,
(d) and safe childbirth.
(e) No error.

96. (a) Film viewers claim that
(b) the number of scenes depicting alcohol consumption
(c) have increased dramatically over
(d) the last decade.
(e) no error

97. (a) Forty percent of the people alive today have
(b) never made a phone call, but
(c) thirty percent still have no electricity connections
(d) to their homes.
(e) no error

98. (a) Workers with less
(b) personal problems are
(c) likely to be
(d) more productive in their work.
(e) no error.

99. (a) Everyone who visits Singapore
(b) is impressed by its cleanliness,
(c) which is mainly a result of rigorous implementation
(d) of their strict laws.
(e) No error

100. (a) The bridal dress was
(b) most unique: the prince
(c) designed it and his
(d) mother provided the lace fabric.
(e) No error

HINTS & SOLUTIONS

1. (a) मूलधन मान लें $= x_1\ x_2$ और x_3
2. (c) प्रश्न के अनुसार, सुलझाने के बाद हमें P प्राप्त होता है = 2028
4. (a) ट्रक की गति = $\frac{376}{8}$ = 47 किलोमीटर प्रति घंटा

   कार द्वारा तय की गई दूरी = (ट्रक की गति + 18) कि प्रति घंटा

   कार द्वारा लिया गया समय = $\frac{390}{65}$ = 6 घंटे
5. (c) संबंधित गति

   समय $= \frac{(1.10+0.9)}{150} = \frac{1}{75}$hr

   1 घंटा – 3600 सैकण्ड

   $? = \frac{3600}{75} = 48$ सैकण्ड
6. (d) जेम्स की आयु = F – 30

   बहन की आयु = F – 35

   प्रश्न के अनुसार

   M = 24 + बहन की आयु

   M = 24 + F – 35

   F – M = 11
7. (b) 3 महीने के लिए (में) औसत मासिक व्यय = 3 बार है लाईन

   3 महीने का कुल व्यय = 3 बार है लाईन

   नौ महीनों की कुल बचत =

   नौ महीनों में औसत मासिक आय
8. (b) 1/8 + 1/12 + 1/C = 1/4, हमें मिलता है C = 24 दिन अब A, B और C की कार्यक्षमता 1/18 : 1/12 : 1/24 के अनुपात में है।

   3 : 2 : 1, इसलिए C का हिस्सा है 1/6 × 1200 = 200
9. (b) 'A' पाईप का % में काम

   'B' पाईप का % में काम

   'C' पाईप का % में काम

   उनमें से सभी 2 घंटों के लिए खोले गए + 2 घंटे बाद, पाईप C बंद कर दिया गया + चौथे घंटे बाद 'B' पाईप को बंद कर दिया गया = 100 ⇒ (10 + 5 + 2.5) × 2 + (10 + 5) × 2 + पाईप 'A' अकेले किया गया काम = 100

   ⇒ 35 + 30 + पाईप A द्वारा अकेले किया गया काम = 100

   ⇒ A पाईप द्वारा अकेले किया गया काम = 100 – 65 = 35%
10. (c) लड़के = 4x और लड़कियां = 7x

    अनुपात =
11. (e) अगले नंबर तक 6 से भाग करते रहें।
12. (b) $139+3=142$

    $142-9=133$

    $133+27=160....$

    $160-81=79$

    $79+243=\boxed{322}$
13. (d) $164-4=160/4=40$

    $40+4=44\times4=\boxed{176}$

    $176-4=172/4=43$

    $43+4=47\times4=188$

    $188-4=184/4=46$
14. (b) $96/0.3=320$

    $320/0.4=800$

    $800/0.5=1600$

    $1600/0.6=\boxed{2666.7}$
15. (b) $6/2+1^2=4$

    $4/2+2^2=6$

    $6/2+3^2=12.$

    $12/2+4^2=22$

    $22/2+5^2=\boxed{36}$
16. (b) $(x+13)(x+17)=0$

    $x=-13,-17$

    $y^2-53y+196=0$

    $y=49, 4$

    अत: $x<y$
17. (b) $2x^2-9x+10=0$

    $x=2.5, 2$

    $y^2-18y+72=0$

    $y=12, 6$

    अत: $x<y$
18. (e) $x(35-x)=124$

    $x=31, 4$

    $y(2y+3)=90$

    $y=-7.5, 6$
19. (b) $1/(x-3)+1/(x+5)=1/3$

    $x^2-4x-21=0$

    $x=7, -3$

    $(y+2)(27-y)=210$

    $y^2-25x+156=0 => y=12, 13$

    $x<y$
20. (a) $\sqrt{36}\,x+\sqrt{64}=0$

    $6x+8=0$

    $x=-1.33$

    $\sqrt{81y}+(4)^2=0$

    $9y+16=0$

    $y=-1.77$

    अत: $x>y$
21. (a)
22. (c)
23. (b) $(46/100)?=46916$

    $?=(46916\times100)/46=101991.3$

24. (c) $27 + 0.04 = 27.04/8 = 3.38$
$3.38 \times 134.567 = 454.8 = 455$

25. (a) $24.92 \times 13.95 = 347.634$
$625 - 347.634 = 277.37$

26. (d) तालिका से हम स्पष्ट रूप से देख सकते हैं कि अधिकतम % बढ़ोतरी D के लिए फरवरी (मतलब 25%) में हुई।

27. (a) बाजार मूल्य में अधिकतम पूर्णतया परिवर्तन 20 है मतलब मार्च के महीने में शेयर A का भाग (हिस्सा) = 115 - 95 = 20

28. (a) किसी भी शेयर में अधिकतम प्रतिशत परिवर्तन D शेयर के लिए फरवरी (मतलब 25%) में हुआ।

29. (d) शेयर मूल्य परिवर्तन के कारण जून महीने में अधिकतम हानि 10 है। इसलिए उत्तर है (d)।

30. (a) ऊपरी तालिका से हम देख सकते हैं कि व्यक्ति का अधिकतम लाभ 5% है।

31. (c) औसत उत्पादन = (700+900+600+400+1000+800)/6 = 733.33 = 733

32. (c) $A = (500 \times 100)/700 = 71.42\%$
$B = (800 \times 100)/900 = 88.88\%$
$C = (400 \times 100)/600 = 66.66\%$
$D = (300 \times 100)/400 = 75\%$
$E = (700 \times 100)/1000 = 70\%$
$F = (600 \times 100)/800 = 75\%$

33. (b) $P = 900 + 600 = 1500$
$S = 800 + 400 = 1200$
$P : S = 1500 : 1200 = 5 : 4$

34. (d) $S = 300 + 700 + 600 = 1600$
$P = 400 + 1000 + 800 = 2200$
$S/P = (1600 \times 100)/2200 = 72.72\%$

35. (a) $P = 700 + 900 + 600 + 400 + 1000 + 800 = 4400$
$S = 500 + 800 + 400 + 300 + 700 + 600 = 3300$
$P : S = 4400 : 3300 = 4 : 3$

36. (a) $P > Q = R < T < S$ (दोनों व्यंजना सही है।)

37. (e) $A = B > C = D < E = F$ और $A = B > C <= D < E = F$($F > C$ दोनों मामलों में सही है।)

38. (a) $T >= R <= Q > P = S$ (स्पष्ट रूप से $Q > S$ और Q और T के बीच कोई संबंध नहीं है।)

39. (c) $A > N <= K > M < R$ (M एवं N और R एवं A के बीच कोई संबंध नहीं है।)

40. (e) $A = B < C > D < E$ और $A = B < C >= D < E$ दोनों ही मामलों में B, D से बड़ा ही रहेगा।

41. (d) सभी शार्पनर रबड़ है यह एक संभावना है इसलिए I अनुसरण नहीं करता, II निश्चित नहीं है।

42. (b) यदि सभी आयत शंकु हैं तो कुछ वृत्त शंकु होंगे जो कि संभव नहीं है।
II यह संभावना है।

43. (e) सभी आयत शंकु है यह एक संभावना नहीं है, इसलिए I अनुसरण करता है।
कोई वर्ग शंकु नहीं है, क्योंकि कोई वृत्त शंकु नहीं है।

44. (b) I निश्चित नहीं है। लाल पीले हो सकते हैं इसलिए केवल II अनुसरण करता है।

45. (b) यदि कुछ पीले हरे हैं तो कुछ नीले पीले होंगे जो कि एक संभावना नहीं है।
II एक संभावना है।

46. (b)

(47-52) :

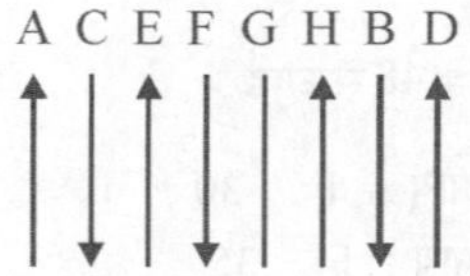

47. (b)
48. (a) 49. (c)
50. (a) 51. (c)
52. (c)

53. (e) K, H की पुत्री, H, P का पिता इसलिए K और P भाई बहन हैं, अब Q, K की माता हो - तो P जरूर ही Q का बेटा या बेटी हो इसलिए दोनों x और +।

54. (c) B, P की पत्नी, P, Z का पुत्र, Z, K का पिता- इसलिए P, K भाई बहन हैं, K, O की पुत्री इसलिए Z और O पति-पत्नी, P और K भाई-बहन, B, P की पत्नी इसलिए B, O की पुत्रवधू।

55. (b) J, P का पिता और S, A का बेटा, अब A, J की बहन दी गई है। अब A और J भाई-बहन हैं। P, J का बच्चा और S, A का बच्चा इसलिए दोनों पहले रिश्तेदार हैं।

(56-60)

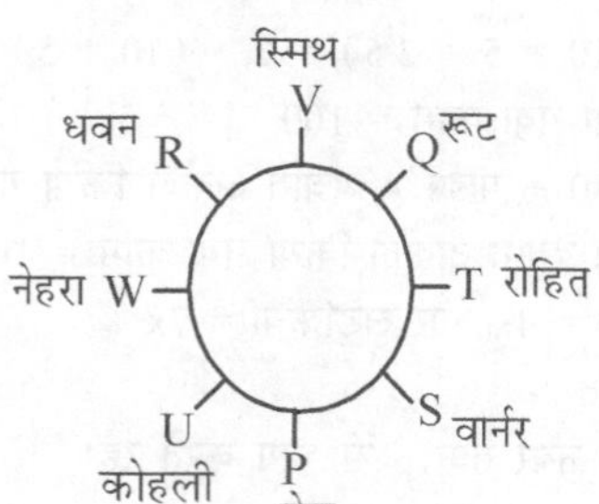

56. (d) गेल
57. (c) R
58. (d) T
59. (c) Q कोहली
60. (b)

(61-65)

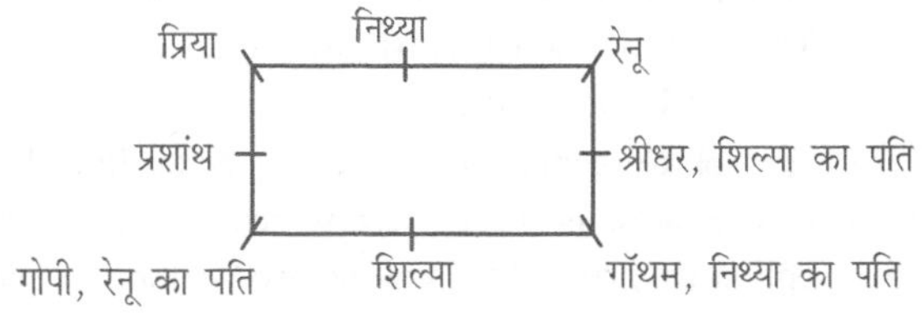

61. (d) प्रिया गॉथम के विपरीत तिरछी तरफ बैठी है।
62. (c) गॉथम
63. (c) दो
64. (a) रेनू
65. (e) दाहिने से दूसरे नंबर पर

(66-70)

दोस्त	विशिष्टीकरण	खेल
अरूण	इलैक्ट्रिकल	फुटबॉल
सतीश	हार्डवेयर	टेनिस
योगेश	धातुशोध	तैराकी
गणेश	दूरसंचार	बैडमिंटन
पीटर	सॉफ्टवेयर	हॉकी
हेमंथ	मकैनिकल	क्रिकेट

66. (c) हार्ड वेयर
67. (a) फुटबॉल
68. (e) योगेश-धातुशोध
69. (e) इनमें से कोई नहीं
70. (b) क्रिकेट-टेनिस
71. (d) In the 2nd paragraph of the passage it has been stated that how the developing countries are lacking in the infrastructure and expertise because of which they always need to be alert therefore option (d) is the correct choice for the given question. It clearly states that the developed countries have apparent advantages in capital, technology, human resources and administrative expertise and in setting the "rules of the game". They are usually the biggest beneficiaries of globalization. The developing countries on the other hand are on the whole in an unfavourably position. It shows lack of a just and equitable international economic order. Other options in relation to dividends derived from globalization are not fairly distributed are not correct in the given context.
72. (b) The third paragraph clearly states--The reason why China was so successful in such a short period of time and in a constantly changing international environment is because China has found its own road of development. This is implied in option (b) that China created its own model of development without following others. Other options are partially true and option (e) is ruled out.
73. (c) Comprehensive means including or dealing with all or nearly all elements or aspects of something most suitably describes the Chinese opening to the outside world. Therefore option (c) comprehensive is the most suitable choice. Options (a) and (b) are one of the aspects. Other options are ruled out.
74. (b) In the sixth paragraph it is mentioned that, China has also provided the world with the largest rising market. When more than 1.25 billion people become well-off, the demand on everything will be enormous. Just to give you an example, in the coming 10 years alone, China will import US$ 2 trillion of goods from the outside world. Therefore option (b) is the correct answer while other options like (a) is not true at all. Option (c) is partially true. Option (d) is not relevant and option (e) is completely ruled out.
75. (a) It is given in the 2nd paragraph of the passage that developing countries are the one that are the biggest beneficiaries. Therefore statement (ii) is correct. Statements (i) and (iii) are incorrect. So option (a) is the correct choice for the given question.
76. (c) In the last paragraph of the passage it is clearly mentioned that, "China is faced with growing pressure from international competition." Therefore option (c) best expresses the desired answer. Option (a) is partially correct but not true in the given context. Option (b) is not mentioned and option (d) is not a challenge.
77. (d) It is not mentioned in the last paragraph of the passage that, China faces fiercer competition at home compared to international markets. Therefore option (d) is the correct choice. Other options are true while option (e) is ruled out.
78. (b) DACFBE will be the right order and it will be:

    Carbon sinks, 70% forest cover, powered almost entirely by mountain streams-Bhutan is a poster child for green living.

    It is the only country in the world that is carbon negative, which means it produces more oxygen than it consumes.

    So far, so good. But then, two things happened.

    One, India and China got richer.

    Bhutan, sandwiched between the two most populous nations on Earth, suffers for their sins.

    Glaciers are beginning to melt, flash floods and heavy rains-and even droughts-are common, and temperatures are climbing.
79. (c) As the correct order is DACFBE, option (c) so far, so good. But then, two things happened, will be the third sentence.
80. (e) As per the given sequence option (e), Glaciers are beginning to melt, flash floods and heavy rains-and even droughts-are common, and temperatures are climbing is the correct choice for the last sentence.

81. (a) The fourth sentence of the given paragraph is the option (a) i. e., 'It is the only country in the world that is carbon negative, which means it produces more oxygen than it consumes.'

82. (c) The second sentence will be, So far, so good. But then, two things happened. Therefore option (c) is correct.

83. (b) Big ideas come from tackling big problems. Therefore option (b), big only fits with -big ideas where the other options don't fit.

84. (d) The repertory of management practice is the correct expression. Others do not fit.

85. (e) These vast enterprises employ tens of thousands of people who, under one roof, do everything from neurosurgery to laundry, is the correct expression as enterprises means business or companies.

86. (c) Each patient - that is to say, each "job" - calls on a different set of people with a different constellation of skills, is the correct expression in the given context. Therefore option (c), skills is the right pick.

87. (d) Even when the two patients have the same diagnosis, success may be measured differently is correctly expressed. Option (d) is the only right choice.

88. (d) and anyone who has been hospitalized knows that management has thus far been unequal to the scope of task. Anyone will take singular verb.

89. (a) The workers, managers, consultants, and scholars who crack this nut--- is correctly expressed because the relative pronoun 'who' best fits in the context of the sentence.

90. (a) and institutions just as profoundly as Drucker, Deming, and Ohno did is the correct comparison.

91. (c) 'The need to set up a good library in the locality has been in the minds of the people' is correct. Therefore option (c) requires an article-the, otherwise the expression is not correct.

92. (d) Most people would have attended the union meeting if they had had a longer notice of it. Therefore option (d) is wrong and article 'a' should be used before longer.

93. (b) He took to reading the Times for better knowledge of the facts, is the correct sentence. Therefore in option (b) article 'the' will be used before the name of a newspaper, Time.

94. (a) When children have difficulty in understanding a certain mathematical process, it is often because their teachers do not understand it conceptually themselves and do not present it in a way that children can understand. Therefore option (a) difficulty will take the preposition 'in' to be correctly expressed.

95. (c) Invest in programs that ensure a healthy pregnancy, is the correct use.

96. (c) The number of scenes depicting alcohol consumption has increased dramatically over--- is the right use. Therefore the number as the subject will take a singular verb 'has', in option (c).

97. (b) The provided information is based on a single theme therefore the two parts of the sentence should be connected by conjunction 'and' not by 'but'. The conjunction 'But' is used when the flow of information is in opposite direction.

98. (a) Less is used when you're referring to something that can't be counted or doesn't have a plural, fewer is used for 'countable' and less for 'uncountable'. In the given sentence, since 'problems' are countable, 'fewer' should be used.

99. (d) Here the singular subject Singapore will take pronoun its in option (d).

100. (b) Most unique is the wrong comparative. In option (b) So, it should be 'the gown was unique'.

आईबीपीएस

संयुक्त लिखित पीओ/एमटी परीक्षा-2015

समय : 1 घंटा **(स्मृति पर आधारित)** **अधिकतम अंक : 100**

भाग-1 : तर्कशक्ति योग्यता

निर्देशः (प्रश्न 1-5) निम्नलिखित जानकारी को ध्यान से पढ़ें और दिए गए प्रश्नों के उत्तर दें।

P, Q, R, S, T, V और W एक स्कूल के सात छात्र है। इनमें से प्रत्येक छात्र अलग-अलग कक्षाओं चौथी कक्षा से दसवीं में पढ़ रहे हैं, लेकिन जरूरी नहीं है कि ये एक ही क्रम में हो। प्रत्येक छात्र के अपने-अपने पसंदीदा विषय- अंग्रेजी, विज्ञान, इतिहास, भूगोल, गणित, हिन्दी और संस्कृत हैं, लेकिन जरूरी नहीं है कि ये एक ही क्रम में हो।

Q सातवीं कक्षा में पढ़ता है और वह गणित या भूगोल दोनों को ही पसंद नहीं करता। R को इंग्लिश पसंद है और वह ना तो पाँचवीं कक्षा में और ना ही नौवीं कक्षा में पढ़ता है। T आठवीं कक्षा में पढ़ता है और उसे हिन्दी पसंद है। वह जिसे विज्ञान पसंद है वो दसवीं कक्षा में पढ़ता है। S चौथी कक्षा में पढ़ता है। W को संस्कृत पसंद है। P दसवीं कक्षा में नहीं पढ़ता है। वह जिसे भूगोल पसंद है वो पाँचवीं कक्षा में पढ़ता है।

1. W कौन सी कक्षा में पढ़ता है?
   (a) VII (b) IX
   (c) X (d) अपर्याप्त जानकारी
   (e) इनमें से कोई नहीं
2. P कौन से विषय को पसंद करता है?
   (a) भूगोल (b) गणित
   (c) अंग्रेजी (d) इतिहास
   (e) इनमें से कोई नहीं
3. S को कौन सा विषय पसंद है?
   (a) इतिहास (b) भूगोल
   (c) गणित (d) अपर्याप्त जानकारी
   (e) इनमें से कोई नहीं
4. P कौन सी कक्षा में पढ़ता है?
   (a) IV (b) VII
   (c) IX (d) X
   (e) इनमें से कोई नहीं
5. निम्नलिखित में कौन-सा छात्र-कक्षा-विषय मेल सही है?
   (a) T-VIII-गणित (b) W-VII-संस्कृत
   (c) Q-VII-भूगोल (d) V-X-विज्ञान
   (e) इनमें से कोई नहीं

निर्देशः (प्रश्न 6-10) निम्नलिखित जानकारी को ध्यान से पढ़ें और दिए गए प्रश्नों के उत्तर दें।

(i) A, B, C, D, E, F, G और H अलग-अलग ऊँचाई वाले आठ छात्र हैं।
(ii) D, A से छोटा है लेकिन G से बड़ा है।
(iii) E, H से बड़ा है लेकिन C से छोटा है।
(iv) B, D से छोटा है लेकिन F से बड़ा है।
(v) C, G से छोटा है।
(vi) G, F जितना लम्बा नहीं है।

6. निम्न में कौन सा विकल्प निश्चित रूप से असत्य है?
   (a) G, F से छोटा है (b) C, F से छोटा है
   (c) F, C से बड़ा है (d) B, E से बड़ा है
   (e) सभी सत्य है।
7. यदि एक अन्य छात्र J, जोकि E से लम्बा है लेकिन G से छोटा है, उसे इस समूह में जोड़ दिया जाए तो निम्न में से कौन सा विकल्प निश्चित रूप से सत्य होगा?
   (a) C और J की ऊँचाई एक समान है
   (b) J, D से छोटा है
   (c) J, H से छोटा है
   (d) J, A से लम्बा है
   (e) इनमें से कोई नहीं
8. निम्न में से कौन निश्चित रूप से ऊपर से तीसरा होगा जब आठ छात्रों को ऊँचाई के घटते (अवरोही) क्रम में व्यवस्थित किया जाए।
   (a) B (b) F
   (c) G (d) B या G
   (e) निर्धारित नहीं किया जा सकता
9. F से कितने छात्र निश्चित रूप से छोटे हैं?
   (a) तीन (b) चार
   (c) पाँच (d) जानकारी अपर्याप्त है
   (e) इनमें से कोई नहीं
10. निम्न में से कौन सा विकल्प ऊपर दिए गए सभी प्रश्नों का उत्तर देने के लिए अनावश्यक है।
    (a) (ii) केवल (b) (ii) और (iii) केवल
    (c) (iii) और (iv) केवल (d) (i) और (v) केवल
    (e) सभी तथ्य (जानकारी) ऊपर दिए गए प्रश्नों के उत्तर देने के लिए अनिवार्य हैं।

निर्देश: (प्रश्न 11-15) निम्नलिखित जानकारी को ध्यान से पढ़ें और दिए गए प्रश्नों के उत्तर दें।

किसी एक खास संकेत (कोड) भाषा में:

- "demand and supply market" को " pa ni de re" के रूप में लिखा गया है।
- "market needs more demand" को " de ja ni fe" के रूप में लिखा गया है।
- "Supply demand is related" को " le de re ab" के रूप में लिखा गया है।
- "more related to economics" को " ka ha ab ja" के रूप में लिखा गया है।

11. Economics के लिए क्या कोड (संकेत) है?
(a) ab (b) ka
(c) ha (d) ja
(e) या तो 'ka' या 'ha'

12. निम्न में से कौन "supply related market" से संबंधित है।
(a) ab ni de (b) ni re ab
(c) pa ni re (d) de ab ni
(e) इनमें से कोई नहीं।

13. 'more' के लिए क्या (कोड) संकेत है?
(a) fe (b) ni
(c) de (d) ja
(e) निर्धारित नहीं किया जा सकता

14. निम्न में से कौन सा विकल्प "market needs more customers" दर्शा सकता है?
(a) fe ja ni sa (b) ja ni de ab
(c) ni ja ka pa (d) pa ni fe re
(e) le re ni ja

15. 'needs' के लिए क्या कोड (संकेत) है?
(a) ni (b) fe
(c) pa (d) le
(e) इनमें से कोई नहीं

निर्देश: (प्रश्न 16-20) इन प्रश्नों में उक्तियों में अलग-अलग इकाईयों के बीच संबंध दर्शाया गया है। उक्तियाँ के लिए दो परिणाम दिए गए हैं।

उत्तर दें (a) यदि केवल I परिणाम सत्य है।
उत्तर दें (b) यदि केवल II परिणाम सत्य है।
उत्तर दें (c) यदि केवल I या II परिणाम सत्य है।
उत्तर दें (d) यदि ना तो I परिणाम और ना ही II परिणाम सत्य है।
उत्तर दें (e) यदि दोनों परिणाम I व II सत्य है।

16. **कथन :**
$E \geq F = G; \; I = T; \; T \leq G$
परिणाम :
I. $I < E$ II. $I = E$

17. **कथन :**
$G > H < T; \; I > F; \; H > J$
परिणाम :
I. $J < G$ II. $F < H$

18. **कथन :**
$V > W < X; \; X < Y; \; Z > X$
परिणाम :
I. $Z > V$ II. $Y > W$

19. **कथन :**
$M > N > P; \; O > P; \; S < P$
परिणाम :
I. $S < M$ II. $O < M$

20. **कथन :**
$A > E > F; \; G > F; \; M > A$
परिणाम :
I. $M > E$ II. $G < A$

21. निम्लिखित पाँच में से चार एक निश्चित प्रकार से एक जैसे हैं इसलिए एक समूह बनाते हैं। वह एक कौन है जो समूह से संबंधित नहीं है?
(a) कागज (b) पेन्सिल
(c) पेन (d) मार्कर
(e) हाईलाइटर

22. बच्चों की एक पंक्ति में जो उत्तर दिशा का सामना कर रही है, उसमें श्वेता बाएँ से 15वें नंबर पर है और ज्योति, श्वेता के बाईं तरफ तीसरे नंबर पर है। राम जो ज्योति के दाईं तरफ सातवें नंबर पर है वह पंक्ति के अंत में दाहिनी तरफ से पाँचवें नंबर पर है। दाहिने तरफ के अंत से श्वेता की क्या स्थिति है?
(a) बारहवीं (b) दसवीं
(c) आठवीं (d) नौवीं
(e) इनमें से कोई नहीं

23. यदि DEPARTMENTAL शब्द के पहले, पाँचवें, सातवें, आठवें और ग्यारहवें वर्ण से केवल एक ही अर्थपूर्ण शब्द बनाना संभव हो तो, शब्द का पहला वर्ण आपका उत्तर है। यदि एक से अधिक इस तरह के शब्द बनाए जा सकें तो आपका उत्तर X है और यदि इस तरह का एक भी शब्द नहीं बनाया जा सकता तो आपका उत्तर Y है।
(a) A (b) D
(c) R (d) X
(e) Y

24. लड़के और लड़कियाँ एक पंक्ति में एक मंच के सामने दर्शकों में बैठे हैं जो उत्तरी दिशा का सामना कर रहा है। रानी, सुनीता के बाईं तरफ पाँचवें नंबर पर है जो (सुनीता) निशांत के दाहिनी तरफ आठवें नंबर पर है। रानी और निशांत के बीच कितने बच्चे हैं?
(a) एक (b) दो
(c) चार (d) निर्धारित नहीं किया जा सकता
(e) इनमें से कोई नहीं

25. एक तस्वीर की तरफ इशारा करते हुए शुभा कहती है, "वह मेरी माता के पिता का अकेला पौत्र हैं।" तस्वीर वाले आदमी से शुभा का क्या रिश्ता है?
(a) कज़िन (चचेरा भाई) (b) भाई
(c) अंकल (चाचा) (d) निर्धारित नहीं किया जा सकता
(e) इनमें से कोई नहीं

26. निम्नलिखित पाँच में से चार एक निश्चित प्रकार से एक समान हैं इसलिए एक समूह बनाते हैं। निम्न विकल्पों में से कौन सा एक इस समूह से संबंधित नहीं है?
(a) 29 (b) 85
(c) 147 (d) 125
(e) 53

27. पैसा : धन की तरह निम्नलिखित में किसका एक समान संबंध है?
(a) दया-दयालुता (b) क्रूर : क्रोध
(c) बुद्धिमान-शिक्षा (d) गर्व (घमंड) : विनम्रता
(e) इनमें से कोई नहीं

निर्देशः (प्रश्न-28-32) निम्नलिखित जानकारी (सूचना) को ध्यान से पढ़ें और दिए गए प्रश्नों के उत्तर दें।

आठ परिवार के सदस्य A, B, C, D, E, F, G और H एक गोल मेज के चारों तरफ केंद्र का सामना करते हुए बैठे हैं, लेकिन जरूरी नहीं है कि एक क्रम में बैठे हों।

- F जो D की पत्नी है वह C के दाहिनी तरफ तीसरे नंबर पर बैठी है।
- A, H का पुत्र है। A, D के बाईं तरफ दूसरे नंबर पर बैठा है। D ना तो F का और ना ही C का निकट पड़ोसी है। कोई भी पुरुष D का निकट पड़ोसी नहीं है।
- G, D के पुत्र के बोई तरफ दूसरे नंबर पर बैठा है। H और A के भाई के बीच केवल दो लोग बैठे हैं। ना तो C और ना ही D, A के भाई हैं।
- D का पुत्र और D के पुत्र की पत्नी एक दूसरे के निकट पड़ोसी हैं।
- F, H की माता है। F, B और G का निकट पड़ोसी नहीं हैं।
- G, E की बहन है।

28. निम्नलिखित में से कौन D का पुत्र है?
(a) E (b) G
(c) A (d) B
(e) निर्धारित नहीं किया जा सकता

29. G के बाईं तरफ दूसरे नंबर पर कौन बैठा है?
(a) A का भाई (b) A की माता
(c) D (d) B के पिता
(e) A की चाची (आंटी)

30. A और उसके भाई के बीच कितने लोग बैठे हैं?
(a) कोई नहीं (b) एक
(c) दो (d) तीन
(e) चार

31. निम्नलिखित में से कौन H और F के बिल्कुल बीच में बैठा या बैठी है?
(a) D की पत्नी (b) D का पुत्र
(c) C (d) B
(e) A

32. निम्नलिखित में से कौन A का भाई है?
(a) E (b) G
(c) A (d) B
(e) निर्धारित नहीं किया जा सकता

निर्देशः (प्रश्न 33-35) नीचे दिए गए प्रत्येक प्रश्न में दो/ तीन उक्तियों के दो परिणाम नंबर I और नंबर II हैं। आपको दी गई दो/तीन उक्तियाँ सत्य माननी है फिर चाहे वे ज्ञात तथ्यों के अलग ही क्यों ना दिखती हो और फिर ज्ञात तथ्यों को अनदेखा करते हुए दी गई उक्तियों के लिए कौन सा परिणाम तर्कसंगत रूप से आता है इसका निर्णय करना है।

(a) यदि केवल परिणाम I आता है (सही है)।
(b) यदि केवल परिणाम II आता है (सही है)।
(c) यदि या तो परिणाम I या फिर परिणाम II सही है।
(d) यदि ना तो परिणाम I और न ही परिणाम II सही है।
(e) यदि दोनों परिणाम I और II आते हैं (सही है)।

उक्तियाँ :

- कुछ रंग पेन्ट (रंगलेप) हैं।
- सभी रंग, रोगन है।
- कोई भी रोगन डाई (रंजक) नहीं है।

33. **परिणाम :**
I कोई पेंट (रंगलेप) डाई (रंजक) नहीं है।
II सभी पेंट (रंगलेप) रोगन हो यह एक संभावना है।

34. **परिणाम :**
I कुछ रांगन पेंट (रंगलेप) हैं।
II कोई डाई (रंजक) रंग नहीं है।

उक्तियाँ :

- सभी वर्ग त्रिकोण है।
- कोई त्रिकोण वृत्त नहीं है।
- सभी वृत्त आयत हैं।

35. **परिणाम :**
I कोई आयत वर्ग नहीं है।
II सभी आयत वर्ग हो यह एक संभावना है।

भाग-2 : आंकिक क्षमता

निर्देशः (प्रश्न 36-40) अनुपस्थित संख्या को ढूँढ़ें।

36. 0.5, 1.5, 5, 8, 76, ?
(a) 380 (b) 385
(c) 390 (d) 395
(e) इनमें से कोई नहीं

37. 65, 72, 86, 114 ?
(a) 160 (b) 165
(c) 170 (d) 175
(e) इनमें से कोई नहीं

38. 63, 31, 15, 7, 3 ?
(a) 0 (b) 1
(c) 2 (d) 3
(e) इनमें से कोई नहीं

39. 13. 70, 71, 76, ?, 81, 86, 70, 91
(a) 70 (b) 71
(c) 80 (d) 96
(e) इनमें से कोई नहीं

40. 8, 43, 11, 41, ?, 39, 17
(a) 8 (b) 14
(c) 43 (d) 44
(e) इनमें से कोई नहीं

निर्देशः (प्रश्न 41-45) प्रत्येक प्रश्न में दो समीकरण (I) और (II) दिए गए हैं। आपको दोनों समीकरण हल करने हैं और उत्तर देना है।

(a) if $x > y$ (b) if $x < y$
(c) if $x \geq y$ (d) if $x \leq y$
(e) x और y के बीच संबंध स्थापित नहीं किया जा सकता।

41. I. $8x + y = 10$
II. $4x + 2y = 13$

42. I. $(x+3)(y+2) = 12$
II. $2xy + 4x + 5y = 11$

43. I. $(3x-2)/y = (3x+6)/(y+16)$
II. $(x+2)/(y+4) = (x+5)/(Y+10)$

44. I. $x^2 + 20x + 4 = 50 - 25x$
II. $y^2 - 10y - 24 = 0$

45. I. $(x^2 - 10x + 16)/(x^2 - 12x + 24) = 2/3$
II. $y^2 - y - 20 = 0$

निर्देशः (प्रश्न 46-50) निम्नलिखित प्रश्नों का उत्तर देने के लिए दी गई टेबल (तालिका) को ध्यान से पढ़ें।

क्षेत्र नाम	आकार	भुजा (in m)	आधार (in m)	ऊँचाई (in m)	त्रिज्या (रेडियस) (in m)	फर्श की लागत (प्रतिवर्ग मीटर रुपये में)	बाड़ा लगाने की लागत (in Rs. per m)
A	त्रिकोण		16	12		50	20
B	आयत	10 × 20				30	15
C	वर्ग	15				40	18
D	समान्तर भुज		20	12		60	25
E	वृत्त				10	45	22

46. A फर्श की लागत क्या है?
(a) ₹ 4000 (b) ₹ 4600
(c) ₹ 4800 (d) ₹ 5000
(e) ₹ 4400

47. B और C के बाड़ा लगाने की लागत में अंतर है?
(a) ₹ 180 (b) ₹ 120
(c) ₹ 240 (d) ₹ 360
(e) ₹ 480

48. D के फर्श लगाने की लागत और बाड़ा लगाने की लागत का क्या अनुपात है?
(a) 4 : 1 (b) 6 : 1
(c) 8 : 1 (d) 9 : 1
(e) 5 : 1

49. E क्षेत्र में बाड़ा लगाने की लागत C क्षेत्र में फर्श-लगाने की लागत का लगभग कितने प्रतिशत है?
(a) 10.5% (b) 19.46%
(c) 18.71% (d) 15.36%
(e) 13.82%

50. C क्षेत्र में बाड़ा लगाने की लागत D क्षेत्र में बाड़ा लगाने की लागत का कितना प्रतिशत है?
(a) 87.54% (b) 67.5%
(c) 72.13% (d) 54.36%
(e) 46.5%

निर्देश: (प्रश्न 51-55) निम्न तालिका और पाई चार्ट को ध्यान से पढ़ें और दिए गए प्रश्नों का उत्तर दें।

तालिका हिन्दू धर्म सैनिकों से अन्य धर्मों के सैनिकों का अनुपात दर्शाती है।

सैन्यदल का नाम	हिन्दू	अन्य धर्म
जाट सैन्यदल	4	1
सिख सैन्यदल	3	5
मद्रास सैन्यदल	2	1
मराठा सैन्यदल	3	2
बिहार सैन्यदल	5	3

सेना में कई सैन्य दलों का प्रतिशत

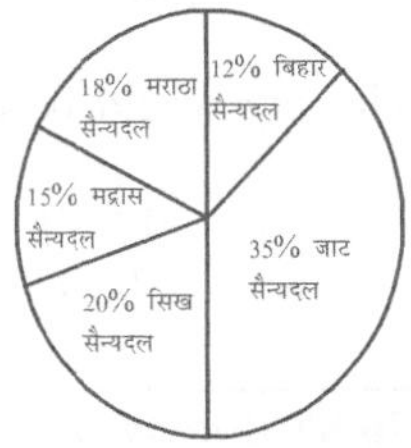

सेना में सैनिकों की कुल संख्या = 10000

51. जाट सैन्यदल में हिन्दू सैनिकों की संख्या क्या है?
(a) 2600 (b) 2700
(c) 3200 (d) 2800
(e) 2350

52. मद्रास सैन्यदल में हिन्दू सैनिकों और बिहार सैन्यदल में अन्य धर्मों के सैनिकों में क्या अंतर है?
(a) 485 (b) 550
(c) 520 (d) 510
(e) 490

53. सिख सैन्यदल में हिन्दू सैनिकों की संख्या, मराठा सैन्यदल में अन्य सैनिकों की संख्या के कितने प्रतिशत है?
(a) 97.12% (b) 99.56%
(c) 102% (d) 104.16%
(e) 25%

54. कौन से सैन्यदल में गैर-हिन्दू सैनिकों की संख्या अधिकतम है?
(a) मराठा सैन्यदल (b) सिख सैन्यदल
(c) मद्रास सैन्यदल (d) जाट सैन्यदल
(e) बिहार सैन्यदल

55. बिहार सैन्यदल में हिन्दूओं सैनिकों की संख्या का अनुपात जाट सैन्यदल में गैर-हिन्दू सैनिकों की संख्या से क्या है?
(a) 11:10 (b) 12:11
(c) 13:12 (d) 14:13
(e) 15:14

56. 29000 रुपये की राशि पर दो सालों में चक्रवृद्धि ब्याज 9352.5 रुपये है तो ब्याज की दर क्या है?
(a) 11 (b) 9
(c) 15 (d) 18
(e) इनमें से कोई नहीं

57. 3 दोस्त A, B और C एक गोल स्टेडियम के चारों तरफ दौड़ना शुरू करते हैं और एक चक्कर पूरा करने में क्रमश: 8, 18 और 15 सेकेण्ड लगाते हैं। पहली बार प्रारंभ बिंदु पर वे कितने मिनटों के बाद फिर मिलेंगे।
(a) 12 (b) 6
(c) 8 (d) 15
(e) 18

58. एक वर्ग का पैरामीटर (मापदंड) एक वृत्त जिसका क्षेत्रफल 39424 वर्ग सेमी है उसकी त्रिज्या के बराबर है। वर्ग का क्षेत्रफल क्या है?
(a) 1225 वर्ग सेमी (b) 441 वर्ग सेमी
(c) 784 वर्ग सेमी (d) कह नहीं सकते
(e) इनमें से कोई नहीं

निर्देश: (प्रश्न 59-61) निम्न सूचना को ध्यान से पढ़ें और दिए गए प्रश्नों के उत्तर दें।

पाँच सदस्यों की समिति 5 पुरुषों, 6 महिलाओं और 3 बच्चों में से बनाई जाने वाली है। कितने अलग-अलग प्रकार से यह किया जा सकता है, यदि–

59. समिति में 2 पुरुष, 2 महिलाएँ और 1 बच्चा शामिल होना चाहिए।
(a) 450 (b) 225
(c) 55 (d) 90
(e) इनमें से कोई नहीं

60. समिति में तीनों बच्चे शामिल होने चाहिए?
(a) 90 (b) 180
(c) 21 (d) 55
(e) इनमें से कोई नहीं

61. 30 आदमी एक कार्य को 36 दिनों में पूरा कर सकते हैं। कितने दिनों में 18 आदमी इसी काम को पूरा कर सकते हैं?
(a) 48 (b) 36
(c) 60 (d) 72
(e) इनमें से कोई नहीं

62. राम अपनी मासिक आय का 50% घरेलू वस्तुओं पर, 20% कपड़े खरीदने पर, 5% दवाईयों पर खर्च करता है, और 11,250 रुपये की बचत करता है। राम की मासिक आय क्या है?
(a) 38,200 रुपये (b) 34,000 रुपये
(c) 41,600 रुपये (d) 45,000 रुपये
(e) इनमें से कोई नहीं

63. दो अंकों की संख्या के दोनों अंकों को आपस में बदलने पर प्राप्त होने वाली संख्या मूल संख्या से 54 कम है। यदि संख्या के दोनों अंकों का योग 12 है तो मूल संख्या क्या है?
(a) 28 (b) 39
(c) 82 (d) कह नहीं सकते
(e) इनमें से कोई नहीं

64. वर्तमान में गीता अपनी बेटी की उम्र से 8 गुणा है। अब से आठ साल बाद, गीता और उसकी बेटी की उम्र का अनुपात क्रमश: 10:3 होगा। गीता की वर्तमान आयु क्या है?
(a) 32 साल (b) 40 साल
(c) 36 साल (d) कह नहीं सकते
(e) इनमें से कोई नहीं

65. कितने प्रकार के अलग-अलग तरीकों से 4 लड़के और 3 लड़कियाँ एक पंक्ति में इस प्रकार से व्यवस्थित हो सकते हैं कि सभी लड़के एक साथ खड़े हों और सभी लड़कियाँ एक साथ खड़ी हों।
(a) 75 (b) 576
(c) 288 (d) 24
(e) इनमें से कोई नहीं

निर्देश: (प्रश्न 66-70) निम्न प्रश्नों में प्रश्न चिह्न के स्थान पर क्या लगभग मूल्य आयेगा। आपसे सही मूल्य गणित करने की आशा/उम्मीद नहीं है।

66. $9228.789 - 5021.832 + 1496.989 = ?$
(a) 6500 (b) 6000
(c) 6300 (d) 5700
(e) 5100

67. $1002 \div 49 \times 99 - 1299 = ?$
(a) 700 (b) 600
(c) 900 (d) 250
(e) 400

68. $29.8\% \text{ of } 260 + 60.01\% \text{ of } 510 - 103.57 = ?$
(a) 450 (b) 320
(c) 210 (d) 280
(e) 350

69. $(21.98)^2 - (25.02)^2 + (13.03)^2 = ?$
(a) 25 (b) 120
(c) 10 (d) 65
(e) 140

70. $\sqrt{24.98} \times \sqrt{625} \times \sqrt{99} = ?$
(a) 110 (b) 90
(c) 200 (d) 160
(e) 125

भाग-3 : English Language

DIRECTIONS (Qs. 71-75) : *Rearrange the following six sentences (A), (B), (C), (D), (E) and (F) in the proper sequence to form a meaningful paragraph; then answer the questions given below them.*

(A) Two of the best-performing major economies in 2014 were China and Brazil, with growth estimated at 7.5% and 10.5% resepectively.
(B) Despite that limp growth, major US stock market indexes are up between 11% and 20% for the year.
(C) Even knowing where economies are headed sometimes it is of no help to an investor.
(D) It is hard to anticipate the direction of financial markets.
(E) But as of December, stock markets of both nations were in the red for the year.
(F) By contrast, the US economy is likely to have expanded at only about 2.6% for the year.

71. Which of the following would be the **SECOND** sentence?
(a) A (b) C
(c) D (d) E
(e) F

72. Which of the following would be the **FOURTH** sentence?
(a) A (b) B
(c) C (d) E
(e) F

73. Which of the following would be the **FIFTH** sentence ?
(a) A (b) B
(c) C (d) D
(e) F

74. Which of the following would be the **FIRST** sentence ?
(a) B (b) C
(c) D (d) E
(e) F

75. Which of the following would be the **SIXTH (LAST)** sentence ?
(a) A (b) B
(c) C (d) D
(e) E

DIRECTIONS (Qs. 76-80) : *Read each sentence to find out whether there is any grammatical error in it or a wrong word has been used. The error, if any, will be in one part of the sentence which has been printed in* **bold** *and has been numbered (a), (b), (c) or (d). The number of that part is the answer. If there is no error, the answer is (e) i.e. 'No error'. (Ignore the errors of punctuation, if any.)*

76. The **convergence of** (a)/Indian accounting standards with International Financial Reporting Standards (IFRS) **beginning** (b)/in April is **expecting to** (c)/ see power companies **struggling with** (d)/ significant first-time adoption impact. No error (e)

77. **Researchers at** (a)/ the Indian Institute of Science (IISc), Bangalore, are **mapping** (b)/ India's solar hot spots-where **round-the-year** (c)/ sunlight makes it **viable of** (d)/ companies to set up solar power plants. No error (e).

78. Though their qualifications span **a diverse** (a)/ range, there is **an equal** (b)/ number of graduates and those who have just completed School, **each set** (c)/ **making up** (d)/ close to 30% of these households. No error (e)

79. **As if** (a)/ the most dangerous moment for any dictatorship **is when** (b)/ it **starts to** (c)/ reform, North Korea looks ready to turn that truism **on its head.** (d)/ No error (e)

80. **It so happens** (a)/ that this happy campy ritual is their **way of life** (b)/ and **one into which** (c)/ they don't **particularly welcome** (d)/ voyeuristic intrusions. No error (e)

DIRECTIONS (Qs. 81-90) : *Read the following passage carefully and answer the questions given below it. Certain words/phrases are printed in* **bold** *to help you to locate them while answering some of the questions.*

The outside world has pat answers concerning extremely impoverished countries, especially those in Africa. Everything comes back, again and again, to corruption and mis-rule. Western officials argue that Africa simply needs to behave itself better, to allow market forces to operate without interference by corrupt rulers. Yet the critics of African governance have it wrong. Politics simply can't explain Africa's **prolonged** economic crisis. The claim that Africa's corruption is the basic source of the problem does not withstand serious scrutiny. During the past decade I witnessed how relatively well-governed countries in Africa, such as Ghana, Malawi, Mali and Senegal, failed to prosper, whereas societies in Asia perceived to have **extensive** corruption, such as Bangladesh, Indonesia and Pakistan, enjoyed rapid economic growth.

What is the explanation? Every situation of extreme poverty around the world contains some of its own unique causes, which need to be diagnosed as a doctor would a patient. For example, Africa is burdened with malaria like no other part of the world, simply because it is unlucky in providing the perfect conditions for that disease; high temperatures, plenty of breeding sites and particular species of malaria-transmitting mosquitoes that prefer to bite humans rather than cattle.

Another **myth** is that the developed world already gives plenty of aid to the world's poor. Former U.S. Secretary of the Treasury, Paul O'Neil expressed a common frustration when he remarked about aid for Africa : "We've spent trillions of dollars on these problems and we have damn near nothing to show for it". O'Neil was no foe of foreign aid. Indeed, he wanted to fix the system so that more U.S. aid could be justified. But he was wrong to believe that vast flows of aid to Africa had been **squandered**. President Bush said in a press conference in April 2004 that as "the greatest power on the face of the earth, we have an **obligation** to help the spread of freedom. We have an obligation to feed the hungry". Yet how does the U.S. fulfill its obligation? U.S. aid to farmers in poor countries to help them grow more food runs at around $200 million per year, far less than $1 per person per year for the hundreds of millions of people living in subsistence farm households.

From the world as a whole, the amount of aid per African per year is really very small, just $30 per sub-Saharan African in 2002. Of that **modest** amount, almost $5 was actually for consultants from the donor countries, more than $3 was for emergency aid, about $4 went for servicing Africa's debts and $5 was for debt-relief operations. The rest, about $12, went to Africa. Since the "money down the drain" argument is heard most frequently in the U.S., it's worth looking at the same calculations for U.S. aid alone. In 2002, the U.S. gave $3 per sub-Saharan African. Taking out the parts for U.S. consultants and technical cooperation, food and other emergency aid, administrative costs and debt relief, the aid per African came to grand total of 6 cents.

The U.S. has promised repeatedly over the decades, as a signatory to global agreements like the Monterrey Consensus of 2002, to give a much larger proportion of its annual output, specifically upto 0.7% of GNP, to official development assistance. The U.S. failure to follow through has no political fallout domestically, of course, because not one in a million U.S. citizens even knows of statements like the Monterrey Consensus. But no one should underestimate the salience that it has around the world. Spin as American might about their nation's generosity, the poor countries are fully aware of what the U.S. is not doing.

81. The passage seems to emphasize that the outside world has
    (a) correct understanding about the reasonable aid provided by the USA to the poor countries
    (b) definite information about what is happening in under developed countries
    (c) stopped extending any financial aid to under developed countries
    (d) misconceptions about the aid given to the poor nations by developed countries
    (e) None of these

82. According to the Westerners the solution to eradicate poverty of African nations lies in
    (a) corruption
    (b) improving their own national behaviour
    (c) mis-rule
    (d) prolonged economic crisis
    (e) None of these

83. The author has given the example of Bangladesh, Indonesia and Pakistan in support of his argument that
    (a) corruption is the major culprit in the way of prosperity
    (b) mis-governance hampers the prosperity of nations
    (c) despite rampant corruption, nations may prosper
    (d) developed nations arrogantly neglect under developed countries.
    (e) None of these

84. The author has mentioned Ghana as a country with
    (a) reasonably good-governance
    (b) corrupt leadership
    (c) plenty of natural resources
    (d) rapid economic growth
    (e) None of these

85. The cases of malaria in Africa are mainly due to
    A. high temperature.
    B. climatic conditions conducive for breeding.
    C. malaria carries liking for human blood in preference to that of cattle.
    (a) None of these (b) Only B and C
    (c) Only A and C (d) Only A and B
    (e) All the three

DIRECTIONS (Qs. 86-88) : *Choose the word/group of words which is* ***most nearly the same*** *in meaning to the word/group of words printed in* ***bold*** *as used in the passage.*

86. **OBLIGATION**
(a) lip sympathy (b) true sympathy
(c) self pity
(d) conditional responsibility
(e) moral binding

87. **SQUANDER**
(a) use economically (b) spend wastefully
(c) siphon judiciously (d) donate generously
(e) None of these

88. **MODEST**
(a) humble (b) sufficient
(c) meagre (d) sober
(e) unpretentious

DIRECTIONS (Qs. 89-90) : *Choose the word/group of words which is most* ***opposite*** *in meaning of the word given in* ***bold*** *as used in the passage.*

89. **MYTH**
(a) reality (b) mystery
(c) misery (d) misconception
(e) exaggeration

90. **EXTENSIVE**
(a) intensive (b) abominable
(c) inherent (d) rampant
(e) negligible

DIRECTIONS (Qs. 91-100) : s*In the following passage there are blanks, each of which has been numbered. These numbers are printed below the passage and against each five words are suggested, one of which fit the blank appropriately. Find out the appropriate word in each case.*

Economic backwardness of a region is **(91)** by the coexistence of unutilized **(92)** on the one hand and **(93)** natural resources on the other. Economic development essentially means a process of **(94)** change whereby the real per capita income of an economy **(95)** over a period of time. Then a simple but meaningful question arises; what causes economic development? Or what makes a country developed? This question has absorbed the **(96)** of scholars of socio-economic changes for decades. Going through the **(97)** history of developed countries like America, Russia and Japan, man is essentially found as **(98)** in the process of economic development. Japan, whose economy was **(99)** damaged from the ravages of the 2nd world War, is the example of our time to **(100)** kingdom role in economic development.

91. (a) Developed (b) Cured
(c) Improved (d) Enhanced
(e) Characterized

92. (a) Source (b) Finance
(c) Funds (d) Manpower
(e) Industries

93. (a) Exhaustive (b) Unexploited
(c) Abundant (d) Indefinite
(e) Unreliable

94. (a) Upward (b) Drastic
(c) Negligible (d) Incredible
(e) Sudden

95. (a) Diminishes (b) Degenerates
(c) Increases (d) Succumbs
(e) Stabilizes

96. (a) Plans (b) Attempts
(c) Attention (d) Resources
(e) Strategy

97. (a) Existing (b) Glorious
(c) Ancient (d) Economic
(e) Discouraging

98. (a) Pivotal (b) Neutral
(c) Insignificant (d) Enchanted
(e) Vicious

99. (a) Increasingly (b) Always
(c) Gradually (d) Deliberately
(e) Badly

100. (a) Enlighten (b) Validate
(c) Negate (d) Underestimate
(e) Belittle

HINTS & SOLUTIONS

(1-5)

छात्र	पसंदीदा विषय	कक्षा
P	भूगोल	V
Q	इतिहास	VII
R	इंग्लिश	VI
S	गणित	IV
T	हिन्दी	VIII
V	विज्ञान	X
W	संस्कृत	IX

1. (b) W IX कक्षा में पढ़ता है।
2. (a) P को भूगोल पसंद है।
3. (c) S को गणित पसंद है।
4. (e) P कक्षा V में पढ़ता है।
5. (d) V X विज्ञान मेल ठीक (सही) है।

(6-10)

(i) $A > D > G$

(ii) $C > E > H$

(iii) $D > B > F$

(iv) $G > C$

(v) $F > G$

सभी उक्तियों से

$A > D > B > F > G > C > E > H$

6. (e) सभी उक्तियाँ सत्य हैं।
7. (b) प्रश्न के अनुसार यह स्पष्ट नहीं है कि C और J एक समान ऊँचाई के हैं, लेकिन J निश्चित रूप से D से छोटा है।
8. (a) A>D> B >F....
9. (b) G, C, E और H, F से छोटे हैं।
10. (e) प्रश्नों के उत्तर देने के लिए सभी उक्तियाँ जरूरी है।

(11 to 15): demand and supply market pa ni de re

market needs more demand de ja ni fe

supply demand is related le de re ab

more related to economics ka ha ab ja

demand ⇒ de   needs ⇒ fe

and ⇒ pa   more ⇒ ja

supply ⇒ re   is ⇒ le

market ⇒ nirelated ⇒ a b

to ⇒ ka or ha   economics ⇒ ka or ha

11. (e) economics के लिए या ka ya ha कोड है।
12. (b) पूर्ति – Re

    संबंधित – ab

    बाजार – ni
13. (d) अधिक के लिए कोड है Ja
14. (a) बाजार – ni

    जरूरत – fe

    अधिक – ja

    ग्राहकों के लिए कोड 'za' हो सकता है।
15. (b) जरूरत के लिए कोड है fe
16. (c) $E \geq F = G \geq T = I$

    परिणाम

    I. $I < E$: सत्य नहीं

    II. $I = E$: सत्य नहीं

    I या तो E में छोटा है या बराबर। इसलिए या तो परिणाम I या II आता है/सही है।
17. (a) $G > H < T$

    $I > F$

    $H > J$

    $G > H > J$

    $J < H < T$

    परिणाम

    I. $J < G$: सत्य

    II. $F < H$:सत्य नहीं

    इसलिए केवल परिणाम I आता है / सही है।
18. (b) $V > W < X < Y$

    $V > W < X < Z$

    परिणाम

    I. $Z > V$: सत्य नहीं

    II. $Y > W$: सत्य

    इसलिए केवल परिणाम II सही है।
19. (a) $M > N > P$

    $O > P$

    $S < P$

    $M > N > P < O$

    $M > N > P > S$

    $O > P > S$

    परिणाम

    I. $S < M$: सत्य

    II. $O < M$: सत्य नहीं

20. (a) $M > A > E > F < G$
परिणाम
I. $M > E$: सत्य
II. $G < A$: सत्य नहीं

21. (a) पेपर (कागज़) को छोड़कर सभी लेखन सामग्री है। हम कागज़ पर कुछ लिखते या निशान बनाते हैं।

22. (d) पंक्ति में बच्चों की कुल संख्या = 19+5−1=23 दाहिने अंत से श्वेता की स्थिति = 23−15+1= 9वीं

23. (b) विशिष्ट वर्ण – D, R, M, E, A
अर्थपूर्ण शब्द – DREAM

24. (b) ...N | | R | | | | S.....
इसलिए रानी और निशांत के बीच दो लोग है।

25. (b)

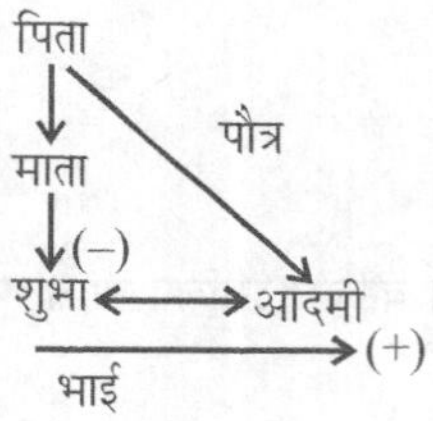

26. (d) 125 पूर्ण घन है 5 की।

27. (a) एक व्यक्ति पैसे से धन प्राप्त कर सकता है उसी प्रकार एक व्यक्ति दया से दयालुता प्राप्त कर सकता है।

(28-32)

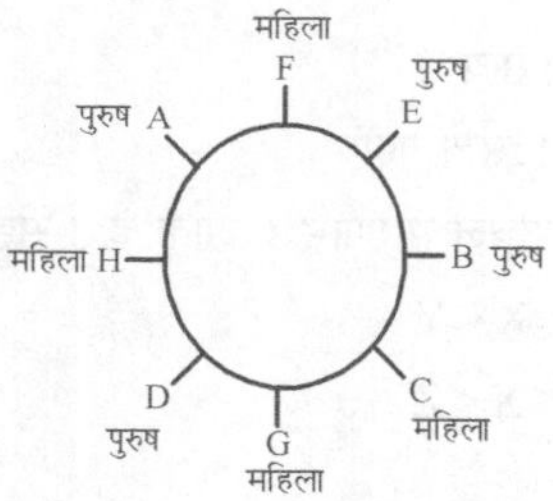

- F, D की पत्नी है।
- B, D और F का पुत्र है।
- H, D और F की पुत्री है।
- C, B की पत्नी है।
- A का भाई E है।

28. (d) B, D का (बेटा) पुत्र है।

29. (b) H माता है A की
H बैठी है G के बायें दूसरे स्थान पर

30. (b) A और उसके भाई E के बीच एक व्यक्ति बैठा है।

31. (e) A, H और F के बिल्कुल बीच में बैठा है।

32. (a) E, A का भाई है।

(33-34)

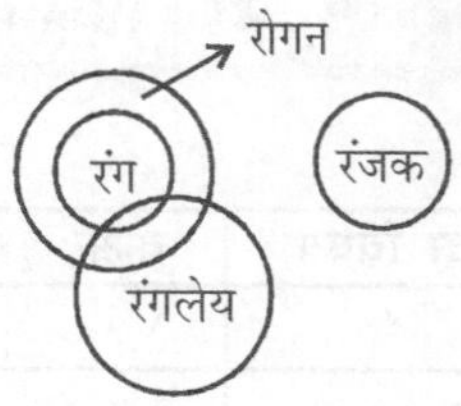

33. (a)

34. (e)

35. (d)

36. (b) $0.5 \times 1 + 1 = 1.5$
$1.5 \times 2 + 2 = 5$
$5 \times 3 + 3 = 18$
$18 \times 4 + 4 = 76$
$76 \times 5 + 5 = 385$

37. (c) $65 + 7; 72 + 14; 86 + 28; 114 + 56 = 170$

38. (b) $(63-1)/2; (31-1)/2; (15-1)/2; (7-1)/2; (3-1)/2 = 1$

39. (a) इस श्रृंखला में 5 पिछली संख्या में जुड़ गया; संख्या 70 हर तीसरे नंबर में डाल दी गई।

40. (b) यह एक सामान्य एकान्तर जमा (जोड़) और घटाव की श्रृंखला है। पहली श्रृंखला 8 के साथ शुरू होती है और 3 को जोड़ती है; दूसरी 43 के साथ शुरू होती है और 2 को घटाती है।

41. (b) दोनों समीकरणों से
$x = 7/12, y = 16/3$
$y > x$

42. (e) $xy + 3y + 2x + 6 = 12$
$2xy + 6y + 4x = 12$ ...(i)
$2xy + 5y + 4x = 11$ ...(ii)
दोनों समीकरणों से
$y = 1$
समीकरण (i) से
$x = 1$
$x = y$

43. (b) $(3x - 2)/y = (3x + 6)/(y + 16)$
$48x - 8y = 32$ ...(i)
$(x + 2)/(y + 4) = (x + 5)/(y + 10)$
$y = 2x$ ...(ii)
दोनों समीकरणों से
$x = 1, y = 2$
$y > x$

44. (b) $x = 1, -46$
$\& \; y = -4, 6$
$y > x$

45. (a) (i) समीकरण से
$x^2 - 6x = 0$
$x = 0, 6$

(ii) समीकरण से

(y + 4) (y – 5)

y = – 4, 5

x > y

46. (c) A एक त्रिकोण है

इसलिए A का क्षेत्रफल = A = 1/2 × 16 × 12 = 96 sqm

इसलिए A के फर्श की लागत = = 96 × 50 = ₹ 4800

47. (a) B का पैरीमीटर B = 2 (10 + 20) = 60 m

B में बाड़ा लगाने की लागत B = 60 × 15 = 900

C का पैरीमीटर C = 4 × 15 = 60 m

इसलिए C में बाड़ा लगाने की लागत C = 60 × 18 = ₹ 1080

इसलिए आवश्यक अंतराल = = 1080 – 900 = ₹ 180

48. (d) D का क्षेत्रफल आधार × ऊँचाई = 20 × 12 = 240 mtr sq

इसलिए D के फर्श की लागत D= 240 × 60 = ₹ 14400

D का पैरीमीटर D = 2 (20 + 12) = 64 m

इसलिए D में बाड़ा लगाने की लागत D = 64 × 25 = ₹ 1600

इसलिए आवश्यक अनुपात = 14400 : 1600 = 9 : 1

49. (d) E का पैरीमीटर E = 2πr = 2 × 22/7 × 10 = 440/7 m

E में बाड़ा लगाने की लागत E = 440/7 × 22 = ₹ 1382.85

C का क्षेत्रफल C = 15 × 15= 225 mtr square

इसलिए C के फर्श की लागत C = 225 × 40 = ₹ 9000

इसलिए आवश्यक % = 1382.85 × 100 / 9000

= 15.36% C के फर्श की लागत

50. (b) C की बाड़ा लगाने की लागत = ₹ 1080

D की बड़ा लगाने की लागत = ₹ 1600

इसलिए आवश्यक % = 1080/1600 × 100 = 67.5%

51. (d) जाट सैन्यदल में सैनिकों की संख्या = 10000 × 35% = 3500

जाट सैन्यदल में हिन्दू सैनिकों की संख्या = $3500 \times \frac{4}{5} = 2800$

52. (b) मद्रास सैन्यदल में हिन्दू सैनिकों की संख्या

$= 10000 \times 15\% \times \frac{2}{3} = 1000$

बिहार सैन्यदल में अन्य धर्मों के सैनिकों की संख्या

$= 10000 \times 12\% \times \frac{3}{8} = 450$

इसलिए अंतर $= 1000 - \frac{3}{8} = 450 = 550$

53. (d) सिख सैन्यदल में हिन्दू सैनिकों की संख्या

$= 10000 \times 20\% \times \frac{3}{8} = 750$

मराठा सैन्यदल में अन्य धर्मों के सैनिकों की संख्या

$= 10000 \times 18\% \times \frac{2}{5} = 720$

इसलिए आवश्यक % = = 104.16%

54. (a) जाट सैन्यदल में गैर-हिन्दू सैनिकों की संख्या = 3500 – 2800 = 700

इसी प्रकार सिख सैन्यदल में $= 10000 \times 20\% \times \frac{5}{8} = 125$

मद्रास सैन्यदल में $= 10000 \times 15\% \times \frac{1}{3} = 500$

मद्रास सैन्यदल में $= 10000 \times 18\% \times \frac{2}{5} = 720$

बिहार सैन्यदल में $= 10000 \times 12\% \times \frac{3}{8} = 450$

मराठा सैन्यदल में गैर-हिन्दू सैनिकों की संख्या अधिकतम है।

55. (e) बिहार सैन्यदल में हिन्दू सैनिकों की संख्या = 10000 × 12% × $\frac{5}{8} = 750$

जाट सैन्यदल में गैर-हिन्दू सैनिकों की संख्या = 700

इसलिए आवश्यक अनुपात = 750 : 700 = 15 : 14

56. (c) मूल्यों के प्रतिस्थापन में:-

P = 29000

CI = 9352.5

N = 2 years

A = P + I = 38,352.50

$$A = P\left(1 + \frac{R}{100}\right)^n$$

हल करने पर हमें प्राप्त होता है R = 15%

57. (b) आवश्यक समय 8, 18, 15 का LCM होगा जो कि 360 सेकेण्ड या 6 मिनट है।

58. (c) $R^2 = 39424$

R = 112

वर्ग का पैरीमीटर = = 4a = 112

वर्ग की भुजा = 112/4 = 28

वर्ग का क्षेत्रफल = $28^2 = 784\ cm^2$.

59. (a) प्रकारों की संख्या = ${}^5C_2 \times {}^6C_2 \times {}^3C_1 = 450$

60. (d) प्रकारों की संख्या = ${}^{11}C_2 \times {}^3C_3 = 55$.

61. (c) आवश्यक दिनों की संख्या = (30 × 36)/18 = 60

62. (d) राम की कुल आय मान लेते हैं = x

(100 – 50 – 20 – 5)% of x = 11250

x = 45000.

63. (e) संख्या को $x\,y$ मान लेते हैं।

$(10x+y)-(10y+x)=54$

$x-y=6$ And $x+y=12$

समीकरण को हल करने पर हमें प्राप्त होता है $x=9$ and $y=3$

इसलिए संख्या है = 93

64. (a) गीता की बेटी की आयु को x मान लेते हैं तो गीता की आयु हुई $8x$

$(8x+8)/(x+8)=10/3$

$x=4$

गीता की वर्तमान आयु = $8x$ = 32 वर्ष

65. (c) आवश्यक प्रकारों की संख्या == $4! \times 3! \times 2! = 288$.

66. (d) $9228.789 \sim 9230$; $5021.832 \sim 5020$ and $1496.989 \sim 1500$

अब समीकरण हो जाएगा

$9230-5020+1500=?$

$?=5710$

लेकिन निकटतम मूल्य है = 5700

नोट - निकटतम 100 के स्थान पर पूर्णांक करने पर भी यही संख्या प्राप्त होगी।

67. (a) $1002 \sim 1000$; $49 \sim 50$; $99 \sim 100$ and $1299 \sim 1300$

Now the equation will become

$1000 \div 50 \times 100 - 1300 = ?$

$20 \times 100 - 1300 = ?$

$2000 - 1300 = ?$

$? = 700$

68. (d) दो निकटतम मूल्यों के बीच अंतर है = 70

(210 व 280) [इसलिए संख्या को निकटतम पूर्णांक करना]

29.8% of 260 ~ 30% of 260; 60.01% of 510 ~ 60% of 510 and 103.57 ~ 104

30% of 260 + 60% of 510 – 104 = ?

$30/100 \times 260 + 60/100 \times 510 - 104 = ?$

$78 + 306 - 104 = ?$

$? = 384 - 104 = 280$

69. (a) $(21.98)^2 = (22)^2$

$(25.02)^2 = (25)^2$

and $(13.03)^2 = (13)^2$

The equation will becomes

$22^2 - 25^2 + 13^2 = ?$

$484 - 625 + 169 = ?$

$653 - 625 = ?$

$? = 28$ so the nearest value is 25

70. (e) $\sqrt{24.98} \times \sqrt{6.25} \times \sqrt{99} = ?$

$5 \times 2.5 \times 10 = 125$

71. (b) 72. (d) 73. (e) 74. (c) 75. (b)
76. (a) 77. (d) 78. (d) 79. (d) 80. (c)
81. (d) 82. (b) 83. (c) 84. (a) 85. (e)
86. (e) 87. (b) 88. (a) 89. (a) 90. (e)
91. (e) 92. (d) 93. (b) 94. (b) 95. (c)
96. (c) 97. (d) 98. (a) 99. (e) 100. (b)

अध्याय

1 ENGLISH GRAMMAR & VOCABULARY

ENGLISH GRAMMAR : QUICK REVIEW

PARTS OF A WORD :

A word can be divided into its STEM (the basic part of the word containing its meaning) and its INFLECTIONS (the endings added to indicate such things as that a noun is PLURAL or a verb is in the past tense).

Examples :	Stem:	dog
		walk
Inflections:		s in dogs
		ed in walked

PART OF A SENTENCE

SUBJECT :

The subject is the person, thing or topic which the sentence deals with. To discover the subject, ask who or what before the verb, e.g. in the sentence The house stands on the hill, what stands on the hill? Answer: the house.

Examples : The house stands on the hill.
It overlooks the plain.

PREDICATE :

The predicate is all of the sentence except the subject.

Examples : The house stands on the hill.
It overlooks the plain.

OBJECT :

The object is the person, thing or topic upon which the subject carries out the action of the verb. To discover the object, ask who or what after the verb, e.g. the house overlooks what? Answer: the plain.

Examples : The house overlooks the plain.
I see him clearly.
He watches himself carefully.

In some cases a whole clause can act as object.

Example : He said that the Green Knight was really orange.

Sometimes we apparently have two objects. Where one of these can alternatively be expressed by placing 'to' before it, it is called the indirect object.

For example, instead of 'He gave me the book' we can say 'He gave the book to me'. Here the book is the direct object and me the indirect object .

COMPLEMENT :

After the verb 'to be' there is no object since the noun which follows refers to the same thing as that which precedes the verb (the subject). The noun following the verb to be is called the complement.

Examples : I am a man.
(here 'man' is the complement)
This is the question.
(here 'question' is the complement)

CLAUSE :

There are two kinds of clauses: principal (or main) clauses, and subordinate (or dependent) clauses.

Principal Clause : A group of words which includes a subject and a finite verb and makes a complete statement.

Examples : I am a man.
The house stands on the hill.
When I come home, I will let the cat in.

The following are not principal clauses because they do not make a complete statement which can stand by itself:

Which is a problem
That the house is standing on the hill.
When I come home
The house which stands on the hill.

Subordinate Clause : A group of words which includes a finite or non-finite verb but does not make a statement which can stand by itself.

Examples : As soon as the Green Knight entered the room all were astounded.
He said that the Green Knight was really orange.
The house, which stands on the hill, is empty.

Subordinate clauses can be classified according to their function:

Adverbial Clause :

Example : As soon as the Green Knight entered the room, all were astounded.

In this sentence the clause fulfills the same function as an adverb, such as 'immediately' in the sentence: immediately all were astounded.

Noun Clause :

Examples : He said that the Green Knight was really orange.

The clause fulfills the same function as a noun.

Relative Clause :

Example : The house, which stands on the hill, is empty.

Relative clauses are adjectival in nature. The clause fulfills the same role as an adjective such as 'high-placed' in the sentence, 'The high-placed house is empty'.

Clauses can also be classified by whether they contain a finite verb.

Finite Clause : A finite clause contains a finite verb and, usually, a subject. It can be a principal clause or a subordinate clause.

Examples : They say nice things about you. (principal clause)

When they say nice things about you they are not lying. (subordinate clause)

Non-Finite Clause : A non-finite clause contains a non-finite verb but does not contain a finite verb and cannot stand alone. A non-finite clause cannot be a principal clause. Nonfinite verbs include participles and infinitives .

Examples : Singing and dancing, he moved slowly up the aisle.

He gave me an invitation to bring you to the party.

Having eaten all the cakes, he began to consume the biscuits.

Filled with joy, he left the room.

PHRASE :

A phrase is group of words without a verb.

Examples : It is on the hill.

He went over the sea.

PART OF SPEECH

Examples :

House	noun
The house	article + noun
The house stands	article + noun + verb
The house stands firmly	article + noun + verb + adverb
The house stands firmly on the hill	article + noun + verb + adverb preposition + article + noun
The empty house stands on the hill	article + adjective + verb + adverb + preposition + article + noun
It stands on the hill	pronoun + verb + preposition + article + noun
Since it stands on the hill it overlooks the plain	conjunction + pronoun + verb + preposition + article + noun + pronoun + verb + article + noun

NOUN :

Nouns can be thought of as 'names'; they denote things, people, abstract ideas.

Examples : The house is old.

A king was here.

Virtue is its own reward.

Accidents will happen.

ARTICLE :

The articles are: the, a, an. The is called the definite article; a (and an) is called the indefinite article.

VERB :

A verb is a "doing word". It expresses the carrying out of an action. With an active verb this action is carried out by the subject.

Examples : It stands.

I am.

He adjudicates between the parties concerned.

Alfred burnt the cakes.

With a passive verb the action is carried out upon the subject:

Examples : The cakes were burnt by Alfred.

The Bible is read in many languages.

Verbs have various qualities:

Tense : This is the feature of the verb indicating when the action took place

Examples : Present Tense: It stands

Past Tense: It stood

Future Tense: It will stand

Aspect : This is the feature of the verb which indicates whether the action is, was or will be a completed one or a continuous one. If the verb is unmarked as to whether it is completed, 'perfect' or continuous, 'progressive', it is called simple. Hence we can draw up the following scheme:

Simple Present:	It stands
Simple Past:	It stood
Simple Future:	It will stand
Present Perfect:	It has stood
Past Perfect:	It had stood
Future Perfect:	It will have stood
Present Progressive:	It is standing
Past Progressive:	It was standing
Future Progressive:	It will be standing

The present perfect is often known simply as the perfect and the past perfect is sometimes called the pluperfect .

Voice : In English we have the active and the passive voice. In the active voice the subject carries out the action of the verb; in the passive voice the action of the verb is carried out upon the subject.

Examples : Active: I place

Passive: I am placed

A full complement of passive verbs exists in English. The passive is formed with the appropriate tense of the verb to be and the past participle.

Examples : Present Progressive Passive:

I am being placed

Past Perfect Passive: I had been placed

Future Perfect Passive: I will be placed

Mood : There are three moods in English.

1. **Indicative:** The indicative mood is the normal one in present-day English:
   Example : I was going to the pictures
2. **Subjunctive:** The subjunctive mood is much rarer; it expresses a hypothetical action.
   Examples : If I were going to the pictures.
   I wish I were going to the pictures.
3. **Imperative :** The imperative mood expresses an order.
   Example : Go to the pictures.

Finite and Non-Finite Verbs : Verbs are either finite or non-finite. Non-finite verbs do not include any indication of tense. One kind of non-finite verb is the infinitive. The infinitive is the basic form of the verb. It is often combined with 'to' as in 'I am going to stand here'. However the infinitive is not always preceded by to: in the sentence. 'I will stand'. Here the infinitive is 'stand'. Combined with 'will' the infinitive stand makes the finite (future tense) verb 'will' stand'. Other non-finite parts of the verb are the participles. The present participle is the form of the verb used in constructions like:

I am going.
He is combing his hair.
They are developing rapidly.

The same form of the verb can also be used as a noun (in which case it is called a gerund or verbal noun):

Examples : Developing is not easy.
Walking is pleasant in the summer.

or as an adjective (in which case it is called a gerundive or verbal adjective):

Examples : The third world is made up of the developing countries.
She is a growing child.

The past participle is used in constructions like:

I have walked.
She has grown.
It has developed into a major argument.

This form is often the same as the past tense (e.g. I walked) but not always (e.g. I grew). This also appears as an adjective:

Example: A grown man

ADVERB :

An adverb modifies a verb; it indicates how the action of a verb is carried out.

Examples : The house stands firmly.
She speaks well.
He dresses beautifully.

It can also modify an adjective or another adverb.

Examples : The house is very firm.
She answered most considerately.

PREPOSITION :

A preposition connects a noun (with or without an article) or a pronoun to some other word. Prepositions are the "little words of English".

Examples : It stands on hills.
The swagman jumped into the billabong.
England is over the sea.
She told the good news to him.

ADJECTIVE :

An adjective qualifies a noun; it describes the attributes of a noun.

Examples : The house stands on the high hill.
Precious purple prose provokes profound professors.

PRONOUN :

Pronouns take the place of nouns.

Examples : It stands on the hill.
I see myself.
The house which stands on the hill overlooks the plain.
That stands on the hill.
What stands on the hill?

There are a number of different kinds of pronouns:

Personal Pronouns : These are divided into "persons" as follows:

	Singular	Plural
First person	I	we
Second person	you	you
Third person	he, she, it	they

The personal pronouns also include the reflexive and emphatic pronouns.

These are the same in form but different in function. They are myself, himself, themselves, etc.

Examples :

Reflexive: I see myself.
People help themselves.

Emphatic: I think myself that it is wrong.
They themselves want to stay on.

Relative Pronouns : The relative pronouns are as follows:

	People	Things
Subject	who, that	which, that
Object	whom, that	which, that
Possessive	whose	whose

These are used in relative clauses such as:

Examples : This is the man who saw me.
This is the man whom I saw.
This is the man whose house I saw.
This is the man that I saw.
This is the house that Jack built.

Demonstrative Pronouns : These are :

This these
That those

Examples : This is the house.
That is the question.

They are also used as demonstrative adjectives:

Examples : This man is green.
That house is red.

Interrogative Pronouns : These are used in questions:

	People	Things
Subject	who	what, which
Object	whom, who	what, which
Possessive	whose	

Examples : Who(m) did you see?
Who is that man?
Which is the right way?
Who(m) did you speak to?

What and which can be also used as interrogative adjectives, in which case they can be applied to people.

Examples : Which house stands on the hill?
Which Prime Minister was drowned?
What sweet do you recommend?

CONJUNCTIONS

Some conjunctions are coordinating (i.e. joining elements of the same kind) like 'and', 'or', 'but', etc.

Examples : It stands on the hill and overlooks the plain.
I say this but she says that.

Other conjunctions are subordinating (i.e. joining a subordinate clause to a main clause) like when, because, since, as

Examples : Since it stands on the hill it overlooks the plain.
Although I say this she says that.
When Gawain saw the Green Knight he did not show that he was afraid.

ENGLISH VOCABULARY : QUICK REVIEW

A lot of words are similar but with different meanings. It is almost impossible to avoid making mistakes in English, but if you can get your head around these explanations, you might be able to avoid making these mistakes.

accept vs except

Accept is a verb, which means to agree to take something .
For example: "I always accept good advice."
Except is a preposition or conjunction, which means not including.
For example: "I teach every day except Sunday(s)."

advice vs advise

Advice is a noun, which means an opinion that someone offers you about what you should do or how you should act in a particular situation.
For example: "I need someone to give me some advice."
Advise is a verb, which means to give information and suggest types of action.
For example: "I advise everybody to be nice to their teacher."

affect vs effect

Affect and effect are two words that are commonly confused. affect is usually a verb (action) - effect is usually a noun (thing)
Hint: If it's something you're going to do, use "affect." If it's something you've already done, use "effect."
To affect something or someone.

alone / lonely

Alone can be used as an adjective or adverb. Either use means without other people or on your own.
For example: "He likes living alone."
"I think we're alone now." = There are just the two of us here.
Lonely is an adjective which means you are unhappy because you are not with other people.
For example: "The house feels lonely now that all the children have left home."

a lot / alot / allot

A lot, meaning a large amount or number of people or things, can be used to modify a noun.
For example: "I need a lot of time to develop this web site."
It can also be used as an adverb, meaning very much or very often.
For example: "I look a lot like my sister."
It has become a common term in speech; and is increasingly used in writing.
Alot does not exist! There is no such word in the English language. If you write it this way - imagine me shouting at you - "No Such Word!"
Allot is a verb, which means to give (especially a share of something) for a particular purpose:-
For example: "We were allotted a desk each."

all ready vs already

All ready means "completely ready".
For example: "Are you all ready for the test?"
Already is an adverb that means before the present time or earlier than the time expected.
For example: "I asked him to come to the cinema but he'd already seen the film."

or

"Are you buying Christmas cards already? It's only September!"

altogether vs all together

All together (adv) means "together in a single group."
For example: The waiter asked if we were all together.
Altogether (adv) means "completely" or "in total ".
For example: She wrote less and less often, and eventually she stopped altogether.

any one vs anyone

Any one means any single person or thing out of a group of people or things.
For example: I can recommend any one of the books on this site.
Anyone means any person. It's always written as one word.
For example: Did anyone see that UFO?

any vs some

Any and some are both determiners. They are used to talk about indefinite quantities or numbers, when the exact quantity or number is not important. As a general rule we use some for positive statements, and any for questions and negative statements.

For example: I asked the barman if he could get me some sparkling water. I said, "Excuse me, have you got any sparkling water?" Unfortunately they didn't have any.

Note - You will sometimes see some in questions and any in positive statements. When making an offer, or a request, in order to encourage the person we are speaking to, to say "Yes", you can use some in a question:

For example: Would you mind fetching some gummy bears while you're at the shops?

You can also use any in a positive statement if it comes after a word whose meaning is negative or limiting:

For example: (a) She gave me some bad advice.

(b) Really? She rarely gives any bad advice.

apart vs a part

Apart (adv) means separated by distance or time.

For example: I always feel so lonely when we're apart.

A part (noun) means a piece of something that forms the whole of something.

For example: They made me feel like I was a part of the family.

been vs gone

been is the past participle of be and gone is the past participle of go.

Been is used to describe completed visits. So if you have been to England twice, you have travelled there and back twice. If you have gone to England, you have not yet returned.

bored vs boring

Bored is an adjective that describes when someone feels tired and unhappy because something is not interesting or because they have nothing to do.

For example: She was so bored that she fell asleep. Boring is an adjective that means something is not interesting or exciting.

For example: The lesson was so boring that she fell asleep.

beside vs besides

Beside is a preposition of place that means at the side of or next to.

For example: The house was beside the Thames.

besides is an adverb or preposition. It means in addition to or also.

For example: Besides water, we carried some fruit. = "In addition to water, we carried some fruit."

borrow vs lend

To lend means to hand out usually for a certain length of time.

Banks lend money.

Libraries lend books.

For example: "My mother lent me some money, and I must pay her back soon."

To borrow means to take with permission usually for a certain length of time.

You can borrow money from a bank to buy a house or a car.

You can borrow books for up to 4 weeks from libraries in England.

For example: "I borrowed some money from my mother, and I must pay her back soon."

bought vs brought

Bought is the past tense of the verb to buy.

For example: "I bought a newspaper at the newsagents. "

brought is the past tense of the verb to bring.

For example: "She brought her homework to the lesson."

by vs until

Both until and by indicate "any time before, but not later than."

Until tells us how long a situation continues. If something happens until a particular time, you stop doing it at that time.

For example: They lived in a small house until September 2003.

(They stopped living there in September.)

I will be away until Wednesday.

(I will be back on Wednesday.)

We also use until in negative sentences.

For example: Details will not be available until January.

(January is the earliest you can expect to receive the details.)

If something happens by a particular time, it happens at or before that time. It is often used to indicate a deadline.

For example: You have to finish by August 31.

(August 31 is the last day you can finish; you may finish before this date.)

We also use by when asking questions.

check (v) vs control (v)

To check means to examine. To make certain that something or someone is correct, safe or suitable by examining it or them quickly.

For example: "You should always check your oil, water and tyres before taking your car on a long trip."

To control means to order, limit, instruct or rule something, or someone's actions or behaviour.

For example: "If you can't control your dog, put it on a leash!"

What you shouldn't do is use the verb control in association with people and the work they do.

For example: "I check my students' homework, but I can't control what they do!"

come over (v) vs overcome (n)

Come over is a phrasal verb, that can mean several things.

To move from one place to another, or move towards someone.

For example: "Come over here."

To seem to be a particular type of person.

For example: "Politicians often come over as arrogant."

To be influenced suddenly and unexpectedly by a strange feeling.

For example: "Don't stand up too quickly or you may come over dizzy."

Overcome is a verb, which means to defeat or succeed in controlling or dealing with something.

For example: "Using technology can help many people overcome any disabilities they might have."

complement (v) vs compliment (n)

Complement is a verb, which means to make something seem better or more attractive when combined.

For example: "The colours blue and green complement each other perfectly."

Compliment is a noun, which means a remark that expresses approval, admiration or respect.

For example: "It was the nicest compliment anyone had ever paid me."

Tip! Having problems with your spelling?

Try these mnemonics:-

If it complements something it completes it. (With an e.)

I like compliments. (With an i.)

concentrate vs concentrated

The verb - when you concentrate you direct all your efforts towards a particular activity, subject or problem.

For example: You need to concentrate harder when you listen to something in another language.

The adjective - If something is concentrated it means it has had some liquid removed.

For example: I prefer freshly squeezed orange juice to concentrated.

council vs counsel

Council is a group noun. It refers to a group of people elected or chosen to make decisions or give advice on a particular subject, to represent a particular group of people, or to run a particular organization.

For example: "The local council has decided not to allocate any more funds for the project."

Counsel can be a verb, which means to give advice, especially on social or personal problems.

For example: "She counsels the long-term unemployed on how to get a job."

Counsel can also be a noun, which means advice and can also mean a lawyer.

For example: "I should have listened to my father's counsel, and saved some money instead of spending it all."

Example of lawyer: The defence counsel pressed his case

councillor vs counsellor

Councillor is a noun which means an elected member of a local government.

For example: "He was elected to be a councillor in 1998."

Counsellor is a noun, which means someone who is trained to listen to people and give them advice about their problems.

For example: "The student union now employs a counsellor to help students with both personal and work-related problems."

data vs datum

This isn't so much a common mistake as a common cause for arguments (as is often the case with words of Latin origin). The dictionaries treat data as a group noun, meaning information, especially facts or numbers, collected for examination and consideration and used to help decision-making, or meaning information in an electronic form that can be stored and processed by a computer.

Then they go on to confuse matters by giving the following kind of example :

The data was/were reviewed before publishing.

So, which is it, was or were? Strictly speaking 'datum' is the singular form and 'data' is the the plural form.

If you're writing for an academic audience, particularly in the sciences, "data" takes a plural verb.

HOMOPHONES :

Homophones are words that have exactly the same sound (pronunciation) but different meanings and (usually) different spelling.

For example, the following two words have the same sound, but different meanings and spelling:

hour and our

In the next example, the two words have the same sound and spelling, but different meanings:

bear (the animal)

bear (to carry)

Usually homophones are in groups of two (our, hour), but very occasionally they can be in groups of three (to, too, two) or even four. If we take our "bear" example, we can add another word to the group:

bare (naked)

bear (the animal)

bear (to tolerate)

HOMOPHONES AND HOMOGRAPHS :

Homonyms generally include two categories of word types: homophones and homographs.

- Homographs are words that are spelled the same but have different meanings.
- Homophones are words that sound the same when you pronounce them, but have different meanings.

This list contains both homophones and homographs.

ade – drink type, as in lemonade

aid – to help or assist

aide - assistant

affect - change

effect – result or consequence

air – atmosphere (the stuff we breathe)

err – to make a mistake

aisle - walkway

I'll – I will

isle - island

allowed - permitted

aloud – out loud

ant – picnic pest

aunt – relative, as in your mom's sister
arc - curve
ark – Noah's boat
ate – chewed up and swallowed
eight – number after seven
bare - uncovered
bear – grizzly animal
berry – fruit from a bush
bury – to put underground
base – bottom part
bass – deep or low
be – to exist
bee – buzzing insect
beach – sandy shore
beech – type of tree
beat - to pound
beet – type of edible plant
berth – tie up
birth – to be born
bite - nibble
byte – 8 bits (computer data)
blew – past of blow
blue – color of ocean
boar - pig
bore – not interesting bore - to drill
borough – area or district
burrow – dig through
burro – small donkey
bough - branch
bow – bend or curtsy
buoy - floater
boy – young man
brake – stop pedal
break – smash
bread – bakery food
bred – form of breed
broach - mention
brooch - pin
brows - eyebrows
browse – look around
buy - purchase
by - beside
by - originating from,
bye – short for goodbye
cell – compartment
sell - vend
cent – penny coin of USA
sent – did send
cereal – breakfast food
serial - sequential
Chile – country in South America
chili – bean stew
chilly – frosty
chord – musical tone
cord - rope
cite - quote
site - location
sight - view
close – opposite of open
clothes - clothing
complement – enhance; go together
compliment - praise
council - committee
counsel - guidance
creak - squeak
creek – stream of water
crews - gangs
cruise – ride on a boat
dear - darling
deer – woodland animal
dew – morning mist
do - operate
due - payable
die – cease to exist
dye - color
doe – female deer
dough – uncooked bread
dual - double
duel - battle
ewe – female sheep
you - second-person personal pronoun
eye – sight organ
I - me
fair - equal
fare - price
fairy – elflike creature with wings
ferry - boat
faze - impact
phase - stage
feat – achievement
feet – plural of foot
fir – type of tree
fur – animal hair
flea – small biting insect
flee - run
flew – did fly
flu – illness
flour – powdery, ground up grain
flower – blooming plant
for – on behalf of
fore - front
four – one more than three
forth - onward
fourth – number four
knew – did know

new – not old
gorilla – big ape
guerrilla - warrior
grease - fat
Greece – country in Europe
groan - moan
grown – form of grow
hair – head covering
hare – rabbit-like animal
hall - passageway
haul - tow
halve – cut in two parts
have - possess
hay – animal food
hey – interjection to get attention
heal - mend
heel – back of foot
hi - hello
high – up far
hoarse - croaky
horse – riding animal
hole - opening
whole - entire
holey – full of holes
holy - divine
wholly - entirely
hour – sixty minutes
our – belonging to us
knead - massage
need - desire
knight – feudal horseman
night - evening
knot – tied rope
not - negative
know – have knowledge
no – opposite of yes
lead – metal
led - was the leader
lessen – make smaller
lesson - class
loan - lend
lone - solitary
made – did make
maid - servant
mail - postage
male – opposite of female
marry – to wed
merry – very happy
meat – animal protein
meet - encounter
none – not any
nun – woman who takes special vows
oar – boat paddle
or - otherwise
ore - mineral
oh – expression of surprise or awe
owe – be obligated
one - single
won – did win
overdo – do too much
overdue – past due date
pail - bucket
pale – not bright
pain - hurt
pane – window glass
peace - calm
piece - segment
peak – highest point
peek - glance
plain - ordinary
plane – flight machine
plane - flat surface
pole - post
poll - survey
poor – not rich
pour – make flow
pray – implore God
prey - quarry
principal – most important
principle - belief
rain – water from sky
rein - bridle
rap - tap
wrap – drape around
real - factual
reel - roll
right – correct; not left
write - scribble
ring - encircle
wring - squeeze
role - function
roll - rotate
rose - flower
rows - lines
sail – move by wind power
sale – bargain price
scene - landscape
seen - viewed
sea – ocean segment
see – observe with eyes
seam – joining edge
seem - appear
sew – connect with thread

so – as a result
sow - plant
soar - ascend
sore – hurt place
sole - single
soul - essence
some – a few
sum - amount
steal - swipe
steel - alloy
tail – animal's appendage
tale - story
their – belonging to them
there – at that place
they're – they are
to - toward
too - also
toe – foot appendage
tow – pull along
vary - differ
very - much
wail - howl
whale – huge swimming mammal
waist – area below ribs
waste - squander
wait – kill time
weight – measurable load
war - battle
wore – did wear
warn - caution
worn - used
way - path
weigh – measure mass
we - us
wee - tiny
weak – not strong
week – period of seven days
weather - climate
whether - if
which - that
witch – sorcerer
your – belonging to you
you're – you are

EXERCISE 1 COMMON ERRORS

DIRECTIONS (Qs. 1 - 65) : A sentence has been broken into 4 parts, (a), (b), (c) and (d). Read each sentence to find out whether there is any grammatical error in it. The error, if any, will be in one part of the sentence. The letter of that part is the answer. If there is no error, the answer is 'e'. (Ignore the errors of punctuation, if any).

1. (a) The interviewer asked the actress
(b) how could she
(c) manage to attain fame
(d) in a short period.
(e) No error.

2. (a) He has a scheme (b) of his own which he thinks
(c) more preferable to (d) that of any other person.
(e) No error.

3. (a) The historian (b) has been working
(c) on the project (d) from last 12 years.
(e) No error.

4. (a) We now look forward for
(b) some great achievements
(c) which to some extent
(d) can restore the country's prestige once again.
(e) No error.

5. (a) We play (b) tennis together
(c) every morning (d) since last June.
(e) No error.

6. (a) In spite of his (b) being a Quiz Master
(c) show was (d) a big flop.
(e) No error.

7. (a) Our school is making
(b) every possible effort
(c) to provide best facilities
(d) and personal attention for each child.
(e) No error.

8. (a) At last the rain ceased (b) and the sky was
(c) cleared by clouds (d) and lightening.
(e) No error.

9. (a) You may not always
(b) get whatever you deserve
(c) but that does not belittle
(d) the importance for your work.
(e) No error.

10. (a) The committee is thankful to Shri Desai
(b) for preparing not only the main report
(c) but also for preparing
(d) the agenda notes and minutes.
(e) No error.

11. (a) We have observed that
(b) many good programmes
(c) suffer of shortage
(d) of funds and other resources.
(e) No error.

12. (a) The apparently obvious solutions
(b) to most of his problems
(c) were overlook by
(d) many of his friends.
(e) No error.

13. (a) Do not trouble (b) yourself about writing to me
(c) unless you are quite (d) in the humour for it.
(e) No error.

14. (a) Usually
(b) the climate in mountainous areas becomes much
(c) windy
(d) at higher altitudes
(e) No error

15. (a) The Head of the Department
(b) advised all the staff
(c) to not to
(d) indulge in gossip.
(e) No error.

16. (a) As it was Ramesh's
(b) first interview he dressed him
(c) in his most
(d) formal suit.
(e) No error.

17. (a) Developmental activities of
(b) the government come
(c) to a standstill due
(d) to paucity of funds.
(e) No error.

18. (a) I was to about (b) go out of my house
(c) when it suddenly (d) started raining.
(e) No error.

19. (a) While Mahendra was away
(b) on a long official tour
(c) his office receive an important letter
(d) which was marked 'Urgent'.
(e) No error.

20. (a) Rajesh was expecting
(b) a telegram from his uncle
(c) which would inform
(d) him whether he went or not.
(e) No error.

21. (a) The teacher promised
(b) that he will explain it
(c) if they come
(d) before school the following day.
(e) No error.

22. (a) Scarcely had
(b) he gone a few steps
(c) that he was told
(d) that his mother was no more.
(e) No error.

23. (a) One of the objective (b) of the meeting which
(c) was held today was to
(d) elect new office-bearers.
(e) No error.

24. (a) When the national (b) anthem was being
(c) sung, everyone were (d) standing in silence.
(e) No error.

25. (a) He neglects
(b) attending lectures
(c) regularly
(d) though college was only a few yards away from his house.
(e) No error.

26. (a) Mr.Raman said that
(b) he had a difference
(c) with
(d) the chairman at his statement.
(e) No error.

27. (a) We were shocking (b) to hear the news
(c) of the untimely death (d) of the leader.
(e) No error.

28. (a) The health workers are
(b) being tried their best
(c) to popularise
(d) preventive measures.
(e) No error.

29. (a) After listening to (b) his advice, I
(c) decided to not to (d) go abroad for studies.
(e) No error.

30. (a) The customer scarcely had
(b) enough money to pay
(c) to the cashier
(d) at the cash counter.
(e) No error.

31. (a) Neither of the plans (b) suits him and therefore
(c) he decided not to (d) go out yesterday.
(e) No error

32. (a) Since I had been gone
(b) through the book
(c) long back, I could
(d) not remember the contents.
(e) No error.

33. (a) What (b) you will think
(c) if school boys (d) make fun of you?
(e) No error.

34. (a) We (b) have been living
(c) in this house (d) since two years.
(e) No error.

35. (a) He served (b) the country with
(c) heart and soul (d) but got nothing in return.
(e) No error.

36. (a) Manohar has not only opened
(b) a restaurant, but also
(c) a grocery shop in the
(d) village where we live
(e) No error.

37. (a) His speech was
(b) judged by many
(c) as one of the most important speech
(d) given in the function.
(e) No error.

38. (a) They would not (b) have able to plan
(c) the details of the job, (d) if you had no cooperated.
(e) No error.

39. (a) Hardly had I (b) entered the compartment
(c) than I met (d) my friend Vishwas.
(e) No error.

40. (a) Unintentionally I let (b) out the secret
(c) by talking about (d) it loudly in the library.
(e) No error.

41. (a) Ever since the government
(b) announced its new policy
(c) the private institutions had
(d) run into heavy weather.
(e) No error.

42. (a) Ramesh did not like
(b) leaving his old parents alone in the house
(c) but he had no alternative
(d) as he has to go out to work.
(e) No error.

43. (a) Both the brothers are
(b) so good-natured that
(c) they look at their
(d) old and aged parents very well
(e) No error.

44. (a) Foolishly Rajani opened
(b) the cooker when
(c) it was full steam
(d) and burnt her hands.
(e) No error.

45. (a) No sooner did
(b) the chairman beign speaking
(c) some participants started
(d) shouting slogans.
(e) No error.

46. (a) He fixed a metal ladder
(b) for the wall below his window
(c) so as to be able to
(d) escape if there was a fire.
(e) No error.

47. (a) Jayant told me
(b) that Mihir expect
(c) every friend to meet him
(d) once in a week.
(e) No error.

48. (a) I am trying to finish
(b) this letter for the last one hour
(c) I wish you would
(d) go away or stop disturbing me.
(e) No error.

49. (a) If you would have
(b) gone to his house
(c) before 10 a.m., you would have
(d) got his autograph.
(e) No error.

50. (a) The five-member committee were
(b) of the view that the present service conditions
(c) of the employees of this company
(d) are quite good.
(e) No error.

51. (a) Jayesh loved his Guru immensely
(b) and gave him fullest loyalty,
(c) yet he had his own
(d) independent way of thinking.
(e) No error.

52. (a) Day in and day out (b) he keep telling
(c) his friends that (d) he wants to go abroad.
(e) No error.

53. (a) The chairman welcomed
(b) all the guests and
(c) gave an outline of the
(d) activities performing by the Company.
(e) No error.

54. (a) Their only demand
(b) for additional wages were
(c) considered sympathetically
(d) by the progressive management.
(e) No error.

55. (a) Your machine would not have
(b) given you so much trouble
(c) if you had
(d) maintained it proper.
(e) No error.

56. (a) Even though it was (b) raining bad I
(c) went out to (d) get some medicines.
(e) No error.

57. (a) Rosy herself wash (b) all the clothes and
(c) never gives them (d) to the laundry.
(e) No error.

58. (a) Pramod said that (b) he prefers a white shirt
(c) to coloured one (d) on any festival occasion.
(e) No error.

59. (a) Whatever work (b) that which you undertake
(c) put your best (d) efforts in it.
(e) No error.

60. (a) If you cannot (b) sympathy with the poor,
(c) how will you be (d) able todo social work?
(e) No error.

61. (a) The majority of the
(b) computer professionals recommends
(c) that effective measures
(d) should be taken against software piracy.
(e) No error.

62. (a) Very few employees (b) in our company are
(c) so dedicated as (d) Mahesh will.
(e) No error.

63. (a) A detailed inquiry (b) in the incident
(c) has been initiated (d) by the Central Government.
(e) No error.

64. (a) What is needed today is
(b) a new breed of managers
(c) with a new set of concepts
(d) and a flexible way about thinking.
(e) No error.

65. (a) They have been (b) very close friends
(c) until they quarrelled. (d) No error.
(e) No error.

Directions (Qs. 66 - 116) : A sentence is broken into 3 parts (a), (b) and (c). Read each sentence to find out any grammatical error in it. The error if any will be in the part of the sentence the letter of that part is the answer. If error is in more than one part of the sentences your answer will be(e)

66. (a) The serial which appeared quite interesting initially
(b) turned out to be boring
(c) in its latter parts
(d) No error.

67. (a) It is the duty of every citizen to do his utmost
(b) to defend the hardly-won
(c) freedom of the country.
(d) No error.

68. (a) If a man diligently seeks to come into the contact
(b) with the best that has been thought and said in this world
(c) he will become simple and unselfish.
(d) No error.

69. (a) You must (b) remember me
(c) to post this letter. (d) No error.

70. (a) On the busy Ring Road
(b) we witnessed a collusion
(c) between a truck and an auto
(d) No error.

71. (a) He couldn't but help
(b) shedding tears at the plight of the villagers
(c) rendered homeless by a devastating cyclone.
(d) No error.

72. (a) The brand propositon now therefore had to be that Keokarpin Antiseptic Cream is more effective
(b) because it penetrates deepdown (beinglight and non-sticky)and works from within
(c) (because of its ayurvedic ingredients) tokeep skin blemish, free and helps cope with cuts nicks, burns and nappy rash
(d) No error

73. (a) My papa is (b) in bad mood
(c) today (d) No error.

74. (a) In spite of several reminders,
(b) he did not so far send
(c) any reply to me, letters.
(d) No error.

75. (a) Please try to understand
(b) that the dispute on this issue is between my brother and myself,
(c) and concerns nobody else.
(d) No error.

76. (a) It does not matter how you do it;
(b) what I want is that
(c) you should finish the work within a month.
(d) No error.

77. (a) While walking slowly in the park
(b) on a quiet summer afternoon
(c) a mad dog suddenly attacked him from behind.
(d) No error.

78. (a) Many health-conscious people
(b) prefer margarine
(c) than butter.
(d) No error.

79. (a) At present juncture
(b) however, the supercomputer
(c) would be a costly toy.
(d) No error.

80. (a) Troy was taken by Greeks
(b) this formed the basis of a story
(c) which has become famous.
(d) No error.

81. (a) The method suggested in the lecture
(b) enables a student to learn more quickly
(c) and to have remembered for a longer period of time.
(d) No error.

82. (a) The test will not need
(b) more than one and half hour
(c) to finish.
(d) No error.

83. (a) His father died of cholera
(b) but his mother also,
(c) though very weak, is out of danger.
(d) No error.

84. (a) I am thinking of
(b) to go to Agra
(c) for my cousin's marriage.
(d) No error.

85. (a) Neeraj said
(b) that he would rather fail than copying
(c) in the examination.
(d) No error.

86. (a) You will come (b) to my party tomorrow,
(c) isn't it? (d) No error.

87. (a) Both of you two (b) can come with me
(c) to the play tonight. (d) No error.

88. (a) No sooner did the sun rise
(b) when we took a hasty breakfast
(c) and resumed the journey.
(d) No error.

89. (a) The brakes and steering failed
(b) and the bus ran down the hill
(c) without anyone being able control it.
(d) No error.

90. (a) When he was asked what is wrong with him.
(b) he said that he was not well
(c) and asked for leave of absence for one day.
(d) No error.

91. (a) Remember that you are part of
(b) the team and your success depends on the support
(c) you are able to give and get from your other team members.
(d) No error.

92. (a) Remember that you are part of
(b) the team and your success depends on the support
(c) you are able to give and get from your other team members.
(d) No error.

93. (a) Happily, zoos were (b) unwilling to cooperate
(c) in a scheme that was potentially harmful to animal welfare.
(d) No error.

94. (a) With little patience (b) you will be able to
(c) cross this hurdle. (d) No error.

95. (a) None of the students attending your class
(b) answered your questions
(c) did they?
(d) No error.

96. (a) An animal
(b) can be just as unhappy in a vast area
(c) or in a small one.
(d) No error.

97. (a) The scientist must follow
(b) his hunches and his data
(c) wherever it may lead.
(d) No error.

98. (a) A large scale exchange of nuclear weapons
(b) will produce unprecedented amounts of radiation
(c) that can penetrate into the biological tissue.
(d) No error.

99. (a) He asked me (b) why did I call
(c) him a rogue. (d) No error.

100. (a) The person which was
(b) recommended for the position
(c) did not fulfil the prescribed qualifications.
(d) No error.

101. (a) Sheela has scored a first class
(b) in her final exams,
(c) isn't it? (d) No error.

102. (a) He gave them no money
(b) nor did help them
(c) in any way.
(d) No error.

103. (a) My wife has got (b) a new job
(c) a month ago. (d) No error.

104. (a) A group of friends (b) want to visit
(c) the new plant as early as possible.
(d) No error.

105. (a) When I get a cold
(b) it takes me weeks
(c) to shake it off.
(d) No error.

106. (a) There is still (b) little tea
(c) left in the cup. (d) No error.

107. (a) After opening the door
(b) we entered into the room
(c) next to the kitchen.
(d) No error.

108. (a) Last month we celebrated
(b) the wedding of our sister for whom
(c) we have been looking for a suitable alliance for three years.
(d) No error.

109. (a) I am sure that all my monthly expenses
(b) would exceed the income
(c) if I do not economic.
(d) No error.

110. (a) Having read a number of stories
(b) about space travel
(c) his dream now is about to visit the moon.
(d) No error.

111. (a) It is easy to see that
(b) a lawyer's demeanour in court
(c) may be prejudicial against the interests ofhis client.
(d) No error.

112. (a) She walked in
(b) the room where the murder
(c) had taken place.
(d) No error.

113. (a) The ways of
(b) travelling has changed
(c) dramatically since
(d) the late nineteenth century
(e) No error.

114. (a) I could not convince them
(b) because they persisted to suggest
(c) that I was lying.
(d) No error.

115. (a) It is difficult (b) for anyone
(c) to past time thus. (d) No error.

116. (a) Myself and Gopal (b) will take care of
(c) the function on sunday.
(d) No error.

DIRECTIONS (Qs. 117–131) : Read each sentence to find out whether there is any grammatical error or idiomatic error in it. The error, if any, will be in one part of the sentence. The letter of that part is the answer. If there is no error; the answer is (e). (Ignore errors of punctuation, if any.)

117. It is only now, (a) / sixty years after independence, that (b) / India is learning how to negotiating (c) / the competing demands of power and justice. (d) No error (e)

118. The graceful folk dance had performed (a) / so beautifully by a dance group that nobody (b) / seemed to notice that (c) / the show was two-and-a-half hours long ! (d) No error (e)

119. The actor, that was (a) / busy meeting and greeting people, (b) / made sure that this day became (c) / an extra special one for his parents. (d) No error (e)

120. Farmhouse owners in the city, (a) / who were till now paid property tax (b) / for only the built-up area of the plot, will soon (c) / have to pay tax to the government for vacant land also. (d) No error (e)

121. A time sheet diary is to be (a) / maintained by every actor, since (b) / producers constantly complain that they are (c) / forced shooting for late hours because actors come very late. (d) No error (e)

122. Injected into the blood, (a) / tiny bubbles of gas can ease (b) / the passage of vital stroke drugs into the brain, (c) / helping in prevent damage to the grey matter. (d) No error (e)

123. Since universities have more (a) / space on their campuses, they (b) / have been asked to open fire detection control rooms (c) / as a mandatory measure. (d) No error (e)

124. District police arrested (a) / a gang of notorious robbers (b) / who were planning to strike at (c) / a house in the vicinity. (d) No error (e)

125. Households across the State are either opting for (a) / a more modest lifestyle or compromising on (b) / the nutritional value of their food in efforts to negate (c) / the price rise of essential commodities, cereals, vegetables and fruits. (d) No error (e)

126. The fire that gutted (a) / years for research in the chemistry and biochemistry labs (b) / of the University building was (c) / due to short circuit. (d) No error (e)

127. If your don't (a) / understand any of these words (b) / you could (c) / always refer a dictionary. (d) / No error (e)

128. Tea is so hot (a) / that she (b) / can (c) / take it. (d) / No error (e)

129. The teacher said (a) / that the earth (b) / moves round (c) / the sun. (d) / No error (e)

130. He told to me (a) / that he (b) / was going away (c) /the next day. (d) / No error (e)

131. The lecturer says (a) / that Solomon won the respect (b)/ of all races and (c) / classes by his justice. (d) / No error (e)

Directions (Qs. 132-136) : In each sentence below four words have been printed in bold type, which are numbered (a), (b), (c), (d). One of these words may be either wrongly spelt or inappropriate in the context of the sentence. The number of that word is the answer. If all the four words are spelt correctly, the answer is (e), i.e., all correct.

132. He had experienced (a) / a purposefully (b) / discussion (c) / on topics of our interest. (d) / All correct (e)

133. To solve a (a) / problem, one needs to have (b) / intelligent and firm (c) / determination. (d) / All correct (e)

134. Many legends (a) / superstions endow the moon with (b) / a beauty and mistery which will (c) / linger for countless years. (d) / All correct (e)

135. People in our country are distressed (a) / by the spate of strikes, an almost (b) / perpetual go-slow and (c) / increadibly low productivity. (d) / All correct (e)

136. The faces of the (a) / twins were so (b) / identical that we could not (c) / differentiate between them. (d) / All correct (e)

Directions—(Q. 137 to 146) Read each sentence to find out whether there is any grammatical error or idiomatic error in it. The error, if any, will be in one part of the sentence. The letter of that part is the answer. If there is 'No error', the answer is (e). (Ignore errors of punctuation, if any.)

137. In about five minutes, they would (a) / cover the distance from the road to the point (b) / where the waves would (c) / begin lick their feet. (d) No error (e)

138. The devastating experiences (a) / of many wars taught some countries (b) / the necessary of pursuing peace (c) / at the expense of nationalist egos. (d) No error (e)

139. The former superstar recently (a) / visit an orphanage, (b) / fuelling speculation that (c) / she is planning to adopt a child. (d) No error (e)

140. According to a new study (a) / taking steps to remain healthy and young (b) / may help delay (c) / the onset of Alzheimer's disease. (d) No error (e)

141. A day after he was diagnosed with (a) / swine flu, preventive measures were put in place (b) / to ensure that others were not (c) / affected by the dreaded virus. (d) No error (e)

142. The administration has conclusive (a) / that it is retailers who are (b) / responsible for upsetting (c) / the city's household budget. (d) No error (e)

143. The assurances, unfortunately, (a) / remained on paper, as (b) / neither the Centre or the state initiated steps (c) / for the development of the backward region. (d) No error (e)

144. Sediment deposit along the coast (a) / may be the primary reason for (b) / the change in conditions, (c) / but a lot more remains to be understand. (d) No error (e)

145. A committee will be set up (a) / to explore pros and cons by (b) / a common fee structure, and will (c) / take a final decision on it within a week. (d) No error (e)

146. The infection which causes (a) / gums to bleed and teeth to fall out (b) / results from the build-up of (c) / a particular bacteria that is common to most mouths. (d) No error (e)

Directions (Q. 147–194) Read each sentence to find out whether there is any grammatical error in it. The error, if any, will be in one part of the sentence. The letter of that part is the answer. If there is no error, the answer is (e) i.e. 'No error'. (Ignore the errors of punctuation, if any.)

147. Jason sell his house and (a) / moved to a flat (b) / because it was (c) / expensive to maintain. (d) No error (e)

148. He accepted the offer (a) / because there was (b) / nothing more better (c) / coming his way. (d) No error (e)

149. Most villages were cut off (a) / from the rest of (b) / the country (c) / owing heavy floods. (d) No error (e)

140. The trainer revised (a) / his work thorough (b) / so that no one (c) / could find fault with it. (d) No error (e)

151. The band will play (a) / the National Anthem when (b) / the President arrives (c) / on the country. (d) No error (e)

152. If you are (a) / caught stealing (b) / in the super market, (c) / you will be fined. (d) No error (e)

153. They left very early (a) / for the station (b) / for fear that they might (c) / be held up on traffic. (d) No error (e)

154. By the time the (a) / fire engine arrived (b) / at the scene, (c) / the building had already collapsing. (d) No error (e)

155. Gloria and Fiona (a) / are always in (b) / a state of disagreement (c) / for one another. (d) No error (e)

156. The man which stole the camera (a) / hid it in his home (b) / until he could safely (c) / get it out of town. (d) No error (e)

157. When we (a) / reached the shops, (b) / we find that (c) / they were all closed. (d) No error (e)

158. Poor people (a) / has no money (b) / therefore they cannot afford (c) / proper medical facilities. (d) No error (e)

159. The course is for (a) / anyone who is interested (b) / in learning (c) / about computers. (d) No error (e)

160. We were surprised (a) / that she participated (b) / at the performance (c) / held at NCP(a) (d) No error (e)

161. As soon as (a) / I getting my (b) / first salary (c) / I spent all my money. (d) No error (e)

162. The principal (a) / introducing me (b) / to some of her (c) / teaching staff. (d) No error (e)

163. The doctors said that (a) / he was making good progress (b) / and would not (c) / need an operation. (d) No error (e)

164. Instead of (a) / to buy books, (b) / I borrow them (c) / from the library. (d) No error (e)

165. By the times (a) / we reached the classroom, (b) / the lecture had (c) / already begun. (d) No error (e)

166. The Indian government (a) / should make sure that (b) / men and women are (c) / given equal opportunities. (d) No error (e).

167. The bus (a) was hired (b) by (c) the ladies for its picnic (d). No error (e).

168. Removing seeds from (a) / cotton plants was (b) / a slowest job until (c) / Eli Whitney invented the cotton gin. (d) No Error (e)

169. India is a land of (a) / great political leaders (b) / who ruled the country effectively (c) / and also by protecting its national interest . (d) No Error (e)

170. The climbers will try again (a) / to reach the summit of the mountain, (b) / their chances of doing so are (c) / more better than they were last week. (d) No Error (e)

171. Most birds sings (a) / only in daylight, (b) / one notable exception (c) / being the nightingale. (d) No Error (e)

172. In the eve of the election (a) / there was heavy (b) / political security (c) / in the state. (d) No Error (e)

173. The teacher thought (a) / the children would (b) / be happy for (c) / clearing away their toys. (d) No Error (e)

174. Banglore is a beautiful city (a) which in (b) people have successfully blended (c) the modem with (d) the traditional. No error (e).

175. Neither Alice or Mary remembers (a) / what happened before (b) / the car crashed (c) / into the wall. (d) No Error (e)

176. This is the woman (a) / that always wears (b) / a black shawl (c) / to work. (d) No Error (e)

177. Many leading members (a) / of the opposition party (b) / has tried to justify (c) / their decisions. (d) No Error (e)

178. The view of (a) / the manufacturing and (b) / tourist industries is that (c) / the economy is improving. (d) No Error (e)

179. The economist (a) was hesistant (b) to comment (c) on the government policy. (d) All Correct (e)

180. The king knew (a) that he had definately (b) been wrong about his choice (c) of courtiers. (d) All Correct (e)

181. Statistics (a) are now compulsory (b) for all students taking a cource (c) in engineering. (d) All Correct (e)

182. The caretaker (a) is responsible (b) for the maintainance (c) of the school buildings. (d) All Correct (e)

183. The more scarce (a) any collecteble (b) item is, the higher (c) the price (d) tends to be. All Correct (e)

184. In times of crisis, (a) / the Bhagavad Gita gives light (b) / and guide to the mind tortured by doubt (c) / and torn by conflict of duties. (d) No error (e)

185. It was not easy for late Raja Ram Mohan Roy (a) / to root out the custom of sati (b) / because a majority of (c) / the educated class does not support him. (d) No error (e)

186. Deplete of the Ozone layer (a) / and the greenhouse effect (b) / are two long-term effects (c) / of air pollutiion. (d) No error (e)

187. Most of the people which (a) / have been victims (b) / of extreme violence (c) / are too frightened to report it to the police. (d) No error (e)

188. The doctor helps (a) / to reducing human suffering (b) / by curing diseases (c) / and improving health. (d) No error (e)

189. His derogatory (a) / remark humiliated (b) / me, but I kept my cool (c) / and didn't allow my work to be affected (d) / by it. All Correct (e).

190. The suspected (a) / criminals (b) / who were accused (c) / of snatching ladies necklesses (d) / were finally booked. All Correct (e).

191. The objective (a) / of the programme (b) / is to entertain (c)/ the spectators (d) /. All Correct (e).

192. Enforcement of laws and clean and efficiency (a) / administration are fundamental (b) / functions of the government machinery (c) / known as bureaucracy (d) /. All Correct (e).

193. The quantification (a) / of intellectual property is more complicating (b) / than most pricing because today it is relatively (c) / inexpensive (d) / to make copies of most intellectual property. No error (e)

194. Engines used (a) in space shuttles are much larger (b) and more strong (c) than the ones used (d) in jet planes. No error (e).

EXERCISE 2 PHRASE REPLACEMENT

Directions : Which of the phrases (a), (b), (c) and (d) given below each sentence should replace the phrase printed in bold in the sentence to make it grammatically correct ? If the sentence is correct as it is given and no correction is required, mark (e) as the answer.

1. After keeping a ten-year-old in detention for around six days, the police **finally registered** a case of fraud against the child and sent him to jail.
   (a) has finally register
   (b) final registered
   (c) is finally registration
   (d) is final registering
   (e) No correction required

2. **Whichever reasons**, there is no denying the changing attitudes to traditions as well as livelihoods, and by implication to the environment as well.
   (a) Whichever the reasoning
   (b) Whichever reasoned
   (c) Whatever reasoning
   (d) Whatever the reasons
   (e) No correction required

3. Visiting the village is **like be transported** into some other century.
   (a) alike to transport
   (b) like being transported
   (c) likely to be transporting
   (d) likes transport
   (e) No correction required

4. Environmentalists **has pay little heed** to the 'softer' aspects of the movement, of which the need to change our culture is one of the most important.
   (a) is paying little heed (b) are paying little heeding
   (c) has paid little heeds (d) have paid little heed
   (e) No correction required

5. Even in a changing world, we **cannot wishes away** the Indian nation and replace it with a world government overnight.
   (a) Cannot wish away (b) Can never wishing out
   (c) Cannot wish out (d) Never wishes out
   (e) No correction required

6. Trisha could not solve the problem at all and was at **her wit's ending**.
   (a) her wit's end (b) the wit ends
   (c) her witty end (d) the wit end
   (e) No correction required

7. It's a small theatre and the seats are uncomfortable, but the **saving grace** is that the air conditioning is good.
   (a) grace to save (b) gracing save
   (c) saver grace (d) save to grace
   (e) No correction required

8. Tarun had to prepare the document for his meeting urgently but he was **hardly pressed for time.**
   (a) hard pressed for timely
   (b) hard pressed for time
   (c) hardly press to time
   (d) hard pressing to timely
   (e) No correction required

9. Suraj **lied from his teeth** to get out of the tense situation with his boss.
   (a) lies for his teeth (b) lie to his teeth
   (c) lied through his teeth (d) lied from his tooth
   (e) No correction required

10. Satish lay in bed **wide awaken** as he was worried about his exams starting the next day.
   (a) widen awakening (b) widely awake
   (c) wide and awake (d) wide awake
   (e) No correction required

11. **So successful her business to be**, that Marie was able to retire at the age of 50.
(a) So successful her business was
(b) So successful being her business
(c) Her business was so successful
(d) So was her successful business
(e) No correction required

12. The ship was **in mercy of** the waves.
(a) to be in mercy of
(b) at the mercy of
(c) having mercy on
(d) merciful to
(e) No correction required

13. **He not to have** resigned, we would have been forced to dismiss him.
(a) Had he not (b) Had not he
(c) He had not (d) He not had
(e) No correction required

14. A wealthy coin collector was eager to pay the huge sum for the coin because it was **one kind**.
(a) of one kinds (b) one of kinds
(c) one of a kind (d) one of those kinds
(e) No correction required

15. The thief carried the knife carefully **to not** cut himself.
(a) so as not to (b) so not to
(c) not to (d) not in order to
(e) No correction required

16. It was my business to cross the bridge to explore the bridgehead and to find out **the extent to which** the enemy had advanced.
(a) how much (b) the extent where
(c) the point where (d) limit at which
(e) No improvement

17. The world is becoming increasingly polarised **between the rich** and the poor.
(a) among rich (b) around the rich
(c) in between the rich (d) amid rich persons
(e) No improvement

18. I **laid all the facts before him** so that he could make his own Judgement.
(a) laid all the facts in front of him
(b) lay all the facts before him
(c) lay all the facts in front of him
(d) did I lay all the facts before his
(e) No improvement

19. If only she had told me about her problem I **would have helped her**.
(a) would help (b) could help
(c) had helped (d) would not help
(e) No improvement

20. Apollo was worshipped as long as the Roman Empire **continued**.
(a) was continued (b) ruled
(c) lasted (d) did not exists
(e) No improvement

21. He does not smoke, **nor he drinks**.
(a) nor he does drink (b) neither he does drink
(c) nor does he drink (d) but drinks
(e) No improvement

22. The patient **could have been saved** if he had been taken to the hospital in time.
(a) could be saved (b) could save
(c) had been saved (d) can saved
(e) No improvement

23. I must speak to the landlord about the people above. They make **much noise.**
(a) much of noise (b) very much noise
(c) too much noise (d) so much noise
(e) No improvement

24. When the bomb went off, it broke **all of our windows**.
(a) all our windows (b) all windows of us
(c) our all windows (d) all the window
(e) No improvement

25. Knowing very little English, **it was difficult to converse** with the foreigner.
(a) i found it difficult to converse
(b) to converse was difficult
(c) conversing was difficult
(d) it was not easy to conversed
(e) No improvement

26. He is quite well now, **except a slight cold**.
(a) except with a slight cold
(b) excepting a slight cold
(c) except for a slight cold
(d) except cold slightly
(e) No improvement

27. The father together with his sons and daughters **have gone** to see a film.
(a) are gone (b) has gone
(c) is gone (d) is going
(e) No improvement

28. The stranger asked the little girl **what is her name**.
(a) what her name is
(b) what her name was
(c) what was her name
(d) her name is what
(e) No improvement

29. The family has changed houses twice **during the last** six months.
(a) since the past (b) after the past
(c) since the last (d) after the last
(e) No improvement

30. The plants are dying **for the lack of water.**
(a) of the lack of water
(b) for lack of water
(c) out of lack of water
(d) due to water
(e) No improvement

31. The honourable court **had taken a leniency view** because the accused had no previous criminal record.
(a) had viewed leniency
(b) had taken a leniency viewing
(c) had taken a lenient view
(d) took a lenient view
(e) No correction required

32. Maintaining global peace is our **self-made commitment** to the word.
(a) self-making commitment
(b) self-made committee
(c) made of self-commitment
(d) self-commitment made
(e) No correction required

33. The dinner party hosted by the President at the club was shifted to **an undisclosed location**.
(a) a locality undisclosing
(b) a undisclosing location
(c) an undisclose location
(d) location undisclosely
(e) No correction required

34. The government should launch such projects which **should reversible** the destructive cycle of flood and drought.
(a) should have reversible
(b) should be reverse
(c) should have been reverse
(d) should reverse
(e) No correction required

35. A committee comprising eminent experts from various fields **were setting up.**
(a) was set up (b) were being set up
(c) was setting up (d) was being set up
(e) No correction required

36. Our foreign exchange reserves **have been increased substantial.**
(a) have been increased substantially
(b) have increased substantially
(c) have substantially increasing
(d) had increased substantially
(e) No correction required

37. The key to a **competitive economy is** its investment regime.
(a) competition economy is
(b) competing economist lays
(c) economy competition was
(d) competitive economy lies in
(e) No correction required

38. Driving a car in jammed traffic **require extraordinary patience** – especially when other drivers are not disciplined.
(a) required extraordinary patient
(b) requires extraordinary patience
(c) requiring extraordinary patience
(d) None of these
(e) No correction required

39. Chinese army possesses highly sophisticated simulators on **which their soldiers are training.**
(a) which their soldiers training on
(b) on which their soldiers have trains
(c) which their soldiers do train
(d) None of these
(e) No correction required

40. Every novel activity **will be likely to face** resistance from vested interests.
(a) is likely to face (b) will be likely facing
(c) would be like facing (d) would like to face
(e) No correction required

41. We observed that traders were not primarily **dedicated with art of selling**.
(a) dedicated to the art of
(b) dedicated by the art of
(c) dedicated in the art by
(d) dedicated for selling art
(e) No correction required

42. It **is become equally clear** that campaign against smoking will have little success until people realize its importance.
(a) has become equal and clear
(b) has become equally clear
(c) has become clearly equal
(d) becomes equal clearly
(e) No correction required

43. Once the event is over, many people **claimed credit for success** but disown the responsibility for failure.
(a) claim credit of success
(b) claim credit for success
(c) claiming credit for success
(d) claims for credit of success
(e) No correction required

44. People **should be have their own** mechanism to guard against the activities of unscrupulous elements.
(a) shall be have their own
(b) should be having its own
(c) should have owning its
(d) should have their own
(e) No correction required

45. The **real wonder is that** the artisans while constructing the Ajanta Caves possessed only the simplest hand tools.
(a) really wonder is that (b) really wonderful is that
(c) real wonderful is that (d) wonder really is that
(e) No correction required

46. In any serious investigation, all points of suspicions **should check properly.**
(a) must check properly
(b) should be checked properly
(c) should properly check
(d) must properly check
(e) No correction required

47. The circumstances in which **succumbed below pressure,** are not known.
(a) succumbed below force
(b) was succumbed below pressure
(c) was succumbing below force
(d) succumbed to pressure
(e) No correction required

48. All human beings **are vulnerable to** greed and temptations.
(a) are vulnerable for (b) have vulnerability of
(c) were vulnerable at (d) have been vulnerable with
(e) No correction required

49. **How did the burglar got** into the bank is a mystery.
(a) How did the burglar get
(b) What did the burglar get
(c) How the burglar got
(d) Why did the burglar get
(e) No correction required

50. What most of the people think right cannot be **said to be necessary and** right?
(a) said to be necessarily
(b) said to be necessarily and
(c) necessarily said to be
(d) said necessary and to be
(e) No correction required

51. **Expect for you and I, everyone brought** a present to the party.
(a) With the exception of you and I, everyone brought
(b) Except for you and I, everyone had brought
(c) Except for you and me, everyone brought
(d) Except for you and me, everyone had brought
(e) None of these

52. **Although I calculate that he will be here** any minute, I cannot wait much longer for him.
(a) Although I reckon that he will be here
(b) Although I think that he will be here
(c) Because I am confidant that he will be here
(d) Because I calculate that he will be here
(e) None of these

53. **We want the teacher to be him** who has the best rapport with the students.
(a) We want the teacher to be he
(b) We want him to be the teacher
(c) We desire the teacher to be him
(d) We anticipate the teacher to be him
(e) None of these

54. Today this is a totally different world **than we have seen** in the last decade.
(a) than what we seen (b) then we have seen
(c) from what we seen (d) from what we have seen
(e) None of these

55. Although he was the most friendly of all present and **different from the others, he hadn't hardly any friends except me.**
(a) different from the others, he hardly had any friends except I
(b) different than the others, he hardly had any friends except me
(c) different than the others, he hardly had any friends except I
(d) different from the others, he hardly had any friends except me
(e) None of these

56. **Since we are living** in Bombay for five years, we are reluctant to move to another city.
(a) Being that we living
(b) Since we were living
(c) Since we have been living
(d) Being that we have been living
(e) None of these

57. **As a child, my parents took me to Jammu to visit my grandmother.**
(a) When I was a child, my parents took me to Jammu to visit my grandmother
(b) My parents took me, as a child, to Jammu to visit my grandmother
(c) My parents took me to Jammu to visit my grandmother as a child.
(d) A child, my parents took me to Jammu to visit my grandmother
(e) None of these

58. Anyone interested in the use of computer can learn much **if you have access to** a state-of-the-an microcomputer.
(a) if he has access to (b) if access is available to
(c) by access to (d) from access to
(e) None of these

59. **Start the motor, and then you should remove the blocks.**
(a) Start the motor, then removing the blocks
(b) Starting the motor, the blocks should then be removed
(c) Start the motor and then remove the blocks
(d) Starting the motor remove the blocks
(e) None of these

60. The Vice President of the local bank spoke **for a half an hour and told his colleague that he, his colleague, must consider finding a new job**, or accept a reduction in salary.
(a) for a half hour and told his colleague that he must consider to find a new job
(b) for half an hour and told his colleague that the colleague must get employed by a new bank

(c) for half an hour and told his colleague to consider finding, a new job
(d) no change
(e) None of these

61. The higher you climb a Himalayan peak **more cold** you feel.
(a) the colder (b) the most cold
(c) colder than (d) has enough cold
(e) None of these

62. She wished that her career could be **as glamorous as the other women** but not willing to work as they had.
(a) as glamorous as the other women's
(b) more glamorous than the career of the other women
(c) glamorous
(d) glamorous like other women
(e) None of these

63. Although he is **liable to** make political enemies with the decision, the Finance Minister will propose severe tax cuts that may both stimulate business and reduce the availability of loans.
(a) liable from (b) able to
(c) of a mind to (d) liable at
(e) None of these

64. No matter what experience you have had with forest fires, **if you would have witnessed** the fire roaring down through the canyon, you would have been terrified.
(a) if you witnessed
(b) if you had witnessed
(c) if you could witness
(d) if you will have witnessed
(e) None of these

65. Eaten in Portugal only, the **Indians viewed the potato with suspicion for they** assumed it had poisonous properties since only the white skinned people consumed it.
(a) Indians viewed the potato with suspicion for they
(b) Indians were suspicious of the potato and they
(c) potato was viewed with suspicion by Indians who
(d) potato was suspicious to Indians, and it was
(e) None of these

EXERCISE 3 FILL IN THE BLANKS

Directions: Each question below has one or two blanks, each blank indicating that something has been omitted. Choose the set of words for each blank which best fits the meaning of the sentence as a whole.

1. We can feel morally .... when someone insults us – as long as we do not .... upon those feelings by burning down houses.
(a) challenged, stand (b) outraged, act
(c) bound, build (d) obliged, think
(e) violated, harp

2. Human beings are biological ...., they need to be grounded in time and place or else they come ....
(a) things, forward (b) souls, back
(c) organisms, unhinged (d) features, undone
(e) creatures, again

3. .... their golden years of love and togetherness, the couple .... all their guests at their fiftieth wedding anniversary.
(a) Celebrating, welcomed
(b) Remembering, asked
(c) Rejoicing, promised
(d) Commemorating, brought
(e) Observing, greeted

4. Since it does not have the ...... to do anything beyond sending out notices, the corporation has now decided to take steps to attach movable properties such as cars so that people take the notices more ....
(a) authority, appropriately
(b) influence, justly
(c) guts, sincerely
(d) pressure, gravely
(e) power, seriously

5. A new law has been passed stating that no actor would be allowed to shoot beyond twelve hours in a day and those who .... this norm would henceforth be .... for it.
(a) followed, punished
(b) accompanied, reprimanded
(c) flouted - penalized
(d) defied, applauded
(e) obeyed, disciplined

6. Sunil was .... asleep and could not be easily awakened.
(a) high (b) fast
(c) severe (d) total
(e) has

7. The vehicle did not come to a sudden halt since he braked ....
(a) immediately (b) silently
(c) gently (d) completely
(e) detected

8. I saw him going escorted .... two policemen.
(a) with (b) against
(c) by (d) on
(e) for

9. Madhav is a sick man and has to be taken to the doctor ....
(a) usually (b) timely
(c) seldom (d) frequently
(e) avoided

10. The child was left in the servants ....
(a) care (b) duty
(c) work (d) help
(e) innocence

11. Sunita had .... been out of the hospital .... she slipped and fractured her arm.
(a) hardly, when (b) just, as
(c) well, and (d) then, when
(e) also, as

12. During the strike, all work at the factory came to a ....
(a) stoppage (b) close
(c) decline (d) end
(e) halt

13. A parable is a story with a moral, the story being .... of the underlying moral.
(a) familiar (b) identical
(c) irrelevant (d) illustrative
(e) summary

14. Jason promised to .... an attempt to get better grades this year.
(a) give (b) make
(c) take (d) keep
(e) have

15. The teacher read .... the children the story of the 'Titanic'.
(a) also (b) to
(c) again (d) well
(e) by

16. I was annoyed ...... John for arriving late.
(a) on (b) about
(c) by (d) for
(e) with

17. We are ...... the possibility of buying our own house.
(a) judging (b) initiating
(c) threatening (d) applying
(e) considering

18. The student did not pay ...... to the instructions that were given to her in class.
(a) ear (b) awareness
(c) notice (d) attention
(e) closure

19. The young boy was unhurt ...... for a minor injury to his knee.
(a) less (b) except
(c) also (d) just
(e) while

20. There is ...... chance of seeing her again ...... she leaves.
(a) perhaps, when (b) also, as
(c) little, before (d) full, therefore
(e) more, after

21. When I was training for the marathon, I ...... run over 100 kilometres a week.
(a) have to (b) would
(c) will (d) destined
(e) used to

22. My colleague is one of the kindest people ....
(a) that I knows (b) I know
(c) who I know (d) which I know
(e) I had known

23. The lawyer's .... led to the resolution of the problem.
(a) behaviour (b) fees
(c) advice (d) impact
(e) approval

24. The government claims that .... in the telecommunications industry will mean lower prices for customers.
(a) budget (b) finance
(c) instalments (d) decrease
(e) competition

25. Sarah was walking along the street .... she tripped over.
(a) when (b) as
(c) while (d) then
(e) however

26. It is foolish to vent your spleen on a/an .... object. Still, you make .... enemies that way.
(a) immobile- bitter (b) interesting- curious
(c) humane- more (d) inanimate- fewer
(e) None of these

27. Compromise is .... to passionate natures because it seems to surrender, and to intellectual natures it seems a ....
(a) unsuited-submission
(b) odious-confusion
(c) intimidations-dichotomy
(d) inherent-fabrication
(e) None of these

28. The village headman was unlettered, but he was no fool, he could see through the .... of the businessman's proposition and promptly .... him down.
(a) deception - forced (b) naivete - turned
(c) potential- forced (d) sophistry - turned
(e) None of these

29. The newly-opened restaurant at the District Centre .... to the tastes of people from all walks of life and one is likely to find an .... group there.
(a) appeals - archetypal (b) panders - connoisseur
(c) caters - ecletic (d) inhibits - diverse
(e) None of these

30. We must try to understand his momentary .... for he has .... more strain and anxiety than any among us.
(a) vision - forgotten (b) aberration - undergone
(c) outcry - described (d) senility-understood
(e) None of these

31. Learning is more efficient when it is _______ It is less efficient when it is _______
(a) fast – slow (b) fun – drudgery
(c) fapid – turtle-slow (d) tedious – like a joy ride
(e) None of these

32. Physicians may soon have _______ to help paralysed people move their limbs bypassing the _______ nerves that once controlled their muscles.
(a) instruments – detrimental
(b) ways – damaged
(c) reason – involuntary
(d) impediments – complex
(e) None of these

33. The Internet is a medium where the users have nearly _______ choices and _______ constraints about where to go and what to do.
(a) unbalanced – nonexistent
(b) embarrassing – no
(c) unlimited – minimal
(d) choking – shocking
(e) None of these

34. Education is central because electronic networks and software-driven technologies are beginning to _______ the economic barriers between the nations.
(a) break down (b) break
(c) crumble (d) dismantle
(e) None of these

35. The present Constitution will see _______ amendments but its basic structure will survive.
(a) much more (b) too many more
(c) quite a few more (d) many more
(e) None of these

36. The _______ successfully repelled every _______ on the city.
(a) defenders- comment (b) citizens- onslaught
(c) thieves- robbery (d) judge- criticism
(e) None of these

37. He was _______ very clever, but he _______ performed excellently.
(a) certainly- obviously (b) never- also
(c) not- always (d) rarely- seldom
(e) None of these

38. A _______ analysis of these substances will show that they differ _______ .
(a) random- minutely (b) detailed- essentially
(c) careful- completely (d) final- Structurally
(e) None of these

39. When the _______ polished the stones, they gleamed with a breath-taking brilliance.
(a) graphologist (b) cosmetologist
(c) lapidary (d) beagle
(e) None of these

40. As _______ head of the organisation, he attended social functions and civil meetings, but had no _______ in the formulation of company policy.
(a) hypothetical-vote (b) titular-voice
(c) nominal-competition (d) former-pride
(e) None of these

41. The perpetual spinning of particles is much like that of a top, with one significant difference, unlike the top, the particles have no need to be wound up, for .... is one of their .... properties.
(a) revolution- radical (b) rotation- intrinsic
(c) motion- intangible (d) acceleration- hypothetical
(e) None of these

42. The .... terrorist was finally .... by the police.
(a) famous-apprehended (b) notorious-nabbed
(c) crafty-admonished (d) renowned, caught
(e) None of these

43. If I were you, I .... be careful with my words.
(a) will (b) would
(c) shall (d) should
(e) None of these

44. Of the two assistants we employed last month, I find Raman .... hard working.
(a) most (b) more
(c) least (d) only
(e) None of these

45. She is so fastidious that .... of the three houses was liked by her.
(a) neither (b) either
(c) none (d) no one
(e) None of these

46. .... a very long time this city has been prosperous.
(a) Since (b) For
(c) From (d) Till
(e) None of these

47. The mother of the dead child was overwhelmed .... grief.
(a) by (b) with
(c) from (d) for
(e) None of these

ANSWER KEY (Exercise - 1)

1	(b)	21	(b)	41	(c)	61	(a)	81	(c)	101	(c)	121	(d)	141	(e)	161	(b)	181	(c)
2	(c)	22	(c)	42	(d)	62	(d)	82	(b)	102	(b)	122	(d)	142	(a)	162	(b)	182	(c)
3	(d)	23	(a)	43	(c)	63	(b)	83	(b)	103	(a)	123	(c)	143	(e)	163	(e)	183	(b)
4	(a)	24	(c)	44	(c)	64	(d)	84	(b)	104	(b)	124	(a)	144	(d)	164	(b)	184	(c)
5	(a)	25	(d)	45	(c)	65	(a)	85	(b)	105	(a)	125	(c)	145	(b)	165	(a)	185	(d)
6	(c)	26	(d)	46	(b)	66	(c)	86	(c)	106	(b)	126	(b)	146	(c)	166	(d)	186	(a)
7	(d)	27	(a)	47	(b)	67	(b)	87	(a)	107	(b)	127	(e)	147	(a)	167	(d)	187	(a)
8	(c)	28	(b)	48	(a)	68	(a)	88	(b)	108	(c)	128	(a)	148	(c)	168	(c)	188	(e)
9	(d)	29	(c)	49	(a)	69	(b)	89	(c)	109	(c)	129	(e)	149	(e)	169	(d)	189	(b)
10	(c)	30	(a)	50	(a)	70	(b)	90	(a)	110	(c)	130	(b)	150	(b)	170	(d)	190	(d)
11	(c)	31	(b)	51	(d)	71	(a)	91	(a)	111	(d)	131	(e)	151	(d)	171	(a)	191	(c)
12	(c)	32	(a)	52	(b)	72	(a)	92	(a)	112	(a)	132	(b)	152	(e)	172	(a)	192	(a)
13	(d)	33	(b)	53	(d)	73	(b)	93	(c)	113	(b)	133	(c)	153	(d)	173	(c)	193	(b)
14	(b)	34	(d)	54	(b)	74	(b)	94	(a)	114	(b)	134	(c)	154	(d)	174	(b)	194	(c)
15	(c)	35	(b)	55	(d)	75	(b)	95	(c)	115	(c)	135	(d)	155	(d)	175	(b)		
16	(b)	36	(a)	56	(b)	76	(b)	96	(c)	116	(a)	136	(c)	156	(a)	176	(b)		
17	(b)	37	(c)	57	(a)	77	(a)	97	(c)	117	(c)	137	(d)	157	(c)	177	(c)		
18	(a)	38	(b)	58	(b)	78	(c)	98	(c)	118	(a)	138	(c)	158	(b)	178	(c)		
19	(c)	39	(c)	59	(b)	79	(a)	99	(b)	119	(a)	139	(b)	159	(d)	179	(b)		
20	(c)	40	(e)	60	(b)	80	(a)	100	(a)	120	(b)	140	(a)	160	(c)	180	(b)		

Answers & Explanations

EXERCISE - 1

1. (b) how she could
2. (c) preferable to
3. (d) for the last 12 years
4. (a) We now look forward to
5. (a) We have been playing
6. (c) his show was
7. (d) and personal attention to each child
8. (c) cleared of clouds
9. (d) the importance of your work
10. (c) but also
11. (c) suffer for shortage
12. (c) were overlooked by
13. (d) in the mood for it
14. (b) There is a comparison being made, so comparative degree 'higher' has been used. Therefore instead of 'much' the comparative degree 'more' would be correct.
15. (c) not to
16. (b) first interview he dressed himself
17. (b) the government have come
18. (a) I was about to
19. (c) his office received an important letter
20. (c) informing
21. (b) that he would explain it
22. (c) When he was told
23. (a) One of the objectives
24. (c) Sung, everyone was
25. (d) though college is only a few yard away from his house.
26. (d) the chairman over his statement
27. (a) We were shocked
28. (b) trying their best
29. (c) decided not to
30. (a) The customer had scarcely
31. (b) suited him and therefore
32. (a) Since I had gone
33. (b) will you think
34. (d) for two years
35. (b) the country
36. (a) Manohar has opened not only
37. (c) as one of the most important speeches
38. (b) have been able to plan
39. (c) when I met
40. (e) No answer description available for this question. Let us discuss.
41. (c) the private institutions have
42. (d) as he had to go out to work
43. (c) they look after their
44. (c) it was still steaming
45. (c) than some participants started
46. (b) to the wall below his window
47. (b) that Mihir expects
48. (a) I have been trying to finish

49. (a) If you had
50. (a) The five-member committee was
51. (d) way of thinking
52. (b) he keeps telling
53. (d) activities performed by the company
54. (b) for additional wages was
55. (d) maintained it properly
56. (b) raining badly I
57. (a) Rosy herself washes
58. (b) he preferred a white shirt
59. (b) you undertake
60. (b) Sympathise with the poor
61. (a) A majority of the
62. (d) Mahesh
63. (b) into the incident
64. (d) and a flexible way of thinking
65. (a) 'They had been'
66. (c) towards the end
67. (b) to defend the hard-won
68. (a) If a man diligently seeks to come into contact
69. (b) remind me
70. (b) we witnessed a collision
71. (a) He couldn't help
72. (a) The brand proposition now therefore is
73. (b) in a bad mood
74. (b) he has not so far sent
75. (b) that the dispute on this issue is between my brother and me
76. (b) I want that
77. (a) While he was walking slowly in the park
78. (c) to butter
79. (a) At the present juncture
80. (a) Troy was taken by the Greeks
81. (c) and to remember for a longer period of time
82. (b) more than one and a half hour
83. (b) but his mother
84. (b) going to Agra
85. (b) he would rather fail than copy
86. (c) won't you
87. (a) Both of you
88. (b) than we took a hasty breakfast
89. (c) without being controlled by anyone
90. (a) When he was asked what was wrong with him.
91. (a) Remember that you are a part of
92. (a) Remember that you are a part of
93. (c) on a scheme that was potentially harmful to animal welfare
94. (a) with a little patience
95. (c) 'did one' or 'did any'
96. (c) as in a small one
97. (c) 'whenever they may lead'
98. (c) that can penetrate the biological tissue
99. (b) why I called
100. (a) The person who was
101. (c) hasn't she
102. (b) and also he did not help them
103. (a) My wife got
104. (b) wants to visit
105. (a) When I catch cold
106. (b) 'a little tea' or 'some tea'
107. (b) we entered the room
108. (c) we had been looking for a suitable alliance for three years.
109. (c) If I do not economise
110. (c) he now dreams of visiting the moon
111. (d) No answer description available for this question. Let us discuss.
112. (a) She walked into
113. (b) It should be 'have changed', the noun is plural (ways), has is used for singular nouns.
114. (b) because they persisted in suggesting
115. (c) to pass time thus
116. (a) 'Gopal and I'
126. (b) Directions
167. (d) The noun is ladies, so the pronoun used for them cannot be 'it' (which is used for things) but 'their'.
174. (b) Since it is a city-Bangalore- 'where' must be used instead of 'which' because the referrent is a place and not a thing.
190. (d) It should be "necklaces"
191. (c) It should be "entertain".
192. (a) It should be "efficient".
193. (b) It should be "complicated"
194. (c) For the verb 'strong' the comparative degree usage is 'stronger' and not more strong.

ANSWER KEY (Exercise - 2)

1	(e)	9	(c)	17	(e)	25	(e)	33	(e)	41	(a)	49	(c)	57	(a)	65	(c)
2	(d)	10	(b)	18	(e)	26	(c)	34	(d)	42	(b)	50	(a)	58	(a)		
3	(b)	11	(c)	19	(e)	27	(b)	35	(a)	43	(b)	51	(c)	59	(c)		
4	(d)	12	(b)	20	(c)	28	(c)	36	(b)	44	(d)	52	(a)	60	(c)		
5	(a)	13	(a)	21	(c)	29	(c)	37	(e)	45	(e)	53	(a)	61	(a)		
6	(a)	14	(c)	22	(e)	30	(b)	38	(d)	46	(b)	54	(d)	62	(a)		
7	(e)	15	(a)	23	(c)	31	(c)	39	(d)	47	(d)	55	(d)	63	(e)		
8	(b)	16	(c)	24	(a)	32	(e)	40	(a)	48	(c)	56	(c)	64	(b)		

EXERCISE - 2

16. (c) The correct sentence should read, 'It was my business to cross the bridge to explore the bridge head and to find out the point where the enemy had advanced'. Therefore, (c) is the correct answer, the reason being the enemy had already advanced to that place. Therefore its a particular point or destination'; the other two options the extent where and how much means the exact point or location is unknown therefore these options are correct.
17. (e) This sentence is grammatically correct. None of the suggested changes will improve it. So, the option (e) is the correct answer.
18. (e) This sentence is correct. None of the changes suggested will improve it. So, the option (e) is the correct answer.
19. (e) This sentence is grammatically correct. None of the changes suggested will improve it. So, the option (e) is the correct answer.
20. (c) The correct sentence should read, 'Apollo was worshipped as long as the Roman empire 'lasted' therefore, option (c) is the correct answer. The reason being Apollo was worshipped till the Roman empire was there: therefore 'lasted' fits in best, the other two options was continued or ruled are incorrect.
31. (c) 'Leniency' is not the grammatically correct word to be used; the correct word is lenient and the only answer choice which uses this word is option (c).
32. (e) The sentence is grammatically correct, so no correction is required.
33 (e) The sentence is correct, so no correction is required.
34. (d) None of the given answer choices fit in correctly as some or the other grammatical error is present. The correct form of sentence would be "The government should launch such projects which should reverse the destructive cycle of flood and drought !"
35. (a) Only the first answer choice fits correctly because the sentence is in the past tense where the action 'that is of setting up the committee' is already over.
36. (b) The correct answer choice is (b) because it expresses that the action is complete, i.e. our foreign exchange reserves have increased substantially. The sentence is the form of present perfect tense. The 1st answer choice would have fit in if the action would have begun in past and still continued, i.e. present perfect continuous tense.
37. (e) The sentence is grammatically correct and no correction is required .
38. (d) None of the given answer choices fit in correctly.
39. (d) None of the given answer choice fit correctly in the sentence.
40. (a) Only the answer choice (a) fits correctly because the sentence is in simple present tense and if 'will be or would be' is used it becomes a sentence which uses future tense.
41. (a) The word dedicated cannot be used with 'by' 'in' and 'with'; grammatically it can only be used with word 'to' something.
42. (b) The sentence is an illustration of present perfect tense so it should use 'has' in place of 'is' because after reading the sentence it becomes clear as to what will be the consequences of the campaign .
43. (b) The second answer choice fits correctly because the 'ed' form of word 'claim' cannot be used.
44. (d) None of the given answer choices fit in correctly. The correct grammatical form of sentence will be 'People should have their own mechanism ....'.
45. (e) The sentence is grammatically correct and no correction is required.
46. (b) should be checked ...
47. (d) 'to' should follow succumb.
48. (c)
49. (c) How the burglar got into ...
50. (a) Said to be necessarily
51. (c) When the word 'except' is used, 'me' is used with it instead of I, so the most appropriate form of this phrase will be except for you and me.
52. (a) 'Calculate' is not an appropriate word for this sentence, calculation is done on the basis of available facts with certain fixed rules, whereas according to the sense of the sentence the person is only making a guess or a supposition, thus reckon is the most appropriate word that can be used to replace calculate.
53. (a) 'him' is not the right usage because it is a possessive pronoun, and in the sentence it is followed by who, which is used to refer. So the pronoun he should be used. He, who has the best rapport with the students.
54. (d) Different is used with 'from' e.g- 'you are different from Ritu'. Than is used for comparisons, e.g., The world is more populated than it was in our time.
55. (d) When we use the word 'hardly', it implies a negative meaning, there is then no need to use not, so the most suitable use is 'he hardly had any friends'.
56. (c) The tense in this sentence should be the present perfect continous because it refers to an action that started at some time in past and continues till the present time so right use is 'have been living in Mumbai.'
57. (a) As a child, should be followed by a phrase that has 'child' as its subject, i.e., as a child I was taken by my parents to visit Jammu & Kashmir or other ways, we can change the first part of the sentence, the second part describes an action so the first should be an adverb clause. Thus when I was child is the most suitable alternative.
58. (a) 'Anyone' implies a person involved. So a personal pronoun will be needed to give conditions later in the sentence, there must be a 'he' or 'one' in the sentence. The noun cannot be in the second person but has to be in the third person because 'Anyone' refers to an unknown third person.

59. (c) The use of the modal 'should' is unnecessary in this statement. It is a statement giving directions.

60. (c) The part he, his colleague could easily be eliminated and a simpler form of to + verb can be used to make the sentence more appropriate (a) is grammatically incorrect since it has omitted the article 'an' (b) changes the meaning or intent of the underlined phrase. Thus (c) is the most suitable choice.

62. (a) The comparison is between the careers of the two women and not a woman and the career of another women. The subject is absent from the sentence but if you complete the sentence you will find it should be- she wished that her career was as glamorous as the other woman's career. In sentences such as these where the noun is hidden, it is helpful to complete the noun to find the correct answer.

63. (e) Liable to means, it is an event that will happen. This is the only phrase which would fit in with the sense of the rest of the sentence. So there will be no change

64. (b) would is a modal and its use here is unnecessary. There is a 'would have' in the second part of the sentence but it should not be repeated in the first one, because the use of 'would have' is done as a possibility of an affect of something done in past. So generally would have will be followed by a past perfect verb.

65. (c) The first part of the sentence is directed at a subject, which is 'eaten in Portugal only', i.e., the potato, therefore the comma should be followed by a phrase with potato as its subject and not Indians. Of (c) & (d), (c) is the right option because 'suspicious to Indian' is not an appropriate usage.

ANSWER KEY (Exercise - 3)

1	(b)	**9**	(d)	**17**	(e)	**25**	(a)	**33**	(c)	**41**	(b)
2	(e)	**10**	(a)	**18**	(d)	**26**	(d)	**34**	(d)	**42**	(b)
3	(a)	**11**	(a)	**19**	(b)	**27**	(a)	**35**	(d)	**43**	(b)
4	(e)	**12**	(e)	**20**	(a)	**28**	(d)	**36**	(b)	**44**	(b)
5	(c)	**13**	(e)	**21**	(b)	**29**	(c)	**37**	(c)	**45**	(c)
6	(b)	**14**	(b)	**22**	(b)	**30**	(b)	**38**	(c)	**46**	(b)
7	(c)	**15**	(d)	**23**	(c)	**31**	(b)	**39**	(c)	**47**	(b)
8	(c)	**16**	(e)	**24**	(e)	**32**	(b)	**40**	(b)		

EXERCISE-3

6. (b) fast 7. (c) gently

8. (c) by 9. (d) frequently

10. (a) care

26. (d) Spleen means anger here, so, according to the meaning of the sentence, the object should be **inanimate** (lifeless)

27. (a) (c) and (d) can be eliminated because **intimidations** is a noun whereas we have to fill an adjective, inherent will give the sentence a positive meaning whereas it is negative towards compromise. (a) and (b) are available options because **unselected** and **odious** are both negative words. **Compromise** and **confusion**, although, do not fit well, so (a) will be the answer.

28. (d) A **proposal** is 'turned down' not forced down. So, we have to choose from (b) and (d) **naivete** means inexperience and **saphistry** means clever reasoning done to mislead. sophistry and turned are the appropriate fillers for the sentence.

29. (c) The first blank could be filled either by **appeal** or caters because inhibits means prevents or restraint and panders means satisfying vulgar tastes. So, we have option between (a) and (c) **archetypal** means of a particular kind while eclectic means choosing from various source. Electric goes well with the meaning of the sentence, so, the proper choice is (c).

30. (b) **Vision** is a dream, aberration is deviation from the standard behaviors, outery is severe complaints and **sinilate** is condition in old age, momentary can either be aberration or vision, but in the sense of sentence, it is something that calls for some adjustments from others, it will, therefore, be aberration.

31. (b) Learning can be made very efficient if it is delivered in the form of fun - games or interesting exercises. Drudgery means hard monotonous routine work. Clearly it makes the Learning less efficient.

32. (b) **'Ways'** is the best choices among the four as 'ways to help the paralysed people' is the right usage. Further we need to bypass the damaged or blocked nerves.

33. (c) The Internet offers unlimited choices and minimal constraints to the users.

34. (d) Dismantle (to disassemble or pull down; take apart) is the right usage in the context of the passage.
35. (d) Much means great in quantity, measure, or degree. Many means a large or considerable number of persons or things. So many more is the right usage.
36. (b) You cannot **repel** (drive away) comments or criticism, only an **attack** or **onslaught** can be repelled. So, the pair of most suited words would be citizens - onslaught
37. (c) Since, there is a but between the two parts of the sentence, the passive words should be antonyms. (a) and (d), thus, get eliminated never - also do not fit the sense of the sentence properly thus, not - always are the most suitable fillers for the given sentence.
38. (c) An **analysis** must be careful, it may or may not be detailed and final. It certainly should bot be random, thus, (a) is eliminated of the remaining careful is the most appropriate choice for this sentence.
39. (c) **Graphologist** is one who studies handwriting, while a **cosmetologist** is a person skilled in the art of cosmetics, **Beagle** is a species of dog and **lapidary** is a person skilled in polishing of atoms.
40. (b) The second blank could either be voice so (c) and (d) are eliminated. **Hypothetic** means something that is assumed and **titular** means a ruler without real authority. So, titular - voice is the appropriate choice of words.
41. (b) If the particles need no wounding then spanning is their natural property, so the filler for second plant should be synonymous to natural or internal. **Radical** means drastic, intrinsic is inbuilt or internal, **intangible** is something that is not available in the physical form, **hypothetical** is assumed. Thus, intrinsic will be the filler for the second gap.
42. (b) **Apprehend** means to arrest, **nabbed** means to catch, admonish is scolding mildly, the second gap could be filled by either option (a), (b) or (d) renowned means popular for some talent or skill, thus, too can be eliminated. The choice is between (a) and (b), notorious means popular for wrong reason and is, therefore, a more appropriate choice than famous.
43. (b) The sentence gives a condition, so the principle clause will use 'would' not 'will'.
44. (b) Since there is a comparison between two, a comparative degree verb must be used.
45. (c) Since the numbers are more than two, neither cannot be used, either is positive so will oppose the meaning of the sentence and 'no one' is used for persons not things.
46. (b) In the perfect continuous tense only 'for' and 'since' are used. 'since' is used to suggest a particular time in past and 'for' is used to suggest a time period, 'a long time' suggest a time period so 'for' will be the answer.
47. (b) 'With' is used with overwhelmed.

◆ ◆ ◆

अध्याय

2 COMPREHENSION TEST

Reading Comprehension

Comprehension is the process of making meaning from a written text. Typically, a candidate might have difficulty understanding due to limited vocabulary and/or a lack of familiarity with the subject matter. Both these constraints may be remedied by reading more widely and making friends with a good dictionary.

How to Improve Reading Comprehension

Reading is all about information. It's not about the number of words you read, but the amount of value you extract from them. The key to improved reading comprehension isn't moving your eyes across a page more quickly. It's about creating a mental framework that helps you process words and ideas.

With a bit of practice, anyone can read faster and more productively. The steps outlined below will help you to extract the maximum amount of information in the least amount of time.

Before reading the text, ask yourself what you already know about its topic. Try to recall as much information as you can. Think of related ideas you've learned in the past. Make brief notes about your thoughts or discuss what you remember with others. Reading comprehension requires motivation, mental frameworks for holding ideas, concentration and good study techniques. Here are some suggestions.

Improve Your Reading Comprehension by Researching the Topic

Background information may appear on book covers and inner flaps of book jackets. Many books include an introductory section and a mini-biography about the author. Book publisher's websites may also include background information. Think about the information you read. Ask:

- What kind of text is this?
- What new information did I learn, and what do I expect to learn?
- Is this text informative or entertaining, fact or fiction?
- What interests me about this book?

Develop a broad background.

Broaden your background knowledge by reading newspapers, magazines and books. Become interested in world events.

Improve Your Understanding

As you read, what questions come to mind? Read on to find the answers. You can think about the questions and answers or jot them down on paper. Research indicates that writing notes by hand can increase comprehension and recall among students who are not learning disabled in writing. For those who have LDs in writing mechanics, pair the writing with discussion to improve understanding and recall.

Know the structure of paragraphs

Good writers construct paragraphs that have a beginning, middle and end. Often, the first sentence will give an overview that helps provide a framework for adding details. Also, look for transitional words, phrases or paragraphs that change the topic.

Identify the type of reasoning

Does the author use cause and effect reasoning, hypothesis, model building, induction or deduction, systems thinking?

Anticipate and predict

Really smart readers try to anticipate the author and predict future ideas and questions. If you're right, this reinforces your understanding. If you're wrong, you make adjustments quicker.

Look for the method of organization

Is the material organized chronologically, serially, logically, functionally, spatially or hierarchicaley.

Create motivation and interest

Preview material, ask questions, discuss ideas with classmates. The stronger your interest, the greater your comprehension.

Pay attention to supporting cues

Study pictures, graphs and headings. Read the first and last paragraph in a chapter, or the first sentence in each section.

Highlight, summarize and review

Just reading a book once is not enough. To develop a deeper understanding, you have to highlight, summarize and review important ideas.

Build a good vocabulary

For most educated people, this is a lifetime project. The best way to improve your vocabulary is to use a dictionary regularly. You might carry around a pocket dictionary and use it to look up new words. Or, you can keep a list of words to look up at the end of the day. Concentrate on roots, prefixes and endings.

As you read, make a list of unfamiliar vocabulary words. Look up the meanings of the words in the dictionary, and jot definitions down by hand. Writing definitions by hand will help you remember the definition much more than by typing or by reading alone.

Monitor effectiveness

Good readers monitor their attention, concentration and effectiveness. They quickly recognize if they've missed an idea and backup to reread it.

Test Yourself to Determine How Well You've Learned the material

After your reading session, quiz yourself on the main points. What was the main idea? Who are the characters in the story? What information did you learn? Jot down your thoughts in your own words to help you remember them and give you deeper insight into the topic. If expressive writing is difficult for you, jot shorter notes and discuss the reading with a friend or parent.

EXERCISE

DIRECTIONS (Qs. 1-8) : Read the following passage carefully and answer the questions given below. Certain words/phrases are printed in bold to help you to locate them while answering some of the questions.

In the second week of August 1998, just a few days after the incidents of bombing the US embassies in Nairobi and Dar-es-Salaam, a high-powered, brain-storming session was held near Washington D.C., to discuss various aspects of terrorism. The meeting was attended by ten of America's leading experts in various fields such as germ and chemical warfare, public health, disease control and also by the doctors and the law-enforcing officers. Being asked to describe the horror of possible bio-attack, one of the experts narrated the following **gloomy** scenario.

A culprit in a crowded business centre or in a busy shopping mall of a town empties a test tube containing some fluid, which in turn creates an unseen cloud of germ of a dreaded disease like anthrax capable of inflicting a horrible death within 5 days on any one who inhales it. At first 500, or so victims feel that they have mild influenza which may recede after a day or two. Then the symptoms return again and their lungs start filling with fluid. They rush to local hospitals for treatment, but the panic-stricken people may find that the medicare services run quickly out of drugs due to excessive demand. But no one would be able to realise that a terrorist attack has occurred. One cannot deny the possibility that the germ involved would be of contagious variety capable of causing an epidermic. The meeting concluded that **such attacks,** apart from causing immediate human tragedy, would have dire long-term effects on the political and social fabric of a country by way of ending people's trust on the competence of the government.

The experts also said that the bombs used in Kenya and Tanzania were of the old-fashion variety and involved quantities of high explosives, but new terrorism will prove to be more deadly and probably more **elusive** than hijacking an aeroplane or a gelignite of previous decades. According to Bruce Hoffman, an American specialist on political violence, old terrorism generally had a specific manifesto - to overthrow a colonial power or the capitalist system and so on. These terrorists were not shy about planting a bomb or hijacking an aircraft and they set some limit to their brutality. Killing so many innocent people might turn their natural supporters off. Political terrorists want a lot of people watching but not a lot of people dead. "Old terrorism sought to change the world while the new sort is often practised by those who believe that the world has gone beyond redemption", he added.

Hoffman says, "New terrorism has no long-term agenda but is ruthless in its short-term intentions. It is often just a **cacophonous** cry of protest or an outburst of religious **intolerance** or a protest against the West in general and the US in particular. Its **perpetrators** may be religious fanatics or diehard opponent of a government and see no reason to show restraint. They are simply intent on **inflicting** the maximum amount of pain on the victim."

1. In the context of the passage, the culprit's act of emptying a test tube containing some fluid can be classified as
   (a) a terrorist attack
   (b) an epidemic of a dreaded disease
   (c) a natural calamity
   (d) panic created by an imaginary event
   (e) None of these
2. In what way would the new terrorism be different from that of the earlier years ?
   A. More dangerous and less baffling
   B. More hazardous for victims
   C. Less complicated for terrorists
   (a) A and C only (b) B and C only
   (c) A and B only (d) All the three
   (e) None of these
3. What was the immediate provocation for the meeting held in August 1998 ?
   (a) the insistence of America's leading
   (b) the horrors of possible bio-attacks
   (c) a culprit's heinous act of spreading germs
   (d) people's lack of trust in the government
   (e) None of these

4. What could be the probable consequences of bio-attacks, as mentioned in the passage ?
A. Several deaths
B. Political turmoil
C. Social unrest
(a) A only (b) B only
(c) C only (d) A and B only
(e) All the three
5. The author's purpose of writing the above passage seems to explain
(a) the methods of containing terrorism
(b) the socio-political turmoil in African countries
(c) the deadly strategies adopted by modern terrorists
(d) reasons for killing innocent people
(e) the salient features of terrorism of yester years
6. According to the author of the passage, the root cause of terrorism is
A. religious fanatism
B. socio-political changes in countries
C. the enormous population growth
(a) A only (b) B only
(c) C only (d) A and B only
(e) All the three
7. The phrase "**such attacks**", as mentioned in the last sentence of the second paragraph, refers to
(a) the onslaught of an epidemic as a natural calamity
(b) bio-attack on political people in the government
(c) attack aimed at damaging the reputation of the government
(d) bio-attack monoeuvred by unscrupulous elements
(e) None of these
8. The sole objective of the old terrorism, according to Hoffman, was to
(a) plant bombs to kill innocent people
(b) remove colonial power or capitalist system
(c) make people realise the incompetence of the government
(d) give a setback to socio-political order
(e) None of these

DIRECTIONS (Qs. 9-10) : Choose the word which is most OPPOSITE in meaning of the word printed in capital as used in the passage.

9. **gloomy**
(a) discouraging (b) disgusting
(c) bright (d) tragic
(e) versatile
10. **cacophonous**
(a) loud (b) melodious
(c) sonorous (d) harsh
(e) distant

DIRECTIONS (Qs. 11-12) : Choose the word which is most nearly the SAME in meaning to the word printed in capital as used in the passage.

11. **perpetrators**
(a) opponents (b) followers
(c) sympathisers (d) leaders
(e) monoeuvrers
12. **elusive**
(a) harmful (b) fatal
(c) destructive (d) baffling
(e) obstructing

DIRECTIONS (Qs. 13-20) : Read the following passage carefully and answer the questions given below it. Certain words/phrases are given in *bold* to help you to locate them while answering some of the questions.

In a disarmingly frank talk at the Indian Merchants Chamber in Mumbai, the Japanese Ambassador in India dwelt at length on issues that exercise the minds of Japanese investors when they consider investment proposals in India.

Raising the question "What comparative advantages does India offer as an investment market ?", he said though labour in India is expensive, wage-levels are offset by productivity level to a large extent.

Acknowledging that the vastness of the Indian market is a great **inducement** for investment in manufacturing industry, he wondered if it was **justifiable** to provide that overseas termittance of profit in foreign exchange be fully covered by exchange earnings as had been done. Significantly, on the eve of the Prime Minister's visit to Japan, the government delinked profits repatriation from exports, meeting this demand.

The Ambassador said foreign investors needed to be assured of the continuity and consistency of the liberalisation policy and the fact that new measures had been put into force by means of administrative notifications without amending government laws acted as a damper.

The Ambassador pleaded for speedy formulation of the exit policy and pointed to the highly restrictive control by the government on disinvestment by foreign partner in joint ventures in India.

While it is all too easy to dismiss critical comment on conditions in India **contemptuously**, there can be little doubt that if foreign investment is to be wooed **assiduously,** we will have to meet exacting international standards and cater at least partially to what we may consider the **idiosyncrasies** of our foreign collaborators. The Japanese too have passed through a stage in the fifties when their products were derided as sub-standard and **shoddy**. That they have come out of that ordeal of fire to emerge as an economic superpower speaks a much of their doggedness to pursue goals against all odds acceptable standards.

There is no gainsaying that the paste record of Japanese investment is a poor benchmark for future expectations.

13. The author has appreciated the Japanese for their
(a) quality of products manufactured in the fifties.
(b) passing through an ordeal.
(c) perseverance in raising quality of products.
(d) future expectations.
(e) None of these
14. According to the Japanese Ambassador, which of the following motivates the foreign investors to invest in Indian manufacturing industry?.
(a) very large scope of Indian market
(b) overseas remittance of profit in foreign exchange
(c) assurance of continuity of the liberalisation policy
(d) high productivity levels
(e) None of these

15. The purpose of the author in writing this passage seems to be to
(a) discourage foreign investment in India.
(b) critically examine Indian investment environment.
(c) paint a rosy picture of India's trade and commerce.
(d) criticize government's liberalization policy.
(e) raise the expectations of foreign investors.
16. According to the Japanese Ambassador, India offers a comparative advantage to foreign investors in terms of
(a) inexpensive labour
(b) abysmally low wage levels
(c) higher productivity
(d) skilled workforce
(e) None of these
17. For seeking more and more foreign investment, the author suggests that we should
(a) satisfy fully the whims of our foreign collaborators.
(b) dismiss all critical comments on Indian conditions.
(c) link profit repatriations to exports.
(d) raise the quality of product to match international standards.
(e) None of these
18. From the passage it can be inferred that the author is
(a) a political commentator.
(b) a secretary of the Japanese Ambassador.
(c) a Japanese investor.
(d) an Indian investor.
(e) None of these
19. The author attributes Japan's emergence as an economic superpower to
A. their ability to overcome any ordeal.
B. their tenacity and perserverance despite unfavourable circumstances.
C. their ability to improvise and adapt to globally acceptable quality levels.
(a) A & B only (b) B & C only
(c) A & C only (d) All the three
(e) None of these
20. Which of the following statement(s) is/are true about the critical comments on investment conditions in India?
A. These comments are difficult to be countered.
B. These comments are received from various international quarters.
C. These comments are based more on biases than on facts.
(a) Only C (b) Only B
(c) Only A (d) A & B only
(e) A & C only

DIRECTIONS (Qs. 21-22): Choose the word which is most nearly the SAME in meaning to the word printed in capital as used in the passage.

21. **ASSIDUOUSLY**
(a) persistently (b) hastily
(c) feebly (d) deliberately
(e) innocently
22. **IDIOSYNCRASIES**
(a) demands (b) needs
(c) deviations (d) ideologies
(e) identity

DIRECTIONS (Qs. 23-24): Choose the word which is most OPPOSITE in meaning of the word printed in capital as used in the passage.

23. **INDUCEMENT**
(a) incentive (b) motive
(c) breach (d) temptation
(e) impediment
24. **JUSTIFIABLE**
(a) unreasonable (b) formidable
(c) irrevocable (d) unscrupulous
(e) inevitable

DIRECTIONS (Qs. 25-28): Read the following passage carefully and answer the questions given below it. Certain words/phrases are printed in *bold* to help you to locate them while answering some of the questions.

Since July 1991, the government of India has effectively put the liberalisation policy into practice. The drastic steps even include some administrative reforms for **pruning** the government agencies. Last year the Japanese business circles represented by the Ishikawa Mission called attention of their Indian counterparts to what they considered to be the major impediments in India. However, thanks to the almost revolutionary reforms put into effect by the Indian government, those **impediments** either have been removed or now are on their way out. This development gives a new hope for the future of economic co-operation between the two countries. At the same time, it should be borne in mind that there is a **stiff** competition with other countries, notably China and South-East Asian countries, in this regard. The success stories of ASEAN countries welcoming Japanese investments with adequate infrastructure are already known in India but it may be useful if further studies of Japanese joint ventures in ASEAN countries be made by Indian business circles. The coastal areas of China have initiated a very active campaign to welcome foreign economic participation.

Beyond our bilateral relationship, India's more active participation in global economy is needed. India certainly deserves a far bigger share of world trade considering its vast resources. It is strongly hoped that the Indian government's recently initiated effort of enlarging its export market would bear fruit.

India has **steadfastly** maintained its parliamentary democracy since independence. Considering its size, its population and its internal complexity, the overall maintenance of national integrity and political stability under parliamentary democracy is remarkable and admirable indeed. Here lies the base for the status of India in the world. By effectively implementing its economic reform with the support of public opinion, this democratic polity of India has again demonstrated its viability and **resilience**. At the same time, it gives hope and inspiration to the whole world which faces the difficult problem of North-South confromation.

25. The Ishikawa Mission during its visit to India emphasized on
    (a) future economic co-operation between Japan and India.
    (b) need for removing policy and/or implementation hurdles.
    (c) need for a stiff competition.
    (d) striking down revolutionary reforms.
    (e) None of these
26. How did the Indian government react to the hurdles in· the way of bilateral trade between India and Japan?
    (a) The government, in principle, agreed for removal of these hurdles.
    (b) Bureaucracy succeeded in maintaining a status quo.
    (c) Government thought it was against liberalisation policy.
    (d) The Japanese delegation could not forcefully argue their case.
    (e) It failed to remove these hurdles.
27. What is the result of Japanese investments in ASEAN nations?
    (a) It could not gather momentum for want of infrastructure.
    (b) The experiment failed because of stiff competition from other countries.
    (c) China and South-East Asian countries objected to Japanese investments.
    (d) The passage does not provide complete information..
    (e) None of these
28. Which of the following is TRUE about the author's view regarding India's participation in world trade?
    (a) India should actively contribute in a big way as it had tremendous resources.
    (b) India's sharing in global economy has already been very fast and beyond its resources.
    (c) India should refrain from making efforts in enlarging its export market.
    (d) India needs to first strengthen its democracy.
    (e) None of these
29. It can be inferred from the content of the passage that the author is a/an
    (a) political analyser (b) Japanese bureaucrat
    (c) economist (d) Japanese politician
    (e) Indian Prime Minister
30. The author seems to appreciate India's national integrity and political stability particularly in view of which of the following ?
    A. the size of the country
    B. India's population
    C. its internal complexity
    (a) None of the three (b) All the three
    (c) A & B only (d) B & C only
    (e) A & C only
31. The author feels that India has a better status in the world market because of its
    (a) success in political stability and national integration in democratic set-up.
    (b) vast population.
    (c) giant size.
    (d) effective bilateral relationship with other countries.
    (e) foreign economic participation.
32. Which of the following statements is TRUE in the context of the passage?
    A. India's successful experiment of economic reform has become an inspiration to the world.
    B. Size, population and internal complexity of our coun*try* are the barriers in the way of attaining national integrity and political stability.
    C. A few government agencies were not in favour of liberalisation policy at the beginning.
    (a) A only (b) B only
    (c) C only (d) All the three
    (e) None of these

DIRECTIONS (Qs.33-34) : Choose the word which is most nearly the SAME in meaning as the word printed in bold as used in the passage.

33. **resilience**
    (a) quietening (b) amplifying
    (c) existence (d) adaptability
    (e) rejuvenation
34. **pruning**
    (a) activating (b) trimming
    (c) punishing (d) encouraging
    (e) empowering

DIRECTIONS (Qs.35-36) : Choose the word which is most OPPOSITE in meaning of the word printed in bold as used in the passage.

35. **stiff**
    (a) stubborn (b) indelible
    (c) tense (d) yielding
    (e) soapy
36. **impediments**
    (a) exaggeration (b) compendium
    (c) obstacle (d) aggravation
    (e) furtherance.

DIRECTIONS (Qs. 37-44) : Read the following passage carefully and answer the questions given below it. Certain words/phrases are printed in *bold* to help you to locate them while answering some of the questions.

There is no field of human endeavour that has been so misunderstand as health. While health which **connotes** well-being and the absence of illness has a low profile, it is illness representing the failure of health which virtually monopolizes attention because of the fear of pain, disability and death. Even Snshruta has warned that this provides the medical practitioner power over the patient which could be misused.

Till recently, patients had implicit faith in their physician whom they loved and respected, not only for his knowledge but also in the total belief that practitioners of this noble profession, guided by ethics, always placed the patient's interest above all other considerations. This rich interpersonal relationship between the physician, patient and family has, barring a few exceptions, prevailed till the recent past, for caring was considered as important as curing. Our indigenous systems of medicine like ayurveda and yoga have heen more **concerned** with the promotion of the health of both the body and mind and with maintaining a harmonious relationship not just with fellow-beings but with nature itself, of which man is an integral part. Healthy practices like cleanliness, proper diet, exercise and meditation are part of our culture which sustains people even in the prevailing conditions of poverty in rural India and in the unhygienic urban slums.

These systems consider disease as an **aberration** resulting from disturbance of the equilibrium of health, which must be corrected by gentle restoration of this balance through proper diet, medicines and the establishment of mental peace. They also teach the graceful acceptance of old age with its infirmities resulting from the normal **degenerative** process as well as of death which is **inevitable**.

This is in marked contrast to the western concept of life as a constant struggle against disease, ageing and death which must be fought and conquered with the knowledge and technology **derived** from their science: a science which, with its narrow dissective and quantifying approach, has provided us the understanding of the microbial causes of communicable diseases and provided highly effective technology for their prevention, treatment and control. This can rightly be claimed as the greatest contribution of western medicine and justifiably termed as 'high' technology. And yet the contribution of this science in the field of non-communicable diseases is remarkably poor despite the far greater inputs in research and treatment for the problems of ageing like cancer, heart diseases, paralytic strokes and arthritis which are the major problems of affluent societies today.

37. Which of the following has been described as the most outstanding benefits of modern medicine?
    (a) The real cause and ways of control of communicable diseases
    (b) Evolution of the concept of harmony between man and nature
    (c) Special techniques for fighting ageing
    (a) Only B and C (b) Only A and B
    (c) Only A (d) Only B
    (e) Only C
38. In India traditionally the doctors were being guided mainly by which of the following?
    (a) High technology (b) Good knowledge
    (c) Professional ethics (d) Power over patient
    (e) Western concept of life
39. What caution have proponents of indigenous systems sounded against medical practitioners?
    (a) Their undue concern for the health of the person.
    (b) Their emphasis on research on non-communicable diseases.
    (c) Their emphasis on curing illness rather than preventive health measures.
    (d) Their emphasis on restoring health for affluent members of the society.
    (e) None of these
40. Why has the field of health not been understood properly?
    (a) Difficulty in understanding distinction between health and illness.
    (b) Confusion between views of indigenous and western system.
    (c) Highly advanced technology being used by the professionals.
    (d) Not given in the passage.
    (e) None of these
41. Why, according to the author, have people in India survived in spite of poverty?
    (a) Their natural resistance to communicable diseases is very high.
    (b) They have easy access to western technology.
    (c) Their will to conquer diseases
    (d) Their harmonious relationship with the physician
    (e) None of these
42. Which of the following pairs are mentioned as 'contrast' in the passage?
    (a) Western concept of life and science.
    (b) Technology and science.
    (c) Western physician and western-educated Indian physician.
    (d) Indian and western concepts of life.
    (e) Knowledge and technology.
43. Why does the author describe the contributions of science as remarkably poor?
    (a) It concentrates more on health than on illness.
    (b) It suggests remedies for the poor people.
    (c) It demands more inputs in terms of research and technology.
    (d) The cost of treatment is low.
    (e) None of these
44. The author seems to suggest that
    (a) we should give importance to improving the health rather than curing of illness.
    (b) we should move towards becoming an affluent society.
    (c) ayurveda is superior to yoga.
    (d) good interpersonal relationship between the doctor and the patient in necessary but not sufficient.
    (d) ayurvedic medicines can be improved by following western approaches and methods of sciences.

DIRECTIONS (Qs. 45-46) : Choose the word which is most OPPOSITE in meaning of the word printed in bold as used in the passage.

45. **Inevitable**
    (a) Undesirable (b) Unsuitable
    (c) Detestable (d) Avoidable
    (e) Available
46. **Degenerative**
    (a) Recuperative (b) Revolving
    (c) Productive (d) Innovative
    (e) Integrative

DIRECTIONS (Qs. 47-48) : Choose the word which is most nearly the SAME in meaning as the word printed in bold as used in the passage.

47. **Connotes**
   (a) Helps (b) Cures
   (c) Follows (d) Confirms
   (e) Implies
48. **Aberration**
   (a) Observation (b) Alternative
   (c) Deviation (d) Outcome
   (e) Stimulate

DIRECTIONS (Qs. 49-56) : Read the following passage and answer the questions given below it. Certain words/phrases are given in hold to *bold* you to locate them while answering some of the questions.

We have inherited the tradition of secrecy about the budget from Britain where also the system has been strongly attacked by eminent economists and political scientists including Peter Jay. Sir Richard Clarke, who was the originating genius of nearly every **important** development in the British budgeting techniques during the last two decades, has spoken out about the abuse of budget secrecy: "The problems of long-term tax policy should surely be debated openly with the facts on the table. In my opinion, all governments should have just the same **duty** to publish their expenditure policy. Indeed, this obligation to publish taxation policy is really essential for the control of public expenditure in order to get realistic taxation implications." Realising that democracy **flourishes** best on the principles of open government, more and more democracies are having an open public debate on budget proposals before introducing the appropriate Bill in the legislature. In the United States the budget is conveyed in a message by the President to the Congress, which comes well in advance of the date when the Bill is introduced in the Congress. In Finland the Parliament and the people are already discussing in June the tentative budget proposals which are to be introduced in the Finnish Parliament in September. Every budget contains a cartload of figures in black and white - but the dark figures represent the **myriad** lights and shades of India's life, the contrasting tones of poverty and wealth, and of bread so dear and flesh and blood so cheap, the deep tints of adventure and enterprise and man's ageless struggle for a brighter morning. The Union budget should not be an annual **scourge** but a part of presentation of annual accounts of a partnership between the Government and the people. That partnership would work much better when the nonsensical secrecy is replaced by openness and public consultations, resulting in fair laws and the people's acceptance of their moral duty to pay.

49. How do the British economists and political scientists react to budget secrecy? They are
   (a) in favour of having a mix of secrecy and openness.
   (b) indifferent to the budgeting techniques and taxation policies.
   (c) very critical about maintenance of budget secrecy.
   (d) advocates of not disclosing in advance the budget contents.
   (e) None of these
50. The author thinks that openness in budget is essential as it leads to
   (a) prevention of tax implications
   (b) people's reluctance to accept their moral duties
   (c) exaggerated revelation of the strengths and weaknesses of economy
   (d) making our country on par with Finland
   (e) None of these
51. The author seems to be in favour of
   (a) maintaining secrecy of budget
   (b) judicious blend of secrecy and openness
   (c) transparency in budget proposals
   (d) replacement of public constitution by secrecy
   (e) None of these
52. The secrecy of the budget is maintained by all of the following countries **except**
   A. Finland
   B. India
   C. United States
   (a) Only A (b) Only B
   (c) Only C (d) A and C
   (e) B and C
53. Which of the following statements is definitely TRUE in the context of the passage?
   (a) The British Government has been religiously maintaining budget secrecy.
   (b) Budget secrecy is likely to lead to corrupt practices.
   (c) Consulting unjustifiable taxes with public helps make them accept those taxes.
   (d) There should be no control on public expenditure in democratic condition.
   (e) None of these
54. Sir Richard Clarke seems to deserve the credit for
   (a) transformation in the British budgetary techniques.
   (b) maintenance of secrecy of the British budget.
   (c) detection of abuse of transparency in budget.
   (d) bringing down the tax load on British people.
   (e) None of these
55. From the contents of the passage, it can be inferred that the author is
   (a) authoritarian in his approach.
   (b) a democratic person.
   (c) unaware of India's recent economic developments.
   (d) a conservative person.
   (e) None of these
56. For making the budget realistic, the Government should
   (a) refrain from making public the proposed provisions before finalisation.
   (b) discuss it secretly within themselves.
   (c) encourage the public to send in their suggestions.
   (d) consult the public, defend their own plans and accept public suggestions.
   (e) None of these

DIRECTIONS (Qs. 57-58) : Choose the word which is most nearly the SAME in meaning to the word printed in bold as used in the

passage.

57. **SCOURGE**
    (a) ritual (b) presentation
    (c) whip (d) compromise
    (e) remedy

58. **MYRIAD**
    (a) adequate (b) functional
    (c) incompatible (d) abundant
    (e) excellent

DIRECTIONS (Qs. 59-60) : Choose the word which is most OPPOSITE in meaning to the word printed in bold as used in the passage.

59. **FLOURISHES**
    (a) disappears (b) degenerates
    (c) vanishes (d) blooms
    (e) opens

60. **DEBATED**
    (a) questioned severely
    (b) opposed strongly
    (c) accepted unconditionally
    (d) discussed frankly
    (e) implemented forcibly

DIRECTIONS (Qs. 61-68) : Read the following passage carefully and answer the questions given below it. Certain words have been printed in *bold* to help you locate them while answering some of the questions.

The Prime Minister's recent trip to Nigeria, the first bilateral prime ministerial visit to Africa since Jawaharlal Nehur's 45 years ago, recalls a long neglected Indian obligation. "It is up to Asia to help Africa to the best of her ability," Nehru told the Bandung Conference in 1955, "because we are sister continents. "The Prime Minister's proposed strategic partnership with African nations might at last make good that 52-year old promise and also, perhaps, challenge China's expedient diplomacy.

In the intervening years, the West's **sanctimonious** boycott of many African regimes - after nearly a century of extreme colonial exploitation – left the continent in the grip of oppressive rulers looking for new political sponsors, arms-sellers and trading partners. Not only was it an **abdication** of the developed world's responsibility to the world's least developed region, sanctions actually compounded the sufferings of poorer Africans. The Darfur killings continue and there is no mellowing of Robert Mugabe's repression in Zimbabwe.

A bandoned by the West Africa looked elsewhere. Beijing filled the vacuum by eagerly embracing dangerous and unsavoury regimes in its search for oil and other minerals. China demonstrated its influence by playing host to 48 out of 53 African leaders a year ago in a jamboree that was historic as well as historical. Historic because China has succeeded in becoming the pre-eminent outside power in Africa and its second biggest trading partner. Historical because modern Chinese diplomacy draws on the Middle kingdom's ancient formula; the tribute system. It was how the son of Heaven brought those nations whom the Celestial Empire called "barbarians' into his imperial trading and, through it, cultural and political system.

Contemporary China's economic **penetration** of Africa also heralds a new era of cultural and political ties though the Chinese foreign ministry repeatedly assure the world that "our cooperation is not designed to be against or **preclude** any third party." This is untrue in a world of finite resources. Once the Chinese are established in a country, no one else gets a foothold. Myanmar, where India failed to obtain the desired gas concessions, is a prime example. Aware that the hunt for energy is a zero-sum game, China's leadership courts African leaders with regular visits and substantial grants.

After decades of neglect – Vajpayee's Africa visit over a decade ago was to attend a Commonwealth Summit– India will have to move cautiously but quickly if it is to break China's monopoly. Along with investing in Africa's human capital, ,China has outlined a strategic investment plan to build three to five trade economic cooperation zones in Africa by 2009 to boost trade, which is expected to tap $40 billion this year. That could double to $30 billion by 2010 on the back of an insatiable demand for natural resources to feed China's **booming** economy.

61. What was Jawaharlal Nehru's consideration for helping African nations?
    (a) The people in the continent were extremely backward
    (b) The Bandung Conference was held in Afrcan Continent
    (c) African Continent is emotionally related to Asian Continent
    (d) Nehru had promised the British rulers to help Africa after independence
    (e) The West had exploited African people

62. The example of Myanmar given by the author proves
    (a) that when China patronizes a country it does not allow other nations to enter
    (b) India's foresight to feed its growing hunger for energy
    (c) Myanmar's political acumen to have symbiosis with China
    (d) that a country's political wisdom does not necessarily establish economic stability
    (e) None of these

63. Which of the following is the author's suggestion to India to break the Chinese monopoly?
    (a) Move away cautiously but quickly from the African nations
    (b) Arrange P. M's regular visits to African countries
    (c) Outline a strategic plan of investment in the African countries
    (d) Plan for an increased economic help to African countries
    (e) None of these

64. From the contents of the passage, it can be inferred that the author's views are
    (a) in favour of India gaining an edge over China
    (b) against India's entering into a competition with China
    (c) in favour of not making any investment in African countries
    (d) appreciate of oppressive and barbaric African rulers
    (e) None of these

65. The author considers the claims of the Chinese Foreign Ministry regarding third party as

(a) just and worthy of trust
(b) true but slightly exaggerated
(c) too exorbitant to be true
(d) an underestimate of the quality and quantity of their help
(e) None of these

66. Which of the following best explains the term " Middle kingdom's ancient formula"?
(a) Rendering free hand for political, cultural & commercial upliftment
(b) Influencing the underdeveloped countries through apparently patronizing policy
(c) Referring the underdeveloped folks as barbarians and mistreating them
(d) Becoming pre-eminent outside power and thus ruling over them
(e) None of these

67. Which of the following was/were the reason(s) for the backwardness of African Nations?
(1) Mistreatment by the alien rulers
(2) Tyrannical leaders governing the gullible masses
(3) Exploitation and neglect by Western countries
(a) (1) and (2) only (b) (2) and (3) only
(d) (1) and (3) only (d) None of these
(e) All the three

68. China's substantial grants to African countries are an act of
(a) China's modern policy of rendering social service on humanitarian considerations
(b) stepping up its campaign of universal brotherhood among nations
(c) rendering selfless service to certain underdeveloped countries to beat the western countries.
(d) calculated selfish motive to fulfill its energy needs
(e) None of these

DIRECTIONS (Qs. 69 -71) : Choose the word which is most OPPOSITE in meaning of the word given in bold as used in the passage.

69. CONTEMPORARY
(a) Fashionable (b) Modern
(c) Current (d) Existing
(e) Old

70. BOOMING
(a) striving (b) sounding
(c) failing (d) thriving
(e) degrading

71. PRECLUDE
(a) disqualify (b) permit
(c) prevent (d) pre-empt
(e) include

DIRECTIONS (Qs. 72 - 73) : Choose the word which is most nearly the SAME in meaning as the word given in bold as used in the passage.

72. SANCTIMONIOUS
(a) permissive (b) incongruent
(c) poetic (d) holy
(e) scrupulous

73. ABDICATION
(a) abandonment (b) obligation
(c) instigation (d) addiction
(e) spiritualization

DIRECTIONS (Qs. 74-81): Read the following passage carefully and answer the questions given below it. Certain words / phrases have been printed in bold to help you locate them while answering some of the questions.

Amartya Sen wrote about the Indian tradition of skepticism and heterodoxy of opinion that led to high levels of intellectual argument. The power sector in India is a victim of this tradition at its worst. Instead of **forcefully** communicating, supporting and honestly and firmly implementing policies, people just debate them. It is argued that central undertakings produce power at lower tariffs and must therefore build most of the required extra capacities. This is a **delusion.** They no longer have access to low-cost government funds.

Uncertainty about payment remains a reason for the hesitation of private investment. They had to sell only to SEBs (State Electricity Boards). SEB balance sheets are cleaner after the "securitisation" of the Rs 40,000 crore or so owed by SEBs to central government undertakings, now shown as debt instruments. But state governments have not implemented agreed plans to ensure repayment when due. The current annual losses of around Rs 28,000 crore make repayment highly uncertain. The central undertakings that are their main suppliers have payment security because the government will come to their help. Private enterprises do not have such assurance and are concerned about payment security, that must be resolved.

By the late 1990s, improving the SEB finances was recognised as fundamental to power reform. **Unbundling** SEBs, working under corporate discipline and even privatisation and not vertically integrated state enterprises, are necessary for efficient and financially viable electricity enterprises. Since government will not **distance** itself from managing them, privatising is an option. The Delhi model has worked. But it receives no public support.

The Electricity Act 2003, the APRDP (Accelerated Power Reform and Development Programme) with its incentives and penalties, and the creation of independent regulatory commissions, were the means to bring about reforms to improve financial **viability** of power sector. Implementation has been half-hearted and results disappointing. The concurrent nature of electricity in the Constitution **impedes** power sector improvement. States are more responsive to populist pressures than the central government, and less inclined to take drastic action against electricity thieves.

Captive power would add significantly to capacity. However, captive generation, three years after the Act enabled it, has added little to capacity because rules for open access were delayed. Redefined captive generation avoids state vetoes on purchase or sale of electricity except to state electricity enterprises. Mandating open access on state-owned wires to power regardless of ownership and customer would encourage electricity trading. The Act recognised electricity trading as a separate activity. A surcharge on transmission charges will pay for cross-subsidies. These were to be eliminated in time. Rules for open access and the quantum of surcharge by each state commission (under broad principles defined by the central commission) have yet to be announced by some. The few who have announced the surcharge have kept it so high that no trading can take place.

74. The author thinks it appropriate to
    (a) discuss any policy in details and make it fool proof instead of implementing it hastily.
    (b) follow Indian tradition meticulously as skepticism is essential for major decisions.
    (c) divert our energies from fruitlessly contracting policies to supporting its implementation whole-heartedly.
    (d) intellectual arguments and conceptualisation of every policy is definitely better than its enforcement.
    (e) none of these
75. Why are the central undertakings not capable of generating power at low cost?
    (a) Due to paucity of low-cost funds
    (b) Due to their access to Government funds
    (c) Due to their delusion about government funds
    (d) Because of their extra capacities
    (e) None of these
76. Which of the following is the reason for apathy of private investors in power sector?
    (a) Their hesitation
    (b) Uncertainly of their survival
    (c) Cut-throat competition
    (d) Lack of guarantee of timely returns
    (e) None of these
77. What was the serious omission on the part of the State Government?
    (a) Agreement for late recovery of dues
    (b) Reluctance to repay to private investors as per agreed plan
    (c) Non-implementation of recovery due to unplanned and haphazard polices
    (d) Lack of assurance from private enterprises
    (e) None of these
78. Which of the following is/are considered necessary for improving performance of electricity enterprises?
    (A) Corporate work culture
    (B) Privatisation
    (C) Properly integrated state enterprises
    (a) All the three (b) (a) and (b) only
    (c) (a) and (c) only (d) (b) and (c) only
    (e) None of these
79. The example of "Delhi Model" quoted by the author underlines his feelings of
    A. happiness about its success.
    B. unhappiness for lack of public support
    C. disgust towards privatisation.
    (a) (a) and (b) only (b) (b) and (c) only
    (c) (a) and (c) only (d) All the three
    (e) None of these
80. Which of the following was/were not considered as the instrument(s) to accomplish financial well-being of power sector?
    (a) The Electricity Act 2003
    (b) The APRDP with its incentives and penalties
    (c) Setting up of independent regulatory commissions
    (d) States vulnerability to populist pressures
    (e) Taking drastic action against electricity thieves.
81. Why were the results of the power sector reforms NOT as had been anticipated?
    (a) The means to bring about reforms were illconceived.
    (b) The enforcement of the reform means was inadequate and apathetic.
    (c) The Act and the reform measures were contradicting with each other.
    (d) The incentives on the one hand and penalties on the other created dissatisfaction.
    (e) None of these

DIRECTIONS (Qs. 82-83): Choose the word or group of words which is most nearly the SAME in meaning as the word printed in bold.

82. **DELUSION**
    (a) proper understanding (b) wrong prediction
    (c) false belief (d) unkind propaganda
    (e) unrealistic optimism
83. **VIABILITY**
    (a) ability to reform (b) ability to meditate
    (c) power to bounce (d) ability to spend
    (e) capability to survive

DIRECTIONS (Qs. 84-85): Choose the word or group of words which is most OPPOSITE in meaning of the word printed in bold.

84. **IMPEDE**
    (a) interferes (b) grows
    (c) excels (d) promotes
    (e) exaggerates
85. **UNBUNDLING**
    (a) disorganising (b) reorienting
    (c) segregating (d) winding
    (e) integrating

DIRECTIONS (Q. 86–93) Read the following passage carefully and answer the questions given below it. Certain words/phrases have been printed in bold to help you locate them while answering some of the questions.

In February 2010 the Medical Council of India announced a major change in the regulation governing the establishment of medical colleges. With this change, corporate entities were **permitted** to open medical colleges. The new regulation also carried the following warning : "permission shall be withdrawn if the colleges resort to commercialization". Since the regulation does not elaborate on what constitutes "resorting to commercialization", this will presumably be a matter left to the discretion of the Government.

A basic requirement for a new medical college is a pre-existing hospital that will serve as a teaching hospital. Corporate entities have hospitals in the major metros and that is where they will have to locate medical colleges. The earlier mandated land requirement for a medical college campus, a minimum of 25 acres of contiguous land, cannot be fulfilled in the metros. Not surprisingly, yet another tweak has been made in the regulation, prescribing 10 acres as the new minimum campus size for 9 cities including the main metros. With this, the stage is set for corporate entities to enter the medical education market.

Until now, medical education in India has been projected as a not-forprofit activity to be organised for the public good. While private bodies can run medical colleges, these can only be societies or trusts, legally non-profit organizations. In opening the door to corporate colleges, thus, a major policy change has been effected without changing the law or even a discussion in Parliament, but by simply getting a **compliant** MCI to change the regulation on establishment of medical colleges. This and other changes have been justified in the name of addressing the shortage of doctors. At the same time, over 50 existing medical colleges, including 15 run by the government, have been prohibited from admitting students in 2010 for having failed to meet the basic standards prescribed. Ninety per cent of these colleges have come up in the last 5 years. Particularly **shocking** is the phenomenon of government colleges **falling short** of standards approved by the Government. Why are state government institutions not able to meet the requirements that have been approved by the central government ? A severe problem faced by government-run institutions is attracting and retaining teaching faculty, and this is likely to be among the major reasons for these colleges failing to satisfy the MCI norms. The crisis building up on the faculty front has been **flagged** by various commissions looking into problems of medical education over the years.

An indicator of the crisis is the attempt to conjure up faculty when MCI carries out inspections of new colleges, one of its regulatory functions. Judging by news reports, the practice of presenting fake faculty – students or private medical practitioners hired for the day – during MCI inspections in private colleges is common. What is interesting is that even government colleges are adopting **unscrupulous** methods. Another indicator is the extraordinary scheme, verging on the ridiculous that is being put in place by the MCI to make inspections 'foolproof'. Faculty in all medical colleges are to be issued an RFID-based smart card by the MCI with a unique Faculty Number. The card, it is argued, will eliminate the possibility of a teacher being shown on the faculty of more than one college and establish if the qualifications of a teacher are genuine. In the future, it is projected that biometric RFID readers will be installed in the colleges that will enable a Faculty Identification, Tracking and Monitoring System to monitor faculty from within the college and even remotely from MCI headquarters.

The picture above does not even start to reveal the true and pathetic situation of medical care especially in rural India. Only a fraction of the doctors and nursing professionals serve rural areas where 70 per cent of our population lives. The Health Ministry, with the help of the MCI, has been active in proposing yet another 'innovative' solution to the problem of lack of doctors in the rural areas. The proposal is for a three-and-a-half year course to obtain the degree of Bachelor of Rural Medicine and Surgery (BRMS). Only rural candidates would be able to join this course. The study and training would happen at two different levels – Community Health Centers for 18 months, and sub-divisional hospitals for a further period of 2 years – and be conducted by retired professors. After completion of training, they would only be able to serve in their own state in district hospitals, community health centres, and primary health centres.

The BRMS proposal has invited **sharp** criticism from some doctors' organizations on the grounds that it is discriminatory to have two different standards of health care – one for urban and the other for rural areas, and that the health care provided by such graduates will be compromised. At the other end is the opinion expressed by some that "something is better than nothing", that since doctors do not want to serve in rural areas, the government may as well create a new cadre of medics who will be obliged to serve there. The debate will surely pick up after the government formally lays out its plans. What is apparent is that neither this proposal nor the various stopgap measures adopted so far address the root of the problem of health care.

The far larger issue is government policy, the low priority attached by the government to the social sector as a whole and the health sector in particular, evidenced in the paltry allocations for maintaining and upgrading medical infrastructure and medical education and for looking after precious human resources.

86. What solution is being offered by the Health Ministry for the shortage of doctors in rural areas ?
    (a) Increase the number of government run hospitals in the rural areas thereby increasing the number of doctors catering to the people in these regions.
    (b) Make it mandatory for doctors serving in the urban areas to serve in the rural areas for a specific number of years
    (c) Set up increasing number of community health centres in rural areas
    (d) Hire retired professors of medicine to offer medical help to people living in the rural areas till the time more doctors are appointed
    (e) Run a separate medical course for three and a half years which can be taken up only by rural candidates who would ultimately serve in the rural areas
87. Why have some existing medical colleges been prohibited from admitting students ?
    (a) As these have adopted corrupt practices and have been taking huge donations from their students
    (b) As all these colleges were illegally set up and were not approved by the government in the first place
    (c) As the course offered by these colleges is not in line with the course offered by the government run colleges

(d) As these have failed to meet the norms set by the central government for running the college
(e) As there are absolutely no faculty members left in these colleges to teach students

88. Which of the following is/are the change/s announced by the MCI in the regulation governing the establishment of medical college?
(A) Allowing the commercialization of medical colleges.
(B) Reducing the earlier mandated land requirement for a medical college campus for metros.
(C) Allowing corporate bodies to open medical colleges.
(a) Only (B) (b) Only (A) and (B)
(c) Only (C) (d) Only (B) and (C)
(e) All (A), (B) and (C) are true

89. Which of the following are the different opinions regarding the BRMS proposal ?
(A) At least a small step has been taken to improve the healthcare facilities in the rural areas through this proposal.
(B) There should be uniform healthcare facilities available for people living in both rural and urban area
(C) The healthcare providers through this proposal would not be up to the mark.
(a) Only (A) (b) Only (A) and (B)
(c) Only (B) and (C) (d) Only (B)
(e) All (A), (B) and (C)

90. Which of the following is possibly the most appropriate title for the passage ?
(a) Healthcare in India – The Questionable Changes
(b) Medical Centres in Rural India
(c) Commercialization of Medical Education in India
(d) The Medical Council of India
(e) The BRMS Proposal – The Way Out for Rural India

91. What is one of the major problems faced by the government–run medical institutions ?
(a) Dearth of land required for the setting up of medical institutions
(b) Lack of funds for running the colleges
(c) Dearth of teaching faculty
(d) Excessive competition from colleges run by corporate bodies
(e) Dearth of students opting for these colleges

92. What is the idea behind the MCI putting in place the RFID-based smart card ?
(A) To monitor and track faculty from MCI headquarters in the future.
(B) To put a stop to the practice of colleges of presenting fake faculty members.
(C) To verify the authenticity of faculty member qualifications.
(a) Only (A) and (B) (b) All (A), (B) and (C)
(c) Only (C) (d) Only (B) and (C)
(e) Only (B)

93. What is the author's main intention behind writing this passage ?
(a) To make the general public aware of the healthcare facilities available in India
(b) To bring to light the problems faced by the healthcare sector in India despite changes suggested and goad the government into attaching priority to the sector
(c) To bring to light the problems faced by rural people in terms of healthcare facilities and thus exhort urban doctors to serve in the rural areas
(d) To make the general public aware of the benefits arising from the changes brought about by the MCI in the healthcare sector
(e) To urge the corporate bodies to look into the matter of healthcare facilities in the rural areas

DIRECTIONS (Q. 94–97) Choose the word/group of words which is most similar in meaning to the word/group of words printed in bold as used in the passage.

94. FLAGGED
(a) highlighted (b) stopped
(c) bannered (d) caused
(e) hoisted

95. FALLING SHORT
(a) remaining tiny (b) limiting
(c) stumbling upon (d) just satisfying
(e) not meeting

96. PERMITTED
(a) forbidden (b) pressed
(c) allowed (d) sent
(e) forced

97. SHOCKING
(a) wicked (b) pleasing
(c) appalling (d) electrifying
(e) scandalous

DIRECTIONS (Q. 98–100) Choose the word/group of words which is most opposite in meaning to the word/ group of words printed in bold as used in the passage.

98. UNSCRUPULOUS
(a) corrupt (b) even
(c) constant (d) honest
(e) measured

99. SHARP
(a) mild (b) thin
(c) blunt (d) rounded
(e) pointed

100. COMPLIANT
(a) fixed (b) unyielding
(c) stagnant (d) obedient
(e) negative

DIRECTIONS (Qs. 101-110) : Read the following passage carefully and answer the questions given below it. Certain words/

phrases in the passage are printed in bold to help you locate them while answering some of the questions.

Nature is an infinite source of beauty. Sunrise and sunset, mountains and rivers, lakes and glaciers, forests and fields provide joy and bliss to the human mind and heart for hours together. Everything in nature is splendid and divine. Everyday and every season of the year has a peculiar beauty to **unfold**. Only one should have eyes to behold it and a heart to feel it like the English poet William Wordsworth who after seeing daffodils said: ?And then my heart with pleasure fills and dances with the daffodils?.

Nature is a great teacher. The early man was thrilled with beauty and wonders of nature. The Aryans worshipped nature. One can learn the lessons in the vast school of nature.

Unfortunately the strife, the stress and the tension of modern life have made people immune to beauties of nature. Their life is so full of **care** that they have no time to stand and stare. They cannot enjoy the beauty of lowing rivers, swinging trees, flying birds and majestic mountains and hills. There is however, a cry to go back to village from the concrete and artificial jungle of cities. Hence the town planners of today pay special attention to provide enough number of natural scenic spots in town planning. To develop a balanced personality, one needs to have a healthy attitude which can make us appreciate and enjoy the beauty of nature.

There is other balm to soothe our tired soul and listless mind than the infinite nature all around us. We should enjoy it fully to lead a balanced and harmonious life, full of peace and tranquility.

101. Which of the following words has the SAME meaning as the word care as used in the passage ?
    (a) Grief (b) Want
    (c) Needs (d) Pleasure
    (e) Prejudices
102. Choose the word which is most OPPOSITE in meaning of the word unfold as used in the passage?
    (a) Declare (b) Conceal
    (c) Describe (d) Perpetuate
    (e) Evolve
103. Which of the following statements is not made in the passage about Nature?
    (a) Nature is an infinite source of beauty
    (b) Everything in nature is splendid and divine
    (c) Nature is a great teacher
    (d) The Aryans worshipped Nature
    (e) The early man was scared of Nature
104. What is needed to develop balanced personality?
    (a) Interpersonal skills (b) Reading poetry
    (c) Healthy attitude (d) Going back to villages
    (e) None of these
105. Why do people not enjoy the beauty of Nature ?
    (a) They are running after material pleasures
    (b) They do not consider nature as balm to soothe their fired minds
    (c) Their life is full of worries and tensions
    (d) They are afraid of nature
    (e) None of these
106. What should we do to enjoy tranquil life ?
    (a) Get totally immersed in our daily routine
    (b) Believe that nature is infinite source of beauty
    (c) Lead a disciplined and dedicated life
    (d) Enjoy the nature around us
    (e) Form a habit of daily physical exercise
107. What are the town planners doing today?
    (a) Providing facilities for enjoying nature
    (b) Establishing balance between concrete and artificial jungle of cities
    (c) Supporting the cry to go back to villages
    (d) Making efforts to inculcate healthy attitude among people
    (e) None of these
108. Choose the word which is most OPPOSITE in meaning of the word listless as used in the passage
    (a) active (b) progressive
    (c) backward (d) hidden
    (e) impure
109. Choose the word which is most OPPOSITE in meaning of the word soothe as used in the passage ?
    (a) stabilize (b) excite
    (c) propagate (d) nature
    (e) strengthen
110. According to the author of the passage, Nature
    (a) is the ultimate salvation of man
    (b) is the creator of this universe
    (c) brings uniformity in all seasons
    (d) maintains homeostasis in human beings
    (e) is abundantly glorious and divine

DIRECTIONS (Q. 111 to 120) Read the following passage carefully and answer the questions given below it. Certain words/ phrases have been printed in bold to help you to locate them while answering some of the questions.

Once upon a time, there was a royal elephant which used to reside in the premises of the King's palace. The elephant was very dear to the king, so he was well-fed and welltreated. There was also a Dog who lived near the Elephant's shed. He was very weak and skinny. He was always fascinated by the smell of rich sweet rice being fed to the royal elephant.

One day, the Dog could no longer **resist** the aroma of the rice and somehow managed to sneak into the Elephant's shed. He ate the grains of sweet rice that fell from the Elephant's mouth. He liked the rice so much, that he started going there daily to eat the rice. For days, the huge Elephant didn't notice the small dog as he was busy enjoying the delicious food. Gradually, the Dog grew bigger and stronger eating such rich food. Finally the Elephant noticed him and allowed him access to the food.

The Elephant enjoyed the company of the Dog and started sharing his food with him. They also started spending time with each other and soon became good friends. They ate together, slept together and played together. While playing, the Elephant would hold the Dog in his trunk and swing him back and forth. Soon neither of them was happy without the other. They became great friends and didn't want to be **separated** from each other.

Then one day, a man saw the Dog and asked the Elephant-keeper, "I want to buy this Dog. What price do you want for it ?" The Elephantkeeper didn't own the Dog but sold it and **extracted** a sum of money from this deal. The man took the Dog to his home village, which was quite far away. The King's Elephant became very sad after this incident. He missed his friend a lot and started neglecting everything. He didn't want to do anything without his dear friend so he stopped eating, drinking and even bathing.

Finally, the Elephant-keeper reported this to the King; however he didn't mention anything about the Dog. The King had a wise minister, who was known for his **keen** understanding of animals. The King ordered the minister, "Go to the Elephant shed and find out the reason for the Elephant's condition". The intelligent minister went to the Elephant shed and found the elephant very sad. He examined the Elephant and asked the Elephant-keeper, "There is nothing wrong with this Elephant's body, then why does he look so sad ? I think this Elephant is grief stricken, possibly due to the loss of a dear friend. Do you know if this Elephant shared a close friendship with anyone ?"

The Elephant-keeper said, "There was a Dog who used to eat, sleep and play with the Elephant. He was taken by a stranger three days ago". The minister went back to the King and said, "Your majesty, in my opinion, the royal Elephant is not sick, but he is lonesome without his dear friend, the Dog". The King said, "You're right, friendship is one of the most wonderful things of life. Do you know where the Dog is ?" The Minister replied, "Elephantkeeper has informed me that a stranger took him away and he doesn't know his whereabouts". The King asked, "How can we bring back my Elephant's friend and make him happy again ?" The Minister suggested, "Your Majesty, make a **declaration**, that whoever has the dog that used to live at the royal Elephant's shed will be penalized". The King did the same and the man who had taken the dog, instantly turned him loose when he heard the proclamation.

As soon as he was freed, the Dog ran back as fast as he could to the Elephant's Shed. The Elephant was so delighted to see the Dog that he picked his friend up with his trunk and swung him back and forth. The Dog wagged his tail, while the Elephant's eyes sparkled with happiness. The King was content to see the Elephant happy once again and rewarded the minister for his wise judgement.

111. What was the Minister's diagnosis of the Elephant's condition ?
 (a) The Elephant hated his keeper
 (b) The Elephant was lonely
 (c) The Elephant was starving
 (d) The Elephant had hurt his leg and was in pain
 (e) None of these

112. What method did the Minister suggest to the King to get back the Dog ?
 (a) To declare that whoever had that particular Dog would be punished
 (b) To keep a bowl of rice for the Dog in the Elephant's shed so that he could be lured back to the palace
 (c) To command the Elephant–keeper to look for the Dog in the village
 (d) To persuade the Elephant to call out to the Dog
 (e) None of these

113. Why had the Elephant become very sad ?
 (a) He no longer got his daily bowl of rice
 (b) He was unhappy with the King for having sold the Dog
 (c) He missed his friend the Dog
 (d) He was sold to an unknown man by his keeper
 (e) None of these

114. What did the Elephant-keeper do to the Dog ?
 (a) He sold the Dog to an unknown man for a price
 (b) He hit the Dog as the Dog was eating the Elephant's food
 (c) He killed the Dog
 (d) He complained to the King about the Dog
 (e) None of these

115. Which of the following would be the most appropriate title for the passage ?
 (a) Friends and Enemies
 (b) The Playful Dog
 (c) The King and the Minister
 (d) The Elephant-keeper
 (e) The Bond of Friendship

116. Why was the Elephant taken care of ?
 (a) He was a very special Elephant as he could talk to Dogs
 (b) He was a very loyal Elephant
 (c) He was the strongest Elephant in the Kingdom
 (d) He was weak and the King had a lot of sympathy for him
 (e) None of these

117. Why did the Dog start going to the Elephant's shed everyday ?
 (a) He liked the Elephant a lot and wanted to become friends with him
 (b) He was being fed by the King everyday
 (c) He was fond of the Elephant's shed
 (d) He liked the taste of the rice being fed to the Elephant
 (e) None of these

118. What did the Dog do once he was set free ?
 (a) He ate rice to his heart's content
 (b) He thanked the King for his kindness
 (c) He ran away from the Kingdom to a place faraway
 (d) He ran back to his friend the Elephant
 (e) None of these

119. What of the following can definitely be said about the Elephantkeeper ?
 1. He was greedy.
 2. He was insensitive.
 3. He was brave.
 (a) Only 1 (b) Only 2
 (c) Only 1 and 2 (d) Only 2 and 3
 (e) All 1, 2 and 3

120. Which of the following can definitely be said about the King ?
 1. He was compassionate.
 2. He was deceitful.
 3. He loved animals.
 (a) Only 1 (b) Only 1 and 3
 (c) Only 1 and 2 (d) Only 2
 (e) All the three 1, 2 and 3

DIRECTIONS (Q. 121 to 123) Choose the word/group of words

which is most similar in meaning to the word/group of words printed in bold as used in the passage.

121. EXTRACTED
   (a) pulled (b) inserted
   (c) wring (d) dug out
   (e) received
122. DECLARATION
   (a) pact (b) praise
   (c) announcement (d) writ
   (e) resolve
123. KEEN
   (a) shallow (b) urgent
   (c) concentrated (d) deep
   (e) eager

DIRECTIONS (Q. 124 and 125) : Choose the word/group of words which is most opposite in meaning to the word/group of words printed in bold as used in the passage.

124. RESIST
   (a) give in (b) please
   (c) struggle (d) try out
   (e) defy
125. SEPARATED
   (a) stuck (b) united
   (c) estranged (d) bound
   (e) joined

DIRECTIONS (Q. 126–135) Read the following passage carefully and answer the questions given below it. Certain words are printed in bold to help you to locate them while answering some of the questions.

A pundit was visiting a remote town. The people of the town worried him everyday with invitations for lunch or dinner. "I will only eat in a house where no one has ever told a lie," said the pundit. A very rich man stepped up and said, "Come to my house, Oh master. No one in my home has ever told a lie." The pundit accepted the invitation. Before going to the rich man's house, the pundit inquired about the rich man and learned everything he could about him. Walking along with the rich man, the pundit asked, "How many children do you have ?" "Only one son," replied the rich man. "The people of this town said he had three sons ! Why is he saying he has only one ? Is he lying ?" wondered the pundit, "but I should not be too hasty to judge him. Perhaps he is telling the truth. Let me wait." "How old are you now ?" asked the pundit. "I am ten years old," answered the rich man. "There he goes again ! His hair is gray, his face has wrinkles, he can **barely** walk, and he says he is only ten years old ! No, No. I should not come to a rushed conclusion. I shall give him one more chance," decided the pundit. "How many acres of land do you have ?" asked the pundit, "I have only six feet of land for myself", said the rich man. "This is like trying to hide a whole pumpkin in a spoonful of rice !" thought the pundit. "This man is indeed the king of liars ! How can I eat in his house ? Will it turn me into a liar as well ? Let me see how far he can go."

When they arrived at the house the rich man told his wife, we have a **special** guest today so make him your best lunch. I will take him to the lake for a walk. We will be back soon. On their way back from the river, they passed an orchard. The rich man plucked two ripe mangoes, and cut a bunch of ripe bananas. "Whose orchard is this ?" asked the pundit. "This orchard belongs to the ones who do not sleep a wink at night," replied the rich man. At the house, the rich man's wife had laid out the lunch. "Please come and eat" she said. "I need to **clarify** a few things first," declared the pundit. "What is it ?" asked the rich man. "I know you have three sons, why did you say you had only one ?" demanded the pundit. The rich man immediately called for his sons and gave them a task. The eldest and the youngest both said, "Father, you are forever ordering us around". Only the middle son promptly agreed to obey. "Did you see that, Oh Master ?" asked the rich man. "I do have three sons, but only one of them truly listens to me." "Fine, but why did you claim that you were only ten years old ?" asked the pundit. "I am over sixty, " replied the rich man. "But for the last ten years, I have devoted myself to a spiritual life. I believe that it is only then since I have truly lived," replied the rich man.

Excellent answer applauded the pundit. "But you own thousands of acres of fertile land. Why did you claim to have only six feet ? "I have acquired thousands of acres of land. I did every trick in the trade to become rich, but it has only made my sons proud and arrogant. What use is all this wealth to me ? When I die, the six feet of land where I will be buried is all that will truly be mine," said the rich man.

The pundit sat down to eat. As he was taking his leave, he asked the rich man, "What did you mean when you said the orchard belongs to the ones who do not sleep a wink at night ?" "I do own the orchard and work hard **tending** to my trees, but at night, I am so **tired** that I fall asleep. Meanwhile the thieves, who stay awake all night, steal most of my yield. So in truth the orchard belongs to them. The ones who do not sleep a wink at night" said the rich man.

126. On what condition did the pundit agree to invitations for lunch or dinner ?
   (a) He would only eat from a rich man's plate.
   (b) He would only eat in a house where no one had lied.
   (c) He would eat in a house that cooked only vegetarian food.
   (d) He would only eat from a banana leaf.
   (e) None of these
127. Which of the following is said to be true of the rich man ?
   1. The rich man had three sons.
   2. The rich man was fifty years old.
   3. The rich man owned vast acres of land.
   (a) Only 1 (b) Only 2
   (c) Only 3 (d) Only 1 and 2
   (e) Only 1 and 3
128. What was the rich man trying to imply when he said that he was only ten years old ?
   (a) He had a near death experience ten years ago.
   (b) The rich man was trying to appear younger than his actual age.
   (c) He had truly lived only after he devoted himself to spiritual life.
   (d) The rich man was trying to convey his innocence to the pundit.
   (e) The rich man wanted the pundit to know that he was still a child at heart.

129. In the passage, why did the rich man say that he had only six feet of land, when he owned the whole orchard ?
(a) He did not want the pundit to know that the orchard belonged to him.
(b) The orchard was distributed equally among his sons and he had only six feet for himself.
(c) He believed that when he died, he would have only six feet of land that would truly be his.
(d) The land that was productive in the whole orchard was only six feet long.
(e) The orchard belonged to his ancestors and only six feet was rightfully his.

130. In the passage, what did the pundit imply by using the phrase trying to hide a pumpkin in a spoonful of rice ?
1. That only pumpkin and rice was served for dinner.
2. That the rich man was a liar.
3. That the rich man grew only pumpkins in his orchard.
(a) Only 1 (b) Only 2
(c) Only 3 (d) Only 1 and 2
(e) Only 2 and 3

131. What did the rich man mean when he said that the orchard belonged to the ones who do not sleep a wink at night ?
(a) The orchard belonged to his sons who looked after it.
(b) The orchard belonged to the thieves who robbed from it.
(c) The owls looked after the orchard during the night.
(d) The orchard belonged to the neighbours.
(e) The orchard was donated to charity.

132. Why was the pundit hesitant to eat at the rich man's house ?
(a) The pundit was not accustomed to having rich food.
(b) He felt that the rich man was proud and a two-faced human being.
(c) The rich man's sons were not at home for lunch.
(d) He did not want to cause any trouble to the rich man's wife.
(e) He felt that the rich man lied to him.

133. Why did the pundit feel that the rich man was lying ?
(a) The pundit was spying on the rich man.
(b) The pundit had inquired and learned about the rich man prior to the lunch.
(c) The rich man was avoiding certain questions asked by the pundit.
(d) The pundit found it hard to believe that the rich man never lied.
(e) The rich man had too many secrets.

134. The rich man claimed to have only one son because—
(a) His middle son was the only child who obeyed him.
(b) His eldest and youngest sons had long been married.
(c) He had adopted his other two sons.
(d) He did not want to introduce his eldest and youngest sons to the pundit.
(e) He only loved his second son, who was taking care of him.

135. Why did the pundit agree to eat at the rich man's house ?
(a) The rich man claimed to have never told a lie.
(b) The rich man was an old friend of the pundit.
(c) The rich man could afford to treat the pundit.
(d) The rich man owed the pundit a favour.
(e) The pundit travelled a long distance and he was tired.

DIRECTIONS (Q. 136–138) Choose the word which is most nearly the same in meaning as the word printed in bold as used in the passage.

136. Tending
(a) Growing (b) Supplying
(c) Watching (d) Attending
(e) Contributing

137. Clarify
(a) Confirm (b) Explain
(c) Simplify (d) Describe
(e) Express

138. Barely
(a) Easily (b) Hardly
(c) Scantily (d) Poorly
(e) Completely

DIRECTIONS (Q. 139-140) Choose the word which is most opposite in meaning of the word printed in bold as used in the passage.

139. Tired
(a) Drained (b) Sleepy
(c) Relaxed (d) Energised
(e) Exhausted

140. Special
(a) Unique (b) Exclusive
(c) Rare (d) Important
(e) Ordinary

DIRECTIONS (Q. 141–150) Read the following passage carefully and answer the questions given below it. Certain words are printed in bold to help you to locate them while answering some of the questions.

The Sun, while going on his daily rounds saw a princess and fell in love with her. Whenever he could slip away from the heavens he would take human form and go down to the princess to spend some time with her. The princess too became quite fond of him and would wait for him to come. One day the Sun decided to send her a blood-red ruby as a token of his love for her. He put the gem in a silk bag, and calling a crow that was flying past, asked the bird to deliver the gem to his beloved. Crows had milky white feathers in those days and it was considered **auspicious** if a crow came anywhere near you. So the Sun was pleased that he had found a crow to deliver the gem. As the crow sped through the sky with the silken bag, the aroma of food lured him. Looking down the crow saw that a wedding feast was in progress, and immediately it was distracted from its mission. Food was one thing it could never resist !

Alighting on a tree nearby, it hung the bag on a twig and went off to find some food. While the crow was feasting, a merchant passing by saw the bag on the tree, and knocked it down with a pole. When he opened the bag and saw its contents he almost swooned in joy. Quickly pocketing the ruby, he filled the bag with dry cow dung that was lying there, and then **deftly** returned the bag to the branch. It was all done so quickly that the crow missed all the action. After having its fill, it flew up to the tree, and picking up the bag took it to the person it was intended for. The princess was in the garden. When the crow gave her the bag, she took it eagerly, knowing that it was from the Sun. But when she saw its contents she reeled back in shock and anger. Believing that it was the Sun's way of telling her that he did not care for her, she flung the bag away, rushed to her palace, and never came out again. When the Sun learnt of what had happened he was **furious**.

So great was his anger that when he turned his **scorching** gaze on the crow, its feathers were burned black. Its feathers have been black ever since. The ruby did not stay with the man who stole it. It fell out of his pocket and rolled into a deep pit. Men have been trying to dig it out ever since. Many precious stones have been found in the process, making Myanmar one of the richest sources of rubies and sapphires, but the ruby that the Sun sent to the princess is yet to be found.

141. What did the Sun send for the princess as a token of his love ?
 (a) He sent her the crow
 (b) He sent her dry cow dung
 (c) He sent her a red ruby
 (d) He gifted her the city of Myanmar
 (e) None of these

142. Why did the princess fling the gift away ?
 (a) She did not like rubies
 (b) The crow was known to bring bad luck
 (c) She had found cow dung in the bag
 (d) She thought the Sun was playing a cruel joke on her
 (e) She had wanted the Sun to personally deliver it

143. What led to the discovery of precious stones in Myanmar ?
 (a) Humans discovered the stones in their search for the lost ruby
 (b) The crow spread the news of the lost ruby
 (c) The princess went in search of the lost ruby and discovered other precious stones
 (d) The merchant went in search of the ruby that fell off his pocket
 (e) The merchant's clumsiness led to the discovery of precious stones

144. While on its way to the princess, the crow was distracted by—
 (a) The merchant calling out to him
 (b) The wedding that was taking place below
 (c) The ruby that the Sun sent for the princess
 (d) The temptation of the smell of food
 (e) The huge crowd at the wedding

145. Why did the Sun send his gift for the princess along with the crow?
 (a) The princess loved crows
 (b) The crow was the only bird available at the time
 (c) The crow was considered to be an auspicious bird
 (d) The crow knew where the princess lived
 (e) The Sun trusted the crow

146. The joy of the merchant on finding the ruby was short lived because—
 (a) He did not succeed in stealing the ruby
 (b) The ruby fell out of his pocket
 (c) The crow returned just in time and caught him red handed
 (d) He soon discovered many more precious stones
 (e) None of these

147. How did the crow get its black colour ?
 (a) The crow was punished by the Sun for its clumsiness
 (b) The crow was burned black by the scorching gaze of the angry Sun
 (c) The crow was not considered auspicious any more
 (d) The crow was cursed by the merchant
 (e) None of these

148. What could be an appropriate title for the story ?
 (a) The Careless Black Crow
 (b) Myanmar and its Mineral Riches
 (c) The Sun and the Princess
 (d) The Depressed Princess
 (e) The Sun and the Ruby

149. What was the crow's mission ?
 (a) To deliver the gift to the princess
 (b) To attend the wedding
 (c) To make the Sun angry
 (d) To keep the princess in her palace
 (e) To protect the princess from the harmful Sun

150. What message did the princess get after opening the bag ?
 (a) That the Sun truly loved her
 (b) That the crow was an evil bird
 (c) That the crow was playing a joke on her
 (d) That the Sun did not love her anymore
 (e) That the cow dung was a token of the Sun's love for her

DIRECTIONS (Q. 151–153) Choose the word which is most nearly the SAME in meaning as the word printed in bold as used in the passage.

151. Token
 (a) Symbol (b) Insurance
 (c) Slip (d) Assurance
 (e) Investment

152. Deftly
 (a) Skillfully (b) Blindly
 (c) Eagerly (d) Rightfully
 (e) Innocently

153. Auspicious
 (a) Religious (b) Lucky
 (c) Fulfilling (d) Charming
 (e) Normal

DIRECTIONS (Q. 154–155) Choose the word which is most OPPOSITE in meaning of the word printed in bold as used in the passage.

154. Scorching
 (a) Cool (b) Heated
 (c) Warm (d) Silent
 (e) Composed

155. Furious
 (a) Beaming (b) Angry
 (c) Forgiving (d) Calm
 (e) Sulking

DIRECTIONS (Q. 156-165) Read the following passage carefully and answer the questions given below it. Certain words are printed in bold to help you to locate them while answering some of the questions.

A fisherman, enfeebled with age, could no longer go out to sea so he began fishing in the river. Every morning he would go down to the river and sit there fishing the whole day long. In the evening he would sell whatever he had caught, buy food for himself and go home. It was a hard life for an old man. One hot afternoon while he was trying to keep awake and bemoaning his fate, a large bird with silvery feathers alighted on a rock near him. It was Kaha, the heavenly bird. "Have you no one to care for you, grandpa ?" asked the bird. "Not a soul." "You should not be doing such work at your age, " said the bird. "From now on I will bring you a big fish every evening. You can sell it and live in comfort." True to her word, the bird began to drop a large fish at his doorstep every evening. All that the fisherman had to do was take it to the market and sell it. As big fish were in great demand, he was soon rolling in money. He bought a cottage near the sea, with a garden around it and engaged a servant to cook for him. His wife had died some years earlier. He had decided to marry again and began to look for a suitable woman.

One day he heard the royal courtier make an announcement. Our king has news of a great bird called Kaha," said the courtier. "Whoever can give information about this bird and help catch it, will be rewarded with half the gold in the royal treasury and half the kingdom !" The fisherman was **sorely** tempted by the reward. Half the kingdom would make him a prince !

"Why does the king want the bird ?" he asked. "He has lost his sight," explained the courtier. "A wise man has advised him to bathe his eyes with the blood of Kaha. Do you know where she can be found ?" "No…I mean …no, no…" **Torn** between greed and his sense of gratitude to the bird, the fisherman could not give a coherent reply. The courtier, sensing that he knew someting about the bird, informed the king. The king had him brought to the palace.

"If you have information about the bird, tell me," urged the king. "I will reward you handsomely and if you help catch her, I will personally crown you king of half my domain." "I will get the bird for you," cried the fisherman, suddenly making up his mind. "But Kaha is strong. I will need help." The king sent a dozen soldiers with him. That evening when the bird came with the fish, the fisherman called out to her to wait. "You drop the fish and go and I never get a chance to thank you for all that you've done for me,"he said. "Today I have laid out a feast for you inside. Please alight and come in." Kaha was reluctant to accept the invitation but the fisherman pleaded so earnestly that she finally gave in, and alighted. The moment she was on the ground, the fisherman **grabbed** one of her legs and shouted to the soldiers hiding in his house to come out. They rushed to his **aid** but their combined effort could not keep Kaha down.

She rose into the air with the fisherman still clinging onto her leg. By the time he realised he was being carried away, the fisherman was too high in the air to let go. He hung on grimly, and neither he nor Kaha were ever seen again.

156. Why was the king desperately looking for Kaha the bird ?
    (a) The king wanted a pet bird.
    (b) A wise man advised the king to capture the bird for good luck.
    (c) Kaha was the only heavenly bird with silvery feathers.
    (d) The king was blind and required Kaha's blood for his eyes.
    (e) Kaha was known to be the greatest bird alive.
157. Why did the bird volunteer to bring fish for the old man ?
    (a) The old man was inexperienced at fishing.
    (b) The bird took pity on the old man and wanted to help him.
    (c) The bird had caught more fish than required.
    (d) The bird wanted to make the old man rich.
    (e) The bird had heard the old man bemoaning his fate.
158. What led the courtier to sense that the fisherman might know something about Kaha ?
    (a) The courtier had observed Kaha alight at the fisherman's house every evening.
    (b) The courtier had seen the fisherman talk to Kaha.
    (c) The fisherman fumbled when asked about Kaha.
    (d) Word went around that the fisherman was in contact with Kaha.
    (e) None of these
159. Which of the following cannot be said about the royal courtier ?
    (1) He was a very observant man.
    (2) He was jealous of the old fisherman.
    (3) He had informed the king about the fisherman.
    (a) Only (1) (b) Only (2)
    (c) Only (3) (d) Only (1) and (3)
    (e) Only (2) and (3)
160. What could be an appropriate title for the story ?
    (a) A Fish a Day
    (b) The Lonely fisherman
    (c) Kaha the Silvery feathered bird
    (d) The Blind King
    (e) The Ungrateful old fisherman
161. Which of the following is not true about Kaha ?
    (a) Kaha was a very considerate bird.
    (b) The blood of Kaha was precious.
    (c) Kaha was a strong bird.
    (d) Kaha flew away alongwith the old fisherman.
    (e) Kaha saved the fisherman from the King's wrath.
162. Why did the fisherman stammer when asked if he knew about the bird ?
    (a) The fisherman thought he was going to be punished for living off the bird.
    (b) He was thrilled he would be able to help the king.
    (c) He already knew about the reward that was being offered.
    (d) He was conflicted between the king's reward and his gratitude towards the bird.
    (e) The fisherman was faced with a very unexpected question by a royal courtier.

163. How did the fisherman get Kaha to come down ?
(1) The fisherman told Kaha that the King was impressed by her kindness and wanted to meet her.
(2) The fisherman invited Kaha to live in his house as he was a lonely man and wanted company.
(3) The fisherman invited Kaha to his house for a feast in order to thank her for everything.
(a) Only (1) (b) Only (2)
(c) Only (3) (d) Only (2) and (3)
(e) Only (1) and (3)

164. What does the phrase 'rolling in money' as highlighted in the passage refer to ?
(a) To have a large amount of money.
(b) To have just enough of money.
(c) To live a life that is not affordable.
(d) To live off someone else.
(e) To be self-sufficient.

165. Why was the fisherman doubtful about revealing information about Kaha to the courtier ?
(a) He did not want to lose Kaha.
(b) Kaha was his source of income.
(c) He was worried about his supply of fish.
(d) He had heard that kaha was going to be killed for her blood.
(e) Kaha had asked the fisherman not to tell anyone about her whereabouts.

DIRECTIONS (Q. 166–168) Choose the word which is most nearly the SAME in meaning as the word printed in bold as used in the passage.

166. Aid
(a) Health (b) Help
(c) Support (d) Freedom
(e) Mercy

167. Sorely
(a) Happily (b) Painfully
(c) Gainfully (d) Greatly
(e) Primarily

168. Torn
(a) Conflicted (b) Alarmed
(c) Frightened (d) Strained
(e) Frayed

DIRECTIONS (Q. 169-170) Choose the word which is most OPPOSITE in meaning of the words/printed in bold as used in the passage.

169. Alight
(a) Settle (b) Take off
(c) Come by (d) Rest
(e) Free

170. Grabbed
(a) Caught (b) Released
(c) Secured (d) Loosened
(e) Held

DIRECTIONS (Q. 171–177) : Read the following passage carefully and answer the questions given below it. Certain words are printed in bold to help you to locate them while answering some of the questions.

Once upon a time in a village, there lived six blind men. In spite of their blindness, they had managed to educate themselves. Seeking to expand their knowledge, they decided to visit a zoo and try out their skills in recognizing animals by their touch. The first animal they came across, as soon as they entered the zoo, was an elephant.

As the first man approached the elephant, the elephant waved its trunk, and the man felt something brush past him. Managing to hold on to it, he felt it, and found something long and moving. He jumped back in alarm, shouting "Move away ! This is a snake !" Meanwhile, the second man had moved closer, and walked right near its legs. As the man touched the thick, cylindrical–shaped legs, he called out "Do not worry. These are just four trees here. There is certainly no snake !" The third man was curious hearing the other two, and moved forward. As he walked towards the elephant, he felt his hand touch one of the tusks. Feeling the smooth, sharp ivory tusk, the man cried out "Be careful ! There is a sharp spear here". The fourth man cautiously walked up behind the elephant, and felt its swinging tail. "It's just a rope ! There is nothing to be afraid of !" he said. The fifth man had meanwhile reached out and was touching the huge ears of the animal. "I think all of you have lost your sense of touch !" he said. "This is nothing but a huge fan!" The sixth man did not want to be left out. As he walked towards the elephant, he bumped into its massive body, and he exclaimed, "Hey ! This is just a huge mud wall! There is no animal at all !" All six of them were **convinced** that they were right, and began arguing amongst themselves.

Wondering what the commotion was all about, the zookeeper arrived at the scene, and was surprised to see six blind men surrounding an elephant, each of them shouting at the top of their voice ! "Quiet" he shouted out, and when they had calmed down, he asked, "Why are all of you shouting and arguing in this manner ?" They replied, "Sir, as you can see, we are all blind. We came here to expand our knowledge. We sensed an animal here, and tried to get an idea of its appearance by feeling it. However, we are not able to arrive at a **consensus** over its appearance, and hence are arguing. Can you please help us and tell us which of us is right" ?

The zoo keeper laughed before answering, "My dear men, each of you has touched just one portion of the animal. The animal you see is neither a snake, nor any of the other things you have mentioned. The animal in front of you is an elephant !" As the six men bowed their head, ashamed of the scene they had created, the zoo keeper said, "My dear men, this is a huge animal, and luckily, it is tame. It stood by calmly as each of you touched it. You are extremely lucky that it stayed calm even during your argument, for if it had got angry, it would have trampled all of you to death !" He continued further, "It is not enough to gather knowledge, but it is also important to learn to share and pool your knowledge. Instead of fighting amongst yourselves, if you had tried to put all your observations together, you might have had an idea of the animal as a whole ! Also, when you cannot see the entire truth, it is better to go to someone who does know the complete truth, rather than guess about small parts of it. Such halfknowledge is not only useless, but also dangerous. If you had come directly to me, I would have helped you identify all the animals without putting you in danger !" The six men apologized to the zoo keeper, and assured him that they had learnt their lesson. From now on, they would seek true knowledge from qualified people, and would also try to work together as a team so that they could learn more.

171. Which part of the elephant resembled a big fan ?
   (a) The wide ears
   (b) The mouth
   (c) The long slender trunk
   (d) The big wrinkled body
   (e) The end of the tail

172. Why did the six blind men visit the zoo ?
   (a) They wanted to touch an elephant
   (b) They had heard a lot about animals
   (c) They wanted to visit the animals in the zoo
   (d) They wished to recognize animals by their touch and feel
   (e) They had never been to a zoo before

173. What was the first thing the blind men came across as they entered the zoo ?
   (a) A large mud wall (b) The zoo keeper
   (c) The trees (d) The elephant
   (e) A snake

174. Why is it that each of the six blind men had different impressions of the elephant ?
   (A) Each of them touched only a portion of the elephant
   (B) Each of the six blind men approached different animals
   (C) The blind men were touching the surroundings instead of the elephant
   (D) They had never touched an elephant before
   (a) Only (A) (b) Only (A) and (C)
   (c) Only (C) (d) Only (B) and (D)
   (e) Only (B)

175. Why were the six men arguing and shouting amongst themselves ?
   (a) Each of them wanted his voice to be heard over and above the others
   (b) Each of them thought he was right about the animal
   (c) There was a lot of noise in the zoo and they couldn't hear each other
   (d) They were having an interesting debate
   (e) None of these

176. What advice did the zoo keeper give to the six blind men ?
   (a) That the elephant was tame and obedient
   (b) That they were very lucky to have had the opportunity to visit the zoo
   (c) That it was important to share knowledge and work together as a team
   (d) That they were not qualified to be knowledgeable individuals
   (e) That the elephant is made up of different parts

177. Which statement best describes the zoo keeper's behaviour towards the six blind men ?
   (a) The zoo keeper insulted the six men
   (b) The zoo keeper presented himself to be as ignorant as they were
   (c) The zoo keeper helped them and assisted them further
   (d) The zoo keeper was indifferent towards the six blind men
   (e) The zoo keeper prohibited the six blind men from entering the zoo

DIRECTIONS (Q. 178–180) : Choose the word which is most nearly the same in meaning as the word printed in bold as used in the passage.

178. Convinced
   (a) certain (b) doubtful
   (c) pressured (d) committed
   (e) daring

179. Pool
   (a) expand (b) gather
   (c) devote (d) apply
   (e) combine

180. Consensus
   (a) harmony (b) agreement
   (c) information (d) order
   (e) inference

ANSWER KEY

1	(a)	20	(b)	39	(c)	58	(d)	77	(b)	96	(c)	115	(e)	134	(a)	153	(a)	172	(d)
2	(b)	21	(d)	40	(a)	59	(d)	78	(a)	97	(c)	116	(e)	135	(a)	154	(a)	173	(d)
3	(e)	22	(d)	41	(e)	60	(b)	79	(a)	98	(d)	117	(d)	136	(c)	155	(d)	174	(c)
4	(e)	23	(e)	42	(d)	61	(c)	80	(d)	99	(d)	118	(d)	137	(a)	156	(d)	175	(b)
5	(c)	24	(d)	43	(e)	62	(a)	81	(d)	100	(b)	119	(a)	138	(b)	157	(b)	176	(a)
6	(a)	25	(b)	44	(a)	63	(e)	82	(c)	101	(a)	120	(b)	139	(d)	158	(c)	177	(c)
7	(d)	26	(a)	45	(d)	64	(a)	83	(e)	102	(b)	121	(e)	140	(e)	159	(b)	178	(a)
8	(d)	27	(d)	46	(a)	65	(e)	84	(d)	103	(e)	122	(c)	141	(c)	160	(e)	179	(a)
9	(c)	28	(a)	47	(e)	66	(b)	85	(e)	104	(c)	123	(e)	142	(c)	161	(e)	180	(b)
10	(b)	29	(c)	48	(c)	67	(e)	86	(e)	105	(c)	124	(a)	143	(a)	162	(d)		
11	(e)	30	(b)	49	(c)	68	(d)	87	(d)	106	(d)	125	(b)	144	(d)	163	(c)		
12	(d)	31	(a)	50	(e)	69	(e)	88	(d)	107	(a)	126	(b)	145	(c)	164	(a)		
13	(c)	32	(a)	51	(b)	70	(e)	89	(c)	108	(a)	127	(e)	146	(b)	165	(c)		
14	(a)	33	(d)	52	(d)	71	(e)	90	(a)	109	(b)	128	(c)	147	(b)	166	(b)		
15	(b)	34	(b)	53	(e)	72	(e)	91	(c)	110	(e)	129	(c)	148	(c)	167	(d)		
16	(e)	35	(d)	54	(a)	73	(a)	92	(b)	111	(b)	130	(b)	149	(a)	168	(a)		
17	(d)	36	(e)	55	(b)	74	(c)	93	(b)	112	(a)	131	(b)	150	(d)	169	(b)		
18	(a)	37	(c)	56	(d)	75	(c)	94	(a)	113	(c)	132	(e)	151	(a)	170	(b)		
19	(d)	38	(c)	57	(c)	76	(d)	95	(e)	114	(a)	133	(b)	152	(a)	171	(c)		

Answers & Explanations

1. (a) Ascertain the hidden meaning of the sentence. "but no one would be able to realise that a terrorist attack has occurred ". So, undoubtedly the culprit's act can be classified as a terrorist attack.

2. (b) "New terrorism has no long-term agenda but its ruthless in its short-term intentions". This statement from the passage supports (b). While in the light of passage, (c) also seems suitable.

3. (e) The immediate provocation for the meeting held in August 1998 has not been given among the options. It was the incidents of bombing the U.S. embassies in Nairobi and Dar-es-Salaam.

4. (e) Bio-attack will result in several deaths which will lead to political turmoil creating social unrest.

6. (a) 'Religious intolerance', as cited in the last paragraph stands behind terrorism.

13. (c) The meaning is implied in the last sentence.

14. (a) The Japanese ambassador acknowledges that the vastness of the Indian market is a great inducement for investment in the manufacturing industry.

15. (b) The author describes the Indian investment scenario in toto. He presents a comparative analysis regarding foreign investment in India.

16. (e) Comparatively though labour is inexpensive in India, but at the same time productivity is not high. Therefore, it cannot be cited as an advantage here.

17. (d) If foreign investment is to be wooed assiduously, we will have to meet exacting international standards.

18. (a) The author is a political commentator because he talks about the government policy and makes various proposals regarding foreign investment in India.

20. (b) The passage reflects the views of the Japanese ambassador who also talks about the problems faced by foreign investors in India.

25. (b) Japanese business circles represented by the Ishikawa Mission called attention of their Indian counterparts in what they considered to be major impediments in India.
26. (a) The Indian government put into effect revolutionary reforms to remove the hurdles.
28. (a) India deserves a far bigger share of world trade considering its vast resources.
37. (c) From the last paragraph of the given passage.
38. (c) From the fourth line of the second paragraph.
41. (e) In the last sentence of the second para.
42. (d) Second and third para tells about Indian concept of life and treatment while the last para tells about western concept of life and knowledge about medical science.
43. (e) It is clearly given in the last sentence of the passage "that contribution of the science in the field of non-communicable diseases is remarkably poor ...."
49. (c) Eminent British economists and political scientists have strongly attacked the tradition of budget secrecy.
50. (e) It leads to the control of public expenditure in order to set realistic taxation implications.
51. (b) He has presented the example of both the open budget system and the secret budget system, practised by various countries and has looked into all their aspects.
54. (a) Sir Richard Clarke was the originating genius of nearly every important development in the British budgeting techniques during the last two decades.
56. (d) An open public debate on budget proposals should be held before introducing the appropriate bill.
61. (c) "It is up to Asia to help Africa to the best of her ability "Nehru told the Bandung conference in 1955, " because we are sister continents." These statements explain that African continent is emotionally related to Asian continent.
62. (a) Once the Chinese are established in a country, no one else gets a foothold. Mayanmar, where India failed to obtain the desired gas concessions, is a prime example. These lines explain China's monopoly.
63. (e) None of the answer choices are author's suggestion to India to break the Chinese monopoly. In the passage the author only says that India will have to move cautiously but quickly if it is to break Chinese monopoly.
64. (a) Every where in the passage we find author favours India gaining an edge over China. Author throughout the passage is highlighting China's own prospective while they are helping the African's.
65. (e) According to the passage the Chinese foreign ministry repeatedly assure the world that "our co-operation is not designed to be against or preclude any third party". None of the answer choices matches author's consideration because the claimes of China's foreign ministry are totally untrue.
66. (b) The terms " Middle kingdom's ancient formula" is used in the passage in context of China helping the African nations, embracing their dangerous regimes, influencing the under developed countries through apparently patronizing policies.
67. (e) All the reasons are responsible for the backwardness of African Nations — The West's sanctimonious boycott of African regimes – after nearly a century of colonial exploitation — left the continent in the grip of oppressive rulers . These lines from passage explains the answer.
68. (d) China's selfis motive is highlighted in the following lines of the passage "Beijing filled the vacuum by eagerly embracing dangerous and unsavory regions in its search for oil and other minerals."
69. (e) The word *contemporary* means something which is presently in fashion so the opposite is old.
70. (e) The word *booming* means to grow, develop or progress rapidly, so the opposite would be degrading means to reduce to lower rank.
71. (e) The word *preclude* means to exclude from something which is the opposite of word include which means to involve.
72. (e) The word *sanctimonious* means making a hypocritical show of religion, devotion etc. which is similar to word scrupulous which means showing a strict regard for what one considers right .
73. (a) The word abdication means the act or state of abdicating or renunciation, it means to relinquish power or responsibility formally which is similar to word abandonment which means to leave completely or finally.
74. (c) The author wants us to stop debating and implement policies.
75. (c) Stated in the first paragraph.
76. (d) Uncertainty about payment is mentioned, hence option (d).
77. (b) Refer to the second paragraph. "State governments have not implemented agreed plans to ensure repayment when due..."
78. (a) All the factors are mentioned in the passage.
79. (a) Refer to the third paragraph. "The Delhi model has worked. But it receives no public support."
80. (d) Clearly, populist measures would go against financial wellbeing.
81. (d) It is stated in the passage that the enforcement of the reforms was inadequate.
82. (c) Delusion means "a false belief of openion about yourself or your situation"
83. (e) The root word of viability is viable. Viable means "capable of developping and surviving independetly"
84. (d) Impede means " delay or stop the progress of something.
85. (e) Unboundling is opposite of bundling mans integrating.
101. (a) grief
102 (b) conceal
103. (e) The early man was scared of Nature
104 (c) healthy attitude
105. (c) Their life is full of worries and tensions
106. (d) Enjoy the nature around us
107. (a) Providing facilities for enjoying nature
108. (a) active
109. (b) excite
110. (e) is abundantly glorious and divine

अध्याय

3 CLOZE TEST

Cloze Test

Cloze tests are common on all bank exams. They usually require you to choose the correct choice out of four possibilities.

A cloze test (also cloze deletion test) is an exercise, test, or assessment consisting of a portion of text with certain words removed (cloze text), where the participant is asked to replace the missing words. Cloze tests require the ability to understand context and vocabulary in order to identify the correct words or type of words that belong in the deleted passages of a text.

Example 1 : A language teacher may give the following passage to students:

Today, I went to the ________ and bought some milk and eggs. I knew it was going to rain, but I forgot to take my ________, and ended up getting wet on the way ________.

Explanation : Students would then be required to fill in the blanks with words that would best complete the passage. Context in language and content terms is essential in most, if not all, cloze tests. The first blank is preceded by "the"; therefore, a noun, an adjective or an adverb must follow. However, a conjunction follows the blank; the sentence would not be grammatically correct if anything other than a noun were in the blank. The words "milk and eggs" are important for deciding which noun to put in the blank; "market" is a possible answer; depending on the student, however, the first blank could either be store, supermarket, shop or market while umbrella or raincoat fit the second.

Example 2 : I saw a man lay his jacket on a puddle for a woman crossing the street. I thought that was very ______.

Explanation : Given the above passage, students' answers may then vary depending on their vocabulary skills and their personal opinions. However, the placement of the blank at the end of the sentence restricts the possible words that may complete the sentence; following an adverb and finishing the sentence, the word is most likely an adjective. Romantic, chivalrous or gallant may, for example, occupy the blank, as well as foolish or cheesy.

How to Tackle a Cloze Test

- Read the text through trying to understanding the general meaning.
- Look at each missing word gap and try to imagine what the correct word should be.
- Decide which part of speech (adjective, noun, gerund, etc.) needs to be used to fill each gap.
- Read the text again, trying to fill a gap as you come to it by imagining what the correct answer should be.
- Read the text another time, this time choose the correct answer from the five answers given.
- If you are unsure of any given answer, try reading the sentence with each of the possibilities.
- Try to eliminate the obvious false choices.
- Always think about the overall meaning of the text (i.e., whether the text is negative, positive, etc.) to make sure that your answer choice fits the context.
- Trust your intuition. If you feel a word is right instinctively, it probably is correct.

EXERCISE

Directions (Qs. 1-10) : In the following passage there are blanks, each of which has been numbered. These numbers are printed below the passage and against each, five words are suggested, one of which fills the blank appropriately. Find out the appropriate word in each case.

Fourteen centuries ago when the world was much younger, the ruler of all India, Rajah Balhait, was .....(1).... about his people. A new game of dice, called hard, had ...(2) the imagination of his subjects, teaching them that chance alone-a-roll of the dice guided the ...(3) of men. All who played this game of fortune lost their ...(5) in the virtues of courage, prudence, wisdom and hope. It bred a fatalism that was ...(5) the spirit of the kingdom.

Raja Balhait commissioned Sissa, an intelligent courter at his court to find an answer to this ...(6) After much ...(7) the clever Sissa invented another game. Chaturanga, the exact ...(8) of hard, in which the four elements of the Indian army were the key pieces. In the game these pieces-chariots, horses, elephants and foot soldiers-joined with a royal counselor to defend their king and defeat the enemy. Forceful ...(9) was demanded of the players? not luck. Chaturanga soon became more popular than hard, and the ...(10) to the Kingdom was over.

1. (a) concerned (b) confident (c) ignorant (d) indifferent (e) partisan
2. (a) propelled (b) enshrined (c) captured (d) activated (e) enhanced
3. (a) communities (b) ways (c) abnormalities (d) destiny (e) groups
4. (a) bravado (b) interest (c) peace (d) wealth (e) faith
5. (a) appalling (b) crushing (c) moistening (d) promoting (e) overwhelming
6. (a) apprehension (b) risk (c) problem (d) game (e) destiny
7. (a) deliberation (b) absorption (c) insight (d) hesitation (e) reluctance
8. (a) nature (b) equivalent (c) picture (d) opposite (e) replica
9. (a) prediction (b) concentration (c) manipulation (d) attack (e) fortune
10. (a) devastation (b) anxiety (c) impeachment (d) nuisance (e) threat

Directions (Q. 11–20) In the following passage there are blanks, each of which has been numbered. These numbers are printed below the passage and against each, five words are suggested, one of which fits the blank appropriately. Find out the appropriate word in each case.

When sound ...(11)..., the world of cinema, mime made a gracious exit. ...(12)... then, it stood proudly as a performing art in itself, independent and ...(13)... in style, approach, treatment and performance not matched however, by ...(14)... acceptance. During the silent era, actors in silent films had to ...(15)... totally on mime as the only way of ...(16)... their emotions, expressions, incidents, events and interactions between and among characters. German Expressionist cinema, the acting of classic performers like Charlie Chaplin, Harold Lloyd and Buster Keaton used mime they had ...(17)... as part of their theatrical ...(18)... in their films with great effect. A French mime artist once said, "Mime is the poetry of silence." But once talking ...(19)... entered the scenario, mime was ...(20)... ever used in films, even though a character introduced as a mime artist.

11. (a) entered (b) came (c) saw (d) became (e) featured
12. (a) From (b) So (c) Since (d) By (e) Until
13. (a) single (b) fair (c) dependent (d) unique (e) treacherous
14. (a) drama (b) conclusion (c) opinion (d) judgement (e) popular
15. (a) portray (b) act (c) rely (d) depict (e) earn
16. (a) mentioning (b) designing (c) stimulating (d) expressing (e) considering
17. (a) worked (b) learnt (c) qualified (d) bought (e) invested
18. (a) experience (b) showings (c) vision (d) distance (e) story
19. (a) toys (b) worlds (c) films (d) people (e) mimes
20. (a) and (b) hardly (c) then (d) thus (e) for

Directions (Q. 21 to 30) In the following passage there are blanks each of which has been numbered. These numbers are printed below the passage and against each, five words are suggested one of which fits the blank appropriately. Find out the appropriate word in each case.

Once upon a time there was a prince who wanted to marry a princess; but she would have to be a real princess. He ...(21)... all over the world to find one, but nowhere could he get what he wanted. One evening during a terrible storm; there was thunder and lightning, and the rain poured down in torrents. Suddenly a knocking was ...(22)... at the palace door, and the old king went to open it. It was a princess standing out there. But, good gracious ! What a sight the rain and the wind had made her look. The water ran down her hair and clothes; into the toes of her shoes and out again at the heels. And yet she Insisted that she was a real princess. Well, we'll soon ...(23)...out, thought the old queen. But she said nothing, went into the bedroom, took all the bedding off the bedstead, and ...(24)... a pea on the bottom; then she took twenty mattresses and laid them on the pea, and then twenty quilts on ...(25)... of the mattresses. On this the princess had to lie all night. In the ...(26)... she was asked how she had slept. "Oh, very badly !" said she. "I scarcely closed my eyes all night. Heaven only knows what was in the bed, but I was lying on something hard, as a...(27)... I am black and blue all over my body. It's horrible !" Now they knew that she was a real princess because she had ...(28)... the pea right through the twenty mattresses and the twenty quilts. Nobody but a real princess could be as ...(29)... as that. So the prince took her for his wife, for now he ...(30)... that he had a real princess.

21. (a) called (b) tour
    (c) sent (d) saw
    (e) travelled
22. (a) made (b) felt
    (c) heard (d) seen
    (e) sounded
23. (a) assure (b) find
    (c) judge (d) mark
    (e) try
24. (a) drew (b) flung
    (c) placed (d) cooked
    (e) stitch
25. (a) top (b) head
    (c) bottom (d) between
    (e) middle
26. (a) morning (b) dinner
    (c) room (d) fields
    (e) dark
27. (a) vengeance (b) price
    (c) cause (d) result
    (e) time
28. (a) slept (b) felt
    (c) located (d) carried
    (e) found
29. (a) worried (b) rough
    (c) irritable (d) sensitive
    (e) pretty
30. (a) trust (b) assured
    (c) wanted (d) think
    (e) knew

Directions—(Q. 31–40) In the following passage there are blanks, each of which has been numbered. These numbers are printed below the passage and against each, five words are suggested, one of which fits the blank appropriately. Find out the appropriate word in each case.

When sound ...(31)..., the world of cinema, mime made a gracious exit. ...(32)... then, it stood proudly as a performing art in itself, independent and ...(33)... in style, approach, treatment and performance not matched however, by ...(34)... acceptance. During the silent era, actors in silent films had to ...(35)... totally on mime as the only way of...(36)... their emotions, expressions, incidents, events and interactions between and among characters. German Expressionist cinema, the acting of classic performers like Charlie Chaplin, Harold Lloyd and Buster Keaton used mime they had ...(37)... as part of their theatrical ...(38)... in their films with great effect. A French mime artist once said, "Mime is the poetry of silence." But once talking ...(39)... entered the scenario, mime was ...(40)... ever used in films, even through a character introduced as a mime artist.

31. (a) entered (b) came
    (c) saw (d) became
    (e) featured
32. (a) From (b) So
    (c) Since (d) By
    (e) Until
33. (a) single (b) fair
    (c) dependent (d) unique
    (e) treacherous
34. (a) drama (b) conclusion
    (c) opinion (d) judgement
    (e) popular
35. (a) portray (b) act
    (c) rely (d) depict
    (e) earn
36. (a) mentioning (b) designing
    (c) stimulating (d) expressing
    (e) considering
37. (a) worked (b) learnt
    (c) qualified (d) bought
    (e) invested
38. (a) experience (b) showings
    (c) vision (d) distance
    (e) story
39. (a) toys (b) worlds
    (c) films (d) people
    (e) mimes
40. (a) and (b) hardly
    (c) then (d) thus
    (e) for

Directions (Q. 41–50) In the following passage, there are blanks, each of which has been numbered. These numbers are printed below the passage and against each, five words are suggested, one of which fits the blank appropriately. Find out the appropriate word in each case.

There was once a poet who fell upon such hard times that he was no longer able to ...(41)... his family. Hearing that the king greatly encouraged talent and was famed for his generosity, the poet set off for the Royal Palace. When brought...(42)... the king, he ...(43).... low and requested permission to recite a poem. On hearing his recitation, the king was well pleased and asked him to name his reward.

The poet, ...(44)... to a chessboard before the king, said, "your highness, if you place just one grain of rice on the first square of this chess-board, and double it for every square, I will consider myself well ...(45)..." "Are you sure ?" asked the king, greatly ...(46).... "Just grains of rice, not gold" ? "Yes, your highness," affirmed the poet. "So it shall be" ordered the king. His courtiers started ...(47)... the grain on the chess-board. One grain on the first square, two on the second, four on the third, ...(48)... on the fourth and so no. By the time they reached the tenth square they had to place five hundred and twelve grains of rice. The number rose to lakhs on the twentieth square. When they ...(49).... the half way mark, the grain count was over hundred crores ! Soon the count ...(50)... to lakhs of crores and eventually the helpless king had to hand over his entire kingdom to the clever poet. And it all began with just one grain of rice.

41. (a) surrender (b) fight
(c) care (d) feed
(e) defend
42. (a) before (b) following
(c) after (d) by
(e) aside
43. (a) hunched (b) knelt
(c) fell (d) stand
(e) bowed
44. (a) talking (b) across
(c) pointing (d) eyeing
(e) looking
45. (a) deserved (b) rewarded
(c) blessed (d) fortunate
(e) equipped
46. (a) surprised (b) vigilant
(c) understanding (d) happy
(e) honoured
47. (a) sampling (b) hiding
(c) finding (d) placing
(e) moving
48. (a) seven (b) eight
(c) three (d) five
(e) six
49. (a) entered (b) reached
(c) revised (d) arrived
(e) interrupted
50. (a) justified (b) enlarged
(c) risen (d) improved
(e) increased

Directions (Q. 51–60) In the following passage, there are blanks, each of which has been numbered. These numbers are printed below the passage and against each, five words are suggested, one of which fits the blank appropriately. Find out the appropriate word in each case.

Once upon a time there lived a peacock and a tortoise in close proximity and they became the best of friends. The peacock lived on a tree on the ...(51)... of a stream which was the home of the tortoise. It was a daily ...(52)... for the peacock to dance near the stream after he had a drink of water. He would display his great plumage for the amusement of his friend. One unfortunate day, a bird-catcher who was on the ...(53)... caught the peacock and was about to take him away to the market. The unhappy bird begged his captor to allow him to bid his friend the tortoise good-bye, as it would be the ...(54)... time he would see him. The bird-catcher gave in to his request and took him to the tortoise. The tortoise was in tears to see his friend held ...(55)....

The tortoise asked the birdcatcher to let the peacock go; but he laughed at the request, saying that it was his means of livelihood. The tortoise then said, "If I give you an expensive present, will you let my friend go ?" "Certainly," answered the bird-catcher. Whereupon, the tortoise ...(56)... into the water and in a few seconds came up with a handsome pearl, which he presented to the bird-catcher. This was beyond the man's expectations, and he let the peacock go immediately. A short time after, the bird-catcher came back and told the tortoise that he thought he had not paid enough for the release of his friend, and ...(57)..., that unless a match to the pearl was obtained for him, he would catch the peacock again. The tortoise, who had already ...(58)... his friend to shift to a distant jungle on being set free, was greatly ...(59)... by the greed of the bird - catcher. "Well," said the tortoise, "if you insist on having another pearl like the one I gave you, give it back to me and I will fish you an exact match for it." The greediness of the bird-catcher prevented his reasoning and he ...(60)... gave the pearl to the clever tortoise. The tortoise swam out with it saying, "I am no fool to give you another pearl, you're greediness has left you with nothing.

51. (a) fence (b) brim
(c) banks (d) base
(e) outlet
52. (a) fact (b) lifestyle
(c) phenomenon (d) adventure
(e) routine
53. (a) prowl (b) guard
(c) rounds (d) duty
(e) alert
54. (a) right (b) last
(c) perfect (d) appropriate
(e) justified
55. (a) captive (b) custody
(c) affectionately (d) badly
(e) carelessly
56. (a) collapsed (b) dived
(c) sunk (d) drowned
(e) slipped

57. (a) wished (b) secured
(c) contemplated (d) debated
(e) threatened
58. (a) advised (b) left
(c) disowned (d) excluded
(e) wanted
59. (a) aware (b) enraged
(c) superstitious (d) touched
(e) tolerant
60. (a) deftly (b) clumsily
(c) selfishly (d) affectionately
(e) promptly

DIRECTIONS (Q. 61–70) In the following passage, there are blanks, each of which has been numbered. These numbers are printed below the passage and against each, five words are suggested, one of which fits the blank appropriately. Find out the appropriate word in each case.

Haria, a poor barber lived alone in his small hut. He was ...(61)... to his work and whatever he earned was enough to fulfil his needs. One evening, after returning from work, Haria was hungry. Just as he was ...(62)... what he could cook for dinner he heard a hen clucking outside his hut. "That hen would make a great feast for me," thought Haria and prepared to catch the hen. With a little effort he ...(63)... in catching the hen and as he was about to kill the hen, it squeaked, "Please do not kill me, Oh kind man ! I will help you." Haria stopped. ...(64)... he was surprised that the hen spoke, he asked, "How can you help me ?" "If you ...(65)... my life, I will lay a golden egg for you everyday," said the hen.

Haria's eyes ...(66)... in delight. Haria was surprised to hear this promise. "A golden egg ! That too everyday ! But why should I believe you ? You might be lying," said Haria. "If I do not lay a golden egg tomorrow, you can kill me," said the hen. After this promise, Haria spared the hen and ...(67)... for the next day.

The next morning. Haria found a golden egg ...(68)... outside his hut and the hen sitting beside it. "It is true ! You really can lay a golden egg !" exclaimed Haria with great delight. He did not ...(69)... this incident to any one, ...(70)... that others would catch the hen.

61. (a) dedicated (b) devote
(c) enthusiastic (d) good
(e) engrossed
62. (a) feeling (b) sounding
(c) dreaming (d) plotting
(e) wondering
63. (a) quit (b) surrendered
(c) succeeded (d) won
(e) managed
64. (a) Finally (b) Though
(c) Since (d) As
(e) Because
65. (a) forgive (b) leave
(c) give (d) spare
(e) consume
66. (a) exclaimed (b) dazed
(c) open (d) awakened
(e) widened
67. (a) remembered (b) starved
(c) waited (d) rejoiced
(e) looked
68. (a) lying (b) forlorn
(c) presented (d) hiding
(e) secluded
69. (a) seek (b) say
(c) narrates (d) reveal
(e) hide
70. (a) fearing (b) selfish
(c) concerning (d) citing
(e) alarmed

DIRECTIONS (Q. 71–75) In the following passage, there are blanks, each of which has been numbered. These numbers are printed below the passage and against each, five words are suggested, one of which fits the blank appropriately. Find out the appropriate word in each case.

Day dreaming is often overlooked as a proper dream and ...(71)... instead as wandering thoughts. However, the meanings to your nightly dream symbols are also ...(72)... to your day dreams. The content in your day dreams are helpful in understanding your true feelings and will help you in ...(73)... your goals. Day dreaming is the spontaneous imagining or recalling of various images or experiences in the past or the future. When you daydream, you are accessing your right brain, which is the creative and feminine side of your personality. Worrying about something creates visual images in your brain of the worst outcome that you are imagining and is a form of daydreaming. By repeating these negative images in your mind, you are more likely to make them happen. So the next time you start worrying, try to think of a positive outcome. Positive daydreaming is very healthy and acts as a temporary ...(74)... from the demands of reality. It is also a good way to ...(75)... built up frustrations without physically acting them out.

71. (a) composed (b) determined
(c) thought (d) felt
(e) regarded
72. (a) duplicated (b) present
(c) established (d) applicable
(e) depictive
73. (a) thinking (b) holding
(c) achieving (d) realise
(e) capturing
74. (a) solitude (b) healing
(c) gateway (d) passage
(e) escape
75. (a) adjust (b) confirm
(c) capture (d) release
(e) demonstrate

DIRECTIONS (Qs. 76-83) : In the following passage there are blanks, each of which has been numbered. These numbers are printed below the passage and against each, five words are suggested, one of which fits the blank appropriately. Find out the appropriate word in each case.

The Government seems to be in right earnest to ensure more ...(76)... in governance. The Prime Minister's announcement that his Government is ...(77)... drafting legislation to establish the citizen's right to information is indeed welcome . Though the talk on the right to information is not new, we may ...(78)... the bill to be brought early this time. The previous Government had set up a high-level committee to prepare a draft bill. But nothing has been heard about the matter since, ...(79)... the committee did quite some work. The issue, however, has come to such a pass that a solution cannot be ...(80)... further. Sunlight is the best disinfectant, a foreign judge once said, while ...(81)... the unwarranted secrecy in an administrative system. When those in authority know that people have the right to ask questions and the government is under the ...(82)... to provide them with answers, ...(83)... of authority, or of public finances, for personal or party ends is less likely to happen.

76. (a) strictness (b) rudeness
(c) leniency (d) economy
(e) transparency

77. (a) personally (b) busy
(c) not (d) reluctantly
(e) absolutely

78. (a) expect (b) wait
(c) try (d) frustrate
(e) appeal

79. (a) even (b) as
(c) because (d) until
(e) though

80. (a) found (b) expected
(c) delayed (d) looked
(e) longed

81. (a) nurturing (b) criticising
(c) demanding (d) appreciating
(e) upholding

82. (a) pretention (b) affect
(c) substance (d) obligation
(e) property

83. (a) misuse (b) governance
(c) dishonour (d) curbing
(e) breach

DIRECTIONS (Qs. 84-91): In the following passage there are blanks, each of which has been numbered. These numbers are printed below the passage and against each, five words are suggested, one of which fits the blank appropriately. Find out the appropriate word in each case.

Trust is the basis of human relationship. As trust between people grows, ...(84)... change and interpersonal dynamics are transformed. Diverse skills and abilities become ...(85)... and appreciated as strengths. People begin to ...(86)... one another's attitudes and feelings. They learn to be ...87)... instead of playing roles. As trust grows the barriers that prevent ...(88)... and openness lessen. People become more expressive, impulsive, frank and spontaneous. Their communication is efficient and clear. They risk ...(89)... and confrontation, opening the doors to deeper communication, involvement and commitment. Congestion and ...(90)... lessen. The flow of data is open and ...(91)....

84. (a) motivations (b) behaviours
(c) patterns (d) aspirations
(e) commitments

85. (a) obvious (b) necessary
(c) essential (d) recognised
(e) prominent

86. (a) accept (b) participate
(c) pronounce (d) inculcate
(e) relate

87. (a) advocates (b) possessed
(c) exponents (d) indifferent
(e) themselves

88. (a) snobbery (b) egoism
(c) brashness (d) boasting
(e) candour

89. (a) conflict (b) persuasiveness
(c) dedication (d) propensity
(e) jealousy

90. (a) pervasiveness (b) boundaries
(c) sluggishness (d) blocking
(e) enthusiasm

91. (a) unanimous (b) uncritical
(c) uninhabited (d) uncanny
(e) unusual

ANSWER KEY

1	(a)	**13**	(d)	**25**	(a)	**37**	(b)	**49**	(b)	**61**	(a)	**73**	(c)	**85**	(e)
2	(c)	**14**	(e)	**26**	(a)	**38**	(a)	**50**	(c)	**62**	(e)	**74**	(e)	**86**	(a)
3	(d)	**15**	(c)	**27**	(d)	**39**	(c)	**51**	(c)	**63**	(c)	**75**	(e)	**87**	(e)
4	(b)	**16**	(d)	**28**	(b)	**40**	(b)	**52**	(c)	**64**	(d)	**76**	(e)	**88**	(e)
5	(e)	**17**	(b)	**29**	(d)	**41**	(d)	**53**	(b)	**65**	(d)	**77**	(b)	**89**	(a)
6	(e)	**18**	(a)	**30**	(e)	**42**	(a)	**54**	(b)	**66**	(e)	**78**	(a)	**90**	(d)
7	(a)	**19**	(c)	**31**	(a)	**43**	(e)	**55**	(a)	**67**	(c)	**79**	(e)	**91**	(b)
8	(d)	**20**	(b)	**32**	(c)	**44**	(c)	**56**	(b)	**68**	(a)	**80**	(c)		
9	(b)	**21**	(e)	**33**	(d)	**45**	(e)	**57**	(e)	**69**	(d)	**81**	(b)		
10	(e)	**22**	(c)	**34**	(e)	**46**	(a)	**58**	(a)	**70**	(a)	**82**	(d)		
11	(a)	**23**	(b)	**35**	(c)	**47**	(d)	**59**	(b)	**71**	(e)	**83**	(a)		
12	(c)	**24**	(c)	**36**	(d)	**48**	(b)	**60**	(e)	**72**	(d)	**84**	(b)		

अध्याय

4 MIS-SPELT WORDS

Correct Spellings of Words

English is a fantastic language that many of us have a great desire to learn and to speak. But many of us find it hard to speak English correctly because of pronunciation of the words. Many words in English are pronounced alike with different spelling. This mispronunciation of words makes it hard to identify the words when someone speaks. This also makes us misspell the words.

In English some sounds like "t" at the end of a word are silent. This makes the chance of misspelling the word more. For example, let us consider the word "start", many of us do not pronounce the "t" sound, which is at the end of the word. This makes the listener hard to identify the spoken word. He might understand the word as "star" which is also a valid word. This affects the meaning of the sentence.

Let us see another example "read". We can use this word in past tense, present tense as well as future tense. While we use this word in past tense we pronounce it as "red" and when we use the same word in present or future tense we pronounce it as "read". Hence, based on the sentence we have to pronounce the word.

Let us consider the words "bear" and "bare", both are pronounced alike, but both have different meanings. We must use the right word according to the sentence based on the meaning of the sentence. Hence, we have to spell the words correctly according to the meaning of the sentence.

The most effective way of learning spelling of words is personal word power list. First, find out the reason why you are misspelling the words. Note them, correct them and keep them in mind. Suppose when you come across misspelling of a word then follow these steps.

- Note the misspelled word.
- Write the correct spelling of the misspelled word.
- Make a note of why you have misspelled the word.
- Note the meaning of the word. (make a description of the word)
- Write a new sentence using the word.

And you can overcome misspelling the words, so that you can spell the words correctly which are alike.

How to spell words Correctly

Rule 1: "I before E except after C";

This rule, designed to help us remember how to spell words such as receive and chief, seems so promising in its simplicity at first.

- achieve, believe, bier, brief, hygiene, grief, thief, friend, grieve, chief, fiend, patience, pierce, priest
- ceiling, conceive, deceive, perceive, receipt, receive, deceit, conceit

But then things get complicated: it doesn't work with words pronounced "ay" as in neighbor, freight, beige, sleigh, weight, vein, and weigh and there are many exceptions to the rule: either, neither, feint, foreign, forfeit, height, leisure, weird, seize, and seizure.

Still, the rule is relatively simple and worth remembering.

Rule 2: "Dropping Final E"

When adding an ending to a word that ends with a silent e, drop the final e if the ending begins with a vowel:

- advancing
- surprising

However, if the ending begins with a consonant, keep the final e:

- advancement
- likeness

(However, if the silent e is preceded by another vowel, drop the e when adding any ending: argument, argued, truly.)

Exceptions: to avoid confusion and mispronunciation, the final e is kept in words such as mileage and words where the final e is preceded by a soft g or c: changeable, courageous, manageable, management, noticeable. (The word management, for example, without that e after the g, would be pronounced with a hard g sound.)

Rule 3: "Dropping Final Y"

When adding an ending to a word that ends with y, change the y to i when it is preceded by a consonant.

- supply becomes supplies
- worry becomes worried
- merry becomes merrier

This does not apply to the ending -ing, however.

- crying
- studying

Nor does it apply when the final y is preceded by a vowel.

- obeyed
- saying

Rule 4: "Doubling Final Consonants"

When adding an ending to a word that ends in a consonant, we double that consonant in many situations. First, we have to determine the number of syllables in the word.

Double the final consonant before adding an ending that begins with a vowel when the last syllable of the word is accented and that syllable ends in a single vowel followed by a single consonant.

- submit is accented on the last syllable and the final consonant is preceded by a vowel, so we double the t before adding, for instance, an -ing or -ed: submitting, submitted.
- flap contains only one syllable which means that it is always accented. Again, the last consonant is preceded by a vowel, so we double it before adding, for instance, an -ing or -ed: flapping, flapped. This rule does not apply to verbs that end with "x," "w," "v," and "y," consonants that cannot be doubled (such as "box" [boxing] and "snow" [snowing]).
- open contains two syllables and the last syllable is preceded by a single vowel, but the accent falls on the first syllable, not the last syllable, so we don't double the n before adding an ending: opening, opened.
- refer contains two syllables and the accent falls on the last syllable and a single vowel precedes the final consonant, so we will double the r before adding an ending, as in referring, referral. The same would apply to begin, as in beginner, beginning.
- relent contains two syllables, but the final consonant is preceded by another consonant, not a vowel, so we do not double the t before adding an ending: relented, relenting.
- deal looks like flap (above), but the syllable ends in a consonant preceded not by a single vowel, but by two vowels, so we do not double the final l as in dealer and dealing. The same would apply, then, to despair: despairing, despaired.

Rule 5: "Adding Prefixes"

Generally, adding a prefix to a word does not change its spelling. For some reason, the word misspelling is one of the most often misspelled words in English. See the material on adding prefixes in the section on Vocabulary. See, also, the section on the creation and spelling of Compound Nouns and Modifiers.

- unnecessary, dissatisfied, disinterested, misinform

Tips to spell words Correctly

- Take the letters in the word and write a sentence with each of them. For example, you could learn to spell "arithmetic" with the sentence "A rat in the house might eat the ice cream."
- Proofread your work. We all get busy at some point during writing, which makes it easy to toss in a sound alike word such as reef or wreath; and you can carry on that mistake unaware that a mistake has been made...until later and it jumps out at you...then you are like, "Wow, I wrote that?"
- Check compound words in a dictionary. There is really no way to know whether to write "stomachache," "stomach-ache," or "stomach ache" unless you consult a dictionary.
- Reading books and newspapers, catalogues, billboard signs, posters in windows all aid in learning how to spell. If you find a word that is not familiar, write it down, even if all you have is a paper napkin. When you go home, look up the word or words in the dictionary. The more you reference, the more you read, the better you will be at spelling.
- It can really help to be familiar with the spelling of a few other languages, and to know the language that the word comes from.
- Don't be afraid to use the dictionary. English words come from many different languages. A good dictionary can tell you where the word is from, and when you begin to learn them you will begin to recognize patterns.

Most Often Misspelled Words in English

- absence - absense, absance
- acceptable - acceptible
- accidentally/accidently - accidentaly
- accommodate - accomodate, acommodate
- achieve - acheive
- acknowledge - acknowlege, aknowledge
- acquaintance - acquaintence, aquaintance
- acquire - aquire, adquire
- acquit - aquit
- acreage - acrage, acerage
- address - adress
- adultery - adultary
- advisable - adviseable, advizable
- affect - effect
- aggression - agression, aggresion
- alcohol - alchohol
- allege - alege, allage
- allegiance - allegaince, allegience, alegiance
- almost - allmost
- a lot - alot (must be two words)
- amateur - amatuer, amature
- amend - ammend
- annually - anually, annualy
- apparent - apparant, aparent
- arctic - artic
- argument - arguement
- atheist - athiest
- athlete - athelete
- average - avrage, averege
- awful - awfull, aweful
- balance - ballance, balence
- basically - basicly
- because - becuase
- becoming - becomeing
- before - befor
- beginning - begining
- believe - beleive
- bellwether - bellweather
- benefit - benifit
- buoy/buoyant - bouy/bouyant
- breathe - breath, brethe
- brilliant - briliant
- burglar - burgler
- business - bisness, bussiness, bizness, buisness
- calendar - calender

- camouflage - camoflage, camoflague
- capitol - capital (both words exist, but are distinct)
- career - carrer
- careful - carefull
- Caribbean - Carribean
- category - catagory
- caught - cauhgt, caugt
- ceiling - cieling
- cemetery - cemetary, cematery
- certain - certin
- changeable - changable
- chief - cheif
- citizen - citezen
- colleague - collaegue, collegue
- collectible - collectable
- column - colum
- comfortable - confortable
- coming - comming
- committed - commited, comitted
- competition - compitition
- concede - conceed
- conceive - concieve
- congratulate - congradulate
- conscientious - consciencious
- conscious - concious, consious
- consensus - concensus
- controversy - contraversy
- convenience - conveniance
- coolly - cooly
- criticize - critecize, critisize
- daiquiri - dacquiri, daquiri
- deceive - decieve
- decide - dicide
- definite - definate, definit
- definitely - definitly, definately, defiantly
- deposit - deposite
- describe - discribe
- desperate - desparate
- develop - develope
- difference - diffrence
- dilemma - dilema
- disappear - disapear, dissapear
- disappoint - disapoint
- disastrous - disasterous
- discipline - disipline
- doable - dooable
- does - deos, dose
- drunkenness - drunkeness
- dumbbell - dumbell
- during - durring
- easily - easely
- eighth - eigth
- either - iehter, ether
- embarrass - embarass
- environment - enviroment
- equipped - equiped
- equipment - equiptment
- exaggerate - exagerate
- exceed - excede
- excellent - exellent, excelent
- except - exsept
- exercise - exercize, exersize
- exhausted - exausted
- exhilarate - exilerate
- existence - existance
- expect - exspect
- experience - experiance
- experiment - experament
- explanation - explaination
- extreme - extreem
- familiar - familier
- fascinating - facinating, fasinating
- fiery - firey
- finally - finaly
- fluorescent - flourescent
- fluoride - flouride
- foreign - foriegn
- forty - fourty
- forward - foreward
- friend - freind
- fulfil - fullfil (American: fulfill)
- fundamental - fundemental
- gauge - guage
- generally - generaly, genrally
- government - goverment
- grammar - grammer
- grateful - gratefull, greatful
- guarantee - garantee, garentee, garanty
- guidance - guidence
- happiness - happyness
- harass - harrass
- height - heighth, heigth
- heroes - heros
- hierarchy - heirarchy
- hors d'oeuvres - hors derves, ordeurves
- humorous - humerous
- hygiene - hygene, hygine, higeine, hygeine
- hypocrisy/hypocrite - hipocrit
- identity - idenity, identidy
- ignorance - ignorence
- imaginary - imaginery
- imitate - immitate
- imitation - immitation, imitashun
- immediately - imediately
- incidentally - incidently
- independent - independant
- indispensable - indispensible
- inoculate - innoculate
- intelligence - inteligence, intelligance
- interesting - intresting
- interruption - interuption
- irrelevant - irrelevent
- irritable - irritible
- island - iland
- jealous - jellous
- jewelry (UK: jewellery) - jewelery
- judgment - judgement (issue in the U.S.)
- kernel - kernal, distinct from homophone colonel
- kindergarten - kindergarden
- knowledge - knowlege

- leisure - liesure
- liaison - liason
- library - libary, liberry
- license - lisence (US always license, UK noun licence)
- lightning - lightening
- loneliness - lonelyness
- lose - loose
- losing - loosing, loseing
- lying - lieing
- maintenance - maintenence, maintnance
- maneuver - manuever, manuver (UK: manoeuvre)
- marriage - marrige
- masturbation-masterbation
- mathematics - mathmatics
- medicine - medcine[citation needed]
- medieval - medeval, medevil, mideval
- memento - momento
- millennium - millenium, milennium
- miniature - miniture
- minuscule - miniscule
- minute - minite
- mischievous - mischevous, mischevious
- misspell - mispell, misspel
- mysterious - misterius,[citation needed] misterious
- naturally - naturaly
- necessary - neccessary, necessery
- niece - neice
- neighbor - nieghbor
- neither - niether
- noticeable - noticable
- occasion - occassion
- occasionally - occasionaly, occassionally
- occurrence - occurrance, occurence
- occurred - occured
- official - oficial
- often - offen
- omission - ommision, omision
- operate - oprate
- opportunity - oppurtunity
- optimism - optimisim
- original - orignal
- outrageous - outragous
- paid - payed
- parallel - parrallel, parellel
- parliament - parliment
- particularly - particurly
- pastime - passtime, pasttime
- peculiar - peculier
- perceive - percieve
- perform - preform
- permanent - pernament
- perseverance - perseverence
- personally - personaly
- personnel - personell, personel
- persuade - persaude
- picture - pichure, pitcher
- piece - peice
- planning - planing
- plagiarize - plagerize
- playwright - playright, playwrite
- pleasant - plesant
- political - pollitical
- possession - posession, possesion
- potatoes - potatos
- practical - practicle
- precede - preceed
- prejudice - predjudice
- presence - presance
- primitive - primative
- principle - principal
- privilege - privelege, priviledge
- probably - probly
- professional - proffesional
- professor - professer
- promise - promiss
- pronunciation - pronounciation
- proof - prufe
- prophecy (as noun) - prophesy (valid as verb)
- psychology - psycology
- publicly - publically
- quantity - quanity
- quarantine - quarentine
- queue - que (from Bar-B-Que)
- questionnaire - questionaire, questionnair
- quite - distinct from quiet
- readable - readible
- realize - relize, reelize
- really - realy
- receive - recieve
- receipt - reciept
- recognize - reconize, reckonize
- recommend - recomend, reccommend
- referred - refered
- reference - referance, refrence
- relevant - relevent, revelant
- religious - religous, religius
- repetition - repitition
- restaurant - restarant, restaraunt
- rhyme - rime, ryme
- rhythm - rythm, rythem
- ridiculous - rediculous, ridicolous
- sacrifice - sacrefice
- safety - saftey, safty
- scissors - sissors
- secretary - secratary, secretery
- seize - sieze
- separate - seperate
- sergeant - sargent
- shining - shineing
- similar - similer, simmilar, simular
- sincerely - sinceerly
- skilful - skilfull (American: skillful)
- soldier - solider
- speech - speach, speeche (archaic)
- stopping - stoping
- strength - strenght
- succeed - succede

- successful - succesful, successfull, sucessful
- supersede - supercede
- surely - surelly
- surprise - suprise, surprize
- their - they're
- tomatoes - tomatos
- tomorrow - tommorrow
- twelfth - twelth
- tyranny - tyrany
- underrate - underate
- until - untill
- upholstery - upholstry
- usable/useable - usible
- using - useing
- usually - usualy
- vacuum - vaccuum, vacume
- vegetarian - vegatarian
- vehicle - vehical
- vicious - visious
- weather - wether
- weird - wierd
- welfare - wellfare, welfair
- whether - wether
- wilful - wilfull (American: willful)
- withhold - withold
- writing - writting, writeing

EXERCISE

DIRECTIONS (Qs. 1-5) : In the following questions, five words are given out of which only one is mis-spelt. Find that mis-spelt word.

1. (a) combination (b) exageration
   (c) hallucination (d) admonition
   (e) clinical
2. (a) sacrosanct (b) sacrelege
   (c) sacred (d) sacrament
   (e) segment
3. (a) allitration (b) allowance
   (c) almighty (d) almanac
   (e) illicit
4. (a) idiosyncrasy (b) idealise
   (c) idiosy (d) ideology
   (e) ieonoclass
5. (a) jaundise (b) jasmine
   (c) jevelin (d) jarving
   (e) judgement

DIRECTIONS (Q. 6 to 10) In each question below, a sentence with four words printed in bold type is given. These are lettered as (a), (b), (c) and (d). One of these four words printed in bold may be either wrongly spelt or inappropriate in the context of the sentence. Find out the word which is wrongly spelt or inappropriate, if any. The letter of that word is your answer. If all the words printed in bold are correctly spelt and also appropriate in the context of the sentence, mark (e) i.e. 'All correct' as your answer.

6. People went **crazy** (a) when the **musician** along with his friend, (b) took to the **staging** (c) and **belted** out popular tracks (d). All correct (e)
7. For a growing number of **coupals**, (a) adoption is not a helpless **compulsion** (b) but a **deliberate**, (c) and often **noble**, choice. (d) All correct (e)
8. On two **consecutive** (a) nights the two **greatest icones** (b) of show-business were **honoured** with unprecedented (c) **affection**. (d) All correct (e)
9. We are so busy looking at **mediocrity** (a) that when a truly **outstanding** achievement (b) stares us in the face we **resort** (c) to the same terms of **praise**. (d) All correct (e)
10. The unlikely **migration** (a) was officially (b) explained as a move to meet **expanding** (c) business **opportunities**. (d) All correct (e)

DIRECTIONS (Q. 11–15) In each question below, four words printed in bold type are given. These are lettered (a), (b), (c) and (d). One of these words printed in bold may either be wrongly spelt or inappropriate in the context of the sentence. Find out the word that is inappropriate or wrongly spelt, if any. The letter of that word is your answer. If all the words printed in bold are correctly spelt and appropriate in the context of the sentence then mark (e) i.e. 'All correct' as your answer.

11. The **Principle** (a) **insisted** that the teachers (b) set an **example** (c) for the **students**. (d) All correct (e)
12. All **drivers** (a) **must** carry (b) their **lisense** (c) and insurance **papers** (d) All correct (e)
13. **Children** (a) **normally** respond (b) to **praise** (c) and **encoragement**. (d) All correct (e)
14. **Modern** (a) farm **implements** (b) have **revolusionised** (c) the **agricultural industry**. (d) All correct (e)
15. The **mountain** (a) **range** (b) has many high **peaks** (c) and deep **canyones**. (d) All correct (e)

DIRECTIONS (Q. 16–20) In each question below four words which are lettered (A), (B), (C) and (D) have been printed, of which, one word may be wrongly spelt. The letter of that word is the answer. If all the four words are correctly spelt, mark (E) i.e. "All Correct" as the answer.

16. (a) Accept (b) Reciept
    (c) Frequent (d) Gesture
    (e) All Correct

17. (a) Justise (b) Practice
(c) Menace (d) Variance
(e) All Correct
18. (a) Complaint (b) Alerted
(c) Cheated (d) Hunged
(e) All Correct
19. (a) Remorse (b) Noble
(c) Upsurge (d) Incline
(e) All Correct
20. (a) Blister (b) Warrant
(c) Arrest (d) Mannual
(e) All Correct

DIRECTIONS (Q. 21–25) In each question below, four words printed in bold type are given. These are lettered (A), (B), (C) and (D). One of these words printed in bold may either be wrongly spelt or inappropriate in the context of the sentence. Find out the word that is inappropriate or wrongly spelt, if any. The letter of that word is your answer. If all the words printed in bold are correctly spelt and appropriate in the context of the sentence then mark (E) i.e. 'All correct' as your answer.

21. All the **competitors** (a) **completed** (b) the **race**, (c) with just one **exeption**. (d) All correct (e)
22. Poor **posture** (a) can **lead** (b) to **muscular** (c) **problems** (d) in **later** life. All correct (e)
23. The **pump** (a) shut **off** (b) as a **result** (c) of a **mecanical** failure (d). All correct (e)
24. The **Principal** (a) gave a very **pompous** (b) **speach** (c) about. 'The **portals** of learning' (d). All correct (e)
25. **Copeing** (a) with her **mother's** long illness (b) was a heavy **load** (c) to **bear**. (d) All correct (e)

DIRECTIONS (Qs. 26-30) : In each question below a sentence with four words printed in bold type is given. These are numbered as (a), (b), (c), or (d). One of these four boldly printed words may be either *wrongly spelt* or *inappropriate* in the context of the sentence. Find out the word which is wrongly spelt or inappropriate, if any. The letter of that word is your answer. If all the boldly printed words are correctly spelt and also appropriate in the context of the sentence, mark (e), i.e. 'All correct', as your answer.

26. It is indeed **recommendable** (a) that the apex court has **deemed** (b) it necessary to remind the government of its duties in **promoting** (c) education and **investing** in it (d). **All correct** (e)
27. The **perception** (a) of animal life was even more **ambiguous** (b) because of **anthropomorphic** (c) **characterisations** of animal behaviour (d). **All correct** (e).
28. Policy of **permitting** (a) **legal** (b) import of gold has **stimulated** (c) its **consumation** (d) . **All correct** (e)
29. His **continually** (a) **defending** (b) his stand on the issue has **risen** (c) **doubts** in the mind of the jury (d). **All correct** (e) .
30. The government's strategy to **encourage** (a) **entrepreneurship** (b) gathers **momentum** (c) with **unenvisaged** response (d). **All correct** (e)

DIRECTIONS (Qs. 31-35) : In each question below four words numbered (a), (b), (c) and (d) have been printed, one of which may be either inappropriate in the context or *wrongly spelt*. The letter of that word is the answer. If all the four words are correctly spelt and are appropriate in the context, mark (e), i.e. 'All correct', as the answer.

31. Kindly **note** (a) our **address** (b) and use it **in** (c) all the **farther** communication (d) . All correct (e)
32. We are **already** (a) to **fight** (b) the **battle** (c) let the **enemy** come (d) . All correct (e)
33. Many people in India **cherish** (a) a desire to **immigrate** (b) to **developed** (c) countries to **make** a fortune (d). All correct (e)
34. He took great **pains** (a) to **save** (b) many **dyeing** (c) folk arts and helped the artists to live an **honourable** life (d). All correct (e).
35. Arun did his MBA from a **prestigious** (a) **institute** (b) by **securing** (c) first class in this **calendar** year (d). All correct (e).

DIRECTIONS (Qs. 36-40) : In each sentence below, four words have been printed in bold and lettered as (a), (b), (c) and (d). One of them may be *wrongly spelt* or *inappropriate* in the context of the sentence or grammatically incorrect. The letter of that word is the answer. If there is no error of any of the above types, the answer is (e), i.e., 'No Error'.

36. Imported items are **costlier** (a) than **there** (b) **domestic** (c) **Counterparts** (d). No error (e)
37. **Although** (a) I was paid **significantly** (b) low, I found my salary to be **insufficient** (c) or rather **adequate** (d). No error (e)
38. An **exhorbitantly** (a) rigid attitude may **prove** (b) very **dangerous** (c), even **fatal** (d) No error (e).
39. There is hardly any **resemblence** (a) between the **faces** of (b) the so-called **identical** (c) **twins** (d). No error (e)
40. India has **progressed** (a) **remarkably** in (b) **exercising** (c) our commitments in international **affairs (d)** . No error (e).

ANSWER KEY															
1	(b)	6	(c)	11	(a)	16	(b)	21	(d)	26	(b)	31	(d)	36	(b)
2	(b)	7	(a)	12	(c)	17	(a)	22	(e)	27	(b)	32	(a)	37	(a)
3	(a)	8	(b)	13	(d)	18	(d)	23	(d)	28	(d)	33	(b)	38	(a)
4	(c)	9	(e)	14	(c)	19	(e)	24	(c)	29	(c)	34	(c)	39	(a)
5	(a)	10	(e)	15	(e)	20	(d)	25	(a)	30	(b)	35	(b)	40	(e)

व्याख्या सहित हल | Answers & Explanations

1: (b) exageration
2. (b) sacrelege
3. (a) allitration
4. (c) idiosy
5. (a) jaundise
26. (b) The right spelling – ambiguous
27. (b) The right word – consumption
28. (d) It should the 'raised' in place of 'risen'
29. (c) The right spelling – entrepreneurship
31. (d) It should be further in place of farther.
32. (a) It should be ready in place of already.
33. (b) Replace immigrate by emigrate.
34. (c) It should be dying at place of dyeing.
36. (b) their
37. (a) sufficient
38. (a) exhorbitantly
39. (a) resemblance
40. (e) All correct

अध्याय

5 REARRANGEMENT OF SENTENCES

Sentence or Word Rearrangement

In this type of question, basically, you are given a paragraph or sentence - but the sentences (in case of paragraph) or words (in case of sentence) are not in the right order. It's up to you to untie this knot and rearrange the sentences or words so that they logically make sense.

Sentences or words rearrangement questions are included in BANK exams as they

- Help students relate events in a logical manner
- Sequence sentences based on English usage skills

How to tackle these types of questions?

To tackle these type of questions, you have to know three things.

- Theme of the paragraph that might be created on un-jumbling the sentences.
- Initiating sentence, which starts the paragraph
- Links have to be found between two sentences. Once a link of this type is created, it becomes easy to eliminate irrelevant choices.

How to save time while solving these types?

It is very important to read selectively and search for transition words or other keywords.

The best way is to establish a link between any two (or more) statements. Once a link is found, you get to know which statements will come together. Then, look in the options. Select the option with those statements together.

Example 1 :

A. 1971 war changed the political geography of the subcontinent

B. Despite the significance of the event there has been no serious book about the conflict

C. Surrender at Dacca aims to fill this gap

D. It also profoundly altered the geo-strategic situation in South-East Asia

(a) ACBD (b) CADB

(c) BADC (d) ADBC

Explanation : We can see that Sentence A is most likely the starting sentence.Now that we know that A is the starting sentence we can eliminate choice (b) and (c) as they start with C and B respectively.

This narrows down our possibilities to option (a) and option (d).

Now we can see in option (a), C follows sentence A but the gap spoken of in sentence C has no correlation with political geography of the subcontinent spoken of in sentence A , so we can rule out Option (a).

Therefore answer has to be option (d), as we can also see it elaborates on the change mentioned in sentence A.

Example 2 :

A. Thus begins the search for relief: painkillers, ice, yoga, herbs, even surgery

B. Most computer users develop disorders because they ignore warnings like tingling fingers, a numb hand or a sore shoulder

C. They keep pointing and dragging until tendons chafe and scar tissue forms, along with bad habits that are almost impossible to chage

D. But cures are elusive , because repetetive stree injuries present a bag of ills that often defy easy disgnosis.

(a) BDAC (b) BADC

(c) BCAD (d) ABCD

Explanation : Here we can make out that sentence B is will be the starting sentence as it introduces the subject matter which is 'computer users and related problems'.

Option (d) automatically gets eliminated as it starts with sentence A.

Option (a) can be rule out as there is no corelation between sentence B and sentence D. Sentence B talks of warnings whereas sentence D talks of cures for illness and hence no correlation exists.

Example 3 :

A. If you are used to having your stimulation come in from outside, your mind never develops its own habits of thinking and reflecting

B. Marx thought that religion was the opiate, because it soothed people's pain and suffering and prevented them from rising in rebellion

C. Karl Marx was alive today, he would say that television is the opiate of the people.

D. Television and similar entertainments are even more of an opiate because of their addictive tendencies.

(a) BACD (b) ADBC

(c) BDCA (d) CBDA

Explanation:

Sentence B has Marx (short Form) and sentence C has Karl Marx (Full form). So C will come before B. Now in given options we can clearly see (a) and (b) and (c) , B is placed before C and hence we reject option (a), (b) and (c) which leaves us with only option (d) which is the correct option.

Example 4 :

A. Then two astronomers-the German, Johannes Kepler, and the Italian, Galileo Galilei-started publicly to support the Copernican theory, despite the fact that the orbits it predicted did not quite match the ones observed.

B. His idea was that the sun was stationary at the centre and that the earth and the planets move in circular orbits around the sun.

C. A simple model was proposed in 1514 by a Polish priest, Nicholas Copernicus.

D. Nearly a century passed before this idea was taken seriously.

(a) CDBA (b) CBDA

(c) BCAD (d) CADB

Explanation: Answer is option (b) as we can see that in sentence D it says ' nearly a century has passed ' so we have to keep the timeline in consideration here also while sequencing the sentences and only in option 2 the timeline fits correctly.

EXERCISE

DIRECTIONS (Qs.1-5) : Rearrange the following six sentences I, II, III, IV, V and VI in proper sequence so as to form a meaningful paragraph. Then answer the questions given below them.

I. We were interested by contrast in understanding what lessons actual teams and non-teams had for others to choose to struggle with change and performance.

II. Still, we suspected that most of these focused on persuading readers that ?terms are important?.

III. After all we thought teams are a well-known subject and there must be a thousand books on the subject already.

IV. By going down this path we hope to discover something to say that was different from most books on the subject.

V. We approached the idea of a book on teams cautiously.

VI. Alternatively they focused on providing you to advise on building teams as an objective in it self.

1. Which of the following will be the SECOND sentence?
   (a) I (b) II
   (c) VI (d) III
   (e) IV
2. Which of the following will be the FIRST sentence ?
   (a) V (b) I
   (c) II (d) III
   (e) IV
3. Which of the following will be the THIRD sentence ?
   (a) V (b) III
   (c) II (d) VI
   (e) IV
4. Which of the following will be the FIFTH sentence ?
   (a) III (b) IV
   (c) II (d) VI
   (e) I
5. Which of the following will be the LAST sentence ?
   (a) III (b) IV
   (c) V (d) VI
   (e) II

DIRECTIONS (Q. 6–10) : Rearrange the following five sentences (a), (b), (c), (d) and (e) in the proper sequence to form a meaningful paragraph; then answer the questions given below them.

(1) A small wooden nest box is all it has taken to rekindle all the romance of bringing sparrows and other birds back into our cities and halt them from fading into the past like a forgotten folktale.

(2) There is something wrong with a city that remains unperturbed even as its birds desert it.

(3) Thankfully, the situation is not as hopeless as it seems.

(4) Much as we try to defend the seemingly irreversible modern life of these cities, we can't stop our hearts from crying when we realize that our rapidly degenerating urban eco-system isn't generous enough to let these delicate winged creatures build tiny little nests in its nooks and crannies, sit in solitude, and rear offspring.

(5) And this desertion seems to be true with most metros in India where house sparrows have almost become a thing of the past.

6. Which of the following should be the FIRST sentence after rearrangement ?
   (a) (1) (b) (2)
   (c) (3) (d) (4)
   (e) (5)
7. Which of the following should be the SECOND sentence after rearrangement ?
   (a) (5) (b) (4)
   (c) (3) (d) (2)
   (e) (1)
8. Which of the following should be the THIRD sentence after rearrangement ?
   (a) (1) (b) (2)
   (c) (3) (d) (4)
   (e) (5)
9. Which of the following should be the FOURTH sentence after rearrangement ?
   (a) (5) (b) (4)
   (c) (3) (d) (2)
   (e) (1)
10. Which of the following should be the FIFTH sentence after rearrangement ?
    (a) (1) (b) (2)
    (c) (3) (d) (4)
    (e) (5)

DIRECTIONS (Q. 11 to 15) Rearrange the following six sentences (1), (2), (3), (4), (5) and (6) in the proper sequence to form a meaningful paragraph; then answer the questions given below them.

1. He immediately acknowledged Mohan's good work and invited him to his home for dinner.

2. One day a wealthy merchant sent his son's bicycle to the shop for repair.
3. The next day the merchant came to claim the bicycle and noticed that it was shiny.
4. After repairing the bicycle, Mohan cleaned it up and made it look new.
5. Once upon a time, there was a boy named Mohan who worked as an apprentice in a bicycle shop.
6. Other apprentices in the shop laughed at Mohan for doing unnecessary work.

11. Which of the following should be the SECOND sentence after rearrangement ?
(a) 1 (b) 2
(c) 3 (d) 4
(e) 6

12. Which of the following should be the THIRD sentence after rearrangement ?
(a) 1 (b) 2
(c) 3 (d) 4
(e) 5

13. Which of the following should be the FIRST sentence after rearrangement ?
(a) 1 (b) 2
(c) 3 (d) 4
(e) 5

14. Which of the following should be the LAST (SIXTH) sentence after rearrangement ?
(a) 1 (b) 2
(c) 4 (d) 5
(e) 6

15. Which of the following should be the FOURTH sentence after rearrangement ?
(a) 2 (b) 3
(c) 4 (d) 5
(e) 6

DIRECTIONS (Q. 16–20) : Rearrange the following six sentences 1, 2, 3, 4, 5 and 6 in the proper sequence to form a meaningful paragraph; then answer the questions given below them—

1. O-nami was very strong and knew the art of wrestling. In his private spells he defeated even his teacher, but in public he was so timid, that his own pupils defeated him.
2. The teacher advised him saying "Your name means Great Waves, imagine that you are huge waves sweeping everything before you, swallowing everything in your path. Do this and you will be the greatest wrestler in the country."
3. O-nami soon registered for a wrestling match and won. After that, no one in Japan was able to defeat him.
4. In the early days of the Meiji era there lived a well-known wrestler called O-nami, Great Waves.
5. In the days that followed, O-nami meditated on the advice given by the Zen master.
6. O-nami felt he should go to a Zen master for help. He approached Hakuju a wandering teacher and told him of his great trouble.

16. Which of the following should be the SECOND sentence after the rearrangement ?
(a) 1 (b) 4
(c) 6 (d) 2
(e) 5

17. Which of the following should be the FIRST sentence after the rearrangement ?
(a) 5 (b) 2
(c) 4 (d) 3
(e) 6

18. Which of the following should be the FIFTH sentence after the rearrangement ?
(a) 5 (b) 4
(c) 2 (d) 3
(e) 6

19. Which of the following should be the SIXTH (LAST) sentence after the rearrangement ?
(a) 1 (b) 4
(c) 6 (d) 5
(e) 3

20. Which of the following should be the FOURTH sentence after the rearrangement ?
(a) 4 (b) 6
(c) 2 (d) 5
(e) 3

DIRECTIONS (Q. 21–25) : Rearrange the following six sentences (1), (2), (3), (4), (5) and (6) in the proper sequence to form a meaningful paragraph; then answer the questions given below them.

1. At first he got scared, but then he thought, "I have never worshipped her that is why I am not able to get anything from my land."
2. One day unable to tolerate the summer heat, he went to rest under a big banyan tree.
3. He rushed to his village and placed his humble offering of milk in a bowl before the snake.
4. Vishnu Raman was a poor Brahmin and a farmer by profession.

5. The next day when he returned, he was rewarded with a gold coin in the bowl he left behind.
6. Just as he was preparing to lie down he saw a huge Cobra swaying with his hood open.

21. Which of the following should be the SECOND sentence after the rearrangement ?
(a) 2 (b) 3
(c) 5 (d) 4
(e) 6
22. Which of the following should be the FIRST sentence after the rearrangement ?
(a) 1 (b) 4
(c) 6 (d) 3
(e) 5
23. Which of the following should be the FOURTH sentence after the rearrangement ?
(a) 5 (b) 6
(c) 2 (d) 1
(e) 4
24. Which of the following should be the FIFTH sentence after the rearrangement ?
(a) 6 (b) 4
(c) 3 (d) 2
(e) 5
25. Which of the following should be the SIXTH (LAST) sentence after the rearrangement ?
(a) 4 (b) 2
(c) 3 (d) 5
(e) 6

DIRECTIONS (Q. 26–30) : Rearrange the following six sentences / group of sentences (1), (2), (3), (4), (5) and (6) in the proper sequence to form a meaningful paragraph; then answer the questions given below them.

(1) Seeing the dogs and his master running after the fox, the rooster screamed "No ! Don't come near me !"
(2) A fox sneaked into a farm and grabbed a prize rooster. The farmer saw him raised an alarm.
(3) "My master was very cruel to me" explained the rooster to the fox. "Tell him to stay away from me."
(4) The rooster flew up into a tree and stayed there till he was rescued by his master.
(5) The fox was delighted. In the process of shouting to the farmer he released his hold over the rooster.
(6) Soon the farmer and his dogs started chasing the fox. The fox, was holding the rooster in his mouth, and was running very fast.

26. Which of the following should be the SIXTH (LAST) sentence after the rearrangement ?
(a) 5 (b) 2
(c) 3 (d) 4
(e) 6
27. Which of the following should be the FIFTH sentence after the rearrangement ?
(a) 3 (b) 4
(c) 6 (d) 2
(e) 5
28. Which of the following should be the FIRST sentence after the rearrangement ?
(a) 1 (b) 4
(c) 6 (d) 3
(e) 2
29. Which of the following should be the FOURTH sentence after the rearrangement ?
(a) 4 (b) 3
(c) 2 (d) 1
(e) 6
30. Which of the following should be the SECOND sentence after the rearrangement ?
(a) 2 (b) 3
(c) 6 (d) 4
(e) 5

DIRECTIONS (Q. 31–35) : Rearrange the following six sentences/group of sentences (1), (2), (3), (4), (5) and (6) in the proper sequence to form a meaningful paragraph; then answer the questions given below :

1. To his surprise, a little honeybee came before his throne and said, "Of all the gifts you could give me, only one will do. I'd like the power to inflict great pain whenever I choose to."
2. I hereby give you a sharp sting. But, I am sure you will use this weapon carefully only in times of anger and strife.
3. "What an awful wish !" said great Zeus, "But I will grant it".
4. And to this day, the little honeybee dies after it stings.
5. One day, Zeus, the King of Mount Olympus, was giving out gifts to beasts, birds and insects.
6. "You will get to use it only once, for using it will cost you your life."

31. Which of the following should be the FOURTH sentence after the rearrangement ?
(a) 4 (b) 6
(c) 2 (d) 5
(e) 3

32. Which of the following should be the SECOND sentence after the rearrangement ?
(a) 1 (b) 4
(c) 6 (d) 2
(e) 5

33. Which of the following should be the FIRST sentence after the rearrangement ?
(a) 5 (b) 2
(c) 4 (d) 3
(e) 6

34. Which of the following should be the SIXTH (LAST) sentence after the rearrangement ?
(a) 1 (b) 4
(c) 6 (d) 5
(e) 3

35. Which of the following should be the FIFTH sentence after the rearrangement ?
(a) 5 (b) 4
(c) 2 (d) 3
(e) 6

DIRECTIONS (Qs. 36-40): Rearrange the following six sentences (A), (B), (C), (D), (E) and (F) in the proper sequence to form a meaningful paragraph, then answer the questions given below them.

(A) Do the devices that make it possible to do so many things at once truly raise our productivity or merely help us spin our wheels faster?

(B) More important, they're exploring what can be done about it – how we can work smarter, live smarter and put our beloved gadgets back in their proper place, with us running them, not the other way around.

(C) The dinging digital devices that allow us to connect and communicate so readily also disrupt our work, our thoughts and what little is left of our private lives.

(D) They have begun to calculate the pluses, the minuses and the economic costs of the interrupted life – in dollars, productivity and dysfunction.

(E) What sort of toll is all this disruption and metnal channel switching taking on our ability to think clearly work effectively and function as healthy human beings?

(F) Over the past five years, psychologists, efficiency, experts and information-technology researchers have begun to explore those questions in detail.

36. Which of the following should be the **FIRST** sentence?
(a) A (b) B
(c) C (d) D
(e) E

37. Which of the following should be the **SECOND** sentence?
(a) A (b) B
(c) C (d) D
(e) E

38. Which of the following should be the **THIRD** sentence?
(a) A (b) B
(c) C (d) D
(e) F

39. Which of the following should be the **FIFTH** sentence?
(a) A (b) B
(c) C (d) D
(e) E

40. Which of the following should be the **SIXTH (LAST)** sentence?
(a) A (b) B
(c) C (d) D
(e) E

DIRECTIONS (Qs. 41-45) : Rearrange the following six sentences (A), (B), (C), (D) and (E) in the proper sequence to form a meaningful paragraph, then answer the questions given below them.

A. It will take extraordinary political commitment and liberal public funding during the 11th Plan for affordable housing to become a credible goal.

B. The National Urban Housing and Habitat Policy of the United Progressive Alliance Government seeks to make access to housing, long acknowledged as a fundamental right, a reality for all.

C. The task is staggering even if we go by conservative estimates.

D. The housing shortage to be met during the Plan is 26.53 million units, which include the backlog from the 10th Plan.

E. If the existing stock of poor quality dwellings and the growing urbanization–driven demand are taken into account, the real deficit will be even higher.

41. Which of the following should be the **FIRST** sentence?
(a) A (b) B
(c) C (d) D
(e) E

42. Which of the following should be the **SECOND** sentence?
(a) A (b) B
(c) C (d) D
(e) E

43. Which of the following should be the **THIRD** sentence?
(a) A (b) B
(c) C (d) D
(e) E

44. Which of the following should be the **FOURTH** sentence?
   (a) A (b) B
   (c) C (d) D
   (e) E
45. Which of the following should be the **FIFTH (LAST)** sentence?
   (a) A (b) B
   (c) C (d) D
   (e) E

DIRECTIONS (Qs. 46-50) : In each of these questions a disarranged sentence is given in which words or phrases are lettered P, Q, R and S. You are to arrange these to form a meaningful sentence.

46. P : an image of a person in meditative pose
   Q : surrounded by animal, wild and tame
   R : we have in the relics of Mohenjodaro
   S : with eyes closed and indrawn
   (a) RPSQ (b) PQSR
   (c) RQPS (d) QPRS
   (e) None of these
47. P : by her indulgent parents
   Q : the child was so spoiled
   R : when she did not receive all of their attention
   S: that she pouted and became sullen
   (a) RQPS (b) QRPS
   (c) QPSR (d) QSPR
   (e) None of these
48. P : new members
   Q : and to raise money
   R : the purpose of the meeting
   S : is to introduce
   (a) RSPQ (b) PQSR
   (c) RQPS (d) QPRS
   (e) None of these
49. P : for the future
   Q : and poses the major challenge
   R : commercial energy consumption
   S : shows an increasing trend
   (a) RPSQ (b) RSQP
   (c) RQPS (d) PRSQ
   (e) None of these
50. P : that
   Q : racialism
   R : should be wiped out
   S : people want
   (a) RPSQ (b) SPQR
   (c) RQPS (d) QPRS
   (e) None of these

DIRECTIONS (Qs. 51-55) : In each of the following questions five words are given, which are numbered I, II, III, IV and V. By using all the five words, each only once, you have to frame a meaningful and grammatically correct sentence. The correct order of the words is the answer.

Choose from the five alternatives the one having the correct order of words and mark it as your answer on the answer sheet.

51. I. interested II. in
   III. children IV. are
   V. games
   (a) III, IV, I, II, V (b) V, IV, I, II, III
   (c) III, IV, V, I, II (d) III, V, IV, I, II
   (e) III, IV, II, V, I
52. I. was II. to
   III. he IV. go
   V. ready
   (a) III, I, II, IV, V (b) I, III, IV, II, V
   (c) III, IV, II, V, I (d) I, II, IV, III, V
   (e) III, I, V, II, IV
53. I. found II. lost
   III. his IV. book
   V. we
   (a) V, II, III, I, IV (b) III, IV, II, V, I
   (c) V, I, III, II, IV (d) V, II, III, IV, I
   (e) III, IV, V, II, I
54. I. of II. he
   III. proud IV. me
   V. was
   (a) V, II, IV, I, III (b) II, V, IV, I, III
   (c) IV, V, III, I, II (d) II, V, III, I, IV
   (e) II, III, V, I, IV
55. I. decision II. happy
   III. made IV. your
   V. me
   (a) IV, III, V, II, I (b) IV, I, III, V, II
   (c) II, I, III, V, IV (d) IV, I, V, III, II
   (e) II, III, V, IV, I

ANSWER KEY

1	(d)	9	(c)	17	(c)	25	(d)	33	(a)	41	(a)	49	(b)
2	(a)	10	(a)	18	(a)	26	(d)	34	(b)	42	(b)	50	(a)
3	(c)	11	(e)	19	(e)	27	(e)	35	(e)	43	(c)	51	(a)
4	(e)	12	(b)	20	(c)	28	(e)	36	(a)	44	(d)	52	(e)
5	(b)	13	(e)	21	(a)	29	(b)	37	(e)	45	(e)	53	(c)
6	(b)	14	(a)	22	(b)	30	(c)	38	(e)	46	(a)	54	(d)
7	(a)	15	(c)	23	(d)	31	(e)	39	(b)	47	(c)	55	(b)
8	(d)	16	(a)	24	(c)	32	(d)	40	(c)	48	(b)		

व्याख्या सहित हल Answers & Explanations

1. (d) III
2. (a) V
3. (c) II
4. (e) I
5. (b) IV

41-45. Clearly C must be followed by D, which must be further followed by the E as E reitrates the housing shortage and says that the real deficit will be even higher. D and E provide the statistical proof of the staggering task mentioned in C. So this leads us to two options (b) and (d). Among them (b) seems to be more appropriate as B again emphasises on but is being said is A and also that B cannot be the concluding statement of the paragraph. Hence, ABCDE gives the correct arrangement.

46. (a) R will be the first part since it contains the subject, Q cannot preceed P as in (c) because Q describes what is in P, so Q will follow P and S.

47. (c) Q contains the subject 'the child' and is thus the first part. P will follow Q because it is a passive sentence and the verb will be followed by the doer.

48. (b) R introduces the subject, S gives the verb and P and Q the predicate

49. (b) R is the opening sentence, since it introduces the subject, S describes what is said in R and thus will follow R. P will follow Q, because the preposition 'for' will follow 'poses major challenge' and combines S and Q, thus Q follows.

50. (a) S is the opening sentence since it has the subject 'people'. R contains the predicate and thus would be the last in the sequence. SPQR is the correct sequence.

51. (a) III, IV, I, II, V
52. (e) III, I, V, II, IV
53. (c) V, I, III, II, IV
54. (d) II, III, V, I, IV
55. (b) IV, I, III, V, II

अध्याय 1

सादृश्यता (ANALOGY)

सादृश्यता

सादृश्यता का अर्थ समानता होता है। इसका उद्देश्य वस्तुओं के बीच समानता या उनमें अन्तर्निहित आन्तरिक सम्बंधों को समझने एवं विश्लेषण करने की योग्यता को परखना है। समान संबंधों के आधार पर समानता का परीक्षण सादृश्यता का मुख्य उद्देश्य है।

इससे सम्बंधित प्रश्न विभिन्न तत्वों, वस्तुओं, घटनाओं, क्रियाओं इत्यादि के अर्न्तसंबंधों को समझने और परखने की योग्यता की जांच के लिए होते हैं। यद्यपि ऐसे प्रश्न आसान प्रतीत होते हैं, किन्तु थोड़ी भी असावधानी पर गलत होने की सम्भावना बनी रहती है।

अत: ऐसे प्रश्नों का उत्तर देते समय पूरी सावधानी बरतनी चाहिए। शब्दों को व्यापक अर्थों में समझने का प्रयास करना चाहिए। इस परीक्षण के अन्तर्गत प्रश्न अंक, अक्षर तथा शब्द तीनों पर आधारित होते हैं। अक्षरों पर आधारित प्रश्नों को हल करने के लिए अंग्रेजी वर्णमाला में विभिन्न अक्षरों की स्थिति याद रखनी चाहिए।

सादृश्यता पर प्रश्न प्रत्येक प्रकार के सम्बंधों पर भी आधारित होते हैं जो हम सोचते हैं या जिसे हम अपने दैनिक जीवन में पाते हैं। ये निम्न प्रकार के होते हैं।

▷ ▷ ▷ ▷ प्रश्नों के प्रकार ◁ ◁ ◁ ◁

टाइप 1 : शब्द समरूपता

उदाहरण 1 : Ocean : Pond : : Kilometer : ?

(a) Volt (b) River
(c) Meter (d) Second
(e) Kilogram

हल (c) जिस प्रकार 'Ocean' का छोटा रूप 'Pond' है, उसी प्रकार 'Kilometer' की छोटी इकाई 'Meter' है।

अत: ? ⇒ Meter

टाइप 2 : अक्षर समरूपता

उदाहरण 2 : LMNO : MNOP : : STUD : ?

(a) TUVW (b) TUEV
(c) TUVE (d) TTVE
(e) इनमें से कोई नहीं

हल (c)

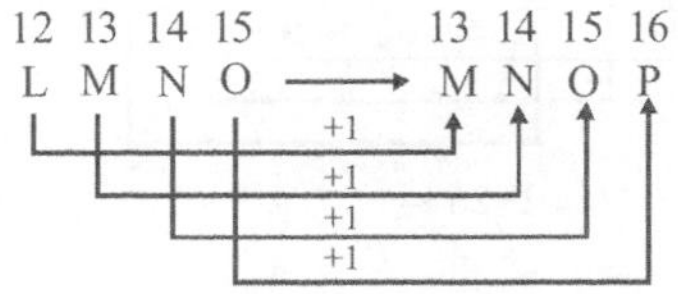

यहाँ हम देख रहे हैं कि अक्षर समूह 'LMNO' के प्रत्येक अक्षर को क्रमश: + 1, +1, + 1, ... के क्रम से बढ़ाकर 'MNOP' के रूप में लिखा गया है।

इसी प्रकार,

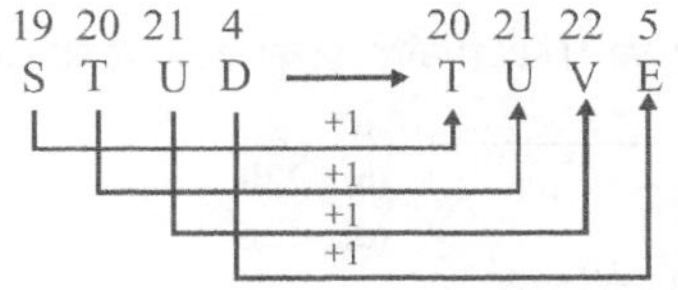

अत: ? ⇒ TUVE

टाइप 3 : संख्या समरूपता

उदाहरण 3 : 635768 : 867536 : : 819578 : ?

(a) 785918 (b) 875981
(c) 875819 (d) 818759
(e) इनमें से कोई नहीं

हल (e) 635768 → 867536

यहाँ हम देख रहे हैं कि बाई ओर की संख्या '635768' के सभी अंकों को उलट कर लिया गया है।

इसी प्रकार,

819578 → 875918

अत: ? ⇒ 875918

टाइप 4 : अक्षर-शब्द समरूपता

उदाहरण 4 : MET : 14227 : : DAM : ?

(a) 23263 (b) 232613
(c) 236213 (d) 232614
(e) इनमें से कोई नहीं

हल (d)

13 5 20   N V G
M E T ⟶ 14 22 7
(विपरीत अक्षर क्रमांक)

यहाँ हम देख रहे हैं कि 'MET' शब्द के प्रत्येक अक्षर के विपरीत अक्षर के वर्णमाला क्रमांकित मान को कोड करते हुए शब्द 'MET' को '14227' के रूप में आंकिक कोड किया गया है।

इसी प्रकार,

4 1 13   W Z N
D A M ⟶ 23 26 14
(विपरीत अक्षर क्रमांक)

अतः:   ? ⇒ 23 26 14

उदाहरण 5 : $\frac{M}{S} : \frac{13}{19} :: \frac{K}{J} : ?$

(a) $\frac{10}{11}$ (b) $\frac{11}{10}$
(c) $\frac{14}{20}$ (d) $\frac{22}{21}$
(e) $\frac{11}{15}$

हल (b)

$\frac{M}{S} : \frac{13}{19}$

यहाँ हम देख रहे हैं कि दाईं ओर की संख्या बाईं ओर के अक्षर का वर्णमाला क्रमांक मान है।

इसी प्रकार, $\frac{K}{J} : \frac{11}{10}$

अतः:   ? ⇒ $\frac{11}{10}$

साधित उदाहरण (Solved Examples)

उदाहरण 1 : '8' का '16P' से और '6' का '12L' से जो संबंध है वही संबंध '11' का ________ से है।

(a) **22R**   (b) **22K**
(c) **22J**   (d) **22S**
(e) **इनमें से कोई नहीं**

हल (e) 8 × 2 = 16 एवं
(अंग्रेजी वर्णमाला में P का स्थान 16वां है।)
6 × 2 = 12 एवं L
(अंग्रेजी वर्णमाला में L का स्थान 12वां है।)
अतः: 11 × 2 = 22 एवं V
(अंग्रेजी वर्णमाला में V का स्थान 22 वां है।)

उदाहरण 2 : यदि 'IN' को 'KQ' लिखते हैं तो '______' को 'FR' लिखा जाएगा।

(a) **EO**   (b) **DO**
(c) **DP**   (d) **EP**
(e) **इनमें से कोई नहीं**

हल (b) $I \xrightarrow{+2} K$

$N \xrightarrow{+3} Q$

अतः: $F \xrightarrow{-2} D$

$R \xrightarrow{-3} O$

उदाहरण 3 : 'चित्र' का संबंध जिस प्रकार 'देखना' से है, उसी प्रकार 'पुस्तक' का संबंध ______ से है।

(a) **सुनना**   (b) **पढ़ना**
(c) **खरीदना**   (d) **बॉक्स**
(e) **इनमें से कोई नहीं**

हल (b) जिस प्रकार हमलोग चित्र देखते हैं, उसी प्रकार हम पुस्तक पढ़ते हैं।

उदाहरण 4 : निम्नलिखित में किस जोड़े का संबंध SLAPSTICK : LAUGHTER के समान है?

(a) **fallacy : dismay**   (b) **genre : mystery**
(c) **satire : anger**   (d) **mimicry : tears**
(e) **horror : fear**

हल (e) Slapstick results in laughter; horror results in fear.

उदाहरण 5 : निम्नलिखित में किस जोड़े का संबंध SPY : CLANDESTINE के समान है?

(a) **accountant : meticulous**
(b) **furrier : rambunctious**
(c) **lawyer : ironic**
(d) **shepherd : garrulous**
(e) **astronaut : opulent**

हल (a) A spy acts in a clandestine manner; an accountant acts in a meticulous manner.

उदाहरण 6 : जिस प्रकार 'ग्राम' संबंधित है 'भार' से, उसी प्रकार 'सेंटीमिटर' संबंधित है ________ से।

(a) क्षेत्रफल   (b) आयतन
(c) लम्बाई   (d) ध्वनि
(e) आवृत्ति

हल (c) जिस प्रकार 'ग्राम', 'भार' की एक इकाई है उसी प्रकार 'सेन्टी मीटर' 'लंबाई' की एक इकाई है।

अभ्यास प्रश्न (Exercise)

1. ACF : GIL : : CEH : ?
   (a) ILN (b) IKN
   (c) IKM (d) ILM
   (e) इनमें से कोई नहीं
2. '12', '15' से उसी प्रकार संबधित है, जिस प्रकार '15' संबधित है ________ से।
   (a) 24 (b) 21
   (c) 18 (d) 16
   (e) इनमें से कोई नहीं
3. 'फुटवियर' का संबंध जिस प्रकार 'मोची' से है, उसी प्रकार 'फर्नीचर' का संबंध ________ से है।
   (a) मिस्त्री (b) स्वर्णकार
   (c) बढ़ई (d) कुम्हार
   (e) इनमें से कोई नहीं
4. 'BEAN' का 'NEAB' से और 'SAID' का "DAIS' से वहीं संबंध है जो 'LIME' का ___________ से है।
   (a) MLEI (b) ELMI
   (c) EIML (d) EILM
   (e) इनमें से कोई नहीं
5. निम्नलिखित में किस जोड़े का संबंध OFTEN : FOTNE के समान है?
   (a) HEART : TRAHE (b) OPENS : SNEOP
   (c) ROSLU : IRSYK (d) FIRST : IFRST
   (e) इनमे से कोई नही
6. 'सेना' का संबंध 'सैनिक' से उसी प्रकार है जिस प्रकार 'विद्यालय' का संबंध ___________ से है।
   (a) चपरासी (b) प्रधानाचार्य
   (c) वर्ग (d) चौकीदार
   (e) विद्यार्थी
7. 'मूली' का 'जड़' से वही संबंध है, जो 'गुलाब' का _____ से हैं।
   (a) बगीचा (b) सुगंध
   (c) काँटा (d) फूल
   (e) इनमें से कोई नहीं
8. जिस प्रकार 'कप्तान' का संबंध 'दल' से है उसी प्रकार 'निर्देशक' का संबंध निम्नलिखित में से किसके साथ है?
   (a) पर्यवेक्षक (b) कर्मचारी
   (c) संगठन (d) संघ
   (e) ग्राहक
9. जो संबंध HEART : THREA के बीच है, वही संबंध निम्नलिखित में से किसके बीच है?
   (a) SWORN : NSOWR (b) FUNDS : FSDUN
   (c) GLAZE : EGZAL (d) LOWER : RLEWO
   (e) इनमें से कोई नहीं
10. JM : LO : : GJ : ?
    (a) HK (b) HL
    (c) IL (d) IK
    (e) इनमें से कोई नहीं
11. निम्नलिखित में से किसमें वही सम्बन्ध है जो 'CASE' और 'EASC' में है?
    (a) PICK : KIPC (b) JAIL : IJLA
    (c) DOME : MOED (d) PILE : EPLI
    (e) इनमें से कोई नहीं
12. 'MP' का 'NQ' से वही संबंध है जो 'BE' का _______ से है।
    (a) CF (b) DG
    (c) CG (d) DF
    (e) इनमें से कोई नहीं
13. जिस प्रकार 'Island' संबंधित है 'Sea' से उसी प्रकार 'Oasis' संबंधित है '____'से।
    (a) Water (b) Illusion
    (c) Pond (d) Trees
    (e) Desert
14. जिस प्रकार 'सरसों' संबंधित है 'बीज' से, उसी प्रकार 'गाजर ' संबंधित है ___ से।
    (a) फल (b) तना
    (c) फूल (d) जड़
    (e) इनमें से कोई नहीं
15. जिस प्रकार 'FI' संबंधित है 'LO' से, उसी प्रकार 'PS' संबंधित है ____________ से।
    (a) VY (b) VZ
    (c) WZ (d) UX
    (e) इनमें से कोई नहीं
16. निम्नलिखित में किस जोड़े का संबंध UMBRAGE : OFFENSE के समान है?
    (a) confusion : penance (b) infinity : meaning
    (c) decorum : decoration (d) elation : jubilance
    (e) outrage : consideration
17. निम्नलिखित में किस जोड़े का संबंध DOMINANCE : HEGEMONY के समान है?
    (a) romance : sympathy
    (b) furtherance : melancholy
    (c) independence : autonomy
    (d) tolerance : philanthropy
    (e) recompense : hilarity
18. निम्नलिखित में किस जोड़े का संबंध FERAL : TAME के समान है?
    (a) rancid : rational
    (b) repetitive : recurrent
    (c) nettlesome : annoying
    (d) repentant : honorable
    (e) ephemeral : immortal

19. निम्नलिखित में किस जोड़े का संबंध AERIE : EAGLE के समान है?
(a) capital : government (b) bridge : architect
(c) unit : apartment (d) kennel : veterinarian
(e) house : person

20. निम्नलिखित में किस जोड़े का संबंध DELTOID : MUSCLE के समान है?
(a) radius : bone (b) brain : nerve
(c) tissue : organ (d) blood : vein
(e) scalpel : incision

21. निम्नलिखित में किस जोड़े का संबंध CONVICTION : INCARCERATION के समान है?
(a) reduction : diminution
(b) induction : amelioration
(c) radicalization : estimation
(d) marginalization : intimidation
(e) proliferation : alliteration

22. निम्नलिखित में किस जोड़े का संबंध INTEREST : OBSESSION के समान है?
(a) mood : feeling (b) weeping : sadness
(c) dream : fantasy (d) plan : negation
(e) highlight : indication

23. निम्नलिखित में किस जोड़े का संबंध FROND : PALM के समान है?
(a) quill : porcupine (b) blade : evergreen
(c) scale : wallaby (d) tusk : alligator
(e) blade : fern

24. निम्नलिखित में किस जोड़े का संबंध EXPLORE : DISCOVER के समान है?
(a) read : skim (b) research : learn
(c) write : print (d) think : relate
(e) sleep : wake

25. निम्नलिखित में किस जोड़े का संबंध FINCH : BIRD के समान है?
(a) frog :toad (b) elephant : reptile
(c) Dalmatian : dog (d) collie : marsupial
(e) ant : ladybug

26. निम्नलिखित में किस जोड़े का संबंध DIVISION : SECTION के समान है?
(a) layer : tier (b) tether : bundle
(c) chapter : verse (d) riser : stage
(e) dais : speaker

27. निम्नलिखित में किस जोड़े का संबंध BRISTLE : BRUSH के समान है?
(a) arm : leg (b) stage : curtain
(c) recline : chair (d) key : piano
(e) art : sculpture

28. 'BF' उसी प्रकार 'DH' से संबंधित है, जिस प्रकार 'PS' संबंधित है ________ से।
(a) SU (b) SV
(c) RV (d) RU
(e) इनमें से कोई नहीं

29. दिये गए विकल्पों में से कौन प्रश्नवाचक स्थान पर आएगा?
JPLM : NTPQ : : BKLO : ?
(a) DOPS (b) FOPS
(c) FOQR (d) FRPS
(e) इनमें से कोई नहीं

30. जिस प्रकार बिहार, भारत से संबंधित है, उसी प्रकार फ्लोरिडा संबंधित है ___________ से।
(a) कनाडा (b) मेक्सिको
(c) उत्तरी अमेरिका (d) यू. एस. ए.
(e) इनमें से कोई नहीं

31. जिस प्रकार Forfeit संबंधित है Surrender से, उसी प्रकार Remit संबंधित है __________ से।
(a) Perceive (b) Confiscate
(c) Exempt (d) Refrain
(e) इनमें से कोई नहीं

32. दिये गए विकल्पों में से कौन प्रश्नवाचक स्थान पर आएगा?
25 : 630 : : 10 : ?
(a) 105 (b) 47
(c) 18 (d) 27
(e) इनमें से कोई नहीं

33. 'Off-hand' संबंधित है 'premeditation' से, उसी प्रकार 'above board' संबंधित है __________ से।
(a) Integrity (b) Honesty
(c) Guide (d) Competition
(e) इनमें से कोई नहीं

34. जिस प्रकार Neck का संबंध Tie से है, उसी प्रकार Waist का संबंध है ___________ से।
(a) Watch (b) Belt
(c) Ribbon (d) Shirt
(e) इनमें से कोई नहीं

35. दिए गए विकल्पों में से एक शब्द का चयन करें जो समान समूह के अन्तर्गत आता हो–
Clutch : Brake : Horn
(a) Stand (b) Steering
(c) Car (d) Accident
(e) इनमें से कोई नहीं

36. 'चंद्रमा' का संबंध जिस प्रकार 'सेटेलाइट' से है, उसी प्रकार 'पृथ्वी' का संबंध है _____ से।
(a) जल (b) ग्रह
(c) परिक्रमा (d) सूर्य
(e) इनमें से कोई नहीं

Answer Key

1	(b)	8	(c)	15	(a)	22	(c)	29	(b)
2	(b)	9	(e)	16	(d)	23	(a)	30	(d)
3	(c)	10	(c)	17	(c)	24	(b)	31	(d)
4	(c)	11	(e)	18	(e)	25	(c)	32	(a)
5	(e)	12	(a)	19	(e)	26	(a)	33	(d)
6	(e)	13	(e)	20	(a)	27	(d)	34	(b)
7	(d)	14	(b)	21	(a)	28	(d)	35	(c)
								36	(b)

व्याख्या सहित हल — Answers & Explanations

1. (b) जिस प्रकार, $A \xrightarrow{6} G$ उसी प्रकार $C \xrightarrow{6} I$

   $C \xrightarrow{6} I$ $E \xrightarrow{6} K$

   $F \xrightarrow{6} L$ $H \xrightarrow{6} N$

   इसलिए अभीष्ट उत्तर $= IKN$

2. (b) $12+(1+2)=15$

   $15+(1+5)=21$

3. (c) मोची फुटवियर बनाते हैं, उसी प्रकार बढ़ई फर्नीचर बनाते हैं।

5. (e)
```
1 2 3 4 5      2 1 3 5 4
O F T E N  →  F O T N E
1 2 3 4 5      5 4 3 1 2
H E A R T  →  T R A H E
1 2 3 4 5      5 4 3 1 2
O P E N S  →  S N E O P
1 2 3 4 5      2 1 3 5 4
R I S K Y  →  I R S Y K
```

6. (e) सैनिकों के व्यवस्थित समूह को सेना कहते हैं। उसी प्रकार विद्यार्थियों के समूह विद्यालय में होते हैं।

8. (c) कप्तान दल का प्रधान होता है। उसी प्रकार निर्देशक संगठन का प्रधान होता है।

9. (e)
```
1 2 3 4 5      5 1 4 2 3
H E A R T  →  T H R E A
1 2 3 4 5      5 1 3 2 4
S W O R N  →  N S O W R
1 2 3 4 5      1 5 4 2 3
F U N D S  →  F S D U N
1 2 3 4 5      5 1 4 3 2
G L A Z E  →  E G Z A L
1 2 3 4 5      5 1 4 3 2
L O W E R  →  R L E W O
```

10. (c) जिस प्रकार,

    $J \xrightarrow{2} L, M \xrightarrow{2} O$

    उसी प्रकार,

    $G \xrightarrow{2} I, J \xrightarrow{2} L$

11. (e)
```
C A S E → E A S C
1 2 3 4   4 2 3 1
P I C K → K I P C
1 2 3 4   4 2 1 3
J A I L → I J L A
1 2 3 4   3 1 4 2
D O M E → M O E D
1 2 3 4   3 2 4 1
P I L E → E P L I
1 2 3 4   4 1 3 2
```

12. (a) जिस प्रकार,

    $M \xrightarrow{1} N$, $P \xrightarrow{1} Q$

    इसी प्रकार,

    $B \xrightarrow{1} C$, $E \xrightarrow{1} F$

13 (e) जिस प्रकार island sea में पाया जाता है उसी प्रकार oasis desert में पाया जाता है।

14. (d) जिस प्रकार 'सरसों' एक 'बीज' है उसी प्रकार 'गाजर' एक 'जड़' है।

15. (a) $\xrightarrow{6}$

    $\xrightarrow{6}$

    इसी प्रकार

    $\xrightarrow{6}$

    6

16. (d) Umbrage और offense समान अर्थ वाले शब्द है। elation और jubilance समान अर्थ वाले शब्द है।
17. (c) Hegemony का अर्थ है dominance; autonomy का अर्थ है independence
18. (e) Feral और tame विपरीत अर्थ वाले शब्द है; ephemeral और immortal विपरीत अर्थ वाले शब्द है।
19. (e) Aerie उस स्थान को कहते है जहाँ eagle रहते हैं; house उस स्थान को कहते है जहाँ person रहते हैं।
20. (a) Deltoid का अर्थ muscle होता है। इसी प्रकार Radius का अर्थ bone होता है।
21. (a) Conviction का परिणाम incarceration होता है, उसी प्रकार reduction का परिणाम diminution होता है।
22. (c) Obsession, interest का वृहत रूप है उसी प्रकार fantasy, dream का वृहत रूप है।
23. (a) A palm (tree) has fronds; a porcupine has quills.
24. (b) One explores to discover; one researches to learn.
25. (c) Finch एक प्रकार की चिड़िया का नाम है, जबकि Dalmatian एक प्रकार के कुत्ते का नाम है।
26. (a) Division और section समान अर्थ वाले शब्द हैं जबकि, layer और tier भी समान वाले शब्द हैं।
27. (d) जिस प्रकार, bristle हिस्सा है brush का उसी प्रकार key हिस्सा है piano का।
28. (d) $B \xrightarrow{2} D,\ F \xrightarrow{2} H$

$P \xrightarrow{2} R,\ S \xrightarrow{2} U$

29. (b) जिस प्रकार, उसी प्रकार,

जिस प्रकार,	उसी प्रकार,
$J \xrightarrow{4} N$	$B \longrightarrow F$
$P \xrightarrow{4} T$	$K \longrightarrow O$
$L \xrightarrow{4} P$	$L \longrightarrow P$
$M \xrightarrow{4} Q$	$O \longrightarrow S$

30. (d) जिस प्रकार 'बिहार' भारत देश में एक राज्य है उसी प्रकार फ्लोरिडा यू. एस. ए. में एक राज्य है।
31. (d) शब्दों के जोड़े समान अर्थ वाले हैं।
32. (a) $(25 \times 25) + 5 = 630$

$(10 \times 10) + 5 = 105.$

33. (d) 'Offhand' means fairness in 'premeditation.' 'above board' has the same sense with the term competition.
34. (b) जिस प्रकार 'Tie', neck में पहनी जाती है उसी प्रकार 'belt' waist में पहनी जाती है।
35. (c) तीनों आइटम्स कार के भाग हैं।
36. (b) जिस प्रकार चंद्रमा एक सेटेलाइट है उसी प्रकार, पृथ्वी एक ग्रह है।

◆ ◆ ◆

अध्याय

2

वर्गीकरण
(CLASSIFICATION)

वर्गीकरण

किसी वस्तु, शब्द, अक्षर या अंक को उनके सामान्य गुण-धर्म, आकार-प्रकार, रूप-रंग, लक्षण एवं अन्य गुणों के आधार पर किसी समूह में वर्गीकृत करने की क्रिया को वर्गीकरण कहते हैं।

वर्गीकरण पर आधारित प्रश्नों में कुछ शब्द या अक्षर या अंक दिये जाते हैं, जिनमें से एक को छोड़कर अन्य शब्द या अक्षर या अंक एक विशेष प्रकार से एक-दूसरे के समान होते हैं तथा ये अपने एक समूह का निर्माण करते हैं। इनमें से एक शब्द इन सबसे भिन्न होता है। आपकों उसी भिन्न शब्द या अक्षर या अंक को ज्ञात करना होता है।

▷▷▷▷ प्रश्नों के प्रकार ◁◁◁◁

टाइप 1 : शब्द वर्गीकरण

उदाहरण ▶ 1 : निम्नलिखित पाँच में से चार किसी न किसी प्रकार से एक से हैं और इस प्रकार से ये अपने एक समूह का निर्माण करते हैं। बताएँ कि इनमें से कौन-सा एक ऐसा है, जो अन्य चार से भिन्न है?

(a) **Work : Leisure**
(b) **Day : Night**
(c) **Expedite : Procrastinate**
(d) **Frequently : Always**
(e) **Happy : Unhappy**

हल (d) अन्य सभी जोड़ा में शब्द एक-दूसरे के विपरीतार्थक हैं।

उदाहरण ▶ 2 : निम्नलिखित पाँच में से चार किसी न किसी प्रकार एक समान हैं तथा एक समूह बनाते हैं। वह एक कौनसा है जो उस समूह से सम्बंधित नहीं है?

(a) **मार्च** (b) **जनवरी**
(c) **जुलाई** (d) **जून**
(e) **मई**

हल (d) अन्य सभी महीनों में 31 दिन होते हैं।

टाइप 2 : वर्णमाला वर्गीकरण

उदाहरण ▶ 3 : निम्नलिखित पाँच में से चार किसी न किसी प्रकार से एक से हैं और इस प्रकार से ये अपने एक समूह का निर्माण करते हैं। बताएँ कि इनमें से कौन सा एक ऐसा है, जो अन्य चार से भिन्न है?

(a) **BY** (b) **LO**
(c) **EW** (d) **GT**
(e) **SH**

हल (c) अन्य सभी समूह में दोनों अक्षर एक-दूसरे के विपरीत अक्षर हैं।

टाइप 3 : संख्या वर्गीकरण

उदाहरण ▶ 4 : निम्नलिखित पाँच संख्याओं के जोड़े में से चार संख्याओं के जोड़े किसी प्रकार से एक से हैं और इस प्रकार से अपने एक समूह का निर्माण करते हैं। बताएँ कि इनमें से कौन सा एक ऐसा जोड़ा है जो अन्य चार से भिन्न है?

(a) **25—5** (b) **16—4**
(c) **144—12** (d) **64—7**
(e) **36—6**

हल (d) अन्य सभी विकल्पों में बाईं ओर की संख्या दाईं ओर की संख्या का वर्ग है।

जैसे– $25 \leftarrow 5^2, 16 \leftarrow 4^2, 144 \leftarrow 12^2, \boxed{64 \leftarrow 7}, 36 \leftarrow 6^2$

उदाहरण ▶ 5 : निम्नलिखित पांच में से चार किसी प्रकार समान हैं, अतः उनका एक समूह बनता है। वह एक कौन सा है जो इस समूह में नहीं आता है ?

(a) **28** (b) **42**
(c) **35** (d) **21**
(e) **65**

हल (e) अन्य सभी 7 से विभाजित होने वाली संख्याएं हैं जबकि 65, 7 से विभाजित नहीं होती है।

टाइप 4 : वर्णमाला और संख्या वर्गीकरण :

उदाहरण 6 : निम्नलिखित पाँच संख्या-अक्षर के जोड़े में से चार जोड़े किसी प्रकार से एक से हैं और इस प्रकार से अपने एक समूह का निर्माण करते हैं। बताएँ कि इनमें से कौन सा एक ऐसा जोड़ा है जो अन्य चार से भिन्न है?

(a) 25—E **(b) 16—D**

(c) 144—L **(d) 64—G**

(e) 36—F

हल (d) अन्य सभी विकल्पों में बाई ओर की संख्या दाईं ओर दिये अक्षर का वर्ग है।

जैसे– $25 \leftarrow (E=)5^2$,

$16 \leftarrow (D=)4^2$,

$144 \leftarrow (L=)12^2$,

$\mathbf{64 \leftarrow (H=)8^2}$,

$36 \leftarrow 6^2$

टाइप 5 : विविध वर्गीकरण

उदाहरण 7 : निम्नलिखित तीन-तीन शब्दों के पाँच समूह में से केवल एक समूह ऐसा है जिनके तीनों शब्द में कुछ सर्वसामान्य विशेषताएँ हैं और इस प्रकार से वह अन्य चार समूहों से भिन्न है। बताएँ कि वह समूह कौन सा है?

(a) चालक, सवार, कर्णधार

(b) कुर्सी, टेबुल, बेंच

(c) जहाज, नाव, चालक

(d) सेब, नारंगी, जाड़ा

(e) आम, मंजर, बागान

हल (b) ये सभी उपस्कर (फर्नीचर) के अन्तर्गत आते हैं।

साधित उदाहरण (Solved Examples)

उदाहरण ▶ 1 : निम्नलिखित पाँच में से चार किसी न किसी प्रकार एक समान हैं तथा एक समूह बनाते हैं। वह एक कौनसा है जो उस समूह से सम्बंधित नहीं है?

(a) ज्वार (b) धान
(c) बाजरा (d) गेहूँ
(e) तिल

हल (e) अन्य सभी अनाज हैं, जबकि तिल इसके अन्तर्गत नहीं आता है।

उदाहरण ▶ 2 : निम्नलिखित पांच में से चार किसी प्रकार समान हैं अतः उनका एक समूह बनता है। वह कौन सा है जो समूह में नहीं आता है?

(a) 50 (b) 65
(c) 170 (d) 255
(e) 290

हल (d) संख्या 255 को छोड़कर अन्य सभी संख्याएं पूर्ण वर्ग से 1 अधिक है।

$50 = (7)^2 + 1, 65 = (8)^2 + 1;$

$170 = (13)^2 + 1, 290 = (17)^2 + 1$

परंतु, $255 = (16)^2 - 1$

उदाहरण ▶ 3 : निम्नलिखित पांच में चार अंग्रेजी वर्णमाला में अपने स्थान के आधार पर किसी तरह एक समान हैं इसलिए उनका एक समूह बनता है। वह एक कौन सा है जो समूह में नहीं आता है?

(a) HJG (b) PQN
(c) DEB (d) TUR
(e) KLI

हल (a) $H \quad {}^{+2} \quad J \quad {}^{3} \quad G$

$P \quad {}^{+1} \quad Q \quad {}^{3} \quad N$

$D \xrightarrow{+1} E \xrightarrow{3} B$

$T \xrightarrow{+1} U \xrightarrow{-3} R$

$K \xrightarrow{+1} L \xrightarrow{-3} I$

उदाहरण ▶ 4 : निम्नलिखित पाँच में से चार किसी न किसी प्रकार एक समान हैं तथा एक समूह बनाते हैं। वह एक कौनसा है जो उस समूह से सम्बंधित नहीं है?

(a) बोलना (b) झपकाना
(c) लिखना (d) बैठना
(e) पढ़ना

हल (b) अन्य सभी शारीरिक गतिविधि हैं जिसमें शारीरिक हलचल होती है।

उदाहरण ▶ 5 : निम्नलिखित पांच में से चार अक्षर अंग्रेजी वर्णमाला में अपनी स्थिति के अनुसार समान हैं और वे अपना एक समूह बनाते हैं। वह एक कौनसा है जो इस समूह में शामिल नहीं होता है?

(a) J (b) P
(c) F (d) V
(e) C

हल (e) $J \Rightarrow 10; P \Rightarrow 16; V \Rightarrow 22; C \Rightarrow 3$ अंग्रेजी वर्णमाला में 'C' की स्थान संख्या एक विषम संख्या है।

उदाहरण ▶ 6 : अंग्रेजी वर्णमाला में अक्षरों के स्थान के आधार पर निम्नलिखित पांच में से चार किसी प्रकार समान हैं अतः उनका एक समूह बनता है। वह एक कौनसा है, जो इस समूह में नहीं आता है?

(a) MOP (b) GIJ
(c) SUV (d) BDE
(e) KLN

हल (e) $M \xrightarrow{+2} O \xrightarrow{1} P$

$G \xrightarrow{+2} I \xrightarrow{1} J$

$S \xrightarrow{+2} U \xrightarrow{1} V$

$B \xrightarrow{+2} D \xrightarrow{1} E$

$K \xrightarrow{+1} L \xrightarrow{2} N$

अभ्यास प्रश्न (Exercise)

1. निम्नलिखित पांच में से चार किसी प्रकार समान हैं। अत: उनका एक समूह बनता है। इनमें से कौन-सा एक समूह में नहीं आता है?
(a) 72 (b) 96
(c) 68 (d) 28
(e) 82

2. निम्नलिखित पांच में से चार किसी प्रकार समान हैं, अत: उनका एक समूह बनता है। वह एक कौन-सा है जो इस समूह में नहीं आता है?
(a) टेबल (b) कुर्सी
(c) अलमारी (d) पलंग
(e) कंप्यूटर

3. निम्नलिखित में से चार किसी प्रकार समान हैं, अत: उनका एक समूह बनता है। वह एक कौन-सा है जो इस समूह में नहीं आता है?
(a) 119 (b) 123
(c) 143 (d) 133
(e) 149

4. निम्नलिखित पांच में से चार किसी प्रकार समान हैं। अत: उनका एक समूह बनता है। वह कौन-सा है जो इस समूह में नहीं आता है?
(a) सेब (b) पपीता
(c) लीची (d) अमरूद
(e) संतरा

5. निम्नलिखित पांच में से चार किसी प्रकार समान हैं, अत: उनका एक समूह बनता है। वह एक कौन-सा है जो इस समूह में नहीं आता है?
(a) NEERG (b) DER
(c) KNIP (d) DLEIF
(e) EULB

6. निम्नलिखित पांच में से चार किसी प्रकार समान हैं, अत: उनका एक समूह बनता है। वह एक कौन-सा है जो इस समूह में नहीं आता है?
(a) लाल (b) गुलाबी
(c) हरा (d) बैंगनी
(e) इनमें से कोई नहीं

7. निम्नलिखित पांच में से चार किसी प्रकार समान हैं अत: उनका एक समूह बनता है। वह एक कौन-सा है जो इस समूह में शामिल नहीं होता है?
(a) बिल्ली का बच्चा (b) बकरी
(c) बछड़ा (d) बछेड़ा
(e) भेड़ का बच्चा

8. निम्नलिखित पांच में से चार किसी प्रकार समान हैं अत: उनका समूह बनता हैं। वह एक कौन-सा है जो इस समूह में नहीं आता है?
(a) बाल्टी (b) नल
(c) बोतल (d) ग्लास
(e) घड़ा

9. निम्नलिखित पांच में से चार किसी प्रकार समान हैं, अत: उनका एक समूह बनता है। वह एक कौन-सा है जो इस समूह में नहीं आता है?
(a) चमगादड़ (b) मकड़ी
(c) मच्छर (d) तितली
(e) तिलचट्टा

10. निम्नलिखित पांच में से चार किसी प्रकार समान हैं अत: उनका एक समूह बनता है। वह कौन-सा है जो इस समूह में नहीं आता है?
(a) पहाड़ी (b) घाटी
(c) बांध (d) नदी
(e) पहाड़

11. निम्नलिखित पांच में चार किसी प्रकार समान हैं इसलिए उनका एक समूह बनता है। वह एक कौन-सा है जो इस समूह में नहीं आता हैं?
(a) गुलाब (b) चमेली
(c) जपाकुसुम (d) गेंदा
(e) कमल

12. निम्नलिखित पाँच में से कोई चार किसी प्रकार समान हैं तथा एक समूह बनाते हैं। कौन-सा शब्द उस समूह में नहीं आता है।
(a) डेस्क (b) ब्लैक बोर्ड
(c) क्लासरूम (d) बैंच
(e) चॉक

13. निम्नलिखित पाँच में से कोई चार किसी प्रकार से समान हैं। वह कौन-सा शब्द है जो अन्य चार से भिन्न है?
(a) जून (b) अगस्त
(c) दिसम्बर (d) जनवरी
(e) अक्टूबर

14. निम्नलिखित पाँच में से चार किसी प्रकार समान हैं इसलिए उनका एक समूह बनता है। वह एक कौन-सा है जो इस समूह में नहीं आता है?
(a) 25 (b) 9
(c) 8 (d) 16
(e) 4

15. निम्नलिखित पाँच में से चार किसी प्रकार समान हैं इसलिए उनका एक समूह बनता है। वह एक कौन-सा है, जो इस समूह में नहीं आता हैं?
(a) पिता (b) आन्ट
(c) माता (d) अंकल
(e) नीस

16. निम्नलिखित पांच में से चार किसी प्रकार एक समान हैं और वे अपना एक समूह बनाते हैं। वह एक कौन-सा है जो इस समूह में शामिल नहीं होता है?
(a) अनानस (b) अमरूद
(c) अंगूर (d) पपीता
(e) नाशपाती

17. निम्नलिखित पांच में से चार किसी प्रकार एक समान हैं वे अपना एक समूह बनाते हैं। वह एक कौन-सा है जो इस समूह में शामिल नहीं होता है?

(a) FH (b) KM
(c) PR (d) CE
(e) JM

18. निम्नलिखित पांच में से चार किसी प्रकार एक समान हैं वे अपना एक समूह बनाते हैं। वह एक कौन-सा हैं जो इस समूह में शामिल नहीं होता है?

(a) 17 (b) 19
(c) 23 (d) 29
(e) 27

19. निम्नलिखित पांच में से चार किसी प्रकार समान हैं और उनका एक समूह बनता है। वह एक कौन-सा है जो इस समूह में शामिल नहीं होता है?

(a) माता-पिता (b) बच्चा
(c) अंकल (d) कजिन
(e) संबंध

20. निम्नलिखत पांच में से चार किसी प्रकार समान हैं, इसलिए उनका एक समूह बनता है। वह एक कौन-सा है जो उस समूह में नहीं आता है?

(a) 3 (b) 5
(c) 11 (d) 13
(e) 9

21. निम्नलिखित पाँच में से चार किसी प्रकार समान हैं, अत: उनका एक समूह बनता है। वह एक कौन-सा है जो इस समूह में नहीं आता है?

(a) कमीज (b) ट्राउजर
(c) फ्रॉक (d) स्कर्ट
(e) कपड़ा

22. निम्नलिखित पाँच में से चार किसी प्रकार समान है, अत: उनका एक समूह बनता है। वह एक कौन-सा है जो इस समूह में नहीं आता है?

(a) चित्र (b) चित्रकला (पेंटिंग)
(c) स्केच (d) रेखांकन
(e) पेंट

23. निम्नलिखित पाँच में से कोई चार अंग्रेजी वर्णमाला में अक्षरों की स्थिति के अनुसार किसी प्रकार से समान हैं, जो अलग है वह कौन-सा है?

(a) UX (b) BE
(c) GJ (d) KO
(e) NQ

24. निम्नलिखित पांच संख्याओं में से कोई चार किसी प्रकार समान हैं तथा उनसे एक समूह बनता है। वह कौन-सी संख्या है जो इस समूह के अन्तर्गत नहीं आती है?

(a) 48 (b) 24
(c) 15 (d) 35
(e) 65

25. निम्नलिखित पांच में से चार किसी प्रकार समान हैं, अतः उनका एक समूह बनता है। वह एक **कौन-सा** है जो इस समूह में **नहीं** आता है?

(a) मूली (b) अदरक
(c) हल्दी (d) आलू
(e) बन्दगोभी

26. निम्नलिखित पांच में से चार किसी प्रकार समान है, अतः उनका एक समूह बनता है। वह एक **कौन-सा** है जो इस समूह में नहीं आता है?

(a) जून (b) दिसम्बर
(c) जनवरी (d) जुलाई
(e) मई

27. निम्न पांच में से चार किसी प्रकार एक समान हैं और अपना एक समूह बनाते हैं। वह एक **कौन-सा** हैं जो समूह में शामिल नहीं है ?

(a) रेंत (b) सीमेंट
(c) मकान (d) लकड़ी
(e) ईट

निर्देश प्र. (28-30) : निम्न पांच में से चार किसी प्रकार एक समान हैं और एक समूह बनाते हैं। वह एक कौन-सा है जो समूह में शामिल नहीं है?

28. (a) क्रिकेट (b) वॉलीबाल
(c) शतरंज (d) टेबल टेनिस
(e) बैडमिंटन

29. (a) कुत्ता (b) बिल्ली
(c) बकरी (d) जिराफ
(e) गाय

30. (a) पाराग्राफ (b) वाक्य
(c) पेज (d) शब्द
(e) अक्षर

31. निम्नलिखित पांच में से चार किसी प्रकार समान हैं अतः उनका एक समूह बनता है। वह **कौन-सा** है जो इस समूह में नहीं आता है ?

(a) मिठाई (b) केक
(c) पेस्ट्री (d) ब्रेड
(e) बिस्कुट

32. निम्निलिखित पांच में से चार किसी प्रकार समान हैं इसलिए उनका एक समूह बनता है। वह एक कौन–सा है जो उस समूह में नहीं आता है ?

(a) 115 (b) 161
(c) 253 (d) 391
(e) 345

33. निम्निलिखित पांच में से चार किसी प्रकार समान हैं इसलिए उनका एक समूह बनता है। वह एक कौन–सा है जो उस समूह में नहीं आता है?

(a) OMQ (b) HFJ
(c) TPR (d) TRV
(e) VTX

34. निम्न पांच में से चार किसी प्रकार एक समान हैं और अपना एक समूह बनाते हैं। वह एक कौन–सा है जो समूह में शामिल नहीं है?
(a) सोना (b) निकेल
(c) प्लेटिनम (d) टंगस्टेन
(e) हीरा

35. निम्नलिखित पांच में से चार अक्षर अंग्रेजी वर्णमाला में अपनी स्थिति के अनुसार समान हैं और वे अपना एक समूह बनाते हैं। वह एक कौन–सी है जो इस समूह में शामिल नहीं होता है?
(a) M (b) S
(c) U (d) Q
(e) D

36. अंग्रेजी वर्णमाला में अक्षरों के स्थान के आधार पर निम्नलिखित पांच में से चार किसी प्रकार समान हैं अत: उनका एक समूह बनता है। वह एक कौन–सा है, जो इस समूह में नहीं आता है?
(a) NPQ (b) HJK
(c) TVW (d) CEF
(e) LMO

37. निम्नलिखित पाँच में से चार किसी प्रकार से एक समान हैं तथा वे अपना एक समूह बनाते हैं। वह कौन–सा एक है जो इस समूह में शामिल नहीं होता है?
(a) GIJK (b) DFGH
(c) CEFG (d) ABCD
(e) JLMN

38. निम्नलिखित पाँच में से चार किसी प्रकार से एक समान हैं तथा वे अपना एक समूह बनाते हैं। वह कौन–सा एक है जो इस समूह में शामिल नहीं होता है?
(a) UMRSME (b) EIWNTR
(c) PIGRSN (d) LCUOD
(e) IRAYN

39. निम्नलिखित में से तीन किसी प्रकार समान हैं तथा एक समूह बनाते हैं। कौन–सा एक उस समूह के अन्तर्गत नहीं आता है?
(a) पक्षी (b) कीड़ा
(c) वायुयान (d) पतंग
(e) पैराशूट

40. निम्नलिखित चार में से तीन किसी प्रकार से समान हैं तथा एक समूह बनाते हैं। कौन–सा एक उस समूह के अन्तर्गत नहीं आता है?
(a) – (b) +
(c) % (d) =
(e) >

41. निम्नलिखित पाँच में से चार किसी प्रकार से एक समान हैं तथा वे अपना एक समूह बनाते हैं। वह कौन–सा एक है जो इस समूह में शामिल नहीं होता है?
(a) नमक (b) काली मिर्च
(c) मिर्च (d) धनिया
(e) जीरा

Answer Key

1	(e)	9	(a)	17	(e)	25	(e)	33	(c)
2	(e)	10	(c)	18	(e)	26	(a)	34	(e)
3	(e)	11	(e)	19	(e)	27	(c)	35	(e)
4	(c)	12	(c)	20	(e)	28	(c)	36	(e)
5	(d)	13	(a)	21	(e)	29	(d)	37	(d)
6	(b)	14	(c)	22	(e)	30	(c)	38	(d)
7	(b)	15	(e)	23	(d)	31	(a)	39	(b)
8	(b)	16	(c)	24	(e)	32	(e)	40	(c)
								41	(a)

व्याख्या सहित हल Answers & Explanations

1. (e) संख्या 82 को छोड़कर अन्य सभी संख्याऐं 4 की गुणा (multiple) है।
2. (e) कम्प्यूटर को छोड़कर अन्य सभी विभिन्न प्रकार के फर्नीचर हैं। कम्प्यूटर एक इलेक्ट्रॉनिक उपकरण है।
3. (e) संख्या 149 को छोड़कर अन्य सभी रूढ़ संख्याएं हैं।
5. (d) अन्य सभी रंगों के नाम उलटे क्रम में हैं।

   जैसे NEERG $\rightarrow$ GREEN

   DER $\rightarrow$ RED

   KNIP $\rightarrow$ PINK

   EULB $\rightarrow$ BLUE
6. (b) गुलाबी को छोड़कर अन्य सभी इन्द्रधनुष के विभिन्न रंग हैं।
7. (b) बकरी को छोड़कर अन्य सभी जानवरों के बच्चे हैं।
8. (b) जल को छोड़कर, अन्य सभी पानी संग्रह करने के काम में आते हैं।
9. (a) चमगादड़ एक स्तनपायी है।
10. (c) अन्य सभी प्राकृतिक है, जबकि बांध बनाया जाता है।
11. (e) कमल, जल (कीचड़) में उत्पन्न होता है।
12. (c) अन्य सभी क्लासरूम के अन्तर्गत आते हैं।
13. (a) अन्य सभी महीनों में 31 दिन होते हैं।
14. (c) अन्य सभी संख्याएं किन्हीं संख्याओं के वर्ग हैं।
15. (e) इन सबमें नीस के अतिरिक्त सभी पति-पत्नी के जोड़े हैं, जैसे- पिता-माता और अंकल-आन्ट।
17. (e) $F \xrightarrow{2} H;\ K \xrightarrow{2} M;\ P \xrightarrow{2} R;$

   $C \xrightarrow{2} E;\ J \xrightarrow{3} M$
18. (e) 27 के अतिरिक्त सभी अभाज्य संख्याएं (Prime Numbers) हैं।
19. (e) अन्य सभी रिश्तों को दर्शाते हैं।
20. (e) संख्या 9 को छोड़कर अन्य सभी अभाज्य संख्याएं हैं। संख्या 9 एक पूर्ण वर्ग है।
21. (e) कमीज, ट्राउजर, फ्रॉक, स्कर्ट विभिन्न प्रकार के परिधान हैं जो विभिन्न प्रकार के कपड़े से तैयार किए जाते हैं।
22. (e) चित्र, चित्रकारी, स्केच एवं रेखांकन के लिए पेंट की आवश्यकता पड़ती हैं।
23. (d) $U \xrightarrow{+3} X,\ B \xrightarrow{+3} E,\ G \xrightarrow{+3} J,\ K \xrightarrow{+4} O$
24. (e) $48 = (7)^2 - 1, 15 = (4)^2 - 1$

   $24 = (e)^2 - 1, 35 = (6)^2 - 1$

   परन्तु $65 = (8)^2 + 1$
25. (e) अन्य सभी जमीन के अंदर होती हैं जबकि बन्दगोभी जमीन के ऊपर होता है।
26. (a) अन्य सभी 31 दिन वाले महीने हैं जबकि जून 30 दिन वाला महीना है।
27. (c) अन्य सभी का उपयोग मकान बनाने के लिए किया जाता है।
28. (c) अन्य सभी खेल out-door हैं जबकि शतरंज एक indoor खेल हैं।
29. (d) अन्य सभी पालतू जानवर हैं।
30. (c) अन्य सभी एक भाषा के अंग हैं।
31. (a) अन्य सभी बेकिंग के द्वारा बनाये जाते हैं।
32. (e) 345, 3 से विभाजित है जबकि बाकीं चारों 3 से अविभाजित हैं।
33. (c) TPR के अलावा सभी में पहला अक्षर तीसरे अक्षर के दो स्थान पहले का है।
34. (e) अन्य सभी धातुएं हैं जबकि हीरा एक अधातु है।
35. (e) $M \Rightarrow 13; S \Rightarrow 19; Q \Rightarrow 17;\ U \Rightarrow 21;\ D \Rightarrow 4$ अंग्रेजी वर्णमाला में 'D' की स्थान संख्या एक सम संख्या है।
36. (e) $N \xrightarrow{2} P \xrightarrow{1} Q$

   $H \xrightarrow{2} J \xrightarrow{1} K$

   $T \xrightarrow{2} V \xrightarrow{1} W$

   $C \xrightarrow{2} E \xrightarrow{1} F$

   $L \xrightarrow{1} M \xrightarrow{2} O$
37. (d) ABCD के अलावे सभी में पहले अक्षर के बाद तीसरा अक्षर है।
38. (d) (a) Summer (b) Winter (c) Spring (d) Cloud (e) Rainy अन्य सभी मौसमों के नाम हैं।
39. (b) कीड़े के अलावे सभी आकाश में उड़ने वाले हैं।
40. (c) अन्य सभी mathematical को दर्शाते हैं।
41. (a) नमक को छोड़कर अन्य सभी मसाले हैं।

◆ ◆ ◆

अध्याय 3 सांकेतिक भाषा-परीक्षा (CODING-DECODING)

सांकेतिक भाषा-परीक्षा

सांकेतिक भाषा-परीक्षा में कुछ शब्द/अक्षर/अंक दिये होते हैं तथा वे अपने वास्तविक मान को न प्रदर्शित करते हुए अन्य प्रदर्शित करते हैं। यह सांकेतिक भाषा कुछ विशेष नियमानुसार बनी होती है, प्रतियोगियों को उन नियमों की जानकारी करके मूल भाषा को संकेत में या संकेत को मूल भाषा में, प्रश्न में दिए गए निर्देशानुसार बदलना होता है।

उदाहरण 1 : यदि EODGH कोड है BLADE का तो CRICKET का कोड क्या होगा?

हल FULFNHW

जिस प्रकार,

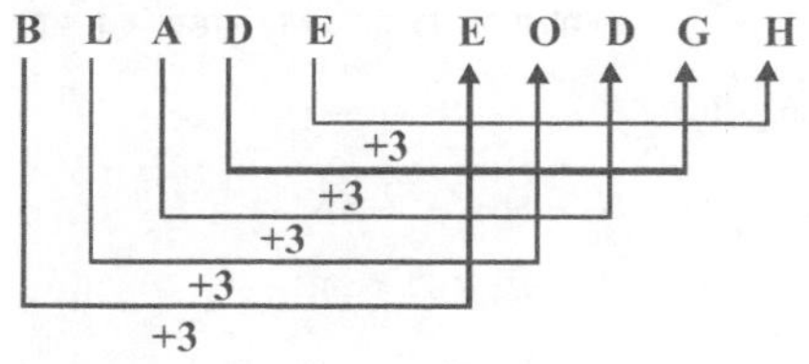

उसी प्रकार,

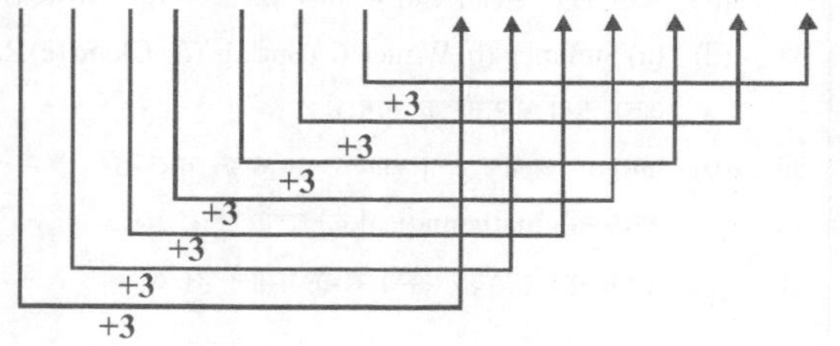

उदाहरण 2 : यदि EARTH का कोड 41590 और PALE का कोड 2134 हो तो PEARL का कोड क्या होगा?

हल 24153

दिए गए अक्षरों के कोड इस प्रकार हैं,

P = 2, E = 4, A = 1, R = 5 और L = 3

उदाहरण 3 : किसी कोड भाषा में, 'put tir fin' का मतलब 'delicious juicy fruit'; हो 'tie dip sig' का मतलब 'beautiful white lily', हो, और 'sig lon fin' का मतलब 'lily and fruit' हो तो 'and' का कोड क्या है?

हल 'lon'

यहाँ पहले और तीसरे कथन में 'fin' का मतलब 'fruit' है तथा दूसरे और तीसरे कथन में 'sig' का मतलब 'lily' है। इसलिए तीसरे कथन के अनुसार and का कोड 'lon' होगा।

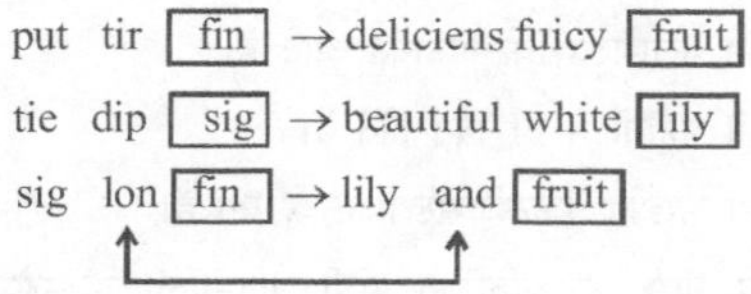

▷ ▷ ▷ ▷ प्रश्नों के प्रकार ◁ ◁ ◁ ◁

टाइप 1 : अक्षर संकेत

इस प्रकार के प्रश्नों में शब्दों का कोड वर्णमाला के अक्षरों के रूप में दिया जाता है।

उदाहरण 4 : यदि 'MAN' का कोड 'NBO' है तो 'SKY' का कोड क्या होगा?

हल जिस प्रकार,

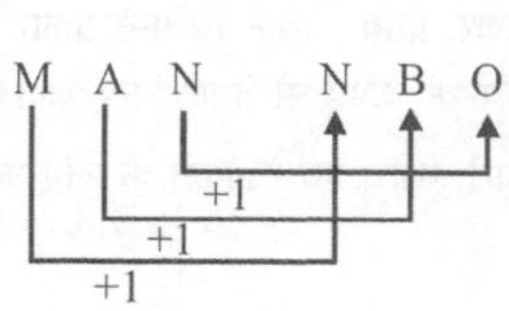

उसी प्रकार,

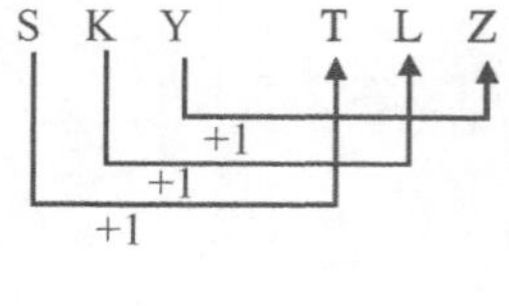

उदाहरण 5 : 'GANDHI WAS A GREAT LEADER OF INDIA' को गुप्त कोड भाषा में 'RUFZOJ SUV U RDTUB QTUZTD EP JFZJU' के रूप में लिखा जाता है तो नीचे दिए हुए प्रत्येक शब्दों के लिए दिए हुए विकल्पों में से उपयुक्त कोड का चुनाव करें।

1. STRONG
 (a) VBDERE (b) VBDEER
 (c) VBEDFR (d) VBDEFR
2. ISLAND
 (a) JVQUFZ (b) ZFUQVJ
 (c) QUFZJV (d) FUZJVQ

हल यहाँ नीचे दर्शाये अनुसार मूल वाक्य के प्रत्येक अक्षर विभिन्न संकेतों द्वारा प्रदर्शित किये गये हैं।

Sentence	GANDHI	WAS	A	GREAT	LEADER	OF	INDIA
Code	RUFZOJ	SUV	U	RDTUB	QTUZTD	EP	JFZJU

अत: STRONG का कोड VBDEFR है
और ISLAND का कोड JVQUFZ है

टाइप 2 : अक्षर और अंक संकेत

इस प्रकार के प्रश्नों में सांख्यिकीय मान को अक्षर या किसी शब्द द्वारा विस्थापित किया जाता है। अभ्यर्थियों को दिए गए निर्देश के अनुसार प्रश्न का विश्लेषण कर कोड ज्ञात करना होता है।

उदाहरण 6 : किसी सांकेतिक भाषा में 'SISTER' को 535301, 'UNCLE' को 84670 और 'BOY' को 129 लिखा जाता है तो 'RUSTIC' को उस कोड में कैसे लिखा जाएगा?

(a) 633185 (b) 185336
(c) 363815 (d) 581363

हल (b) इस भाषा में अंग्रेजी वर्णमाला के अक्षर निम्न संकेतों द्वारा प्रदर्शित हैं।

S I S T E R U N C L E B O Y
5 3 5 3 0 1 8 4 6 7 0 1 2 9

इस विधि का उपयोग करने पर 'RUSTIC' का कोड 185336 होगा।

टाइप 3 : वर्णमाला के स्थान के आधार पर संकेत

हम अंग्रेजी वर्णमाला के अक्षरों को संख्या से इस प्रकार विस्थापित करते हैं।

A	B	C	D	E	F	G	H	I	J	K	L	M
1	2	3	4	5	6	7	8	9	10	11	12	13

N	O	P	Q	R	S	T	U	V	W	X	Y	Z
14	15	16	17	18	19	20	21	22	23	24	25	26

उदाहरण 7 : यदि किसी सांकेतिक भाषा में 'word' को 2315184 लिखा जाता है तो 'simple' को कैसे लिखा जाएगा?

हल यहाँ 'W' को कूट भाषा में 23 और 'O' को 15 लिखा गया है इसलिए 'SIMPLE' को उस कूट भाषा में लिखा इस प्रकार जाएगा-
S - 19, I - 9, M - 13, P - 16, L - 12, E - 5
इस प्रकार अभीष्ट कूट है 1991316125

टाइप 4 : विस्थापन संकेत

विस्थापन संकेत के अंतर्गत किसी वस्तु को अन्य कूट भाषा से विस्थापित करते हैं और उस कूट भाषा में उत्तर देने को कहा जाता है।

उदाहरण 8 : यदि दीवार को खिड़की, खिड़की को दरवाजा, दरवाजा को फर्श, फर्श को छत, छत को वंटिलेटर कहा जाए तो इस कूट भाषा में कोई व्यक्ति कहाँ खड़ा होता है?

(a) दरवाजा (b) वंटिलेटर
(c) छत (d) फर्श

हल (c) कोई व्यक्ति फर्श पर खड़ा होता है और इस कूट भाषा में फर्श को छत कहते हैं
अत: व्यक्ति छत पर खड़ा होता है।

टाइप 5 : शर्त आधारित संकेत

निर्देश (प्र. 9-13) : इनमें से प्रत्येक प्रश्न में अंकों का एक समूह और उसके बाद अक्षरों और प्रतीकों के चार संयोजन (a), (b), (c) और (d) दिए गए हैं। नीचे दी गई कोडिंग व्यवस्था और शर्तों के आधार पर आपको यह पता लगाना है कि कौन सा संयोजन अंकों के समूह का निरूपण करता है और उस संयोजन की संख्या को आपके उत्तर के रूप में दर्शाना है। यदि कोई भी संयोजन अंकों के संयोजन का सही निरूपण नहीं करता है तो उत्तर (उदाहरण 9-13) (e) होगा अर्थात् 'इनमें से कोई नहीं'।

अंक	5	1	3	4	9	6	8	2	7
अक्षर/प्रतीक	P	A	K	%	R	@	D	©	M

शर्तें :

(i) पहला अंक विषम और अंतिम अंक सम है, तो पहले और अंतिम अंक के कोड पलट दिए जाने हैं।

(ii) यदि पहला और अंतिम दोनों अंक सम हैं तो दोनों को ★ के रूप में कोड करना है।

(iii) यदि पहला और अंतिम दोनों अंक विषम हैं तो दोनों को $ के रूप में कोड करना है।

उदाहरण 9 : 215349 का कोड क्या होगा?

(a) RAPK%© (b) ★ APK%$
(c) $APK%$ (d) © PAK%R
(e) इनमें से कोई नहीं

हल (e)
2 1 5 3 4 9
↓ ↓ ↓ ↓ ↓ ↓
© A P K % R

उदाहरण 10 : 671254 का कोड क्या होगा?

(a) @MA©P% (b) $MA©P$
(c) ★MA©P★ (d) %MA©P©
(e) इनमें से कोई नहीं

हल (c) 6 7 1 2 5 4
↓ ↓ ↓ ↓ ↓ ↓
★ M A © P ★

शर्त (ii) लागू होती है।

उदाहरण 11 : 813469 का कोड क्या होगा?

(a) RAK%@D (b) DAK%@R
(c) DAP%@R (d) ★AK%@★
(e) इनमें से कोई नहीं

हल (b) 8 1 3 4 6 9
↓ ↓ ↓ ↓ ↓ ↓
D A K % @ R

उदाहरण 12 : 794821 का कोड क्या होगा?

(a) MR%D©A (b) AR%D©M
(c) M%RD©R (d) $R%D©$
(e) इनमें से कोई नहीं

हल (d) 7 9 4 8 2 1
↓ ↓ ↓ ↓ ↓ ↓
$ R % D © $

शर्त (iii) लागू होती है।

उदाहरण 13 : 591426 का कोड क्या होगा?

(a) @RA%©P (b) PRA%©@
(c) @AR%©P (d) $RA%©★
(e) इनमें से कोई नहीं

हल (a) 5 9 1 4 2 6
↓ ↓ ↓ ↓ ↓ ↓
@ R A % © P

शर्त (i) लागू होती है।

साधित उदाहरण (Solved Examples)

उदाहरण 1 : एक निश्चित कूट भाषा में FIVE को GHWD लिखा जाता है। उसी कूट भाषा में HURT किस प्रकार लिखा जाएगा?

(a) ITSS (b) ITST
(c) GTSS (d) ITQU
(e) इनमे से कोई नहीं

हल (a)

चूँकि,	F	I	V	E
	+1	−1	+1	−1
	G	H	W	D
इसलिए,	H	U	R	T
	+1	−1	+1	−1
	I	T	S	S

उदाहरण 2 : एक निश्चित कूट भाषा में 'La ke Ta' का अर्थ है 'go and swim', 'Pe Le Ne Ta' का अर्थ है 'he and you go' एवं 'Ne La Se' का अर्थ है 'you swim here'। उस भाषा में here के लिए क्या कूट होगा?

(a) निर्धारित नहीं किया जा सकता
(b) La (c) Ne
(d) La या Se (e) इनमें से कोई नहीं

हल (e) [La] Ke Ta → go and [swim]

(Ne) [La] Se → (you) [swim] here

Pe ke (Ne) Ta → he and (you) go

अत: 'here' के लिए कूट 'Se' है।

उदाहरण 3 : किसी खास कोड में ROBE को '5136' लिखा जाता है और FIND को '3712' लिखा जाता है, तो उसी कोड में 'RIDE' कैसे लिखा जाएगा?

(a) 5276 (b) 5726
(c) 5376 (d) 5326
(e) इनमें से कोई नहीं

हल (b) R O B E और F I N D
↓ ↓ ↓ ↓ ↓ ↓ ↓ ↓
5 1 3 6 3 7 1 2

उसी प्रकार,

R I D E
↓ ↓ ↓ ↓
5 7 2 6

उदाहरण 4 : यदि 'चम्मच' को 'प्लेट' कहा जाए, 'प्लेट' को 'चाकू' कहा जाए, 'चाकू' को 'जग' कहा जाए, 'जग' को 'ग्लास' कहा जाए, 'ग्लास' को 'तश्तरी' कहा जाए और 'तश्तरी' को चम्मच कहा जाए तो हम फल किससे काटते हैं?

(a) चम्मच (b) जग
(c) ग्लास (d) तश्तरी
(e) इनमें से कोई नहीं

हल (b) हम फल को चाकू से काटते हैं। परन्तु यहां चाकू को जग कहा गया है।

उदाहरण ▶5 : यदि 'A' को 26 द्वारा विस्थापित कर दिया जाए, 'B' को 25 से तथा इसी प्रकार 'Z' को 1 द्वारा विस्थापित कर दिया जाए, तो 'WAXY' के मानों का योग क्या होगा?

(a) 33 (b) 35
(c) 37 (d) 73
(e) इनमें से कोई नहीं

हल (b) W A X Y
↓ ↓ ↓ ↓
4 + 26 + 3 + 2 = 35

उदाहरण ▶6 : किसी खास कोड में BOARD को 5 4 # 1 2 और MORE को 9 4 1 $ # लिखा जाता है। इस कोड में DREAM कैसे लिखा जाएगा?

(a) 2 1 $ # 9 (b) 2 $ 1 # 9
(c) 5 1 $ # 9 (d) 2 5 $ # 9
(e) इनमें से कोई नहीं

हल (a) B O A R D और M O R E
↓ ↓ ↓ ↓ ↓ ↓ ↓ ↓ ↓
5 4 # 1 2 9 4 1 $

अत:

D R E A M
↓ ↓ ↓ ↓ ↓
2 1 $ # 9

उदाहरण ▶7 : E को V के रूप में, D को Q के रूप में, N को Z के रूप में, G को T के रूप में, R को I के रूप में, A को M के रूप में कोडबद्ध किया जाए तो निम्नलिखित में से कौनसा शब्द DANGER का सही रूप होगा?

(a) QMZTIV (b) QMZTVI
(c) QMZITV (d) QZMTVI
(e) इनमें से कोई नहीं

हल (b) D E N G E R
↓ ↓ ↓ ↓ ↓ ↓
Q M Z T V I

उदाहरण ▶8 : यदि 'A' को '1' से विस्थापित किया जाए, 'B' को '2' से तथा इसी प्रकार Z तक के अक्षरों को विस्थापित करते हुए, 'Z' को '26' से विस्थापित कर दिया जाए तो शब्द DECAY के अक्षरों का कुल मान क्या होगा?

(a) 38 (b) 41
(c) 40 (d) 37
(e) इनमें से कोई नहीं

हल (a) D E C A Y
↓ ↓ ↓ ↓ ↓
4 + 5 + 3 + 1 + 25 = 38

अभ्यास प्रश्न (Exercise)

1. किसी खास कोड 'PULSE' को 'DRKTO' और 'NEW' को 'VDM' लिखते हैं। इस कोड् में 'PROBES' कैसे लिखा जाएगा?
   (a) RDANQO (b) QSPCFT
   (c) TFCPSQ (d) OPNADR
   (e) इनमें से कोई नहीं

2. REMIT को *£3⊓7 और CONSUL को = %8 β $5 लिखा जाता है तो OCELOT कैसे लिखा जाएगा?
   (a) %=3587 (b) %=£5%7
   (c) %=35%⊓ (d) %35%7
   (e) इनमें से कोई नहीं

3. AMONG को NAOGM और SPINE को NSIEP लिखते हैं तो LAMON को कैसे लिखा जायेगा?
   (a) OALNM (b) MLONA
   (c) OLMNA (d) OLNMA
   (e) इनमें से कोई नही

4. किसी खास कोड में RETAIL को UFSBJM लिखते हैं। इस कोड में EXPECT कैसे लिखा जाएगा?
   (a) FQYFDU (b) QYDUDF
   (c) FYQFDU (d) QYFFDU
   (e) इनमें से कोई नहीं

5. किसी खास कोड में SEAL को $75@ और DOSE को #8$7 लिखते हैं। इस कोड में SOLD कैसे लिखा जाएगा?
   (a) $8@# (b) #87$
   (c) #8$7 (d) $5@#
   (e) इनमें से कोई नहीं

6. यदि निश्चित कूट भाषा में BOND को 1543 तथा DEAN को 3864 लिखा जाता है। उसी कूट भाषा में BED को किस प्रकार लिखा जाएगा?
   (a) 153 (b) 183
   (c) 138 (d) 143
   (e) इनमें से कोई नहीं

7. एक निश्चित कूट भाषा में NAMES को TFNBO लिखा जाता है। उसी कूट भाषा में CRANE को किस प्रकार लिखा जाएगा?
   (a) FMBQD (b) DSBOF
   (c) FOBSD (d) FBODS
   (e) इनमें से कोई नहीं

8. एक निश्चित कूट भाषा में 'go home' को 'ta na' लिखा जाता है तथा 'nice little home' को 'na ja pa' लिखा जाता है। उसी कूट भाषा में 'go' किस प्रकार लिखा जाएगा?
   (a) ta (b) na
   (c) ka (d) na या ta
   (e) इनमें से कोई नहीं

9. किसी खास कोड में DAYLONG को ZBEKHOP लिखा जाता है। इस कोड में CORDIAL कैसे लिखा जाएगा?
   (a) SPDCMBJ (b) SPDEMBJ
   (c) DPSCMBJ (d) SPDCJBM
   (e) इनमें से कोई नहीं

10. किसी खास कोड में 'good and bad' को '7 2 5'; 'one and all' को '9 3 2' और 'this is good' को '1 2 4' लिखते हैं। इसी कोड में 'one' कैसे लिखा जाएगा?
    (a) 9 (b) 3
    (c) 2 (d) डाटा अपर्याप्त हैं
    (e) इनमें से कोई नहीं

11. एक निश्चित कूट भाषा में CHANDIGARH को DNAHCHRAGI लिखा जाता है। उसी कूट भाषा में SIKKIM को किस प्रकार लिखा जाएगा?
    (a) TJKJKM (b) TJLLJN
    (c) MIKKIS (d) KISMIK
    (e) इनमें से कोई नहीं

12. एक निश्चित कूट भाषा में 'do re me' का अर्थ है 'he is late', 'fa me la' का अर्थ है 'she is early' तथा 'so ti do' का अर्थ है 'he leaves soon'। उस कूट भाषा में किस शब्द का अर्थ 'late' है?
    (a) la (b) do
    (c) me (d) आंकड़ें अपर्याप्त हैं।
    (e) इनमें से कोई नहीं

13. यदि 'टेबल' को 'कुर्सी' कहा जाए, 'कुर्सी' को 'कपबोर्ड' कहा जाए, 'कप बोर्ड' को 'चॉक', 'चॉक' को 'पुस्तक', 'पुस्तक' को 'डस्टर' तथा 'डस्टर' को 'टेबल' कहा जाए तो शिक्षक ब्लैकबोर्ड पर लिखने के लिए किसका उपयोग करते हैं?
    (a) पुस्तक (b) कपबोर्ड
    (c) टेबल (d) डस्टर
    (e) इनमें से कोई नहीं

14. एक खास कोड में के 'MOTHER' को 'OMHURF' के रूप में लिखा जाता है। उस कोड में 'ANSWER' को कैसे लिखा जाएगा?
    (a) NBWRRF (b) MAVSPE
    (c) NBWTRD (d) NBXSSE
    (e) इनमें से कोई नहीं

15. किसी कोड में 'GROW' को '= @ % #' के रूप में लिखा जाता है और 'WITHIN' को '# ÷ + © ÷ Δ' के रूप में लिखा जाता है। उस कोड भाषा में 'WING' कैसे लिखा जाएगा?
    (a) # ÷ Δ = (b) # % Δ =
    (c) % ÷ Δ = (d) # ÷ © =
    (e) इनमें से कोई नहीं,

निर्देश (प्र. 16-20): नीचे अंको का एक सेट दिया गया है और प्रत्येक अंक के अनुरूप एक अक्षर कोड दिया है और कोडिंग की कतिपय शर्तें दी गई हैं।

अंक	2	5	7	8	9	4	6	3	1
अक्षर कोड	M	R	T	B	W	K	D	N	J

प्रत्येक प्रश्न में छः अंकों वाली एक संख्या दी गई है। जिसके बाद चार सम्मिश्र अक्षर कोड दिए गए हैं। आपको पता लगाना है कि उपरोक्त कोडों और नीचे दी गई शर्तों के आधार पर अक्षर कोडों का कौन सा सम्मिश्र अंकों के सेट का निरूपण करता है और तदनुसार अपने उत्तर दर्शाने है। अन्यथा उत्तर (e) इनमें से कोई नहीं, दर्शाइए।

शर्तें :

(i) यदि संख्या का पहला और अंतिम अंक दोनों विषम अंक हैं तो दोनों को I के रूप में कोडबद्ध किया जाना है।

(ii) यदि संख्या का पहला और अंतिम अंक दोनों सम अंक हैं तो दोनों को Y के रूप में कोडबद्ध किया जाना है।

16. 726395
(a) IMDNWI (b) YMDNWY
(c) TMDNWR (d) IMDNWR
(e) इनमें से कोई नहीं

17. 263847
(a) IDNBKI (b) YDNBKY
(c) IDNBKY (d) MDNBKY
(e) इनमें से कोई नहीं

18. 591248
(a) IWJMKB (b) RWJMKY
(c) YWJMKY (d) RWJMKB
(e) इनमें से कोई नहीं

19. 615824
(a) IJRBMI (b) IJRBMY
(c) YJRBMY (d) IJRBMK
(e) इनमें से कोई नहीं

20. 831795
(a) INJTWR (b) BNJTWR
(c) BNJTWY (d) UNJYWY
(e) इनमें से कोई नहीं

21. एक निश्चित सांकेतिक भाषा में DESIGN को FCUGIL लिखा जाता है। उसी सांकेतिक भाषा में REPORT को कैसे लिखा जाएगा?
(a) TCRMPR (b) TCRMTR
(c) TCTMPR (d) TCTNTR
(e) इनमें से कोई नहीं

22. किसी खास कोड में CREAM को NBDBQ लिखा जाता है। इस कोड में BREAD कैसे लिखा जाएगा?
(a) EBFAQ (b) EBDAQ
(c) BEDQA (d) BEFQA
(e) इनमें से कोई नहीं

23. एक खास कोड में DUPLICATE को MRVFJFVBE लिखा जाता है। उस कोड में CARTOUCHE कैसे लिखा जाएगा?
(a) UTBEPWDJF (b) UTBFQFJDW
(c) UTBEQFJDW (d) UTBEPFJDW
(e) इनमें से कोई नहीं

24. एक खास कोड् में RAIL को 5796 लिखा जाता है और TAPE को 3748 लिखा जाता है। उस कोड में PAIR को कैसे लिखा जाता है?
(a) 4795 (b) 4785
(c) 3795 (d) 8795
(e) इनमें से कोई नहीं

निर्देश (प्र. 25-29): इनमें से प्रत्येक प्रश्न में अंकों का एक समूह और उसके बाद अक्षरों और प्रतीकों के चार संयोजन (a), (b), (c) और (d) दिए गए हैं। अंकों के समूह को नीचे दी गई योजना और शर्तों के अनुसार कोडबद्ध किया जाएगा। अंकों के समूह को सही ढंग से निरूपित करने वाली क्रम संख्या आपका उत्तर है। यदि चारों संयोजनों में से कोई सही नहीं है, तो आपका उत्तर (e) होगा अर्थात्, 'इनमें से कोई नहीं'।

अंक	5	8	4	3	6	2	9	0	7	1
अक्षर/प्रतीक कोड	T	J	$	#	H	Q	@	L	%	K

शर्तें :

(i) यदि पहला और अंतिम कोड विषम है तो दोनों को © कोड किया जाएगा।

(ii) यदि पहला और अंतिम कोड सम है तो उनके कोडों की अदला-बदली कर दी जाएगी।

(iii) यदि अंतिम अंक '0' हैं तो इसे ★ कोड किया जाएगा।

25. 270514
(a) ©%LTK© (b) $%LTKQ
(c) Q%LTK$ (d) $%★TKQ
(e) इनमें से कोई नहीं

26. 364279
(a) ©H$Q%© (b) #H$Q%@
(c) ©H$Q%# (d) #H$Q%©
(e) इनमें से कोई नहीं

27. 875306
(a) J%T#LH (b) H%T#LH
(c) H%T#LJ (d) J%T#LJ
(e) इनमें से कोई नहीं

28. 592476
(a) H©Q$%T (b) ©@Q$%T
(c) H©Q$%© (d) ©©Q$%©
(e) इनमें से कोई नहीं

29. 468910
(a) $HJ©KL (b) LHJ@K$
(c) ★HJ@K$ (d) $HJ@K★
(e) इनमें से कोई नहीं

30. यदि किसी सांकेतिक भाषा में CHITON को IHCNOT लिखा जाता है, तो उसी भाषा में DILATE को किस प्रकार लिखा जाएगा?
(a) ETALID (b) LIDATE
(c) LIDETA (d) ETADIL
(e) इनमें से कोई नहीं

31. किसी सांकेतिक भाषा में 'you are' को 'Se Pa' लिखा जाता है। 'See you' को 'Lo Se' लिखा जाता है तथा 'Parrots are' को 'Ni Pa' लिखा जाता है। उसी भाषा में 'See Parrots' को किस प्रकार लिखा जाएगा?
(a) ज्ञात नहीं कर सकते (b) 'Lo Ni'
(c) 'See Ni' (d) 'Lo Pa'
(e) इनमें से कोई नहीं

32. एक खास कोड में, MIGHT को LHFGS लिखा जाता है। उस कोड में BELOW कैसे लिखा जाएगा?
(a) CFMPX (b) ADJNU
(c) ADKMV (d) ADKNV
(e) इनमें से कोई नहीं

33. यदि 'DO' को 'FQ' और 'IN' को 'KP' लिखा जाता है, तो 'AT' कैसे लिखा जाएगा?
(a) 'CV' (b) "BS'
(c) "CU' (d) 'DV'
(e) इनमें से कोई नहीं

34. यदि 8 को B लिखा जाए, 1 को R, 6 को K, 9 को O, 4 को M, 7 को W और 3 को T लिखा जाए तो WROMBT को अंको में किस प्रकार लिखा जाएगा?
(a) 714983 (b) 719483
(c) 769483 (d) 719486
(e) इनमें से कोई नहीं

35. किसी कोड् भाषा में PINK को QHOJ लिखा जाता है और BOLT को CNMS लिखा जाता है। उस कोड में MUST कैसे लिखा जाएगा?
(a) NVTS (b) NTTS
(c) NTRS (d) NITU
(e) इनमें से कोई नहीं

36. एक निश्चित कूट भाषा में ROPE को $3%6 और RITE को $4#6 लिखा जाता है। उसी कूट भाषा में PORT किस प्रकार लिखा जाएगा?
(a) %4$# (b) $3%#
(c) $64% (d) %3$#
(e) इनमें से कोई नहीं

37. एक निश्चित कूट भाषा में HOUSE को FTVPI लिखा जाता है, उसी कूट भाषा में CHAIR को किस प्रकार लिखा जाएगा?
(a) DIBJS (b) SBJID
(c) SHBGD (d) SJBID
(e) इनमें से कोई नहीं

38. यदि 'नीला' का अर्थ 'गुलाबी' है, 'गुलाबी' का अर्थ 'हरा' है, 'हरा' का अर्थ 'पीला' है, 'पीला' का अर्थ 'लाल' है तथा 'लाल' का अर्थ 'सफेद' है तो हल्दी का रंग क्या होगा?
(a) हरा (b) पीला
(c) लाल (d) गुलाबी
(e) इनमें से कोई नहीं

39. एक निश्चित सांकेतिक भाषा में COIMBATORE को DPJNCBUPSF लिखा जाता है। उसी सांकेतिक भाषा में INDORE को कैसे लिखा जाएगा?
(a) JOENQF (b) JMCPQD
(c) JOEPSF (d) HMCNQD
(e) इनमें से कोई नहीं

40. एक खास कोड में 'in ba pe ' का अर्थ है 'he has won', 'le ki ba' का अर्थ है 'she has lost' और 'in se pe' का अर्थ है 'he always won '। उस भाषा में किस शब्द का अर्थ 'he' है?
(a) in (b) pe
(c) se (d) डाय अपर्याप्त है।
(e) इनमें से कोई नहीं

41. यदि 1 का कोड $ हो, 5 का कोड % हो, 9 का कोड ★ हो, 3 का कोड + हो, 7 का कोड # हो, 4 का कोड ? हो तो संख्या 435971 का सही रूप क्या होगा?
(a) ? + % ★ # $ (b) ? + % $ # ★
(c) ? + ★ % # $ (d) $ # ★ % + ?
(e) इनमें से कोई नहीं

निर्देश (प्र. 42-46): नीचे अक्षर और उनके संख्या कोड दिए गए हैं। उनके नीचे कुछ शर्तें दी गई है। प्रत्येक प्रश्न में अक्षर समूह को कोडबद्ध करते समय उन शर्तों का पालन करना होगा। इन्हें पढ़िए और प्रत्येक प्रश्न में दिए गए अक्षर समूह के सही सांख्यिक कोड का पता लगाइए। यदि कोई भी कोडबद्ध रूप सही न हो, तो आपका उत्तर (e) होगा अर्थात 'इनमें से कोई नहीं'।

अक्षर	M	Q	I	N	E	Y	U	G	R
अक्षर कोड	2	5	3	7	1	8	4	6	9

शर्तें :
(i) यदि पहला और अंतिम अक्षर स्वर हैं तो दोनों को $ के रूप में कोडबद्ध किया जाना है।
(ii) यदि दूसरा अक्षर स्वर और तीसरा अक्षर व्यंजन है तो एक ही कोड प्रयोग में लाया जाएगा और दोनों को संयुक्त रूप से % कोड दिया जाएगा।
(iii) यदि पहला अक्षर व्यंजन और अंतिम स्वर है तो दोनों को कोड '?' दिया जाएगा।

42. ENIMY
(a) 1%28 (b) ?732?
(c) 17328 (d) ?7328
(e) इनमें से कोई नहीं

43. GENIR
(a) ?173? (b) 6%39
(c) 6%79 (d) 61739
(e) इनमें से कोई नहीं

44. QUERI
(a) 5%93 (b) ?413?
(c) ?4139 (d) ?419?
(e) इनमें से कोई नहीं

45. EINUM
(a) 1%72 (b) 0%42
(c) 1374? (d) 1%42
(e) इनमें से कोई नहीं

46. UNGRE
(a) 769 (b) 4769$
(c) 47691 (d) $7691
(e) इनमें से कोई नहीं

47. यदि 'सड़क' को 'कार' कहा जाए, 'कार' को 'ट्रेन' कहा जाए, 'ट्रेन' को 'विद्यालय' कहा जाए, 'विद्यालय' को 'घर' कहा जाए, तथा 'घर' को 'कार्यालय' कहा जाए तो बच्चे पढ़ने के लिए कहाँ जाते हैं?
(a) कार (b) विद्यालय
(c) ट्रेन (d) घर
(e) इनमें से कोई नहीं

48. किसी खास कोड में BAKE को 3792 और BIT को 368 लिखते हैं। इस कोड में BITE कैसे लिखा जाएगा?
(a) 3682 (b) 3768
(c) 3782 (d) 3672
(e) इनमें से कोई नहीं

49. यदि किसी सांकेतिक भाषा में GROUP को ONTQF लिखा जाता है, तो उसी भाषा में THEIR को किस प्रकार लिखा जाएगा?
(a) SJFIU (b) QHDGS
(c) SGDHQ (d) QJFIS
(e) इनमें से कोई नहीं

50. यदि किसी सांकेतिक भाषा में 'LOCK' को 'MPBJ' और 'BLOW' को 'CMNV' लिखा जाता है, तो उसी भाषा में 'WINE' किस प्रकार लिखा जाएगा?
(a) VHOF (b) XJMD
(c) XJOF (d) VHMD
(e) इनमें से कोई नहीं

निर्देश (प्र. 51-55) : नीचे प्रत्येक प्रश्न में अंकों का एक समूह और उसके बाद अक्षर/प्रतीक के चार संयोजन (a), (b), (c) और (d) दिए गए हैं। नीचे दिए गए अक्षर/प्रतीक कोड़ों और शर्तों के आधार पर आपको यह पता लगाना है कि इन चार में से कौन सा संयोजन अंकों के समूह का सही निरूपण करता है। यदि चार में से कोई भी संयोजन अंकों के समूह का सही निरूपण नहीं करता है तो उत्तर (e) अर्थात् 'इनमें से कोई नहीं', दीजिए।

अंक	2	8	3	9	4	7	6	5	1
अक्षर/प्रतीक	B	=	T	@	K	$	©	P	C

शर्तें-
(i) यदि पहला अंक विषम और अन्तिम अंक सम है, तो पहले और अन्तिम अंक के कोड परस्पर बदल देते हैं।
(ii) यदि पहला और अंतिम अंक दोनों ही सम हैं, तो दोनों को अंतिम अंक के कोड से कोडबद्ध किया जाना है।
(iii) यदि पहला अंक सम और अंतिम अंक विषम हैं, तो दोनों को पहले अंक के कोड से कोडबद्ध किया जाना है।
(iv) यदि पहला और अंतिम अंक दोनों ही विषम हैं, तो दोनों को पहले 'X' के रूप में कोडबद्ध किया जाना है।

51. 2976581
(a) B@$©P=B (b) C@$©P=C
(c) B@$©P=C (d) C@S©P=B
(e) इनमें से कोई नहीं

52. 7269534
(a) $BC@PTK (b) KB©@PT$
(c) $B©@PT$ (d) KB©@P=$
(e) इनमें से कोई नहीं

53. 8135246
(a) =CTPBK= (b) ©CTP=K©
(c) ©CTPBK© (d) CTPB$=
(e) इनमें से कोई नहीं

54. 4352718
(a) XTPB$CX (b) KTPB$C=
(c) =TPB$CK (d) KTP$CK
(e) इनमें से कोई नहीं

55. 9256473
(a) XBP©K$T (b) @BP©K$X
(c) @BP©K$T (d) XBP©K$X
(e) इनमें से कोई नहीं

56. किसी खास कोड में GONE को '5139' और NODAL को '31268' लिखते हैं। इस कोड में LODGE कैसे लिखा जाएगा ?
(a) 81259 (b) 84259
(c) 82459 (d) 82659
(e) इनमें से कोई नहीं

57. किसी खास कोड में MEADOW को BFNVNC लिखते हैं। इस कोड में CORNER कैसे लिखा जाएगा ?
(a) DPSQDM (b) SPDMDQ
(c) SPDQDM (d) DPSMDQ
(e) इनमें से कोई नहीं

58. एक निश्चित कोड में SOLDIER को JFSCRNK लिखा जाता है। उस कोड में GENIOUS कैसे लिखा जाएगा ?
(a) PVTHHFO (b) PVTHFDM
(c) PVTHMDF (d) TVPHFDM
(e) इनमें से कोई नहीं

59. यदि नीला का अर्थ हरा, हरा का अर्थ है काला, काला का अर्थ है सफेद, सफेद का अर्थ है गुलाबी, गुलाबी का अर्थ है लाल और लाल का अर्थ है नारंगी तो रक्त का रंग क्या होता है ?
(a) लाल (b) काला
(c) सफेद (d) गुलाबी
(e) इनमें से कोई नहीं

60. एक निश्चित कोड में KITE को % 2 $ # और STUD को @ $ 5 7 लिखा जाता है। उस कोड में DESK कैसे लिखा जाएगा?
(a) 8%©# (b) ©8%#
(c) #7%@ (d) 7#@%
(e) इनमें से कोई नहीं

निर्देश (61-65) : दिए गए प्रश्नों का उत्तर देने के लिए निम्नलिखित जानकारी का अध्ययन कीजिए।

किसी खास कोड में 'colours of the sky' को 'ki la fa so', 'rainbow colours' को 'ro ki' और 'sky high rocket' को 'la pe jo' और 'the rocket world' को 'pe so ne' लिखते हैं।

61. 'colours sky high' के लिए कोड निम्नलिखित में से कौन सा है ?
(a) ro jo la (b) fa la jo
(c) la ki so (d) ki jo la
(e) fa ki jo

62. निम्नलिखित में से कौन सा 'the' निरूपित करेगा/कर सकता है ?
(a) केवल 'fa' (b) या तो 'fa' या 'la'
(c) केवल 'so' (d) केवल 'la'
(e) या तो 'so' या 'fa'

63. इस कोड में 'pe' क्या निरूपित करता है ?
(a) colours (b) sky
(c) high (d) rainbow
(e) rocket

64. इस कोड में 'bird of the rainbow sky' कैसे लिखा जाएगा?
(a) fa la tu ki jo (b) fa so pe la ro
(c) jo fa ro la tu (d) so ro fa tu la
(e) ki la fa tu ro

65. 'high' का कोड निम्नलिखित में से कौन सा है ?
(a) केवल 'la' (b) केवल 'jo'
(c) या तो 'la' या 'jo' (d) केवल 'ro'
(e) इनमें से कोई नहीं

66. किसी खास कोड भाषा में 'bring the white board' को 'ka na di pa' और 'white and black board' को 'na di sa ra' लिखा जाता है। इस कोड में 'the' कैसे लिखा जाएगा ?
(a) ka (b) pa
(c) ka या pa (d) डाटा अपर्याप्त है
(e) इनमें से कोई नहीं

67. किसी निश्चित कोड प्रणाली में, RBM STD BRO PUS का अर्थ 'the cat is beautiful' है। TNH PUS DIM STD का अर्थ 'the dog is brown' है। PUS DIM BRO PUS CUS का अर्थ 'the dog has the cat' है। 'has' के लिए कोड (कूट) क्या है?
(a) CUS (b) BRO
(c) DIM (d) STD
(e) इनमें से कोई नहीं

68. एक निश्चित कूट भाषा में NAXALITE को LYVYJGRC लिखा जाता है। उसी कूट भाषा में INTEGRATE किस प्रकार लिखा जाएगा?
(a) LGRECYPRC (b) GLRCEPYRC
(c) PYWMNOPQR (d) BLACKHOLE
(e) इनमें से कोई नहीं

69. यदि 'light' को 'morning', 'morning' को 'dark', 'dark' को 'night', 'night' को 'sunshine' तथा 'sunshine' को 'dusk', कहा जाय, तब हम कब सोते हैं?
(a) Dusk (b) Dark
(c) Night (d) Sunshine
(e) इनमें से कोई नहीं

निर्देश (70-74) : नीचे प्रत्येक प्रश्न में अक्षरों का एक समूह और उसके बाद अंकों/प्रतीकों के चार संयोजन (a), (b), (c) तथा (d) दिए गए हैं। आपको यह पता लगाना है कि निम्नलिखित कूट प्रणाली एवं शर्त के आधार पर कौन-सा संयोजन अक्षरों के समूह का सही रूप से निरूपण करता है और उस संयोजन का क्रमांक उत्तर के रूप में दर्शाता है।

अक्षर	D	J	K	Q	H	V	N	E	B	A
संख्या	3	9	7	6	4	8	2	1	5	0

शर्त : यदि पहला व अंतिम अक्षर या दोनों अक्षरों के समूह में स्वर हैं तब उनको # प्रतीक द्वारा कोड करना है।

70. EHNDJV
(a) #42389 (b) 142398
(c) #42398 (d) 14239#
(e) इनमें से कोई नहीं

71. KQDJNH
(a) 763942 (b) 736924
(c) #36924 (d) #63924
(e) इनमें से कोई नहीं

72. AJNVQE
(a) #9286# (b) 09286#
(c) #92861 (d) 092861
(e) इनमें से कोई नहीं

73. QHJVND
(a) 648923 (b) 649823
(c) #49823 (d) 64892#
(e) इनमें से कोई नहीं

74. JKEDHA
(a) 97#34# (b) 971340
(c) 971430 (d) 97134#
(e) इनमें से कोई नहीं

75. एक निश्चित कोड भाषा में 134 का अर्थ है **good and tasty,** 478 का अर्थ है **see good pictures** तथा 729 का अर्थ है **pictures are faint**, तब निम्नलिखित में से कौन-सा आंकिक प्रतीक **see** को अभिव्यक्त करता है?
(a) 1 (b) 2
(c) 7 (d) 8
(e) इनमें से कोई नहीं

76. एक निश्चित कोड में BRIDGE को EULGJH लिखा जाता है। उसी कोड में FRUIT को किस प्रकार लिखा जाएगा?
(a) IUXLW (b) IVLXW
(c) IUWXL (d) IUXVT
(e) इनमें से कोई नहीं

77. यदि white को blue, blue को red, red को yellow, yellow को green, green को black, black को violet तथा violet को orange कहा जाय, तब मानव रक्त का रंग क्या होगा?
(a) Red (b) Green
(c) Yellow (d) Violet
(e) इनमें से कोई नहीं

78. एक निश्चित कोड में DREA को BFSE, MING को FMHL और TREA को BFSU लिखा जाता है। उसी कोड में TISE को किस प्रकार लिखा जाएगा?
(a) DTHS (b) DSTV
(c) DSHS (d) FUGS
(e) इनमें से कोई नहीं

79. ENGLAND को 1234526 तथा FRANCE को 785291 लिखा जाता है। इस कोड प्रणाली में GREECE को कैसे लिखा जाएगा?
(a) 381191 (b) 381911
(c) 394132 (d) 562134
(e) इनमें से कोई नहीं

80. यदि table को chair, chair को cot, cot को pot तथा pot को filter कहा जाय, तब एक व्यक्ति कहाँ बैठेगा?
(a) pot (b) cot
(c) chair (d) filter
(e) इनमें से कोई नहीं

Answer Key

1	(a)	17	(e)	33	(a)	49	(b)	65	(b)
2	(b)	18	(d)	34	(b)	50	(b)	66	(c)
3	(c)	19	(c)	35	(b)	51	(a)	67	(a)
4	(d)	20	(b)	36	(d)	52	(b)	68	(b)
5	(a)	21	(b)	37	(d)	53	(c)	69	(d)
6	(b)	22	(b)	38	(c)	54	(e)	70	(b)
7	(c)	23	(d)	39	(c)	55	(d)	71	(e)
8	(a)	24	(a)	40	(d)	56	(a)	72	(a)
9	(a)	25	(b)	41	(a)	57	(c)	73	(b)
10	(d)	26	(a)	42	(c)	58	(b)	74	(b)
11	(d)	27	(c)	43	(b)	59	(e)	75	(d)
12	(e)	28	(e)	44	(d)	60	(d)	76	(a)
13	(a)	29	(d)	45	(d)	61	(d)	77	(c)
14	(e)	30	(c)	46	(a)	62	(c)	78	(e)
15	(a)	31	(b)	47	(d)	63	(e)	79	(a)
16	(a)	32	(d)	48	(a)	64	(d)	80	(b)

व्याख्या सहित हल Answers & Explanations

1. (a) जिस प्रकार,

P U L S E एवं N E W
-1 -1 -1 -1 -1 -1 -1 -1
O T K R D M D V
↓ क्रम को उलटने पर ↓ क्रम को उलटने पर
D R K T O V D M

उसी प्रकार,

P R O B E S
-1 -1 -1 -1 -1 -1
O Q N A D R
↓ क्रम को उलटने पर
R D A N Q O

अत: अभीष्ट कोड है : RDANQO

2. (b) जिस प्रकार,

R E M I T
↓ ↓ ↓ ↓ ↓
★ £ 3 ⊓ 7

एवं,

C O N S U L
↓ ↓ ↓ ↓ ↓ ↓
= % 8 β $ 5

उसी प्रकार,

O C E L O T
↓ ↓ ↓ ↓ ↓ ↓
% = £ 5 % 7

3. (c)

1 2 3 4 5 4 1 3 5 2
A M O N G → N A O G M
1 2 3 4 5 4 1 3 5 2
S P I N E → N S I E P

अत:

1 2 3 4 5 4 1 3 5 2
L A M O N → O L M N A

4. (d) जिस प्रकार,

R E T A I L
+1 +1 +1 +1 +1 +1
U F S B J M

उसी प्रकार,

E X P E C T
+1 +1 +1 +1 +1 +1
Q Y F F D U

5. (a) S E A L और D O S E
↓ ↓ ↓ ↓ ↓ ↓ ↓ ↓
$ 7 5 @ # 8 $ 7

अत: S O L D
↓ ↓ ↓ ↓
$ 8 @ #

6. (b) B O N D और D E A N
↓ ↓ ↓ ↓ ↓ ↓ ↓ ↓
1 5 4 3 3 8 6 4

अत: B E D
↓ ↓ ↓
1 8 3

7. (c) N A M E S
↓+1 ↓+1 ↓+1 ↓+1 ↓+1
O B N F T
↓ व्युत्क्रम करने पर
T F N B O

उसी प्रकार,

C R A N E
↓+1 ↓+1 ↓+1 ↓+1 ↓+1
D S B O F
↓
F O B S D

8. (a) go [home] → ta [na]

nice little [home] → [na] ja pa

अत: 'go' का कोड 'ta' है।

9. (a) जिस प्रकार,

D A Y L O N G
+1 +1 +1 –1 +1 +1 +1
Z B E K H O P

उसी प्रकार

C O R D I A L
+1 +1 +1 –1 +1 +1 +1
S P D C M B J

10. (d) डाटा अपर्याप्त है।

12. (e) do re me he is late
fa me la she is early
so ti do he leaves soon

13. (a) शिक्षक चॉक से श्यामपट्ट पर लिखता है। परंतु यहां पर चॉक को पुस्तक कहा गया है।

14. (e) जिस प्रकार,

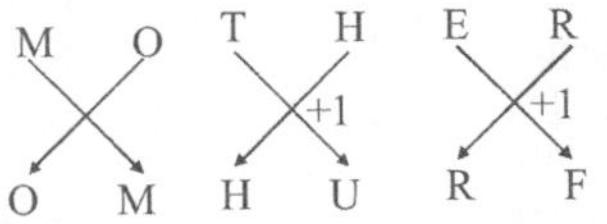

उसी प्रकार,

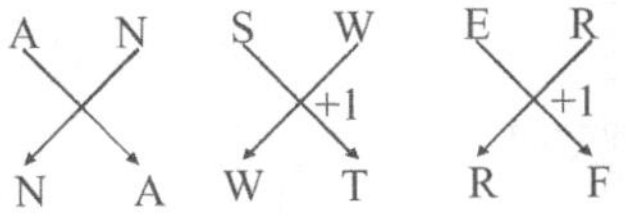

15. (a) G R O W → = @ % # तथा W I T H I N → = ÷ + © ÷ △

W I N G → # ÷ △ =

16. (a) 726395 = IMDNWI [शर्त (i) लागू होती है।]
17. (e) 263847 = MDNBKT
18. (d) 591248 = RWJMKB
19. (c) 615824 = YJRBMY [शर्त (ii) लागू होती है।]
20. (b) 831795 = BNJTWR

21. (b)

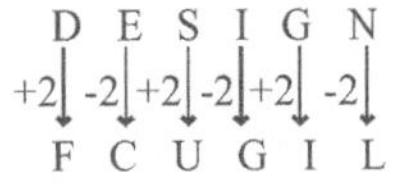

उसी प्रकार

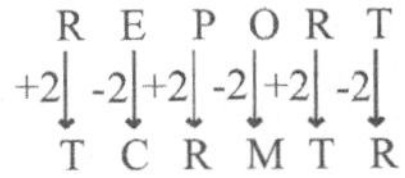

22. (b)

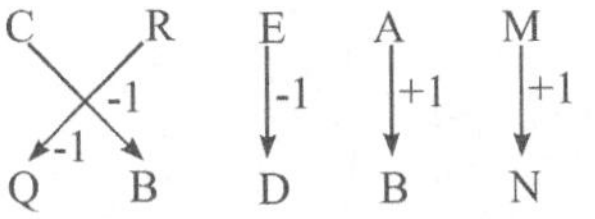

उपर्युक्त कोड को उलटने पर हमें NBDBQ प्राप्त होता है जो कि प्रश्न में दिया हुआ कोड है।

उसी प्रकार

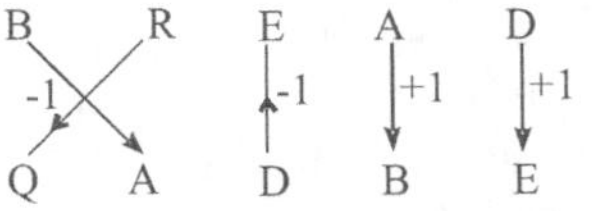

उपर्युक्त प्राप्त कोड को उलटने पर प्राप्त अभीष्ट कोड: EBDAQ

23. (d) जिस प्रकार,

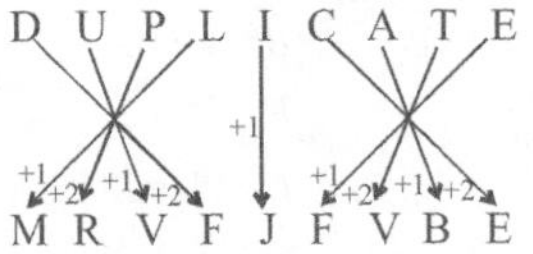

उसी प्रकार,

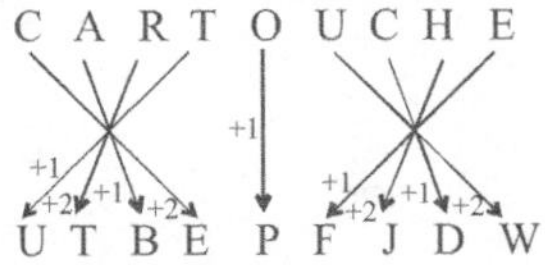

24. (a) जिस प्रकार,

R A I L और T A P E
5 7 9 6 3 7 4 8

अतः,

P A I R
4 7 9 5

25. (b) 2 7 0 5 1 4 → $ % L T K Q
शर्त (ii) लागू होती है।

26. (a) 3 6 4 2 7 9 → © H $ Q % ©
शर्त (i) लागू होती है।

27. (c) 8 7 5 3 0 6 → H % T # L J
शर्त (ii) लागू होती है।

28. (e) 5 9 2 4 7 6 → T @ Q $ % H

29. (d) 4 6 8 9 1 0 → $ H J @ K ★
शर्त (iii) लागू होती है।

30. (c) जिस प्रकार,
CHITON → IHCNOT
123456 321654
उसी प्रकार,
DILATE → LIDETA
123456 321654.

31. (b) You are → Se Pa
See you → Lo se
तथा Parrots are → Ni pa
∴ See parrots → Lo Ni

32. (d) जिस प्रकार उसी प्रकार

M $\xrightarrow{1}$ L B $\xrightarrow{1}$ A
I $\xrightarrow{1}$ H E $\xrightarrow{1}$ D
G $\xrightarrow{1}$ F L $\xrightarrow{1}$ K
H $\xrightarrow{1}$ G O $\xrightarrow{1}$ N
T $\xrightarrow{1}$ S W $\xrightarrow{1}$ V

33. (a) जिस प्रकार

D $\xrightarrow{2}$ F तथा I $\xrightarrow{2}$ K
O $\xrightarrow{2}$ Q N $\xrightarrow{2}$ P

उसी प्रकार

A $\xrightarrow{2}$ C
T $\xrightarrow{2}$ V

34. (b) W R O M B T → 7 1 9 4 8 3

35. (b) जिस प्रकार

P $\xrightarrow{1}$ Q तथा R $\xrightarrow{1}$ C
I $\xrightarrow{1}$ H O $\xrightarrow{1}$ N
N $\xrightarrow{1}$ O L $\xrightarrow{+}$ M
K $\xrightarrow{1}$ J T $\xrightarrow{-}$ S

उसी प्रकार

M $\xrightarrow{1}$ N
U $\xrightarrow{1}$ T
S $\xrightarrow{1}$ T
T $\xrightarrow{1}$ S

36. (d) R O P E → $ 3 % 6 और R I T E → $ 4 # 6

अत: P O R T → % 3 $ #

37. (d) H O U S E → (+1 प्रत्येक) → I P V T F

कोड का क्रम पलटने पर, FTVPI.

उसी प्रकार,

C H A I R → (+1 प्रत्येक) → D I B J S

अभीष्ट कोड: SJBID

39. (c) C O I M B A T O R E → (+1 ...) → D P J N C B U P S F

उसी प्रकार,

I N D O R E → (+1 ... +1) → J O E P S F

40. (d) in (ba) pe → he (has) won

Ie ke (ba) → she (has) lost

in se pe → he always won

शब्द 'he' के लिए कोड है 'in' या 'pe'.

41. (a) 4 3 5 9 7 1 → ? + % ★ # $

42. (c) E N I M Y → 1 7 3 2 8

43. (b) G E N I R → 6 [%] 3 9

शर्त (ii) लागू होती है।

44. (d) Q U E R I → ? 4 1 9 ?

शर्त (iii) लागू होती है।

45. (d) E I N U M → 1 [%] 4 2

शर्त (ii) लागू होती है।

46. (a) U N G R E → $ 7 6 9 $

शर्त (i) लागू होती है।

47. (d) बच्चे पढ़ने के लिए विद्यालय जाते हैं। परंतु यहां विद्यालय को घर कहा गया है।

48. (a) B A K E और B I T → 3 7 9 2 और 3 6 8

अत: B I T E → 3 6 8 2

49. (b) जिस प्रकार,

G R O U P → (-1 प्रत्येक) → F Q N T O

↓ व्युत्क्रम करने पर

O T N Q F

उसी प्रकार, T H E I R → (-1 प्रत्येक) → S G D H Q → Q H D G S

50. (b) जिस प्रकार,

L O C K → (+1, +1, -1, -1) → M P B J और B L O W → (+1, +1, -1, -1) → C M N V

उसी प्रकार, W I N E → (+1, +1, -1, -1) → X J M D

51. (a) 2976581→B@$©P=B [शर्त (iii) लागू होती है।]

52. (b) 7269534→KB©@PT$ [शर्त (i) लागू होती है।]

53. (c) 8135246→©CTPBK© [शर्त (ii) लागू होती है।]

54. (e) 4352718→=TPB$C= [शर्त (ii) लागू होती है।]

55. (d) 9256473→XBP©K$X [शर्त (iv) लागू होती है।]

56. (a) G O N E
↓ ↓ ↓ ↓
5 1 3 9

और N O D A L
↓ ↓ ↓ ↓ ↓
3 1 2 6 8

अत: L O D G E
↓ ↓ ↓ ↓ ↓
8 1 2 5 9

57. (c) 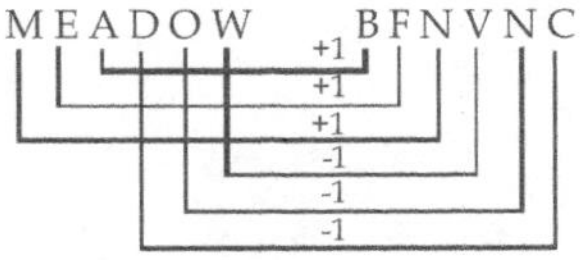

इसी प्रकार

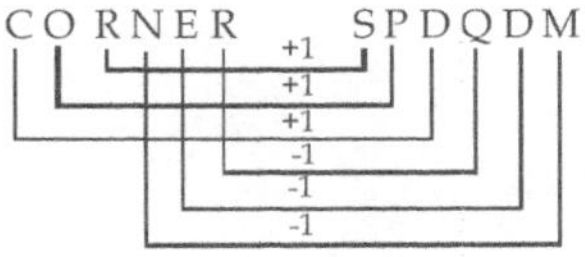

58. (b) 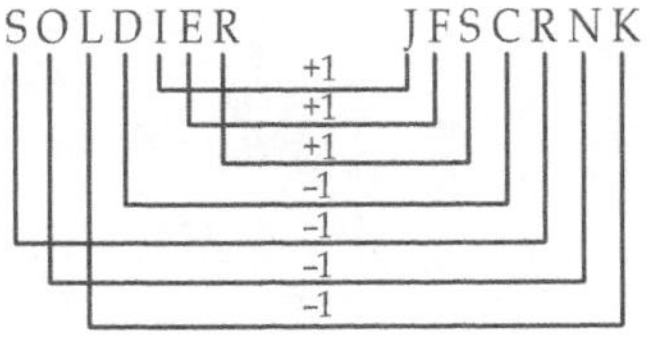

इसी प्रकार

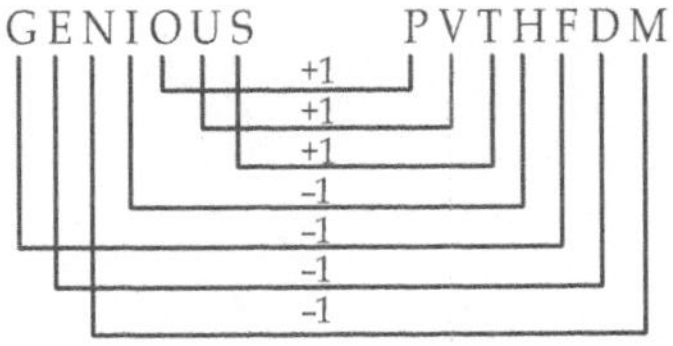

59. (e) रक्त का रंग लाल होता है और लाल को नारंगी कहा गया है ।

60. (d) K I T E और S T U D
↓ ↓ ↓ ↓ ↓ ↓ ↓ ↓
% 2 $ # @ $ 5 7

So, D E S K
↓ ↓ ↓ ↓
7 # @ %

For (Qs. 61-65) : colours of the sky

⇒ ki la fa so

rainbow colours ⇒ ro ki

sky high rocket ⇒ la pe jo

the rocket world

⇒ pe so ne

61. (d) colours sky high ⇒ ki la jo

62. (c) 'the' का कोड 'so' है।

63. (e) 'pe' निरूपित करता है 'rocket'.

64. (d) 'of the rainbow sky' का कोड है 'fa so ro la'. 'bird' का कोड दी गई जानकारी में आए कोड के अलावा कुछ भी हो सकता है। अत: विकल्प (d) सही उत्तर है।

65. (b) 'high' का कोड है 'jo'.

66. (c) bring the White board

⇒ ka na di pa

white and black board ⇒ na di sa ra

∴ the ⇒ ka या pa

67. (a) RBM STD BRO PUS ≡ the cat is beautiful ....(i)

TNH PUS DIM STD ≡ the dog is brown ....(ii)

PUS DIM BRO PUS CUS ≡ the dog has the cat ....(iii)

(i) and (ii) ⇒ STD PUS ≡ is the

(ii) and (iii) ⇒ PUS DIM ≡ the dog

(i) and (iii) ⇒ PUS BRO ≡ the cat

∴ From (iii), CUS ≡ has

68. (b) As,

N -2 L
A -2 Y
X 2 V
A 2 Y
L 2 J
I 2 G
T -2 R
E -2 C

Similarly,

G 2 I
L 2 N
R 2 T
C 2 E
E −2 G
P 2 R
Y 2 A
R 2 T
C 2 E

69. (d) यहाँ night को sunshine कहा गया है इसलिए सही उत्तर sunshine होगा।

For (Qs. 70-74)

70. (b)

Letter	E	H	N	D	J	V
Code	1	4	2	3	9	8

71. (e)

Letter	K	Q	D	J	N	H
Code	7	6	3	9	2	4

72. (a)

Letter	A	J	N	V	Q	E
Code	#	9	2	8	6	#

शर्त लागू होती है।

73. (b)

Letter	Q	H	J	V	N	D
Code	6	4	9	8	2	3

74. (b)

Letter	J	K	E	D	H	A
Code	9	7	1	3	4	0

75. (d) 134 ≡ Good and tasty ...(i)
478 ≡ See good pictures ...(ii)
729 ≡ Pictures are faint ...(iii)
(i) और (ii) से 4 ≡ good
(ii) और (iii) से 7 ≡ pictures
इस प्रकार see का कूट 8 है।

76. (a) As,

$B \overset{3}{\quad} E$
$R \overset{3}{\quad} U$
$I \overset{3}{\quad} L$
$D \xleftarrow{+} G$
$G \xleftarrow{+} J$
$E \xleftarrow{3} H$

Similarly,

$I \overset{3}{\quad} I$
$R \overset{3}{\quad} U$
$U \xleftarrow{3} X$
$I \xleftarrow{+} L$
$T \xleftarrow{+} W$

77. (c) मानव रक्त लाल होता है और प्रश्नानुसार लाल को पीला कहते है।

78. (e)

D R E A (+1) → B F S E; M I N G (−1) → F M H L

उसी प्रकार,

T R E A (+1) → B F S U; T I S E (−1) → D R H S

79. (a) $G \rightarrow 3, R \rightarrow 8, E \rightarrow 1, C \rightarrow 9.$
उसी प्रकार, Greece → 381191.

80. (b) कोई व्यक्ति कुर्सी पर बैठता है। चूँकि 'कुर्सी' को 'कोट' कहा जाता है अत: उत्तर 'कोट' होगा।

◆ ◆ ◆

अध्याय 4

शृंखला (SERIES)

शृंखला

किसी विशेष समूह में स्थित अंक या अक्षर के सुव्यवस्थित क्रम को शृंखला कहते हैं।

शृंखला परीक्षा में कुछ अंक या अक्षर अथवा अंक एवं अक्षर एक विशेष क्रम में दिये गये होते हैं और दिये गये क्रम में किसी विशेष स्थान को खाली छोड़ दिया जाता है या किसी विशेष स्थान पर आने वाले अंक या अक्षर के स्थान पर कोई गलत अंक या अक्षर संयोजित कर दिये जाते हैं। आपको दिये गये शृंखला के खाली स्थान को दिये गए विकल्पों में से उपयुक्त अंक या अक्षर या अंक एवं अक्षर का चुनाव करके पूर्ति करना होता है या शृंखला में प्रयुक्त गलत अंक या अक्षर को ज्ञात करना होता है।

▷ ▷ ▷ ▷ प्रश्नों के प्रकार ◁ ◁ ◁ ◁

टाइप 1 : अक्षर आधारित शृंखला

उदाहरण 1 : निम्नलिखित अक्षरों की शृंखला में प्रश्नवाचक चिह्न (?) के स्थान पर नीचे दिए गए विकल्पों में से कौन-सा अक्षर समूह आएगा?

AN, BO, CP, DQ, ?

(a) BQ **(b) AD**
(c) ER **(d) RE**

हल (c)

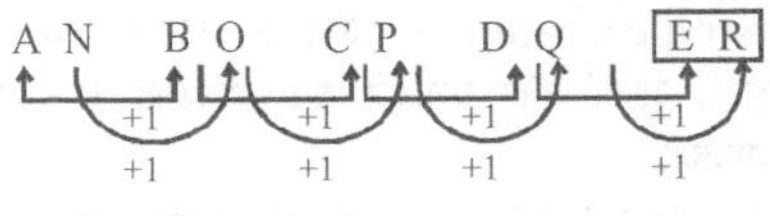

अत: प्रश्नचिह्न के स्थान पर ER आएगा।

टाइप 2 : अक्षर व संख्या आधारित शृंखला

उदाहरण 2 : निम्नलिखित शृंखला में प्रश्नवाचक चिह्न (?) के स्थान पर नीचे दिये गये विकल्पों में से कौन-सा अक्षर-अंक विकल्प आएगा?

A2N C4O E6P G8Q

(a) 1 10R **(b) I 10R**
(c) I 10Q **(d) 1 IOR**

हल (b)

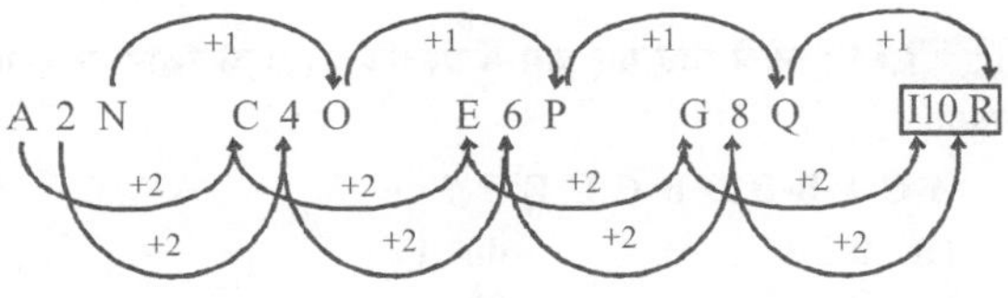

अत: प्रश्नचिह्न के स्थान पर I 10 R होगा।

टाइप 3 : लुप्त अक्षरों पर आधारित शृंखला

उदाहरण 3 : निम्नलिखित अक्षर-शृंखला के नीचे दिए गए विकल्पों में से लुप्त अक्षरों के सही क्रम को ज्ञात कीजिए–

a–ab–bc–cd—d

(a) aaaa **(b) bbbb**
(c) cccc **(d) abcd**

हल aaa/bbb/ccc/ddd

अत: शृंखला में abcd लिखा जाएगा।

टाइप 4 : अक्षरों और संख्याओं की व्यवस्था आधारित शृंखला

उदाहरण 4 : नीचे दी गई अक्षरों और संख्याओं की व्यवस्था में, पहले सभी संख्याओं को अवरोही क्रम में लगाया जाए फिर सभी अक्षरों को वर्णमाला के क्रम में लिखा जाए तो किस अक्षर/संख्या का इस नई व्यवस्था में बाएं से 11वें तत्व के बाएं चौथा स्थान होगा?

P N 3 W 9 Q 1 8 L K 4 6 B 7

(a) K **(b) 3**
(c) B **(d) 1**
(e) इनमें से कोई नहीं

हल (d) 9 8 7 6 4 3 1 B K L N P Q W

बाएं से 7वां

चूंकि बाएं से 11वें तत्व के बाएं चौथा स्थान का अर्थ है बाएं से (11–4 =) 7वां।

अत: वह तत्व 1 है।

टाइप 5 : संख्याओं की व्यवस्था आधारित प्रश्न

उदाहरण 5 : यदि 35 से 70 तक की संख्याओं में से वैसी संख्याओं को हटा दिया जाए जो '5' से विभाज्य हैं तथा जिन संख्याओं का केवल एक अंक '5' हो तो कितनी संख्याएँ बचेंगी?

(a) 23 (b) 21
(c) 20 (d) 24
(e) इनमें से कोई नहीं

हल (c) संख्याएं जो '5' से विभाज्य हैं, तथा जिन संख्याओं का केवल एक अंक '5' है, हैं:

35, 40, 45, 50, 51, 52, 53, 54, 55, 56, 57, 58, 59, 60, 65, एवं 70

अत: ऐसी संख्याओं की संख्या = 16

शेष संख्याएं = 36 – 16 = 20

साधित उदाहरण (Solved Examples)

उदाहरण 1 : नीचे दिए गए क्रम में प्रश्नचिह्न (?) के स्थान पर क्या आयेगा?

A C A B B D B C C E C ?

(a) B (b) F
(c) D (d) C
(e) इनमें से कोई नहीं

हल (c) $A \xrightarrow{2} C$, $A \xrightarrow{1} B$

$B \xrightarrow{2} D$, $B \xrightarrow{1} C$

$C \xrightarrow{2} E$, $C \xrightarrow{1} D$

उदाहरण 2 : निम्नलिखित संख्या श्रृंखला में आगे क्या आयेगा ?

2 1 2 1 3 2 1 3 4 2 1 3 4 5 2 1 3 4 5 6 2 1 3 4 5

(a) 6 (b) 7
(c) 8 (d) 5
(e) इनमें से कोई नहीं

हल (a) 21 213 2134 21345

213456 21345 (6) 7

उदाहरण 3 : निम्नलिखित अक्षर श्रृंखला के नीचे दिए गए विकल्पों में से श्रृंखला के लुप्त अक्षरों के सही क्रम को ज्ञात कीजिए–

_ stt _ tt _ tts _

(a) tsts (b) ttst
(c) sstt (d) tsst
(e) इनमें से कोई नहीं

हल (d) श्रृंखला इस प्रकार है – tst/tst/tst/tst. इस प्रकार 'tst' की पुनर्रावृति होती है।

उदाहरण 4 : नीचे दी गई प्रत्येक संख्या के दूसरे एवं तीसरे अंकों को आपस में बदल दिया जाता है। तब नई संख्याओं के पहले एवं अंतिम अंकों को आपस में बदल दिया जाता है। अब उन पांच संख्याओं में सबसे बड़ी संख्या कौनसी है?

273 372 438 184 526

(a) 273 (b) 372
(c) 438 (d) 184
(e) 526

हल (d) $273 \Rightarrow 237 \Rightarrow 732$

$372 \Rightarrow 327 \Rightarrow 723$

$438 \Rightarrow 483 \Rightarrow 384$

$184 \Rightarrow 148 \Rightarrow 841$

$526 \Rightarrow 562 \Rightarrow 265$

∴ सबसे बड़ी संख्या 841 है ⇒ 184

उदाहरण 5 : संख्या 76534218 में प्रत्येक अंक अगले अंक अर्थात् '1', '2' द्वारा, '2', '3' द्वारा प्रतिस्थापित किया जाए और ऐसे ही आगे भी और फिर उन अंकों को बाएं से दाएं आरोही क्रम में क्रमबद्ध किया जाए तो कौनसा अंक बाएं से पांचवा होगा?

(a) 6 (b) 5
(c) 4 (d) 7
(e) इनमें से कोई नहीं

हल (a) 7 6 5 3 4 2 1 8 → 8 7 6 4 5 3 2 9

अंकों का आरोही क्रम

2 3 4 5 [6] 7 8 9

बायीं ओर से 5वां

निर्देश (Illustrations 6-10): इन प्रश्नों के उत्तर देने के लिए नीचे दी गई अक्षरों, अंकों और प्रतीकों की व्यवस्था का ध्यानपूर्वक अध्ययन कीजिए।

M 7 £ 8 L P @ ? 6 N β T Y 3 2 = E $ 4 9 © G H 5

उदाहरण 6 : इन व्यवस्था में ऐसे कितने अक्षर हैं जिनमें से प्रत्येक के तुरंत बाद एक संख्या है?

(a) तीन (b) चार
(c) एक (d) दो
(e) इनमें से कोई नहीं

हल (a) [अक्षर | संख्या]

ऐसे संयोजन हैं : [M7], [Y3], [H5]

उदाहरण ▶ 7 : इस व्यवस्था में ऐसे कितने प्रतीक हैं जिनमें से प्रत्येक के तुरंत पहले एक संख्या है?

(a) दो (b) तीन
(c) चार (d) शून्य
(e) इनमें से कोई नहीं

हल (b)

संख्या	संकेत

ऐसे संयोजन हैं: 7£, 2 =, ©

उदाहरण ▶ 8 : इस व्यवस्था में से प्रतीक निकाल दिए जाएं तो निम्नलिखित में से कौनसा बाएं से 17वें के बाएं चौथा होगा?

(a) 9 (b) N
(c) Y (d) T
(e) इनमें से कोई नहीं

हल (e) नई व्यवस्था है :

M 7 8 L P 6 N T Y 3 2 E 4 9 G H 5

बाईं ओर से 17वें के बाएं चौथे का अर्थ है बाईं ओर से 17 - 4 = 13वां अर्थात् 4.

उदाहरण ▶ 9 : '78' : 'P?6' और '? N' : 'T32' वैसे ही है जैसेकि इस व्यवस्था में '2E' : ________ है।

(a) 9©G (b) 49G
(c) 4©G (d) 9GH
(e) इनमें से कोई नहीं

हल (c) जिस प्रकार, $7 \xrightarrow{+4} P$

$8 \xrightarrow{+4} ? \xrightarrow{1} 6$

$? \xrightarrow{+4} T$

$N \xrightarrow{+4} 3 \xrightarrow{1} 2$

उसी प्रकार, $2 \xrightarrow{+4} 4$

$E \xrightarrow{+4} © \xrightarrow{+1} G$

उदाहरण ▶ 10 : इस व्यवस्था में से सारी संख्याएं निकाल दी जाएं तो निम्नलिखित में से कौनसा दाएं से 13वें तत्व के दाएं पांचवां होगा?

(a) β (b) N
(c) Y (d) T
(e) इनमें से कोई नहीं

हल (d) नई व्यवस्था

M £ L P @ ? N β T Y = E $ © G H

दायीं ओर से 13वें के दायीं ओर 5वें का अर्थ हुआ दायीं ओर से 13 - 5 = 8वां।

अभ्यास प्रश्न (Exercise)

1. निम्नलिखित अक्षरश्रृंखला में प्रश्नवाचक चिह्न (?) के स्थान पर क्या आएगा?
AC EH IM MR ?
(a) MI (b) IL
(c) IM (d) QW
(e) इनमें से कोई नहीं

2. नीचे दी गई अक्षर श्रेणी में प्रश्नसूचक (?) के स्थान पर क्या आएगा?
AE, CG, EI, GK.?
(a) MI (b) IM
(c) HM (d) IL
(e) इनमें से कोई नहीं

3. निम्नलिखित वर्णमाला क्रम में प्रश्नसूचक (?) के स्थान पर कौन सा अक्षर आएगा?
ABABCBCBCDCD?
(a) D (b) E
(c) C (d) F
(e) इनमें से कोई नहीं

4. निम्नलिखित श्रृंखला में अगला अक्षर कौन सा होगा?
a ab abc abcd abcde abcde _____
(a) a (b) f
(c) b (d) निर्धारित नहीं किया जा सकता
(e) इनमें से कोई नहीं

5. निम्न अक्षर श्रृंखला में आगे क्या आएगा ?
b a c b a c d b a c d e b a c d e f b a c d
(a) c (b) d
(c) e (d) f
(e) g

6. नीचे दिये गए प्रश्नवाचक चिह्न (?) के स्थान पर क्या आएगा?
XDH, VGJ, TJL, RMN, ?
(a) QOP (b) PPP
(c) SNO (d) QLM
(e) इनमें से कोई नहीं

7. निम्न श्रृंखला में प्रश्नवाचक चिह्न (?) के स्थान पर क्या आएगा ?
CD FG JK ? UV
(a) NP (b) OP
(c) MN (d) OS
(e) LP

8. निम्नलिखित अक्षर श्रृंखला में आगे क्या आयेगा ?
HGFEDCBAHGFEDCBHGFEDCH
(a) F (b) G
(c) B (d) A
(e) इनमें से कोई नहीं

9. निम्नलिखित अक्षर श्रृंखला में आगे क्या आयेगा ?
HGFEDCBAGFEDCBAFEDCBA
(a) E (b) G
(c) F (d) B
(e) इनमें से कोई नहीं

10. निम्नलिखित अक्षर श्रृंखला के नीचे दिए गए विकल्पों में से श्रृंखला के लुप्त अक्षरों के सही क्रम को ज्ञात कीजिए–
_ a _ b _ ab a a _ bab _ abb
(a) aaabb (b) ababb
(c) babab (d) babba
(e) इनमें से कोई नहीं

11. निम्नलिखित अक्षर श्रृंखला के नीचे दिए गए विकल्पों में से श्रृंखला के लुप्त अक्षरों के सही क्रम को ज्ञात कीजिए–
_ tu _ rt _ s _ _ usrtu _
(a) rtusru (b) rsutrr
(c) rsurtr (d) rsurts
(e) इनमें से कोई नहीं

12. निम्नलिखित अक्षरश्रृंखला के नीचे दिए गए विकल्पों में से श्रृंखला के लुप्त अक्षरों के सही क्रम को ज्ञात कीजिए–
_ _aba _ _ ba _ ab
(a) abbba (b) abbab
(c) baabb (d) bbaba
(e) इनमें से कोई नहीं

13. निम्नलिखित अक्षर श्रृंखला के नीचे दिए गए विकल्पों में से श्रृंखला के लुप्त अक्षरों के सही क्रम को ज्ञात कीजिए–
_ bbca _ bcca _ ac _ a _ cb
(a) abeba (b) acbab
(c) bacab (d) bcaajb
(e) इनमें से कोई नहीं

14. निम्नलिखित अक्षर श्रृंखला के नीचे दिए गए विकल्पों में से श्रृंखला के लुप्त अक्षरों के सही क्रम को ज्ञात कीजिए–
ac _ cab _ baca _ aba _ acac
(a) aacb (b) aebe
(c) babb (d) bcbb
(e) इनमें से कोई नहीं

15. निम्नलिखित अक्षर श्रृंखला के नीचे दिए गए विकल्पों में से श्रृंखला के लुप्त अक्षरों के सही क्रम को ज्ञात कीजिए–
ab _ aa _ bbb _ aaa _ bbba
(a) abba (b) baab
(c) aaab (d) abab
(e) इनमें से कोई नहीं

16. निम्नलिखित अक्षर श्रृंखला के नीचे दिए गए विकल्पों में से श्रृंखला के लुप्त अक्षरों के सही क्रम को ज्ञात कीजिए–
a _ n _ b _ _ ncb _ _ ncb
(a) abbbec (b) abebeb
(c) bacbab (d) bcabab
(e) इनमें से कोई नहीं

17. निम्नलिखित अक्षर श्रृंखला के नीचे दिए गए विकल्पों में से श्रृंखला के लुप्त अक्षरों के सही क्रम को ज्ञात कीजिए–
cccbb _ aa _ cc _ bbbaa _ c
(a) aebe (b) baca
(c) baba (d) acba
(e) इनमें से कोई नहीं

18. निम्नलिखित अक्षर श्रृंखला के नीचे दिए गए विकल्पों में से श्रृंखला के लुप्त अक्षरों के सही क्रम को ज्ञात कीजिए–
bca _ b _ aabc __ a __ caa
(a) acab (b) bcbb
(c) cbab (d) ccab
(e) इनमें से कोई नहीं

19. निम्नलिखित अक्षर श्रृंखला के नीचे दिए गए विकल्पों में से श्रृंखला के लुप्त अक्षरों के सही क्रम को ज्ञात कीजिए–
m _ nm _ n _ an _ a _ ma _
(a) aamnan (b) ammanm
(c) aammnn (d) amammn
(e) इनमें से कोई नहीं

20. निम्नलिखित अक्षर श्रृंखला के नीचे दिए गए विकल्पों में से श्रृंखला के लुप्त अक्षरों के सही क्रम को ज्ञात कीजिए–
_ op _ mo _ n _ _ pnmop _.
(a) mnpmon (b) mpnmop
(c) mnompn (d) mnpomn
(e) इनमें से कोई नहीं

21. निम्नलिखित अक्षर श्रृंखला के नीचे दिए गए विकल्पों में से श्रृंखला के लुप्त अक्षरों के सही क्रम को ज्ञात कीजिए–
_ nmmn _ mmnn _ mnnm _
(a) nmmn (b) mnnm
(c) nnmm (d) nmnm
(e) इनमें से कोई नहीं

22. निम्नलिखित अक्षर श्रृंखला के नीचे दिए गए विकल्पों में से श्रृंखला के लुप्त अक्षरों के सही क्रम को ज्ञात कीजिए–
a _ ba _ b _ b _ a _ b
(a) abaab (b) abbab
(c) aabba (d) bbabb
(e) इनमें से कोई नहीं

निर्देश (प्र. 23-29): निम्नलिखित व्यवस्था को ध्यान से पढ़िये और नीचे दिए गए प्रश्नों के उत्तर दीजिए:
R 4 E J 5 T 1 A M Q 3 8 N I K 7 W F 6 D 9 U 2 Y V

23. उपरोक्त व्यवस्था में अपने स्थान के आधार पर निम्नलिखित पांच में से चार किसी प्रकार एक समान हैं, इसलिए उनका एक समूह बनता है। वह कौनसा है जो उस समूह में नहीं आता है?
(a) J54 (b) 38M
(c) 7WI (d) 2Y9
(e) 81Q

24. उपरोक्त व्यवस्था में ऐसे कितने स्वर हैं, जिनमें से एकदम पहले एक संख्या है और एकदम बाद में एक व्यंजन है?
(a) कोई नहीं (b) एक
(c) दो (d) तीन
(e) तीन से अधिक

25. उपरोक्त व्यवस्था में ऐसी कितनी संख्याएं हैं, जिनमें से प्रत्येक के एकदम पहले एक व्यंजन हैं लेकिन एकदम बाद में एक व्यंजन नहीं है?
(a) एक (b) दो
(c) तीन (d) चार
(e) चार से अधिक

26. उपरोक्त व्यवस्था में A और D के ठीक बीच में निम्नलिखित में से कौन-सा है?
(a) I (b) N
(c) K (d) 8
(e) इनमें से कोई नहीं

27. यदि उपरोक्त व्यवस्था में सभी संख्याओं को हटा लिया जाए, तो निम्नलिखित में से कौन सा बायीं ओर से चौथे के दाएं तीसरा है?
(a) T (b) A
(c) V (d) Q
(e) इनमें से कोई नहीं

28. उपरोक्त व्यवस्था में बाएं छोर से ग्यारहवें के बाएं को छठा निम्नलिखित में से कौन सा है?
(a) M (b) 9
(c) W (d) 5
(e) इनमें से कोई नहीं

29. उपरोक्त व्यवस्था में दाएं से दसवें के दाएं के चौथा कौन-सा है?
(a) 8 (b) D
(c) I (d) T
(e) इनमें से कोई नहीं

निर्देश (प्र. 30-34): निम्नलिखित व्यवस्था को ध्यान से पढ़िए और नीचे दिए गए प्रश्नों के उत्तर दीजिए:
B 2 I J K 4 3 H 5 E R P 6 N A 9 W 8 T U 1 V D 7 F

30. उपरोक्त व्यवस्था के दाएं छोर से दसवें के दाएं का तीसरा निम्नलिखित में से कौन-सा है?
(a) 3 (b) 6
(c) T (d) E
(e) इनमें से कोई नहीं

31. उपरोक्त व्यवस्था में ऐसी कितनी संख्याएँ हैं, जिनमें से प्रत्येक के एकदम पहले एक स्वर और एकदम बाद में एक व्यंजन है?
(a) कोई नहीं (b) एक
(c) दो (d) तीन
(e) तीन से अधिक

32. दी गई व्यवस्था में ऐसे कितने व्यंजन हैं, जिनमें से प्रत्येक के एकदम बाद में एक संख्या है लेकिन एकदम पहले एक स्वर नहीं है?
(a) कोई नहीं (b) एक
(c) दो (d) तीन
(e) तीन से अधिक

33. दी गई व्यवस्था में अपने स्थान के आधार पर निम्नलिखित पांच में से चार का एक समूह बनता है। वह एक कौनसा है जो इस समूह में नहीं आता है?
(a) JK4 (b) PRE
(c) 6NA (d) 8TU
(e) 1VD

34. दी गई व्यवस्था के आधार पर निम्नलिखित श्रृंखला में प्रश्नचिह्न (?) के स्थान पर क्या आयेगा?
2J 4H EP ?
(a) N9 (b) NW
(c) AW (d) 6A
(e) इनमें से कोई नहीं

निर्देश (प्र. 35-41) : निम्नलिखित व्यवस्था को ध्यान से पढ़िए और नीचे दिए गए प्रश्नों के उत्तर दीजिए-
O 4 E J 5 T 1 A M Q 3 8 N I K 7 W F 6 S 9 U 2 Y X

35. उपरोक्त व्यवस्था में अपने स्थान के आधार पर निम्नलिखित पांच में से चार किसी प्रकार एक समान हैं, इसलिए उनका एक समूह बनता है। वह एक कौनसा है जो उस समूह में नहीं आता है?
(a) J54 (b) 38M
(c) 7WI (d) 2Y9
(e) 8IQ

36. उपरोक्त व्यवस्था में ऐसे कितने स्वर हैं जिनमें से प्रत्येक के ठीक पहले एक संख्या है और ठीक बाद में एक व्यंजन है?
(a) कोई नहीं (b) एक
(c) दो (d) तीन
(e) तीन से अधिक

37. उपरोक्त व्यवस्था में ऐसी कितनी संख्याएँ हैं, जिनमें से प्रत्येक के एकदम पहले एक व्यंजन है और एकदम बाद में एक व्यंजन है?
(a) एक (b) दो
(c) तीन (d) चार
(e) चार से अधिक

38. उपरोक्त व्यवस्था में A और S के ठीक बीच में निम्नलिखित में से कौनसा है?
(a) I (b) N
(c) K (d) 8
(e) इनमें से कोई नहीं

39. यदि उपरोक्त व्यवस्था में से सभी संख्याओं को हटा दिया जाए, तो निम्नलिखित में से S के बांए को नौवां कौनसा है?
(a) T (b) A
(c) V (d) J
(e) इनमें से कोई नहीं

40. उपरोक्त व्यवस्था के बाएं छोर से ग्यारहवें के बाएं को छठा निम्नलिखित में से कौनसा है?
(a) M (b) 9
(c) W (d) 5
(e) इनमें से कोई नहीं

41. उपरोक्त व्यवस्था के दाएं छोर से दसवें के दाएं को चौथा निम्नलिखित में से कौनसा है?
(a) 8 (b) S
(c) I (d) T
(e) इनमें से कोई नहीं

निर्देश (प्र. 42-46) : निम्नलिखित व्यवस्था का अध्ययन कर नीचे दिए गए प्रश्नों का उत्तर दीजिए।
QE*PM8RA@C9UHW#JZSßYN5$GIT

42. उपरोक्त व्यवस्था में ऐसे कितने स्वर हैं जिसमें से प्रत्येक के तुरंत बाद एक प्रतीक है?
(a) कोई नहीं (b) एक
(c) तीन (d) तीन से अधिक
(e) इनमें से कोई नहीं

43. उपरोक्त व्यवस्था पर आधारित निम्नलिखित श्रृंखला में प्रश्नचिह्न (?) के स्थान पर क्या आएगा?
QP@ MAH @UZ ?
(a) H#Y (b) WZY
(c) HJN (d) 9#S
(e) इनमें से कोई नहीं।

44. निम्नलिखित में से कौन सा व्यवस्था के बाएं से तेरहवें तत्व के दाएं आठवां है?
(a) M (b) N
(c) 5 (d) 8
(e) इनमें से कोई नहीं

45. निम्नलिखित व्यवस्था में से कौनसा दाएं से बारहवें और बाएं से सातवें के ठीक बीच में है?
(a) J (b) #
(c) U (d) 9
(e) इनमें से कोई नहीं

46. उपरोक्त व्यवस्था का पहला तत्व 26वें तत्व को और दूसरा तत्व 25वें तत्व को प्रतिस्थापित करता है और ऐसे ही आगे भी पुर्नव्यवस्था के बाद निम्नलिखित में से कौन सा बाएं से 10वें स्थान पर होगा?
(a) Z (b) M
(c) C (d) 5
(e) इनमें से कोई नहीं

निर्देश (प्र. 47-51) : नीचे दिए गए प्रश्नों के उत्तर निम्नलिखित शृंखला के संदर्भ में दीजिए :
J ★ R 3 P L 2 # I N 7 O C @ K 5 D = M $ 6 B > A Q 4

47. निम्नलिखित पांच में से चार उपरोक्त शृंखला में उनके क्रम- विन्यास की दृष्टि से किसी प्रकार समान हैं। अत: उनका एक समूह बनता है। वह एक कौन सा है, जो इस समूह में नहीं आता है?
(a) 23# (b) OIC
(c) KO5 (d) #PI
(e) B$>

48. उपरोक्त शृंखला के आधार पर निम्नलिखित शृंखला में प्रश्नचिह्न (?) के स्थान पर क्या आयेगा।
PRJ # L3 712 @ ON ?
(a) DKC (b) 5@O
(c) DK@ (d) =5@
(e) इनमें से कोई नहीं

49. यदि उपरोक्तशृंखला के क्रम विन्यास को उलट दिया जाए तो बाएं से सोलहवें तत्व के बाएं ग्यारहवां तत्व कौन सा होगा?
(a) J (b) 6
(c) B (d) <
(e) इनमें से कोई नहीं

50. उपरोक्त शृंखला में ऐसी कितनी संख्याएँ है, जिनमें प्रत्येक के पहले एक व्यंजन और बाद में प्रतीक नहीं है?
(a) कोई नहीं (b) दो
(c) चार (d) तीन
(e) इनमें से कोई नहीं

51. उपरोक्त शृंखला में ऐसे कितने चिह्न है जिनमें से प्रत्येक के तुरंत पहले एक संख्या है और तुरंत बाद में एक व्यंजन?
(a) एक (b) दो
(c) तीन (d) तीन से अधिाक
(e) कोई नहीं

निर्देश (प्र. 52-56) : निम्नलिखित व्यवस्था का ध्यानपूर्वक अध्ययन कर नीचे दिए गए प्रश्नों के उत्तर दीजिए:
7 R E T 4 A 9 % D F 1 U # B @ 8 H I © W M ★ 3 2 V $ 5 N P 6 Q

52. उपरोक्त व्यवस्था में ऐसे कितने व्यंजन हैं जिनमें से प्रत्येक के तुरंत पहले एक व्यंजन और तुरंत बाद एक संख्या है?
(a) कोई नहीं (b) एक
(c) दो (d) तीन
(e) तीन से अधिक

53. उपरोक्त व्यवस्था में ऐसी कितनी संख्याएँ हैं जिनमें से प्रत्येक के तुरंत पहले एक अक्षर है किंतु तुरंत बाद एक प्रतीक नहीं है?
(a) कोई नहीं (b) एक
(c) दो (d) तीन
(e) तीन से अधिक

54. उपरोक्त व्यवस्था में ऐसे कितने स्वर हैं जिनमें से प्रत्येक के तुरंत बाद एक प्रतीक है?
(a) कोई नहीं (b) एक
(c) दो (d) तीन
(e) तीन से अधिक

55. उपरोक्त व्यवस्था में अपने स्थान के आधार पर निम्नलिखित पांच में चार किसी प्रकार समान हैं अत: उनका एक समूह बनता है। वह कौन सा है जो इस समूह में नहीं आता है?
(a) RTA (b) 9DF
(c) #@H (d) 3V5
(e) IW ★

56. निम्नलिखित में से कौन सा बाएं से बारहवें के बाएं चौथा है?
(a) % (b) 8
(c) 2 (d) H
(e) इनमें से कोई नहीं

57. व्यवस्था P 2 6 M 9 K S 4 V 7 में, पहले और छठे तत्व का स्थान परस्पर बदलता जाता है, दूसरे और सातवें का तथा आगे भी इसी प्रकार स्थान बदला जाता है, तो नई व्यवस्था में बाएं से चौथा तत्व निम्नलिखित में से कौन सा होगा?
(a) M (b) 7
(c) 4 (d) 9
(e) इनमें से कोई नहीं

निर्देश (प्र. 58-63): निम्नलिखित प्रश्नों का उत्तर देने के लिए अक्षरों, अंकों और प्रतीकों की निम्नलिखित व्यवस्था को ध्यान से पढ़िए-
6 = £ C F 3 8 G L M 7 ★ @ P R 4 © N T 5 $ V

58. व्यवस्था में ऐसे कितने अक्षर हैं जिनमें से प्रत्येक के एकदम बाद में एक प्रतीक है?
(a) शून्य (b) एक
(c) दो (d) तीन
(e) इनमें से कोई नहीं

59. व्यवस्था में ऐसे कितने प्रतीक हैं जिनमें से प्रत्येक से एकदम पहले एक संख्या है?
(a) शून्य (b) एक
(c) दो (d) तीन
(e) तीन से अधिक

60. व्यवस्था में ऐसे कितने अंक हैं जिनमें से प्रत्येक के एकदम पहले एक अक्षर है?
(a) एक (b) दो
(c) तीन (d) चार
(e) चार से अधिक

61. यदि व्यवस्था से सभी प्रतीक हटा दिया जाए, तो बाएं छोर से 13वें तत्व के बाएं का 7वाँ निम्नलिखित में से कौन सा होगा?
(a) 3 (b) 8
(c) G (d) L
(e) इनमें से कोई नहीं

62. यदि व्यवस्था से सभी अंकों को हटा दिया जाए, तो दाएं छोर से 15वें तत्व के दाएं को 8वॉं निम्नलिखित में से कौन सा होगा?

(a) M (b) P
(c) L (d) @
(e) इनमें से कोई नहीं

63. उपर्युक्त व्यवस्था में अपने स्थान के आधार पर निम्नलिखित पाँच में से चार किसी प्रकार समान हैं इसलिए उनका एक समूह बनता है। वह एक कौन सा है, जो उस समूह में नहीं आता हैं?

(a) =C (b) 3G
(c) 7@ (d) R©
(e) 5N

64. निम्नलिखित शृंखला में ऐसी कितनी संख्यायें है, जिनमें से प्रत्येक के एकदम पहले 6 है, लेकिन एकदम बाद 4 नहीं हैं?

3 8 6 8 4 2 6 9 8 4 6 8 4 8 6 2 6 8 4 8

(a) कोई नहीं (b) एक
(c) दो (d) तीन
(e) तीन से अधिक

निर्देश (प्र. 65-69) : ये प्रश्न निम्नलिखित अक्षर/संख्या प्रतीक व्यवस्था पर आधारित हैं। इसे ध्यान से पढ़िए और उसके बाद दिए गए प्रश्नों के उत्तर दीजिए।

5DHE★79$FI6R%LIAJ3B#4@KP8UM2

65. उपरोक्त व्यवस्था में अपने स्थान के आधार पर निम्नलिखित पांच में से चार किसी प्रकार समान हैं इसलिए उनका एक समूह बनता है। वह एक कौन सा है जो उस समूह में नहीं आता है?

(a) $9F (b) R6%
(c) 8PU (d) #B4
(e) 3BJ

66. यदि उपरोक्त व्यवस्था में से सारे प्रतीक हटा दिए जाएं तो तेरहवें के बाएं का तीसरा तत्व कौन सा होगा?

(a) L (b) R
(c) 6 (d) I
(e) इनमें से कोई नहीं

67. उपरोक्त व्यवस्था पर आधारित निम्नलिखित शृंखला में प्रश्नचिह्न (?) के स्थान पर क्या आएगा?

EDH 9 ★ 7 I$F ?

(a) 6RI (b) %R6
(c) RI6 (d) %6R
(e) इनमें से कोई नहीं

68. यदि उपरोक्त व्यवस्था में से सभी संख्याएँ हटा दी जाएं तो दाएं छोर से नौवें के दाएं का पांचवाँ कौन सा तत्व होगा?

(a) K (b) @
(c) P (d) #
(e) इनमें से कोई नहीं

69. यदि उपरोक्त व्यवस्था में ऐसी कितनी संख्याएं हैं जिनमें से प्रत्येक के एकदम बाद एक व्यंजन लेकिन एकदम पहले एक स्वर नहीं है?

(a) कोई नहीं (b) एक
(c) दो (d) तीन
(e) तीन से अधिक

निर्देश (प्र. 70-74): निम्नलिखित प्रश्न नीचे दी गई तीन अंकीय संख्याओं पर आधारित हैं:

972 526 487 359 251

70. यदि पहले और दूसरे अंक को परस्पर बदल दिया जाए और यदि उन्हें आरोही क्रम में लगाया जाए तो निम्नलिखित में से तीसरा कौन सा होगा?

(a) 359 (b) 972
(c) 526 (d) 487
(e) 251

71. यदि उपरोक्त संख्याओं के प्रत्येक अंक के योग में 2 जोड़ा जाए, तो 5 के गुणज कितने होंगे?

(a) कोई नहीं (b) एक
(c) दो (d) तीन
(e) इनमें से कोई नहीं

72. यदि उपरोक्त प्रत्येक संख्या के अंतिम अंक से 1 को घटाया जाए, तो उनमें से कितनी संख्याओं के अंकों के योग की संख्याएं अविभाज्य है?

(a) कोई नहीं (b) दो
(c) एक (d) तीन
(e) सभी पांच

73. यदि उपरोक्त प्रत्येक संख्या के अंकों को उलटे क्रम में लिखा जाए, तो दूसरी सबसे बड़ी संख्या कौन सी होगी?

(a) 251 (b) 359
(c) 487 (d) 526
(e) 972

74. यदि उपरोक्त प्रत्येक संख्या के अंकों के स्थान को इस प्रकार बदला जाए कि पहला, दूसरा बन जाए, दूसरा, तीसरा बन जाए और तीसरा, पहला बन जाए, तो सबसे बड़ी संख्या निम्नलिखित में से कौन होगी?

(a) 972 (b) 526
(c) 487 (d) 251
(e) 359

निर्देश (प्र. 75-79) : निम्नलिखित प्रश्न नीचे दिए गए व्यवस्था पर आधारित हैं। इसका ध्यानपूर्वक अध्ययन कीजिए एवं प्रश्नों के उत्तर दीजिए।

8H%37TA4#6BI@RIQ★LE2K$U59

75. कौन सा तत्व दायीं ओर से 15 वें के दायीं ओर छठा है।

(a) Q (b) ★
(c) L (d) 1
(e) इनमें से कोई नहीं

76. उपरोक्त व्यवस्था में अपने स्थान के आधार पर निम्नलिखित पांच में से चार किसी प्रकार समान हैं अत: उनका एक समूह बनता है। वह एक कौन सा है जो इस समूह में नहीं आता है?
(a) 1# (b) EQ
(c) 2★ (d) $2
(e) 5K

77. उपरोक्त व्यवस्था में ऐसे कितने प्रतीक हैं जिनमें से प्रत्येक के तुरंत बाद एक संख्या है किंतु तुरंत पहले एक दूसरी संख्या नहीं है?
(a) कोई नहीं (b) एक
(c) दो (d) तीन
(e) चार

78. उपरोक्त व्यवस्था में सारे प्रतीक निकाल दिए जाए तो कौन सा तत्व बाएं से नौवां होगा?
(a) B (b) 6
(c) 4 (d) 1
(e) इनमें से कोई नहीं

79. उपरोक्त व्यवस्था पर आधारित निम्नलिखितशृंखला में प्रश्नचिह्न (?) के स्थान पर क्या आयेगा?
7T3 4#A BI6 ?
(a) R@1 (b) IQR
(c) R1@ (d) Q★1
(e) इनमें से कोई नहीं

निर्देश (प्र. 80-85): इन प्रश्नों के उत्तर देने के लिए, अंकों, अक्षरों और प्रतीकों की निम्नलिखित व्यवस्था का ध्यानपूर्वक अध्ययन कीजिए।

6NP=@71£RT3LB★E4©8GH$5KM?2DC

80. '=N' : 'T1' और 'B3' : 'G4' वैसे ही है जैसे 'EB' : '......' है।
(a) SH (b) $8
(c) $G (d) SG
(e) इनमें से को नहीं

81. इस व्यवस्था के सारे अक्षरों को निकाल दिया जाए, तो निम्नलिखित में से कौन सा दाएं से 11वें तत्व के दांए तीसरा होगा?
(a) ★ (b) £
(c) 1 (d) ©
(e) इनमें से को नहीं

82. इस व्यवस्था में तत्वों के स्थान के आधार पर निम्नलिखित पाँच में से चार किसी प्रकार समान हैं अत: उनका एक समूह बनता है। कौन सा एक इस समूह में नहीं आता है?
(a) P=76 (b) £T37
(c) 3L★R (d) ©8HE
(e) 5K?H

83. इस व्यवस्था में सारे अंकों को निकाल दिया जाए, तो निम्नलिखित में से कौन सा बाएं से तीसरे और 15वें तत्वों के मध्य में होगा?
(a) T (b) ★
(c) L (d) B
(e) इनमें से कोई नहीं

84. इस व्यवस्था में ऐसे कितने अंक हैं जिनमें से प्रत्येक के तुरन्त बाद एक प्रतीक है, किन्तु तुरन्त पहले एक अक्षर नहीं है?
(a) शून्य (b) तीन
(c) एक (d) चार
(e) इनमें से को नहीं

85. इस व्यवस्था के सारे प्रतीकों को निकाल दिया जाए, तो निम्नलिखित में से कौन सा बाएं से 12वें तत्व के बाएं चौथा होगा?
(a) G (b) L
(c) 3 (d) H
(e) इनमें से कोई नहीं

86. संख्या 5734629 के अंकों को बाएं से दाएं आरोही क्रम में क्रमबद्ध किया जाए तो कितने अंकों का स्थान अपरिवर्तित रहेगा?
(a) कोई नहीं (b) एक
(c) दो (d) तीन
(e) तीन से अधिक

निर्देश (प्र. 87- 91): ये प्रश्न संख्याओं के निम्नलिखित सेट पर आधारित हैं:

738 495 329 653 849

87. प्रत्येक संख्या में पहले और तीसरे अंक के स्थान परस्पर बदल दिए जाएं और नयी बनी हुई संख्याओं को आरोही क्रम में क्रमबद्ध किया जाए तो कौनसी संख्या तीसरी होगी?
(a) 738 (b) 495
(c) 329 (d) 653
(e) 849

88. प्रत्येक संख्या के पहले अंक में '1' जोड़ा जाए और दूसरे अंक से '1' घटाया जाए तो कौनसी संख्या सबसे बड़ी होगी?
(a) 738 (b) 495
(c) 329 (d) 653
(e) 849

89. प्रत्येक संख्या में पहले और दूसरे स्थान परस्पर बदल दिए जाएं तो कौनसी संख्या सबसे छोटी होगी?
(a) 738 (b) 495
(c) 329 (d) 653
(e) 849

90. अंतिम और प्रथन दोनों अंकों में से '1' घटाया जाए और फिर दूसरे और तीसरे अंक परस्पर बदल दिए जाए, आरोही क्रम में क्रमबद्ध करने पर कौन सी संख्या दूसरी होगी?
(a) 653 (b) 849
(c) 495 (d) 738
(e) 329

91. प्रत्येक संख्या के अंतिम अंक से '1' घटाया जाए और फिर इन संख्याओं को अवरोही क्रम में क्रमबद्ध किया जाए तो कौनसी संख्या पहली होगी?
(a) 653 (b) 849
(c) 495 (d) 738
(e) 329

92. संख्या 83165 में कितने ऐसे अंक हैं, जिनमें से प्रत्येक संख्या के आरंभ से उतनी ही दूर है, जितने कि अंकों को आरोही क्रम में सजाने पर संख्या में दूर है?
(a) कोई नहीं (b) एक
(c) दो (d) तीन
(e) तीन से अधिक

93. निम्नलिखित अंक शृंखला में अगला अंक कौनसा होगा?
2 3 2 3 4 2 3 4 5 2 3 4 5 6 2 3 4 5 6 7 2 3 4
(a) 6 (b) 5
(c) 8 (d) 9
(e) इनमें से कोई नहीं

निर्देश (प्र. 94-98) : निम्नलिखित प्रश्न तीन अंकों वाली इन पांच संख्याओं पर आधारित हैं :
513 248 371 634 167

94. इन संख्याओं में से दूसरी सबसे बड़ी संख्या का बीच का अंक निम्नलिखित में से कौन-सा है?
(a) 1 (b) 4
(c) 7 (d) 3
(e) 6

95. इन संख्याओं को आरोही क्रम में लगाने के बाद बीच वाली संख्या का अंतिम अंक कौन-सा है?
(a) 3 (b) 8
(c) 1 (d) 4
(e) 7

96. यदि प्रत्येक संख्या के पहले और तीसरे अंक के स्थान को परस्पर बदल दिया जाए तो उनमें सबसे बडी़ संख्या निम्नलिखित में से कौन-सी होगी?
(a) 513 (b) 248
(c) 371 (d) 634
(e) 167

97. यदि प्रत्येक संख्या के पहले और दूसरे अंक के स्थान को परस्पर बदल दिया जाए तो उनमें सबसे छोटी संख्या निम्नलिखित में से कौन-सी होगी?
(a) 513 (b) 248
(c) 371 (d) 634
(e) इनमें से कोई नहीं

98. निम्नलिखित में से कौनसा उनमें से सबसे छोटी संख्या के तीनों अंकों के योग को निरूपित करता है?
(a) 9 (b) 15
(c) 11 (d) 13
(e) 14

99. संख्या 7354612 में अंकों को बाएं से दाएँ अवरोही क्रम में दुबारा व्यवस्थित करने के पश्चात् कितने अंकों की स्थिति अपरिवर्तित रहेगी?
(a) कोई नहीं (b) एक
(c) दो (d) तीन
(e) तीन से अधिक

100. नीचे दी गई पाँच संख्याओं में से दूसरी न्यूनतम संख्या का बीच वाला अंक कौनसा होगा?
317 528 439 254 861
(a) 1 (b) 2
(c) 3 (d) 5
(e) 6

101. संख्या 7986032451 के पहले और दूसरे अंक की स्थिति आपस में बदल दी जाती है, इसी तरह तीसरे और चौथे तथा उनके बाद के अंकों की भी स्थिति आपस में बदल दी जाती है। संख्या को इस प्रकार बदल दिए जाने के बाद निम्नलिखित में से दाहिने से पांचवां अंक कौन सा होगा?
(a) 3 (b) 6
(c) 4 (d) 0
(e) इनमें से कोई नहीं

102. निम्नलिखित संख्या अनुक्रम में आगे क्या आना चाहिए?
2 2 3 2 3 4 2 3 4 5 2 3 4 5 6 2 3 4 5 6 7 2 3 4
(a) 8 (b) 5
(c) 6 (d) 2
(e) इनमें से कोई नहीं

103. संख्या 5231698 में ऐसे कितने अंक हैं जो संख्या के आरंभ में उतने ही दूर हैं जितने कि वे आरोही क्रम में लगाने पर होंगे?
(a) कोई नहीं (b) एक
(c) दो (d) तीन
(e) तीन से अधिक

104. निम्नलिखित संख्याओं के सेट में यदि अंतिम अंक में '1' जोडा़ जाए और फिर अंकों के क्रम को उलट दिया जाए, तो संख्याओं को आरोही क्रम में लगाने पर चौथी संख्या कौन सी होगी?
567 284 696 865 738
(a) 567 (b) 284
(c) 696 (d) 865
(e) 738

105. नीचे दिए गए, त्रिअंकीय संख्याओं के सेट में, प्रत्येक संख्या के पहले दो अंकों को परस्पर परिवर्तित कर दिया जाता है। परिवर्तन के बाद यदि उन्हें आरोही क्रम में लगाया जाए तो उनमें से कौन सी संख्या मध्य में होगी?
230, 422, 328, 516, 138
(a) 230 (b) 328
(c) 516 (d) 138
(e) इनमें से कोई नहीं

106. यदि संख्या 5726489 के अंकों को आरोही क्रम में व्यवस्थित किया जाए तो कितने अंक उसी स्थान पर रहेंगे?
(a) कोई नहीं (b) एक
(c) दो (d) तीन
(e) तीन से अधिक

107. संख्या 947863512 में अंकों के ऐसे जोड़े कितने है जिनके प्रत्येक के बीच संख्या में उतने ही अंक हैं जितने कि संख्या के अंकों को अवरोही क्रम में सजाने पर उनके बीच होते हैं?
(a) कोई नहीं (b) एक
(c) दो (d) तीन
(e) तीन से अधिक

निर्देश (प्र. 108-109) : ये प्रश्न संख्याओं के निम्नलिखित सेट पर आधारित हैं।
389 476 635 847 568

108. सभी संख्याओं में प्रथम और अंतिम अंक परस्पर बदल दिए जाएं तो कौन सी संख्या सबसे छोटी होगी?
(a) 389 (b) 476
(c) 635 (d) 847
(e) 568

109. सभी संख्याओं में पहले दो अंक परस्पर बदल दिए जाएं और फिर संख्याओं को आरोही क्रम में लगाया जाए तो कौन सी संख्या दूसरी होगी?
(a) 389 (b) 476
(c) 635 (d) 847
(e) 568

110. संख्या 7326985 में अंकों के कितने ऐसे जोड़े हैं, जिनके बीच उतने ही अंक इस संख्या में हैं जितने कि जब संख्या के अंकों को बढ़ते क्रम में रखने पर होते हैं?
(a) तीन (b) कोई नहीं
(c) दो (d) एक
(e) इनमें से कोई नहीं

111. नीचे दी गई संख्याशृंखला में ऐसे कितने 4 हैं जिसके तुरन्त बाद 5 है, किन्तु तुरन्त पहले 3 नहीं हैं?
5 4 4 3 3 4 5 4 5 5 3 4 4 3 4 5 4 3 3 5 4 5 4 3 5 4 4 3 5 4
(a) शून्य (b) एक
(c) दो (d) तीन
(e) तीन से अधिक

112. संख्या 52361984 में ऐसे कितने अंक हैं जिनमें से प्रत्येक संख्या के आरंभ से उतना ही दूर है जितना कि संख्या के भीतर अंकों को आरोही क्रम में लगाने के बाद होगा ?
(a) कोई नहीं (b) एक
(c) दो (d) तीन
(e) तीन से अधिक

निर्देश (113 - 114) : निम्नलिखित प्रश्न नीचे दी गई पांच त्रिअंकीय संख्याओं पर आधारित हैं:
519 368 437 246 175

113. निम्नलिखित में से कौन सा सबसे बड़ी और सबसे छोटी संख्या के बीच वाले अंकों का जोड़ है ?
(a) 6 (b) 9
(c) 8 (d) 5
(e) इनमें से कोई नहीं

114. निम्नलिखित में से कौन सा दूसरी सबसे बड़ी संख्या का तीसरा अंक है ?
(a) 9 (b) 8
(c) 7 (d) 6
(e) 5

115. संख्या 7524693 में ऐसे कितने अंक हैं जो संख्या में आरम्भ से उतने ही दूर हैं जितना कि संख्या के अंकों को आरोही क्रम में सजाने पर रहता है ?
(a) कोई नहीं (b) एक
(c) दो (d) तीन
(e) तीन से अधिाक

116. संख्या 26839514 के अंकों को यदि अवरोही क्रम के व्यवस्थित किया जाए तो कितने अंकों का स्थान अपरिवर्तित रहेगा?
(a) एक (b) दो
(c) तीन (d) चार
(e) कोई नहीं

117. यदि संख्या 3675249 के प्रत्येक विषम अंक से दो घटाया जाए और प्रत्येक सम अंक में तीन जोड़ा जाए इस प्रकार बनने वाली नयी संख्या में कितने अंक दो बार आएंगे ?
(a) कोई नहीं (b) एक
(c) दो (d) तीन
(e) चार

118. यदि संख्या 7354612 के अंकों को बायीं से दायीं ओर अवरोही क्रम में सजाया जाए तो कितने अंकों का स्थान अपरिवर्तित रहेगा?
(a) कोई नहीं (b) एक
(c) दो (d) तीन
(e) तीन से अधिक

119. 1 से 45 तक की संख्याओं जो कि 3 से पूर्णरूपेण विभाज्य है, को बढ़ते हुए क्रम में व्यवस्थित किया जाता है। न्यूनतम संख्या शिखर पर होने पर, निम्नलिखित में से कौन-सा शिखर से नवें स्थान पर होगा?
(a) 18 (b) 24
(c) 21 (d) 27
(e) इनमें से कोई नहीं

120. नीचे दी गई श्रेणी में कौन-सा अगला पद होगा?
nsi, org, pqe, qpc, ?
(a) pqa (b) rqd
(c) aor (d) roa
(e) इनमें से कोई नहीं

Answer Key

1	(d)	25	(d)	49	(c)	73	(c)	97	(a)
2	(b)	26	(a)	50	(c)	74	(e)	98	(e)
3	(c)	27	(d)	51	(e)	75	(b)	99	(d)
4	(b)	28	(d)	52	(c)	76	(d)	100	(a)
5	(c)	29	(b)	53	(d)	77	(b)	101	(d)
6	(b)	30	(c)	54	(c)	78	(a)	102	(b)
7	(b)	31	(c)	55	(b)	79	(c)	103	(d)
8	(b)	32	(e)	56	(a)	80	(b)	104	(a)
9	(e)	33	(b)	57	(e)	81	(a)	105	(e)
10	(d)	34	(b)	58	(a)	82	(b)	106	(d)
11	(d)	35	(e)	59	(e)	83	(d)	107	(e)
12	(b)	36	(c)	60	(d)	84	(c)	108	(c)
13	(b)	37	(c)	61	(c)	85	(c)	109	(d)
14	(a)	38	(a)	62	(b)	86	(c)	110	(e)
15	(b)	39	(a)	63	(e)	87	(a)	111	(c)
16	(d)	40	(d)	64	(c)	88	(e)	112	(d)
17	(b)	41	(b)	65	(e)	89	(c)	113	(c)
18	(a)	42	(e)	66	(b)	90	(c)	114	(c)
19	(c)	43	(c)	67	(d)	91	(b)	115	(b)
20	(a)	44	(b)	68	(a)	92	(c)	116	(e)
21	(c)	45	(d)	69	(c)	93	(b)	117	(c)
22	(d)	46	(a)	70	(a)	94	(a)	118	(d)
23	(e)	47	(e)	71	(d)	95	(c)	119	(d)
24	(c)	48	(a)	72	(b)	96	(b)	120	(d)

व्याख्या सहित हल — Answers & Explanations

1. (d) प्रत्येक पद का पहला अक्षर पिछले पद के पहले अक्षर से +4 अक्षर आगे तथा दूसरा अक्षर पिछले पद के दूसरे अक्षर से +5 अक्षर आगे आता है।

2. (b) $A \xrightarrow{2} C \xrightarrow{2} E \xrightarrow{2} G \xrightarrow{2} I$
   $E \xrightarrow{2} G \xrightarrow{2} I \xrightarrow{2} K \xrightarrow{2} M$

3. (c) A B A, B C B, C B C, D C D, C D E.

4. (b) a, ab, abc, abcd, abcde, abcdef

5. (d) bac bacd bacde bacdef bac[d]efg

6. (b) $X \xrightarrow{2} V \xrightarrow{2} T \xrightarrow{2} R \xrightarrow{2} P$
   $D \xrightarrow{3} G \xrightarrow{3} J \xrightarrow{3} M \xrightarrow{3} P$
   $H \xrightarrow{2} J \xrightarrow{2} L \xrightarrow{2} N \xrightarrow{2} P$

7. (b) $C \xrightarrow{3} F \xrightarrow{4} J \xrightarrow{5} O \xrightarrow{6} U$
   $D \xrightarrow{3} G \xrightarrow{4} K \xrightarrow{5} P \xrightarrow{6} V$

8. (b) HGFEDCBA
   HGFEDCB
   HGFEDC
   H[G]FED

9. (e) HGFEDCBA
   GFEDCBA
   FEDCBA

10. (d) श्रृंखला इस प्रकार है : baa/bba/baa/bba/baa/bb
11. (d) श्रृंखला इस प्रकार है : rtus/rtus/rtus/rtus.
12. (b) श्रृंखला इस प्रकार है : ab/ab/ab/ab/ab/ab
13. (b) श्रृंखला इस प्रकार है : abbc/ac/bcca/ba/caab/cb
14. (a) श्रृंखला इस प्रकार है : acac/abab/acac/abab/acac
15. (b) श्रृंखला इस प्रकार है : abb/aaabbb/aaaabbbb/a.
16. (d) श्रृंखला इस प्रकार है : abncb/abncb/abncb
17. (b) श्रृंखला इस प्रकार है : ccc bbb aaa/ccc bbb aaa/c
18. (a) श्रृंखला इस प्रकार है : bcaa/bcaa/bcaa/bcaa.
19. (c) श्रृंखला इस प्रकार है : man/man/man/man/man.
20. (a) श्रृंखला इस प्रकार है : mopn/mopn/mopn/mopn.

21. (c) शृंखला इस प्रकार है : nnmm/nnmn/nnmm/nnmm.

22. (d) शृंखला इस प्रकार है : abb/abb/abb/abb

23. (e) J ⁺¹ 5 ⁺³ 4
3 ⟶ ⟶ M
7 ⁺¹ W ⁺³ I
2 ⟶ ⟶ 9
8 ⟶ I ⟶ Q

24. (c) संख्या - स्वर - व्यंजन
ऐसे संयोजन हैं : 4 E J, 1 A M

25. (d) व्यंजन - संख्या- स्वर या संख्या
ऐसे संयोजक है : R 4 E, T 1 A, Q 3 8, D 9 U

27. (d) सभी संख्याओं को हटा लेने के बाद शृंखला इस प्रकार होगी:
R E J T A M Q N I K W F D U Y V

28. (d) बाएं से ग्यारहवें कें बाएं का छठा का अर्थ हुआ बाएं से 5वां
बाएं से 5वां ⇒ 5.

29. (b) दाएं छोर 10वें के दाएं चौथा का अर्थ हुआ दाएं से छठा।
दाएं से छठा ⇒ D.

30. (c) दायीं ओर से दसवें के दायीं ओर तीसरे का अर्थ हुआ दायीं ओर से 7वां अर्थात T।

31. (c) | स्वर | संख्या | व्यंजन |
ऐसे संयोजन हैं :
A9W ; U1V

32. (e) | स्वर नही | व्यंजन | संख्या |
ऐसे संयोजक हैं :
JK4 ; 3H5 ; RP6 ; 9W8 ; VD7

33. (b) J ¹ K ¹ 4
P ¹ R ¹ E
6 ⟶ M ⟶ A
8 ⟶ ⟶ U
1 ¹ V ¹ D

34. (a) 2 ⁺⁴ 4 ⁺⁴ E ⁴ N
J ⟶ H ⟶ P ⟶ 9

36. (c) 4EJ, 1AM

37. (c) | व्यंजन | संख्या | व्यंजन | J5T, K7W, F6S

39. (a) सभी संख्याओं को हटाने के बाद शृंखला इस प्रकार होगी:
O E J T A M Q N I K W F S U Y X

42. (e) | स्वर | संकेत |
ऐसे संयोजन हैं :
E★ , A@

43. (c) Q ⁺⁴ M ⁴ @ ⁴ H
P ⁴ ⁴ U ⁴ J
@ ⁴ H ⁴ Z ⁴ N

44. (b) बाई ओर से 13 वें के दाई ओर आठवें का अर्थ हुआ बाई ओर से 21 वां अर्थात N

45. (d) RA@C 9 UHW#

46. (a) पुनर्व्यवस्था के वाद बाईं ओर से 10वां मूल शृंखला में दाई ओर से 10वां होगा। दाई ओर से 10वां = Z

47. (e) 2 ⁻³ 3 ⁺⁴ #
O ⁻³ I ⁴ C
K ⟶ ⟶ 5
⟶ ⟶ I
B ⁻² $ ³

48. (a) P ⁻³ # ⁻³ 7 ³ @ ³ D
R ⟶ ⟶ ⟶ ⟶ K
J ³ 3 ³ 2 ³ N ³ C

49. (c) बायीं ओर से 16 वें के बाएं 11वां का अर्थ हुआ बायीं ओर से 5वां। परन्तु क्रम उलट दिया गया है। अत: अभीष्ट तत्व मूल क्रम में दायीं ओर से 5वां होगा, अर्थात B।

50. (c) ऐसे संयोजन हैं:
R3P, N7O, K5D, Q4

51. (e) | संख्या | संकेत | व्यंजन |
ऐसा कोई भी संयोजन नहीं है।

52. (c) | व्यंजन | व्यंजन | संख्या |
ऐसे संयोजन हैं: DFI NP6

53. (d) | अक्षर | संख्या | अक्षर या संख्या |
ऐसे संयोजन हैं : T4A F1U P6Q

54. (c) | स्वर | संकेत |
ऐसे संयोजन हैं : U# 1©

55. (b) R ⁺² T ² A
9 ⁺² D ¹ F
² @ ² H
3 ⟶ ⟶ 5
I ⁻⁴ W ⁻⁴ ★

56. (a) बाएं से 12वें के बाएं चौथा का अर्थ हुआ बाई ओर से 8 वां
7 R E T 4 A 9 % D F
बाएं से 8वां

57. (e) तत्व बदलने पर नई व्यवस्था
K S 4 V 7 P 2 6 M 9
∴ नई व्यवस्था में बाएं से चौथा तत्व V है।

59. (e) अभीष्ट प्रतीक हैं =, ★,© तथा $

60. (d) अभीष्ट अंक हैं 3, 7, 4 तथा 5

61. (c) सभी प्रतीक हटाने पर नई व्यवस्था →
6, C, F, 3, 8, [G], L, M, 7, P, R, 4, [N], T, 5, V
इसमें बाएं छोर से 13वाँ तत्व N है तथा N से बाएं 7वाँ तत्व G है।

62. (b) सभी अंक हटाने पर नई व्यवस्था →
=, [£], C, F, G, L, M, ★, @, [P], R, ©, N, T, $, V
इसमें दाएं छोर से 15वाँ तत्व £ है तथा £ से दाएं 8वाँ तत्व P है।

63. (e) = C, 3 G, 7 @, R ©, 5 N
+2 +2 +2 +2 -2

64. (c) 9 और 2

65. (e) $\$ \xrightarrow{-1} 9 \xrightarrow{2} F$
R $\xrightarrow{-1}$ 6 $\xrightarrow{2}$ %
$8 \xrightarrow{-1} P \xrightarrow{2} U$
\# $\xrightarrow{-1} B \xrightarrow{2} 4$
$3 \xrightarrow{+1} B \xrightarrow{2} J$

67. (d) E $\xrightarrow{+3}$? $\xrightarrow{3}$! $\xrightarrow{3}$ %
D $\xrightarrow{+2}$ ★ $\xrightarrow{3}$ \$ $\xrightarrow{3}$ 6
H $\xrightarrow{+3} 7 \xrightarrow{3} F \xrightarrow{3} R$

69. (c) 5D एवं J3B.

70. (a) $972 \Rightarrow 792, 526 \Rightarrow 256,$
$487 \Rightarrow 847, 359 \Rightarrow 539,$
$251 \Rightarrow 521$
$256 < 521 < 539 < 792$

71. (d) $9+7+2+2=20$
$5+2+6+2=15$
$4+8+7+2=21$
$3+5+9+2=19$
$2+5+1+2=10$

72. (b) $972-1=971=17$, $526-1=525=12$,
$487-1=486=18$, $359-1=358=16$,
$251-1=250=7$
17 एवं 7 एक अभाज्य संख्या है।

73. (c) $972 \Rightarrow 279, 526 \Rightarrow 625,$
$487 \Rightarrow 784, 359 \Rightarrow 953,$
$251 \Rightarrow 152$
$953 > 784 > 625$

74. (e) $972 \Rightarrow 297, 526 \Rightarrow 652,$
$487 \Rightarrow 748, 359 \Rightarrow 935,$
$251 \Rightarrow 125$

75. (b) दाईं ओर से 15वें के दाईं ओर छठे का अर्थ हुआ दाईं ओर से 9वां, अर्थात, ★

76. (d) $I \xrightarrow{3} \#, E \xrightarrow{3} Q, 2 \xrightarrow{3} \star$
$\$ \xrightarrow{-2} 2, 5 \xrightarrow{-3} K$

77. (b)

प्रतीक / अक्षर	प्रतीक	संख्या

ऐसा केवल एक संयोजन है: [H % 3]

78. (a) बाएं से 9वें तक केवल दो प्रतीक हैं। अतः अभीष्ट उत्तर बाईं ओर से 11वां होगा, अर्थात B ।

79. (c) $7 \xrightarrow{3} 4 \xrightarrow{3} B \xrightarrow{3} R$
$T \xrightarrow{3} '' \xrightarrow{3} I \xrightarrow{3} 1$
$3 \xrightarrow{+-} A \xrightarrow{+-} 6 \xrightarrow{+-} @$

80. (b) = N : T I, B 3 : G 4
-2 -3 -2 -3
∴ E B : $ 8
-2 -3

81. (a) सारे अक्षर निकालने पर शेष व्यवस्था,
6 = @ 7 1 £ 3 ★ 4 © 8 $ 5 ? 2
इस नई व्यवस्था में दाएं से 11वाँ तत्व तथा 11वें से दाएं तीसरा तत्व ★ है।

82. (b) $P \xrightarrow{1} = \xrightarrow{2} 7 \xrightarrow{5} 6$
£ $\xrightarrow{2} T \xrightarrow{1} 3 \xrightarrow{5} 7$
$3 \xrightarrow{1}$? $\xrightarrow{2}$ ★ $\xrightarrow{-5} R$
© $\xrightarrow{1}$? $\xrightarrow{+2} H \xrightarrow{5} E$
$5 \xrightarrow{1} K \xrightarrow{2} ? \xrightarrow{5} H$

83. (d) सारे अंकों को निकालने पर शेष व्यवस्था
N P = @ £ R T L B ★ E © G H $ K M ? D C
नई व्यवस्था में बाएं से तीसरा तत्व '=' है और 15वाँ तत्व '$' है। '=' और '$' के ठीक मध्य का तत्व B है।

84. (c) 7 1 £

85. (c) सारे प्रतीकों को निकालने पर शेष व्यवस्था
6 N P 7 1 R T 3 L B E 4 8 G H 5 K M 2 D C
इस नई व्यवस्था में बाएं से 12वाँ तत्व 4 है तथा 4 से बाएं चौथा तत्व 3 है।

86. (c) 5 7 3 4 6 2 9
2 3 4 5 6 7 9

87. (a) 738 ⇒ 837; 495 ⇒ 594;
329 ⇒ 923; 653 ⇒ 356;
849 ⇒ 948
356 < 594 < 837 < 923 < 948
↓
तीसरी संख्या

88. (e) 738 ⇒ 828; 495 ⇒ 585;
329 ⇒ 419; 653 ⇒ 743;
849 ⇒ 939
सबसे बड़ी संख्या ⇒ 849 ⇒ 939

89. (c) 738 ⇒ 378; 495 ⇒ 945;
329 ⇒ 239; 653 ⇒ 563;
849 ⇒ 489
सबसे छोटी संख्या ⇒ 239

90. (c) 738 ⇒ 637; 495 ⇒ 394;
329 ⇒ 228; 653 ⇒ 552;
849 ⇒ 748
अब,
637 ⇒ 673; 394 ⇒ 349;
228 ⇒ 282; 552 ⇒ 525;
748 ⇒ 784
282 < 349 < 525 < 673 < 784

91. (b) प्रश्नानुसार संख्याएं इस प्रकार होंगी:
737 < 494 < 328 < 652 < 848
∴ 848 < 737 < 652 < 494 < 328

92. (c) 8 [3] 1 [6] 5
1 [3] 5 [6] 8

93. (b) 23, 234, 2345, 23456, 234[5]

94. (a) 634 > 5[1]3 > 371

95. (c) 165 < 248 < 37[1] < 513 < 634

96. (b) 513 ⇒ 315; [248 ⇒ 842]
371 ⇒ 173; 634 ⇒ 436;
167 ⇒ 761;

97. (a) [513 ⇒ 153]; 248 ⇒ 428;
371 ⇒ 731; 634 ⇒ 364;
167 ⇒ 617

98. (e) 1 + 6 + 7 = 14

99. (d) [7] 3 [4] [6] 6 1 2
[7] 6 [4] [3] 3 2 1

100. (a) दूसरी न्यूनतम संख्या = 317
∴ बीच का अंक = 1

101. (d) 7 9 8 6 0 3 2 4 5 1 ⇒ 9 7 6 8 3 0 4 2 1 5
दाहिने से पांचवे

102. (b) 2, 23, 234, 23456, 234567, 234 [5]

103. (d) दी हुई संख्या = 5 [2] [3] 1 [6] 9 8
आरोही क्रम = 1 [2] [3] 5 [6] 8 9

104. (a) 567 ⇒ 568 ⇒ 865
284 ⇒ 285 ⇒ 582
696 ⇒ 697 ⇒ 796
865 ⇒ 866 ⇒ 668
738 ⇒ 739 ⇒ 937
582 < 668 < 796 < 865 < 937

105. (e) संख्याओं के पहले दो अंक परस्पर पलटने पर, 320, 242, 238, 156, 318
आरोही क्रम में लिखने पर, 156, 238, [242], 318, 320

106. (d) 5 7 2 [6] 4 [8] [9]
2 4 5 [6] 7 [8] [9]

107. (e) 9 4 7 8 6 3 5 1 2
9 8 7 6 5 4 3 2 1 (घटते क्रम में)
∴ अभीष्ट जोड़े हैं: 79, 12, 58 एवं 78

108. (c) 389 ⇒ 983; 476 ⇒ 674;
635 ⇒ 536; 847 ⇒ 748;
568 ⇒ 865

109. (d) 839, 746, 365, 487, 658
365 < 487 < 658

110. (e) 7 3 2 6 9 8 5
2 3 5 6 7 8 9
अभीष्ट जोड़े हैं, 23, 89, 36, 68

111. (c) 5 4 5 तथा 5 4 5 1 5

112. (d) मूल संख्या : 5 2 3 6 1 9 8 4
आरोही क्रम : 1 2 3 4 5 6 8 9
अत: 2, 3 और 8 की स्थिति अपरिवर्तित रहेगी।

113. (c) अभीष्ट योग = 1 + 7 = 8

114. (c) दूसरी सबसे बड़ी संख्या : 437 तीसरा अंक = 7

115. (b) संख्या: 7524693
आरोही क्रम : 2345679
अत: 6 की स्थिति अपरिवर्तित रहती है।

116. (e) संख्या: 26839514
अवरोही क्रम : 98654321
सभी अंकों की स्थिति परिवर्तित है।

117. (c) मूल संख्या : 3675249
परिवर्तित संख्या : 1953577
अत: 5 और 7 दो बार आते हैं।

118. (d) [7] 3 [5] [4] 6 1 2
[7] 6 [5] [4] 3 2 1

119. (d) 3 6 9 12 15 18 21 24 (27) 30 33 36 39 42 45

120. (d) प्रत्येक अक्षर समूह का पहला अक्षर + 1 पद तथा दूसरा अक्षर – 1 पद, तीसरा अक्षर – 2 पद आगे जारी रहता है।

◆ ◆ ◆

अध्याय

5

वर्णमाला
(ALPHABET)

वर्णमाला

इस अध्याय में अंग्रेजी वर्णमाला में स्थित अक्षरों के स्थानीय मान के आधार पर अक्षरों की स्थिति की समीक्षा या किसी निश्चित क्रम पर स्थित अक्षर से परिवर्तित किये गये अक्षर/वर्णमाला के क्रम के अवलोकन/निरूपण से संबंधित प्रश्न पूछे जाते हैं।

▷▷▷▷ प्रश्नों के प्रकार ◁◁◁◁

टाइप 1 : दिए गए अक्षरों से शब्दों की रचना

उदाहरण ▶ 1 : यदि 'DISTRIBUTION' शब्द के दूसरे, चौथे, पाँचवें, सातवें और ग्यारहवें अक्षरों को मिलाकर कोई अर्थपूर्ण शब्द बनाना संभव हो तो कौन-सा अक्षर उस शब्द का तीसरा अक्षर होगा? यदि ऐसा कोई भी शब्द बनाना संभव नहीं हो तो उत्तर 'X' दीजिए। यदि एक से अधिक ऐसे शब्द बनाना संभव हो तो उत्तर 'M' दीजिए।

(a) B **(b)** I
(c) O **(d)** X
(e) M

हल (a) अक्षरों का क्रम इस प्रकार है :

```
1 2 3 4 5 6 7 8 9 10 11 12
D I S T R I B U T I  O  N
  ↓   ↓ ↓   ↓        ↓
  I   T R   B        O
```

⇒ OR[B]IT

यहाँ हम देख रहे हैं कि प्रश्नानुसार उपर्युक्त शब्द से हमें I, T, R, B और 'O' पाँच अक्षर प्राप्त हो रहे हैं जिनको मिलाकर केवल एक अर्थपूर्ण शब्द 'ORBIT' बनाये जा सकते हैं, जिस शब्द का तीसरा अक्षर 'B' है।

अत: अभीष्ट अक्षर ⇒ B

टाइप 2 : दिए गए शब्द में अक्षरों के ऐसे जोड़े निकालना जो मूल वर्णमाला में होते हैं।

उदाहरण ▶ 2 : शब्द 'IDEAL' में ऐसे कितने अक्षर-युग्म हैं जिनके बीच यहाँ उतने ही अक्षर मौजूद हैं जितने कि अंग्रेजी वर्णमाला में इनके बीच होते हैं?

(a) एक भी नहीं **(b)** एक
(c) दो **(d)** चार
(e) इनमें से कोई नहीं

हल (b) 'IDEAL' के अक्षरों का वर्णमाला क्रमांक इस प्रकार है :

```
9 4 5 1 12
I D E A L
```

⇒ DE

यहाँ हम देख हैं कि उपर्युक्त शब्द में 'DE' केवल 'एक' ऐसे अक्षर-युग्म हैं जिनके बीच यहाँ उतने ही अक्षर मौजूद हैं जितने कि अंग्रेजी वर्णमाला में इनके बीच होते हैं।

अत: अभीष्ट अक्षर-युग्म की संख्या ⇒ एक

टाइप 3 : वर्णमाला के क्रम पर आधारित

उदाहरण ▶ 3 : यदि शब्द 'BOXES' में दो अक्षर ऐसे हैं जिनके बीच यहाँ उतने ही अक्षर हैं, जितने कि अंग्रेजी वर्णमाला में इनके बीच होते हैं। बताएँ कि उन दो अक्षरों में से कौन-सा अक्षर अंग्रेजी वर्णमाला में पहले आता है?

(a) B **(b)** E
(c) S **(d)** O
(e) X

हल (a) यहाँ, 'B' और 'E' दोनों का वर्णमाला क्रमांक क्रमश: '2' और '5' है।

```
②     ⑤
B O X E S
```

⇒ B, E

उपर्युक्त शब्द में BE 'एक' ऐसे अक्षर-युग्म हैं जिनके बीच यहाँ उतने ही अक्षर मौजूद हैं जितने कि अंग्रेजी वर्णमाला में इनके बीच होते हैं। इन दोनों अक्षरों 'B' और 'E' में अंग्रेजी वर्णमाला में पहले 'B' आता है।

अत: अभीष्ट अक्षर $\Rightarrow$ B

टाइप 4 : शब्दकोश के वर्णानुक्रम आधारित

उदाहरण 4 : यदि निम्नलिखित शब्दों को शब्दकोश के अनुसार वर्णानुक्रम से लगाया जाए, तो कौन सा चौथा होगा?

(a) Clever (b) Calm

(c) Cloth (d) Custom

(e) Cone

हल (e) शब्द कोश के अनुसार लिखने पर,

Clam, Clever, Cloth, Cone, Custom

वर्णमाला पर आधारित प्रश्नों को हल करते समय इन तथ्यों को हमेशा ध्यान रखें:

❖ अंग्रेजी वर्णमाला में किसी निश्चित क्रमांक पर बाईं ओर से जो भी अक्षर होते हैं ठीक उसी क्रमांक पर दाईं ओर से आनेवाला अक्षर बाईं ओर से आने वाले अक्षर का विपरीत अक्षर होता है। जैसे-

बाईं ओर से बीसवाँ अक्षर $\Rightarrow$ T

इसी प्रकार, दाईं ओर से बीसवाँ अक्षर $\Rightarrow$ G

यहाँ चूंकि बाईं ओर से 20वाँ अक्षर 'T' है, अत: उसी क्रमांक पर यानी दाईं ओर से 20वाँ अक्षर, T का विपरीत अक्षर 'G' होगा। अत: T और G एक-दूसरे के विपरीत अक्षर हैं।

❖ अंग्रेजी वर्णमाला के विपरीत क्रम में किसी निश्चित क्रमांक पर दाईं ओर से जो भी अक्षर होते हैं ठीक उसी क्रमांक पर बाई ओर से आने वाला अक्षर दाईं ओर से आने वाले अक्षर का विपरीत अक्षर होता है।

जैसे- दाईं ओर से आठवाँ अक्षर $\Rightarrow$ S

इसी प्रकार,

बाईं ओर से आठवाँ अक्षर $\Rightarrow$ H

यहाँ चूंकि दाईं ओर से आठवाँ अक्षर 'S' है, अत: उसी क्रमांक पर यानी बाईं ओर से आठवाँ अक्षर, 'S' का विपरीत अक्षर 'H' होगा।

अत: H और S एक-दूसरे के विपरीत अक्षर हैं।

कुछ विशेष महत्वपूर्ण तथ्य (*Points to Remember*)

❖ 'आपके बाएँ से' का अर्थ होता है $\Rightarrow$ आपके बाएँ से दाएँ ओर यानी, $(A \rightarrow Z)$ A से Z की ओर।

❖ 'आपके दाएँ से', का अर्थ होता है $\Rightarrow$ आपके दाएँ से बाएँ ओर यानी, $(A \leftarrow Z)$ Z से A की ओर।

❖ 'बाएँ ओर' इसका अर्थ होता है $\Rightarrow$ दाएँ से बाएँ ओर यानी, $(A \leftarrow Z)$ Z से A की ओर।

❖ 'दाएँ ओर', इसका अर्थ होता है $\Rightarrow$ बाएँ से दाएँ ओर यानी, $(A \rightarrow Z)$ A से Z की ओर।

साधित उदाहरण (Solved Examples)

उदाहरण 1 : शब्द FOREIGN में अक्षरों के ऐसे जोड़े कितने हैं जिनके प्रत्येक के बीच शब्द में उतने ही अक्षर हैं जितने कि उनके बीच अंग्रेजी वर्णमाला में होते हैं?

(a) दो **(b) कोई नहीं**
(c) एक **(d) तीन**
(e) तीन से अधिक

हल (a) F O R E I G N

उदाहरण 2 : अंग्रेजी वर्णमाला में प्रत्येक व्यंजन को उससे तुरंत पहले के अक्षर और प्रत्येक स्वर को उससे तुरंत बाद के अक्षर से प्रतिस्थापित किया जाये तो शब्द CAPITALISE कैसे लिखा जाएगा?

(a) BBOJSBMJRF **(b) BBOJSBKJRD**
(c) BBQJSBKJRF **(d) BBOJSBKJRF**
(e) इनमें से कोई नहीं

हल (d)

C	A	P	I	T	A	L	I	S	E
-1↓	+1↓	-1↓	+1↓	-1↓	+1↓	-1↓	+1↓	-1↓	+1↓
B	B	O	J	S	B	K	J	R	F

उदाहरण 3 : शब्द ERTU के अक्षरों से, प्रत्येक अक्षर का केवल एक बार प्रयोग करते हुए, कितने अर्थपूर्ण शब्द बनाए जा सकते हैं?

(a) कोई नहीं **(b) एक**
(c) दो **(d) तीन**
(e) तीन से अधिक

हल (b) अर्थपूर्ण शब्द : TRUE

उदाहरण 4 : शब्द PREDICAMENT के तीसरे, सातवें, आठवें और दसवें अक्षरों से यदि केवल एक अंग्रेजी का अर्थपूर्ण शब्द बनना सम्भव हो तो, उस शब्द का तीसरा अक्षर निम्नलिखित में से कौनसा होगा? यदि इस प्रकार का कोई शब्द नहीं बनता तो उत्तर 'X' दें और यदि एक से अधिक इस प्रकार के शब्द बनते हैं तो उत्तर 'Y' दें।

(a) M **(b) N**
(c) E **(d) X**
(e) Y

हल (e) PREDICAMENT के तीसरे, सातवें, आठवें और दसवें अक्षर क्रमशः E, A, M तथा N हैं। अतः इनसे बनने वाले एक से अधिक सार्थक शब्द हैं: MEAN तथा NAME

अभ्यास प्रश्न (Exercise)

1. शब्द STRIVE में अक्षरों के ऐसे जोड़े कितने हैं, जिनके प्रत्येक के बीच शब्द में ही उतने ही अक्षर हैं, जितने कि उनके बीच अंग्रेजी वर्णमाला में होते हैं।
   (a) एक (b) दो
   (c) तीन (d) चार
   (e) इनमें से कोई नहीं
2. अक्षरों के समूह 'ATN' के अक्षरों में से प्रत्येक का केवल एक ही बार उपयोग करते हुए कितने अर्थपूर्ण अंग्रेजी शब्द बनाए जा सकते हैं?
   (a) एक (b) दो
   (c) तीन (d) चार
   (e) चार से अधिक
3. शब्द CLIENT के अक्षरों में से कितनों के मामले में, उनका अनुक्रम वैसा ही रहेगा जैसा कि उस व्यवस्था में होगा जिसमें शब्द के अक्षरों को वर्णमाला के क्रम में लगाया गया हो?
   (a) चार (b) एक
   (c) तीन (d) दो
   (e) इनमें से कोई नहीं
4. शब्द HANDOVER के अक्षरों को वर्णानुसार दाएं से बाएं लगाया जाए तो कितने अक्षरों का स्थान अपरिवर्तित रहेगा?
   (a) कोई नहीं (b) एक
   (c) दो (d) तीन
   (e) तीन से अधाक
5. शब्द EXCURSION में अक्षरों के ऐसे कितने जोड़े हैं जिनमें से प्रत्येक के बीच उतने ही अक्षर हैं जितने कि अंग्रेजी वर्णमाला में उनके बीच हैं?
   (a) कोई नहीं (b) एक
   (c) दो (d) तीन
   (e) तीन से अधिक
6. शब्द DEVIATION के दूसरे, तीसरे, छठे और आठवें अक्षर से केवल एक अर्थपूर्ण शब्द बनाना संभव है तो उस शब्द का पहला अक्षर आपका उत्तर है; यदि एक से अधिक ऐसे शब्द बन सकते हैं तो इसका उत्तर 'A' है और शब्द नहीं बन सकता है तो उसका उत्तर 'B' होगा।
   (a) V (b) T
   (c) E (d) A
   (e) B

7. यदि शब्द WORKING के पहले अक्षर से शुरू करते हुए प्रत्येक एकांतर अक्षर को अंग्रेजी वर्णमाला के बाद वाले अक्षर से विस्थापित कर दिया जाए तथा शेष अक्षरों को पहले वाले अक्षर से विस्थापित कर दिया जाए तो निम्नलिखित में से कौनसा विस्थापन के बाद दायीं ओर से चौथा होगा?
   (a) N (b) Q
   (c) J (d) M
   (e) इनमें से कोई नहीं

8. शब्द GOLDEN में अक्षरों के ऐसे कितने जोड़े हैं, जिसमें से प्रत्येक में उनके बीच शब्द में उतने ही अक्षर हैं जितने कि उनके बीच अंग्रेजी वर्णमाला में होते हैं?
   (a) कोई नहीं (b) एक
   (c) दो (d) तीन
   (e) तीन से अधिक

9. यदि शब्द WORKING में प्रथम अक्षर से प्रारम्भ करके प्रत्येक एकांतर अक्षर को अंग्रेजी वर्णमाला के पिछले अक्षर से परिवर्तित कर दिया जाता है और प्रत्येक शेष बचे हुए अक्षर को अंग्रेजी वर्णमाला के अगले अक्षर से परिवर्तित कर दिया जाए तो परिवर्तन के पश्चात् दाएं सिरे से निम्नलिखित में से चौथा कौन-सा होगा?
   (a) N (b) Q
   (c) L (d) M
   (e) इनमें से कोई नहीं

10. अक्षर ENAL में से प्रत्येक अक्षर का केवल एक बार उपयोग करते हुए अंग्रेजी के कितने अर्थपूर्ण शब्द बनाए जा सकते हैं?
   (a) एक (b) दो
   (c) तीन (d) चार
   (e) चार से अधिक

11. शब्द ARGUMENT के प्रत्येक अक्षर को वर्णानुक्रम में पुन: क्रमबद्ध किया जाए और प्रत्येक को वर्णानुक्रम के तुरंत बाद आने वाले अक्षर से प्रतिस्थापित किया जाए तो अक्षरों की नई व्यवस्था क्या होगी?
   (a) BFHNOSUV (b) BFHONSWV
   (c) BFHNOUSV (d) BFHNOQUV
   (e) इनमें से कोई नहीं

12. शब्द DELUSION में अक्षरों के ऐसे कितने जोड़े हैं जिनमें प्रत्येक के बीच शब्द में उतने ही अक्षर हैं जितने कि अंग्रेजी वर्णमाला में उनके बीच हैं?
   (a) कोई नहीं (b) एक
   (c) दो (d) तीन
   (e) इनमें से कोई नहीं

13. 'A' अक्षर से शुरू करते हुए शब्द 'TEAR' से कितने तीन अक्षर वाले अर्थपूर्ण शब्द बनाए जा सकते हैं? प्रत्येक शब्द में किसी भी अक्षर की पुनरावृति नहीं होनी चाहिए।
   (a) एक (b) तीन
   (c) पांच (d) दो
   (e) इनमें से कोई नहीं

14. यदि शब्द ARROGANCE के पहले अक्षर को पांचवे अक्षर से, दूसरे अक्षर को छठे अक्षर से, तीसरे अक्षर को सातवें अक्षर से, चौथे अक्षर को आठवें अक्षर से आपस में बदल दिया जाए तथा नवें अक्षर का स्थान अपरिवर्तित रखा जाए तो अक्षरों का नया क्रम क्या होगा?
   (a) GANACRROE (b) GANCRAROE
   (c) GNACORRAE (d) GANCARROE
   (e) इनमें से कोई नहीं

15. शब्द 'CHILDREN' में अक्षरों के ऐसे कितने जोड़े हैं जिनके बीच ठीक उतने ही अक्षर हैं जितने कि उनके बीच अंग्रेजी वर्णमाला में होते है?
   (a) 4 (b) 2
   (c) 5 (d) 3
   (e) इनमें से कोई नहीं

16. 'OUTRAGEOUS' शब्द के तीसरे, पांचवे, सातवें और दसवें अक्षर से यदि एक अर्थपूर्ण शब्द बनाना संभव है तो निम्नलिखित में से कौन सा उस शब्द का दूसरा अक्षर होगा? यदि एक से अधिक ऐसे शब्द बन सकते हैं तो उत्तर 'X' दीजिए और यदि ऐसा कोई शब्द नहीं बन सकता तो उत्तर 'Y' कीजिए?
   (a) E (b) A
   (c) S (d) Y
   (e) X

17. यदि शब्द 'PRINCE' के अक्षरों को अंग्रेजी वर्णमाला के अनुसार रख दिया जाए तो इस पुनर्व्यवस्था के बाद कितने अक्षर यथावत् रहेगे?
   (a) कोई नहीं (b) एक
   (c) दो (d) तीन
   (e) तीन से अधिक

18. ESRO अक्षरों में से प्रत्येक का केवल एक बार उपयोग करते हुए अंग्रेजी के कितने अर्थपूर्ण शब्द बन सकते हैं?
   (a) कोई नहीं (b) एक
   (c) दो (d) तीन
   (e) तीन से अधिक

19. शब्द CONSTABLE में अक्षरों के ऐसे कितने जोड़े हैं जिनमें से प्रत्येक के बीच उतने ही अक्षर हैं जितने कि उनके बीच अंग्रेजी वर्णमाला में है?
   (a) कोई नहीं (b) एक
   (c) दो (d) तीन
   (e) तीन से अधिक

20. अक्षरों ACER में से हरेक अक्षर का एक एक बार प्रयोग करते हुए अंग्रेजी के कितने अर्थपूर्ण शब्द बनाए जा सकते है?
   (a) कोई नहीं (b) एक
   (c) दो (d) तीन
   (e) तीन से अधिक

21. यदि शब्द FLOURISH के पहले सारे स्वरों को वर्णक्रमानुसार रखा जाए, फिर सभी व्यंजनों को वर्णक्रमानुसार रखा जाए, फिर सभी स्वरों को अंग्रेजी वर्णमालों के पिछले अक्षर और सभी व्यंजनों को अगले अक्षर से बदल दिया जाए तो दाएं छोर से तीसरा अक्षर कौन सा होगा?
   (a) I (b) S
   (c) M (d) V
   (d) इनमें से कोई नहीं

22. शब्द PHYSICAL में अक्षरों के ऐसे कितने जोड़े हैं, जिनमें से प्रत्येक के बीच शब्द में उतने ही अक्षर हैं जितने कि अंग्रेजी वर्णमाला में उनके बीच हैं?
(a) कोई नहीं (b) एक
(c) दो (d) तीन
(e) तीन से अधिक

23. शब्द 'SHIFTED' में अक्षरों के ऐसे कितने जोड़ें हैं जिनमें से प्रत्येक के बीच शब्द में अतने ही अक्षर हैं जितने कि अंग्रेजी वर्णमाला में उनके बीच हैं?
(a) कोई नहीं (b) एक
(c) दो (d) तीन
(e) तीन से अधिाक

24. शब्द 'GOT' के किन्ही दो अक्षरों का प्रयोग करते हुए अंग्रेजी के कितने अर्थपूर्ण शब्द बनाए जा सकते हैं?
(a) तीन (b) दो
(c) एक (d) तीन से अधिक
(e) इनमें से कोई नहीं

25. शब्द KNIGHT में ऐसे अक्षरों के कितने जोड़े हैं जिनके प्रत्येक के बीच शब्द में उतने ही अक्षर हैं जितने उनके बीच अंग्रेजी वर्णमाला में होते हैं?
(a) कोई नहीं (b) एक
(c) दो (d) तीन
(e) तीन से अधिक

26. यदि शब्द STABLE में सभी व्यंजनों को अंग्रेजी वर्णमाला के पहले अक्षर से तथा सभी स्वरों को अगले अक्षरों से विस्थापित कर दिया जाए तो बाईं ओर से तीसरा अक्षर कौन-सा होगा?
(a) S (b) B
(c) A (d) K
(e) इनमें से कोई नहीं

27. अक्षरों AEHT को, प्रत्येक अक्षर का केवल एक बार प्रयोग करते हुए, कितने अर्थपूर्ण शब्द बनाए जा सकते हैं?
(a) कोई नहीं (b) एक
(c) दो (d) तीन
(e) तीन से अधिक

28. यदि शब्द PASSIONATELY के दूसरे, तीसरे, दसवें तथा ग्यारहवें अक्षरों से, प्रत्येक अक्षर का केवल एक बार प्रयोग करते हुए, कोई अर्थपूर्ण शब्द बनाना संभव हो तो उस शब्द का दूसरा अक्षर आपका उत्तर होगा। यदि ऐसा कोई शब्द बनाना संभव नहीं हो तो 'X' उत्तर दें तथा यदि एक से अधिक ऐसे शब्द बनाना संभव हो तो 'Y' उत्तर दें।
(a) A (b) E
(c) L (d) X
(e) Y

29. 'T' अक्षर से शुरू करते हुए बिना अक्षरों को दुहराए शब्द NOTE के अक्षरों से कितने तीन अक्षर के शब्द बनाए जा सकते हैं?
(a) तीन (b) एक
(c) दो (d) कोई नहीं
(e) इनमें से कोई नहीं

30. यदि शब्द OBSERVANT के अक्षरों को परस्पर इस तरह बदला जाए कि पहला अंतिम बन जाए, दूसरा आठवां और आगे भी इसी तरह लेकिन पांचवे अक्षर का स्थान वहीं रहता है तो अक्षरों की नई व्यवस्था क्या होगी?
(a) TNAVERSBO (b) TNVARESBO
(c) NTAVERSBO (d) VANTRESBO
(e) इनमें से कोई नहीं

31. शब्द ANSWER में अक्षरों के ऐसे कितने जोड़े हैं जिनमें से प्रत्येक के बीच उतने ही अक्षर हैं जितने कि अंग्रेजी वर्णमाला में उनके बीच होते है?
(a) एक (b) दो
(c) चार (d) तीन
(e) इनमें से कोई नहीं

32. यदि शब्द MERCIFUL के सभी अक्षरों को वर्णानुक्रम से लगाया जाए ओर अंग्रेजी वर्णमाला के पिछले वर्ण से प्रतिस्थापित कर दिया जाए, तो अक्षरों की नई व्यवस्था क्या होगी?
(a) BDHEKLQT (b) BDEHKLQT
(c) BDEHLKQT (d) BDEJMLQT
(e) इनमें से कोई नहीं

33. यदि शब्द CERTIFICATE में पहले एवं सातवें अक्षर को आपस में बदल दिया जाए, उसी प्रकार दूसरे एवं आठवें अक्षर को आपस में बदल दिया जाए तथा इसी प्रकार पाँचवें अक्षर को ग्यारहवें अक्षर के साथ बदल दिया जाए, तब कौन सा अक्षर दाहिनी ओर से छठे अक्षर के दायीं ओर तीसरा होगा?
(a) T (b) R
(c) A (d) C
(e) इनमें से कोई नहीं

34. शब्द DOCUMENT में अक्षरों के ऐसे जोड़े कितने है जिनके प्रत्येक के बीच शब्द में उतने ही अक्षर हैं जितने कि उनके बीच अंग्रेजी वर्णमाला में होते हैं?
(a) कोई नहीं (b) एक
(c) तीन (d) तीन
(e) इनमें से कोई नहीं

35. यदि शब्द ENTERPRISE के पहले, तीसरे, पाँचवें एवं आठवें अक्षर से प्रत्येक अक्षर का केवल एक बार प्रयोग करते हुए, कोई अर्थपूर्ण शब्द बनाना संभव हो तो उस शब्द का पहला अक्षर आपका उत्तर होगा। यदि एक से अधिक ऐसे शब्द बनाना संभव हो तो आपका उत्तर 'X' होगा तथा यदि ऐसा कोई शब्द बनाना संभव नहीं हो तो आपका उत्तर 'Y' होगा।
(a) P (b) S
(c) T (d) X
(e) Y

36. शब्द DISTANCE में सभी स्वरों को अगले अक्षर से और सभी व्यंजनों को पिछले अक्षर से प्रतिस्थापित किया जाए और फिर सभी अक्षरों को वर्णानुक्रम में क्रमबद्ध किया जाए तो कौन सा अक्षर दाएं से तीसरा होगा?

(a) M (b) F
(c) R (d) J
(e) इनमें से कोई नहीं

37. यदि शब्द FOLK के अक्षरों को वर्णमाला के क्रमानुसार लिखा जाए और उसके प्रत्येक अक्षर को अंग्रेजी वर्णमाला के अनुसार उसके ठीक पहले अक्षर से प्रतिस्थापित कर दिया जाए, तो उनसे होने वाला परिणामी शब्द क्या होगा?

(a) GLMP (b) EJKP
(c) EKJN (d) EJKN
(e) इनमें से कोई नहीं

38. यदि A को 1 से, B को 2 से, C को 3 से, D को 1 से, E को 2 से, F को 3 से प्रदर्शित किया जाए और आगे भी इसी प्रकार किया जाए, तो शब्द 'MULE' की संख्याओं का योग कितना होगा?

(a) 7 (b) 8
(c) 9 (d) 10
(e) इनमें से कोई नहीं

39. अंग्रेजी वर्णमाला के आधार पर नीचे दी गई अक्षर-समूह शृंखला में प्रश्नचिह्न (?) के स्थान पर क्या आएगा?

WC RE NI KO ?

(a) JX (b) JW
(c) IX (d) IW
(e) इनमें से कोई नहीं

40. प्रत्येक अक्षर का शब्द में केवल एक बार प्रयोग करते हुए ARTSE अक्षरों से अंग्रेजी के कितने अर्थपूर्ण शब्द बन सकते हैं ?

(a) कोई नहीं (b) एक
(c) दो (d) तीन
(e) तीन से अधिक

41. शब्द PROFITABLE में अक्षरों के ऐसे कितने जोड़े हैं जिसमें से प्रत्येक में उनके बीच उतने ही अक्षर हैं जितने कि अंग्रेजी वर्णमाला में उनके बीच हैं ?

(a) कोई नहीं (b) एक
(c) दो (d) तीन
(e) तीन से अधिक

42. शब्द ELEVATION में अक्षरों के ऐसे कितने जोड़े हैं जिनके बीच शब्द में उतना ही अक्षर है जितना कि अंग्रेजी वर्णमाला में उनके बीच होता है ?

(a) कोई नहीं (b) एक
(c) दो (d) तीन
(e) तीन से अधिक

43. यदि शब्द WEBPAGE के प्रत्येक स्वर को अंग्रजी वर्णमाला में ठीक उसके बाद के अक्षर द्वारा और प्रत्येक व्यंजन को ठीक उसके पहले के अक्षर द्वारा विस्थापित कर दिया जाए तो निम्न में से कौन सा अक्षर तीन बार आएगा?

(a) G (b) F
(c) Q (d) V
(e) इनमें से कोई नहीं

44. शब्द DOCUMENTARY में अक्षरों के ऐसे कितने जोड़े हैं जिनके बीच शब्द में उतने ही अक्षर हैं जितने कि अंग्रेजी वर्णमाला में होते हैं?

(a) कोई नहीं (b) एक
(c) दो (d) तीन
(e) तीन से अधिक

45. अक्षर समूह TPSI के प्रत्येक अक्षर का प्रत्येक शब्द में केवल एक बार प्रयोग करके चार अक्षरों के कितने अर्थपूर्ण अंग्रेजी शब्द बनाया जा सकता है?

(a) एक (b) दो
(c) तीन (d) चार
(e) चार से अधिक

46. शब्द HORIZONTAL में अक्षरों के ऐसे कितने जोड़े हैं, जिनके बीच शब्द में उतने ही अक्षर हैं, जितना कि अंग्रेजी वर्णमाला क्रम में होते हैं?

(a) कोई नहीं (b) एक
(c) दो (d) तीन
(e) तीन से अधिक

47. अक्षर समूह SLIKL के प्रत्येक अक्षर का प्रत्येक शब्द में केवल एक बार प्रयोग करके कितने अर्थपूर्ण अंग्रेजी शब्द बनाये जा सकते हैं ?

(a) एक (b) दो
(c) तीन (d) तीन से अधिक
(e) कोई नहीं

48. यदि शब्द HABITUAL के प्रत्येक स्वर को वर्णमाला में ठीक उसके बाद के अक्षर द्वारा और प्रत्येक व्यंजन को ठीक उसके पहले के अक्षर द्वारा विस्थापित कर दिया जाए तो निम्न में से बांये से चौथा कौन सा होगा ?

(a) A (b) S
(c) J (d) H
(e) इनमें से कोई नहीं

49. निम्न अक्षर शृंखला में रिक्त स्थान पर अक्षरों का कौन सा समूह आएगा जिससे कि शृंखला एक तार्किक शृंखला बन सके?

bw __ yza dstuv__, __ opqre

(a) x, e, d (b) x, c, f
(c) v, e, f (d) x, c, d
(e) x, e, n

50. यदि शब्द WALKING के प्रत्येक अक्षर को वर्णमाला क्रम में बांये से दांये सजाया जाए तो कितने अक्षरों का स्थान अपरिवर्तित रहेगा ?
(a) कोई नहीं (b) एक
(c) दो (d) तीन
(e) तीन से अधिक

51. शब्द REGIONAL में अक्षरों के ऐसे कितने जोड़े हैं जिनके बीच शब्द में उतने ही अक्षर हैं जितने कि अंग्रेजी वर्णमाला में होते हैं ?
(a) कोई नहीं (b) एक
(c) दो (d) तीन
(e) तीन से अधिक

52. यदि शब्द 'AUTOMOBILE' के पहले, पांचवे, नौवें और दसवें अक्षरों का केवल एक बार प्रयोग करके केवल एक अर्थपूर्ण अंग्रेजी शब्द बनाया जा सकता है, तो उस शब्द का दूसरा अक्षर क्या होगा ? यदि एक से अधिक ऐसे शब्द बनाये जा सकते हैं तो उत्तर 'Y' दीजिए और यदि ऐसा कोई शब्द नहीं बनाया जा सकता है तो उत्तर 'Z' दीजिए।
(a) Y (b) L
(c) A (d) E
(e) Z

53. शब्द CORPORATE में अक्षरों के ऐसे युग्म कितने हैं, जिनमें से प्रत्येक के बीच में उतने ही अक्षर हैं जितने कि उनके बीच अंग्रेजी वर्णमाला में होते हैं?
(a) चार (b) एक
(c) दो (d) तीन
(e) इनमें से कोई नहीं

54. यदि COMPREHENSION शब्द के प्रथम तीन अक्षरों को उलट दिया जाता है उसके बाद अंतिम तीन अक्षरों को इसके बाद लिखा जाता है और बाकी अक्षरों को उलटकर लिखा जाता है। निम्न में से कौन-सा अक्षर ठीक मध्य में होगा?
(a) H (b) N
(c) R (d) S
(e) इनमें से कोई नहीं

55. यदि DEPRESSION शब्द के पहले एवं दूसरे अक्षरों की अदला-बदली कर दी जाय; इसी प्रकार तीसरे एवं चौथे अक्षरों की, पाँचवें एवं छठे अक्षरों की भी अदला-बदली कर दी जाय, तब निम्नलिखित में से कौन-सा दायें से सातवाँ अक्षर होगा?
(a) R (b) O
(c) S (d) P
(e) इनमें से कोई नहीं

56. यदि DOCUMENTATION शब्द के तीसरे एवं 10वें अक्षरों की स्थितियां बदल दी जाय तथा इसी प्रकार चौथे एवं सातवें अक्षरों, दूसरे एवं छठे अक्षरों की स्थितियों को बदल दी जाय, तब निम्नलिखित में से दायें सिरे से ग्यारहवाँ कौन-सा होगा?
(a) C (b) I
(c) T (d) U
(e) इनमें से कोई नहीं

57. दिए गए शब्दों को वर्णक्रम में व्यवस्थित करें तथा बीच में आनेवाले शब्द को बताएँ।
(a) Restrict (b) Rocket
(c) Robber (d) Random
(e) Restaurant

58. नीचे दी गई अक्षर-संख्या के युग्मों में से, संख्याओं के ऐसे युग्म का चयन करें जिसके आधार पर यदि अक्षरों को व्यवस्थित किया जाए तो एक अर्थपूर्ण शब्द का निर्माण हो सके।
R A C E T
1 2 3 4 5
(a) 1, 2, 3, 4, 5 (b) 3, 2, 1, 4, 5
(c) 5, 2, 3, 4, 1 (d) 5, 1, 2, 3, 4
(e) 5, 3, 2, 4, 1

Answer Key

1	(a)	13	(b)	25	(c)	37	(d)	49	(b)
2	(b)	14	(d)	26	(b)	38	(c)	50	(c)
3	(a)	15	(a)	27	(c)	39	(d)	51	(e)
4	(a)	16	(e)	28	(e)	40	(c)	52	(a)
5	(e)	17	(c)	29	(a)	41	(c)	53	(a)
6	(d)	18	(e)	30	(e)	42	(e)	54	(d)
7	(c)	19	(d)	31	(b)	43	(b)	55	(d)
8	(c)	20	(d)	32	(b)	44	(c)	56	(c)
9	(c)	21	(c)	33	(b)	45	(c)	57	(a)
10	(c)	22	(c)	34	(a)	46	(e)	58	(d)
11	(a)	23	(d)	35	(d)	47	(b)		
12	(e)	24	(b)	36	(a)	48	(c)		

व्याख्या सहित हल — Answers & Explanations

1. (a) S T R I V E

2. (b) अर्थपूर्ण शब्द हैं: TAN एवं ANT

3. (a) C L I E N T
C E I L N T

4. (a) H A N D O V E R
V R O N H E D A
किसी भी अक्षर का स्थान अपरिवर्तित नहीं है।

5. (e) E X C U R S I O N

6. (d) 1 2 3 4 5 6 7 8 9
D E V I A T I O N
दूसरा, तीसरा, छठा एवं आठवां अक्षर E, V, T एवं O है।
अर्थपूर्ण शब्द: VETO, VOTE

7. (c) W O R K I N G
+1 −1 +1 −1 +1 −1 +1
X N S J J M H
दायीं ओर से चौथा

8. (c) G O L D E N

9. (c) W O R K I N G
−1 +1 −1 +1 −1 +1 −1
V P Q L H O F
बदली हुई व्यवस्था में दाईं ओर से चौथा अक्षर L है।

10. (c) ELAN, LEAN तथा LANE

11. (a) दिया गया शब्द : A R G U M E N T वर्णक्रमानुसार व्यवस्थित करने पर
A E G M N R T U
+1 +1 +1 +1 +1 +1 +1 +1
B F H N O S U V

12. (e); D E L U S I O N

13. (b) अर्थपूर्ण शब्द : ARE, ART, ATE

14. (d) अक्षरों का नया क्रम : GANCARROE

15. (a) C H I L D R E N
अक्षरों के अभीष्ट
युग्म = HI, EI, HN तथा IN हैं।

16. (e) O U T R A G E O U S
1 2 3 4 5 6 7 8 9 10
T, A, E तथा S से बनने वाले अर्थपूर्ण शब्द SEAT तथा EAST है।

17. (c) अंग्रेजी वर्णमाला के अनुसार सुव्यवस्थित करने पर अक्षरों का परिणामी समूह निम्न होगा–
P R I N C E
C E I N P R
सिर्फ दो अक्षर I N पूर्ववत रहेंगे

18. (e) अर्थपूर्ण शब्द हैं : ROSE, SORE, EROS एवं ORES

19. (d) 3 15 14 19 20 1 2 12 5
C O N S T A B L E

20. (d) अर्थपूर्ण शब्द RACE, CARE और ACRE है।

21. (c) प्रश्नानुसार,
F L O U R I S H
I O U F H L R S
I O U F H L R S
-1 -1 -1 +1 +1 +1 +1 +1
H N T G I M S T
दाई ओर से तीसरा

22. (c) P H Y S I C A L

23. (d) S H I F T E D

24. (b) अर्थ पूर्ण शब्द GO तथा TO

25. (c) K N I G H T

26. (b) S T A B L E
-1 -1 +1 -1 -1 +1
R S B A K F
बायें से तीसरा

27. (c) अर्थपूर्ण शब्द हैं: HATE एवं HEAT.

28. (e) शब्द हैं: SEAL एवं SALE.

29. (a) अर्थपूर्ण शब्द: TON, TOE और TEN

30. (e) 1 2 3 4 5 6 7 8 9
O B S E R V A N T
T N A V R E S B O

31. (b) 1 14 19 23 5 18
A N S W E R

32. (b) वर्णानुक्रम के अनुसार

C E F I L M R U
↓ ↓ ↓ ↓ ↓ ↓ ↓ ↓
B D E H K L Q T

33. (b) प्रश्नानुसार,

F के दायी ओर तीसरा

I C A T E [F] C E [R] T I

दायी ओर से छठा

34. (a) 4 15 3 21 13 5 14 20
D O C U M E N T

35. (d) अर्थ पूर्ण शब्द: TIRE, TIER, RITE

36. (a)

D I S T A N C E
↓ ↓ ↓ ↓ ↓ ↓ ↓ ↓
C J R S B M B F

B B C F J [M] R S

37. (d) FOLK → FKLO → EJKN

38. (c) MULE = 1 + 3 + 3 + 2 = 9

39. (d) $W \xrightarrow{5} R \xrightarrow{4} N \xrightarrow{-3} K \xrightarrow{-2} I$

$C \xrightarrow{2} E \xrightarrow{4} I \xrightarrow{6} O \xrightarrow{8} W$

40. (c) TEARS and STARE

41. (c) P R O F I T A B L E

अत: ऐसे दो जोड़े हैं: A, B और B, F.

42. (e) E L E V A T I O N

अत: ऐसे चार जोड़े हैं :
EA, EI, VT, ON

43. (b) WEBPAGE
परिवर्तित शब्द VFAOBFF
अत: F तीन बार आयेगा।

44. (c) D O C U M E N T A R Y

अत: यहाँ दो युग्म है : MR और TR

45. (c) TIPS, SPIT and PITS

46. (e) H O R I Z O N T A L

अत: चार ऐसे जोड़े हैं :
HN, RO, RN, ON

47. (b) SKILL, KILLS

48. (c) मूल शब्द : HABITUAL
परिवर्तित शब्द : GBAJSVBK
अब बांये से चौथा J है।

49. (b) b w <u>x</u> y z a
d s t u v <u>c</u>
<u>f</u> o p q r e

50. (c) शब्द : W A L K I N G
वर्णमाला क्रम : A G I K L N W
अत: K और N की स्थिति अपरिवर्तित रहती है।

51. (e) R E G I O N A L

अत: चार ऐसे जोड़े हैं :
GL, ON, NL और OL

52. (a) अक्षर : A, M, L, E
शब्द : MALE, MEAL, LAME

53. (a) C O R P O R A T E

इस प्रकार के चार युग्म है : (P, R), (R, T) और (P, T)

54. (d) COMPREHENSION → (COM) (PREHENS) (ION)
→ COMIONSNEHERP

55. (d)

D E P R E S S I O N
E D R P S E I S N O
1 2 3 4 5 6 7 8 9 10

56. (c)

D O C U M E N T A T I O N

1 2 3 4 5 6 7 8 9 10 11 12 13

57. (a) Random, Restaurant, **Restrict,** Robber, Rocket.

58. (d) 5, 1, 2, 3, 4 ; word 'TRACE'.

◆ ◆ ◆

अध्याय

6

रक्त संबंध
(BLOOD RELATION)

रक्त-संबंध

रक्त-संबंध– दो या दो से अधिक व्यक्तियों के बीच अपने पूर्वजों द्वारा किये गए सन्तानोत्पति के आधार पर बनाये गये आपसी मधुर, सद्भावनापूर्ण सुदृढ़ रिश्ते या संबंध को रक्त संबंध कहते हैं।

इस प्रकार की परीक्षा में प्रतियोगियों से रिश्ते-संबंधी ज्ञान की जाँच की जाती है। इसमें ऐसे प्रश्न दिये जाते हैं, जिनमें किन्हीं दो या दो से अधिक व्यक्तियों के संबंध दिये गये होते हैं तथा इन्हीं संबंधों के आधार पर किसी अन्य व्यक्ति के साथ संबंध ज्ञात करने होते हैं। इस प्रकार के प्रश्नों में आपकी सफलता इस बात पर निर्भर करती है कि आपको रक्त-संबंधी ज्ञान की कितनी अच्छी तरह से जानकारी है।

एक पीढ़ी से अगली पीढ़ी का प्रतिवेदन

पीढ़ी I	दादा, दादी, नाना, नानी
पीढ़ी II	माँ, पिता, चाचा, चाची, मामा, मामी
पीढ़ी III	स्वयं, बहन, साली, भाई, साला
पीढ़ी IV	पुत्र, पुत्री, भतीजा, भतीजी

रक्त संबंध से संबंधित स्मरणीय तथ्य *(Points to Remember)*

❖ माता या पिता का पुत्र	⇒	भाई (Brother)
❖ माता या पिता की पुत्री	⇒	बहन (Sister)
❖ माता और पिता का भाई	⇒	क्रमश: मामा और चाचा (Uncle)
❖ माता और पिता की बहन	⇒	क्रमश: मौसी और बुआ (Aunt)
❖ माता और पिता की माँ	⇒	क्रमश: नानी और दादी (Grandfather)
❖ माता और पिता के पिता	⇒	क्रमश: नाना और दादा (Grandfather)
❖ पुत्र की पत्नी	⇒	बहू (daughter-in-law)
❖ पुत्री का पति	⇒	दामाद (Son-in-law)
❖ पति और पत्नी का भाई	⇒	क्रमश: देवर और साला (brother-in-law)
❖ पति और पत्नी की बहन	⇒	क्रमश: ननद और साली (Sister-in-law)
❖ भाई की पुत्री	⇒	भतीजी (Niece)
❖ भाई के पुत्र	⇒	भतीजा (Nephew)
❖ चाचा/चाची का पुत्र/पुत्री	⇒	चचेरा भाई/बहन (Cousin)
❖ फुफा/बुआ का पुत्र/पुत्री	⇒	फूफेरा भाई/ बहन (Cousin)
❖ मौसा/मौसी का पुत्र/पुत्री	⇒	मौसेरा भाई/बहन (Cousin)
❖ बहन का पति	⇒	बहनोई (Brother-in-Law)
❖ भाई की पत्नी	⇒	भाभो या भाभी (Sister-in-law)
❖ इकलौता पुत्र/बहन, आदि	⇒	एकमात्र पुत्री/बहन (Only Daughter/Siter)
❖ इकलौता पुत्र/भाई	⇒	एकमात्र पुत्र/भाई (Only Son / Brother)
❖ न भाई न बहन	⇒	स्वयं (Self)
❖ दादी या दादा का पुत्र/पुत्री	⇒	चाचा/बुआ (Uncle/ Aunt)

▷ ▷ ▷ ▷ प्रश्नों के प्रकार ◁ ◁ ◁ ◁

टाइप 1 : सांकेतिक संबंध पर आधारित प्रश्न

उदाहरण 1 : यदि A + B का अर्थ है A माँ है B की, A × B का अर्थ है A पिता है B का, A$ B का अर्थ है A भाई है B का और A @ B का अर्थ है A बहन है B की तब निम्न में से किसका अर्थ है, P पुत्र है Q का?

(a) Q + R @ P @ N (b) Q + R * P @ N
(c) Q x R $ P @ N (d) Q x R $ P $ N

हल (d)

- Q × R = Q माँ है R की [-Q, ±R]
- R $ P = R भाई है P का [+ R, ±P]
- P $ N = P भाई है N का [+ P, ±N]

इस प्रकार P पुत्र है Q का

टाइप 2 : परिवार के विभिन्न संबंधों पर आधारित प्रश्न

उदाहरण 2 : A के 3 बच्चे हैं। B भाई है C का और C बहन है D की, E जो कि A की नानी है, D की माँ है। E के पति की सिर्फ एक पुत्री है। D और B में क्या संबंध है?

(a) भाई **(b)** पुत्री
(c) पुत्र **(d)** बहन
(e) इनमें से कोई नहीं

हल (a) चार्ट के द्वारा

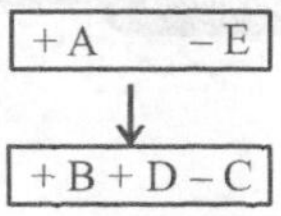

इस प्रकार, D एक लड़का है क्योंकि E की सिर्फ एक पुत्री है।

अत: B भाई है D का।

टाइप 3 : परोक्ष कथन के आधार पर संबंध ज्ञात करना

उदाहरण 3 : एक फोटोग्राफ की ओर इंगित करते हुए रेखा लल्ली से कहती है, "यह मेरी छोटी बहन की दादी का इकलौता पुत्र की पत्नी की दुसरी पुत्री है। रेखा किस प्रकार फोटोग्राफ में दिखाई गई लड़की से संबंधित है?

(a) माँ **(b)** बहन
(c) बुआ **(d)** पत्नी
(e) इनमें से कोई नहीं

हल (b) पीढ़ी चार्ट द्वारा

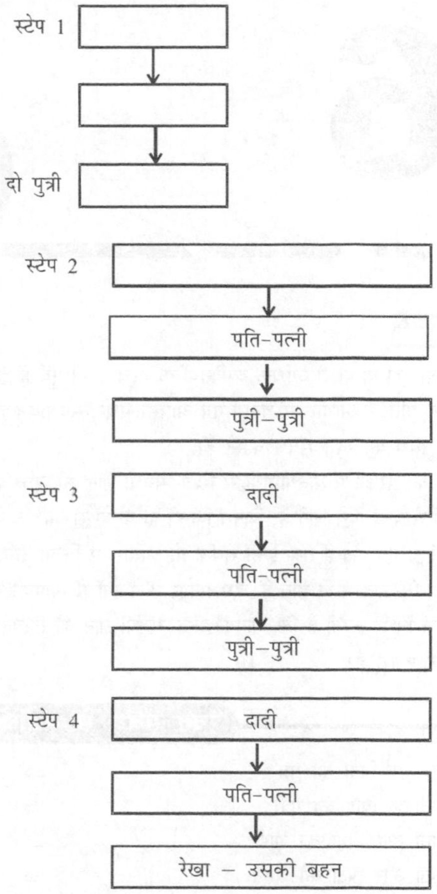

अन्य विधि द्वारा हल

- रेखा की छोटी बहन की दादी का अर्थ है रेखा की दादी
- दादी का इकलौता पुत्र की पत्नी का अर्थ है रेखा की माँ
- माँ की छोटी पुत्री का अर्थ है रेखा की छोटी बहन

नोट : प्रश्नों को हल करते समय (+) का उपयोग पुरुष के लिए तथा (–) का उपयोग महिला के लिए किया जा सकता है।

साधित उदाहरण (Solved Examples)

उदाहरण 1 : P, Q का भाई है। M, Q की बहन है। T, P का भाई है। Q किस प्रकार T से संबंधित है?

(a) भाई **(b)** बहन
(c) भाई या बहन **(d)** आकड़े अपर्याप्त हैं
(e) इनमें से कोई नहीं

हल (c) T एवं P, Q के भाई हैं
Q का लिंग ज्ञात नहीं है।
अत: Q, T की या तो बहन है या भाई है।

उदाहरण 2 : एक लड़के की ओर इशारा करते हुए सीमा ने कहा, "वह मेरे ग्रैंडफादर के एकमात्र पुत्र का पुत्र है।" वह लड़का सीमा से किस प्रकार संबधित है?

(a) भाई **(b)** कजिन
(c) बहन **(d)** आंकड़े अपर्याप्त हैं
(e) तीन से अधिक

हल (a) सीमा के ग्रैंडफादर का एकमात्र पुत्र, अर्थात् सीमा के पिता तथा पिता का पुत्र अर्थात सीमा का भाई।

उदाहरण 3 : यदि 'A × B' का अर्थ है 'B, A का पिता है', 'A + B' का अर्थ है 'A, B की पत्नी है', और 'A ÷ B' का अर्थ है 'A, B का भाई है', तो 'J + H ÷ R × L' में J का L के साथ क्या रिश्ता है?

(a) बेटी **(b)** डॉटर-इन-लॉ
(c) सिस्टर-इन-लॉ **(d)** निर्धारित नहीं किया जा सकता
(e) इनमें से कोई नहीं

हल (b)

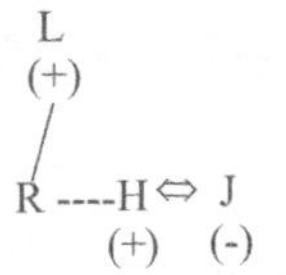

J, R के भाई की पत्नी है। L पिता है H एवं R का।
अत: J, L की वधू है।

अभ्यास प्रश्न (Exercise)

निर्देश (प्र. 1- 5): निम्नलिखित प्रश्न नीचे दी जानकारी पर आधारित हैं:

'A × B' का अर्थ है 'A, B की माता है'।
'A – B' का अर्थ है 'A, B का भाई है'।
'A + B' का अर्थ है 'A, B की बहन है'।
'A ÷ B' का अर्थ है 'A, B का पिता है'।

1. निम्नलिखित में से किसका अर्थ 'R, T का मैटर्नल अंकल है'?
(a) R - M × T (b) R + M × T
(c) T × M – R (d) T + M ÷ R
(e) इनमें से कोई नहीं

2. निम्नलिखित में से किसका अर्थ 'F, H का पैटर्नल ग्रैंडफादर है'?
(a) F - J ÷ H (b) F ÷ J - H
(c) F ÷ J ÷ H (d) H ÷ J ÷ F
(e) इनमें से कोई नहीं

3. R ÷ M - K में K का M से क्या संबंध है?
(a) पुत्र (b) पुत्री
(c) भतीजा (d) निर्धारित नहीं किया जा सकता
(e) इनमें से कोई नहीं

4. 'M, N की बेटी है' कैसे लिखा जाएगा?
(a) M + D × N (b) N ÷ M + W
(c) N ÷ M (d) N × M
(e) इनमें से कोई नहीं

5. 'D ÷ R – M × H' में H का D से क्या संबंध है?
(a) ग्रैंडसन (b) ग्रैंडडॉटर
(c) ग्रैंडसन या ग्रैंडडॉटर (d) डाटा अपर्याप्त
(e) इनमें से कोई नहीं

6. दीपिका श्रद्धा से कहती है, 'तुम्हारी मां के पिता के पुत्र मेरी बहन के पति है' दीपिका किस प्रकार श्रद्धा से संबधित हैं?
(a) सिस्टर-इन लॉ (b) कजिन
(c) आंट (d) आंकड़े अपर्याप्त
(e) इनमें से कोई नहीं

7. E, A का पुत्र है। C, A की माता हैं और D की पत्नी है। A का E से क्या संबंध है?
(a) पिता (b) अंकल
(c) ससुर (d) डाटा अपर्याप्त है
(e) इनमें से कोई नहीं

8. एक महिला की तस्वीर की ओर संकेत करते हुए मृणालिनी ने कहा, ''उसके बेटे के पिता मेरी माँ के एकलौते दामाद है।'' मृणालिनी तस्वीर वाले महिला से किस प्रकार संबंधित है?

(a) बहन (b) माँ
(c) कजन (d) चाची
(e) इनमें से कोई नहीं

9. यदि 'A★B' का अर्थ है 'B' का पिता A है,' 'A × B का अर्थ है 'B की माता A है' और 'A # B' का अर्थ है 'B का पति A है'; तो निम्नलिखित में से किसका अर्थ 'Q का पोता P है'?

(a) Q # R × S ★ P (b) Q ★ N × P # R
(c) Q ★ L # N × P (d) P # N × M ★ Q
(e) इनमें से कोई नहीं

10. A, B का भाई है। C, B की माँ है। M, C की बहन है। M का B से क्या संबंध है?

(a) भतीजा (b) भानजी
(c) मौसी (d) ज्ञात नहीं कर सकते
(e) इनमें से कोई नहीं

11. R, Q की पुत्री है। M, B की बहन है जो Q का पुत्र है। M,का R से क्या सम्बन्ध है?

(a) कजिन (b) नीस
(c) बहन (d) आन्ट
(e) इनमें से कोई नहीं

12. एक फोटोग्राफ की ओर इशारा करते हुए निकिता कहती है, ''वह मेरी दादी/नानी की पुत्री की एक मात्र पोती/नातिन है।'' वह लड़की निकिता से किस प्रकार संबंधित है।

(a) बहन (b) भतीजी/भांजी या पुत्री
(c) आंट (d) निर्धारित नहीं किया जा सकता
(e) इनमें से कोई नहीं

13. यदि 'P × O' का अर्थ है 'P पत्नी है Q की', 'P + Q' का अर्थ है 'P पिता है Q का' तथा 'P ÷ Q' का अर्थ है 'P बहन है Q की' तब G × H + R ÷ D में G किस प्रकार D से संबंधित है?

(a) निर्धारित नहीं किया जा सकता
(b) माता
(c) भतीजी
(d) आंट
(e) इनमें से कोई नहीं

14. हरि के फोटोग्राफ की ओर इशारा करते हुए विजय कहता है कि ''उसकी बहन का पिता मेरी पत्नी की माँ का पति है।'' विजय किस प्रकार हरि से संबंधित है?

(a) भाई (b) जीजा/साला
(c) अंकल (d) डाटा अपर्याप्त
(e) इनमें से कोई नहीं

15. M, N का भाई है। S, D की माता है और M की आंट है। D का M से क्या संबंध है?

(a) बहन (b) कजिन
(c) आंट (d) निर्धारित नहीं किया जा सकता
(e) इनमें से कोई नहीं

16. एक फोटो की ओर संकेत करते हुए सचिन ने कहा वह मेरे पिता की बहन के पुत्र की ग्रैंडमदर है। फोटो वाली महिला का सचिन से क्या संबंध है?

(a) माता (b) आंट
(c) कजिन (d) निर्धारित नहीं किया जा सकता
(e) ग्रैंडमदर

17. J का पिता P है। N की माँ S है। J का भाई N है। S का बेटा B है। यदि B की बहन C है, तो J का C से क्या संबंध है?

(a) जानकारी अधूरी है (b) कजिन
(c) भाई (d) बहन
(e) इनमें से कोई नहीं

निर्देश (18 & 19) : इन प्रश्नों का उत्तर देने के लिए निम्नलिखित जानकारी का ध्यान से अध्ययन करें।

(i) '$P \times Q$' का अर्थ है 'P, Q का भाई है'
(ii) '$P - Q$' का अर्थ है 'P, Q की बहन है'
(iii) '$P + Q$' का अर्थ है 'P, Q की माता है'
(iv) '$P \div Q$' का अर्थ है 'P, Q का पिता है'

18. निम्नलिखित में से किसका अर्थ है 'M, R की पुत्री है' ?

(a) R ÷ D × M (b) R + D × M
(c) M – J × R ÷ T (d) R + M – T
(e) इनमें से कोई नहीं

19. निम्नलिखित में से किसका अर्थ है 'K, W का मैटर्नल अंकल है' ?

(a) K – J + W (b) K × J ÷ W
(c) K × J + W (d) W + J × K
(e) इनमें से कोई नहीं

निर्देश (20-23) : ये प्रश्न निम्नलिखित जानकारी पर आधारित है। इसे ध्यान से पढ़िए और उत्तर दीजिए।

(i) 'A × B' का अर्थ है 'A, B का पिता है।
(ii) 'A ÷ B' का अर्थ है 'A, B की पुत्री है'।
(iii) 'A + B' का अर्थ है 'A, B की बहन है'।
(iv) 'A – B' का अर्थ है 'A, B का पति है'।

20. निम्न में से किससे पता चलता है कि N, K की माता है ?
(a) $K+L \div N \times F$ (b) $K+L \div N-M$
(c) $H \times K \div N$ (d) $N \times F+K$
(e) इनमें से कोई नहीं

21. $F \div R \times H-L$ में H का F से क्या संबंध है ?
(a) पिता (b) भाई
(c) बहन (d) निर्धारित नहीं किया जा सकता
(e) इनमें से कोई नहीं

22. $G \times T+Q \div M$ में M का G से क्या संबंध है?
(a) भाई (b) बहन
(c) सिस्टर-इन-लॉ (d) निर्धारित नहीं किया जा सकता
(e) इनमें से कोई नहीं

23. $F-R+H \div T$ में F का T से क्या संबंध है ?
(a) सन-इन-लॉ (b) डॉटर-इन-लॉ
(c) पुत्री (d) पुत्र या पुत्री
(e) इनमें से कोई नहीं

24. D, B का भाई है। M, B का भाई है। K, M का पिता है। T, K की पत्नी है। B का T से क्या संबंध है ?
(a) पुत्र (b) पुत्र
(c) पुत्र या पुत्री (d) डाटा अपर्याप्त
(e) इनमें से कोई नहीं

25. एक महिला की ओर संकेत करते हुए निर्मल ने वहा "वह मेरी पत्नी के ग्रैन्डफादर की एकमात्र संतान की पुत्री है"। इस महिला का निर्मल से क्या संबंध है ?
(a) पत्नी (b) सिस्टर-इन-ला
(c) बहन (d) डाटा अपर्याप्त है
(e) इनमें से कोई नहीं

26. X कहता है Y से, "यद्यपि मैं तुम्हारे पिता का पुत्र हूँ, तुम मेरे भाई नहीं हो।" X तब Y से किस प्रकार सम्बन्धित है?
(a) बहन (b) पुत्र
(c) पुत्री (d) पिता
(e) इनमें से कोई नहीं

27. राजेश की ओर इशारा करते हुए नेहा ने कहा कि उसके भाई का पिता मेरे दादाजी का एकमात्र पुत्र है। नेहा, राजेश से किस प्रकार संबंधित है?
(a) पुत्री (b) बहन
(c) माँ (d) भतीजी
(e) इनमें से कोई नहीं

28. फोटोग्राफ की ओर इशारा करते हुए अरूण ने कहा, 'वह मेरे भाई के बेटे की पत्नी की पुत्री की माँ है।' अरूण उस महिला से किस प्रकार संबंधित है?
(a) चाचा (b) बहु
(c) चचेरा (d) भाई
(e) इनमें से कोई नहीं

29. एक लड़का फिल्म देखने जाता है तथा उसे एक आदमी मिलता है जोकि उसका संबंधी है। वह आदमी उसकी माँ की बहन का पति है। वह आदमी लड़का से किस प्रकार संबंधित है?
(a) भाई (b) भतीजा
(c) मौसा (d) पिता
(e) इनमें से कोई नहीं

30. लक्ष्मी तथा मीरा, रोहन की पत्नियाँ हैं तथा शालिनी, मीरा की सौतेली पुत्री। लक्ष्मी, शालिनी से किस प्रकार संबंधित है?
(a) बहन (b) सास
(c) माँ (d) सौतेली माँ
(e) इनमें से कोई नहीं

31. दया का एक भाई अनिल है। दया, चन्द्रा का पुत्र है। बिमल, चन्द्रा के पिता हैं। संबंध के दृष्टिकोण से बिमल का अनिल से क्या संबंध है?
(a) पुत्र (b) पोता
(c) भाई (d) दादा
(e) इनमें से कोई नहीं

Answer Key

1	(a)	7	(d)	13	(b)	19	(c)	25	(d)
2	(c)	8	(e)	14	(b)	20	(c)	26	(a)
3	(d)	9	(b)	15	(b)	21	(b)	27	(b)
4	(b)	10	(c)	16	(e)	22	(e)	28	(a)
5	(c)	11	(c)	17	(a)	23	(a)	29	(c)
6	(c)	12	(b)	18	(d)	24	(c)	30	(c)
								31	(d)

व्याख्या सहित हल — Answers & Explanations

1. (a) R - M × T :

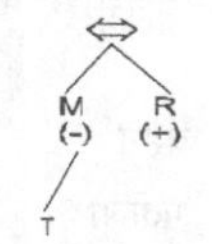

अत: R, T का मैटर्नल अंकल है।

2. (a) I. F - J ÷ H :

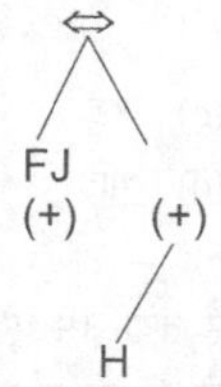

(b) F ÷ J – H :

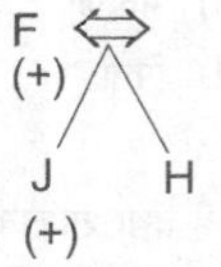

(c) F ÷ J ÷ H :

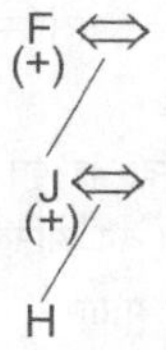

अत: F, H का पैटर्नल ग्रैंडफादर है।

3. (d) R ÷ M - K :

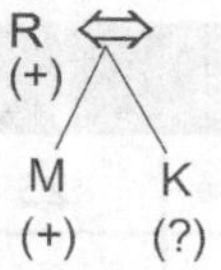

K का लिंग सपष्ट नहीं है।

4. (b) I. M + D × N

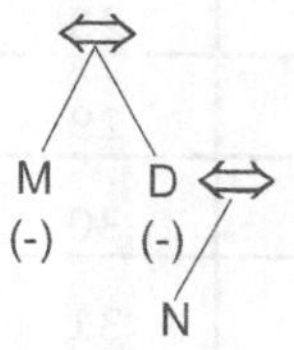

II. N ÷ M + W

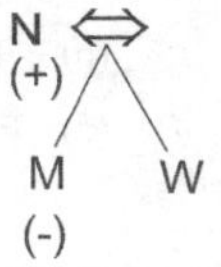

अत: M, N की बेटी है।

5. (c) D ÷ R - M × H :

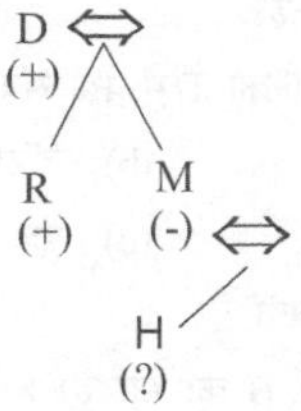

H का लिंग स्पष्ट नहीं है। अत: H, D का ग्रैंडसन या ग्रैंडडॉटर हो सकता है।

7. (d) C पत्नी है D की तथा E पुत्र है A का । अत: A या तो पिता है या माता है E की

8. (e) तस्वीर मृणालिनी की है।

9. (b) विकल्प (a)

1. Q # R × S ★ P :

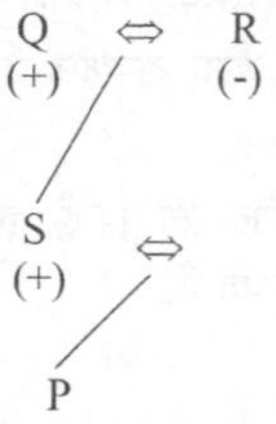

(P का लिंग पता नहीं है इसलिए 'Q' का पोता P है' कहा नहीं जा सकता।)

विकल्प (b)

Q ★ N × P # R :

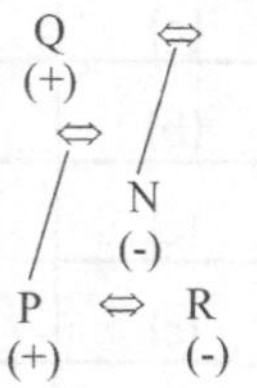

(यहां P का लिंग स्पष्ट है।

अत: Q का पोता P है।)

10. (c) प्रश्नानुसार,

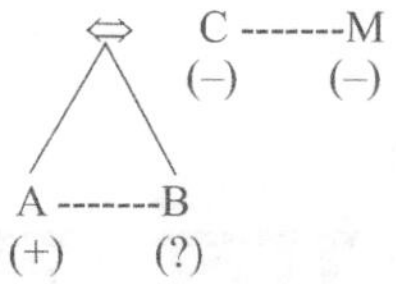

उपर्युक्त से स्पष्ट है कि M, B की मौसी है।

11. (c) R ←पुत्री— Q —पुत्र→ B —बहन→ M

∴ M, R की बहन है।

13. (b) दी हुई जानकारी के आधार पर,

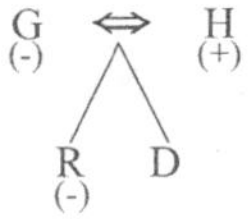

अत: G, D की माता है।

14. (b) विजय की पत्नी की माँ का अर्थ हुआ विजय की सास और सास की बेटी का भाई साला हुआ। अत: हरि विजय का साला है।

15. (b) S, D की माता है तथा M की आंट है। अत: D, M की कजिन है।

16. (e) औरत सचिन के पिता के बहन के पुत्र की ग्रेंडमदर है। अत: वह औरत सचिन की ग्रेंडमदर है।

17. (a) P(+) ⇔ S (-)

J – N(+) B(+) – C(–)

J का लिंग पता नहीं है इसलिए J,C की बहन या भाई हो सकता है।

18. (d)

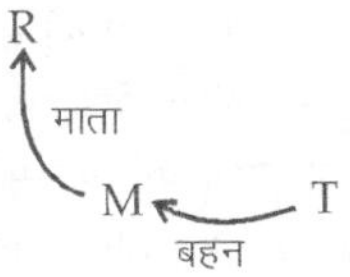

अत: M, R की पुत्री है।

19. (c)

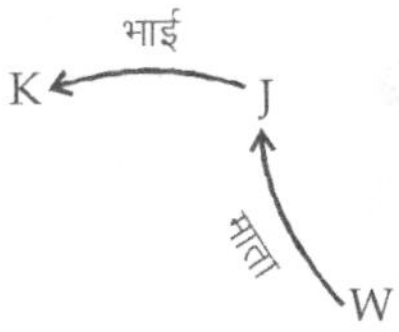

अत: K, W का मैटर्नल अंकल है।

20. (c)

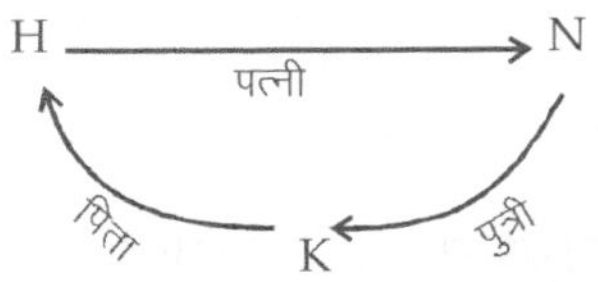

अत: N, H की पत्नी और K की माता है।

21. (b)

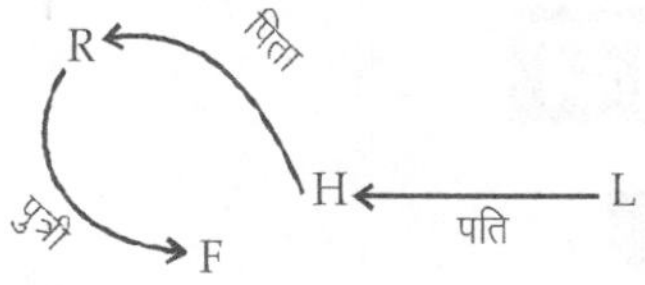

अत: H, F का भाई है।

22. (e)

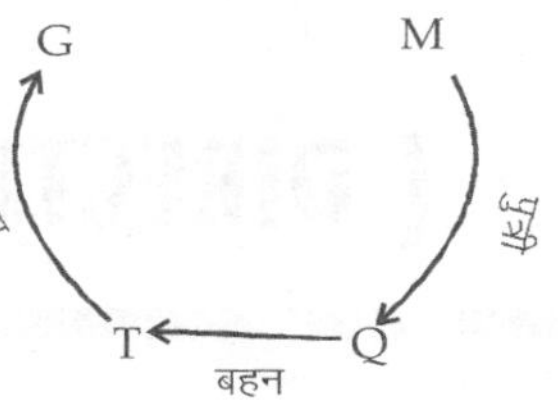

अत: M, G की पत्नी है।

23. (a)

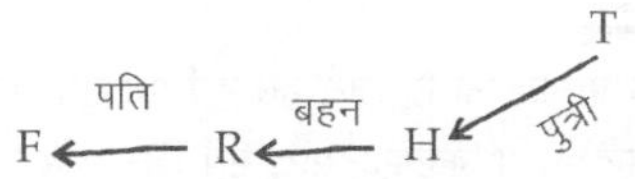

अत: F, T का सन-इन-लॉ है।

24. (c)

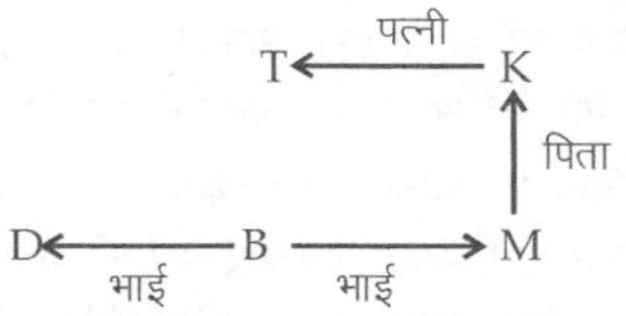

अत: B, T का या तो पुत्र या पुत्री है।

25. (d) ग्रेंडफादर के एकमात्र संतान का अर्थ है या तो माता या पिता। अत: महिला निर्मल की या तो पत्नी है या सिस्टर-इन-लॉ है।

26. (a) X, Y के पिता का पुत्र है और Y, X की बहन है। इस प्रकार वह Y का भाई है।

27. (b) नेहा बहन है (क्योंकि राजेश का दादा नेहा का दादा है).

28. (a) किसी का भाई का पुत्र की पत्नी की पुत्री बताता है कि उसके भाई का पौत्री है।
इस प्रकार हम पाते हैं अरूण उस महिला के पति का चाचा है।

29. (c) किसी के मां की बहन उसकी मौसी होती है। इस प्रकार वह आदमी लड़के की मौसी का पति है।

30. (c)

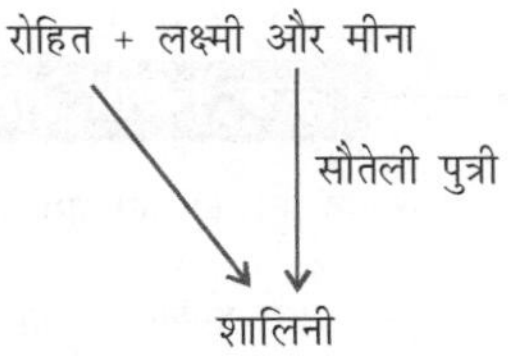

31. (d)

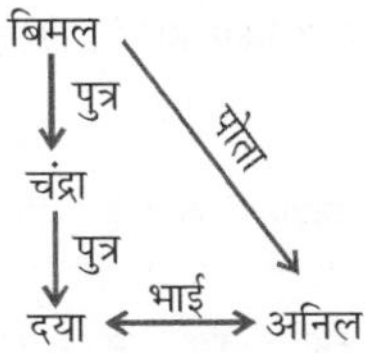

◆ ◆ ◆

अध्याय

7 दिशा, दूरी एवं कलेंडर
(DIRECTIONS, DISTANCE & CALENDAR)

दिशा एवं दूरी

दिशा एक मानक परिकल्पना है, जिसे हम सूर्य एवं ध्रुव तारा दोनों के आधार पर ज्ञात कर सकते हैं। परिकल्पनानुसार, सूर्य जिस ओर उदय होता है, उस ओर को हम पूर्व दिशा कहते हैं तथा इसके ठीक विपरीत सूर्य जिस ओर अस्त होता है उस ओर को हम पश्चिम दिशा कहते हैं। यदि सूर्योदय के समय सूर्य की ओर मुख करके खड़े हों, तो हमारे सामने की दिशा 'पूर्व', पीछे की ओर 'पश्चिम' तथा हमारे बाईं ओर 'उत्तर' एवं दाईं ओर 'दक्षिण' दिशा होगी।

दिशा-आरेख– दिशा से संबंधित प्रत्येक प्रश्न को हल करने के लिए हमें प्रदर्शित आरेखानुसार चारों दिशाओं एवं बाएँ-दाएँ की अवधारणाओं को ध्यान में रखते हुए प्रश्नों को हल करना चाहिए। यदि प्रदर्शित आरेख के मध्य बिन्दु पर कोई व्यक्ति खड़ा हो, तो उसके सामने यानी ऊपर की ओर उत्तर, पीछे की ओर यानी नीचे की ओर दक्षिण तथा दाईं ओर पूर्व एवं बाईं ओर पश्चिम दिशा होगी।

आरेखानुसार, हमें उत्तर एवं पूर्व के बीच की दिशा को 'उत्तर-पूर्व', ठीक इसके विपरीत ओर दक्षिण एवं पश्चिम के बीच की दिशा को 'दक्षिण-पश्चिम', इसी प्रकार उत्तर एवं पश्चिम के बीच की दिशा को 'उत्तर-पश्चिम', तथा ठीक इसके विपरीत ओर दक्षिण एवं पूर्व के बीच की दिशा को 'दक्षिण-पूर्व' दिशाएँ माननी चाहिए।

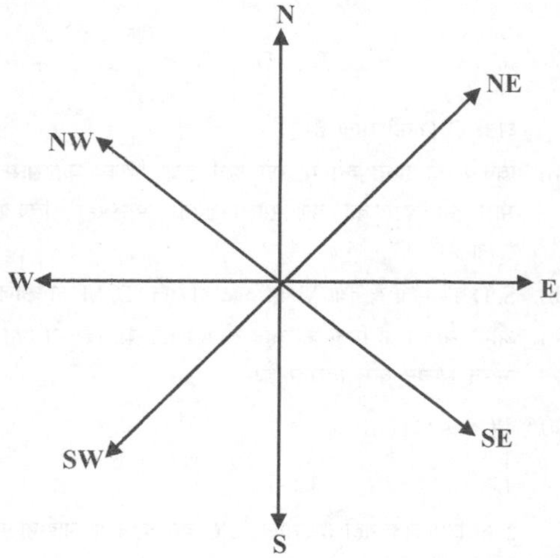

यदि हम किसी दिशा की ओर मुख करके चल रहे हैं तथा किसी बिन्दु से हमें दाईं ओर मुड़ना हो, तो हमें अपनी दाईं ओर यानी घड़ी की सूई की चलने की दिशा में 90° का कोण बनाते हुए मुड़ना चाहिए ठीक इसी प्रकार यदि बाईं ओर मुड़ना हो, तो हमें अपनी बाईं ओर यानी घड़ी की सूई की चलने की विपरीत दिशा यानी (anti clock wise) 90° का कोण बनाते हुए मुड़ना चाहिए।

कुछ विशेष महत्वपूर्ण तथ्य (Points to Remember)

- सूर्योदय के समय यदि कोई व्यक्ति पूर्व की ओर मुख किए हुए हो, तो उसकी छाया पश्चिम की ओर बनेगी।
- सूर्यास्थ के समय किसी वस्तु की छाया हमेशा पूर्व की ओर बनती है।
- यदि कोई व्यक्ति उत्तर की ओर मुख किए हुए है, तो सूर्योदय के समय उसकी छाया बांयीं ओर तथा सुर्यास्थ के समय उसकी छाया दायीं ओर बनती है।
- 12:00 बजे दिन में सूर्य उर्ध्वाधर दिशा में होता है इसलिए इस समय छाया नहीं बनती है।
- किसी निश्चित बिन्दु से x मीटर क्षैतिज तथा y मीटर उर्ध्वाधर दिशा में गमन करने पर उसकी न्यूनतम दूरी $\sqrt{x^2+y^2}$ होती है।

प्रश्नों के प्रकार

टाइप 1

उदाहरण 1 : शिवा अपने घर से शुरुआत करते हुए 5 km पूर्व की ओर चलने के बाद बाईं ओर मुड़ता है और 4 km चलता है। और अंत में वह पुनः बांईं ओर मुड़ता है और 5 km चलता है। अब वह अपने घर से किस दिशा में तथा कितनी दूरी पर है?

(a) पूर्व दिशा में 5 किमी की दूरी पर
(b) पूर्व दिशा में 4 किमी की दूरी पर
(c) पश्चिम दिशा में 4 किमी की दूरी पर
(d) उत्तर दिशा में 4 किमी दूरी पर
(e) इनमें से कोई नहीं

हल (d) प्रश्नानुसार,

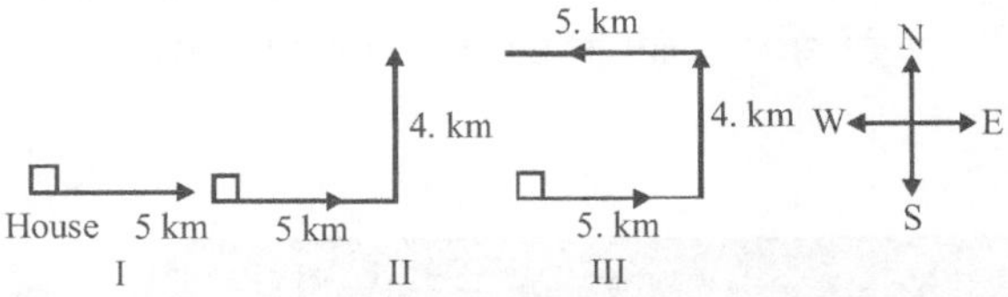

तीसरी स्थिति से स्पष्ट है कि वह उत्तर दिशा में अपने घर से 4 km दूरी पर है।

टाइप 2

उदाहरण 2 : सुरेश अपने घर से शुरुआत करते हुए हुए 4 km पूर्व की ओर चलता है, उसके बाद वह दायीं ओर मुड़ता है और 3 km चलता है। उसे पुनः वापस जाने से कितना न्यूनतम दूरी तय करना पड़ेगा?

(a) 4 किमी (b) 5 किमी
(c) 6 किमी (d) 7 किमी
(e) इनमें से कोई नहीं

हल (b)

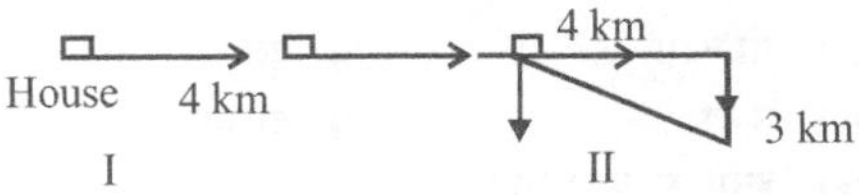

न्यूनतम दूरी $= \sqrt{(4)^2 + (3)^2}$

$= \sqrt{16+9}$

$= \sqrt{25}$

$= 5$ km.

टाइप 3

उदाहरण 3 : एक दिन सुबह सूर्योदय के बाद आर्या अपने स्कूल के रास्ते में मोना से मिलती है। मोना की छाया, आर्या के ठीक दायीं ओर थी। यदि वे दोनों आमने-सामने थे, तो आर्या का मुख किस दिशा में था?

(a) पूर्व (b) उत्तर-पूर्व
(c) पश्चिम (d) दक्षिण
(e) इनमें से कोई नहीं

हल सूर्योदय पूर्व की ओर होता है।

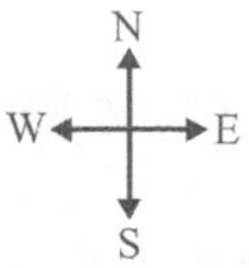

इसलिए सुबह की छाया पश्चिम की ओर होगी।

यहाँ मोना की छाया आर्या के दायीं ओर बन रही है, अतः वह दक्षिण की ओर मुख किए हुए है।

टाइप 4

उदाहरण 4 : हेमा अपने घर से शुरुआत करते हुए 5 km की यात्रा तय कर पैदल क्रॉसिंग पर पहुंचती है। वह जिस दिशा में जा रही है, इसके विपरीत दिशा वाली रोड हॉस्पिटल की ओर जाती है। दायीं ओर की रोड स्टेशन की ओर जाती है। यदि स्टेशन जाने वाली रोड IT-पार्क वाले रोड के विपरीत दिशा में हो तो हेमा को IT-पार्क जोन वाली रोड पर जाने के लिए किस ओर मुड़ना होगा?

हल

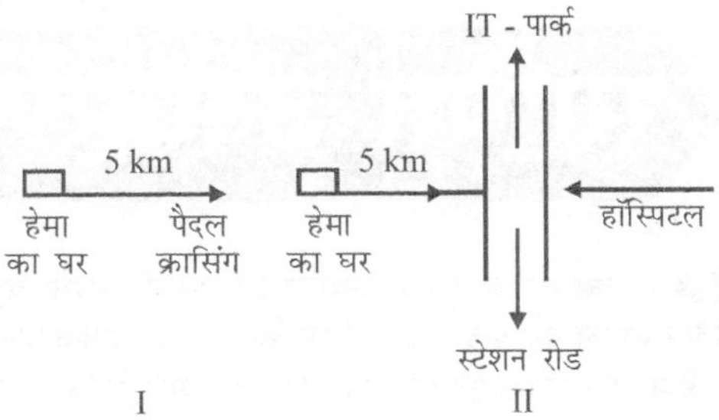

आरेख से स्पष्ट है IT-पार्क जाने वाली रोड पर जाने के लिए हेमा को बायीं ओर मुड़ना होगा।

काल परीक्षण

काल परीक्षण में आपसे कैलेण्डर, घड़ी और समय संबंधी प्रश्न पूछे जाते हैं। इसके लिए आपको कैलेण्डर, घड़ी और समय का ज्ञान पूर्णतः होना चाहिए। कुछ आवश्यक जानकारियाँ निम्नलिखित हैं–

- किसी भी सप्ताह के सातवें भाग को दिन (एक दिन) कहते हैं।
- किसी भी महीने के 28वें, 29वें, 30वें, या 31वें भाग को या वर्ष के 365वें या 366वें भाग को तिथि कहते हैं।
- यदि कोई वर्ष 4 से पूर्णतः विभाजित हो जाता है, तो वह वर्ष 'लीप वर्ष' कहलाता है।
- यदि कोई शताब्दी वर्ष 400 से पूर्णतः विभाजित हो, तो वह वर्ष शताब्दी 'लीप वर्ष' होता है।
- सप्ताह में सात दिन होते हैं- रविवार, सोमवार, मंगलवार, बुधवार, बृहस्पतिवार, शुक्रवार तथा शनिवार।
- एक वर्ष में बारह महीने होते हैं- जनवरी (31 दिन), फरवरी (28 या 29 दिन), मार्च (31 दिन), अप्रैल (30 दिन), मई (31 दिन), जून (30 दिन), जुलाई (31 दिन), अगस्त (31 दिन), सितम्बर (30 दिन), अक्टूबर (31 दिन), नवम्बर (30 दिन), दिसम्बर (31 दिन)।

- साधारणत: फरवरी 28 दिन का होता है, परन्तु लीप वर्ष में फरवरी 29 दिन का होता है।
- एक वर्ष में 52 सप्ताह तथा एक दिन होते हैं तथा लीप वर्ष में 52 सप्ताह तथा दो दिन होते हैं।
- दिनों की संख्या को सात से भाग देने पर जो शेष बचता है, उसे विषम दिन कहते हैं।
- एक दिन या वार की पुनरावृत्ति प्रत्येक 7, 14, 21, 28, ... 364 दिनों के बाद होती है।
- घड़ी की सूइयाँ जब अपने वृत्ताकार मार्ग पर एक पूर्ण चक्कर लगाती है, तब उन्हें 360° घूमना पड़ता है।
- एक मिनट की दूरी 6° के बराबर होता है।
- जब मिनट की सूई एक मिनट की दूरी तय करती है, तो घण्टे की सूई $\frac{1^\circ}{2}$ के बराबर आगे बढ़ जाती है।
- एक घण्टा में 60 मिनट तथा 1 मिनट में 60 सेकण्ड होते हैं।
- प्रत्येक एक घण्टे में मिनट की सूई घण्टे की सूई से 55 मिनट दूरी आगे बढ़ जाती है।
- प्रत्येक घण्टे में दोनों सूइयाँ एक ही दिशा में एक बार मिलती हैं, लेकिन 12 घण्टें में 11 बार तथा 24 घण्टे में 22 बार मिलती हैं।
- प्रत्येक घण्टे में दोनों सूइयाँ केवल एक बार विपरीत दिशा में होती हैं, लेकिन 12 घण्टे में 11 बार तथा 24 घण्टे में 22 विपरीत होती हैं।
- प्रत्येक घण्टे में दोनों सूइयाँ दो बार समकोण बनाती हैं, लेकिन 12 घण्टे में 22 बार तथा 24 बार परस्पर समकोण बनाती हैं।
- प्रत्येक घण्टे में दोनों सूइयाँ दो बार समकोण बनाती हैं तथा इस दशा में दोनों सूइयों के बीच की दूरी 15 मिनट के बराबर होती है।

साधित उदाहरण (Solved Examples)

उदाहरण 1 : इस वर्ष बालू का जन्मदिन 27 जनवरी अर्थात् बुधवार को पड़ता है। बालू को याद है कि मोहन का जन्मदिन उसके जन्मदिन के बाद ठीक पांचवे शुक्रवार को पड़ता है। मोहन बालू से कितना छोटा है?

(a) आंकड़े अधूरे हैं (b) 30 दिन
(c) 31 दिन (d) 29 दिन
(e) इनमें से कोई नहीं

हल (b) बुधवार के दो दिन बाद पहला शुक्रवार होगा। दिनों की कुल संख्या $= 2 + (7 \times 4) = 30$ दिन

उदाहरण 2 : शैलेश ने सोमवार को फिल्म देखी। नितिन ने विकास से दो दिन पहले किंतु शैलेश से तीन दिन बाद फिल्म देखी। विकास ने किस दिन फिल्म देखी?

(a) सोमवार (b) शनिवार
(c) मंगलवार (d) रविवार
(e) इनमें से कोई नहीं

हल (b) नितिन ने सोमवार +3 = बृहस्पतिवार को फिल्म देखी।
विकास ने बृहस्पतिवार + 2 = शनिवार को फिल्म देखी।

उदाहरण 3 : प्रवीण पूर्व की ओर 30 मीटर चलकर दाईं ओर मुड़ता है और 20 मीटर चलता है, फिर दुबारा दाएँ मुड़कर 30 मीटर चलता है। वह प्रारम्भिक बिन्दु से कितनी दूरी पर है?

(a) 30 मीटर (b) 20 मीटर
(c) 50 मीटर (d) 20 मीटर
(e) इनमें से कोई नहीं

हल (d) प्रवीण के चलने का मार्ग निम्नवत् है।

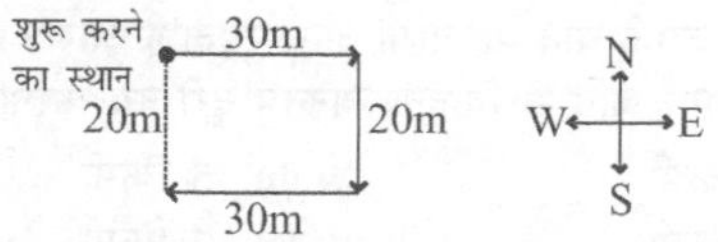

उदाहरण 4 : R, P के पश्चिम में है। T, S के पूर्व में है। P, S के उत्तर में है। R के सापेक्ष T किस दिशा में है?

(a) पश्चिम (b) पूर्व
(c) उत्तर (d) दक्षिण
(e) इनमें से कोई नहीं

हल (e) प्रश्नानुसार,

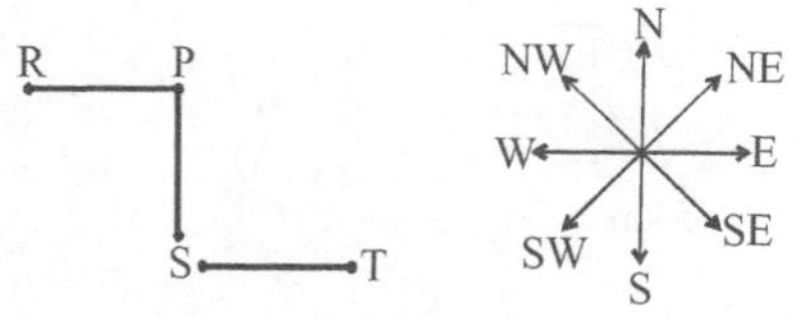

अत: R के सापेक्ष T दक्षिण-पूर्व में है।

उदाहरण 5 : यदि किसी महीने की तीसरी तारीख को मंगलवार है, तो उसी महीने की 27 तारीख से चार दिन पहले कौन सा दिन होगा?

(a) मंगलवार (b) सोमवार
(c) बुधवार (d) रविवार
(e) इनमें से कोई नहीं

हल (b) यदि महीनों की तीसरी तारीख को मंगलवार है, तो उस महीने की 27 तारीख को शुक्रवार होगा तथा चार दिन पूर्व सोमवार होगा।

अभ्यास प्रश्न (Exercise)

1. सुशील, राजेश के उत्तर में रहता है जो कमलेश के पश्चिम में रहता है। अरूण, जो सुशील के दक्षिण में रहता है, का घर कमलेश के सापेक्ष में किस दिशा में है?
   (a) उत्तर-पश्चिम (b) उत्तर
   (c) दक्षिण- पश्चिम (d) निर्धारित नहीं किया जा सकता
   (e) इनमें से कोई नहीं

2. सचिन एवं विनोद परीक्षा के बाद संग्रहालय देखना चाहते हैं। सचिन की परीक्षा 9 अप्रैल को संपन्न हो रही है तथा वह छुट्टी पर 12 अप्रैल को जाएगा। विनोद की परीक्षा 10 अप्रैल को समाप्त हो जाएगी और उसके बाद वह खाली है। दोनों किस तारीख को निश्चित रूप से मिल सकते हैं?
   (a) 10 अप्रैल को (b) 10 या 11 अप्रैल को
   (c) 12 अप्रैल को (d) 11 या 12 अप्रैल को
   (e) इनमें से कोई नहीं

3. एक घड़ी के सभी अंक वर्णमाला के एकान्तर अक्षरों द्वारा लिखे जाते हैं तथा अंक 12 से प्रारम्भ करके विपरीत क्रम में लिखे जाते हैं अर्थात् 12 के स्थान पर A, 11के स्थान पर C तथा आगे भी इसी प्रकार लिखा जाता है, तो शाम को 5 बजे छोटी सुई किस अक्षर पर होगा?
   (a) P (b) N
   (c) M (d) D
   (e) इनमें से कोई नहीं

4. राम का मुँह दक्षिण की ओर है। रमेश उसकी तरफ आता है, रुकता है और फिर अपने दाहिनी ओर मुड़ जाता है। वह देखता है कि उमेश उसके सामने उसकी ओर मुँह करके खड़ा है। उमेश का मुख किस ओर है?
   (a) पश्चिम (b) दक्षिण
   (c) पूर्व (d) जानकारी अधूरी है
   (e) इनमें से कोई नहीं

5. सतीश ने रविवार को एक पुस्तक पढ़ी। सुधा ने वह पुस्तक अनिल से एक दिन पहले, लेकिन सतीश से चार दिन बाद पढ़ी। अनिल ने पुस्तक किस दिन पढ़ी?
   (a) शुक्रवार (b) गुरूवार
   (c) मंगलवार (d) सोमवार
   (e) इनमें से कोई नहीं

6. उत्तर की ओर मुंह किए हुए बच्चों की पंक्ति में मनीष, सुरेश के बाएं का चौथा है, जो बाएं छोर से दसवां है। निशा, सुरेश के दाएं को दूसरी है, जो पंक्ति के दाएं छोर से आठवाँ है। पंक्ति में कुल कितने बच्चे हैं?
   (a) 19 (b) 20
   (c) 21 (d) 18
   (e) इनमें से कोई नहीं

7. रूपा और सरोज शुक्रवार को सुबह 9 बजे से शाम 5 बजे तक एक सेमिनार में भाग लेना चाहती हैं। सरोज अपनी लंच ब्रेक के बाद तक नहीं जा सकती जो 1.30 बजे शुरू होती है। रूपा अपनी एक मीटिंग के बाद फ्री है जो दोपहर को खत्म होती है: वे दोनों कितने घंटे सेमिनार एटेंड कर सकती हैं?
   (a) 3½ घंटे (b) 2½ घंटे
   (c) 4 ½ घंटे (d) निर्धारित नहीं किया जा सकता
   (e) इनमें से कोई नहीं

8. सरोज ने पश्चिम ओर सीधे चलना प्रारंभ किया। कुछ दूर चलने के पश्चात वह बाईं ओर मुड़ गई तथा कुछ दूर चलने के बाद वह फिर बायीं ओर मुड़ गई। अब उसका मुख किस दिशा की ओर है?
   (a) पश्चिम (b) उत्तर
   (c) पूर्व (d) दक्षिण
   (e) निर्धारित नहीं किया जा सकता

9. रमन बिन्दु P से आरम्भ करके दक्षिण की ओर चलता है और बिन्दु Q पर रूक जाता है। अब वह दायें मुड़ता है, फिर बायें मुड़ता है और बिन्दु R पर रूक जाता है। अन्ततः वह बायें मुड़ता है और बिन्दु S पर रूक जाता है। यदि वह मुड़ने से पहले प्रत्येक बार 5 कि.मी. चलता है तो बिन्दु S से बिन्दु Q तक पहुँचने के लिए रमन को किस दिशा में चलना होगा?
   (a) उत्तर (b) दक्षिण
   (c) पश्चिम (d) पूर्व
   (e) उत्तर-पश्चिम

10. छह मित्र L, M, N, P, Q और S जिनमें से प्रत्येक की लम्बाई अलग - अलग है N लम्बा है, Q और P से, लेकिन छोटा है M से। P लम्बा है केवल Q से जबकि S छोटा है केवल L से। निम्न में से कौन सा जोड़ा सबसे लम्बे और सबसे छोटे को दर्शाता है?
   (a) M, P (b) L, Q
   (c) P, Q (d) ज्ञात नहीं किया जा सकता
   (e) इनमें से कोई नहीं

11. नितिन को ठीक से याद है कि निधि का जन्मदिन शुक्रवार से पहले परन्तु मंगलवार के बाद है। दीपक को ठीक से याद है कि निधि का जन्मदिन बुधवार के बाद परन्तु शनिवार के पहले है। निम्न में से किस दिन निश्चित रूप से निधि का जन्मदिन है?
   (a) सोमवार (b) मंगलवार
   (c) बुधवार (d) गुरूवार
   (e) ज्ञात नहीं किया जा सकता

निर्देश (12-13) : दिए गए प्रश्नों के उत्तर देने के लिए निम्नलिखित जानकारी को ध्यान से पढ़िए।

बिन्दु B बिन्दु A से 12 मीटर दक्षिण की ओर है। बिन्दु C बिन्दु B से 24 मीटर पूर्व की ओर है। बिन्दु D बिन्दु C से 8 मीटर दक्षिण की ओर है। बिन्दु D बिन्दु E से 12 मीटर पूर्व की ओर है और बिन्दु F बिन्दु E से 8 मीटर उत्तर की ओर है।

12. यदि एक व्यक्ति को बिन्दु A से बिन्दु E की ओर (सबसे छोटे रूट से) यात्रा करना हो तो वह व्यक्ति निम्न में से किस बिन्दु से सबसे पहले गुजरेगा ?
(a) बिन्दु C (b) बिन्दु D
(c) बिन्दु F (d) बिन्दु B
(e) कोई नहीं

13. यदि एक व्यक्ति बिन्दु C पर उत्तर की ओर मुंह करके खड़ा हो तो बिन्दु F कितनी दूर और किस दिशा में है ?
(a) 12 मीटर पश्चिम (b) 24 मीटर पूर्व
(c) 12 मीटर पूर्व (d) 24 मीटर पश्चिम
(e) इनमें से कोई नहीं

निर्देश (14-16) : निम्नलिखित जानकारी को ध्यान से अध्ययन कर दिये गये प्रश्नों के उत्तर दीजिए :

बिन्दु D बिन्दु A से 14 मीटर पश्चिम की ओर है। बिन्दु B बिन्दु D से 4 मीटर दक्षिण की ओर है। बिन्दु F बिन्दु D से 9 मीटर दक्षिण की ओर है। बिन्दु E बिन्दु B से 7 मीटर पूर्व की ओर है। बिन्दु C बिन्दु E से 4 मीटर उत्तर की ओर है। बिन्दु G बिन्दु A से 4 मीटर दक्षिण की ओर है।

14. निम्न में से कौन सी बिन्दुएं सीधी रेखा में हैं ?
(a) D, E, A (b) E, G, C
(c) D, B, G (d) E, G, B
(e) F, B, C

15. C के संदर्भ में A किस दिशा में है ?
(a) पूर्व (b) पश्चिम
(c) उत्तर (d) दक्षिण
(e) ज्ञात नहीं किया जा सकता है

16. यदि कोई व्यक्ति बिन्दु F से 5 मीटर उत्तर की ओर चलता है और दांये मुड़ जाता है तो वह सबसे पहले किस बिन्दु पर पहुंचेगा ?
(a) G (b) D
(c) E (d) A
(e) C

17. राखी की घड़ी में 9.35 ए.एम. बजे थे, जो सही समय था। रीना ने उसे बताया कि बस स्टॉप से आखिरी बस 9.25 ए.एम. बजे छूटी है। रीना की घड़ी 5 मिनट तेज है। बस हर 20 मिनट में चलती है। अगली बस पकड़ने के लिए राखी को कितनी देर इंतजार करना होगा ?
(a) 5 मिनट (b) 10 मिनट
(c) 15 मिनट (d) 25 मिनट
(e) इनमें से कोई नहीं

18. Q पश्चिम दिशा में 20 मीटर चला, बाएं मुड़ा और 20 मीटर चला। वह फिर दांए मुड़ा और 20 मीटर चला और फिर से दाएं मुड़ा और 20 मीटर चला । अब Q आरंभिक बिंदु से कितनी दूर है ?
(a) 40 मीटर (b) 50 मीटर
(c) 80 मीटर (d) डाटा अपर्याप्त
(e) इनमें से कोई नहीं

19. मोहन को ठीक से याद है कि उसके पिता का जन्मदिन 20 जनवरी से पहले किन्तु 16 जनवरी के बाद है जबकि उसकी बहन को ठीक से याद है कि उनके पिता का जन्मदिन 18 जनवरी के बाद किन्तु 23 जनवरी से पहले है। निश्चित रूप से जनवरी की किस तारीख को उनके पिता का जन्मदिन है?
(a) अठारहवीं (b) उन्नीसवीं
(c) बीसवीं (d) डाटा अपर्याप्त
(e) इनमें से कोई नहीं

20. एक डाकिया, डाकखाने (post office) की ओर लौट रहा था जो कि उत्तर की ओर है। जब डाकखाना उससे 100 मीटर की दूरी पर था, तब वह बायीं ओर मुड़ जाता है और 50 मीटर की दूरी तय करके शांतिविला में अंतिम पत्र निर्गत करता है। अब वह उसी दिशा में 40 मीटर चलता है, अपनी दायीं ओर मुड़ता है तथा 100 मीटर चलता है। अब वह डाकखाने से कितनी दूरी पर है?
(a) 0 मीटर (b) 150 मीटर
(c) 90 मीटर (d) 100 मीटर
(e) इनमें से कोई नहीं

21. स्नेहा को ठीक से याद है कि उसके पिता का जन्मदिन 16 जून के पहले परन्तु 11 जून के बाद है, जबकि स्नेहा के छोटे भाई को ठीक से याद है कि उनके पिता का जन्मदिन 13 जून के बाद परन्तु 18 जून से पहले है तथा स्नेहा के बड़े भाई को ठीक से याद है कि उनके पिता का जन्मदिन सम तिथि को है। निश्चित रूप से किस तिथि को उनके पिता का जन्मदिन है?
(a) 16 (b) 12
(c) 14 या 16 (d) आँकड़े अपर्याप्त
(e) इनमें से कोई नहीं

22. पांच लड़के पूर्व की ओर मुँह करके एक पंक्ति में बैठे हुए है। समीर, तुषार एवं शैलेन्द्र के बायें दीपक है। समीर, तुषार एवं शैलेन्द्र, सुशील के बायें है। शैलेन्द्र, समीर एवं तुषार के मध्य है। यदि तुषार बायें से चौथा हो, तब दायीं ओर से समीर कितनी दूरी पर है?
(a) प्रथम (b) द्वितीय
(c) तृतीय (d) चतुर्थ
(e) इनमें से कोई नहीं

23. लक्ष्मण मेरे घर से पश्चिम दिशा की ओर 15 किमी जाता है, तब बायां मुड़कर 20 किमी चलता हैं, वह पुनः पूर्व की ओर मुड़ता है एवं 25 किमी चलता है तथा अंत में बांये मुड़कर 20 किमी की दूरी तय करता है। वह मेरे घर से कितनी दूरी पर है?
(a) 5 km (b) 10 km
(c) 40 km (d) 80 km
(e) इनमें से कोई नहीं

24. A 10 मीटर उत्तर की ओर चलता है तथा 10 मीटर दाएँ चलता है तथा बाएँ मुड़ते हुए क्रमश: 5, 15 तथा 15 मीटर चलता है। अभी वह अपने आरंभिक स्थान से कितनी दूरी पर है?
 (a) 5 मी. (b) 10 मी.
 (c) 15 मी. (d) 20 मी.
 (e) इनमें से कोई नहीं

25. कैलाश उत्तर की ओर मुंह किया हुआ है। दायीं ओर मुड़ने पर वह 25 मीटर चलता है। वह तब बायीं ओर मुड़ जाता है और 30 मीटर चलता है। आगे, वह दायीं ओर 25 मीटर चलता है। पुन: वह दायीं ओर मुड़ जाता है तथा 55 मीटर चलता है। अंत में, दायीं ओर मुड़कर वह 40 मीटर चलता है। आरंभिक बिन्दु से अब वह किस दिशा में है?
 (a) दक्षिण-पश्चिम (b) दक्षिण
 (c) उत्तर-पश्चिम (d) दक्षिण-पूर्व
 (e) इनमें से कोई नहीं

26. नवीन को ठीक से याद है कि उसकी माता का जन्मदिन 14 के बाद परन्तु 20 के पहले है। उसकी बहन को ठीक से याद है उनकी माता का जन्मदिन 18 के बाद परन्तु 23 के पहले है। उनकी माता का जन्मदिन कब है?
 (a) 18
 (b) 20
 (c) 21
 (d) निर्धारित नहीं किया जा सकता
 (e) इनमें से कोई नहीं

27. सुनील बिन्दु A से पूर्व की ओर चलता है, बिन्दु B पर दाएं मुड़ता है और उतनी ही दूरी तक चलता है जितना वह पूर्व दिशा में चला था। अब वह बाएं मुड़ता है और फिर से उतनी ही दूरी तय करता है। अंतत: वह बाएं मुड़ता है और उतनी ही दूरी तक चल कर बिन्दु C पर रुक जाता है। A और C के बीच की दूरी A और B के बीच की दूरी से कितने गुना है?
 (a) निर्धारित नहीं किया जा सकता
 (b) दो
 (c) तीन
 (d) चार
 (e) इनमें से कोई नहीं

Answer Key

1	**(d)**	7	**(a)**	13	**(a)**	19	**(b)**	25	**(c)**
2	**(b)**	8	**(c)**	14	**(d)**	20	**(c)**	26	**(e)**
3	**(e)**	9	**(a)**	15	**(d)**	21	**(e)**	27	**(b)**
4	**(a)**	10	**(b)**	16	**(a)**	22	**(d)**		
5	**(a)**	11	**(d)**	17	**(a)**	23	**(b)**		
6	**(a)**	12	**(c)**	18	**(a)**	24	**(a)**		

व्याख्या सहित हल Answers & Explanations

1. (d)
• सुशील
• अरूण
• राजेश • कमलेश
• अरूण

अरूण की स्थिति स्पष्ट नहीं है।

2. (b) सचिन या विनोद 10 या 11 अप्रैल को मिल सकते हैं।
3. (e) यदि 12 के स्थान पर A, 11 के स्थान पर C, तो इसी प्रकार 5 के स्थान पर O होगा।

$\therefore$ शाम को 5 बजे छोटी सूई O पर होगी।

4. (a)

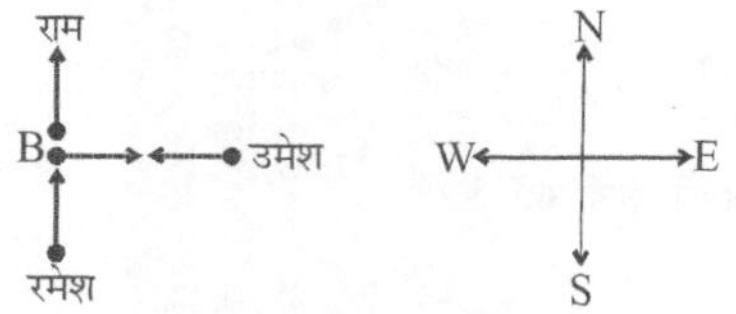

$\therefore$ उमेश का मुँह पश्चिम की ओर है।

5. (a) सतीश $\rightarrow$ रविवार
सुधा $\rightarrow$ बृहस्पतिवार
अनिल $\rightarrow$ शुक्रवार
7. (d) सरोज के लंच की अवधि नहीं दी गई है जो 1:30 बजे शुरू होता है तथा रूपा की मीटिंग का समय खत्म होने का दिया नहीं गया है। अत: उत्तर ज्ञात करने के लिए जानकारी अधूरी है।
8. (c)

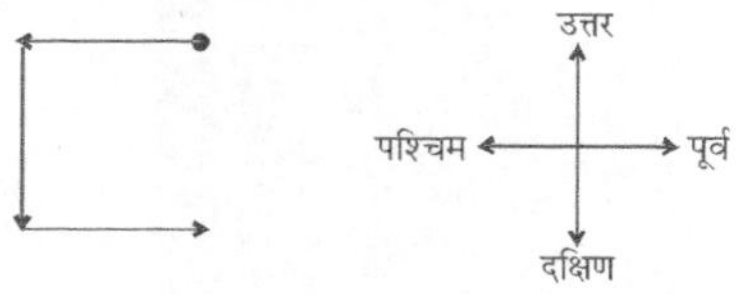

9. (a)

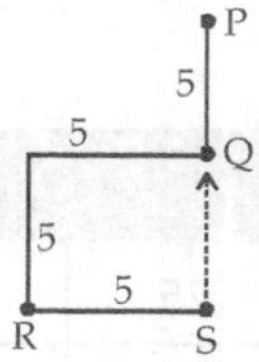

अत: रमन बिंदु S से Q तक चलने के लिए उत्तर दिशा में मुड़ेगा।

10. (b) लम्बाई का घटता हुआ क्रम; LSMNPQ अत: L और Q, सबसे लम्बे और सबसे छोटे का समूह हैं।
11. (d) नितिन के अनुसार $\Rightarrow$ बुधवार या गुरुवार
दीपक के अनुसार $\Rightarrow$ गुरुवार या शुक्रवार या शनिवार
अत: गुरुवार को निधि का जन्मदिन होगा।

Sol. (12-13) :

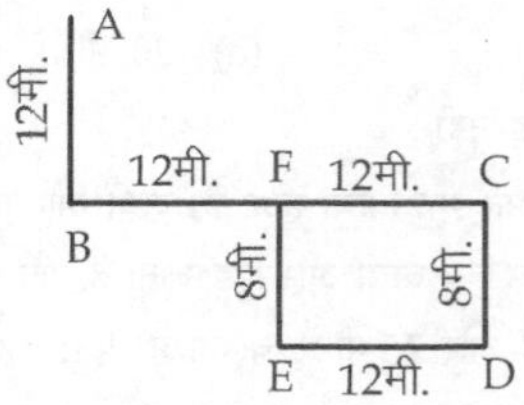

12. (c) 13. (a)

Sol. (14-16):

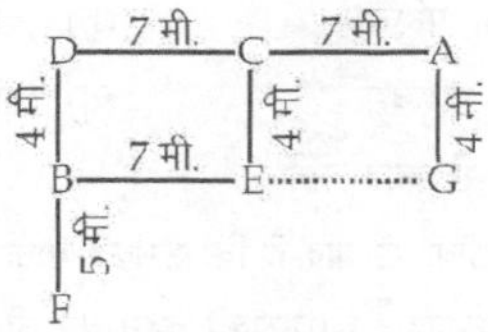

14. (d) बिन्दु B, E, G और A, C, D सीधी रेखा में हैं।
15. (a) C के संदर्भ में A पूर्व की ओर है।
16. (c) दाएं मुड़ने के बाद वह सबसे पहले बिन्दु E पर पहुंचेगा।
17. (a) अगली बस 9.20 am + 20 मिनट = 9.40 a.m. पर आयेगी।
अत: राखी को = 9.40 am – 9.35 a.m = 5 मिनट इंतजार करना होगा।
18. (a) $\therefore$ आरंभिक बिंदु से दूरी
= 20 + 20 = 40 m

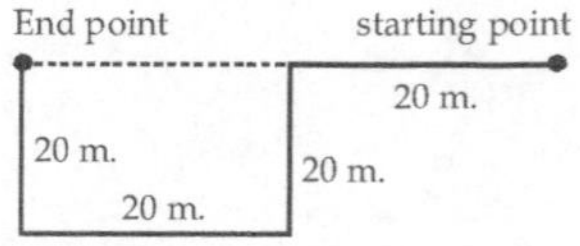

19. (b) मोहन के अनुसार
$\Rightarrow$ 17, 18 या 19
मोहन की बहन के अनुसार
$\Rightarrow$ 19, 20, 21 या 22
अत: उनके पिता का जन्मदिन 19 जनवरी को आता है।
20. (c)

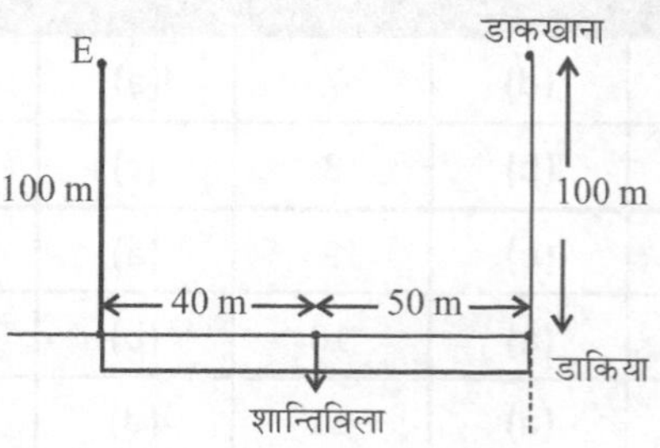

दूरी = 40 + 50 m = 90 m.

21. (e) स्नेहा के अनुसार उनके पिता का जन्मदिन 12, 13, 14 या 15 जून को है।
स्नेहा के छोटे भाई के अनुसार उनके पिता का जन्मदिन 14, 15, 16 या 17 जनू को है।
सम उभयनिष्ठ तिथि $\Rightarrow$ 14 जून

22. (d) $L \rightarrow R$

दीपक	समीर	शैलेन्द्र	तुषार	सुशील	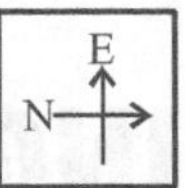

23. (b)

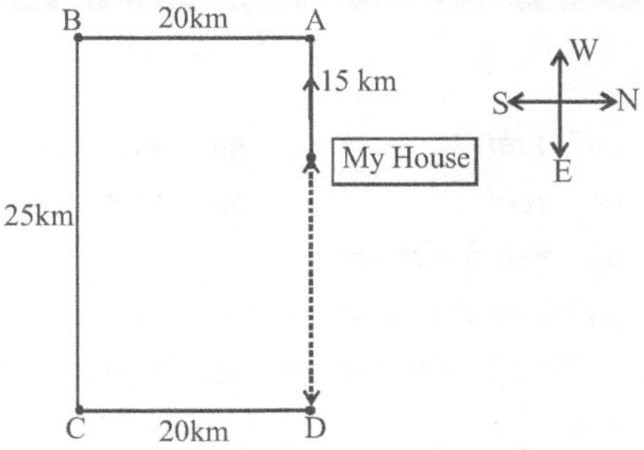

दूरी = 25 – 15 = 10 km.

24. (a)

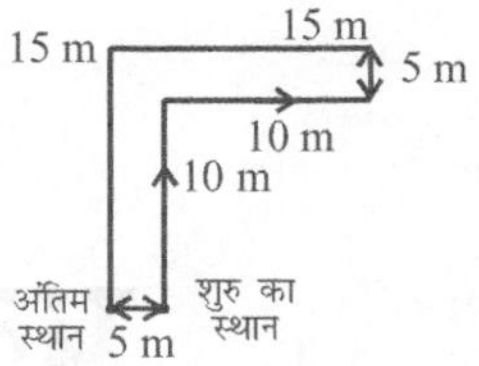

अत: उसके शुरु तथा अंतिम स्थान के बीच की दूरी 5 मी. है।

25. (c)

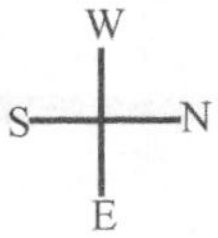

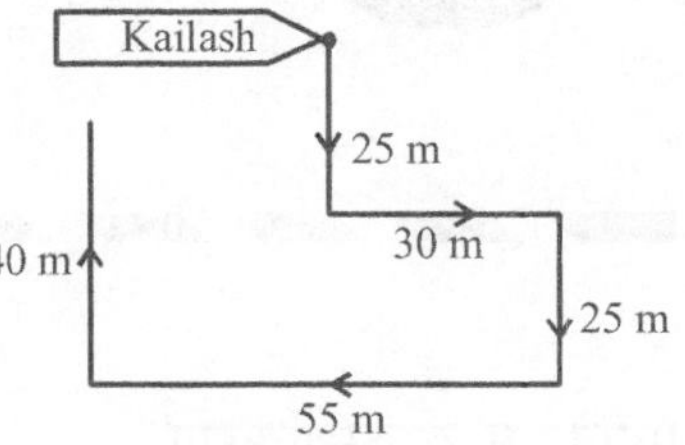

26. (e) नवीन के उसकी माता का जन्मदिन 15, 16, 17, 18 या 19 को पड़ेगा।
नवीन की बहन के अनुसार उनकी माता का जन्मदिन 19, 20, 21 या 22 को पड़ेगा।
उभयनिष्ठ तिथि $\Rightarrow$ 19

27. (b)

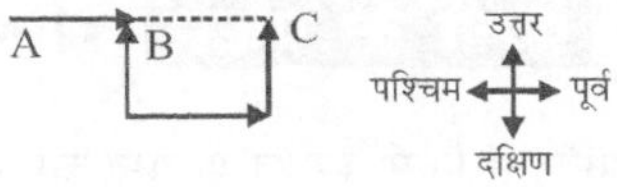

◆ ◆ ◆

अध्याय 8 पदानुक्रम–व्यवस्थीकरण (RANKING & ORDERING)

पदानुक्रम-व्यवस्थीकरण

इस प्रकार की परीक्षा में कुछ व्यक्तियों, वस्तुओं या स्थानों की सापेक्षिक स्थिति या श्रेणी दी गई होती है। प्रतियोगियों को किसी एक या एक से अधिक व्यक्ति, वस्तु या स्थान की स्थिति या श्रेणी को दूसरे व्यक्ति, वस्तु या स्थान के सापेक्ष में ज्ञात करना होता है।

प्रश्नों के प्रकार

टाइप 1 : पंक्ति में किसी व्यक्ति या वस्तु का पदानुक्रम

❖ किसी व्यक्ति का ऊपर से स्थान
= [व्यक्तियों की कुल संख्या – उस व्यक्ति का नीचे से स्थान] + 1

❖ किसी व्यक्ति का नीचे से स्थान
= [कुल व्यक्तियों की संख्या – उस व्यक्ति का ऊपर से स्थान] + 1

❖ किसी व्यक्ति का दायीं ओर से स्थान
= [कुल व्यक्तियों की संख्या – बांयीं ओर से उस व्यक्ति का स्थान] + 1

❖ किसी व्यक्ति का बांयीं ओर से स्थान
= [कुल व्यक्तियों की संख्या – दायीं ओर से उस व्यक्ति का स्थान] + 1

उदाहरण 1 : 46 छात्रों की एक कक्षा में अनीता का स्थान 12वां है। उसका स्थान अंतिम से क्या होगा?

(a) 34वां (b) 35वां
(c) 36वां (d) 37वां
(e) इनमें से कोई नहीं

हल अंतिम से अनीता का स्थान
= [कुल छात्रों की संख्या-उसका ऊपर से स्थान] + 1
$=(46-12)+1=35$ वां

उदाहरण 2 : 39 छात्रों की एक कक्षा में रवि, सुमित से 7 स्थान आगे है। यदि सुमित का स्थान अंतिम से 17 हो तो रवि का प्रारंभ से क्या स्थान होगा?

(a) 14वां (b) 35वां
(c) 16वां (d) 17वां
(e) इनमें से कोई नहीं

हल (c) रवि का अंतिम से स्थान $= 17+7=24$वां
$\therefore$ रवि का प्रारंभ से स्थान $=(39-24)+1=16$वां

टाइप 2 : पंक्ति के कुल व्यक्ति या वस्तुओं की संख्या

❖ कुल व्यक्तियों की संख्या
= [व्यक्ति का ऊपर/बांयी ओर से स्थान + व्यक्ति का नीचे/दायीं ओर से स्थान] – 1

उदाहरण 3 : राकेश ऊपर से 7वें स्थान पर तथा नीचे से 28वें स्थान पर है। कक्षा में छात्रों की कुल संख्या क्या है?

(a) 34वां (b) 35वां
(c) 36वां (d) 37वां
(e) इनमें से कोई नहीं

हल कुल छात्रों की संख्या $=7+28-1=34$वां

टाइप 3 : पंक्ति में जब दो व्यक्ति या वस्तु अपना स्थान बदल लें

❖ यदि दो व्यक्तियों का ऊपर और नीचे (या बाएं और दाएं) से निश्चित स्थान हो और वे दोनों अपना-अपना स्थान बदलते तो पंक्ति में कुल व्यक्तियों की संख्या
=[प्रथम व्यक्ति की वर्तमान स्थिति +द्वितीय व्यक्ति की पूर्व स्थिति]–1

उदाहरण 4 : लड़कियों की एक कतार में, यदि शिल्पा जो कि बाईं ओर से 8वें स्थान पर है और रीना जो कि दाईं ओर से 17वें स्थान पर है आपस में अपना स्थान अदल-बदल कर लेती हैं, तो शिल्पा बाई ओर से 14वें स्थान पर हो जाती है। बताएँ कि इस कतार में कुल कितनी लड़कियाँ हैं?

(a) 23वाँ (b) 18वाँ
(c) 19वाँ (d) 16वाँ
(e) इनमें से कोई नहीं

हल (c) कुल लड़कियों की संख्या
= शिल्पा की वर्तमान स्थिति + रीना की पूर्व स्थिति] – 1
$= (14 + 17) - 1 = 30$

❖ प्रथम व्यक्ति की वर्तमान स्थिति = द्वितीय व्यक्ति की वर्तमान एवं पूर्व स्थिति का अंतर + प्रथम व्यक्ति की पूर्व स्थिति

❖ द्वितीय व्यक्ति की वर्तमान स्थिति = प्रथम व्यक्ति की वर्तमान एवं पूर्व स्थिति का अंतर + द्वितीय व्यक्ति की पूर्व स्थिति

उदाहरण 5: बच्चों की किसी कतार में दीपा बाएँ से 9वें स्थान पर है और विजय दाएँ से 13वें स्थान पर है। जब ये दोनों आपस में अपना स्थाना अदल-बदल कर लेते हैं, तो दीपा बाएँ से 17वें स्थान पर आ जाती है। बताएँ कि दाएँ से विजय किस स्थान पर होगा?

(a) 9वाँ (b) 21वाँ
(c) 20वाँ (d) 7वाँ
(e) इनमें से कोई नहीं

हल (b) विजय की वर्तमान स्थिति = दीपा की वर्तमान एवं पूर्व स्थिति का अंतर + विजय की पूर्व स्थति $= (17 - 9) + 13 = 21$वाँ

साधित उदाहरण (Solved Examples)

उदाहरण 1: एक कक्षा में 35 विद्यार्थी हैं। लड़कियों में सुमन का स्थान तीसरा है। कक्षा में लड़कों में अमित का स्थान पांचवा है। कक्षा में सुमन का स्थान अमित के स्थान से एक नीचे है। कक्षा में कोई भी दो विद्यार्थियों का स्थान एक नहीं है। कक्षा में अमित का स्थान क्या है?

(a) निर्धारित नहीं किया जा सकता है
(b) पांचवा (c) आठवां
(d) सातवां (e) इनमें से कोई नहीं

हल (d) कक्षा में सुमन का स्थान अमित के स्थान से एक नीचे है। अत: दो लड़कियां एवं चार लड़के अमित से आगे हैं। अत: कक्षा में अमित का स्थान सातवां है।

उदाहरण 2: छह सदस्य P, Q, R, G, S एवं M एक वृत के चारों ओर केंद्र की ओर मुंह करके बैठे हैं

(i) R, G एवं P के बीच में है।
(ii) M, P एवं S के बीच में है।
इस व्यवस्था में Q का स्थान क्या है।

(a) निर्धारित नहीं किया जा सकता
(b) G एवं S के बीच में
(c) G के एकदम बाएं
(d) S के एकदम दाएं
(e) इनमें से कोई नहीं

हल (b) दिए गए व्यवस्था में बैठने का क्रम इस प्रकार है :

स्थिति I :

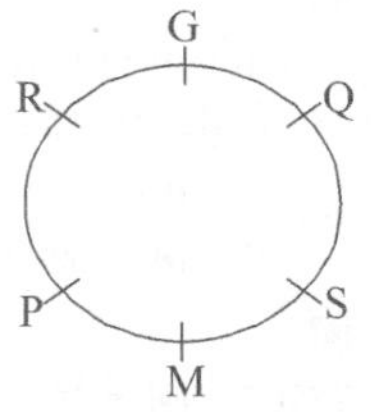

स्थिति II :

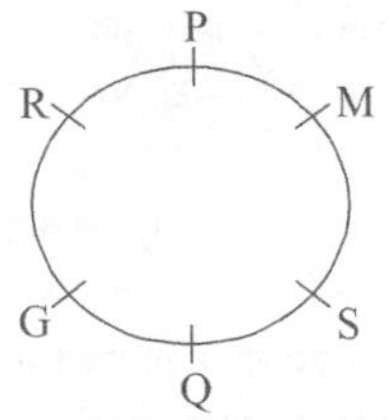

अत: Q का स्थान दोनों स्थितियों में, G एवं S के बीच में है।

उदाहरण 3: मोहन प्रबीर से बडा़ है, सुरेश प्रबीर से छोटा है। मिहिर सुरेश से बड़ा है परंतु प्रबीर से छोटा है। उन चारों में से सबसे छोटा कौन है?

(a) प्रबीर (b) मिहिर
(c) मोहन (d) सुरेश
(e) आंकड़े अपर्याप्त हैं।

हल (d) मोहन > प्रबीर > सुरेश
प्रबीर > मिहिर > सुरेश
अत: मोहन > प्रबीर > मिहिर > सुरेश

अभ्यास प्रश्न (Exercise)

1. मोहन प्रबीर से छोटा है, सुरेश प्रबीर से बड़ा है। मिहिर सुरेश से छोटा है परन्तु प्रबीर से बड़ा है। उन चारों में से सबसे छोटा कौन है?
   (a) प्रबीर (b) मिहिर
   (c) मोहन (d) सुरेश
   (e) आँकड़ें अपर्याप्त
2. M आयु में R से बड़ा है। Q, R एवं N से छोटा है। N, M जितना बड़ा नहीं है। M, N, R एवं Q में से सबसे बड़ा कौन है?
   (a) M (b) R
   (c) M या R (d) आंकड़ा अपर्याप्त
   (e) इनमें से कोई नहीं
3. चालीस छात्रों की एक कक्षा में समीर का ऊपर से बारहवां स्थान है। समीर से आठ स्थान नीचे आलोक है। आलोक का अन्त से क्या स्थान है?
   (a) 20वाँ (b) 21वाँ
   (c) 22वाँ (d) 19वाँ
   (e) इनमें से कोई नहीं
4. R से बड़ा M है। R और N से छोटा Q है। N उतना बड़ा नहीं है जितना M है। M, N, R और Q में से दूसरे स्थान पर कौन है?
   (a) M (b) R
   (c) M या R (d) डाटा अपर्याप्त है
   (e) इनमें से कोई नहीं
5. पांच मित्रों में महेश करण से लंबा है पर यश से नहीं। ऋतिक यश से लम्बा है पर अभिषेक से नहीं। यदि सभी ऊंचाई के अनुसार बढ़ते क्रम में एक पंक्ति में खड़े हो तो पहला व्यक्ति कौन होगा?
   (a) अभिषेक (b) यश
   (c) करण (d) आंकड़ें अपयर्याप्त
   (e) इनमें से कोई नहीं
6. लड़कों की पंक्ति में अक्षय बायीं ओर से 16वां है और विजय दायीं ओर से 18वां है। अविनाश, अक्षय से दायीं ओर 11वां है और विजय से तीसरा है। पंक्ति में कुल कितने लड़के हैं?
   (a) डाटा अधूरा है (b) 40
   (c) 48 (d) 42
   (e) इनमें से कोई नहीं
7. M, T, R और P में M, केवल P से बड़ा है। T, R से बड़ा है। इनमें सबसे बड़ा कौन है?
   (a) T (b) R
   (c) T या R (d) डाटा अपर्याप्त है
   (e) इनमें से कोई नहीं
8. उत्तराभिमुख बच्चों की एक पंक्ति में, रितेश बाएं छोर से बारहवां है। सुधीर जो दाएं छोर से बाइसवां है, रितेश से दाएं का चौथा है। पंक्ति में कुल कितने बच्चे है?
   (a) 35 (b) 36
   (c) 37 (d) 34
   (e) इनमें से कोई नहीं
9. A, B, C, D और E में से A, B की अपेक्षा लम्बा है, परन्तु C से छोटा है। B केवल E से लम्बा है। यदि C सबसे लम्बा नहीं है, तो उनको ऊँचाई के क्रम में रखने से बीच में कौन होगा?
   (a) A (b) C
   (c) B (d) ज्ञात नहीं कर सकते
   (e) इनमें से कोई नहीं
10. मधु बाई ओर से 18वें क्रम में है तथा संधु दाई ओर से 11वें क्रम में है। यदि कक्षा में 40 लड़के हैं तो मधु और संधु के बीच में कितने लड़के हैं?
    (a) 10 (b) 9
    (c) 12 (d) 11
    (e) इनमें से कोई नहीं
11. 10 लड़कियों और 20 लड़कों की एक कक्षा में, जया का स्थान लड़कियों में चौथा और कक्षा में 18वाँ है। जया का कक्षा में लड़कों के बीच कौन सा स्थान है?
    (a) निर्धारित नहीं किया जा सकता
    (b) 16 (c) 14
    (d) 15 (e) इनमें से कोई नहीं
12. P, Q, R, S और T में S, R से बड़ा है। लेकिन T जितना बड़ा नहीं है, Q सिर्फ P से बड़ा है। उनमें से सबसे छोटा कौन है?
    (a) P (b) Q
    (c) R (d) निर्धारित नहीं किया जा सकता
    (e) इनमें से कोई नहीं
13. कक्षा की योग्यता सूची में हेमांग ऊपर से 16वाँ और नीचे से बारहवाँ है। कक्षा में कुल कितने छात्र है?
    (a) 29 (b) 28
    (c) 27 (d) निर्धारित नहीं किया जा सकता
    (e) इनमें से कोई नहीं
14. गीता शिल्पा से वरिष्ठ है पर दीपा से नहीं। गायत्री दीपा से कनिष्ठ है। फातिमा से कोई भी वरिष्ठ नहीं उनमें सबसे कनिष्ठ कौन है?
    (a) शिल्पा (b) गीता
    (c) गायत्री (d) डाटा अपर्याप्त
    (e) इनमें से कोई नहीं
15. सचिन मीना के ठीक बाईं ओर बैठा है परंतु भारती के निकट नहीं है। प्रवीण भारती के दाईं ओर बैठा है। यदि चारों मित्र एक वृत्त के अनुदिश बैठे हैं तो मीना के ठीक दाईं ओर कौन बैठा है?
    (a) प्रवीण (b) भारती
    (c) सचिन (d) मीना
    (e) ज्ञात नहीं किया जा सकता
16. 40 छात्र एक पंक्ति में है तथा उनके मुँह उत्तर की ओर हैं। सोनम से बाएं ओर छठवाँ कैलाश है। यदि सोनम पंक्ति के बाएं सिरे से 30वें स्थान पर है, तो कैलाश का पंक्ति के दांए सिरे से कौन सा स्थान है?
    (a) 17वाँ (b) 16वाँ
    (c) 15वाँ (d) 26वाँ
    (e) इनमें से कोई नहीं

17. L, M, N और P केन्द की ओर मुंह किए एक वृत्त के गिर्द बैठे हैं। P, N के तुरन्त बाएं हैं। L, N और M के बीच है। M की स्थिति क्या है?
(a) L के तुरन्त बाएं (b) P के तुरन्त दाएं
(c) P के सामने (d) L और N के बीच
(e) इनमें से कोई नहीं

18. M, N, P, R और T में से प्रत्येक को एक परीक्षा में अलग-अलग अंक मिले हैं। R को M और T से अधिक अंक मिले हैं। N को P से कम अंक मिले हैं। इनमें से किसे तीसरे क्रमांक पर सबसे अधिक अंक मिले हैं?
(a) N (b) R
(c) M (d) T
(e) डाटा अपर्याप्त है

19. 20 छात्रों की एक कक्षा में ऊपर से अलीशा का क्रमांक पन्द्रहवां है। मानव का क्रमांक अलीशा से चार ऊपर है। नीचे से कक्षा में मानव का क्रमांक क्या है ?
(a) 10 वां (b) 11 वां
(c) 9 वां (d) 12 वां
(e) इनमें से कोई नहीं

20. A, B, C, D और E जिसमें से प्रत्येक की भार अलग-अलग है, D भारी है A और E से और B हल्का है C से। उनमे से सबसे अधिक भारी कौन है?
(a) D (b) B
(c) C (d) आंकड़ें अपर्याप्त
(e) इनमें से कोई नहीं

21. प्रत्येक अलग–अलग वजन वाले B, F, J, K और W में से, F केवल J से भारी है। B, F और W से भारी है किंतु K जितना नहीं, इनमें तीसरा सबसे भारी कौन है ?
(a) B (b) F
(c) K (d) W
(e) इनमें से कोई नहीं

22. 35 बच्चों की एक कतार में M दायीं ओर से 15वां है और M और R के बीच 10 बच्चे हैं। कतार में बायीं ओर से R का स्थान कौन सा है?
(a) 15वां (b) 5वां
(c) 30वां (d) आंकड़ें अपर्याप्त
(e) इनमें से कोई नहीं

23. P, Q, T, A और B जिनमे से प्रत्येक की लम्बाई अलग–अलग है, T, P और B से लम्बा परन्तु A और Q से छोटा है। P सबसे छोटा नहीं है। इनमें से सबसे लम्बा कौन है ?
(a) A (b) Q
(c) P (d) P या B
(e) आंकडें अपर्याप्त

24. बच्चों की एक कतार में, कैलाश बायें से पाँचवा तथा मोना दायें से छठा है। जब वे अपना स्थान एक–दूसरे से बदल लेते हैं, तब कैलाश बायें से तेरहवां हो जाता है। दायें से मोना की स्थिति क्या होगी?
(a) चौथी (b) चौदहवीं
(c) आठवीं (d) पन्द्रहवीं
(e) इनमें से कोई नहीं

25. पांच लड़के दौड़ में भाग लेते हैं। राज, मोहित से पहले, लेकिन गौरव के बाद दौड़ पूरा करता है। आशीष, संचित से पहले, लेकिन मोहित के बाद पूरा करता है। किसने दौड़ जीता?
(a) राज (b) गौरव
(c) मोहित (d) आशीष
(e) इनमें से कोई नहीं

26. लड़कियों की एक पंक्ति में कमल आगे से 11वीं है। लीला, सुनीता से 3 स्थान आगे है जो आगे से 22वीं है। इस पंक्ति में कमल और लीला के बीच कितनी लड़कियां हैं।
(a) छह (b) आठ
(c) सात (d) निर्धारित नही किया जा सकता
(e) इनमें से कोई नहीं

27. एक कक्षा में बीजू ऊपर से 8वें स्थान पर है जबकि, संजय नीचे से 29वें स्थान पर है। उस कक्षा में कुल कितने लड़के हैं ?
(a) 37 (b) 35
(c) 38 (d) ज्ञात नहीं कर सकते
(e) इनमें से कोई नहीं

Answer Key

1	(c)	7	(a)	13	(c)	19	(a)	25	(b)
2	(a)	8	(c)	14	(d)	20	(d)	26	(c)
3	(b)	9	(a)	15	(b)	21	(d)	27	(d)
4	(d)	10	(d)	16	(a)	22	(d)		
5	(c)	11	(d)	17	(e)	23	(e)		
6	(e)	12	(a)	18	(e)	24	(b)		

व्याख्या सहित हल Answers & Explanations

1. (c) प्रबीर > मोहन
सुरेश > प्रबीर
अत: मोहन < प्रबीर < मिहिर < सुरेश

2. (a) R < M; Q < R, N; N < M
M > N / R > Q

3. (b) कुल छात्र = 40
11 + • • • • • • • • • • + 7
समीर आलोक
∴ आलोक के नीचे से रैंक
= 40 – (11 + 1 + 8) + 1 = 21वीं

4. (d) M > R
R & N > Q
M > N
अत: M > N / R > Q

5. (c) यश > महेश > करण
अभिषेक > ऋतिक > यश
करण < महेश < यश < ऋतिक < अभिषेक

6. (e) लड़कों की संख्या = 41

7. (a) M > P, T > R
T > R > M > P (M केवल P से बड़ा है)
इसलिए T सबसे बड़ा है।

8. (c) पंक्ति में बच्चो की कुल संख्या
= 12 + 4 + 22 - 1 = 37

9. (a) D > C > A > B > E
∴ ऊँचाई के क्रम में रखने पर A बीच में होगा।

10. (d) 17 + • • + 10
मधु संधु
∴ मधु और संधु के बीच लड़कों की संख्या
= 40 – 18 – 11 = 11

11. (d) 3 लड़कियों + ← •
14 लड़को + ← जया
∴ जया का कक्षा में लड़कों के बीच 15वां स्थान है।

12. (a) T > S > R > Q > P
∴ सबसे छोटा P है।

13. (c) कक्षा में कुल छात्रों की संख्या
= 16 + 12 – 1 = 27

14. (d) दीपा > गीता > शिल्पा; फातिमा > दीपा; दीपा > गायत्री;
फातिमा सबसे वरिष्ठ है। अत: गायत्री या शिल्पा में से एक सबसे कनिष्ठ होगी।

15. (b)

16. (a) 23 + • • • • • • • •
↓ कैलाश ↓ सोनम
कैलाश का दाएं सिरे से स्थान = 40 – 23 = 17वां

17. (e) प्रश्नानुसार, स्थिति का निर्धारण करने पर

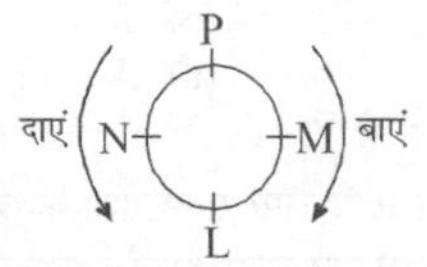

18. (e) सही क्रमांक ज्ञात नहीं किया जा सकता है।

19. (a) ऊपर से मानव का क्रमांक = 15 – 4 = 11वां
नीचे से मानव का क्रमांक = 20 + 1 – 11 = 10वां

20. (d) D > A, E और B < C
इनमें से सबसे भारी ज्ञात नहीं किया जा सकता है।

21. (d) भार का आरोही क्रम : J F W B K
अत: W तीसरा सबसे भारी है।

22. (d)

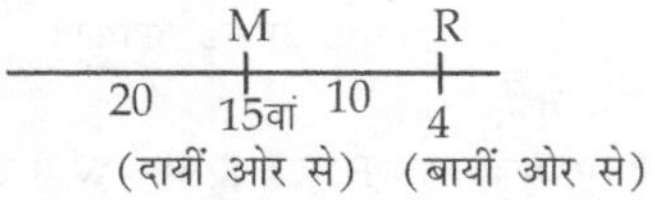

या

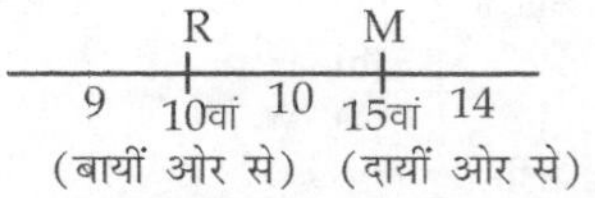

अत: R की स्थिति ज्ञात नही किया जा सकता है।

23. (e) ऊँचाई का आरोही क्रम :
BPTAQ या BPTQA
अत: या तो A या Q सबसे लंबा है।

24. (b) मोना की स्थिति
पूर्व K M
1 2 3 4 (5) 6 7 8 9 10 11 12 (13) 14 15 16 17 18
वर्तमान M K

25. (b) गौरव, राज, मोहित, आशीष, संचित

26. (d)

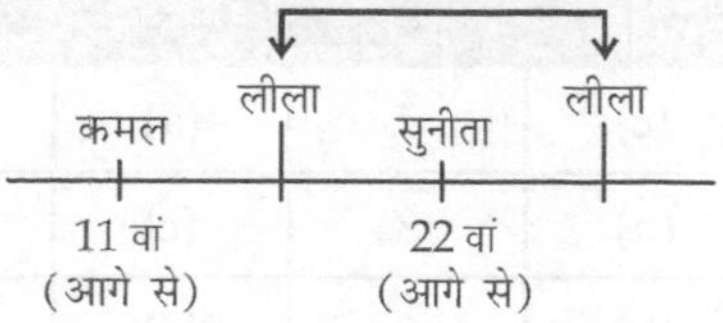

दी गई जानकारी के आधार पर लीला और कमल के बीच लड़कियों की संख्या ज्ञात नहीं की जा सकती है।

27. (d) कक्षा में, बीजू और संजय के बीच के लड़कों की जानकारी नहीं दी गई है, अत: कक्षा में कुल लड़कों की संख्या ज्ञात नहीं किया जा सकता।

◆ ◆ ◆

अध्याय 9

समस्या–समाधान
(PROBLEM SOLVING)

समस्या-समाधान

इस प्रकार के प्रश्नों में क्लीष्ट / जटिल कथन दिया गया होता है जो कि पूर्णत: सत्य होने के बावजूद भी सामान्य तरीके से स्पष्ट अर्थ नहीं प्रकट करते हैं, जबकि इन्हीं कथनों को क्रमबद्ध या तालिकाबद्ध या तार्किक दृष्टिकोण के आधार पर निरूपित करने पर पूर्णत: स्पष्ट अर्थ प्रकट होते हैं।

इस प्रकार के प्रश्नों में प्रतियोगियों को इन्हीं जटिल जानकारियों को क्रमबद्ध या तालिकाबद्ध या तार्किक दृष्टिकोण से निरूपित करते हुए दी गई जानकारियों पर आधारित प्रश्नों का उत्तर ज्ञात करना होता है। सामान्यत: इस प्रकार की परीक्षा में दी गई जानकारियों के आधार पर चार से पाँच प्रश्न पूछे जाते हैं।

प्रश्नों के प्रकार

▶ टाइप I विभिन्न कार्यक्रमों के क्रम पर आधारित प्रश्न

निर्देश : निम्नलिखित जानकारियों का ध्यानपूर्वक अध्ययन करके इन पर आधारित प्रश्नों का उत्तर दीजिए–

एक प्रसिद्ध नाटक की कहानी के छः नाटक A, B, C, D, E और F को प्रत्येक दिन एक के क्रम में सोमवार से शनिवार तक में प्रदर्शित किया जाता है। नाटक का कार्यक्रम निम्न प्रकार से है-

(i) 'A' का प्रदर्शन 'E' के प्रदर्शन से ठीक पहले होना चाहिए।

(ii) मंगलवार को 'C' का प्रदर्शन नहीं होना चाहिए।

(iii) 'B' का प्रदर्शन 'F' के ठीक बाद होना चाहिए।

(iv) 'D' का प्रदर्शन केवल शुक्रवार को होना चाहिए तथा इसके ठीक पहले 'B' का प्रदर्शन नहीं होना चाहिए।

(v) 'E' का प्रदर्शन कार्यक्रम के अंतिम दिन नहीं होना चाहिए।

1. निम्नलिखित में से कौन-सा नाटक, नाटक B के ठीक बाद प्रदर्शित किया जाता है?
   (a) A (b) C
   (c) B (d) F
   (e) D

2. नाटक D का प्रदर्शन किन दो नाटकों के बीच में होता है?
   (a) C और F (b) A और E
   (c) E और F (d) C और E
   (e) B और E

3. सोमवार से प्रदर्शन के क्रम में निम्नलिखित में से कौन-सा नाटक के प्रदर्शन का सही क्रम निरूपित करता है?
   (a) FABEDC (b) EABFDC
   (c) AFBEDC (d) FBAEDC
   (e) इनमें से कोई नहीं

4. मंगलवार को छोड़कर किस दिन नाटक C का प्रदर्शन नहीं किया जाता है?
   (a) शुक्रवार (b) शनिवार
   (c) बृहस्पतिवार (d) सोमवार
   (e) बुधवार

5. निम्नलिखित में से कौन-सा नाटक सोमवार को प्रदर्शित किया जाता है?
   (a) C (b) B
   (c) A (d) F
   (e) E

हल नाटक के प्रदर्शन का कार्यक्रम निम्न से प्रकार से हैं–

दिन	सोम	मंगल	बुध	बृहस्पति	शुक्र	शनि
नाटक	↓ F	↓ ~~C~~ ↓ B	↓ A	↓ ~~B~~ ↓ E	↓ D	↓ C

1. (a) नाटक A ठीक नाटक B के बाद प्रदर्शित किया जाता है।
2. (d) नाटक D का प्रदर्शन C और E नाटक के बीच में है।
3. (d) नाटकों के प्रदर्शन के क्रम का सही कार्यक्रम FBAEDC है
4. (a) शुक्रवार को निश्चित तौर पर नाटक C का प्रदर्शन नहीं किया जा सकता है।
5. (d) नाटक F सोमवार को प्रदर्शित किया जाता है।

▶ टाइप II व्यवस्था क्रम पर आधारित प्रश्न

निर्देश: निम्नलिखित जानकारियों का ध्यानपूर्वक अध्ययन करके इन पर आधारित प्रश्नों का उत्तर दीजिए–

(i) पाँच मित्र A, B, C, D, और E हरे, पीले, गुलाबी, लाल और नीले रंग की कमीज पहनते हैं और नेकर-काली, सफेद, भूरे, नीले और हरे रंग का पहनते हैं।

(ii) कोई भी व्यक्ति एक ही रंग की कमीज और नेकर नहीं पहनते हैं।

(iii) 'D' नीले रंग की कमीज और 'C' हरे रंग का नेकर पहनता है।

(iv) जो हरे रंग की कमीज पहनते हैं उसके नेकर का रंग काला है, तथा जिसके नेकर का रंग नीला है वह लाल कमीज पहनता है।

(v) 'A' का नेकर सफेद रंग का तथा कमीज गुलाबी है।

(vi) 'E' की कमीज लाल रंग की नहीं है।

(vii) 'B' का नेकर काला या हरे रंग का नहीं है।

1. 'C' किस रंग की कमीज पहनता है?
   (a) गुलाबी (b) पीला
   (c) हरा (d) नीला
   (e) जानकारी अधूरी है
2. 'B' का नेकर किस रंग का है?
   (a) भूरा (b) काला
   (c) हरा (d) सफेद
   (e) नीला
3. सफेद रंग का नेकर कौन पहनता है?
   (a) A (b) E
   (c) B (d) जानकारी अधूरी है
   (e) इनमें से कोई नहीं
4. काले रंग का नेकर कौन पहनता है?
   (a) A (b) B
   (c) C (d) D
   (e) E
5. 'D' की कमीज और नेकर का रंग क्या है?
   (a) नीली और सफेद (b) नीली और भूरी
   (c) हरी और काली (d) लाल और नीली
   (e) इनमें से कोई नहीं

हलः दी गई जानकारियों को इस प्रकार सारणीबद्ध किया जा सकता है –

कमीज का रंग	हरा, पीला, गुलाबी, लाल, नीला
नेकर का रंग	काला, सफेद, भूरा, नीला, हरा

सदस्य	A	B	C	D	E
कमीज का रंग	गुलाबी	लाल	पीला	नीला	हरा
नेकर का रंग	सफेद	नीला	हरा	भूरा	काला

1. (b) 'C' पीले रंग की कमीज पहनता है।
2. (e) 'B' का नेकर नीले रंग का है।
3. (a) 'A' सफेद रंग का नेकर पहनता है।
4. (e) 'E' काले रंग का नेकर पहनता है।
5. (b) 'D' की कमीज और नेकर का रंग नीला और भूरा है।

▶ टाइप III रक्त संबंध व पेशा पर आधारित प्रश्न

निर्देश : नीचे दी गई जानकारियों को ध्यान से पढ़कर इन पर आधारित प्रश्नों का उत्तर दीजिए–

(i) A, B, C, D, E और F एक ही परिवार के छः सदस्य हैं। ये सदस्य हैं– मनोवैज्ञानिक, मैनेजर, वकील, ज्वैलर, डॉक्टर तथा इंजीनियर।

(ii) डॉक्टर 'F' का दादा है जो कि मनोवैज्ञानिक है।

(iii) मैनेजर 'D' का विवाह 'A' से हुआ है।

(iv) 'C' जो कि ज्वैलर है, का विवाह वकील से हुआ है।

(v) 'B', 'F' तथा E की माँ है।

(vi) परिवार में दो विवाहित जोड़े हैं।

1. 'E' का व्यवसाय क्या है?
   (a) मैनेजर (b) मनोवैज्ञानिक
   (c) ज्वैलर (d) डॉक्टर
   (e) इनमें से कोई नहीं
2. परिवार में कुल कितने पुरुष सदस्य हैं?
   (a) चार (b) एक
   (c) तीन (d) जानकारी अधूरी है
   (e) इनमें से कोई नहीं
3. निम्नलिखित में से कौन-सा परिवार में एक विवाहित जोड़ा है?
   (a) AD (b) AC
   (c) AB (d) ज्ञात नहीं किया जा सकता
   (e) इनमें से कोई नहीं
4. 'A', E से कैसे संबंधित है?
   (a) पिता (b) चाचा
   (c) भाई (d) दादा
   (e) इनमें से कोई नहीं
5. निम्नलिखित में से 'A' का व्यवसाय कौन-सा है?
   (a) वकील (b) मैनेजर
   (c) ज्वैलर (d) डॉक्टर
   (e) इनमें से कोई नहीं

हलः दी गई जानकारियों को इस प्रकार सारणीबद्ध किया जा सकता है –

(विवाहित) A ↔ D
(विवाहित) B ↔ C

A	B	C	D	E	F
डॉक्टर	वकील	ज्वेलर	मैनेजर	इंजीनियर	मनोवैज्ञानिक
'D' का पति	'C' की पत्नी	'B' का पति	'A' की पत्नी	'B' और 'C' का पुत्र/पुत्री	'B' और 'C' का पुत्र/पुत्री
'C' का पिता 'E' एवं F का दादा	'E' तथा 'F' की माँ	'E' तथा 'F' का पिता	'E' तथा 'F' की दादी एवं 'C' की माँ	'A' तथा 'D' का पौत्र/पौत्री	'A' तथा 'D' का पौत्र/पौत्री
पुरुष	महिला	पुरुष	महिला	पुरुष/महिला	पुरुष/महिला

1. (e) 'E' इंजीनियर है।
2. (d) 'E' और 'F' के बारे में स्पष्ट जानकारी नहीं दी गई है कि वे पुरुष है या महिला अत:, परिवार में कितने पुरुष सदस्य हैं यह ज्ञात करने के लिए जानकारी अधूरी है।
3. (a) 'A' और 'D' परिवार में एक विवाहित जोड़ा है।
4. (d) 'A', E का दादा है।
5. (d) 'A' डॉक्टर है।

▶ टाइप IV बैठने के क्रम पर आधारित प्रश्न

निर्देश: ये प्रश्न निम्नलिखित जानकारियों पर आधारित हैं। इन जानकारियों को ध्यान से पढ़कर प्रत्येक प्रश्न का उत्तर दीजिए -

(i) A, B, C, D, E, F और G पूर्व की ओर मुँह करके एक दीवार पर बैठे हैं।

(ii) 'C', 'D' के ठीक दाईं ओर है।

(iii) 'B' अंतिम किसी छोर पर है तथा उसके पड़ोस में E है।

(iv) 'G', 'E' और 'F' के बीच में है।

(v) 'D' दक्षिण की ओर से तीसरा है।

1. निम्नलिखित में से कौन-सा व्यक्तियों का जोड़ा अंतिम सिरों पर बैठे व्यक्तियों का है?
   (a) AE (b) AB
   (c) FB (d) CB
   (e) ज्ञात नहीं किया जा सकता
2. निम्नलिखित में से कौन-सी जानकारी A के स्थान को ज्ञात करने के लिए आवश्यक नहीं है?
   (a) (i) (b) (ii)
   (c) (iii)
   (d) सभी जानकारियाँ आवश्यक हैं
   (e) इनमें से कोई नहीं
3. 'D' निम्नलिखित में से कौन-से जोड़ा के बीच में बैठा है?
   (a) CE (b) AC
   (c) CF (d) AF
   (e) इनमें से कोई नहीं
4. निम्नलिखित में से कौन-सा व्यक्ति 'C' से जगह बदल ले तो वह उत्तरी सिरे से तीसरा हो जाएगा?
   (a) G (b) F
   (c) E (d) ज्ञात नहीं किया जा सकता
   (e) इनमें से कोई नहीं
5. E के ठीक दाईं ओर कौन बैठा है?
   (a) F (b) D
   (c) C (d) A
   (e) इनमें से कोई नहीं

हल A, B, C, D, E, F और G के पूर्व की ओर मुँह करके दीवार में बैठने का क्रम निम्न प्रकार है–

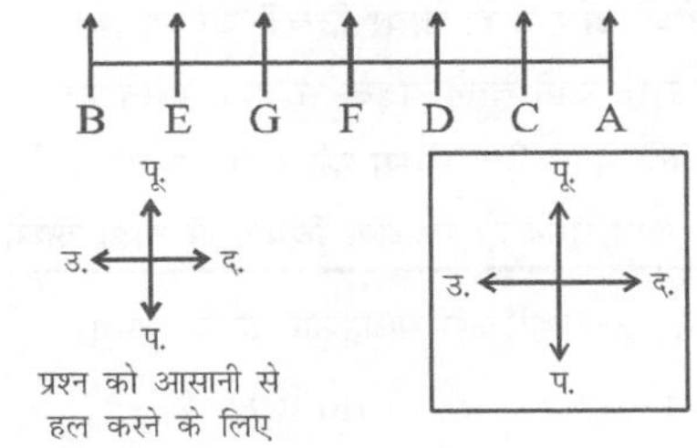

प्रश्न को आसानी से हल करने के लिए परिवर्तित MAP

1. (b) A और B अंतिम सिरों पर बैठे व्यक्तियों का जोड़ा है।
2. (d) सभी जानकारियाँ आवश्यक हैं।
3. (c) D, C और F के बीच में बैठा है।
4. (e) C से जगह बदल लेने पर कोई भी व्यक्ति उत्तरी सिरे से तीसरा कभी नहीं हो सकता, क्योंकि C से जगह बदलने वाला कोई भी व्यक्ति हर हाल में उत्तरी सिरे से छठा होगा।
5. (e) E के दाईं ओर G बैठा है।

साधित उदाहरण (Solved Examples)

निर्देश (प्र॰ 1-5) : निम्नलिखित जानकारी पढ़कर नीचे दिए गए प्रश्नों का उत्तर दीजिए:

सात प्रबंधक शर्मा, मिश्रा, सिंह, कुलकर्णी, राव, जोशी और नायर, सूरत, चण्डीगढ़ दिल्ली एवं लखनऊ इन चार अलग-अलग स्थानों पर जोड़े में या अकेले साक्षात्कार कंडक्ट करने वाले हैं। इनमें से केवल एक रेल से यात्रा करना चाहता है, दो कार से और शेष विमान से यात्रा करना चाहते हैं।

(i) शर्मा लखनऊ जा रहा है। किन्तु कार या विमान से नहीं जा रहा है।

(ii) मिश्रा कार यात्रा पसंद करता है।

(iii) न तो जोशी और न ही नायर दिल्ली जा रहा है।

(iv) केवल सूरत जाने वाले सड़क से यात्रा करते है।

(v) कुलकर्णी अपने मित्र मिश्रा की सहायता करेगा।

(vi) दिल्ली जाने वाले दो प्रबंधक विमान से यात्रा करेंगे।

उदाहरण 1 : कुलकर्णी कहां साक्षात्कार कंडक्ट करेंगे?

(a) सूरत (b) लखनऊ
(c) चंडीगढ़ (d) निर्धारित नहीं किया जा सकता
(e) इनमें से कोई नहीं

उदाहरण 2 : दिल्ली कौन जाता है?

(a) मिश्रा-कुलकर्णी (b) राव-सिंह
(c) कुलकर्णी-जोशी (d) निर्धारित नहीं किया जा सकता
(e) इनमें से कोई नहीं

उदाहरण 3 : निम्नलिखित में से कौन-सा कथन सत्य हैं?

(a) कुलकर्णी विमान यात्रा करता हैं।
(b) नायर, राव की सहायता करेगा।
(c) शर्मा अकेला साक्षात्कार कंडक्ट करता है।
(d) जोशी चडीगढ़ जाता है।
(e) इनमें से कोई नहीं

उदाहरण 4 : चंडीगढ़ में साक्षात्कार कौन कंडक्ट करेगा?

(a) नायर (b) सिंह
(c) राव (d) निर्धारित नहीं किया जा सकता
(e) इनमें से कोई नहीं

उदाहरण 5 : यात्रा में तरीके के संदर्भ में निम्नलिखित में से कौनसा जोड़ा अन्य चार से भिन्न है?

(a) शर्मा-मिश्रा (b) राव-मिश्रा
(c) नायर-राव (d) कुलकर्णी-जोशी
(e) शर्मा-सिंह

हल : दी गई जानकारियों को इस प्रकार सारणीबद्ध किया जा सकता है-

प्रबंधक	साक्षात्कार का स्थान	यात्रा का साधन
शर्मा	लखनऊ	रेल
मिश्रा	सूरत	कार
सिंह	दिल्ली	विमान
कुलकर्णी	सूरत	कार
राव	दिल्ली	विमान
जोशी	चंडीगढ़/लखनऊ	विमान
नायर	चंडीगढ़/लखनऊ	विमान

1. (a) 2. (b) 3. (e)
4. (d) 5. (c)

निर्देश (प्र॰ 6-10) : नीचे दी हुई जानकारी को धयान से पढ़िए और उस पर आधरित प्रश्नों के उत्तर दीजिए।

P, Q, R, S, T, और V छह छात्र हैं जो एक कक्षा में पढ़ रहे हैं। उनमें से हर एक की लम्बाई और वजन अलग-अलग है। जो सबसे लम्बा है, वह सबसे भारी नहीं है। T केवल P से लम्बा है लेकिन R से हल्का है। Q, S और P से लम्बा है और केवल T और V से भारी है। P केवल S से हल्का है। T, V से भारी है। S, V से लम्बा है और Q सबसे लम्बा नहीं है।

उदाहरण 6 : उनमें से T से भारी कितने हैं?

(a) एक (b) दो
(c) तीन (d) पांच
(e) इनमें से कोई नहीं

उदाहरण 7 : उनमें से Q से छोटे कितने हैं?

(a) दो (b) चार
(c) तीन (d) पांच
(e) इनमें से कोई नहीं

उदाहरण 8 : उनमें से सबसे लम्बा कौन हैं

(a) V (b) P
(c) T (d) R
(e) इनमें से कोई नहीं

उदाहरण 9 : यदि इन्हें लम्बाई के अवरोही क्रम से व्यवस्थित किया जाए तो ऊपर से तीसरा कौन होगा?

(a) Q (b) V
(c) S (d) डाटा अपर्यप्त है
(e) इनमें से कोई नहीं

उदाहरण ▶ **10 :** उनमें से सबसे हल्का कौन हैं?

(a) V (b) T
(c) P (d) R
(e) इनमें से कोई नहीं

हल **लम्बाई के अनुसार क्रम,**
R > Q > S > V > T > P
वजन के अनुसार क्रम,
S > P > R > Q > T > V

6. **(e)** S, P, R और Q, T से भारी हैं।
7. **(b)** S, V, T एवं P, Q से छोटे है।
8. **(d)** R सबसे लम्बा है।
9. **(c)** ऊपर से तीसरा S होगा।
10. **(a)** V सबसे हल्का है।

निर्देश (प्र॰ 11-15) : निम्नलिखित जानकारियों का ध्यानपूर्वक अध्ययन कर नीचे दिए गए प्रश्नों के उत्तर दीजिए –

A, B, C, D, E, F, G, और H केन्द्र की ओर मुंह किए एक वृत के गिर्द बैठे हैं। D, F के बाएं दूसरा और H के दाएं तीसरा है। A, F के दाएं दूसरा और H का निकटस्थ पड़ोसी है। C, B के दाएं दूसरा और F, B के दाएं तीसरा है। G, F का निकटस्थ पड़ोसी नहीं है।

उदाहरण ▶ **11 :** H और C के बीच इनमें से कितने है?

(a) दो (b) तीन
(c) दो या तीन (d) डाटा अपर्याप्त हैं
(e) इनमें से कोई नहीं

उदाहरण ▶ **12 :** A के तुरंत बाएं कौन है?

(a) H (b) E
(c) G (d) डाटा अपर्याप्त हैं
(e) इनमें से कोई नहीं

उदाहरण ▶ **13 :** निम्नलिखित में से किस जोड़े में पहला व्यक्ति दूसरे व्यक्ति के तुरंत बाएं बैठा है?

(a) CD (b) BG
(c) HA (d) FC
(e) इनमें से कोई नहीं

उदाहरण ▶ **14 :** B के दाएं कौन है?

(a) D (b) C
(c) A (d) डाटा अपर्याप्त हैं
(e) इनमें से कोई नहीं

उदाहरण ▶ **15 :** G के संदर्भ में E का स्थान कौन सा है?

(a) दाएं दूसरा (b) बाएं तीसरा
(c) दाएं तीसरा (d) बाएं दूसरा
(e) इनमें से कोई नहीं

हल बैठने का क्रम इस प्रकार है-

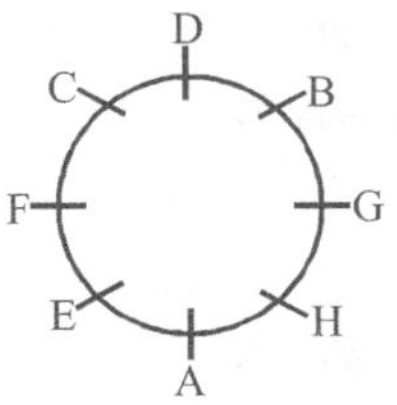

11. (b) **12. (b)** **13. (d)**
14. (a) **15. (b)**

अभ्यास प्रश्न (Exercise)

निर्देश (प्र. 1-5) : नीचे दी गई जानकारी का अधययन कर इन प्रश्नों के उत्तर दीजिए।

(i) P, Q, R, S, T, U और V केन्द्र की ओर मुंह किए एक वृत के गिर्द बैठे हैं।
(ii) P, V और S के बीच हैं।
(iii) R, जो S के दाएं दूसरा है, Q और U के बीच हैं।
(iv) Q, T का पड़ोसी नहीं हैं।

1. निम्नलिखित में से सही कथन कौन-सा है?
   (a) V, P और S के बीच है (b) S, V के बाएं दूसरा है।
   (c) R, P के बाएं तीसरा हैं (d) P, S के तुरंत बाएं है
   (e) इनमें से कोई नही
2. T का स्थान कौनसा है?
   (a) R और V के बीच (b) V के तुरंत बाएं
   (c) R के बाएं दूसरा (d) P के बाएं दूसरा
   (e) इनमें से कोई नहीं
3. R और U के बीच कौन हैं?
   (a) निर्धारित नहीं किया जा सकता
   (b) S
   (c) V
   (d) Q
   (e) इनमें से कोई नही
4. निम्नलिखित में से गलत कथन कौनसा है?
   (a) R, U के तुरंत दाएं है (b) Q, R के तुरंत बाएं
   (c) T, Q के दाएं से तीसरा है (d) U, T के तुरंत बाएं है
   (e) इनमें से कोई नहीं
5. निम्नलिखित में से किस जोड़े का दूसरा सदस्य पहले सदस्य के तुरंत दाए बैठा है?
   (a) QS (b) PV
   (c) RU (d) VT
   (e) इनमें से कोई नहीं

निर्देश (प्र. 6–10) : नीचे दी गई जानकारी को ध्यान से पढ़िये और उस पर आधारित प्रश्नों के उत्तर दीजिए।

A, B, C, D, E और F छह छात्र हैं जो एक कक्षा में पढ़ रहे हैं, उनमें से हर एक की लंबाई और वजन अलग-अलग हैं। जो सबसे लंबा है वह सबसे भारी नहीं है। E केवल A से लंबा है, लेकिन C से हल्का है। E केवल F से भारी है लेकिन C से हल्का है। B, D, और A से लंबा है और केवल E और F से भारी है। A केवल D से हल्का है। E, F से भारी है। D, F से लंबा है और B सबसे लंबा नहीं है।

6. उनमें से E से भारी कितने है?
   (a) एक (b) दो
   (c) तीन (d) पांच
   (e) इनमें से कोई नहीं
7. उनमें से B से छोटे कितने है?
   (a) दो (b) चार
   (c) तीन (d) पांच
   (e) इनमें से कोई नहीं
8. उनमें से सबसे लंबा कौन है?
   (a) F (b) A
   (c) E (d) C
   (e) इनमें से कोई नहीं
9. यदि इन्हें लंबाई के अवरोही क्रम में व्यवस्थित किया जाए तो ऊपर से तीसरा कौन होगा?
   (a) B (b) F
   (c) D (d) डाटा अपर्याप्त है
   (e) इनमें से कोई नहीं
10. उनमें से सबसे हल्का कौन है?
   (a) F (b) E
   (c) A (d) C
   (e) इनमें से कोई नहीं

निर्देश (प्र. 11-14) : निम्नलिखित जानकारी को ध्यान से पढ़िये और नीचे दिए गए प्रश्नों के उत्तर दीजिए :

W, Y, T, M, R, H, और D सात व्यक्ति हैं जो केन्द्र की ओर मुंह करके एक वृत के इर्द-गिर्द बैठे हुए हैं। T, M के दाएं से चौथा है जो R के दाएं से दूसरा है। W, R के बाएं से तीसरा है। H, M का निकटस्थ पड़ोसी नहीं है। D, W का निकटस्थ पड़ोसी नहीं है।

11. H के एकदम बाएं कौन है?
   (a) W (b) T
   (c) R (d) डाटा अपर्याप्त
   (e) इनमें से कोई नहीं
12. T के दाएं कौन है?
   (a) M (b) R
   (c) Y (d) D
   (e) इनमें से कोई नहीं
13. D के दाएं से तीसरा कौन है?
   (a) M (b) R
   (c) W (d) D
   (e) इनमें से कोई नहीं
14. T के संबंध में Y का स्थान कौनसा है?
   (a) दाएं तीसरा (b) बाएं से चौथा
   (c) बाएं से तीसरा (d) बाएं दूसरा
   (e) इनमें से कोई नहीं

निर्देश (प्र. 15–19) : नीचे दी गई जानकारी को ध्यान से पढ़िये और उस पर आधारित प्रश्नों के उत्तर दीजिए।

B, M, T, R, K, H और D, III टियर स्लीपर बर्थ वाले ट्रेन के एक डिब्बे में सफर कर रहे हैं। प्रत्येक का अलग-अलग व्यवसाय है, जैसे इंजीनियर, डॉक्टर, आर्किटेक्ट, फार्मासिस्ट, वकील, पत्रकार और पैथोलॉजिस्ट। उन्होंने दो लोअर बर्थें, तीन मिडल बर्थें और दो अपर बर्थें संभाली हुई हैं। B इंजीनियर है अपर बर्थ पर नहीं है, आर्किटेक्ट एकमात्र ऐसा दूसरा व्यक्ति है जिसने B की तरह बर्थ ली हुई हैं, M और H मिडल बर्थ पर नहीं हैं और वे पेशे से क्रमशः पैथोलॉजिस्ट और वकील हैं। T फार्मासिस्ट है। D न तो पत्रकार है और न आर्किटेक्ट। K की बर्थ डॉक्टर की तरह की है।

15. D का व्यवसाय क्या है?
   (a) डॉक्टर (b) इंजीनियर
   (c) वकील (d) फार्मासिस्ट
   (e) डाटा अपर्याप्त
16. निम्नलिखित में से कौन सा समूह मिडल बर्थ पर है?
   (a) DKR (b) DHT
   (c) HKT (d) DKT
   (e) इनमें से कोई नहीं
17. निम्नलिखित में से व्यक्ति-बर्थ-व्यवसाय का कौन सा संयोजन सही है?
   (a) R-लोअर-प्रकार (b) R-लोअर-आर्किटेक्ट
   (c) D-अपर-डॉक्टर (d) K-अपर-वकील
   (e) इनमें से कोई नहीं
18. निम्नलिखित में से कौन सा जोड़ा लोअर बर्थ पर है?
   (a) BD (b) BR
   (c) BT (d) डाटा अपर्याप्त
   (e) इनमें से कोई नहीं
19. आर्किटेक्ट कौन है?
   (a) D (b) H
   (c) R (d) डाटा पर्याप्त
   (e) इनमें से कोई नहीं

निर्देश (प्र. 20-24) : नीचे दिए गए प्रश्नों का उत्तर देने के लिए निम्नलिखित जानकारी को ध्यान से पढ़िये :

आठ दोस्त J, K, L, M, N, O, P और Q केंद्र की ओर मुंह करके एक वृत के गिर्द बैठे है। J, N का पड़ोसी नहीं है। L, K के दाएं को तीसरा है। Q, N के बाएं को दूसरा है जो L के दाएं को अगला है। O, N या K का पड़ोसी नहीं है और P के एकदम बाएं को है।

20. निम्नलिखित में से L का सहीं स्थान कौन सा है?
   (a) N के एकदम दाएं को (b) Q के एकदम दाएं को
   (c) J के एकदम बाएं को (d) Q के एकदम बाएं को
   (e) इनमें से कोई नहीं
21. निम्नलिखित में से कौन सा जोड़ा O का पड़ोसी है?
   (a) L & N (b) P & K
   (c) M & P (d) N & P
   (e) इनमें से कोई नहीं
22. निम्नलिखित में से किस समूह में पहला व्यक्ति अन्य दो व्यक्तियों के बीच बैठा हैं?
   (a) PKJ (b) JQL
   (c) QNL (d) LMN
   (e) इनमें से कोई नहीं
23. K के एकदम बाएं को कौन हैं?
   (a) P (b) J
   (c) Q (d) निर्धारित नहीं किया जा सकता
   (e) इनमें से कोई नहीं
24. O के एकदम दाएं को कौन हैं?
   (a) M (b) L
   (c) Q (d) P
   (e) इनमें से कोई नहीं

निर्देश (प्र. 25-29) : ये प्रश्न निम्नलिखित जानकारी पर आधारित हैं। इसे ध्यान से पढ़िए और प्रश्नों के उत्तर दीजिए।

एक कार्यकारी J, K, L, M, N, O, P, और Q एक गोल मेज के गिर्द पर बैठक करने के लिए बैठे हैं। J, P के दाएं को दूसरा है, जो K के दाएं को तीसरा है। M, O के बाएं को दूसरा है जो P और J के बीच बैठा है। L, K या N का पड़ोसी नहीं है।

25. L के एकदम बांए कौन है?
   (a) Q (b) O
   (c) K (d) N
   (e) इनमें से कोई नहीं
26. K के एकदम बांए कौन है?
   (a) N (b) J
   (c) Q (d) निर्धारित नहीं किया जा सकता
   (e) इनमें से कोई नहीं
27. निम्नलिखित में से N का सही स्थान कौन सा है?
   (a) K के दाएं को दूसरा (b) K के एकदम बाएं
   (c) M के एकदम दाएं (d) K के एकदम दाएं
   (e) इनमें से कोई नहीं
28. P के दाएं को तीसरा कौन है?
   (a) L (b) J
   (c) Q (d) N
   (e) इनमें से कोई नहीं
29. निम्नलिखित व्यक्तियों में से किस समूह में पहला व्यक्ति दो अन्य व्यक्तियों के बीच बैठा है?
   (a) PJO (b) OPJ
   (c) OPM (d) MPO
   (e) इनमें से कोई नहीं

निर्देश (प्र. 30-34) : निम्नलिखित सूचना को घ्यान से पढ़िये और नीचे दिए गए प्रश्नों के उत्तर दीजिए :

छह एक्जीक्यूटीवों आकाश, बिपाशा, दीपक, ज्योति, कार्तिक और प्रिया को चार उत्पादों अर्थात साबुन, घड़ियों, कंप्यूटरों और चॉकलेटों का तीन अलग-अलग चैनलों अर्थात गो, वन और स्पाइस पर अकेले-अकेले या जोड़ों में विज्ञापन करना है। एक एक्जीक्यूटीव केवल एक ही चैनल पर जा सकता है और केवल एक ही उत्पाद का विज्ञापन कर सकता है एक चैनल पर दो से ज्यादा एक्जीक्यूटीव विज्ञापन नहीं दे सकते है।

(i) बिपाशा और ज्योति एक ही चैनल पर जाते हैं लेकिन विज्ञापन अलग-अलग उत्पाद का करते हैं।
(ii) आकाश 'गो' चैनल पर जाता है। लेकिन न तो साबुन न ही कम्प्यूटर का विज्ञापन करता है।
(iii) कार्तिक चॉकलेटों का विज्ञापन नहीं करता है।
(iv) कोई लड़की साबुन का विज्ञापन नहीं करती।
(v) चॉकलेट का विज्ञापन करने वाले दो एक्जीक्यूटिव स्पाइस चैनल पर जाते हैं।

30. घड़ियों का विज्ञापन कौन करता है?
   (a) दीपक (b) कार्तिक
   (c) आकाश (d) प्रिया
   (e) इनमें से कोई नहीं
31. निम्नलिखित में से किस चैनल-उत्पाद का जोड़ा निश्चित रूप से गलत है?
   (a) गो - घड़ी (b) वन - कम्प्यूटर
   (c) गो - साबुन (d) वन - साबुन
   (e) वन - घड़ी
32. कार्तिक कौन से चैनल पर जाता है?
   (a) गो (b) स्पाइस
   (c) वन (d) निर्धारित नहीं किया जा सकता
   (e) इनमें से कोई नहीं
33. यदि बिपाशा कम्प्यूटरों का विज्ञापन करता है, तो निम्नलिखित में से कौन सा सत्य होगा?
   (a) ज्योति साबुन का विज्ञापन करती है
   (b) ज्योति घड़ियों का विज्ञापन करती है
   (c) कार्तिक कम्प्यूटरों का विज्ञापन करता है।
   (d) कार्तिक स्पाइस के लिए काम करता है
   (e) इनमें से कोई नहीं

34. ज्योति किसका विज्ञापन करेगी?
(a) चॉकलेट (b) घड़ी
(c) कम्प्यूटर या घड़ी (d) निर्धारित नहीं किया जा सकता
(e) इनमें से कोई नहीं

निर्देश (प्र. 35-39) : इन प्रश्नों का उत्तर देने के लिए नीचे दी गई जानकारी का अध्ययन कीजिए।

आठ कार्यपालक H, I, J, K, L, M, N और P एक वृताकार टेबल के गिर्द एक बैठक के लिए बैठे हैं। M, J के दाएं तीसरा और K के बाएं दूसरा है। H, I के तुरंत बाएं है। P, K के तुरंत दाएं है। L, N के बाएं तीसरा है।

35. निम्नलिखित में से व्यक्तियों का कौन सा जोड़ा 'M' के निकटस्थ पड़ोसी दर्शाता है?
(a) K, I (b) L, I
(c) H, I (d) H, L
(e) इनमें से कोई नहीं

36. निम्नलिखित में से किस जोड़े में दूसरा व्यक्ति पहले व्यक्ति से दाएं दूसरा है?
(a) LI (b) NL
(c) PJ (d) KM
(e) इनमें से कोई नहीं

37. निम्नलिखित में क्या निश्चित रूप से सही है?
(a) K, P के तुरंत दाएं है (b) P, J के दाएं दूसरा है
(c) H, J के तुरंत बाएं है (d) I, M के तुरंत दाएं है।
(e) इनमें से कोई नहीं

38. J के तुरंत बाद कौन है?
(a) L (b) I
(c) N (d) H
(e) इनमें से कोई नहीं

39. M के बाएं दूसरा कौन है?
(a) H (b) P
(c) J (d) K
(e) इनमें से कोई नहीं

निर्देश (प्र. 40-45) : इन प्रश्नों के उत्तर देने के लिए, निम्नलिखित जानकारी का ध्यानपूर्वक अध्ययन कीजिए-

(i) P, Q, R, S, T, U और V केन्द्र की ओर मुख किए एक वृत के गिर्द बैठे हैं।
(ii) P, T और S के बीच में है।
(iii) U, Q और V के बीच है।
(iv) Q, T के दाएं दूसरा है।

40. निम्नलिखित में से कौन सा कथन गलत कथन है?
(a) S, V का निकटतक पड़ोसी है
(b) R, T का निकटतम पड़ोसी है
(c) Q, R का निकटतम पड़ोसी है
(d) T, S का निकटटम पड़ोसी है
(e) सभी कथन सही है

41. निम्नलिखित में से किस जोड़े में पहला सदस्य दूसरे सदस्य के दाएं दूसरा है?
(a) TS (b) US
(c) RU (d) PR
(e) इनमें से कोई नहीं

42. निम्नलिखित में से किस जोड़े में दूसरा सदस्य पहले सदस्य के तुरन्त बाएं है?
(a) PT (b) RQ
(c) UV (d) SP
(e) इनमें से कोई नहीं

43. R का स्थान कौन-सा है।
(a) निर्धारित नहीं किया जा सकता है।
(b) Q और T के बीच है
(c) T के तुरन्त बाएं है
(d) Q के दाएं दूसरा
(e) इनमें से कोई नहीं

44. V .... है।
(a) P के बाएं दूसरा (b) P और U के बीच में
(c) U के तुरन्त बाएं (d) T के बाएं चौथा
(e) इनमें से कोई नहीं

45. निम्नलिखित में से कौन सा कथन सही है?
(a) S, R और P के बीच में है
(b) Q, T और R के बीच में है
(c) P, Q के बाएं तीसरा है
(d) S, V के तुरन्त बाएं है
(e) इनमें से कोई नहीं

निर्देश (46-50) : निम्नलिखित जानकारी का अध्ययन कर उसके नीचे दिए गए प्रश्नों के उत्तर दीजिए।

आठ मित्र A, B, C, D, E, F, G व H केंद्र की ओर मुंह करके वृत्त के गिर्द बैठे हुए हैं। E, G के बाएं को तीसरा है, जो B के एकदम दाएं को है जो A के बाएं को तीसरा है। H, F के दाएं को दूसरा है जो E का निकटस्थ पड़ोसी नहीं है। D, B का निकटस्थ पड़ोसी नहीं है।

46. D के संबंध में B का सही स्थान निम्न में से कौन सा है ?
(a) दाएं को दूसरा (b) बाएं को दूसरा
(c) दाएं को तीसरा (d) बाएं को तीसरा
(e) इनमें से कोई नहीं

47. A व D के बीच में कौन बैठा है ?
(a) F (b) E
(c) G (d) B
(e) H

48. C के संबंध में E का स्थान कौन सा है ?
(a) एकदम दाएं को
(b) एकदम बाएं को
(c) दाएं को दूसरा
(d) निर्धारित नहीं किया जा सकता
(e) इनमें से कोई नहीं

49. निम्न में से किस जोड़े में पहला व्यक्ति, दूसरे व्यक्ति के एकदम बाएं को है ?
(a) GB (b) AF
(c) CE (d) HD
(e) इनमें से कोई नहीं

50. B के दांए को दूसरा कौन है ?
(a) F (b) A
(c) H (d) D
(e) इनमें से कोई नहीं

निर्देश (51-55) : निम्नलिखित जानकारी का ध्यान से अध्ययन कर दिये गये प्रश्नों के उत्तर दीजिए :

सात उड़ानें जेट एयरवेज, ब्रिटिश एयरवेज, डेल्टा, क्वांटाज, एमिरेट्स, लुफ्तांजा, एयर इंडिया लंदन के लिए फ्लाइट करती हैं। सप्ताह के सात में से प्रत्येक दिन लंदन के लिए केवल एक उड़ान है जो सोमवार से शुरू होती है और रविवार को समाप्त होती है।

डेल्टा बुधवार को उड़ान भरती है। एयर इंडिया ब्रिटिश एयरवेज के अगले दिन उड़ान भरती है। ब्रिटिश एयरवेज सोमवार या शुक्रवार को नही उड़ती है। ब्रिटिश एयरवेज और एमिरेट्स के बीच दो उड़ाने हैं। एमिरेट्स रविवार को नहीं उड़ती है। क्वांटाज, लुफ्तांजा के एक दिन पहले उड़ती है।

51. जेट एयरवेज निम्न में से किस दिन उड़ती है ?
(a) शुक्रवार (b) रविवार
(c) मंगलवार (d) गुरूवार
(e) इनमें से कोई नहीं

52. लुफ्तांजा और डेल्टा के बीच कितने उड़ानें जाती हैं ?
(a) कोई नहीं (b) एक
(c) दो (d) तीन
(e) पांच

53. निम्न में से कौन सी फ्लाइट शुक्रवार को जाती है ?
(a) एयर इंडिया (b) क्वांटाज
(c) एमिरेट्स (d) लुफ्तांजा
(e) जेट एयरवेज

54. यदि किन्हीं तकनीकी कारणों से डेल्टा अपनी फ्लाइट को स्थगित करके रविवार को कर दे और गुरूवार से रविवार तक तय सभी फ्लाइटें अपने निर्धारित दिन से एक दिन आगे जाएं, तो निम्न में से कौन सी फ्लाइट शुक्रवार को जाएगी ?
(a) लुफ्तांजा (b) जेट एयरवेज
(c) ब्रिटिश एयरवेज (d) एयर इंडिया
(e) क्वांटाज

55. दिए गए उड़ान कार्यक्रम के आधार पर यदि एमिरेट्स का ब्रिटिश एयरवेज से और डेल्टा का क्वांटाज से खास तरह का संबंध बनता है तो उसी संबंध के आधार पर जेट एयरवेज का संबंध निम्न में से किससे बनेगा ?
(a) लुफ्तांजा (b) क्वांटाज
(c) डेल्टा (d) एयर इंडिया
(e) इनमें से कोई नहीं

निर्देश (56-60) : नीचे दी गई जानकारी का सावधानीपूर्वक अध्ययन कीजिए और प्रश्नों के उत्तर दीजिए।

छः नाटकों A, B, C, D, E और F का मंचन सप्ताह के छः दिन सोमवार से शुरू होकर शनिवार तक किया जाता है। नाटक C का मंचन मंगलवार को किया जाता है। नाटकों A, F और B का मंचन एक के बाद एक इसी क्रम में किया जाता है। नाटक D का मंचन सोमवार या बुधवार को नहीं किया जाता है।

56. नाटक A के मंचन के बाद कितने नाटकों का मंचन किया जाता है ?
(a) एक (b) दो
(c) तीन (d) चार
(e) ज्ञात नहीं किया जा सकता

57. निम्न पांच में से चार अपने मंचन के दिन के आधार पर एक समूह बनाते हैं। उस समूह में कौन सा एक शामिल नहीं है ?
(a) EC (b) FD
(c) CA (d) AF
(e) BD

58. नाटक E के मंचन के ठीक पहले किस नाटक का मंचन किया जाता है ?
(a) B (b) A
(c) F (d) D
(e) ऐसे किसी नाटक का मंचन नहीं किया जाता है।

59. यदि नाटक D का मंचन सोमवार को किया जाता है तो निम्न में से किस नाटक का मंचन निश्चित रूप से शनिवार को किया जायेगा ? (ऊपर दिये गये सभी शर्त समान हैं।)
(a) B (b) A
(c) E (d) E या B
(e) ज्ञात नहीं किया जा सकता

60. किस नाटक का मंचन गुरूवार को किया जाता है ?
(a) B (b) E
(c) D (d) F
(e) ज्ञात नहीं किया जा सकता

निर्देश (61-66) : नीचे दी गई जानकारी का सावधानीपूर्वक अध्ययन कीजिए और प्रश्नों के उत्तर दीजिए।

नौ दोस्त L, M, N, O, P, Q, R, S और T केन्द्र की ओर मुंह करके एक वृत के गिर्द बैठे हैं। T, R के दायें पांचवे स्थान पर है। N, R या T का निकटतम पड़ोसी नहीं है। M, S और P के मध्य में बैठा है। N, P के बायें चौथे स्थान पर है। O, Q के दायें दूसरे स्थान पर है। S, T का निकटतम पड़ोसी नहीं है।

61. M के दायें दूसरा कौन है ?
(a) R (b) T
(c) L (d) ज्ञात नहीं किया जा सकता
(e) इनमें से कोई नहीं

62. L से आरम्भ करके यदि सभी नौ मित्रों को घड़ी की सुई की दिशा में वर्णमाला क्रम में बैठाया जाए तो L को छोड़कर कितने मित्रों का स्थान अपरिवर्तित रहेगा ?
(a) कोई नहीं (b) एक
(c) दो (d) तीन
(e) चार

63. बैठने की स्थिति के अनुसार निम्न पांच में से चार किसी प्रकार एक समान हैं और अपना एक समूह बनाते हैं। वह एक कौन सा हैं, जो समूह में शामिल नहीं है ?
(a) LP (b) SP
(c) TS (d) LN
(e) QO

64. M से आरम्भ करके घड़ी की सुई की विपरीत दिशा में M के संदर्भ में O की स्थिति क्या है ?
(a) बायें चौथा (b) बायें पांचवा
(c) दायें तीसरा (d) दायें पांचवा
(e) इनमें से कोई नहीं

65. यदि S : Q तो N : ?
(a) R (b) O
(c) L (d) T
(e) इनमें से कोई नहीं

66. T के ठीक बायें कौन बैठा है ?
(a) O
(b) Q
(c) L
(d) ज्ञात नहीं किया जा सकता
(e) इनमें से कोई नहीं

निर्देश (67-71) : निम्नलिखित सूचनाओं का अध्ययन कीजिए और उन पर आधारित प्रश्नों के उत्तर दीजिए।

(i) M, N, P, Q, S तथा T एक समूह के छः सदस्य हैं जिसमें तीन महिला सदस्य है। महिलाएँ तीन विभागों - लेखा, प्रशासन तथा कार्मिक - में कार्यरत् है तथा तीन विभिन्न तलों - प्रथम, द्वितीय एवं तृतीय - पर बैठते हैं। समान विभाग में कार्य करने वाले व्यक्ति समान तल पर नहीं हैं। प्रत्येक तल पर दो व्यक्ति कार्यरत् हैं।

(ii) कोई दो महिलाएँ समान विभाग में या समान तल पर कार्यरत् नहीं है। N तथा S समान विभाग में कार्य करते हैं, लेकिन कार्मिक विभाग में नहीं। Q प्रशासनिक विभाग में कार्य करता है। S तथा M क्रमशः प्रथम एवं तृतीय तलों पर हैं और समान विभाग में कार्य करते हैं। महिला Q द्वितीय तल पर कार्य नहीं करती है। पुरूष P प्रथम तल पर कार्य करता है।

67. व्यक्तियों के निम्नलिखित समूहों में से कौन-सी महिलाएँ हैं?
(a) SQT (b) QMT
(c) QPT (d) आंकड़ा अपर्याप्त
(e) इनमें से कोई नहीं

68. T किस विभाग में कार्य करता है?
(a) लेखा (b) प्रशासन
(c) कार्मिक (d) लेखा या कार्मिक
(e) इनमें से कोई नहीं

69. व्यक्तियों के निम्नलिखित जोड़े में से कौन-सा द्वितीय तल पर कार्य करता है?
(a) PT (b) SM
(c) QN (d) आंकड़ा अपर्याप्त
(e) इनमें से कोई नहीं

70. यदि T को लेखा एवं S को प्रशासनिक विभाग में स्थानान्तरित कर दिया जाय, तब प्रत्येक तल पर महिलाओं के मूल वितरण का ध्यान रखने के लिए कार्मिक विभाग में किसे स्थानान्तरित किया जा सकता है?
(a) P (b) N
(c) Q (d) आंकड़ा अपर्याप्त
(e) इनमें से कोई नहीं

71. व्यक्तियों के निम्नलिखित जोड़े में से कौन-सा प्रशासनिक विभाग में कार्य करता है?
(a) QP
(b) QN
(c) SP आंकड़ा अपर्याप्त
(e) इनमें से कोई नहीं

निर्देश (72-76) : निम्नलिखित जानकारी को ध्यान से पढ़िए और दिए गए प्रश्नों के उत्तर दीजिए :

एक विद्यालय में छः अध्यापक A, B, C, D, E एवं F हैं। प्रत्येक अध्यापक दो विषय - एक अनिवार्य विषय एवं दूसरा वैकल्पिक विषय - पढ़ाते हैं। D का वैकल्पिक विषय इतिहास है जबकि अन्य तीनों का यह अनिवार्य विषय है। E तथा F के विषयों में से एक विषय भौतिकी है। F का अनिवार्य विषय गणित है जोकि C तथा E दोनों का वैकल्पिक विषय है। इतिहास एवं अंग्रेजी A का विषय है लेकिन अनिवार्य एवं वैकल्पिक विषयों के रूप में जो कि D के ठीक विपरीत है। उनमें से किसी एक का वैकल्पिक विषय रसायन है। विद्यालय में एकमात्र अध्यापिका (female teacher) हैं जिसका अनिवार्य विषय अंग्रेजी है।

72. C का अनिवार्य विषय क्या है ?
(a) इतिहास (b) भौतिकी
(c) रसायन (d) अंग्रेजी
(e) इनमें से कोई नहीं

73. समूह में महिला सदस्य कौन है?
(a) A (b) B
(c) C (d) D
(e) इनमें से कोई नहीं

74. निम्नलिखित में से किसका वैकल्पिक विषय F के अनिवार्य विषय के समान है?
(a) D (b) B
(c) A (d) C
(e) इनमें से कोई नहीं

75. कौन-सा विषय अनिवार्य तथा कौन-सा वैकल्पिक विषय है - इस तथ्य को नजरअंदाज करते हुए बताएँ कि किसके पास F के समान ही दो समान विषयों का संयोग है?
(a) A (b) B
(c) E (d) D
(e) इनमें से कोई नहीं

76. अध्यापकों के निम्नलिखित समूहों में से किसके पास इतिहास एक अनिवार्य विषय है?
(a) A, C तथा D (b) B, C तथा D
(c) C तथा D (d) A, B तथा C
(e) इनमें से कोई नहीं

निर्देश (77-81) : निम्नलिखित जानकारी को ध्यान से पढ़िए और दिए गए प्रश्नों के उत्तर दीजिए :

छ: लोग षट्कोणीय आकार में सतह पर बैठे हुए हैं। षट्कोण के शीर्षो को A, B, C, D, E तथा F से चिह्नित किया जाता है लेकिन इसी क्रम में नहीं। तथापि षट्कोण के सभी भुजाओं की लम्बाई समान है। A, B तथा C का पड़ोसी नहीं है; D, C तथा E का पड़ोसी नहीं है। B तथा C संगत हैं। D एवं C के मध्य F है।

77. यदि A का एक पड़ोसी D है, तब दूसरा कौन है?
(a) B (b) C
(c) E (d) F
(e) इनमें से कोई नहीं

78. E के विपरीत कौन स्थित है?
(a) F (b) D
(c) C (d) B
(e) इनमें से कोई नहीं

79. जितनी दूरी पर D से E है, उतनी ही दूरी पर D से कौन है?
(a) B (b) C
(c) D (d) F
(e) इनमें से कोई नहीं

80. निम्नलिखित में से कौन-सा सही पड़ोसी-युग्म नहीं है?
(a) B और F (b) C और F
(c) D और F (d) A और E
(e) इनमें से कोई नहीं

81. निम्नलिखित में से कौन-सा सही पड़ोसी-तिर्यक् नहीं है?
(a) B, C, F (b) A, F, B
(c) D, A, E (d) F, D, A
(e) इनमें से कोई नहीं

निर्देश (Qs. 82-86) : निम्नलिखित जानकारी को ध्यान से पढ़िए और दिए गए प्रश्नों के उत्तर दीजिए।

(i) 5 लोग A, B, C, D तथा E एक परिवार के सदस्य हैं।
(ii) वे डॉक्टर, शिक्षक, व्यापारी, वकील तथा किसान के रूप में कार्य कर रहे हैं।
(iii) एक अविवाहित शिक्षक B, A की पुत्री है।
(iv) एक वकील E, C का भाई है।
(v) परिवार में एकमात्र विवाहित जोड़े में C पति है।
(vi) A की वधू एक डॉक्टर है।

82. निम्नलिखित में से कौन-सा एक, परिवार में महिला सदस्यों का समूह है?
(a) A तथा D (b) D तथा E
(c) A, C तथा E (d) B तथा D
(e) आँकड़े अपर्याप्त हैं।

83. निम्न में से कौन-सा एक विवाहित युग्म है?
(a) A तथा B (b) C तथा D
(c) A तथा D (d) B तथा C
(e) इनमें से कोई नहीं

84. निम्नलिखित में से कौन-सा एक, परिवार में पुरुष सदस्यों का समूह है?
(a) A, B तथा C (b) B तथा D
(c) A, C तथा E (d) A, C तथा D
(e) आँकड़े अपर्याप्त हैं।

85. परिवार में कौन डॉक्टर है?
(a) A (b) B
(c) C (d) D
(e) इनमें से कोई नहीं

86. परिवार में कौन व्यापारी है?
(a) A (b) B
(c) C (d) D
(e) निर्धारित नहीं किया जा सकता।

निर्देश (87-91) : निम्नलिखित जानकारी का ध्यानपूर्वक अध्ययन कर नीचे दिए गए प्रश्नों के उत्तर दीजिए:

P, Q, R, S एवं T पाँच मित्र विभिन्न शहरों–देहरादून, जयपुर, चंडीगढ़, रायपुर एवं बेंगलुरु–तीन विभिन्न यातायात के साधनों–रेलगाड़ी, हवाई जहाज तथा कार- से गए, पर जरुरी नहीं है कि इसी क्रम में। यातायात के तीन साधनों में से दो साधन का उपयोग दो-दो व्यक्तियों द्वारा किया गया।

हवाई जहाज का उपयोग केवल उसी व्यक्ति ने किया जो बेंगलुरु गया। T कार के द्वारा जयपुर गया तथा P रेलगाड़ी से चंडीगढ़ गया। एक व्यक्ति जिसने रेलगाड़ी से यात्रा की वह देहरादून नहीं गया। Q रेलगाड़ी से तथा R कार से गया।

87. निम्नलिखित में से कौन-सा संयोजन Q के लिए सत्य है?
(a) चंडीगढ़–कार (b) जयपुर–रेलगाड़ी
(c) देहरादून–रेलगाड़ी (d) जयपुर–कार
(e) रायपुर–रेलगाड़ी

88. निम्नलिखित व्यक्ति-यात्रा के साधन संयोजनों में से कौन-सा सत्य है?
(a) T-रेलगाड़ी (b) P-कार
(c) R-हवाई जहाज (d) Q-कार
(e) S-हवाई जहाज

89. देहरादून जाने वाला व्यक्ति किस माध्यम से गया?
(a) ट्रेन (b) हवाई जहाज
(c) कार (d) डाटा अपर्याप्त
(e) ट्रेन या कार

90. निम्नलिखित में से देहरादून की यात्रा किसने की?
(a) T (b) S
(c) R (d) P
(e) डाटा अपर्याप्त

91. निम्नलिखित में से स्थान और परिवहन माध्यम का कौन-सा संयोजन सही नहीं है?
(a) चंडीगढ़-ट्रेन (b) रायपुर-कार
(c) जयपुर-कार (d) बेंगलुरु-हवाई जहाज
(e) देहरादून-कार

निर्देश (92-96): निम्नलिखित जानकारी का ध्यानपूर्वक अध्ययन कर नीचे दिए गए प्रश्नों का उत्तर दीजिए।

(i) सात सदस्य A, B, C, D, E, F और G एक वृत्त में केन्द्र की ओर मुंह किए बैठे हैं।
(ii) G, A के बायें तीसरा है।
(iii) F, B के बायें तीसरा है।
(iv) D, G का पड़ोसी नहीं है।
(v) C, A का पड़ोसी है।
(vi) B, A के तुरंत बायें है।

92. E का स्थान कौन सा है?
(a) B के तुरंत दायें (b) G और F के बीच
(c) C के दायें तीसरा (d) G के तुरंत दायें
(e) इनमें से कोई नहीं

93. निम्नलिखित में कौन सा सत्य है?
(a) D, C के तुरंत बायें है
(b) F, G के तुरंत दायें है
(c) B और C के बीच A है
(d) D और F के बीच C है
(e) इनमें से कोई नहीं

94. निम्नलिखित में से कौन सा सत्य नहीं है?
(a) A, F के दायें चौथा है
(b) B, E के तुरंत बायें है
(c) C, G के बायें तीसरा है
(d) D, E के दायें चौथा है
(e) इनमें से कोई नहीं

95. निम्नलिखित में से किस जोड़े में पहला सदस्य, दूसरे सदस्य के तुरंत दायें बैठा है?
(a) EB (b) AC
(c) DC (d) GE
(e) इनमें से कोई नहीं

96. निम्नलिखित में से किस जोड़े में दूसरा सदस्य, पहले सदस्य के तुरंत दायें बैठा है?
(a) FD (b) GF
(c) AB (d) FC
(e) इनमें से कोई नहीं

निर्देश (97 - 101) : निम्नलिखित जानकारी का ध्यानपूर्वक अध्ययन करें तथा नीचे दिए गए प्रश्नों का उत्तर दें

एक पार्टी में A, B, C, D तथा E एक वृत्त के गिर्द बैठे हैं। समूह में एक प्रोफेसर, एक उद्योगपति तथा एक व्यापारी हैं। व्यापारी, उद्योगपति एवं उसकी पत्नी D के मध्य बैठा है। प्रोफेसर A, E जोकि B की बहन है से विवाहित है। उद्योगपति C के दायें बैठा है। दोनों महिलाएँ बेरोजगार हैं।

97. A का B से क्या संबंध है?
(a) भाई (b) चाचा
(c) साला (d) निर्धारित नहीं किया जा सकता
(e) इनमें से कोई नहीं

98. A किसके दायें बैठा है?
(a) उद्योगपति (b) उसकी पत्नी
(c) D (d) निर्धारित नहीं किया जा सकता
(e) इनमें से कोई नहीं

99. उद्योगपति कौन है ?
(a) D (b) A
(c) B (d) निर्धारित नहीं किया जा सकता
(e) इनमें से कोई नहीं

100. समूह में अविवाहित कौन है ?
(a) प्रोफेसर (b) उद्योगपति
(c) व्यापारी (d) निर्धारित नहीं किया जा सकता
(e) इनमें से कोई नहीं

101. उनमें से कौन स्नातक होना चाहिए?
(a) B (b) A
(c) C (d) E
(e) इनमें से कोई नहीं

निर्देश (Qs. 102-106) : निम्नलिखित जानकारी का ध्यानपूर्वक अध्ययन करें तथा उन पर आधारित प्रश्नों का उत्तर दें।

छः आदमी A, B, C, D, E तथा F हैं। C, F की बहन है। B, E के पति का भाई है। D, A का पिता तथा F का दादा है। समूह में दो पिता, तीन भाई एवं एक माँ हैं।

102. माँ कौन हैं?
(a) A (b) B
(c) D (d) E
(e) इनमें से कोई नहीं

103. E का पति कौन है?
(a) B (b) C
(c) A (d) F
(e) इनमें से कोई नहीं

104. समूह में कितने पुरुष सदस्य हैं?
(a) एक (b) दो
(c) तीन (d) चार
(e) इनमें से कोई नहीं

105. F, E से किस प्रकार संबंधित है?
(a) चाचा (b) पति
(c) बेटा (d) बेटी
(e) इनमें से कोई नहीं

106. निम्नलिखित में से कौन-सा भाइयों का एक समूह है?
(a) ABF (b) ABD
(c) BFC (d) BDF
(e) इनमें से कोई नहीं

Answer Key

1	(d)	23	(a)	45	(c)	67	(a)	89	(c)
2	(b)	24	(d)	46	(c)	68	(c)	90	(c)
3	(e)	25	(e)	47	(e)	69	(e)	91	(b)
4	(a)	26	(c)	48	(b)	70	(c)	92	(d)
5	(c)	27	(d)	49	(d)	71	(d)	93	(c)
6	(e)	28	(a)	50	(a)	72	(a)	94	(b)
7	(b)	29	(b)	51	(c)	73	(d)	95	(c)
8	(d)	30	(c)	52	(c)	74	(d)	96	(e)
9	(c)	31	(d)	53	(a)	75	(c)	97	(c)
10	(a)	32	(a)	54	(c)	76	(d)	98	(d)
11	(a)	33	(b)	55	(d)	77	(c)	99	(c)
12	(b)	34	(c)	56	(c)	78	(a)	100	(d)
13	(c)	35	(b)	57	(b)	79	(b)	101	(b)
14	(c)	36	(c)	58	(e)	80	(a)	102	(d)
15	(a)	37	(e)	59	(c)	81	(b)	103	(c)
16	(d)	38	(d)	60	(d)	82	(e)	104	(d)
17	(b)	39	(a)	61	(a)	83	(b)	105	(c)
18	(b)	40	(d)	62	(c)	84	(e)	106	(a)
19	(c)	41	(a)	63	(c)	85	(d)		
20	(b)	42	(e)	64	(d)	86	(e)		
21	(c)	43	(b)	65	(c)	87	(e)		
22	(e)	44	(a)	66	(c)	88	(e)		

व्याख्या सहित हल Answers & Explanations

(Qs. 1-5) : बैठने का क्रम इस प्रकार है -

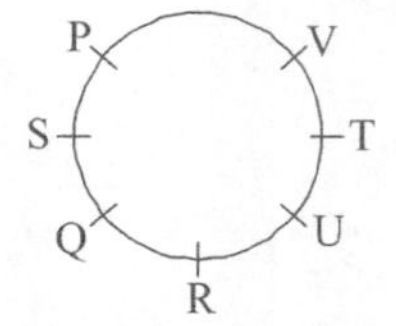

1. (d) 2. (b) 3. (e)

4. (a) 5. (c)

(Qs. 6-10) : दी गई जानकारियों को इस प्रकार लिखा जा सकता है -

लम्बाई के अनुसार क्रम

C > B > D > F > E > A

वजन के अनुसार क्रम

D > A > C > B > E > F

6. (e) C, B, D एवं F से भारी हैं।

7. (b) D, F, E एवं A से छोटे हैं।

8. (d) C सबसे लंबा है

9. (c) D तीसरा है।

10. (a) F सबसे हल्का है।

(Qs. 11-14) : बैठने का क्रम इस प्रकार है -

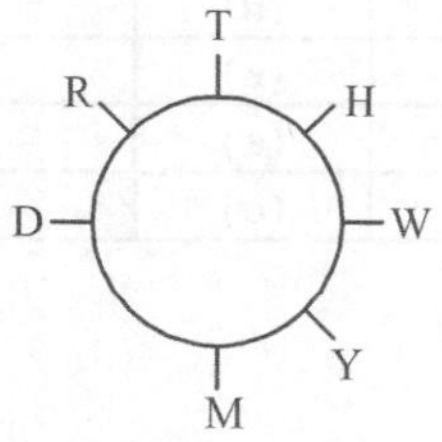

11. (a)
12. (b)
13. (c)
14. (c)

(Qs. 15-19) : बैठने का क्रम इस प्रकार है -

15. (a) D डॉक्टर है।

व्यक्ति	व्यवसाय	बर्थ
B	इंजीनियर	लोअर
M	पैथोलॉजिस्ट	अपर
T	फार्मासिस्ट	मिड्ल
R	आर्किटेक्ट	लोअर
K	पत्रकार	मिड्ल
H	वकील	अपर
D	डॉक्टर	मिड्ल

16. (d) D K T
17. (b)
18. (b) BR
19. (c)

(Qs. 20-24): बैठने का क्रम इस प्रकार है -

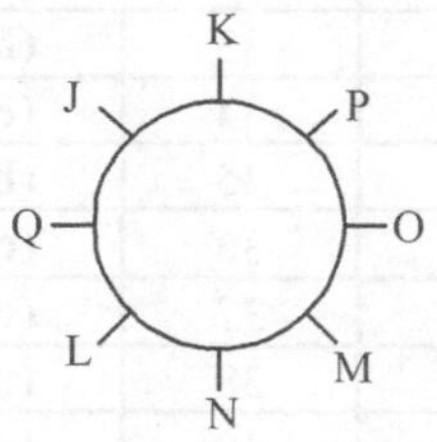

20. (b) 21. (c) 22. (e)
23. (a) 24. (d)

(Qs. 25-29): बैठने का क्रम इस प्रकार है -

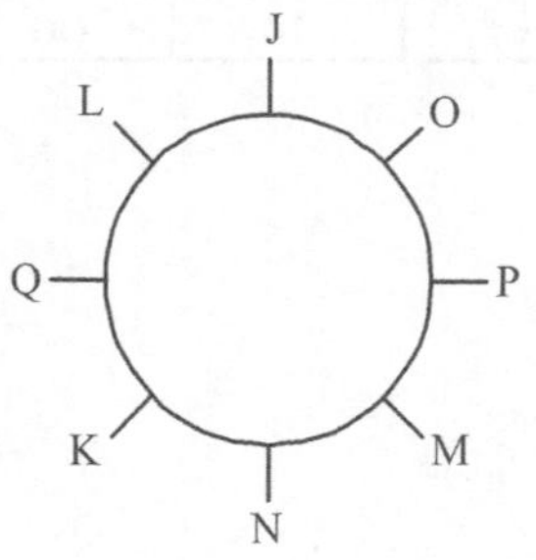

25. (e) J 26. (c) 27. (d)
28. (a) 29. (b)

(Qs. 30-34): दी गई जानकारियों को इस प्रकार सारणीबद्ध किया जा सकता है –

एक्जीक्यूटिव	चैनल	उत्पाद
आकाश	गो	घड़ी
बिपाशा	वन	घड़ी या कंप्यूटर
दीपक	स्पाइस	चॉकलेट
ज्योति	वन	घड़ी / कंप्यूटर
कार्तिक	गो	साबुन
प्रिया	स्पाइस	चॉकलेट

30. (c) 31. (d) 32. (a)
33. (b) 34. (c)

(Qs. 35-39): बैठने का क्रम इस प्रकार है –

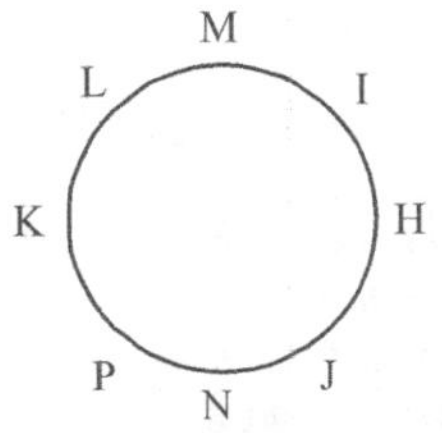

35. (b) L एवं I, M के निकटस्थ पड़ोसी है।
36. (c) J, P के दाई ओर दूसरा है।
37. (e) कोई भी कथन सही नहीं है।
38. (d) H, J के तुरंत दाएं है।
39. (a) H, M के बाईं ओर दूसरा है।

(Qs. 40-45) : बैठने का क्रम इस प्रकार है –

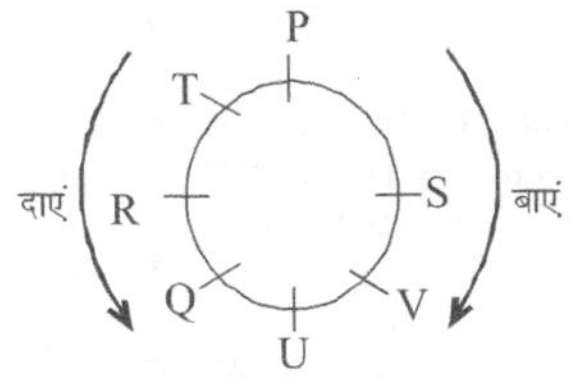

40. (d) 41. (a) 42. (e)
43. (b) 44. (a) 45. (c)

(Qs. 46-50) : बैठने का क्रम इस प्रकार है –

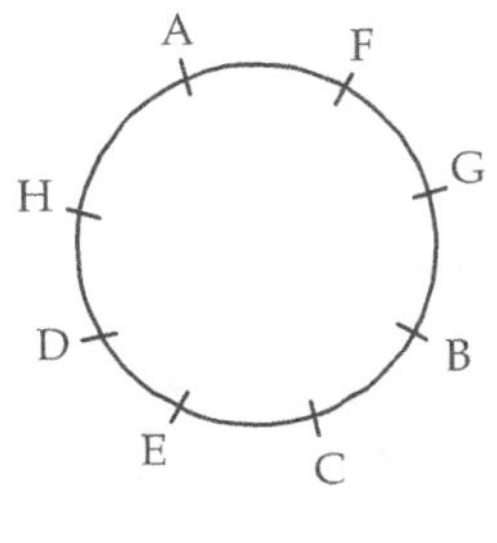

46. (c) 47. (e) 48. (b)
49. (d) 50. (a)

(Qs. 51-55) : दी गई जानकारियों को इस प्रकार सारणीबद्ध किया जा सकता है –

उड़ानें	दिन
जेट एयरवेज	मंगलवार
ब्रिटिश एयरवेज	गुरूवार
डेल्टा	बुधवार
क्वांटाज	शनिवार
एमिरेट्स	सोमवार
लुफ्तांजा	रविवार
एयर इंडिया	शुक्रवार

51. (c) 52. (c) 53. (a)
54. (e) 55. (d)

(Qs. 56-60) : दी गई जानकारियों को इस प्रकार सारणीबद्ध किया जा सकता है –

नाटक	दिन
A	बुधवार
B	शुक्रवार
C	मंगलवार
D	शनिवार
E	सोमवार
F	गुरूवार

56. (c) नाटक A का मंचन बुधवार को किया गया। अतः नाटक F, B और D का मंचन नाटक A के बाद किया गया।
57. (b) अन्य सभी में एक के बाद दूसरे का मंचन किया गया।
58. (e) नाटक E का मंचन से पहले दिन ज्ञात नहीं किया जा सकता।
59. (c)
60. (d)

(Qs. 61-66) : बैठने का क्रम इस प्रकार है –

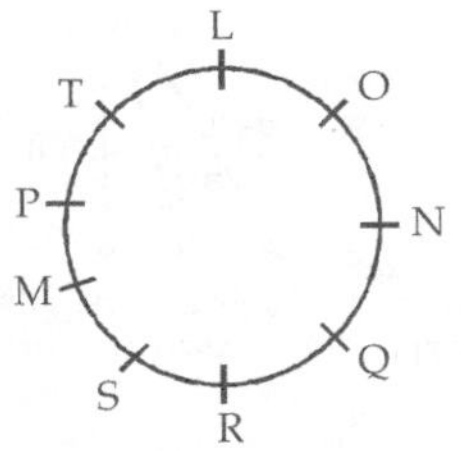

62. (c) N और T की स्थिति अपरिवर्तित रहती है।
63. (c) अन्य सभी में दोनों के बीच केवल एक व्यक्ति है।
65. (c) S, Q के बायें दूसरा है। इसी प्रकार N, L के बायें दूसरा है।

(Qs. 67-71) : दी गई जानकारियों को इस प्रकार सारणीबद्ध किया जा सकता है –

सदस्य	तल					
	I		II		III	
	P	S	N	T	M	Q
विभाग	अस्पष्ट	लेखा	लेखा	कार्मिक	लेखा	प्रशासनिक
लिंग	M	F	M	F	M	F

67. (a) 68. (c) 69. (e)
70. (c) 71. (d)

(Qs. 72-76) : दी गई जानकारियों को इस प्रकार सारणीबद्ध किया जा सकता है –

अध्यापक	विषय	
	Compulsory	**Optional**
A	History	English
B	History	Chemistry
C	History	Mathematics
D	(Female) English	History
E	Physics	Mathematics
F	Mathematics	Physics

72. (a) 73. (d) 74. (d)
75. (c) 76. (d)

(Qs. 77-81) : बैठने का क्रम इस प्रकार है –

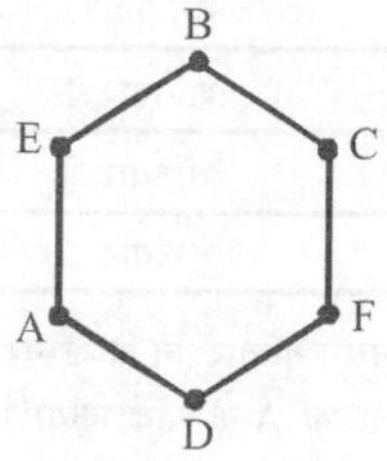

77. (c) 78. (a) 79. (b)
80. (a) 81. (b)

(Qs. 82-86) : दी गई जानकारी को निम्न आरेख द्वारा प्रगट किया जा सकता है –

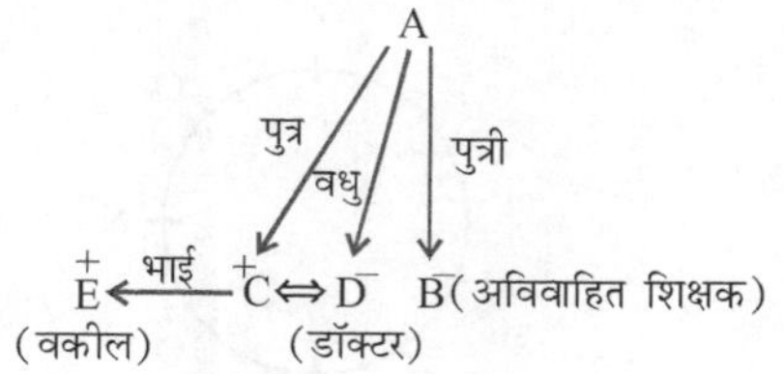

82. (e)
83. (b) 84. (e) 85. (d)
86. (e)

(Qs. 87-91) : दी गई जानकारियों को इस प्रकार सारणीबद्ध किया जा सकता है –

मित्र	शहर	यातायात के साधन
P	चंडीगढ़	रेलगाड़ी
Q	रायपुर	रेलगाड़ी
R	देहरादून	कार
S	बेंगलुरु	हवाई जहाज
T	जयपुर	कार

87. (e) Q रेलगाड़ी से रायपुर गया।
88. (e) संयोजन S–हवाई जहाज सही है।
89. (c) R कार द्वारा देहरादून गया।
90. (c) R देहरादून गया।
91. (b) संयोजन रायपुर–कार सत्य नहीं है।

(Qs. 92-96) : बैठने का क्रम इस प्रकार है –

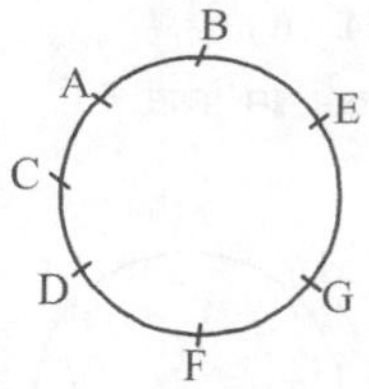

92. (d) E ठीक G की दायीं ओर है।
93. (c) B एवं C के बीच A है।
94. (b) B, E के ठीक दायीं ओर है।
95. (c) D, C के ठीक दायीं ओर है।
96. (e)

(Qs. 97-101) : बैठने का क्रम इस प्रकार है –

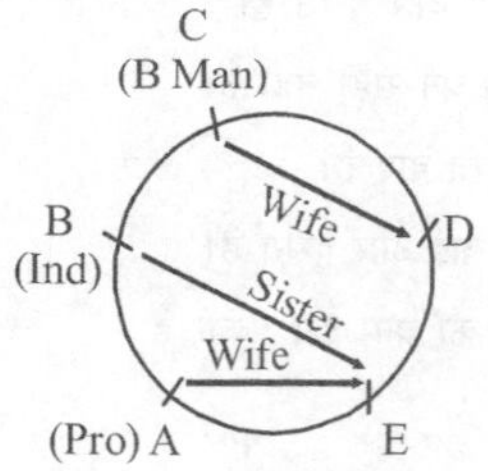

A – Professor B – Industrialist
C – Businessman D – Female, hence unemployed
E – Female, hence unemployed

97. (c) 98. (d) 99. (c)
100. (d) 101. (b)

(Q.s 102 - 106) : दी गई जानकारी को निम्न आरेख द्वारा प्रगट किया जा सकता है –

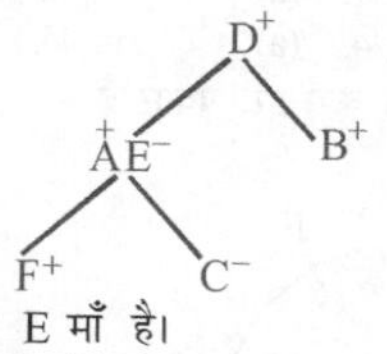

102. (d) A की पत्नी E माँ है।
103. (c) A, E का पति है।
104. (d) A, B, D और F पुरुष सदस्य हैं।
105. (c) स्पष्टत: F, E का पुत्र है।
106. (a) A, और B एक दूसरे के भाई हैं जबकि F, C का भाई है।

◆ ◆ ◆

अध्याय

10 कथन एवं निष्कर्ष (न्याय) (SYLLOGISM)

न्याय (Syllogism)

न्याय मध्याश्रित अनुमान का वह रूप है, जिसमें दिए गए दो या दो से अधिक कथनों या आधार वाक्यों के आधार पर निष्कर्ष निकाला जाता है।

चूँकि न्याय निगमनात्मक अनुमान है। अत:, निगमन के नियमानुसार निष्कर्ष, कथनों या आधार वाक्यों से अधिक व्यापक नहीं निकाले जाने चाहिए।

उदाहरण

कथन : सभी मनुष्य मरणशील हैं। [A]

(M)

आर्या मनुष्य है। [A]

(M)

निष्कर्ष : आर्या मरणशील है। [A]

यहाँ हम देख रहे हैं कि दोनों कथनों में 'मनुष्य' उभयनिष्ठ हैं। अत: 'मनुष्य' मध्य पद (M) है, जो कि दोनों कथनों के बीच संबंध स्थापित करता है। चूँकि पहले कथन में, मनुष्य तथा मरणशील और दूसरे कथन में आर्या तथा मनुष्य के बीच संबंध को दर्शाया गया है। अत: निगमन में आर्या और मरणशील के बीच संबंध स्थापित होगा। अत: 'आर्या मरणशील है।' यह हमारा वैध निष्कर्ष होगा।

कुछ महत्वपूर्ण पद (Some Important Terms)

❖ **पद**– ऐसे शब्द या शब्द समूह जो किसी वाक्य में उद्देश्य और विधेय के रूप में प्रयुक्त होते हैं, ऐसे शब्द को पद कहते हैं।

जैसे–आर्या अच्छी लड़की है।

यहाँ हम देख रहे हैं कि इस कथन या वाक्य में आर्या, अच्छी एवं लड़की तीन शब्दों का प्रयोग किया गया है। अत: ये तीनों शब्द उपर्युक्त वाक्य के अलग-अलग पद हैं।

❖ **उद्देश्य पद**– ऐसा पद जिसके विषय में कोई बात कही गयी हो, उसे उद्देश्य पद कहते हैं।

जैसे– कंचन धोखेबाज लड़की है।

यहाँ हम देख रहे हैं कि 'कंचन' के विषय में कहा जा रहा है कि वह एक धोखेबाज लड़की है।

अत: 'कंचन' इस वाक्य का उद्देश्य पद है।

❖ **विधेय पद**– किसी के विषय में कही गयी वह बात जो कि उसकी विशेषता को व्यक्त करती है, उसे विधेय पद कहते हैं।

जैसे– आर्या अच्छी लड़की है।

यहाँ हम देख रहे हैं कि 'अच्छी लड़की' के द्वारा आर्या की विशेषता को व्यक्त किया गया है, अर्थात् इस वाक्य में 'अच्छी लड़की' विधेय पद है।

❖ **संयोजक**– ऐसे शब्द जो उद्देश्य और विधेय के बीच संबंध स्थापित करते हैं, ऐसे शब्द को संयोजक कहते हैं।

जैसे– Is, Is not, Am, Am not, Are, Are not इत्यादि।

All teachers **are** good.

यहाँ 'are' संयोजक है। संयोजन के केवल छ: ही रूप होते हैं।

❖ **तर्क वाक्य**– तार्किक वाक्य निर्णय की भाषा में व्यक्त रूप है। निर्णय एक मानसिक क्रिया है, यह आन्तरिक होती है, जब इसे भाषा में व्यक्त कर देते हैं तो यह तार्किक वाक्य हो जाती है। यह निर्णय का बाह्य रूप है।

गुण तथा परिणाम के अनुसार तार्किक वाक्यों का वर्गीकरण

कोई भी तार्किक वाक्य का जब हम प्रयोग करते हैं तो उस वाक्य में 'सभी या कुछ' 'हाँ या ना', का अवश्य ही प्रयोग करते हैं।

यहाँ 'सभी' सर्वव्यापी और 'कुछ' विशिष्ट परिमाण को व्यक्त करते हैं तथा 'हाँ' सकारात्मक तथा 'ना' नकारात्मक गुण को व्यक्त करते हैं।

❖ **सर्वव्यापी**– ऐसे कथन या वाक्य जिसमें सम्पूर्ण बात उद्देश्य के बारे में कही जाए ऐसे वाक्य को सर्वव्यापी वाक्य या कथन कहते हैं। इन वाक्यों को पहले हमेशा- सभी, प्रत्येक, हरकोई, सबदशा में, हर हालत में, सदा, निश्चित रूप में, कोई नहीं (All, every, Each, Any, In all case, Always, Certainly, Absolutely, Necessarly) आदि, में से किसी एक का प्रयोग किया गया होता है।

[A] सर्वव्यापी सकारात्मक– ऐसे वाक्य या कथन जिनके पहले सब, सभी, प्रत्येक, हर एक, हर कोई [All, Every, Each, Any, Alone, Ram, Shyam (कोई नाम), Pen, Biscuit, He, She, I, You, This, That, It] तथा वाक्य में है या हैं (Is or Are) आदि शब्दों का प्रयोग किया गया हो ऐसे वाक्य को सर्वव्यापी सकारात्मक कथन कहते हैं।

जैसे– सभी बिल्ली कुत्ते हैं। (All cats are dogs) यह एक सर्वव्यापी सकारात्मक वाक्य है।

[E] सर्वव्यापी नकारात्मक– ऐसे वाक्य जिनके पहले कोई नहीं, एक भी नहीं, नहीं आदि में से कोई एक शब्द लगे हों, ऐसे कथन या वाक्य को सर्वव्यापी नकारात्मक कथन या वाक्य कहते है।

जैसे– No man is honest (कोई मनुष्य ईमानदार नहीं है।)

❖ **अंशव्यापी–** ऐसे वाक्य जिसमें उद्देश्य के कुछ अंश के विषय में कहा जाता हो, ऐसे वाक्य को अंशव्यापी वाक्य कहते हैं। इन वाक्यों के पहले–कुछ, कभी-कभी, कुछ हालत में, थोड़े से, थोड़े अनेक, बड़ी संख्या में, बहुसंख्यक, अल्पसंख्यक, बहुत, अधिक, अधिकतर, सामान्यता, साधारणतया, बहुधा, किसी अवसर पर, अनेक अवसर पर, शायद, करीब, सदा, बहुत से, करीब-करीब, करीब सब, 99 प्रतिशत, आधा, कुछ थोड़ा (Some, Some times, In Some Cases, A few, The few, Many, In large Number, Majority, Most, Mostly, Generally, Usually, Frequently, Occasionally, Often, Perhaps, Nearly Always, Several, 99 Per., Half) इत्यादि में से कोई एक शब्द का प्रयोग किया गया होता है।

[I] अंशव्यापी सकारात्मक– ऐसे वाक्य जिनके पहले कुछ, थोड़े से, थोड़ा, अनेक, अधिक तथा वाक्य में है, या हैं। यदि ये शब्द प्रयुक्त किये गये हों, तो ऐसे वाक्य को अंशव्यापी सकारात्मक कथन या वाक्य कहते हैं।

जैसे– कुछ कुत्ते बिल्ली हैं

[O] अंशव्यापी नकारात्मक– ऐसे वाक्य या कथन जिनमें कुछ + नहीं का प्रयोग किया गया हो, ऐसे वाक्य को अंशव्यापी नकारात्मक कथन या वाक्य कहते हैं।

जैसे– कुछ बाघ घोड़े नहीं हैं।

कुछ महत्वपूर्ण संकेत

I. सर्वव्यापी सकारात्मक– इसे तर्क वाक्य में, 'A' से निरूपित किया जाता है।

II. सर्वव्यापी नकारात्मक– इसे तर्क वाक्य में, 'E' से निरूपित किया जाता है।

III. अंशव्यापी सकारात्मक– इसे तर्कवाक्य में, 'I' से निरूपित किया जाता है।

IV. अंशव्यापी नकारात्मक– इसे तर्क वाक्य में 'O' से निरूपित किया जाता है।

पदों की व्याप्ति– कोई भी पद या तो व्याप्त या अव्याप्त होता है। किसी कथन में कोई पद व्याप्त तो कोई पद अव्याप्त या दोनों पद व्याप्त या दोनों पद अव्याप्त हो सकते हैं।

I. व्याप्त– ऐसा पद जो किसी कथन में अपने सम्पूर्ण व्यक्ति बोध में व्यवहत होता हो, ऐसे पद को व्याप्त पद कहते हैं।

II. अव्याप्त– ऐसा पद जो किसी कथन में अपने आंशिक व्यक्ति बोध में व्यवहत होता है, ऐसे पद को अव्याप्त पद कहते हैं।

तर्क वाक्य में कौन-से पद व्याप्त एवं कौन से पद अव्याप्त होते हैं, इनकी जानकारी आप निम्न तालिका के द्वारा आसानी से कर सकते हैं।

Table of Distributed & Undistributed Terms
(व्याप्त एवं अव्याप्त पदों की तालिका)

वाक्य Proposition	संकेत Symbol	उद्देश्य Subject	विधेय Copula
सर्वव्यापी सकारात्मक Universal Affirmative	A	व्याप्त Distributed	अव्याप्त Undistributed
सर्वव्यापी नकारात्मक Universal Negative	E	व्याप्त Distributed	अव्याप्त Undistributed
अंशव्यापी सकारात्मक Particular Affirmative	I	व्याप्त Distributed	अव्याप्त Undistributed
अंशव्यापी नकारात्मक Particular Negative	O	अव्याप्त Undistributed	अव्याप्त Undistributed

निम्नलिखित 6 परिस्थितियों में कोई भी निष्कर्ष स्थापित किया जा सकता है। अन्य सभी परिस्थितियों में कोई निष्कर्ष स्थापित नहीं किया जा सकता।

Type of I prop.		Type of II prop.		Type of conclusion
A	+	A	=	A
A	+	E	=	E
I	+	A	=	I
I	+	E	=	O
E	+	A	=	O*
E	+	I	=	O*

यदि दो कथनों में कोई उभयनिष्ठ पद नहीं हो तब उससे कोई निष्कर्ष नहीं निकाला जा सकता।

उदाहरण 1 :

कथन: **(I) कुछ कार रोड हैं।**
(II) कुछ रोड बस हैं।

चूंकि दोनों कथन I- type के हैं अतः कोई बीच का निष्कर्ष नहीं निकलता है लेकिन तुरन्त बाद का निष्कर्ष कथन (I) और (II) के रूपान्तरण से निकल सकता है।

कथन I का रूपान्तरण : कुछ रोड कार हैं।
कथन II का रूपान्तरण : कुछ बस रोड हैं।

उदाहरण 2 :

कथन: **(I) कुछ मनुष्य शेर हैं।**
(II) सभी शेर लोमड़ी हैं।

यहाँ कुछ मनुष्य शेर हैं –I type
सभी शेर लोमड़ी हैं – A type.
निष्कर्ष : I + A = I - type
∴ कुछ मनुष्य लोमड़ी हैं
कथन I का रूपान्तरण : कुछ शेर मनुष्य हैं।
कथन II का रूपान्तरण : कुछ लोमड़ी शेर हैं।

उदाहरण ▶ 3 :

कथन : **(I) सभी पक्षी किताबें हैं।**

(II) सभी किताबें कार हैं।

यहाँ दोनों कथन A-type के हैं।

और A + A = A-type conclusion.

सभी पक्षी किताबे हैं

सभी किताबें कार हैं

सभी पक्षी कार हैं।

कुछ पक्षी कार हैं।

(Implication of statement I)

कुछ किताबें कार हैं

(Implication of statement II)

कुछ किताबें पक्षी हैं। (conversion)

कुछ कार किताबें हैं। (conversion)

उदाहरण ▶ 4 :

कथन : **(I) कुछ कुत्ते बिल्लियाँ हैं।**

(II) कोई बिल्ली गाय नहीं है।

Since I+E= O- type conclusion.

निष्कर्ष : कुछ कुत्ते गाय नहीं हैं,

कुछ बिल्लियाँ कुत्ते हैं।

(conversion of I)

कुछ बिल्लियाँ गाय नहीं हैं।

(Implication of II)

कुछ गाय 'बिल्ली' हैं। (conversion of II)

उदाहरण ▶ 5 :

कथन : **(I) सभी पिता बेटे हैं**

(II) कोई बेटा एडुकेटेड नहीं है।

Here, A + E = E-type conclusion.

निष्कर्ष : कोई पिता एडुकेटेड नहीं हैं।

कुछ पिता बेटे हैं।

(Implication of I)

कुछ बेटे पिता हैं।

(conversion)

कुछ बेटे एडुकेटेड नहीं हैं।

(Implication of II)

उदाहरण ▶ 6 :

कथन : **(I) कोई मैगजीन टोपी नहीं है।**

(II) सभी टोपी कैमरा हैं।

Since E + A = O* - type conclusion.

निष्कर्ष : कछ कैमरा मैगजीन नहीं हैं

कुछ टोपी कैमरा हैं

(Implication of II)

कुछ मैगजीन टोपी नहीं हैं।

(Implication of I)

कुछ कैमरा टोपी हैं,

(conversion of II)

कोई टोपी मैगजीन नहीं है।

(conversion of I)

उदाहरण ▶ 7 :

कथन : **(I) कोई टेबल पानी नहीं है।**

(II) कुछ पानी कपड़े हैं।

Here, E + I = O*-type conclusion.

निष्कर्ष : कुछ कपड़े टेबल नहीं है।

कुछ टेबल पानी नहीं हैं।

(Implication of I)

कोई पानी टेबल नहीं है। (conversion of I)

कुछ कपड़े पानी हैं।

(conversion of II)

साधित उदाहरण (Solved Examples)

निर्देश: नीचे प्रत्येक प्रश्न में तीन कथन और उसके बाद दो निष्कर्ष I और II दिए गए हैं। आपको दिए गए तीनों कथनों को सत्य मानना है, भले ही वे सर्वज्ञात तथ्यों से भिन्न प्रतीत होते हों और फिर तय करना है कि दिए गए निष्कर्षों में से कौनसा निष्कर्ष दिए गए तीन कथनों का तर्कसंगत रूप से अनुसरण करता है, चाहे सर्वज्ञात तथ्य कुछ भी हों।

उदाहरण 1 :

कथन : सभी गुलाब गेंदे हैं।
सभी गेंदे सूर्यमूखी हैं।
कुछ सूर्यमूखी चमेली हैं।

निष्कर्ष I : सभी गुलाब सूर्यमूखी हैं।
II : कुछ चमेली गुलाब हैं।

(a) निष्कर्ष I का अनुसरण करता है।
(b) निष्कर्ष II का अनुसरण करता है।
(c) निष्कर्ष I या II का अनुसरण करता है।
(d) ना तो निष्कर्ष I और न II का अनुसरण करता है।
(e) निष्कर्ष I और II दोनों का अनुसरण करता है।

हल (a) पहला एवं दूसरा कथन सर्वव्यापी सकारात्मक हैं (A-प्रकार) तीसरी कथन अंशव्यापी सकारात्मक हैं। (I- प्रकार)
सभी गुलाब गेंदे हैं।

↔

सभी गेंदे सूर्यमूखी हैं।
$A + A \Rightarrow A$ - प्रकार का निष्कर्ष

उदाहरण 2 :

कथन : कुछ पेपर्स फाइलें हैं।
सभी फाइलें किताबे हैं।
कुछ किताबें प्रिन्टर्स हैं।

निष्कर्ष I : कुछ फाइलें प्रिन्टर्स हैं।
II : कुछ किताबें पेपर्स हैं।

(a) निष्कर्ष I का अनुसरण करता है।
(b) निष्कर्ष II का अनुसरण करता है।
(c) निष्कर्ष I या II का अनुसरण करता है।
(d) ना तो निष्कर्ष I और न II का अनुसरण करता है।
(e) निष्कर्ष I और II दोनों का अनुसरण करता है।

हल (b) पहला व तीसरा कथन अंशव्यापी सकारात्मक है (I- प्रकार), दूसरा कथन सर्वव्यापी सकारात्मक हैं (A- प्रकार)
कुछ पेपर्स फाइलें हैं।

↔

सभी फाइलें किताबें हैं।
$I + A \Rightarrow I$- प्रकार का निष्कर्ष
"कुछ पेपर्स किताबें हैं।"
(निष्कर्ष II का व्युत्क्रम है)

उदाहरण 3 :

कथन : कुछ पत्ते शाखाएँ हैं।
कुछ शाखाएँ पेड़ हैं।
कुछ पेड़ फूल हैं।

निष्कर्ष: I : कुछ पत्ते पेड़ हैं।
II : कुछ पेड़ फूल हैं।

(a) निष्कर्ष I का अनुसरण करता है।
(b) निष्कर्ष II का अनुसरण करता है।
(c) निष्कर्ष I या II का अनुसरण करता है।
(d) ना तो निष्कर्ष I और न II का अनुसरण करता है।
(e) निष्कर्ष I और II दोनों का अनुसरण करता है।

हल (d) तीनों कथन अंशव्यापी सकारात्क हैं (I-प्रकार), अंशव्यापी कथनों से कोई निष्कर्ष नहीं निकाला जा सकता।

उदाहरण 4 :

कथन : कुछ ब्लेड चाकू हैं।
कुछ चाकू टेबल हैं।
सभी टेबल किताबें हैं।

निष्कर्ष: I : कुछ किताबें चाकू हैं।
II : कुछ किताबें ब्लेड हैं।

(a) निष्कर्ष I का अनुसरण करता है।
(b) निष्कर्ष II का अनुसरण करता है।
(c) निष्कर्ष I या II का अनुसरण करता है।
(d) ना तो निष्कर्ष I और न II का अनुसरण करता है।
(e) निष्कर्ष I और II दोनों का अनुसरण करता है।

हल (a) पहला एवं दूसरा कथन अंशव्यापी सकारात्मक है। (I-प्रकार) तीसरा कथन सर्वव्यापी सकारात्मक है। (A- प्रकार)
कुछ चाकू टेबल हैं।

↔

सभी टेबल किताबें हैं।
($I + A \Rightarrow I$ – प्रकार का निष्कर्ष, कुछ चाकू किताबें है।)
(निष्कर्ष I इसका व्युत्क्रम है।)

उदाहरण 5 :

कथन : सभी खिड़कियाँ घर हैं।
सभी सड़कें घर हैं।
कुछ घर पहाड़ियाँ हैं।

निष्कर्ष: I : कुछ पहाड़ियाँ खिड़कियाँ हैं।
II : कोई पहाड़ी खिड़की नहीं हैं।

(a) निष्कर्ष I का अनुसरण करता है।
(b) निष्कर्ष II का अनुसरण करता है।
(c) निष्कर्ष I या II का अनुसरण करता है।
(d) ना तो निष्कर्ष I और न II का अनुसरण करता है।
(e) निष्कर्ष I और II दोनों का अनुसरण करता है।

हल (c) पहला एवं दूसरा कथन सर्वव्यापी सकारात्मक है (A-प्रकार), तीसरा कथन अंशव्यापी सकारात्मक है। (I- प्रकार)
सभी सड़कें घर हैं।

↔

कुछ घर पहाड़ियाँ हैं।
$A + I \Rightarrow$ कोई निष्कर्ष नहीं
यहाँ दोनों निष्कर्ष संपूरक युग्म बनाते हैं। अत: या तो निष्कर्ष I या निष्कर्ष II निकलता है।

अभ्यास प्रश्न (Exercise)

निर्देश (प्र. 1-10): नीचे प्रत्येक प्रश्न में दो या तीन कथन और उनके बाद कुछ निष्कर्ष दिए गए हैं। आपको दिए गए दोनों कथनों को सत्य समझना है, भले ही वे सर्वज्ञात तथ्यों से भिन्न हों और फिर तय कीजिए कि कौनसा निष्कर्ष दिए गए कथनों का तर्कसंगत रूप से अनुसरण करता है, चाहे सर्वज्ञात तथ्य भी कुछ हों।

उत्तर (a) दीजिए, यदि केवल निष्कर्ष I अनुसरण करता है।

उत्तर (b) दीजिए, यदि केवल निष्कर्ष II अनुसरण करता है।

उत्तर (c) दीजिए, यदि निष्कर्ष I या निष्कर्ष II अनुसरण करता है।

उत्तर (d) दीजिए, यदि न तो निष्कर्ष I और न ही निष्कर्ष II अनुसरण करता है।

उत्तर (e) दीजिए, यदि निष्कर्ष I और निष्कर्ष II दोनों का अनुसरण करता है।

1. **कथन** : सभी जूते पैन हैं।
   कुछ पैन रेजर हैं।
   कुछ रेजर डेस्क हैं।
   निष्कर्ष : I कुछ डैस्क जूते हैं।
   निष्कर्ष : II कुछ रेजर जूते हैं।

2. **कथन** : कुछ बेंच खिड़कियां हैं।
   कुछ खिड़किया दीवारें हैं।
   कुछ दीवारे ट्रेनें हैं।
   निष्कर्ष : I कुछ ट्रेनें बेंच हैं।
   निष्कर्ष : II कुछ ट्रेनें बेंच नहीं हैं।

3. **कथन** : सभी ब्रश चॉकलेट हैं।
   सभी चॉकलेट आइना हैं।
   सभी आइने मेज हैं।
   निष्कर्ष : I कुछ मेज ब्रश हैं।
   निष्कर्ष : II कुछ आइने चॉकलेट हैं।

4. **कथन** : कुछ पैंसिलें चाकू हैं।
   सभी चाकू कागज हैं।
   कुछ कागज पुस्तकें हैं।
   निष्कर्ष : I कुछ पुस्तके पेंसिलें हैं।
   निष्कर्ष : II कुछ कागज पेंसिले हैं।

5. **कथन** : कुछ छतें आकृतियां हैं।
   सभी आकृतियां शेर हैं।
   सभी शेर बकरियां हैं।
   निष्कर्ष : I कुछ बकरियां छतें हैं।
   निष्कर्ष : II सभी बकरियां आकृतियां हैं।

6. **कथन** : सभी मछलियां पंछी हैं।
   कुछ मुर्गियां मछलियां हैं।
   निष्कर्ष : I कुछ मुर्गिया पंछी हैं।
   II कोई पंछी मुर्गी नहीं हैं।

7. **कथन** : कुछ जूते कोट हैं।
   कुछ कोट बटन हैं।
   निष्कर्ष : I कोई बटन जूता नहीं हैं।
   II कुछ जूते बटन है।

8. **कथन** : सभी चमगादड़ लड़के हैं।
   सभी लड़के दस्ताने हैं।
   निष्कर्ष : I कुछ दस्तानें चमगादड़ हैं।
   II सभी चमगादड़ दस्ताने हैं।

9. **कथन** : सभी पिल्ले बाघ हैं।
   सभी बिलौटे बाघ हैं।
   निष्कर्ष : I सभी पिल्ले बिलौटे हैं।
   II सभी बाघ पिल्ले है।

10. **कथन** : कुछ डाक्टर नर्स हैं।
    सभी नर्स रोगी हैं।
    निष्कर्ष : I सभी डॉक्टर रोगी हैं।
    II कुछ रोगी डॉक्टर हैं।

निर्देश (प्र. 11-15): नीचे प्रत्येक प्रश्न में तीन कथन और उसके बाद तीन निष्कर्ष I, II और III दिए गए हैं। आपको दिए गए दोनों कथनों को सत्य समझना है, भले ही वे सर्वज्ञात तथ्यों से मेल न रखते हों और फिर सर्वज्ञात तथ्यों की अवहेलना करते हुए यह तय कीजिए कि दिए गए में से कौन सा निष्कर्ष तर्कसंगत रूप से इस दोनों कथनों का अनुसरण करता है।

11. **कथन** : कुछ फूल बिन हैं।
    कुछ बिन हैंडल हैं।
    सभी हैंडल छड़ियाँ है।
    निष्कर्ष : I कुछ छड़ियाँ बिन हैं।
    II कुछ हैंडल फूल हैं।
    III कुछ छड़ियाँ फूल हैं
    (a) केवल II अनुसरण करता है
    (b) केवल III अनुसरण करता है
    (c) केवल I और II अनुसरण करते हैं
    (d) केवल I और III अनुसरण करते हैं
    (e) इनमें से कोई नहीं

12. **कथन** : कुछ टावर खिड़कियाँ हैं
सभी खिड़कियाँ घर हैं
कुछ घर मंदिर हैं

निष्कर्ष : I कुछ टावर मंदिर हैं।
II कुछ घर टावर हैं।
III कुछ मंदिर खिड़कियाँ हैं

(a) केवल I अनुसरण करता है
(b) केवल II अनुसरण करता है
(c) केवल III अनुसरण करता है
(d) केवल I और II अनुसरण करते है
(e) इनमें से कोई नहीं

13. **कथन** : कुछ दीवारें दरवाजे हैं।
कुछ दरवाजे खाट हैं।
कुछ खाट कुर्सियाँ हैं।

निष्कर्ष : I कुछ कुर्सियाँ दरवाजे हैं।
II. कुछ खाट दीवारें हैं।
III. कोई कुर्सी दरवाजा नहीं हैं

(a) केवल II अनुसरण करता है
(b) केवल III अनुसरण करता है
(c) या तो केवल I और III अनुसरण करता हैं
(d) केवल I अनुसरण करता है
(e) इनमें से कोई नहीं

14. **कथन** : सभी पेड़ बगीचे हैं।
सभी बगीचे पत्थर हैं।
सभी पत्थर बाड़ हैं।

निष्कर्ष : **I.** कुछ बाड़ बगीचे हैं।
II. सभी बगीचे बाड़ हैं।
III. कुछ पत्थर पेड़ हैं।

(a) केवल I और II अनुसरण करते हैं
(b) केवल I और III अनुसरण करते हैं
(c) केवल II और III अनुसरण करते हैं
(d) सभी अनुसरण करते हैं
(e) इनमें से कोई नहीं

15. **कथन** : सभी किताबें पत्ते हैं।
कुछ पत्ते जंगल हैं।
कोई जंगल बॉक्स नहीं हैं।

निष्कर्ष : **I.** कुछ जंगल किताबें हैं।
II. कोई किताब बॉक्स नहीं हैं।
III. कुछ पत्ते बॉक्स हैं।

(a) कोई अनुसरण नहीं करता है
(b) केवल I अनुसरण करता है
(c) केवल II अनुसरण करता है
(d) सभी III अनुसरण करते है
(e) केवल I और II अनुसरण करते है

निर्देश (प्र. 16-20): नीचे दिए गए प्रत्येक प्रश्न में चार कथन और उसके बाद तीन निष्कर्ष I, II और III दिए गए हैं। आपकों दिए गए सभी कथनों को सत्य मानना है, भले ही वे सर्वज्ञात तथ्यों से भिन्न प्रतीत होते हों। सभी निष्कर्षों को पढ़िए फिर तय कीजिए कि दिए गए निष्कर्षों में से कौनसा निष्कर्ष दिए गए कथनों का तर्कसंगत रूप से अनुसरण करता है, चाहे सर्वज्ञात तथ्य कुछ भी हों।

16. **कथन** : सभी मिर्चें लहसुन हैं।
कुछ लहसुन प्याज हैं।
सभी प्याज आलू हैं।
कोई आलू, अदरक नहीं हैं।

निष्कर्ष : **I.** कोई प्याज, अदरक नहीं है।
II. कुछ लहसुन आलू हैं।
III. कुछ मिर्चें आलू हैं।

(a) केवल I अनुसरण करता है
(b) केवल II अनुसरण करता है
(c) केवल I और II अनुसरण करते हैं
(d) केवल I और III अनुसरण करते हैं
(e) सभी अनुसरण करते हैं

17. **कथन** : कुछ चाबियाँ ताले हैं।
कुछ ताले संख्याएँ हैं।
सभी नंबर अक्षर हैं।
सभी अक्षर शब्द हैं।

निष्कर्ष : I कुछ ताले अक्षर हैं।
II कुछ शब्द संख्याएँ हैं।
III सभी संख्याएँ शब्द हैं।

(a) केवल I और II अनुसरण करते हैं
(b) केवल II और III अनुसरण करते हैं
(c) केवल I और III अनुसरण करते हैं
(d) केवल I और या तो II या III अनुसरण करते हैं
(e) सभी अनुसरण करते हैं

18. **कथन** : कुछ खिड़कियां दरवाजे हैं।
सभी दरवाजे दीवारें हैं।
कोई दीवार छत नहीं हैं।
सभी छतें आश्रय हैं।

निष्कर्ष : I कुछ खिड़कियां दीवारें हैं।
II कोई दीवार आश्रय नहीं हैं।
III कोई दरवाजा आश्रय नहीं हैं।

(a) कोई अनुसरण नहीं करता है
(b) केवल II और III अनुसरण करते हैं
(c) केवल I और III अनुसरण करते हैं
(d) केवल I अनुसरण करता है
(e) इनमें से कोई नहीं

19. **कथन** : सभी बोतलें जार हैं।
कुछ जार बर्तन हैं।
सभी बर्तन नल हैं।
कोई नल हौज नहीं हैं।

निष्कर्ष : I कोई बर्तन हौज नहीं हैं।
II कुछ जार हौज हैं।
III कुछ बोतलें बर्तन हैं।

(a) केवल I और III अनुसरण करते हैं
(b) केवल I और II अनुसरण करते हैं
(c) केवल II और III अनुसरण करते हैं
(d) सभी अनुसरण करते हैं
(e) इनमें से कोई नहीं

20. **कथन** : कुछ मछलियाँ मगरमच्छ हैं।
कुछ मगरमच्छ सांप हैं।
कोई सांप कछुआ नहीं हैं।
सभी कछुए मेंढ़क हैं।

निष्कर्ष : I कोई सांप मेंढ़क नहीं हैं।
II कुछ सांप मछलियां हैं।
III कुछ मछलियां मेंढ़क हैं।

(a) कोई अनुसरण नहीं करता हैं
(b) केवल I और II अनुसरण करते हैं
(c) केवल II और III अनुसरण करते हैं
(d) केवल I और III अनुसरण करते हैं
(e) इनमें से कोई नहीं

निर्देश (प्र. 21-30): नीचे प्रत्येक प्रश्न में दो या तीन कथन और उनके बाद कुछ निष्कर्ष दिए गए हैं। आपको दिए गए दोनों कथनों को सत्य समझना है, भले ही वे सर्वज्ञात तथ्यों से भिन्न हों और फिर तय कीजिए कि कौनसा निष्कर्ष दिए गए कथनों का तर्कसंगत रूप अनुसरण करता है, चाहे सर्वज्ञात तथ्य कुछ भी हों।

उत्तर (a) दीजिए, यदि केवल निष्कर्ष I अनुसरण करता है।

उत्तर (b) दीजिए, यदि केवल निष्कर्ष II अनुसरण करता है।

उत्तर (c) दीजिए, यदि निष्कर्ष I या निष्कर्ष II अनुसरण करता है।

उत्तर (d) दीजिए, यदि न तो निष्कर्ष I और न ही निष्कर्ष II अनुसरण करता है।

उत्तर (e) दीजिए, यदि निष्कर्ष I और निष्कर्ष II दोनों अनुसरण करता है।

21. **कथन** : कुछ पेन पुस्तकें है।
सभी पुस्तकें पेंसिल है।
सभी पेंसिलें जार है।

निष्कर्ष : I सभी पुस्तकें जार हैं।
II कुछ पेन पेंसिलें हैं।

22. **कथन** : कुछ कटोरे चम्मच हैं।
कुछ चम्मच कांटे हैं।
सभी कांटे प्लेटें हैं।

निष्कर्ष : I कुछ कटोरे कांटे हैं।
II कुछ चम्मच प्लेटें हैं।

23. **कथन** : कुछ बोतलें जार हैं।
सभी जार बाल्टियाँ हैं।
सभी बाल्टियाँ टंकियाँ हैं।

निष्कर्ष : I सभी जार टंकियाँ हैं।
II कुछ बाल्टियां टंकियाँ हैं।

24. **कथन** : कुछ फोन मोबाइल हैं।
कुछ मोबाइल कंप्यूटर हैं।
कुछ कंप्यूटर कुंजियाँ हैं।

निष्कर्ष : I कुछ फोन कुंजियाँ हैं।
II कुछ कंप्यूटर फोन हैं।

25. **कथन** : सभी पेपर फाइलें हैं।
कुछ फाइलें फोल्डर हैं।
सभी फोल्डर बैग हैं।

निष्कर्ष : I कुछ फाइलें बैग हैं।
II कुछ पेपर फोल्डर हैं।

26. **कथन** : सभी खिलौने गुड़िया हैं।
सभी गुड़िया जोकर हैं।
कुछ खिलौने कार हैं।

निष्कर्ष : **I.** कुछ कारें जोकर हैं।
II. कुछ गुड़िया कार हैं।

27. **कथन** : सभी कलमें बक्सा हैं।
कुछ बक्से ब्लेड हैं।
कुछ ब्लेड फाइल हैं।

निष्कर्ष : I. कुछ ब्लेड कलम हैं।
II. कुछ कलम फाइल हैं।

28. **कथन** : सभी पुस्तकें लेजर (ledger) हैं।
सभी कलमें चाभियाँ हैं।
कुछ कलम पुस्तकें हैं।

निष्कर्ष : I. कुछ लेजर (ledgers) चाभियाँ हैं।
II. कुछ चाभी (keys) पुस्तकें हैं।

29. **कथन** : कुछ गुलाब कांटा हैं।
सभी कांटें फूल है।
कोई फूल पंखुड़ी (petal) नहीं है।

निष्कर्ष : I. कोई पंखुड़ी गुलाब नहीं है।
II. कुछ फूल गुलाब है।

30. **कथन** : सभी नेता एक अच्छे कार्यकर्त्ता हैं।
सभी अच्छे कार्यकर्त्ता एक अच्छे वक्ता हैं।

निष्कर्ष : I. कुछ अच्छे कार्यकर्त्ता नेता हैं।
II. सभी अच्छे वक्ता नेता हैं।

निर्देश (31-37) : नीचे प्रत्येक प्रश्न में तीन या चार कथन और उसके बाद चार निष्कर्ष I, II, III तथा IV दिए गए हैं। आपको दिए गए कथनों को सत्य मानना है, भले ही वे सर्वज्ञात तथ्यों से भिन्न प्रतीत होते हों। सभी निष्कर्षों को पढ़िए, फिर तय कीजिए कि कौन-सा निष्कर्ष दिए गए कथनों का तर्कसंगत रूप से अनुसरण करता है, चाहे सर्वज्ञात तथ्य कुछ भी हो।

31. **कथन** : सभी चांदी धातुएँ हैं।
सभी धातुएँ स्टील हैं।
कुछ स्टील पत्थर हैं।
सभी पत्थर स्टैंड हैं।

निष्कर्ष : **I.** कुछ स्टैंड धातुएँ हैं।
II. कुछ पत्थर चांदी हैं।
III. कुछ स्टैंड स्टील हैं।
IV. कुछ पत्थर स्टील हैं।

(a) केवल III एवं IV अनुसरण करते हैं
(b) केवल I अनुसरण करता है
(c) केवल II अनुसरण करता है
(d) केवल III अनुसरण करता है
(e) इनमें से कोई नहीं

32. **कथन** : सभी कुर्सियाँ मेज हैं
सभी मेज गीत हैं।
कुछ गीत ताल हैं।
कुछ ताल तकिए हैं।

निष्कर्ष : I. कुछ मेज कुर्सियां हैं।
II. सभी मेज ताल हैं।
III. सभी कुर्सियां गीत हैं।
IV. कुछ तकिए गीत हैं।

(a) केवल I एवं III अनुसरण करते हैं
(b) केवल I एवं IV अनुसरण करते हैं
(c) केवल I अनुसरण करता है
(d) केवल III अनुसरण करता है
(e) इनमें से कोई नहीं

33. **कथन :** कुछ बर्त्तन बाल्टी हैं।
कुछ बाल्टी थैला हैं।
कुछ थैला पर्स हैं।

निष्कर्ष : I. कुछ पर्स बाल्टी हैं।
II. कुछ थैला बर्त्तन हैं।
III. कुछ पर्स बर्त्तन हैं।
IV. कुछ बर्त्तन थैला हैं।

(a) सभी अनुसरण करता है।
(b) कोई अनुसरण नहीं करता है।
(c) केवल I तथा III अनुसरण करता है।
(d) केवल II तथा IV अनुसरण करता है।
(e) इनमें से कोई नहीं

34. **कथन:** सभी शीशा सड़कें हैं।
कोई सड़क छड़ी नहीं है।
कुछ छड़ी कलमें हैं।

निष्कर्ष: I. कुछ शीशा छड़ी हैं।
II. कुछ कलमें छड़ी हैं।
III. कुछ सड़कें छड़ी हैं।
IV. कोई शीशा छड़ी नहीं है।

(a) कोई अनुसरण नहीं करता है।
(b) केवल I या IV एवं II अनुसरण करता है।
(c) केवल या तो I या II और IV अनुसरण करता है।
(d) या तो I व II अनुसरण करता है।
(e) इनमें से कोई नहीं

35. **कथन:** कुछ बर्फ अँगूठी हैं।
कोई अंगूठी रंग नहीं है।
कुछ अगुठियाँ सोना हैं।

निष्कर्ष: I. कोई सोना रंग नहीं है।
II. कोई बर्फ सोना नहीं है।
III. कुछ अंगुठियाँ रंग हैं।
IV. सभी सोने अंगूठी हैं।

(a) कोई अनुसरण नहीं करता है।
(b) केवल I तथा III अनुसरण करता है।
(c) केवल I तथा II अनुसरण करता है।
(d) केवल III तथा IV अनुसरण करता है।
(e) इनमें से कोई नहीं

36. **कथन:** कोई मोमबत्ती घंटी नहीं है।
कुछ जूते घंटियाँ हैं।
सभी मेजें जूते हैं।

निष्कर्ष: I. कुछ मेज घंटियाँ है।
II. कोई मेज घंटी नहीं है।
III. कुछ जूते मोमबत्ती हैं।
IV. कोई फूल फल नहीं है।

(a) केवल I तथा IV अनुसरण करता है।
(b) केवल I तथा II अनुसरण करता है।
(c) केवल III तथा IV अनुसरण करता है।
(d) या तो II या III अनुसरण करता है।
(e) इनमें से कोई नहीं

37. **कथन:** कुछ बिल्लियाँ चूहे हैं।
कुछ चूहे चींटी हैं।
कुछ चींटी मक्खी हैं।

निष्कर्ष: I. कुछ मक्खियाँ चींटी हैं।
II. कुछ चींटियाँ चूहे नहीं हैं।
III. कोई चूहा मक्खी नहीं हैं।
IV. कोई बिल्ली मक्खी नहीं हैं।

(a) केवल I तथा IV अनुसरण करता है।
(b) केवल II अनुसरण करता है।
(c) केवल I तथा II अनुसरण करता है।
(d) केवल IV अनुसरण करता है।
(e) इनमें से कोई नहीं

निर्देश (प्र. 38-47): नीचे प्रत्येक प्रश्न में दो या तीन कथन और उनके बाद कुछ निष्कर्ष दिए गए हैं। आपको दिए गए दोनों कथनों को सत्य समझना है, भले ही वे सर्वज्ञात तथ्यों से भिन्न हों और फिर तय कीजिए कि कौनसा निष्कर्ष दिए गए कथनों का तर्कसंगत रूप अनुसरण करता है, चाहे सर्वज्ञात तथ्य भी कुछ हों।

उत्तर (a) दीजिए, यदि केवल निष्कर्ष I अनुसरण करता है।

उत्तर (b) दीजिए, यदि केवल निष्कर्ष II अनुसरण करता है।

उत्तर (c) दीजिए, यदि निष्कर्ष I या निष्कर्ष II अनुसरण करता है।

उत्तर (d) दीजिए, यदि न तो निष्कर्ष I और न ही निष्कर्ष II अनुसरण करता है।

उत्तर (e) दीजिए, यदि निष्कर्ष I और निष्कर्ष II दोनों अनुसरण करता है।

38. **कथन** : सभी जीप कारें हैं।
सभी कारें बसें हैं।
कुछ बसें ट्रक हैं।
निष्कर्ष : I. कुछ जीप ट्रक हैं।
II. सभी जीप बसें हैं।

39. **कथन** : कुल बॉल रैकेट हैं।
कुल रैकेट बैट हैं।
सभी बैट नेट हैं।
निष्कर्ष : I. कोई नेट बॉल नहीं है।
II. सभी रैकेट नेट हैं।

40. **कथन** : सभी कंप्यूटर प्रिंटर हैं।
सभी प्रिंटर स्टैपलर हैं।
सभी स्टैपलर स्कैनर हैं।
निष्कर्ष : I. सभी प्रिंटर स्कैनर हैं।
II. कुछ स्टैपलर कंप्यूटर है।

41. **कथन** : कोई ड्रम गिटार नहीं है।
सभी गिटार वाइलिन हैं।
कुछ वाइलिन बांसुरियाँ है।
निष्कर्ष : I. कुछ वाइलिन गिटार है।
II. कुछ ड्रम बांसुरियाँ हैं।

42. **कथन** : सभी बंदूकें तोपें हैं।
सभी तीर तोपें हैं।
कुछ तोपें धनुष हैं।
निष्कर्ष : I. कुछ बंदूकें तीर हैं।
II. कुछ तीर धनुष हैं।

43. **कथन :** कुछ जंगल दर्पण हैं।
सभी दर्पण मकान हैं।
सभी मकान सड़कें हैं।
निष्कर्ष : **I.** सभी जंगल सड़कें हैं।
II. सभी जंगल मकान हैं।

44. **कथन :** कुछ कबूतर पेड़ हैं।
कुछ पेड़ चैनल हैं।
सभी चैनल बास्केट हैं।
निष्कर्ष : **I.** कुछ बास्केट पेड़ हैं।
II. कुछ चैनल कबूतर हैं।

45. **कथन :** कुछ तम्बू रस्सियाँ हैं।
सभी रस्सियाँ लालटेन हैं।
कुछ लालटेन बॉक्स हैं।
निष्कर्ष : **I.** कुछ बॉक्स तम्बू हैं।
II. कुछ लालटेन तम्बू हैं।

46. **कथन :** सभी जग प्लेटें हैं।
सभी प्लेटें कप हैं।
सभी कप बोतलें हैं।
निष्कर्ष : **I.** कुछ बोतलें जग हैं।
II. सभी प्लेटें बोतलें हैं।

47. **कथन :** कुछ चेन ट्रक हैं।
कोई ट्रक कार नहीं हैं।
सभी कारें ट्रेन हैं।
निष्कर्ष : **I.** कुछ ट्रेनें ट्रक हैं।
II. कुछ कारें चेन हैं।

Answer Key

1	**(d)**	11	**(e)**	21	**(e)**	31	**(a)**	41	**(a)**
2	**(c)**	12	**(b)**	22	**(b)**	32	**(a)**	42	**(d)**
3	**(e)**	13	**(c)**	23	**(e)**	33	**(b)**	43	**(d)**
4	**(b)**	14	**(d)**	24	**(d)**	34	**(e)**	44	**(a)**
5	**(a)**	15	**(a)**	25	**(a)**	35	**(a)**	45	**(b)**
6	**(a)**	16	**(c)**	26	**(e)**	36	**(e)**	46	**(e)**
7	**(c)**	17	**(e)**	27	**(d)**	37	**(c)**	47	**(d)**
8	**(e)**	18	**(d)**	28	**(e)**	38	**(b)**		
9	**(d)**	19	**(e)**	29	**(b)**	39	**(d)**		
10	**(b)**	20	**(a)**	30	**(a)**	40	**(e)**		

व्याख्या सहित हल

Answers & Explanations

1. (d) सभी जूते पैन हैं → सर्वव्यापी सकारात्मक (A-प्रकार)
कुछ पैन रेजर हैं → अंशव्यापी सकारात्मक (I-प्रकार)
सभी जूते पैन हैं।
कुछ पैन रेजर है।
A + I ⇒ कोई निष्कर्ष नहीं

2. (c) कुछ ट्रेनें बैंच नहीं हैं → सर्वव्यापी नकारात्मक (E-प्रकार)
कुछ ट्रेनें बैंच नहीं हैं → अंशव्यापी नकारात्मक (O-प्रकार)
सभी तीनों कथन अंशव्यापी सकारात्मक हैं (I-प्रकार)।
अंशव्यापी सकारात्मक तीनों से कोई निष्कर्ष नहीं निकलता है।
निष्कर्ष I एवं II संपूरक युग्म बनाते हैं। अत: या तो निष्कर्ष I या II निकलता है।

3 (e) सभी ब्रश चॉकलेट हैं।
सभी चॉकलेट आइने हैं।
A + A ⇒ A-प्रकार का निष्कर्ष नहीं
''सभी ब्रश आइने हैं।''
सभी ब्रश आइने हैं।
सभी आइने मेजें हैं।
''सभी ब्रश मेजें हैं।''
निष्कर्ष I इसका व्युत्क्रम हैं।
निष्कर्ष II दूसरे कथन का व्युत्क्रम हैं।

4. (b) कुछ पैंसिलें चाकू हैं।
सभी चाकू कागज हैं।
I + A ⇒ I-प्रकार का निष्कर्ष
''कुछ पैंसिलें कागज हैं''।
(निष्कर्ष: II इसका व्युत्क्रम हैं।)

5. (a) कुछ छतें आकृतियाँ हैं।
सभी आकृतियाँ शेर हैं।
I + A ⇒ I-प्रकार का निष्कर्ष
''कुछ छतें शेर हैं''।
कुछ छतें शेर हैं।
सभी शेर बकरियाँ हैं।
I + A ⇒ I-प्रकार का निष्कर्ष
''कुछ छतें बकरियाँ हैं''।
(**निष्कर्ष** : I इसका व्युत्क्रम है।)

6. (a) कुछ मछलियाँ मुर्गियाँ हैं। (I-प्रकार)
सभी मछलियाँ पंछी हैं। (A - प्रकार)
I + A ⇒ I – प्रकार का निष्कर्ष
''कुछ मुर्गियाँ पंछी हैं।''
यह निष्कर्ष I है।

7. (c) दोनों कथन अंशव्यापी सकारात्मक है। अंशव्यापी कथनों से कोई निष्कर्ष नहीं निकलता है।
निष्कर्ष I और II संपूरक युग्म बनाते हैं। अत: या तो निष्कर्ष I या II अनुसरण करता है।

8. (e) सभी चमगादड़ लड़के हैं। (A-प्रकार)
सभी लड़के दस्ताने हैं। (A-प्रकार)
A + A ⇒ A प्रकार का निष्कर्ष
''सभी चमगादड़ लड़के हैं।''
यह निष्कर्ष II हैं।
निष्कर्ष I इसका व्युत्क्रम हैं।

9. (d) दिए गए कथन व्यवस्थित नहीं हैं।

10. (b) कुछ डाक्टर नर्स हैं। (A-प्रकार)
सभी नर्स रोगी है। (A-प्रकार)
I + A ⇒ I - प्रकार का निष्कर्ष
''कुछ डॉक्टर रोगी हैं।''
इसका व्युत्क्रम निष्कर्ष II हैं।

11. (e) कुछ बिन हैंडल हैं।
सभी हैंडल छड़ियाँ है।''
I + A ⇒ I-प्रकार का निष्कर्ष
''कुछ बिन छड़ियाँ है।''
निष्कर्ष I इसका व्युत्क्रम है।

12. (b) कुछ टावर खिड़कियाँ है।

सभी खिड़कियाँ घर है।

I + A ⇒ I- प्रकार का निष्कर्ष

''कुछ टावर घर है।''

निष्कर्ष II इसका व्युत्क्रम है।

13. (c) सभी तीनों कथन अंशव्यापी सकारात्मक है। अंशव्यापी कथनों से कोई निष्कर्ष नहीं निकलता है।

निष्कर्ष I एवं III संपूरक युग्म बनाते है। अत: या तो निष्कर्ष I या निष्कर्ष III निकलता है।

14. (d) सभी पेड़ बगीचे है।

सभी बगीचे पत्थर हैं।

A + A ⇒ A-प्रकार का निष्कर्ष

''सभी पेड़ पत्थर हैं।''

निष्कर्ष III इसका व्युत्क्रम है।

सभी बगीचे पत्थर हैं।

''सभी पत्थर बाड़ हैं।''

A + A ⇒ A-प्रकार का निष्कर्ष

''सभी बगीचे बाड़ हैं।''

यह निष्कर्ष II है।

निष्कर्ष I इसका व्युत्क्रम है।

15. (a) कुछ पत्ते जंगल हैं।

कोई जंगल बॉक्स नहीं है।

I + E = O-प्रकार का निष्कर्ष

''कुछ पत्ते बॉक्स नहीं हैं।''

16. (c) पहला एवं तीसरा कथन सर्वव्यापी है। (A-प्रकार)

दूसरा कथन अंशव्यापी सकारात्मक है। (I-प्रकार)

चौथा कथन सर्वव्यापी नकारात्मक है।(E-प्रकार)

कुछ लहसुन प्याज है।

सभी प्याजें आलू हैं।

I + A ⇒ I-प्रकार का निष्कर्ष

''सभी लहसुन आलू हैं।

''यह निष्कर्ष II है।''

सभी प्याजें आलू हैं।

कोई आलू अदरक नहीं है।

A + E ⇒ (E-प्रकार का निष्कर्ष)

''कोई प्याज अदरक नहीं है।''

''यह निष्कर्ष I है।''

17. (e) पहला एवं दूसरा कथन अंशव्यापी सकारात्मक है।(I-प्रकार)

तीसरा व चौथा कथन सर्वव्यापी सकारात्मक है। (A-प्रकार)

कुछ ताले संख्याएँ हैं।

सभी संख्याएं अक्षर है।

I + A ⇒ I-प्रकार का निष्कर्ष

''कुछ ताले अक्षर हैं।''

यह निष्कर्ष I है।

कुछ ताले अक्षर हैं।

सभी अक्षर शब्द हैं।

I + A ⇒ (I-प्रकार का निष्कर्ष)

''कुछ ताले अक्षर हैं।''

सभी अक्षर शब्द हैं।

A + A ⇒ A- प्रकार का निष्कर्ष

यह निष्कर्ष III है।

निष्कर्ष II इसका व्युत्क्रम है।

18. (d) पहला कथन अंशव्यापी सकारात्मक है।(I-प्रकार)

दूसरा एवं चौथा कथन सर्वव्यापी सकारात्मक है। (A-प्रकार)

तीसरा कथन सर्वव्यापी नकारात्मक है। (E-प्रकार)

कुछ खिड़कियां दरवाजे है।

सभी दरवाजे दीवारें हैं।

I + A = I-प्रकार का निष्कर्ष

''कुछ खिड़कियँ दीवारें हैं।''

यह निष्कर्ष I है।

सभी दरवाजे दीवारें है।

कोई दीवार छत नहीं है।

A + E = E -प्रकार का निष्कर्ष)

''कोई दरवाजा छतें नहीं हैं।''

सभी छतें आश्रय हैं।

E + A = O*- प्रकार का निष्कर्ष

''कुछ आश्रय दरवाजा नहीं हैं।''

कोई दीवार छतें नहीं हैं। (E-प्रकार)

सभी छतें आश्रय हैं। (A-प्रकार)

''कुछ आश्रय दीवार नहीं हैं।''

19. (e) पहला एवं तीसरा कथन सर्वव्यापी सकारात्मक है। (A-प्रकार)
दूसरा कथन अंशव्यापी सकारात्मक है। (I -प्रकार)
चौथा कथन सर्वव्यापी नकारात्मक है। (E-प्रकार)
कुछ जार बर्तन हैं।

↙↗

सभी बर्तन नल हैं।
$I + A \Rightarrow$ I-प्रकार का निष्कर्ष
"कुछ जार नल हैं।"
सभी बर्तन नल हैं।

↙↗

कोई नल हौज नही है।
$A + E \Rightarrow$ E-प्रकार का निष्कर्ष
"कोई बर्तन हौज नहीं है।"
यह निष्कर्ष I है।

20. (a) पहला एवं दूसरा कथन अंशव्यापी सकारात्मक है।(I-प्रकार)
तीसरा कथन सर्वव्यापी नकारात्मक है। (E -प्रकार)
चौथा कथन सर्वव्यापी सकारात्मक है। (A -प्रकार)
कुछ मगरमच्छ सांप हैं।

↙↗

कोई सांप कछुआ नहीं है।
$I + E \Rightarrow$ O-प्रकार का निष्कर्ष
"कुछ मगरमच्छ कछुआ नही है।"
कोई सांप कछुआ नहीं है।

↙↗

सभी कछुए मेंढ़क हैं।
$E + A \Rightarrow O^*$-प्रकार का निष्कर्ष
"कुछ मेढ़क सांप नहीं हैं।"

21. (e) कुछ पेन पुस्तकें हैं। (I- प्रकार)

↙↗

सभी पुस्तकें पेंसिल है। (A-प्रकार)
$I + A \Rightarrow$ I-प्रकार का निष्कर्ष
"कुछ पेन पेंसिलें हैं।"
यह निष्कर्ष II है।
सभी पुस्तकें पेंसिलें हैं। (A-प्रकार)

↙↗

सभी पेंसिलें जार हैं। (A-प्रकार)
$A + A \Rightarrow$ A-प्रकार का निष्कर्ष
"सभी पुस्तकें जार हैं।"
यह निष्कर्ष I है।

22. (b) कुछ चम्मच कांटे हैं। (I-प्रकार)

↙↗

सभी कांटे प्लेटें हैं। (A-प्रकार)
$I + A \Rightarrow$ I-प्रकार का निष्कर्ष
"कुछ चम्मच प्लेटें हैं।"
यह निष्कर्ष II है।

23. (e) सभी जार बाल्टियाँ हैं। (A- प्रकार)

↙↗

सभी बाल्टियां टंकियाँ हैं। (A-प्रकार)
$A + A \Rightarrow$ A-प्रकार का निष्कर्ष
"सभी जार टंकियां हैं।"
यह निष्कर्ष I है।
निष्कर्ष II, तीसरी कथन का निहितार्थ (implication) है।

25. (a) कुछ फाइलें फोल्डर हैं। (A-प्रकार)

↙↗

सभी फोल्डर बैग हैं। (A-प्रकार)
$I + A \Rightarrow$ I-प्रकार का निष्कर्ष
"कुछ फाइलें बैग हैं।"
यह निषकर्ष I है।

26. (e) सभी खिलौने गुड़िया हैं।

↙↗

सभी गुड़िया जोकर हैं।
[A + A = A-टाइप]
सभी खिलौने जोकर हैं।
कुछ खिलौने कार हैं।

कुछ कारें खिलौने हैं। (Conversion)

↙↗

सभी खिलौने जोकर हैं।
कुछ कारें जोकर हैं।
(I + A = I-टाइप)
यह निष्कर्ष I है।
कुछ कारें खिलौने हैं।

↙↗

सभी खिलौने गुड़िया हैं।
कुछ कारें गुड़िया हैं।
कुछ गुड़िया कार हैं (Conversion)
यह निष्कर्ष II है।

27. (d) सभी कलमें बक्सा हैं।
(Implication of first statement)
कुछ बक्साएँ कलमें हैं।
(Conversion of first statement)
कुछ ब्लेड बक्सें हैं।
(Conversion of second statement)

कुछ फाइलें ब्लेड हैं।
(Conversion of third statement)
No mediate inference follows. Hence, no given **Conclusions** follows.

28. (e) कुछ कलम पुस्तकें हैं।
कुछ पुस्तकें कलमें हैं। (conversion)

सभी कलमें चाभियाँ हैं।
(I + A = I-type conclusion)
सभी पुस्तकें चाभियाँ हैं।
सभी चाभियाँ पुस्तकें हैं।. (Conversion)
यह निष्कर्ष II है।
कुछ कलमें पुस्तक हैं।

सभी पुस्तकें लेजर (ledger) हैं।
(I + A = I-type)
सभी कलमें लेजर (ledger) हैं।
कुछ लेजर (ledger) कलमें हैं।. (conversion)

सभी कलमें चाभियाँ हैं।
कुछ लेजर चाभियाँ हैं।
(I + A = I-type)
यह निष्कर्ष I है।

29. (b) कुछ गुलाब कांटे हैं।

सभी कांटे फूल हैं।
(I + A = I-type)
कुछ गुलाब फूल हैं।
कुछ फूल गुलाब हैं। (conversion)
यह निष्कर्ष II है।
कोई फूल पीटल नहीं हैं।.
कोई पीटल फूल नहीं हैं। (conversion)

कुछ फूल गुलाब हैं।
(E + I = O*-type)
कुछ गुलाब पीटल नहीं हैं।
अत: निष्कर्ष I अनुसरण नहीं करता हैं।

30. (a) सभी नेता अच्छे कार्यकर्ता हैं।
कुछ अच्छे कार्यकर्ता नेता हैं। (Conversion)
यह निष्कर्ष I हैं।
सभी अच्छे कार्यकर्ता अच्छे वक्ता हैं।
कुछ अच्छे वक्ता, अच्छे कार्यकर्ता हैं। (conversion)
अत: निष्कर्ष II अनुसरण नहीं करता हैं।

31. (a) सभी चाँदी धातुएँ हैं।

सभी धातुएँ स्टील हैं।
$A +$ ' ⇒ ' – प्रकार का निष्कर्ष
''सभी चाँदी स्टील हैं।''
सभी स्टील पत्थर हैं।

सभी पत्थर स्टैंड हैं।
$I +$ ' ⇒ I - प्रकार का निष्कर्ष
''कुछ स्टील स्टैंड हैं।''
निष्कर्ष III इसका व्युत्क्रम है।
निष्कर्ष IV तीसरे कथन का व्युत्क्रम है।

32. (a) सभी कुर्सियाँ मेज हैं।

सभी मेज गीत हैं।
$A +$ ' ⇒ ' – प्रकार का निष्कर्ष
''सभी कुर्सियाँ गीत हैं।''
यह निष्कर्ष III है।
निष्कर्ष I पहले कथन का व्युत्क्रम है।

33. (b) कुछ बाल्टी बर्तन हैं। (conversion)
कुछ थैला बाल्टी हैं। (conversion)
कुछ पर्शे थैला हैं। (conversion)
No mediate inference follows.
∴ कोई अनुसरण नहीं करता

34. (e) सभी शीशा सड़कें हैं।

कोई रोड़ सड़क नहीं है।
कोई शीशा छड़ी नहीं है (A + E = E-type)

कुछ छड़ी कलमें हैं।
कुछ कलमें शीशे नहीं हैं (E + I = O* type)
कोई सड़क छड़ी नहीं हैं।

कुछ छड़ी कलमें हैं।
कुछ कलमें सड़क नहीं हैं (E + I = O* type)
∴ केवल IV अनुसरण करता है।

35. (a) कुछ बर्फ अँगूठी हैं।
कुछ बर्फ अँगुठियाँ बर्फ हैं। (conversion)
कुछ अंगुठियाँ सोना हैं।

कुछ सोना अंगुठी हैं। (conversion)

↙↗

कोई अंगुठी रंग नहीं है।

कुछ सोना रंग नहीं हैं। (I + E = O-type)

कुछ बर्फ अंगुठी है।

↙↗

कोई अंगुठी रंग नहीं है।

कुछ बर्फ रंग नहीं है। (I + E = O-type)

कोई रंग अंगुठी नहीं है। (Implication)

∴ कोई अनुसरण नहीं करता है।

36. (e) कुछ जूते घंटियाँ हैं।

कुछ घंटियाँ जूते हैं। (conversion)

कोई मोमबत्ती घंटी नहीं है।

↙↗

कुछ घंटी जूते हैं।

कुछ जूते मोमबत्ती नहीं हैं। (E + I = O*)

सभी टेबल जूते हैं।

कुछ टेबल जूते हैं। (Implication)

कुछ जूते टेबल हैं। (conversion)

कोई मोमबती घंटी नहीं हैं।

कोई मोमबती घंटी नहीं हैं। (conversion)

∴ कोई अनुसरण नहीं करता है।

37. (c) कुछ बिल्ली चूहे हैं।

कुछ चूहे बिल्ली हैं। (conversion)

कुछ चूहे चींटियाँ हैं।

कुछ चींटियाँ चूहे हैं। (conversion)

कुछ चींटियाँ मक्खी हैं।

कुछ मक्खी चींटियाँ हैं। (conversion)

No mediate inference follows.

∴ केवल I और II अनुसरण करता है।

For Qs. (38-47)

(i) सभी जीप कारें हैं → सर्वव्यापी सकारात्मक (A-प्रकार)।

(ii) कुछ बसें ट्रक हैं → अंशव्यापी सकारात्मक (I-प्रकार)

(iii) कोई ड्रम गिटार नहीं है → सर्वव्यापी नकारात्मक (E- प्रकार)।

(iv) कुछ ड्रम गिटार नहीं है → अंशव्यापी नकारात्म (O प्रकार)।

38. (b) सभी जीप कारें हैं।

↕

सभी कारें बस हैं।

A + A ⇒ A-प्रकार का निष्कर्ष

"सभी जीप बसें हैं।"

यह निष्कर्ष II है।

39. (d) कुछ रैकेट बैट हैं।

↕

सभी बैट नेट हैं।

I + A ⇒ I-प्रकार का निष्कर्ष

"कुछ रैकेट नेट हैं।"

40. (e) सभी कंप्यूटर प्रिंटर हैं।

↕

सभी प्रिंटर स्टैप्लर हैं।

A + A ⇒ A-प्रकार का निष्कर्ष

"सभी कंप्यूटर स्टैप्लर हैं।"

निष्कर्ष II है इसका व्युत्क्रम है।

सभी प्रिंटर स्टैप्लर हैं।

↕

सभी स्टैप्लर स्कैनर हैं।

A + A ⇒ A-प्रकार का निष्कर्ष

"सभी प्रिंटर स्कैनर हैं।"

वह निष्कर्ष I है।

41. (a) कोई ड्रम गिटार नहीं है।

↕

सभी गिटार वाइलिन हैं।

E + A ⇒ O-प्रकार का निष्कर्ष

"कुछ वाइलिन ड्रम नहीं हैं।"

सभी गिटार वाइलिन हैं।

↕

कुछ वाइलिन बांसुरियाँ हैं।

A + I ⇒ कोई निष्कर्ष नहीं

निष्कर्ष I दूसरे कथन का व्युत्क्रम है।

42. (d) सभी बंदूकें तोपें हैं।

↕

सभी तोपें धनुष हैं।

A + I ⇒ कोई निष्कर्ष नहीं

For Qs. (43-47) वेन आरेख पर आधारित हल

43. (d)

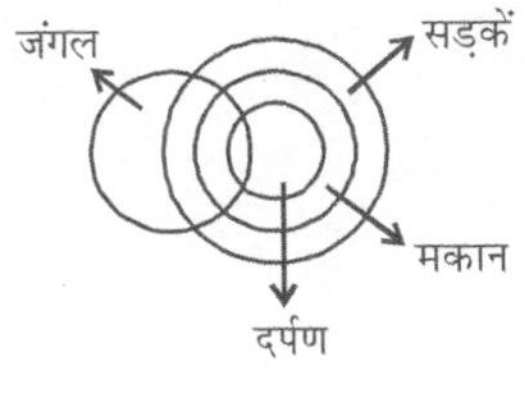

44. (a)

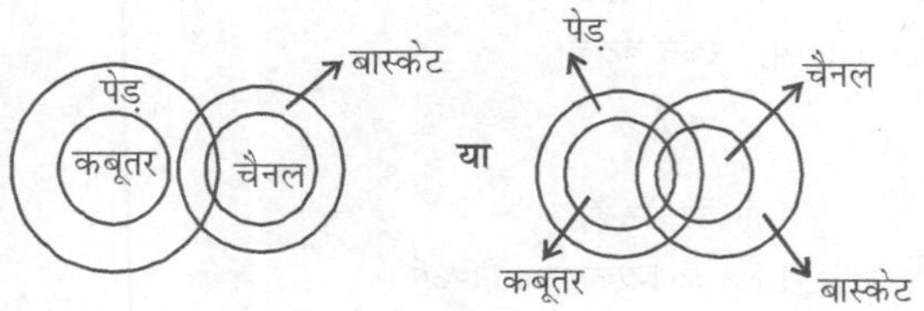

45. (b)

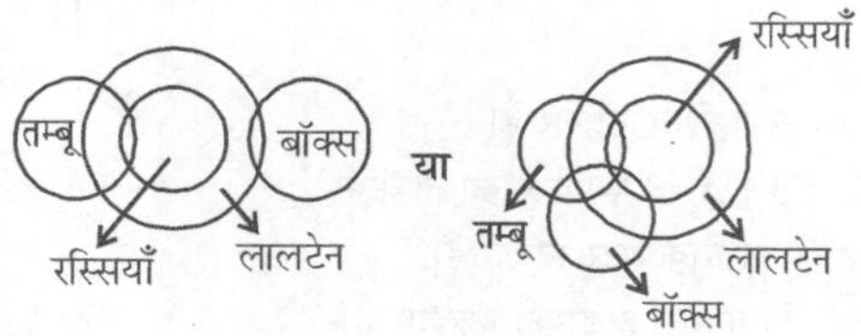

46. (e)

47. (d)

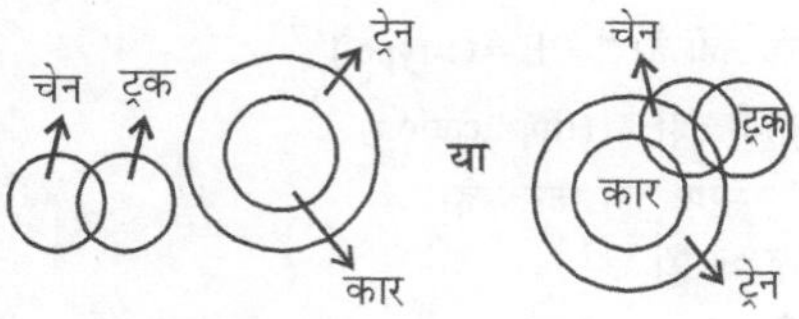

❖❖❖

अध्याय

11 गणितीय तर्कशक्ति (MATHEMATICAL REASONING)

गणितीय संक्रियाएँ (Mathematical Operations)

दिये गए गणितीय व्यंजक के वास्तविक गणितीय/अक्षर युक्त चिह्नों को निर्देशानुसार परिवर्तित करते हुए व्यंजक को हल करने की प्रक्रिया को गणितीय संक्रियाएँ कहते हैं।

इस प्रकार की परीक्षा में '+', ;–', '×' और '÷' से युक्त या 'P', 'Q' या कोई अन्य संकेतों से युक्त अंकों की गणितीय व्यंजक दी जाती है। प्रतियोगियों को दिऐ गए व्यंजक में प्रयुक्त चिह्नों को प्रश्नानुसार परिवर्तित करते हुए व्यंजक को हल करना होता है।

प्रश्नों के प्रकार

▶ टाइप I व्यंजक का वास्तविक मान ज्ञात करना

उदाहरण ▶ 1 : यदि '÷' का अर्थ '+', '–' का अर्थ '÷', '×' का अर्थ '–' और '+' का अर्थ '×' हो, तो निम्नलिखित व्यंजक का मान ज्ञात करें।

$62 \div 8 - 4 \times 12 + 4 = ?$

(a) 16 (b) 26

(c) $\frac{1}{16}$ (d) 6

(e) इनमें से कोई नहीं

हल (a) दिया गया व्यंजक-

$62 \div 8 - 4 \times 12 + 4 = ?$

प्रश्नानुसार, गणितीय चिह्नों को परिवर्तित करने पर-

$62 + 8 \div 4 - 12 \times 4 = ?$

$= 64 - 48 = 16$

अत:, $? \Rightarrow 16$

▶ टाइप II दिए गए समीकरणों में से सत्य समीकरण की पहचान करना

उदाहरण ▶ 2 : यदि '–' का अर्थ '+', '+' का अर्थ '–', '×' का अर्थ '÷' और '÷' का अर्थ '×' हो, तो नीचे लिखे गये समीकरणों में से कौन-सा समीकरण सत्य है?

(a) $30 + 5 - 4 \div 10 \times 5 = 58$

(b) $30 + 5 \div 4 - 10 \times 5 = 22$

(c) $30 - 5 + 4 \div 10 \times 5 = 62$

(d) $30 \times 5 - 4 \div 10 + 5 = 41$

(e) इनमें से कोई नहीं

हल (d) विकल्प (d) से -

$30 \times 5 - 4 \div 10 + 5 = 41$

प्रश्नानुसार, गणितीय चिह्नों को परिवर्तित करने पर-

$30 \div 5 + 4 \times 10 - 5 = 41$

$= 6 + 40 - 5 = 41$

$= 46 - 5 = 41$

अत: विकल्प (d) सत्य है।

गणितीय कथन (Mathematical Statements)

अक्षरों एवं गणितीय चिह्नों या संकेतों के माध्यम से संयोजित समीकरण जो कि गणितीय नियमों के आधार पर व्यवस्थित किए गए होते हैं ऐसे ही समीकरण रूपी संयोजन को गणितीय कथन कहते हैं।

जैसे –

'$P < Q$' का अर्थ है 'P, Q से छोटा है'

'$P \le Q$' का अर्थ है 'P, Q से या तो छोटा है या समान है'

'$P > Q$' का अर्थ है 'P, Q से बडा़ है'

'$P \ge Q$' का अर्थ है 'P, Q से बड़ा है या समान है'

'$P = Q$' का अर्थ है 'P, Q के समान है' आदि।

निष्कर्ष– दिये गये कथनों के आधार पर जो यथार्थ स्थापित किये जाते हैं उसे निष्कर्ष कहते हैं।

उदाहरणस्वरूप –

$A > B, C > A$

निष्कर्ष–

I. $C > B$,

II. $C = B$

उपर्युक्त कथनों को एक साथ समायोजित करने पर $C > A > B$ यहाँ हम देख रहे हैं कि C, A और B दोनों से ही बड़ा है जबकि पहले निष्कर्ष में $C > B$ व्यक्त किया गया है जो कि कथनों के संयोजन के बिल्कुल ही अनुरूप है लेकिन दूसरे निष्कर्ष में $C = B$ व्यक्त किया गया है जो कि कथनों के संयोजन के अनुरूप नहीं है।

अत: दिये गये कथनों आधार पर दोनों निष्कर्षों में से केवल प्रथम निष्कर्ष तर्कसंगत है।

साधित उदाहरण (Solved Examples)

उदाहरण 1 : यदि 'M' का अर्थ '÷' है, R का अर्थ '+' है, T का अर्थ '-' है तथा 'K' का अर्थ '×' है तो

20 R 16 K 5 M 10 T8 = ?

(a) 36 **(b) 20**
(c) 36.5 **(d) 12**
(e) इनमें से कोई नहीं

हल (b) $? = 20 + 16 \times 5 \div 10 - 8$

या, $? = 20 + 16 \times \frac{5}{10} - 8$

या, $? = 20 + 8 - 8 = 20$

उदाहरण 2 : एक कक्षा को अंतिम वर्ष में ऑफर किए गए 2 विषयों में से, कुल 32 विद्यार्थी मनोविज्ञान पढ़ते हैं और 26 विद्यार्थी समाज विज्ञान पढ़ते हैं। यदि 16 विद्यार्थियों ने दोनों में विशेषज्ञता प्रदान करने का निर्णय लिया तो कक्षा में कुल कितने विद्यार्थी हैं?

(a) 74 **(b) 58**
(c) 42 **(d) डाटा अपर्याप्त है**
(e) इनमें से कोई नहीं

हल (c) दिए गए कथनों का वेन आरेख इस प्रकार होगा :

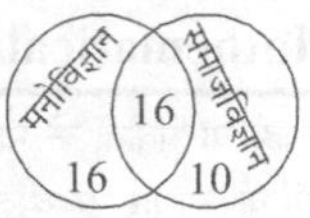

कक्षा में विद्यार्थी की कुल संख्या = 16 + 16 + 10 = 42

निर्देश (3-7) : निम्नलिखित प्रश्नों में @, ©, %, $ और ★ प्रतीकों का प्रयोग नीचे बताये गए अर्थों में किया गया है।

'P © Q' का अर्थ है 'P, Q से छोटा है'
'P @ Q' का अर्थ है 'P, Q से या तो छोटा है या समान है'
'P % Q' का अर्थ है 'P, Q से बड़ा है'
'P $ Q' का अर्थ है 'P, Q से बड़ा है या समान है'
'P ★ Q' का अर्थ है 'P, Q के समान है'

अब निम्नलिखित प्रश्नों में दिए गए कथनों को सत्य मानते हुए पता लगाइए कि उनके नीचे दिए दो निष्कर्ष I और II में से कौनसा/कौनसे निश्चित रूप से सत्य है/हैं।

उत्तर (a) दीजिए यदि केवल निष्कर्ष I सत्य है।
उत्तर (b) दीजिए यदि केवल निष्कर्ष II सत्य है।
उत्तर (c) दीजिए यदि केवल निष्कर्ष I या निष्कर्ष II सत्य है।
उत्तर (d) दीजिए यदि न तो निष्कर्ष I और नहीं निष्कर्ष II सत्य है।
उत्तर (e) दीजिए यदि दोनों निष्कर्ष I और निष्कर्ष II सत्य है।

उदाहरण 3 : कथन : M ★ R, R % T, T $ K
निष्कर्ष : I. K@M
II. K©M

हल (b) कथन : M ★ R ⇒ M = R
R % T ⇒ R > T
तथा T $ K ⇒ T ≥ K
∴ M = R > T ≥ K

निष्कर्ष :

I. K @ M ⇒ K ≤ M (असत्य)
II. K © M ⇒ K ≤ M (सत्य)

उदाहरण 4 : कथन : W © D, D @ H, H ★ N
निष्कर्ष : I. N $ D
II. W © N

हल (e) कथन : W © D ⇒ W < D
D @ H ⇒ D ≤ H
तथा H ★ N ⇒ D = N
∴ W < D ≤ H = N

निष्कर्ष :

I. N $ D ⇒ N ≥ D (सत्य)
II. W © N ⇒ W < N (सत्य)

उदाहरण 5 : कथन : W @ D, D $ R, R © K
निष्कर्ष : I. R ★ W
II. R % W

हल (d) कथन : W @ D ⇒ W ≤ D
D $ R ⇒ D ≥ R
तथा R © K ⇒ R < K
∴ W ≤ D ≥ R < K

निष्कर्ष :

I. R ★ W ⇒ R = W (असत्य)
II. R % W ⇒ R > W (असत्य)

उदाहरण 6 : कथन : F $ J, J % V, V © N
निष्कर्ष : I. N $ F
II. N % J

हल (d) कथन : F $ J ⇒ F ≥ J
J % V ⇒ J > V
तथा V © N ⇒ V < N
∴ F ≥ J > V < N

निष्कर्ष :

I. N $ F ⇒ N ≥ F (असत्य)
II. N % J ⇒ N > J (असत्य)

उदाहरण 7 : यदि संख्या 1 से 30 में जिन संख्याओं में केवल एक संख्या '2' हो, उन संख्याओं को और जो 2 द्वारा विभाजित होती हों, उनको भी हटा दिया जाए, तो शेष कितनी संख्याएँ बचेंगी?

(a) 14 **(b) 17**
(c) 15 **(d) 16**
(e) इनमें से कोई नहीं

हल (e) 1, $\boxed{2}$, 3 $\boxed{4}$, 5, $\boxed{6}$, 7, $\boxed{8}$, 9, $\boxed{10}$, 11, $\boxed{12}$,

13, $\boxed{14}$, 15, $\boxed{16}$, 17, $\boxed{18}$, 19, $\boxed{20}$, $\boxed{21}$,

$\boxed{22}$, $\boxed{23}$, $\boxed{24}$, $\boxed{25}$, $\boxed{26}$, $\boxed{27}$, $\boxed{28}$,

$\boxed{29}$, $\boxed{30}$

∴ शेष संख्याएँ 10 हैं।

अभ्यास प्रश्न (Exercise)

1. '+' का अर्थ '×', '–' का अर्थ '÷', '÷' का अर्थ '+' और '×' का अर्थ '–' है, तो 540 – 36 + 12 ÷ 75 × 55 का मूल्य क्या है?
   (a) 255 (b) 512
   (c) 180 (d) 235
   (e) इनमें से कोई नहीं
2. यदि '-' का अर्थ है 'जोड', '×' का अर्थ है घटाव, '÷' का अर्थ है 'गुणा करना' तथा '+' का अर्थ है 'भाग देना' तो
   20 × 12 + 4 - 16 ÷ 5 = ?
   (a) 17 (b) 80
   (c) 63 (d) 97
   (e) इनमें से कोई नहीं
3. यदि 'M' का अर्थ '÷', 'R' का अर्थ '+', 'T' का अर्थ '–' तथा 'K' का अर्थ '×' हो, तो 20 R 16 K 5 M 10 T 8 = ?
   (a) 30 (b) 20
   (c) 36.5 (d) 12
   (e) इनमें से कोई नहीं
4. यदि '+' का अर्थ है '÷', '÷' का अर्थ है '×', '×' का अर्थ है '-' तथा '-' का अर्थ है '+' तो निम्नलिखित व्यंजन का मान क्या होगा?
   15 ÷ 5 × 9 + 3 - 6 = ?
   (a) 78 (b) 72
   (c) 28 (d) 30
   (e) इनमें से कोई नहीं
5. 'P', '+' दर्शाता है। 'R', '÷' दर्शाता है। 'T', '–' और 'W', '×' दर्शाता है तो
   40 R 8 W 10 T 12 P 16 = ?
   (a) 50 (b) 43
   (c) 30 (d) 70
   (e) इनमें से कोई नहीं

निर्देश (प्र. 6-10) : नीचे दिए गए प्रश्न निम्नलिखित जानकारी पर आधारित हैं।

'A @ B' का अर्थ है 'A को B में जोड़ा जाता है'।
'A ★ B' का अर्थ है 'A को B से गुणा किया जाता है'।
'A # B' का अर्थ है 'A को B से विभाजित किया जाता है'।
'A $ B' का अर्थ है 'B को A से घटाया जाता है'।
प्रत्येक प्रश्न में कुछ जानकारी दी गई है। आपको पता लगाना है कि कौन सी अभिव्यक्ति कथन को सही ढंग से निरूपित करती है।

6. 12 लड़कों की कुल आयु 'X' है और 13 लड़कियों की कुल आयु 'Y' है। सभी लड़कों और लड़कियों की मिलाकर औसत आयु (A) कितनी है?
   (a) A = (X@Y) # 25 (b) A = (X$Y) # 25
   (c) A = (X@Y) ★ 25 (d) निर्धारित नहीं किया जा सकता
   (e) इनमें से कोई नहीं
7. राज्य M की जनसंख्या (P_1), राज्य N की जनसंख्या (P_2) के आधे से 1,50,000 कम है।
   (a) P_2 = (P_1 # 2) $ 1,50,000
   (b) P_1 = (P_2 # 2) @ 1,50,000
   (c) P_1 = (P_2 # 2) $ 1,50,000
   (d) P_2 = (P_1 # 2) @ 1,50,000
   (e) इनमें से कोई नहीं
8. एक कक्षा में लड़कों की संख्या (B) कक्षा में, लड़कियों की संख्या (G) के तीन गुना के एक चौथाई के बराबर है।
   (a) B = (3#G) ★ 4 (b) B = (3★G) @ 4
   (c) B = (3★G)#4 (d) B = (3$G)#4
   (e) इनमें से कोई नहीं
9. श्री X का वेतन (S_1) श्री Y के वेतन (S_2) के 40% से ₹ 8,000 अधिक है।
   (a) S_1=[S_2 ★ (40 @ 100)] # 8,000
   (b) S_1=[S_2 ★ (40 # 100)] @ 8,000
   (c) S_2=[S_1 ★ (40 # 100)] @ 8,000
   (d) S_2=[S_1 ★ (40 @ 100)] # 8,000
   (e) इनमें से कोई नहीं
10. सुजीत को इतिहास में मिले अंकों (H) विज्ञान में उसे मिले अंक (M) के 85% हैं।
    (a) H = (100 # 85) ★ M (b) H = 85 ★ 100 ★ M
    (c) H = 85 # 100 # M (d) H = (85 # 100) ★ M
    (e) इनमें से कोई नहीं
11. यदि '★' का अर्थ है '×', '$' का अर्थ है '+', '#' का अर्थ है '÷' तथा '©' का अर्थ है '-' तब 360 # 24 $ 56 ★ 5 © 48 का मान क्या होगा?
    (a) 253 (b) 242
    (c) 247 (d) 285
    (e) इनमें से कोई नहीं
12. यदि '×' का अर्थ '+' है, '+' का अर्थ '÷' है '÷' का अर्थ '–' है तथा '-' का अर्थ '×' है, तो निम्न व्यंजक का मान क्या होगा?
    5 - 7 × 9 + 3 ÷ 2
    (a) 36 (b) 315
    (c) 48 (d) 44
    (e) इनमें से कोई नहीं
13. एक हाउसिंग सोसाइटी के 38 परिवारों में से 5 परिवार सिर्फ हिंदी अखबार लेते हैं, 12 परिवार हिंदी और मराठी अखबार दोनों लेते हैं। मराठी अखबार लेने वाले की संख्या का पता लगाएं।
    (a) 9 (b) 21
    (c) 17 (d) निर्धारित नहीं किया जा सकता
    (e) इनमें से कोई नहीं

14. यदि '+' का अर्थ है '×', '×' का अर्थ है '-', '÷' का अर्थ है '+' और '-' का अर्थ है '÷', तो
$288 - 32 + 6 \times 45 \div 9 = ?$
(a) शून्य (b) 18
(c) 9 (d) 81
(e) इनमें से कोई नहीं

15. यदि '+' को '#', '÷' को '★', '×' को '@' और '-' को '$' से प्रदर्शित किया जाता है, तो '40 $ 20 @ 2 # 40 ★ 20 # 38' का मान क्या होगा?
(a) 44 (b) $\frac{40}{58}$
(c) 40 (d) $\frac{44}{58}$
(e) इनमें से कोई नहीं

16. 'P' का अर्थ 'से विभाजित किया गया', 'R' का अर्थ 'से गुणा किया गया', 'T' का अर्थ 'में जोड़ा गया' और 'W' का अर्थ 'से घटाया गया' है, तो
60 T 48 P 8 W 6 R 9 = ?
(a) 12 (b) $61\frac{1}{23}$
(c) $-40\frac{1}{2}$ (d) 24
(e) इनमें से कोई नहीं

17. 'A □ B' का अर्थ है 'A' को 'B' से गुणा करें, 'A • B' का अर्थ है है 'A को B' से विभाजित करें, 'A ? B' का अर्थ है 'B को A' में जोड़ें और 'A = B' का अर्थ है, 'B को A' से घटाएं, तो
'10 □ 10 = 5 □ 10 ? 50 • 10' का मान क्या है?
(a) 100 (b) 10
(c) 1000 (d) 60
(e) इनमें से कोई नहीं

निर्देश (प्र. 18-22): निम्नलिखित प्रश्नों में ©, $, %, @ तथा # प्रतीकों को निम्नलिखित अर्थ में प्रयुक्त किया गया है:

P @ Q का अर्थ है, 'P, Q से न तो बड़ा है और न ही बराबर है'।
P $ Q का अर्थ है, 'P, Q से छोटा नहीं है'।
P # Q का अर्थ है, 'P, Q से न तो बड़ा है और न ही छोटा है'।
P © Q का अर्थ है, 'P, Q से बड़ा नहीं है'।
P % Q का अर्थ है, 'P, Q से न तो छोटा है और न ही बराबर है'।
अब निम्नलिखित प्रश्नों में दिए गए कथनों को सत्य मानते हुए पता लगाइए कि उनके नीचे दिए दो निष्कर्ष I और II में से कौनसा/कौनसे निश्चित रूप से सत्य है/हैं।
उत्तर दीजिए (a) यदि केवल निष्कर्ष I सत्य है।
उत्तर दीजिए (b) यदि केवल निष्कर्ष II सत्य है।
उत्तर दीजिए (c) यदि या तो निष्कर्ष I और II सत्य है।
उत्तर दीजिए (d) यदि न तो निष्कर्ष I और न ही II सत्य है।
उत्तर दीजिए (e) यदि निष्कर्ष I और II दोनों सत्य है।

18. **कथन :** J # R, R % K, K @ D
निष्कर्ष : I. K @ J
II. D @ J

19. **कथन :** M © T, K % T, K @ N
निष्कर्ष : I. N % M
II. K % M

20. **कथन :** V $ D, D © R, R % F
निष्कर्ष : I. R % V
II. V @ F

21. **कथन :** B @ E, E # S, S $ Z
निष्कर्ष : I. Z @ E
II. E # Z

22. **कथन :** H % M, N © M, N $ T
निष्कर्ष : I. H # T
II. H % T

निर्देश (प्र. 23-27) : निम्नलिखित प्रश्नों में @, #, $, © और % प्रतीकों को नीचे बताए गए अलग-अलग अर्थों में प्रयोग किया गया है :

'P@ Q' का अर्थ है 'P, Q से छोटा नहीं है'।
'P# Q' का अर्थ है 'P, Q से बड़ा नहीं है'।
'P$ Q' का अर्थ है 'P, Q से न तो बड़ा है न ही बराबर है'।
'P© Q' का अर्थ है 'P, Q से न तो छोटा है न ही बराबर है'।
'P% Q' का अर्थ है 'P, Q से न तो बड़ा है न ही छोटा है'।
अब निम्नलिखित प्रश्नों में दिए गए कथनों को सत्य मानते हुए पता लगाइए कि उनके नीचे दिए दो निष्कर्ष I और II में से कौनसा/कौनसे निश्चित रूप से सत्य है/हैं।
उत्तर (a) दीजिए यदि केवल निष्कर्ष I सत्य है।
उत्तर (b) दीजिए यदि केवल निष्कर्ष II सत्य है।
उत्तर (c) दीजिए यदि केवल निष्कर्ष I या निष्कर्ष II सत्य है।
उत्तर (d) दीजिए यदि न तो निष्कर्ष I और नहीं निष्कर्ष II सत्य है।
उत्तर (e) दीजिए यदि दोनों निष्कर्ष I और निष्कर्ष II सत्य है।

23. **कथन :** V$W, W@T, T#H
निष्कर्ष : I. V©T
II. H%W

24. **कथन :** H©M, M@E, E$C
निष्कर्ष : I. C@M
II. H©E

25. **कथन :** N@J, J%R, R©H
निष्कर्ष : I. R#N
II. N©H

26. **कथन :** L@K, K©A, A$W
निष्कर्ष : I. W$L
II. L#W

27. कथन : J#R, R©D, D@F
निष्कर्ष : I. F$R
II. F%R

निर्देश (प्र. 28-32): इन प्रश्नों में ©, #, ★, $ और @ का प्रयोग निम्नानुसार भिन्न-भिन्न अर्थों में किया गया है :

'P # Q' का अर्थ है 'P, Q से या तो छोटा है या बराबर है'।
'P © Q' का अर्थ है 'P, Q से छोटा है'।
'P $ Q' का अर्थ है 'P, Q से या तो बड़ा है या बराबर है'।
'P ★ Q' का अर्थ है 'P, Q से बड़ा है'।
'P @ Q' का अर्थ है 'P, Q से न बड़ा है और न ही छोटा है'।
अब निम्नलिखित प्रश्नों में दिए गए कथनों को सत्य मानते हुए पता लगाइए कि उनके नीचे दिए दो निष्कर्ष I और II में से कौनसा/कौनसे निश्चित रूप से सत्य है/हैं।
उत्तर (a) दीजिए यदि केवल निष्कर्ष I सत्य है।
उत्तर (b) दीजिए यदि केवल निष्कर्ष II सत्य है।
उत्तर (c) दीजिए यदि केवल निष्कर्ष I या निष्कर्ष II सत्य है।
उत्तर (d) दीजिए यदि न तो निष्कर्ष I और नहीं निष्कर्ष II सत्य है।
उत्तर (e) दीजिए यदि दोनों निष्कर्ष I और निष्कर्ष II सत्य है।

28. कथन : V # S, S © L, L © J
निष्कर्ष : I. V © L
II. S © J

29. कथन : M # R, R © J, J # H
निष्कर्ष : I. M # H
II. R © H

30. कथन : H $ F, F @ G, G ★ M
निष्कर्ष : I. H ★ M
II. H ★ G

31. कथन : R © J, J ★ T, T # L
निष्कर्ष : I. R @ T
II. J @ L

32. कथन : W @ T, T $ K, K ★ F
निष्कर्ष : I. W $ K
II. W @ K

Answer Key

1	(e)	8	(c)	15	(c)	22	(b)	29	(b)
2	(d)	9	(b)	16	(a)	23	(d)	30	(a)
3	(b)	10	(d)	17	(e)	24	(b)	31	(d)
4	(a)	11	(c)	18	(a)	25	(e)	32	(a)
5	(e)	12	(a)	19	(e)	26	(d)		
6	(a)	13	(e)	20	(d)	27	(d)		
7	(c)	14	(b)	21	(c)	28	(e)		

व्याख्या सहित हल Answers & Explanations

1. (e) $? = 540 \div 36 \times 12 + 75 - 55$
या, $? = 15 \times 12 + 75 - 55$
या, $? = 180 + 75 - 55 = 200$

2. (d)

$- \Rightarrow +$	$\times \Rightarrow -$
$\div \Rightarrow \times$	$+ \Rightarrow \div$

$20 \times 12 + 4 - 16 \div 5 = ?$
या, $? = 20 - 12 \div 4 + 16 \times 5$
या, $? = 20 - 3 + 80 = 97$

3. (b) ? = 20 R 16 K 5 M 10 T 8
या, $20 + 16 \times 5 \div 10 - 8$

या, $20 + 16 \times \frac{5}{10} - 8$

या, $20 + 8 - 8 = 20$

4. (a) $15 \div 5 \times 9 + 3 - 6 = ?$
या, $? = 15 \times 5 - 9 \div 3 + 6$
या, $? = 15 \times 5 - 3 + 6$
या, $? = 81 - 3 = 78$

5. (e) 40 R 8 W 10 T 12 P 16 = ?
या, $? = 40 \div 8 \times 10 - 12 + 16$
या, $? = 5 \times 10 - 12 + 16$
या, $? = 66 - 12 = 54$

6. (a) सभी लड़कों एवं लड़कियों की औसत आयु

$(A) = \frac{X + Y}{25}$

$\Rightarrow$ A = (x @ y) # 25

7. (c) $P_1 = \frac{P_2}{2} - 1{,}50{,}000$

$\Rightarrow$ P_1 = (P_2 # 2) \$ 150000

8. (c) $B = \frac{1}{4} \times 3G = \frac{3G}{4}$

$\Rightarrow$ B = (3 ★ G) # 4

9. (b) $S_1 = \frac{40}{100} \times S_2 + 8{,}000$

$\Rightarrow$ S_1 = [S_2 ★ (40 # 100)] @ 8,000

10. (d) $H = \frac{85}{100} \times M$

$\Rightarrow$ H = (85 # 100) ★ M

11. (c) $? = 360 \div 24 + 56 \times 5 - 48$
या $? = 15 + 280 - 48 = 247$

12. (a) $\times$ का अर्थ $+$
$+$ का अर्थ $\div$
$\div$ का अर्थ $-$
$-$ का अर्थ $\times$
$5 - 7 \times 9 + 3 \div 2 = ?$
या, $? = 5 \times 7 + 9 \div 3 - 2$
या, $? = 5 \times 7 + 3 - 2$
या, $? = 35 + 3 - 2 = 36$

13. (e)

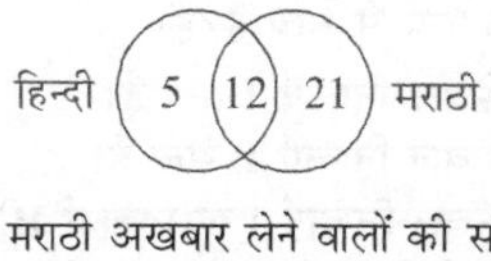

मराठी अखबार लेने वालों की संख्या = 12 + 21 = 33

14. (b) $? = 288 \div 32 \times 6 - 45 + 9$
या, $? = 9 \times 6 - 45 + 9$
या, $? = 54 - 45 + 9 = 18$

15. (c) 40 \$ 20 @ 2 # 40 ★ 20 # 38
$40 - 20 \times 2 + 40 \div 20 + 38$

$= 40 - 20 \times 2 + \frac{40}{20} + 38$

$= 40 - 40 + 2 + 38$
$= 40 - 40 + 2 + 38 = 40$

16. (a) 60 T 48 P 8 W 6 R 9 = ?
$\Rightarrow 60 + 48 \div 8 - 6 \times 9 = ?$
$\Rightarrow 60 + 6 - 54 = ?$
$\Rightarrow 12 = ?$

17. (e) 10 ┐ 10 = 5 ┐ 10 ? 50 ● 10
$= 10 \times 10 - 5 \times 10 + 50 \div 10$

$= 10 \times 10 - 5 \times 10 + \frac{50}{10}$

$= 100 - 50 + 5$
$= 55$

(18-22) :

(i) P @ Q $\Rightarrow$ P $\not>$ Q एवं P $\neq$ Q
अत: P < Q

(ii) P \$ Q $\Rightarrow$ P $\not<$ Q
अत: P > Q एवं P = Q $\Rightarrow$ P $\geq$ Q

(iii) P # Q $\Rightarrow$ P $\not<$ Q एवं P $\not>$ Q
अत: P = Q

(iv) P © Q $\Rightarrow$ P $\not>$ Q
अत: P $\geq$ Q
या, P $\leq$ Q

(v) $P \% Q \Rightarrow P \not< Q$ एवं $P \neq Q$

अत: $P > Q$

$@ \Rightarrow <$	$\$ \Rightarrow \geq$
$\# \Rightarrow =$	$\copyright \Rightarrow \leq$
$\% \Rightarrow >$	

18. (a) कथन

$J \# R \Rightarrow J = R$

$R \% K \Rightarrow R > K$

$K @ D \Rightarrow K < D$

अत:,

$J = R > K < D$

निष्कर्ष : I. $K @ J \Rightarrow K < J$: सत्य

II. $D @ J \Rightarrow D < J$ असत्य

19. (e) कथन

$M \copyright T \Rightarrow M \leq T$

$K \% T \Rightarrow K > T$

$K @ N \Rightarrow K < N$

अत:,

$M \leq T < K < N$

निष्कर्ष

I. $N \% M \Rightarrow N > M$: सत्य

II $K \% M \Rightarrow K > M$: सत्य

20. (d) कथन

$V \$ D \Rightarrow V \geq D$

$D \copyright R \Rightarrow D \leq R$

$R \% F \Rightarrow R > F$

अत:,

$V \geq D \leq R > F$

निष्कर्ष

I. $R \% V \Rightarrow R > V$: असत्य

II $V @ F \Rightarrow V < F$: असत्य

21. (c) कथन

$B @ E \Rightarrow B < E$

$E \# S \Rightarrow E = S$

$S \$ Z \Rightarrow S \geq Z$

अत:,

$B < E = S \geq Z$

निष्कर्ष

I. $Z @ E \Rightarrow Z < E$: असत्य

II $E \# Z \Rightarrow E = Z$: असत्य

Z, E से या तो तो छोटा है या बराबर है।

22. (b) कथन

$H \% M \Rightarrow H > M$

$N \copyright M \Rightarrow N \leq M$

$N \$ T \Rightarrow N \geq T$

अत:,

$H > M \geq N \geq T$

निष्कर्ष

I. $H \# T \Rightarrow H = T$: (असत्य)

II $H \% T \Rightarrow H > T$: (सत्य)

(Qs. 23–27) :

$P @ Q \Rightarrow P \geq Q$

$P \# Q \Rightarrow P \leq Q$

$P \$ Q \Rightarrow P < Q$

$P \copyright Q \Rightarrow P > Q$

$P \% Q \Rightarrow P > Q$

23. (d) $V \$ W \Rightarrow V < W$

$W @ T \Rightarrow W \geq T$

$T \# H \Rightarrow T \leq H$

अत: $V < W \geq T \leq H$

निष्कर्ष :

I. $V \copyright T \Rightarrow V > T$ (असत्य)

II. $H \% W \Rightarrow H = W$ (असत्य)

24. (b) $H \copyright M \Rightarrow H > M$

$M @ E \Rightarrow M \geq E$

$E \$ C \Rightarrow E < C$

अत:, $H > M \geq E < C$

निष्कर्ष :

I. $C @ M \Rightarrow C \geq M$ (असत्य)

II. $H \copyright E \Rightarrow H > E$ (सत्य)

25. (e) $N @ J \Rightarrow N \geq J$

$J \% R \Rightarrow J = R$

$R \copyright H \Rightarrow R > H$

अत:, $N \geq J = R > H$

निष्कर्ष :

I. $R \# N \Rightarrow R \leq N$ (सत्य)

II. $N \copyright H \Rightarrow N > H$ (सत्य)

26. (d) $L @ K \Rightarrow L \geq K$

$K \copyright A \Rightarrow K > A$

$A \$ W \Rightarrow A < W$

अत: $L \geq K > A < W$

निष्कर्ष : I. $W \$ L \Rightarrow W < L$ (असत्य)

II. $L \# W \Rightarrow L \leq W$ (असत्य)

27. (d) $J \# R \Rightarrow J \leq R$

$R \copyright D \Rightarrow R > D$

$D @ F \Rightarrow D \geq F$

अत: $J \leq R > D \geq F$

निष्कर्ष:

I. $F \$ R \Rightarrow F < R$ (असत्य)

II. $F \% R \Rightarrow F = R$ (असत्य)

For (Qs. 28–32) :

$\# \Rightarrow \leq$

$© \Rightarrow <$

$\$ \Rightarrow \geq$

$★ \Rightarrow >$

$@ \Rightarrow =$

28. (e) $V \# S \Rightarrow V \leq S$

$S © L \Rightarrow S < L$

$L © J \Rightarrow L < J$

अत: $V \leq S < L < J$

निष्कर्ष

I. $V © L \Rightarrow V < L$ (सत्य)

II. $S © J \Rightarrow S < J$ (सत्य)

29. (b) $M \# R \Rightarrow M \leq R$

$R © J \Rightarrow R < J$

$J \# H \Rightarrow J \leq H$

अत: $M \leq R < J \leq H$

निष्कर्ष

I. $M \# H \Rightarrow M \leq H$ (असत्य)

II. $R © H \Rightarrow R < H$ (सत्य)

30. (a) $H \$ F \Rightarrow H \geq F$

$F @ G \Rightarrow F = G$

$G ★ M \Rightarrow G > M$

अत: $H \geq F = G > M$

निष्कर्ष

I. $H ★ M \Rightarrow H > M$ (सत्य)

II. $H ★ G \Rightarrow H > G$ (असत्य)

31. (d) $R © J \Rightarrow R < J$

$J ★ T \Rightarrow J > T$

$T \# L \Rightarrow T \leq L$

अत: $R < J > T \leq L$

निष्कर्ष

I. $R @ T \Rightarrow R = T$ (असत्य)

II. $J @ L \Rightarrow J = L$ (सत्य)

32. (a) $W @ T \Rightarrow W = T$

$T \$ K \Rightarrow T \geq K$

$K ★ F \Rightarrow K > F$

अत: $W = T \geq K > F$

निष्कर्ष

I. $W \$ K \Rightarrow W \geq K$ (सत्य)

II. $W @ K \Rightarrow W = K$ (असत्य)

❖❖❖

अध्याय

12 अभाषिक तर्कशक्ति
(NON-VERBAL REASONING)

अभाषिक तर्कशक्ति

अभाषिक/अशाब्दिक तर्कशक्ति परीक्षण में श्रृंखला का महत्वपूर्ण स्थान माना जाता है। श्रृंखला में पूछे जाने वाले प्रश्नों में दो प्रकार की आकृतियाँ दी जाती हैं, एक प्रश्न आकृति तथा दूसरी उत्तर आकृति। प्रश्न आकृतियों में पाँच बॉक्स में पाँच आकृतियाँ होती हैं तथा उत्तर-आकृति के पाँच बॉक्स में भी पाँच आकृतियाँ दी गई रहती हैं, प्रश्न आकृतियाँ एक निश्चित क्रम के अनुसार एक श्रृंखला बनाती हैं, पाँचों के बीच एक प्रकार का सम्बन्ध निश्चित होता है, अभ्यर्थियों को यह प्राप्त करना होता है कि उत्तर-आकृतियों की कौन-सी आकृति छठी आकृति होगी जो उत्तर के रूप में प्राप्त हो सके प्रश्न-आकृतियों में प्रश्नों के बीच सम्बंध घूर्णन, दिशा, स्थानान्तरण, विचलन, क्रमिक परिवर्तन, रूप-आकार, संख्या आदि किसी प्रकार के हो सकते हैं, अगर इनके बीच का संबंध प्राप्त कर लिया जाए तो प्रश्न आसानी से हल किया जा सकता है,

प्रश्नों के प्रकार

▶ टाइप I संख्या के आधार पर

बॉक्स में आकृतियों की संख्या एक निश्चित क्रम से बढ़ या घट सकती है।

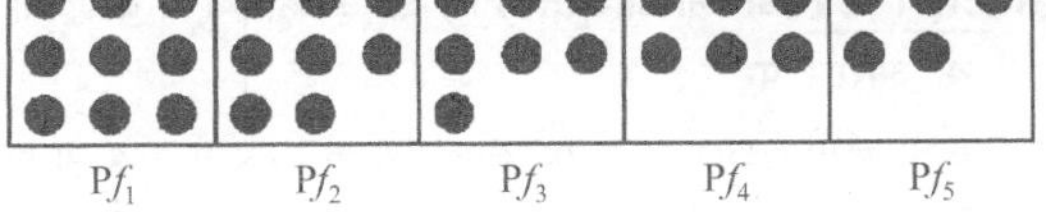

यहाँ Pf_1 से Pf_2 में आकृतियों की संख्या 9 से 8 हो रही है,

Pf_2 से Pf_3 में आकृतियों की संख्या 8 से 7 हो रही है।

Pf_3 से Pf_4 में आकृतियों की संख्या 7 से 6 हो रही है।

Pf_4 से Pf_5 में आकृतियों की संख्या 6 से 5 हो रही है।

अर्थात् एक-एक आकृति कम होती जा रही है।

अत: अगली आकृति Pf_6 = 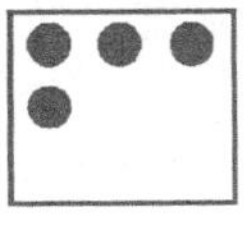

▶ टाइप II आकृतियों के रूप एवं आकार के आधार पर

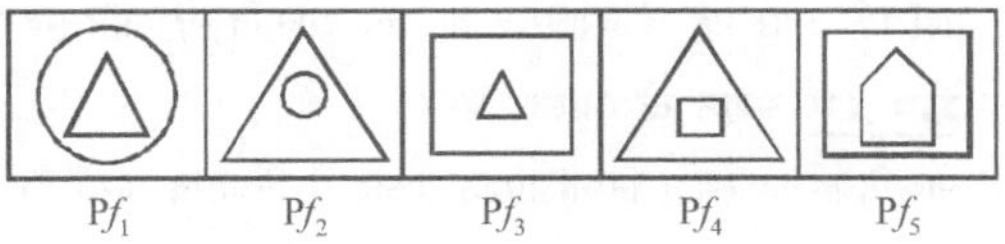

इस श्रृंखला में Pf_1 से Pf_2 में अन्दर की छोटी आकृति बाहर बड़ी हो जा रही है तथा बाहर की बड़ी आकृति अन्दर छोटी हो जा रही है, उसी प्रकार Pf_3 से Pf_4 में भी बाहर की बड़ी आकृति अन्दर छोटी हो रही है तथा अन्दर की छोटी आकृति बाहर बड़ी हो रही है, यही क्रम Pf_5 से अगली आकृति Pf_6 में जारी रहेगा।

अत: अगली आकृति (Pf_6) = 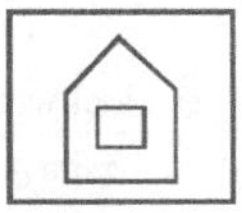

▶ टाइप III आकृतियों के घूर्णन के आधार पर

Clockwise direction में कोण के आधार पर घूर्णन निम्नलिखित प्रकार से होता है।

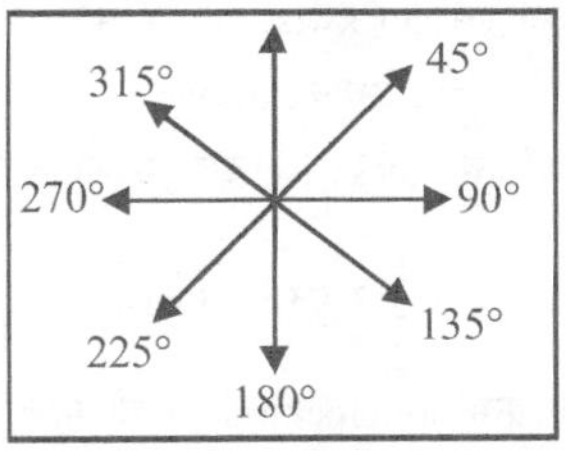

Anticlockwise Direction:

Anticlockwise direction में कोण के आधार पर घूर्णन निम्नलिखित प्रकार से होता है।

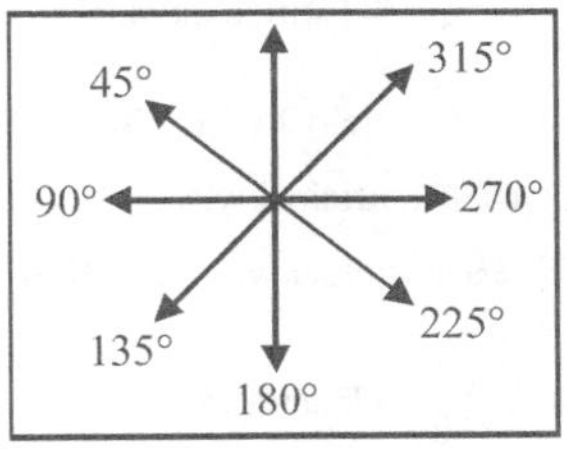

निम्नलिखित शृंखला की प्रत्येक अगली आकृति clockwise direction में बढ़ रही है।

Pf_1 Pf_2 Pf_3 Pf_4 Pf_5

इस शृंखला की आकृतियों का घूर्णन 90° clockwise से हो रहा है, अत: उत्तर आकृति होगी।

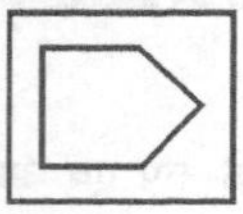

यहाँ Pf_1 अगर Pf_5 के बराबर है तो उत्तर आकृति Pf_2 की तरह होगी।

▶ टाइप IV स्थान के आधार पर

आकृतियों का स्थान निम्नलिखित प्रकार से निर्धारित करते हैं।

a	*b*	*c*
h		*d*
g	*f*	*e*

a से *b* तक को इसे clockwise आधा घर मानते हैं

$$= \frac{1}{2} \text{ स्थान clockwise.}$$

a से *c* तक को इसे clockwise एक घर मानते हैं

= 1 स्थान clockwise.

a से *d* तक को इसे clockwise डेढ़ घर मानते हैं

$$= 1\frac{1}{2} \text{ स्थान clockwise.}$$

a से *e* तक को इसे clockwise दो घर मानते हैं

= 2 स्थान clockwise.

a से *f* तक को इसे clockwise ढ़ाई घर मानते हैं

$$= 2\frac{1}{2} \text{ स्थान clockwise.}$$

इसी प्रकार का क्रम anticlockwise में भी माना जाता है।
जैसे-

a से *h* तक को इसे anticlockwise आधा घर मानते हैं

$$= \frac{1}{2} \text{ स्थान anticlockwise.}$$

a से *g* तक को इसे anticlockwise एक घर मानते हैं

=1 स्थान anticlockwise.

a से *f* तक को इसे anticlockwise डेढ़ घर मानते हैं

$$= 1\frac{1}{2} \text{ स्थान anticlockwise.}$$

a से *e* तक को इसे anticlockwise दो घर मानते हैं

= 2 स्थान anticlockwise.

ध्यान देंगे *e* का स्थान *a* से clockwise हो या anticlockwise दोनों स्थितियों में 2 स्थान ही रहता है। अब निम्नलिखित शृंखला पर विचार करें।

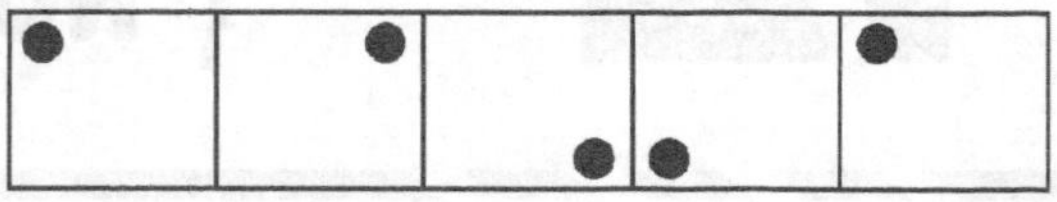

Pf_1 Pf_2 Pf_3 Pf_4 Pf_5

यहाँ दी गई आकृति  अपना स्थान एक-एक घर clockwise दिशा में बढ़ रही है।

अत: अगली आकृति (Pf_5) = 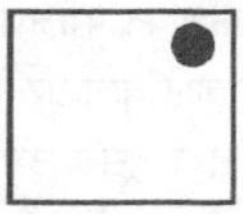

▶ टाइप V शृंखला की आकृतियों में जुड़ाव या बिखराव (संलग्न एवम् विखण्डन) का आधार

इस प्रकार शृंखला की आकृतियों में कभी-कभी अंगों में वृद्धि, ह्रास या वृद्धि तथा ह्रास एक साथ हो सकता है।

Pf_1 Pf_2 Pf_3 Pf_4 Pf_5

इस शृंखला में पहले दाएं तरफ की एक-एक भुजा लुप्त हो रही है उसके बाद बाएं की एक-एक भुजा लुप्त हो रही है।
अब बाहर ऊपर की भुजा लुप्त होगी।

अत: उत्तर आकृति = 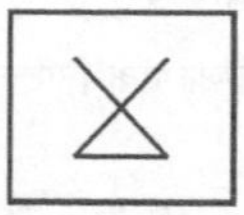

▶ टाइप VI अगली आकृति (Pf_5) की आकृतियों में वृद्धि या ह्रास के आधार पर

कभी-कभी शृंखला में दी गई आकृतियों के चिह्नों में वृद्धि या ह्रास हो सकता है तथा यह वृद्धि या ह्रास एक निश्चित नियम के अनुसार हो सकता है जैसे-

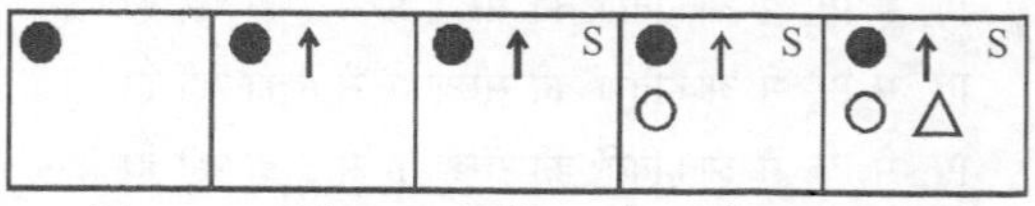

Pf_1 Pf_2 Pf_3 Pf_4 Pf_5

यहाँ एक-एक चिह्न क्रमश: *a, b, c, d, e, f, g, h, i* के स्थान पर

a	*b*	*c*
d	*e*	*f*
g	*h*	*i*

बढ़ते जा रहे हैं

अत: अगली आकृति में एक नई आकृति f के स्थान पर आएगी।

अत: अगली आकृति (Pf_6) =

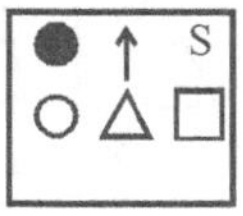

प्रश्नों को हल करने की संक्षिप्त विधियाँ

❖ **यदि शृंखला की पहली आकृति और पाँचवीं आकृति समान हो, तो दूसरी आकृति के समान ही उत्तर आकृति होगी।**

$Pf_1 = Pf_5$ तो Pf_2 = उत्तर आकृति

उदाहरण ▶ 1 : निम्नलिखित शृंखला की उत्तर आकृति कौन-सी होगी?

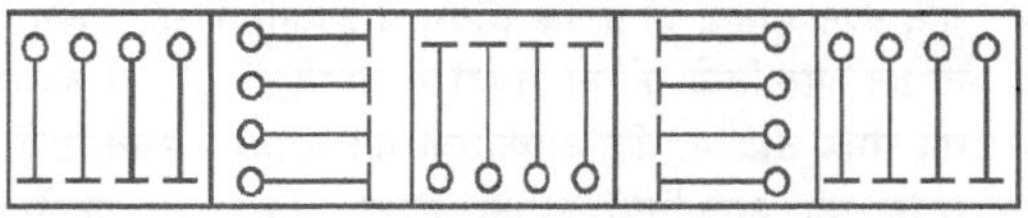

Pf_1 Pf_2 Pf_3 Pf_4 Pf_5

हल इस शृंखला में Pf_1 तथा Pf_5 समान है अत: उत्तर आकृति Pf_2 ही होगा।

अत: उत्तर आकृति =

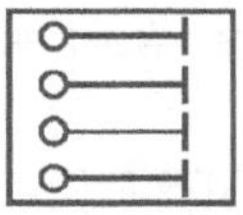

❖ **यदि शृंखला की चौथी और पाँचवीं आकृति समान हो, तो शृंखला की तीसरी आकृति के समान ही उत्तर आकृति होगी।**

$Pf_4 = Pf_5$ **तो** Pf_3 = **उत्तर आकृति**

उदाहरण ▶ 2 : निम्नलिखित शृंखला की उत्तर आकृति कौन-सी होगी?

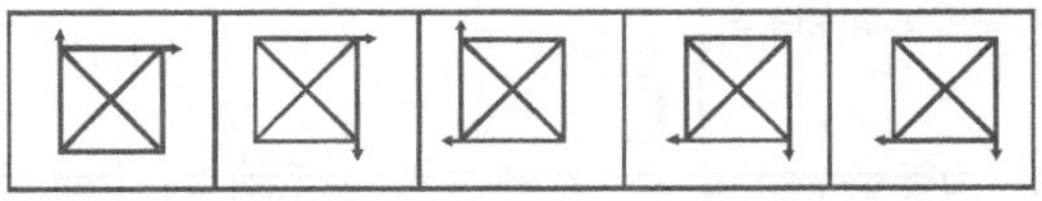

Pf_1 Pf_2 Pf_3 Pf_4 Pf_5

हल इस शृंखला में $Pf_4 = Pf_5$ अत: उत्तर आकृति Pf_3 ही होगा।

अत: उत्तर आकृति =

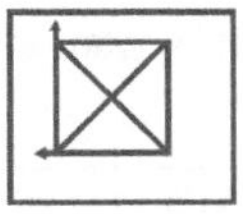

❖ **यदि शृंखला की पहली, तीसरी और पाँचवीं आकृति समान हो, तो दूसरी, चौथी तथा छठी (उत्तर आकृति) समान होगी।**

$Pf_1 = Pf_3 = Pf_5$ = **उत्तर आकृति**

अत: $Pf_2 = Pf_4$ = **उत्तर** Pf_6

उदाहरण ▶ 3 : निम्नलिखित शृंखला की उत्तर आकृति कौन-सी होगी?

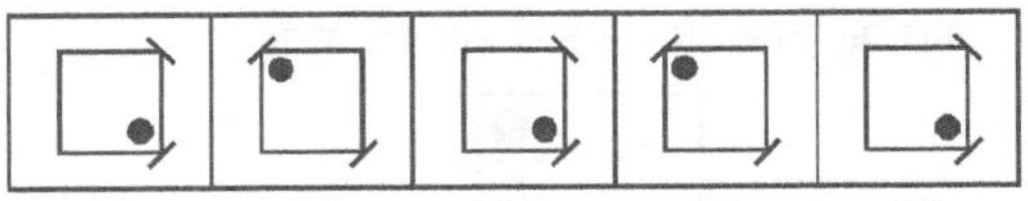

Pf_1 Pf_2 Pf_3 Pf_4 Pf_5

हल यदि $Pf_1 = Pf_3 = Pf_5$ अत: $Pf_2 = Pf_4$ उत्तर आकृति

अत: उत्तर आकृति =

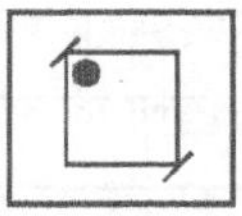

Pf_4

❖ **जब शृंखला की पहली आकृति दूसरी के समान हो, और तीसरी चौथी के समान तो पाँचवी आकृति के समान उत्तर आकृति होगी या जो सम्बंध शृंखला की पहली आकृति का दूसरी से है, तीसरी आकृति का चौथी से है उसी प्रकार पाँचवीं आकृति का उत्तर आकृति से होगा।**

$Pf_1 = Pf_2$

$Pf_3 = Pf_4$

Pf_5 = **उत्तर आकृति**

उदाहरण ▶ 4 : निम्नलिखित शृंखला की उत्तर आकृति कौन-सी होगी?

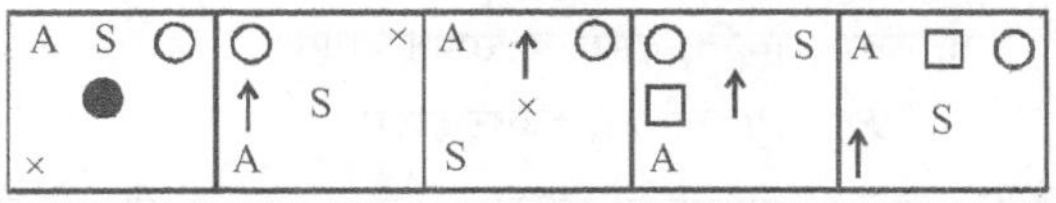

Pf_1 Pf_2 Pf_3 Pf_4 Pf_5

हल यहाँ Pf_1 का Pf_2 से वही संबंध है जो Pf_3 का Pf_4 से है।

अत: Pf_5 का यही संबंध उत्तर से होगा।

अत: उत्तर आकृति =

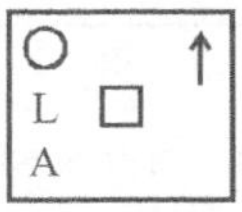

❖ **जब शृंखला की पहली आकृति चौथी आकृति के समान हो, तथा दूसरी आकृति पाँचवी आकृति के समान हो, तो तीसरी आकृति के समान हमारी उत्तर आकृति (Pf_6) होगी।**

$Pf_1 = Pf_4$

$Pf_2 = Pf_5$

अत: Pf_3 = **उत्तर आकृति**

उदाहरण ▶ 5 : निम्नलिखित शृंखला की उत्तर आकृति कौन-सी होगी?

Pf_1 Pf_2 Pf_3 Pf_4 Pf_5

यहाँ $Pf_1 = Pf_4$ तथा $Pf_2 = Pf_5$ अत: Pf_3 = उत्तर Pf_6 होगा।

अत: Pf_5 का उत्तर से होगा। उत्तर =

❖ **अगर शृंखला की चौथी आकृति पहली आकृति का उल्टा हो तथा पाँचवी आकृति दूसरी का उल्टा हो, तो उत्तर तीसरी आकृति का उल्टा होगा।**

$Pf_4 \rightarrow Pf_1$ **का उल्टा**

$Pf_5 \rightarrow Pf_2$ का उल्टा

अत: $Pf_3 \rightarrow$ का उल्टा उत्तर आकृति होगी।

उदाहरण ▶ 6 : निम्नलिखित शृंखला की उत्तर आकृति कौन-सी होगी?

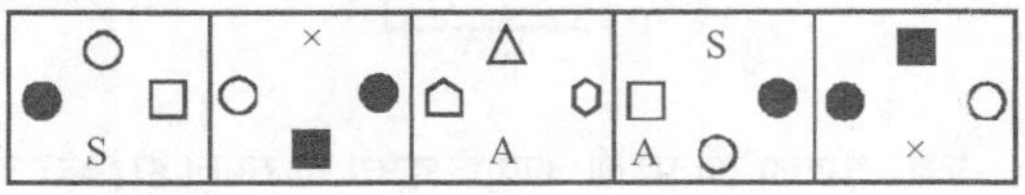

Pf_1 Pf_2 Pf_3 Pf_4 Pf_5

हल यहाँ $Pf_4 \rightarrow Pf_1$ का उल्टा

$Pf_5 \rightarrow Pf_2$ का उल्टा

$Pf_3 \rightarrow$ उत्तर होगा।

उत्तर आकृति (Pf_6) = 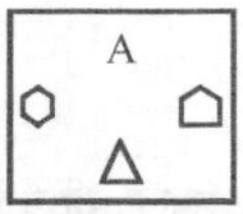

❖ **यदि शृंखला की तीसरी आकृति, पाँचवीं आकृति के समान हो, तो उत्तर आकृति, दूसरी के समान होगी।**

$Pf_3 = Pf_5$ तो $Pf_2 =$ उत्तर होगा।

उदाहरण ▶ 7 : निम्नलिखित शृंखला की उत्तर आकृति कौन-सी होगी?

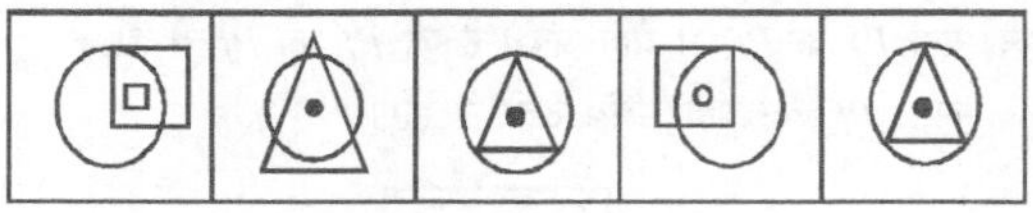

Pf_1 Pf_2 Pf_3 Pf_4 Pf_5

हल यहाँ $Pf_3 = Pf_5$ अत: $Pf_2 =$ उत्तर आकृति Pf_6 होगा।

उत्तर आकृति (Pf_6) = 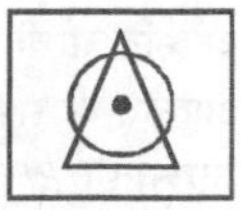

Pf_2

❖ **यदि आकृति Pf_1, Pf_2, Pf_3, Pf_4, तथा Pf_5 सभी भिन्न-भिन्न हो तथा अनिश्चित भी लगती हो, तो उत्तर आकृति भी सबसे भिन्न ही होगी**

$Pf_1 \neq Pf_2 \neq Pf_3 \neq Pf_4 \neq Pf_5$

तो उत्तर आकृति (Pf_6) भी बराबर नहीं होगा।

उदाहरण ▶ 8 : निम्नलिखित शृंखला की उत्तर आकृति कौन-सी होगी?

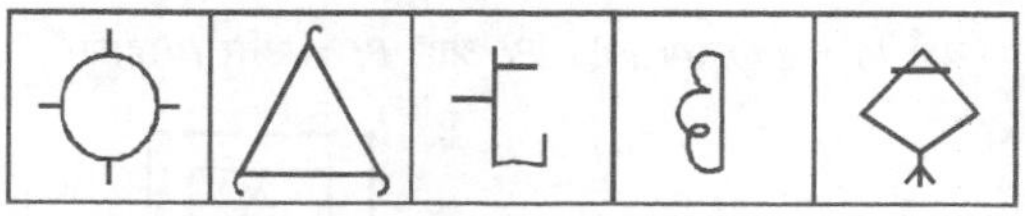

Pf_1 Pf_2 Pf_3 Pf_4 Pf_5

हल यहाँ पाँचों आकृतियाँ भिन्न हैं अत: उत्तर आकृति भी इन पाँचों से अलग कोई नई आकृति होगी।

❖ यदि शृंखला के प्रश्नों में अंग्रेजी वर्णमाला *(A B ....Z)* के अक्षर उपस्थित हों, तो उन्हें भी आकृति माना जाता है और उस आकृति का आधार रेखा से लिया जाता है।

उदाहरण ▶ 9 : निम्नलिखित शृंखला की उत्तर आकृति कौन-सी होगी?

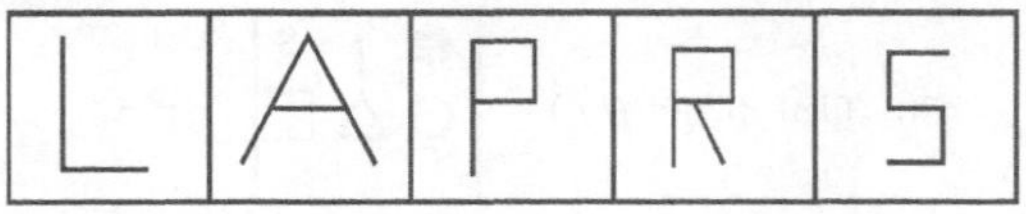

Pf_1 Pf_2 Pf_3 Pf_4 Pf_5

हल यहाँ रेखा की संख्या क्रमश: 2, 3, 4, 5, 5 आदि है।

अत: उत्तर आकृति में 4 रेखाएँ होगी।

अत: उत्तर आकृति (Pf_6) = 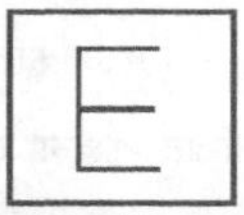

❖ **यदि प्रश्नाकृतियों के प्रत्येक बॉक्स में आकृतियों की संख्या ५ हो, तो इन आकृतियों को दो समूहों में बाँटते हैं– १. दो आकृतियों का समूह तथा २. तीन आकृतियों का समूह। २ आकृतियों वाले समूह की आकृतियाँ अपना स्थान clockwise बदलेगी या anticlockwise उसी प्रकार तीन आकृतियों वाले समूह की आकृतियाँ अपना स्थान clockwise बदलेंगी या Anticlockwise बदलेंगी।**

उदाहरण ▶ 10 : निम्नलिखित शृंखला की उत्तर आकृति कौन-सी होगी?

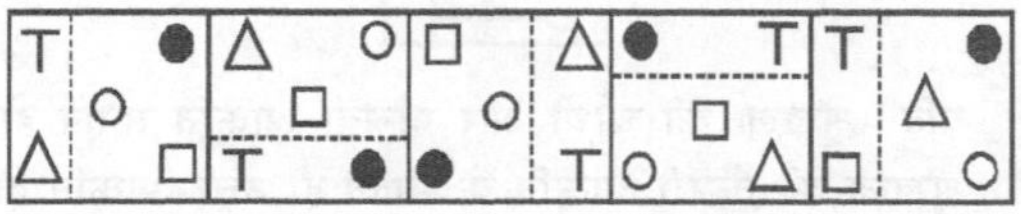

Pf_1 Pf_2 Pf_3 Pf_4 Pf_5

हल

उत्तर आकृति = 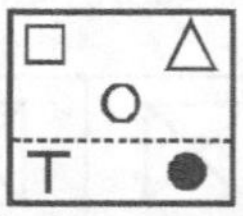

❖ **यदि प्रश्नाकृतियों के एक बॉक्स में आकृतियों की संख्या छ: हो, तो उनके पथ में विचलन के अनुसार तथा आकृतियों के आपस में स्थान बदलने के अनुसार आदि परिवर्तन को ध्यान में रखते हुए उत्तर आकृति का चुनाव करते हैं।**

उदाहरण ▶ 11 : निम्नलिखित शृंखला की उत्तर आकृति कौन-सी होगी?

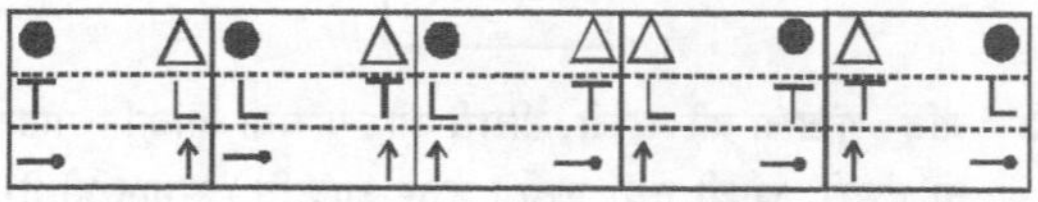

Pf_1 Pf_2 Pf_3 Pf_4 Pf_5

हल Pf_1 से Pf_2 में Middle का स्थान परिवर्तन हुआ है। Pf_2 से Pf_3 में (Lower) वाले का स्थान परिवर्तन हुआ है।

Pf_3 से Pf_4 में ऊपर (Upper) वाले का स्थान परिवर्तन हुआ है। Pf_4 से Pf_5 में Middle का अत: अब Pf_5 से उत्तर आकृति में (Lower) नीचे वाले का स्थान परिवर्तन होगा और इस प्रकार

उत्तर आकृति = 

❖ **यदि प्रश्नाकृतियों के एक बॉक्स में आकृतियों की संख्या छः आकृतियाँ हो, तो उनका स्थान परिवर्तन त्रिभुजाकार पथ पर ही होता है।**

उदाहरण ▶ 12 : निम्नलिखित शृंखला की उत्तर आकृति कौन-सी होगी?

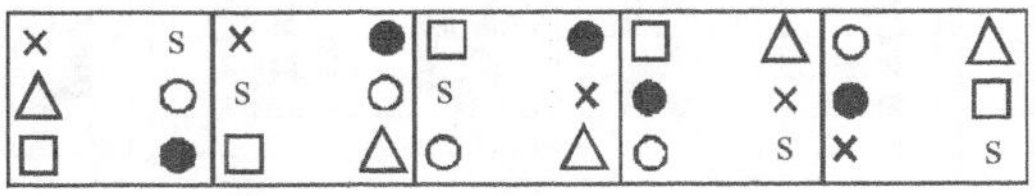

हल यहाँ परिवर्तन का क्रम इस प्रकार है:

$Pf_1 \rightarrow Pf_2$ 

$Pf_2 \rightarrow Pf_3$ 

$Pf_3 \rightarrow Pf_4$ 

$Pf_4 \rightarrow Pf_5$ 

$Pf_5 \rightarrow Pf_6$ 

अतः उत्तर आकृति (Pf_6) = 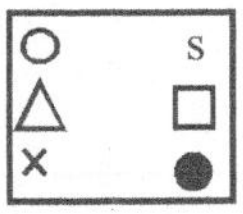

❖ **आकृतियों का आयताकार या वर्गाकार Clockwise/anticlockwise movement.**

उदाहरण ▶ 13 : निम्नलिखित शृंखला की उत्तर आकृति कौन-सी होगी?

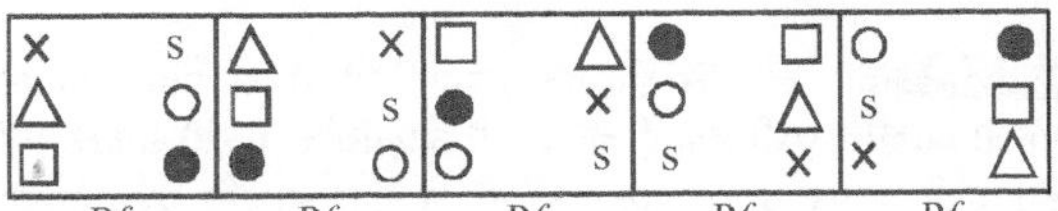

Pf_1 Pf_2 Pf_3 Pf_4 Pf_5

हल यहाँ आकृतियाँ वर्गाकार बढ़ रही हैं, अतः उत्तर होगा।

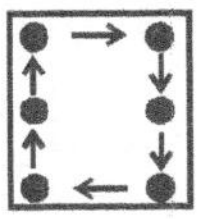

अतः उत्तर आकृति (Pf_6) = 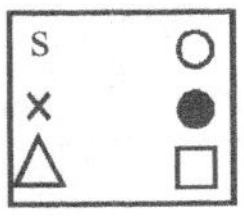

❖ **यदि शृंखला के एक बॉक्स में छः से अधिक आकृतियाँ हों, तो उनका उत्तर आकृति प्राप्त करने के लिए एक या दो आकृति के Movement को लेकर प्राप्त किया जा सकता है।**

उदाहरण ▶ 14 : निम्नलिखित शृंखला की उत्तर आकृति कौन-सी होगी?

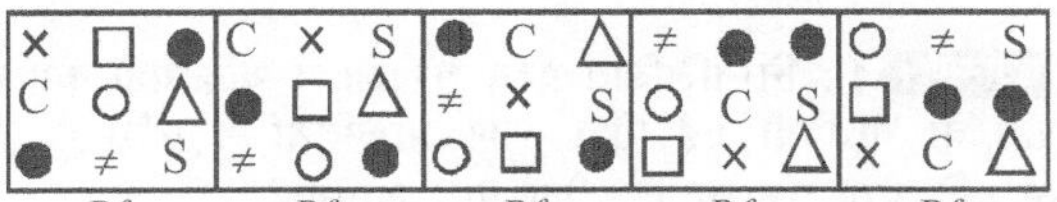

Pf_1 Pf_2 Pf_3 Pf_4 Pf_5

उत्तर विकल्प

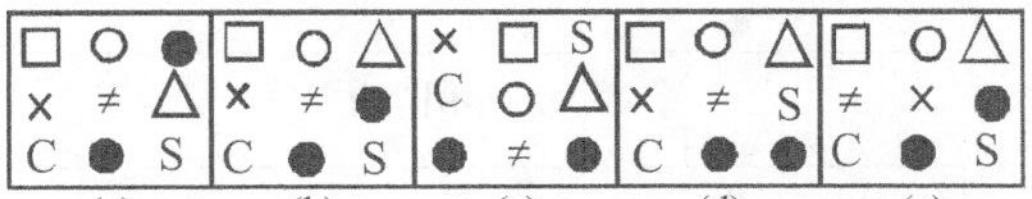

(a) (b) (c) (d) (e)

हल (b) यहाँ × तथा ● के Movement को लेकर आगे चलने पर पता चलता है कि उत्तर आकृति विकल्प (b) होगा, अतः उत्तर आकृति (b) होगी।

❖ **कभी-कभी प्रश्नाकृतियों के हरेक बॉक्स में परिवर्तन के साथ नई-नई आकृतियाँ आती हैं साथ-साथ परिवर्तन भी होता है।**

उदाहरण ▶ 15 : निम्नलिखित शृंखला की उत्तर आकृति कौन-सी होगी?

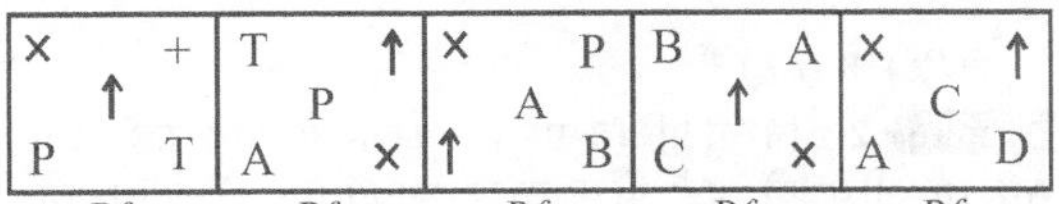

Pf_1 Pf_2 Pf_3 Pf_4 Pf_5

उत्तर विकल्प

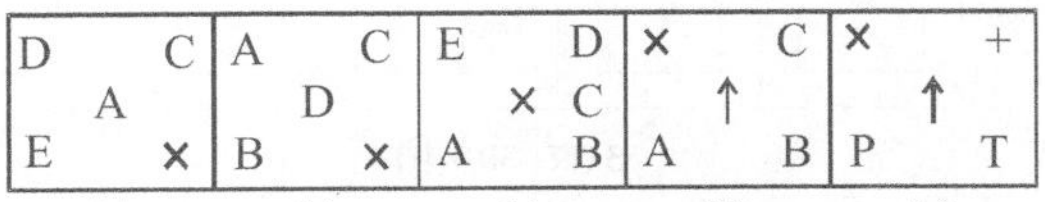

(a) (b) (c) (d) (e)

हल (a) प्रत्येक अगली आकृति में आकृतियाँ निम्न प्रकार स्थान बदलती हैं तथा (N) के स्थान पर नई आकृतियाँ बनती हैं।

$Pf_1 \rightarrow Pf_2$ $Pf_2 \rightarrow Pf_3$ $Pf_3 \rightarrow Pf_4$ $Pf_4 \rightarrow Pf_5$

अतः अगला परिवर्तन होगा-

$Pf_5 \rightarrow Pf_6$

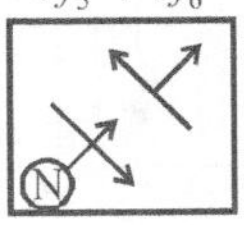

साधित उदाहरण (Solved Examples)

उदाहरण 1 : निम्नलिखित प्रश्न शृंखला में यदि यही क्रम जारी रहा तो नीचे दी गई पाँच उत्तर आकृतियों में कौन सी उत्तर आकृति इस शृंखला के ठीक बाद आएगी?

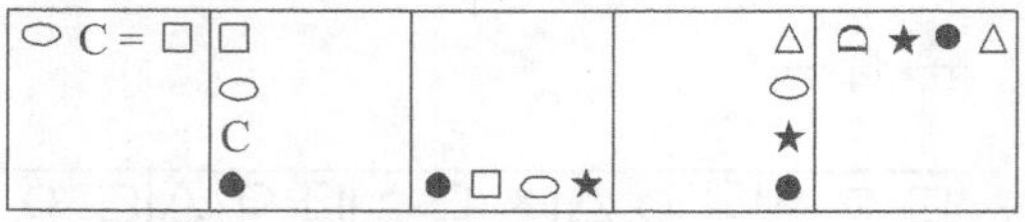

उत्तर आकृतियाँ

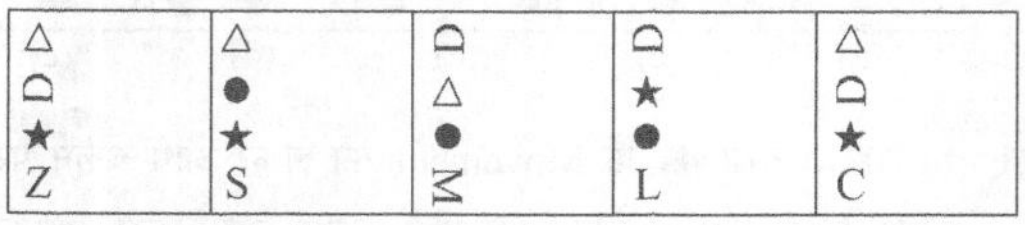

(a) (b) (c) (d) (e)

हल (a) प्रत्येक अगली आकृति में निम्न दो परिवर्तन क्रमशः हो रहे हैं तथा डिजाइनें स्थान बदल रही है। N के स्थान पर एक नयी डिजायन आती है।

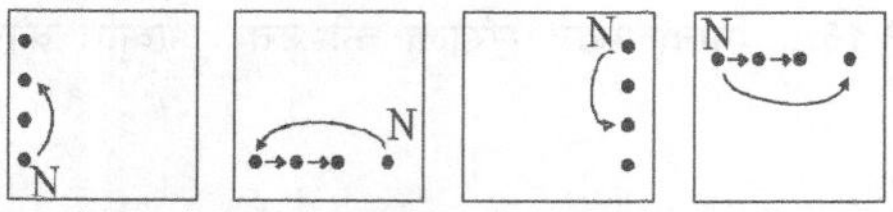

Pf_1 से Pf_2 में Pf_2 से Pf_3 में Pf_3 से Pf_4 में Pf_4 से Pf_5 में

(Pf_5) से (Pf_6) में

उदाहरण 2 : निम्नलिखित प्रश्न शृंखला में यदि यही क्रम जारी रहा तो नीचे दी गई पाँच उत्तर आकृतियों में कौन सी उत्तर आकृति इस शृंखला के ठीक बाद आएगी?

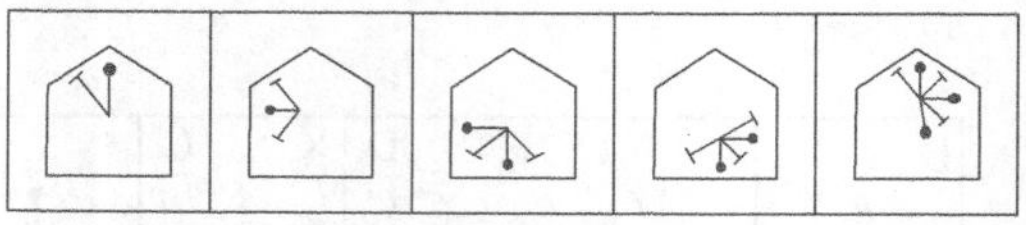

उत्तर आकृतियाँ

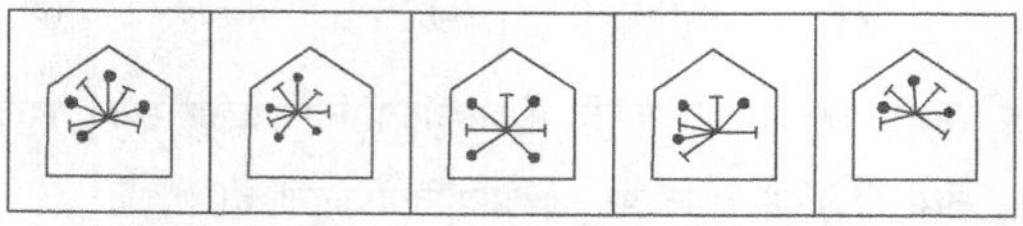

(a) (b) (c) (d) (e)

हल (e) प्रत्येक अगली आकृति में पंचभुज के अंदर डिजाइनो 'T' व '!' क्रमशः वामावर्त दिशा में पीछे की ओर से नई जुड़ती है। तथा इनका समूह इसी दिशा में प्रत्येक बार 90° घूमता जाता है।

उदाहरण 3 : निम्नलिखित प्रश्न शृंखला में यदि यही क्रम जारी रहा तो नीचे दी गई पाँच उत्तर आकृतियों में कौन सी उत्तर आकृति इस शृंखला के ठीक बाद आएगी?

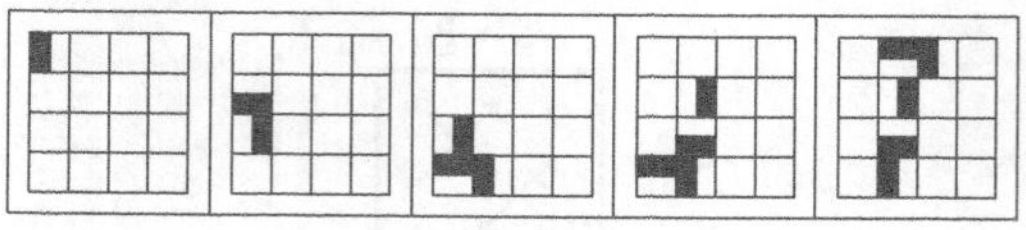

उत्तर आकृतियाँ

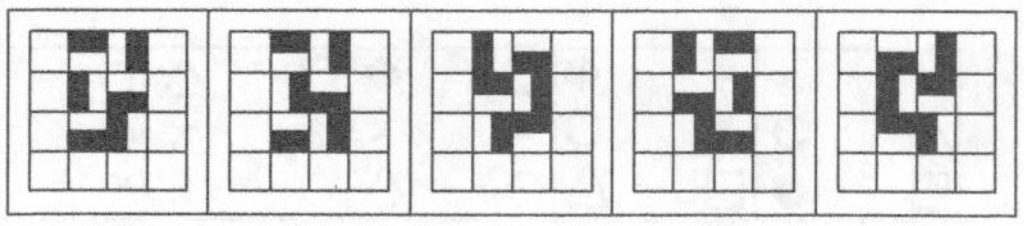

(a) (b) (c) (d) (e)

हल (b) प्रत्येक अगली आकृती में ऊपर बाएं से नीचे बाएं चौकोर या वर्ग का आधा भाग छायांकित होता जा रहा है। अर्द्ध छायांकित भाग वामावर्त 90° घूमता जाता है तथा नए वर्ग में इसी दिशा में 90° आगे का आधा भाग छायांकित हो जाता है।

उदाहरण 4 : निम्नलिखित प्रश्न आकृतियों में से पहली इकाई की पहली आकृति उसी इकाई की दूसरी आकृति से किसी प्रकार संबंधित है। उसी प्रकार उत्तर आकृतियों में से एक आकृति प्रश्न आकृतियों में से दूसरे इकाई की दूसरी आकृति से वही संबंध रखती है। इसप्रकार प्रश्नचिह्न की जगह कौनसी आकृति आएगी?

उत्तर आकृतियां

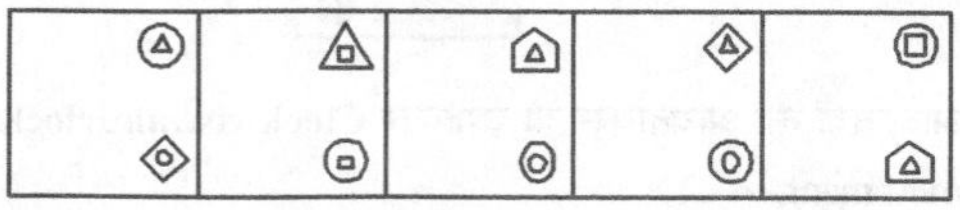

(a) (b) (c) (d) (e)

हल (d) चित्र II से I में ऊपर का तत्व नीचे जाकर बड़ा हो जाता है जबकि नीचे का तत्व ऊपर आकर एक अधिक भुजा वाली आकृति के अंदर आ जाता है।

उदाहरण 5 : निम्नलिखित प्रश्न आकृतियों में से पहली इकाई की पहली आकृति उसी इकाई की दूसरी आकृति से किसी प्रकार संबंधित है। उसी प्रकार उत्तर आकृतियों में से एक आकृति प्रश्न आकृतियों में से दूसरी इकाई की दूसरी आकृति से वही संबंध रखती है। इसप्रकार प्रश्नचिह्न की जगह कौनसी आकृति आएगी?

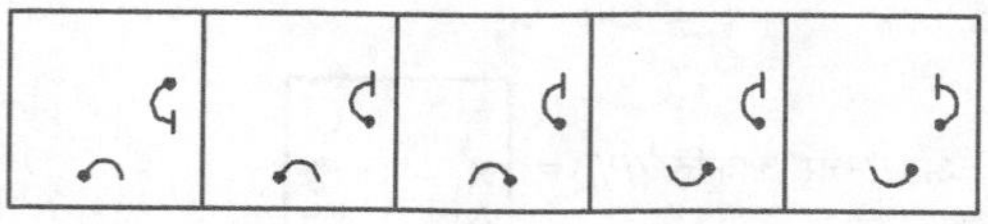

(a) (b) (c) (d) (e)

हल (c) चित्र II से I में एक आकृति वामावर्त दिशा में 90° पर घूमती है जबकि दूसरी आकृति दक्षिणावर्त दिशा में 90° पर घूमकर अपने स्थान पर पलट जाती है।

अभ्यास प्रश्न (Exercise)

निर्देश (प्र. 1–56) : निम्नलिखित प्रत्येक प्रश्न में यदि क्रम जारी रहा तो नीचे दी गई पाँच उत्तर आकृतियों में कौन सी उत्तर आकृति ऊपर की प्रश्न आकृतियों के तत्काल बाद आनी चाहिए?

1. प्रश्न आकृतियाँ

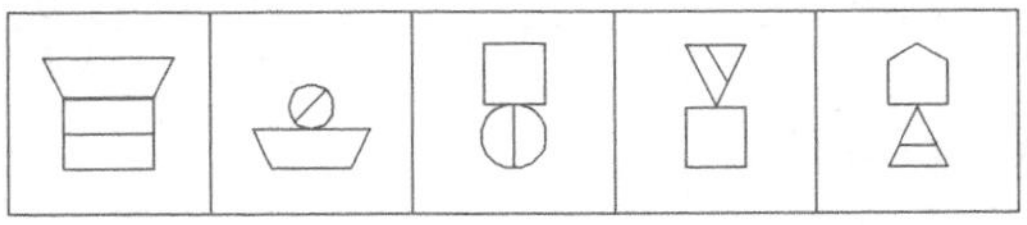

उत्तर आकृतियाँ

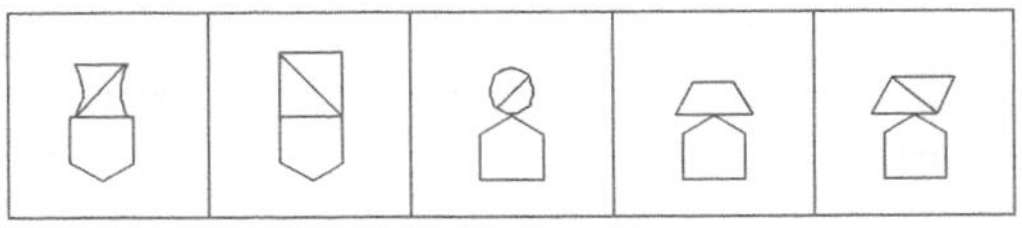

(a) (b) (c) (d) (e)

2. प्रश्न आकृतियाँ

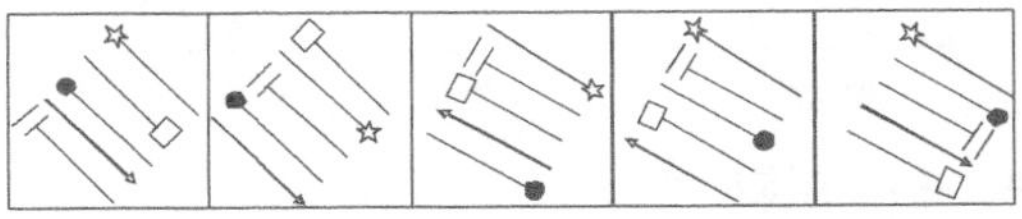

उत्तर आकृतियाँ

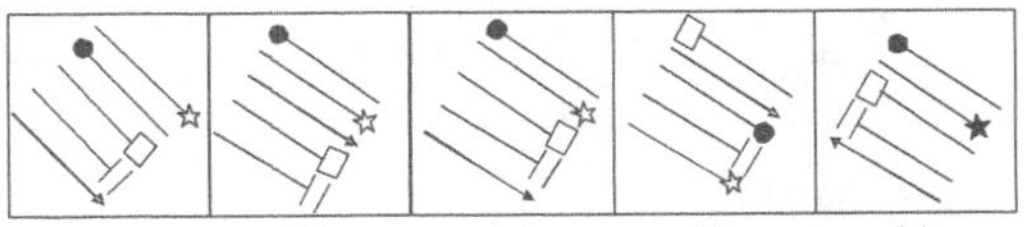

(a) (b) (c) (d) (e)

3. प्रश्न आकृतियाँ

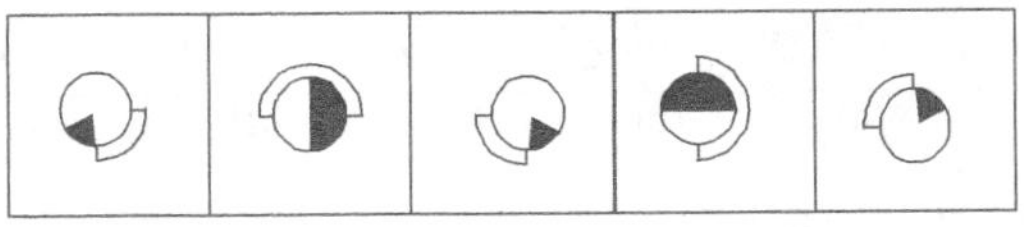

उत्तर आकृतियाँ

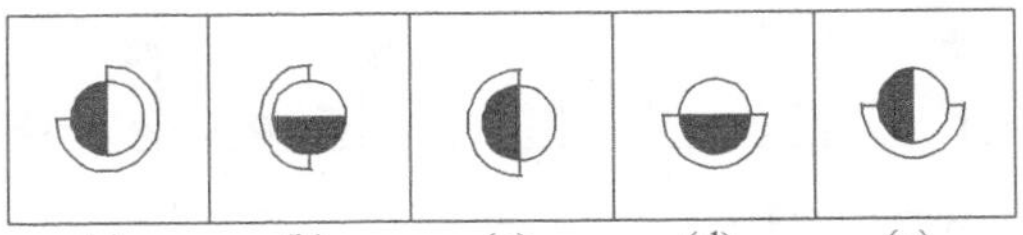

(a) (b) (c) (d) (e)

4. प्रश्न आकृतियाँ

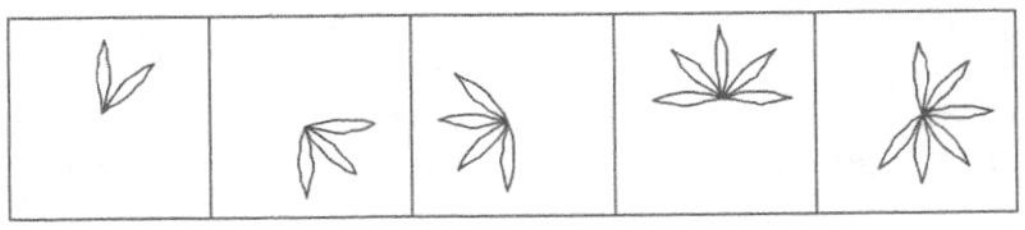

उत्तर आकृतियाँ

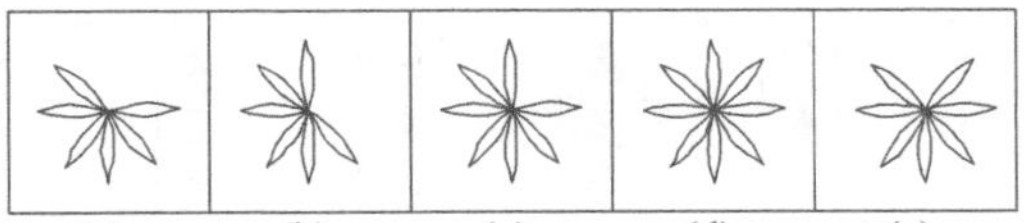

(a) (b) (c) (d) (e)

5. प्रश्न आकृतियाँ

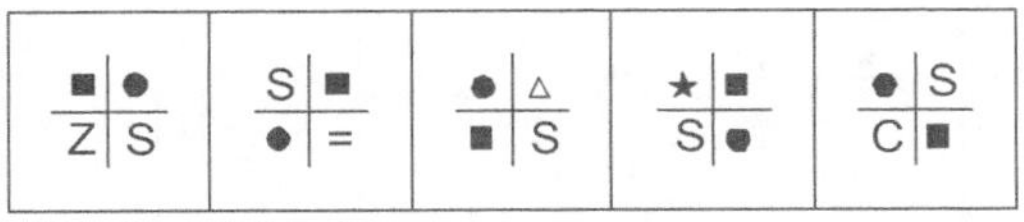

उत्तर आकृतियाँ

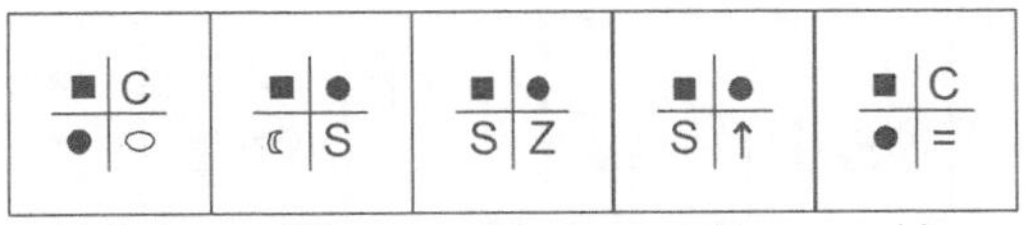

(a) (b) (c) (d) (e)

6. प्रश्न आकृतियाँ

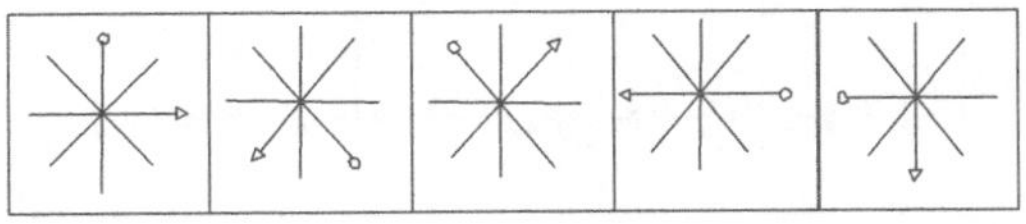

उत्तर आकृतियाँ

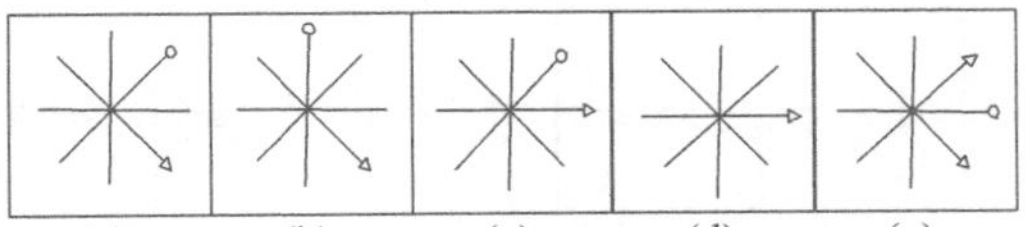

(a) (b) (c) (d) (e)

7. प्रश्न आकृतियाँ

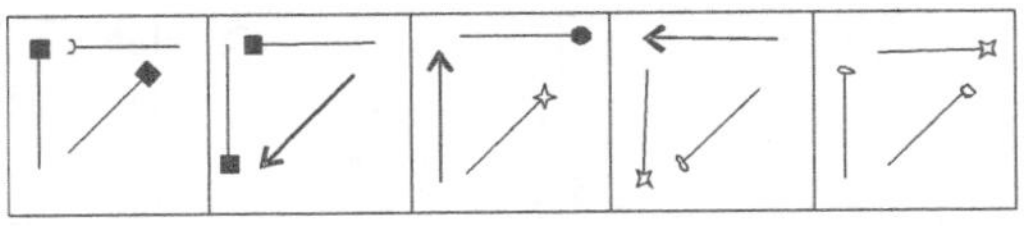

उत्तर आकृतियाँ

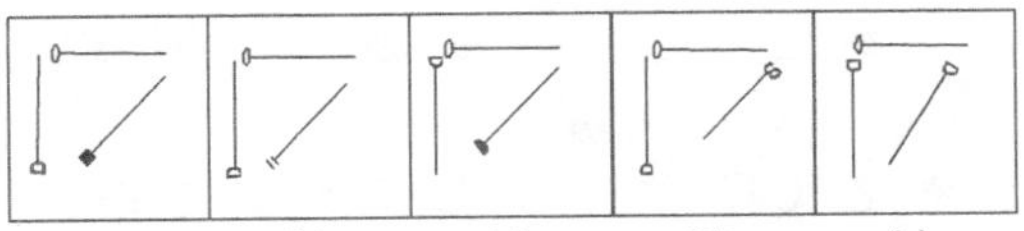

(a) (b) (c) (d) (e)

8. प्रश्न आकृतियाँ

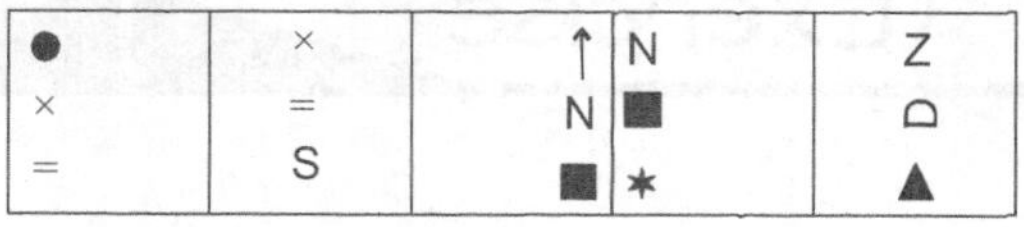

उत्तर आकृतियाँ

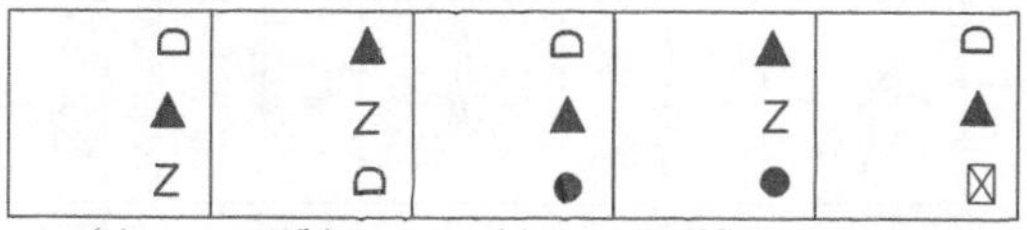

(a) (b) (c) (d) (e)

9. प्रश्न आकृतियाँ

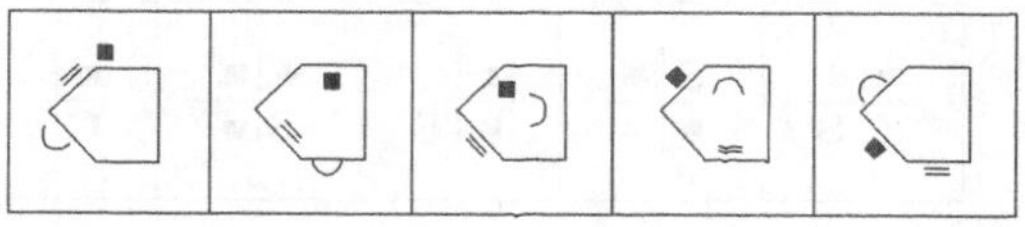

उत्तर आकृतियाँ

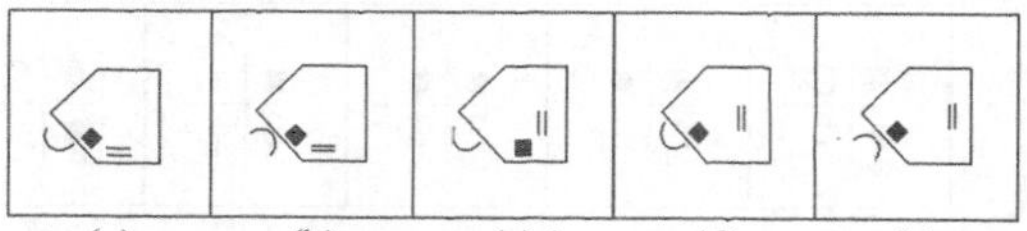

(a) (b) (c) (d) (e)

10. प्रश्न आकृतियाँ

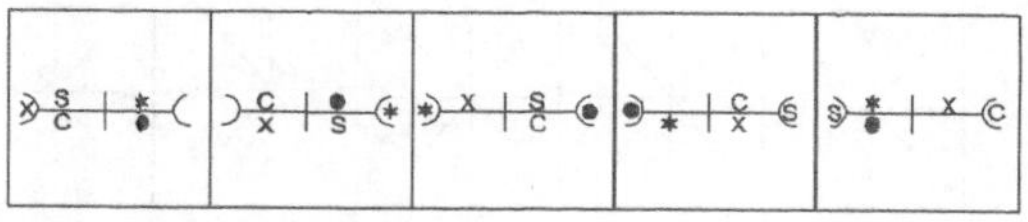

उत्तर आकृतियाँ

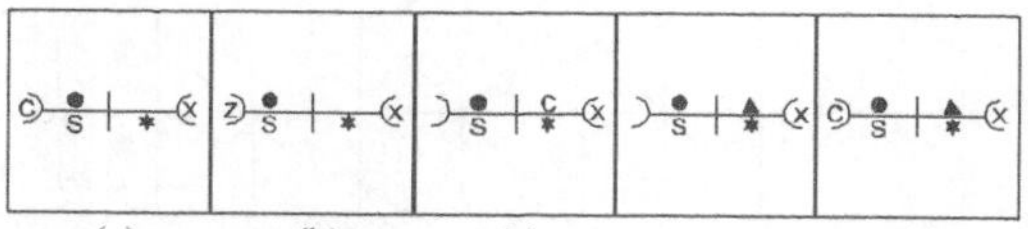

(a) (b) (c) (d) (e)

11. प्रश्न आकृतियाँ

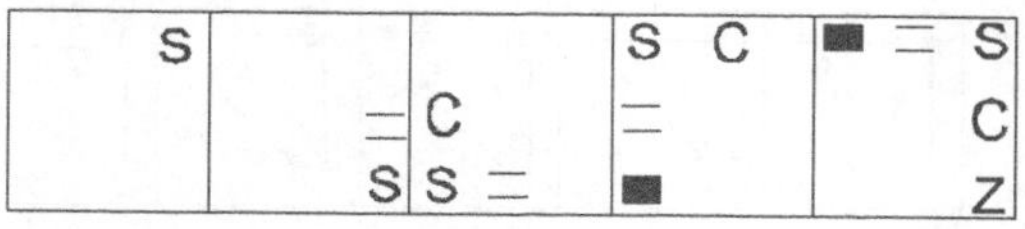

उत्तर आकृतियाँ

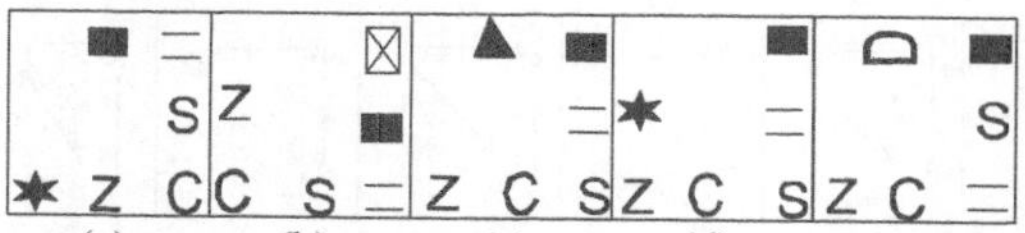

(a) (b) (c) (d) (e)

12. प्रश्न आकृतियाँ

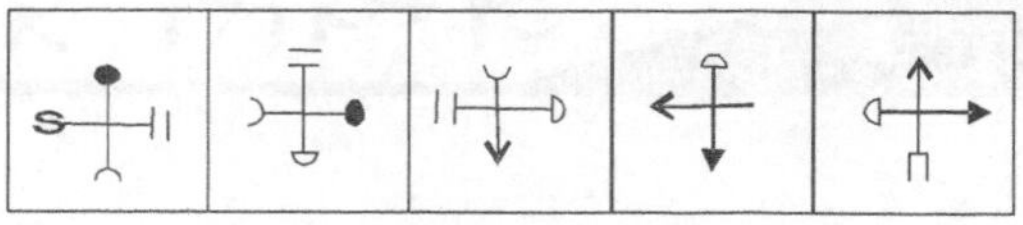

उत्तर आकृतियाँ

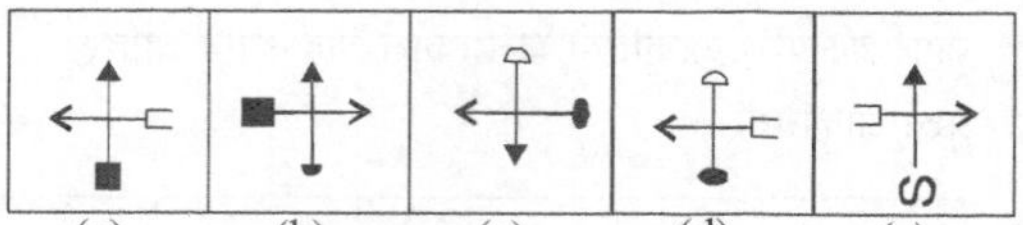

(a) (b) (c) (d) (e)

13. प्रश्न आकृतियाँ

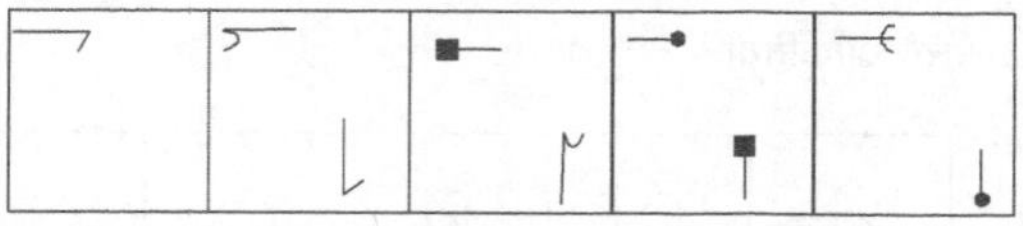

उत्तर आकृतियाँ

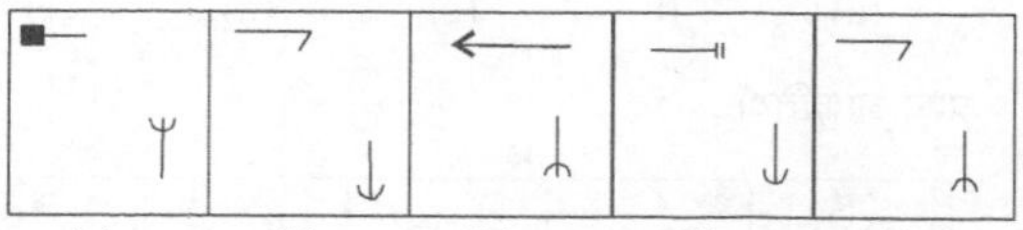

(a) (b) (c) (d) (e)

14. प्रश्न आकृतियाँ

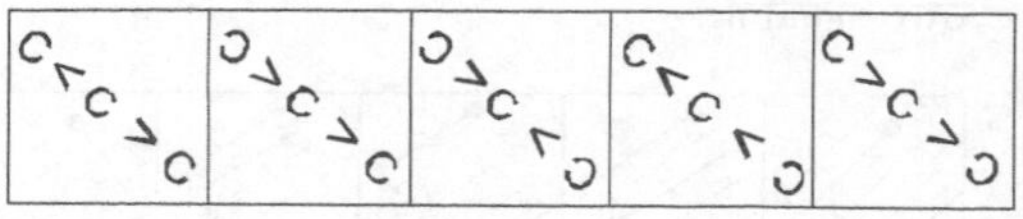

उत्तर आकृतियाँ

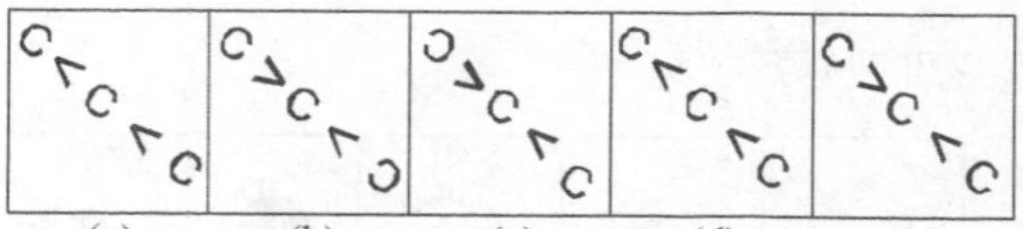

(a) (b) (c) (d) (e)

15. प्रश्न आकृतियाँ

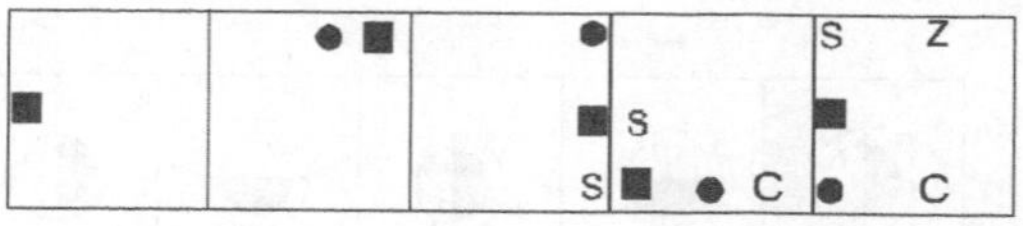

उत्तर आकृतियाँ

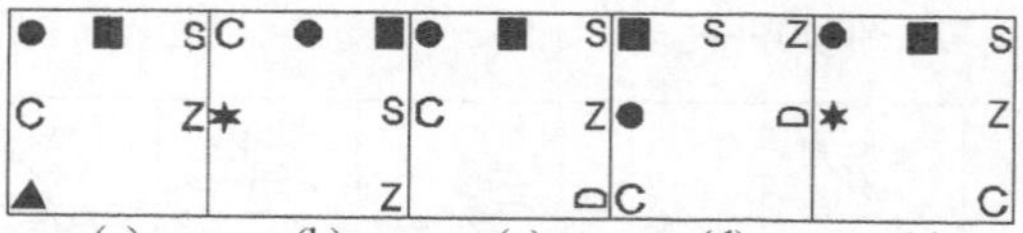

(a) (b) (c) (d) (e)

16. प्रश्न आकृतियाँ

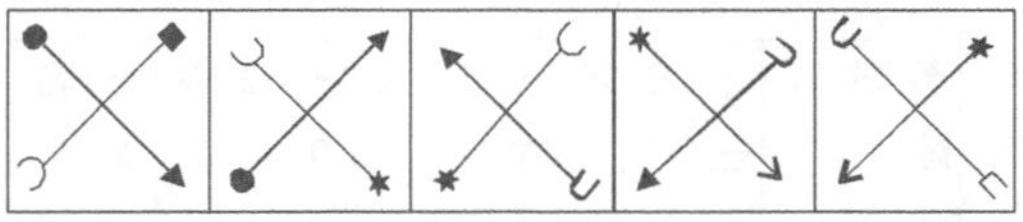

उत्तर आकृतियाँ

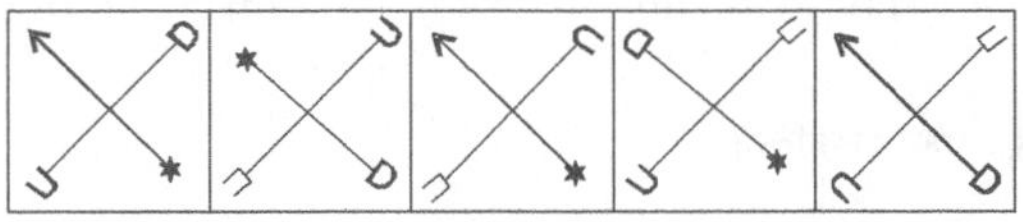

(a) (b) (c) (d) (e)

17. प्रश्न आकृतियाँ

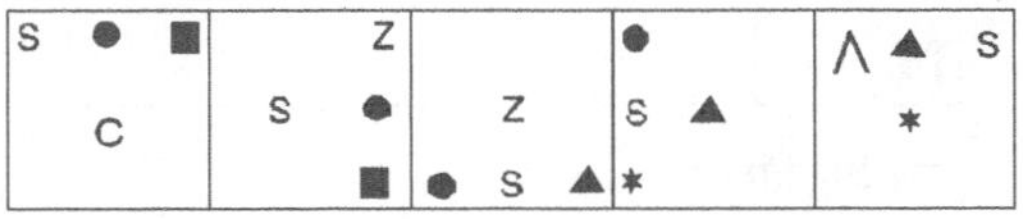

उत्तर आकृतियाँ

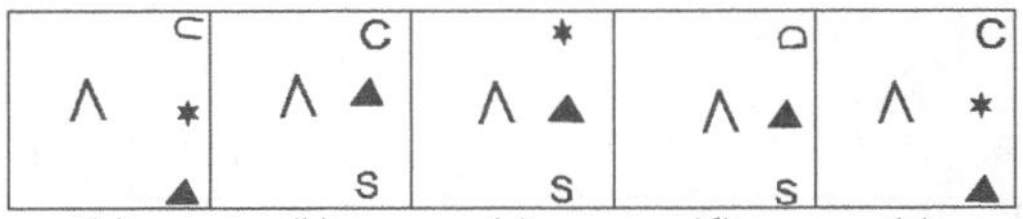

(a) (b) (c) (d) (e)

18. प्रश्न आकृतियाँ

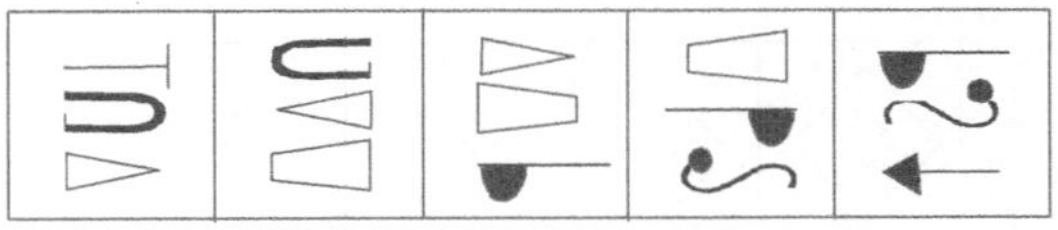

उत्तर आकृतियाँ

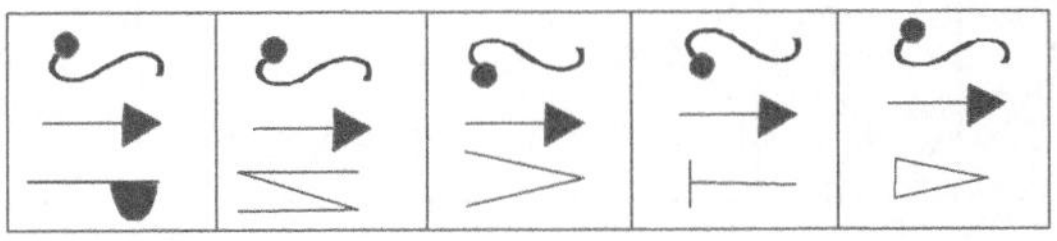

(a) (b) (c) (d) (e)

19. प्रश्न आकृतियाँ

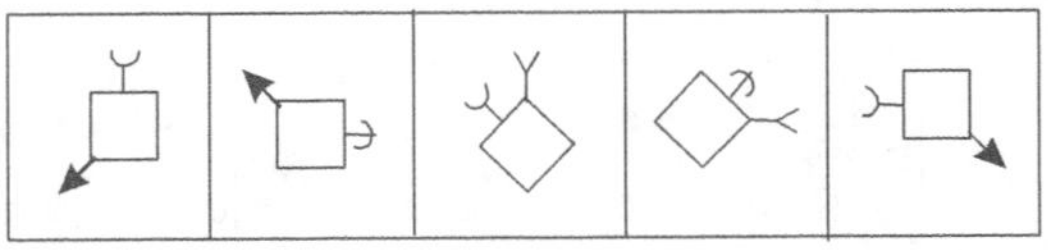

उत्तर आकृतियाँ

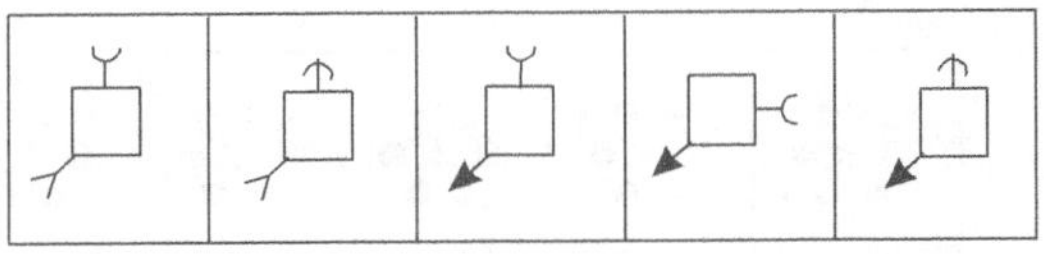

(a) (b) (c) (d) (e)

20. प्रश्न आकृतियाँ

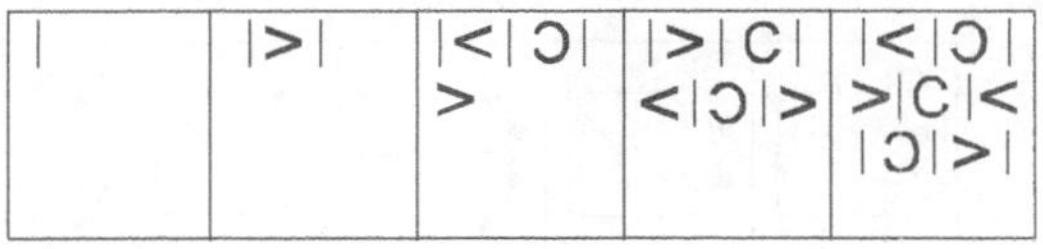

उत्तर आकृतियाँ

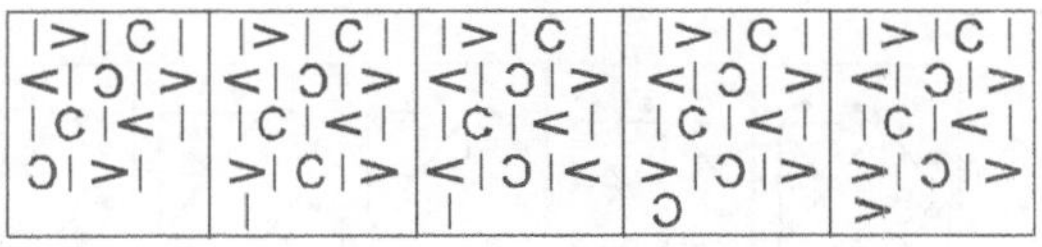

(a) (b) (c) (d) (e)

21. प्रश्न आकृतियाँ

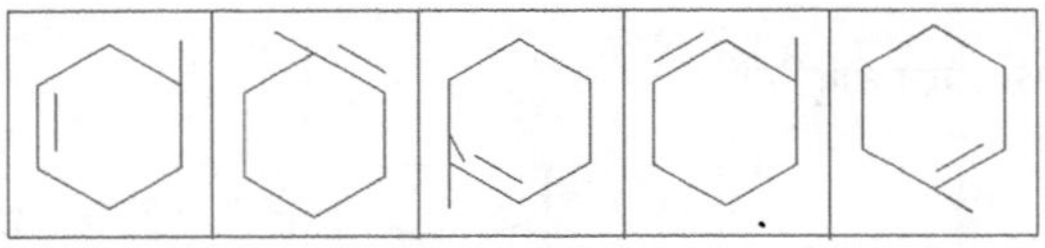

उत्तर आकृतियाँ

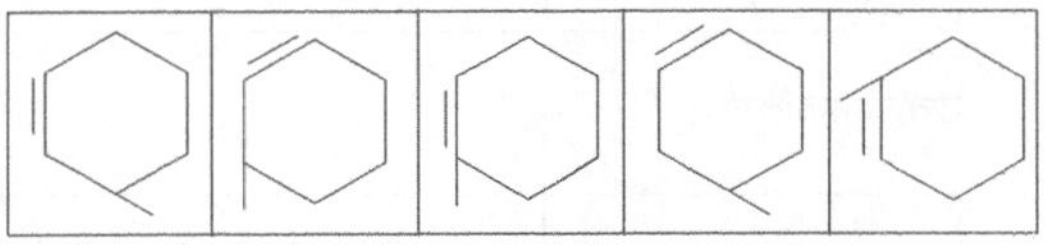

(a) (b) (c) (d) (e)

22. प्रश्न आकृतियाँ

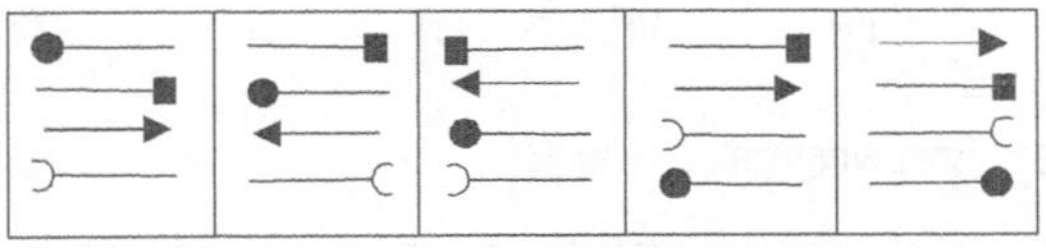

उत्तर आकृतियाँ

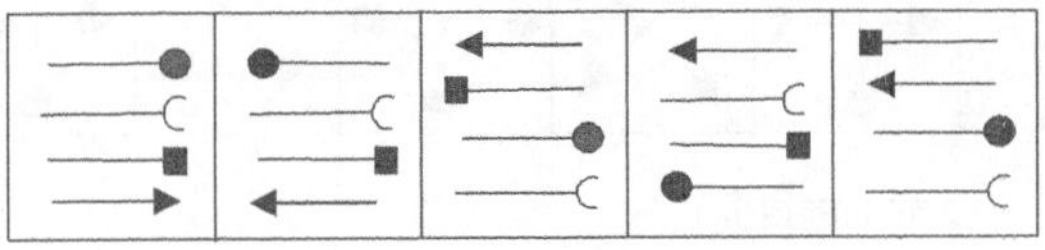

(a) (b) (c) (d) (e)

23. प्रश्न आकृतियाँ

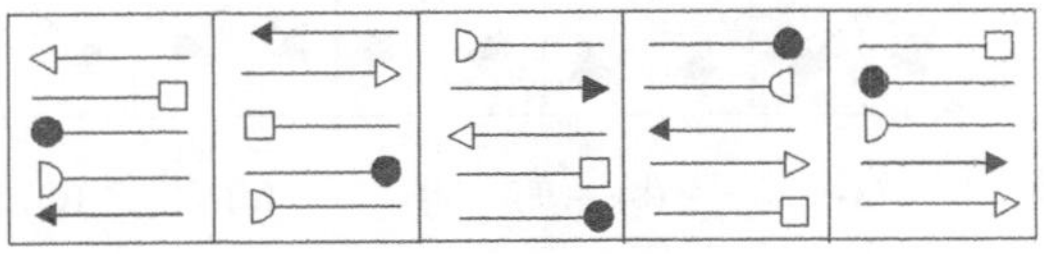

उत्तर आकृतियाँ

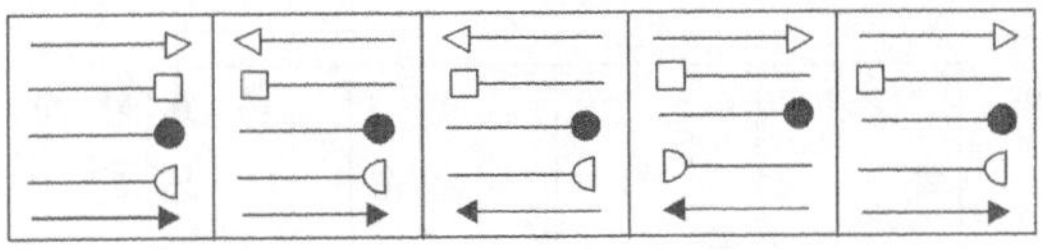

(a) (b) (c) (d) (e)

24. प्रश्न आकृतियाँ

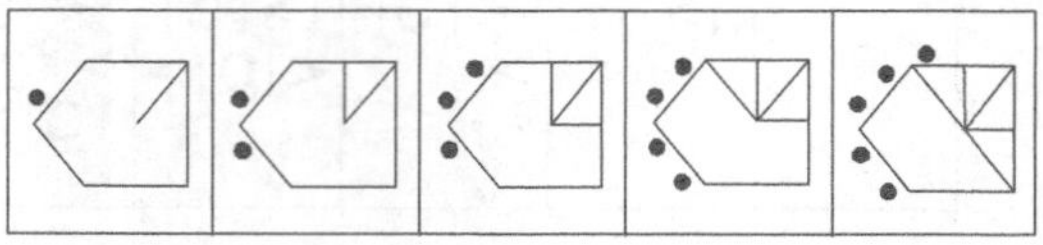

उत्तर आकृतियाँ

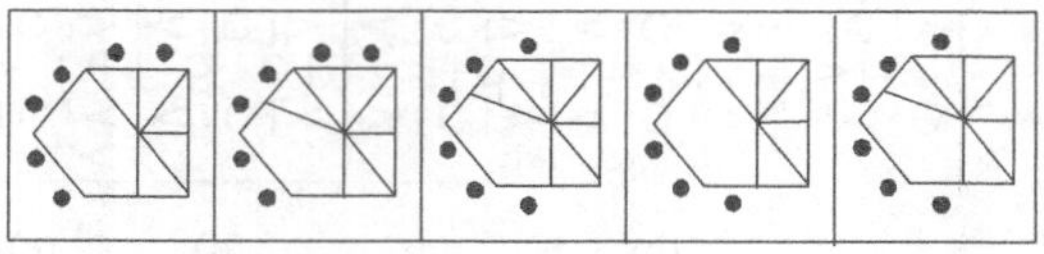

(a) (b) (c) (d) (e)

25. प्रश्न आकृतियाँ

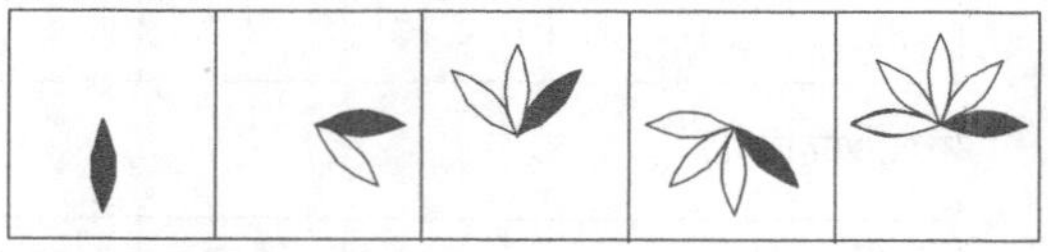

उत्तर आकृतियाँ

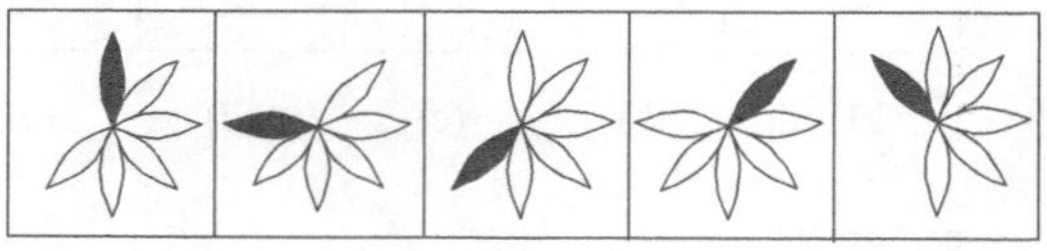

(a) (b) (c) (d) (e)

26. प्रश्न आकृतियाँ

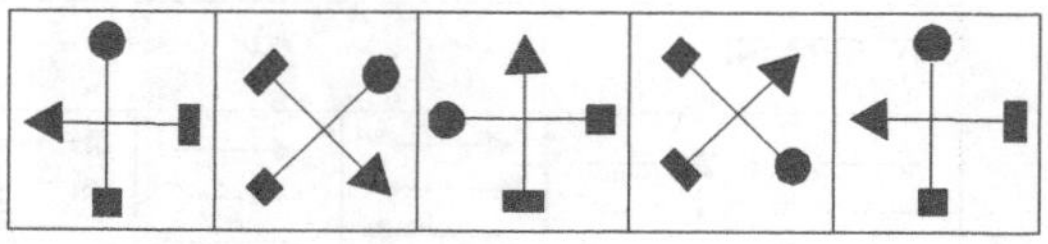

उत्तर आकृतियाँ

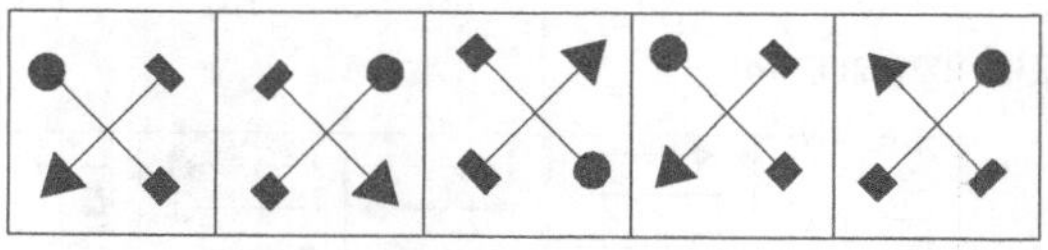

(a) (b) (c) (d) (e)

27. प्रश्न आकृतियाँ

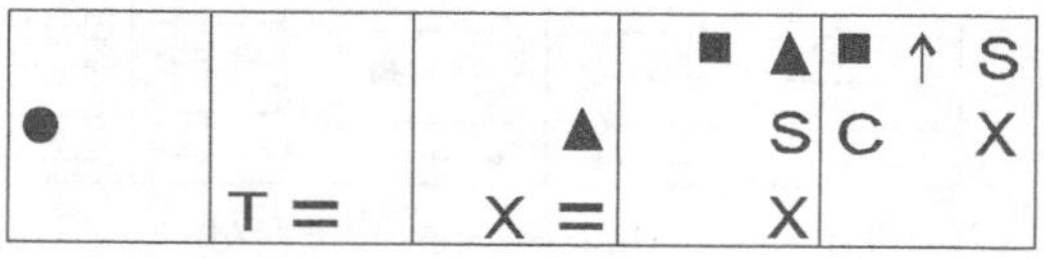

उत्तर आकृतियाँ

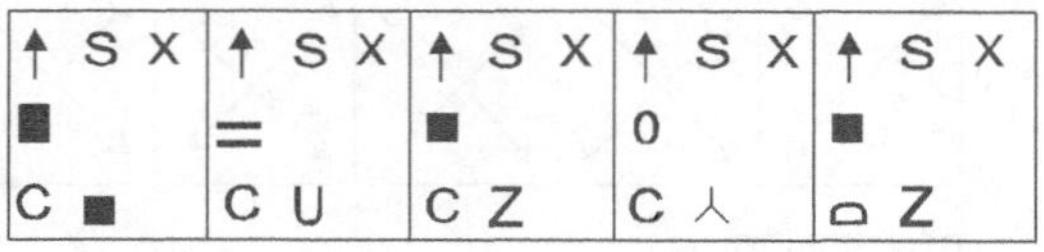

(a) (b) (c) (d) (e)

28. प्रश्न आकृतियाँ

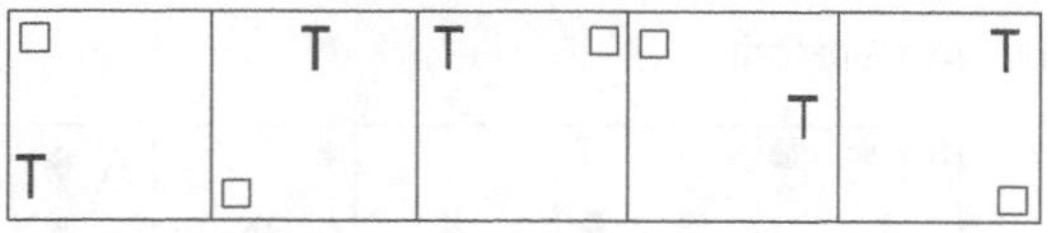

उत्तर आकृतियाँ

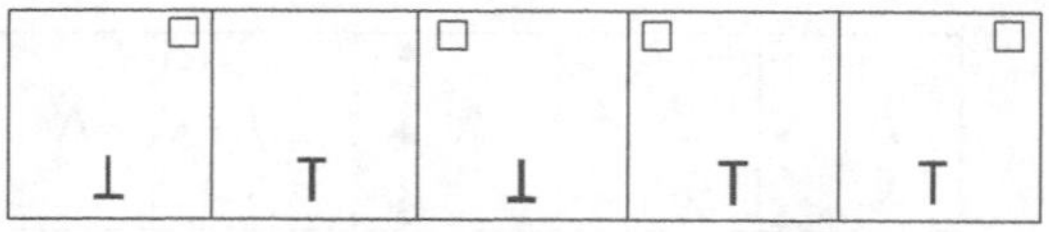

(a) (b) (c) (d) (e)

29. प्रश्न आकृतियाँ

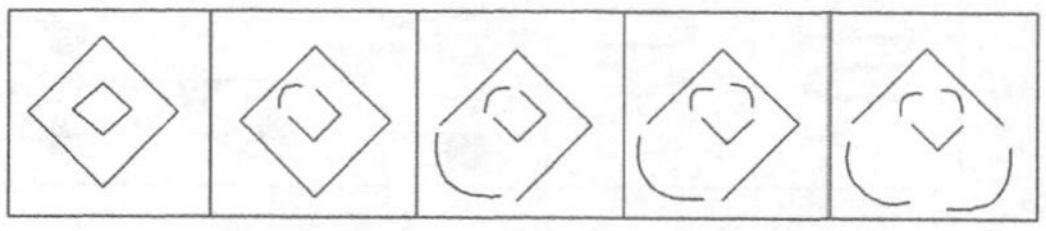

उत्तर आकृतियाँ

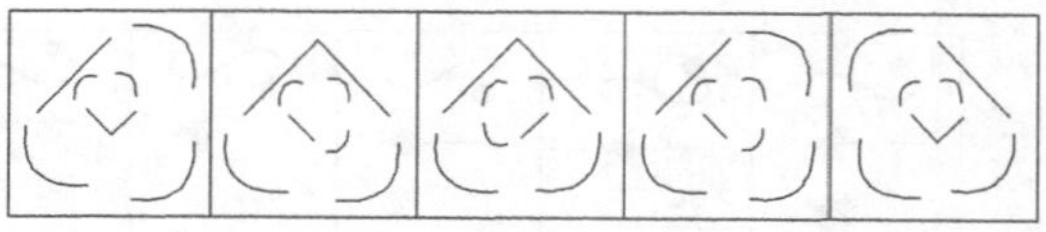

(a) (b) (c) (d) (e)

30. प्रश्न आकृतियाँ

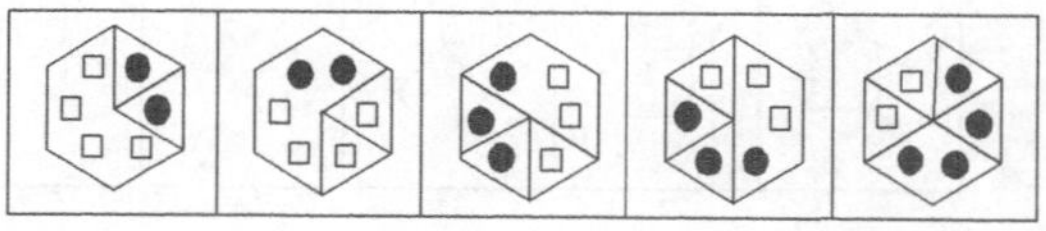

उत्तर आकृतियाँ

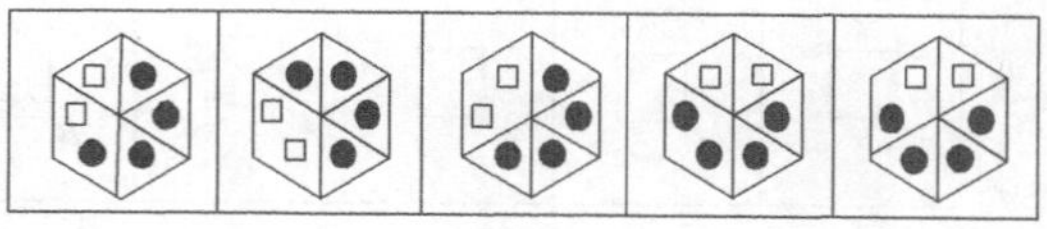

(a) (b) (c) (d) (e)

31. प्रश्न आकृतियाँ

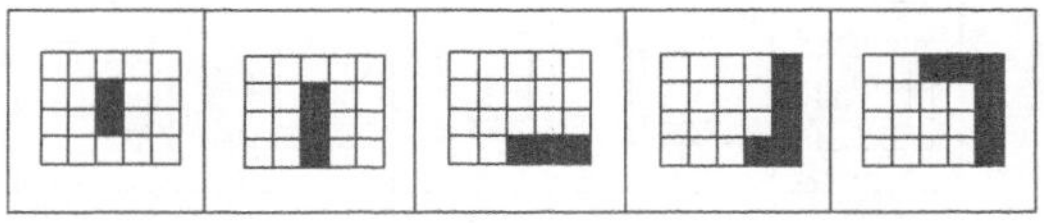

उत्तर आकृतियाँ

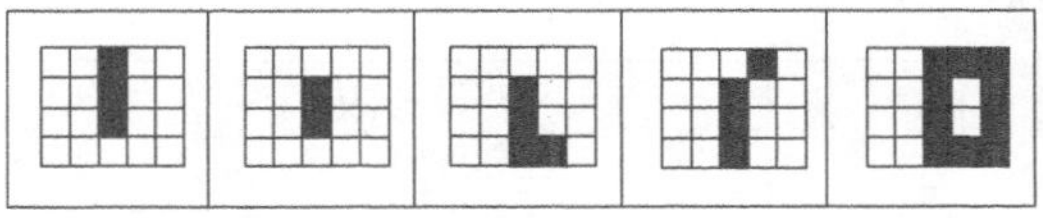

(a) (b) (c) (d) (e)

32. प्रश्न आकृतियाँ

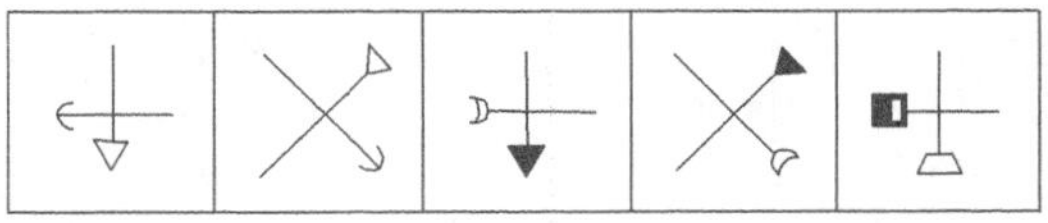

उत्तर आकृतियाँ

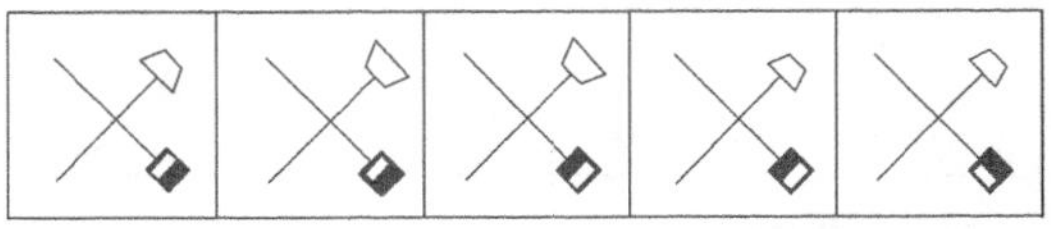

(a) (b) (c) (d) (e)

33. प्रश्न आकृतियाँ

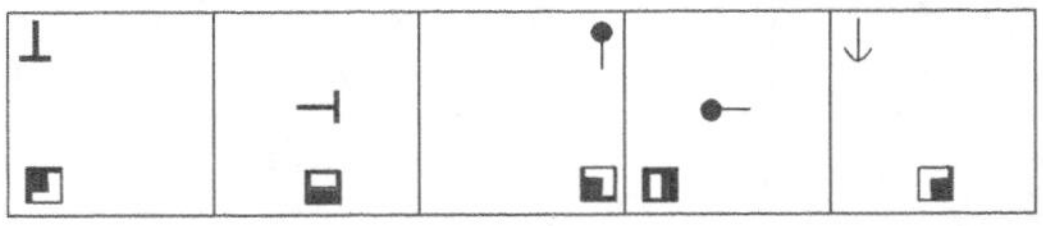

उत्तर आकृतियाँ

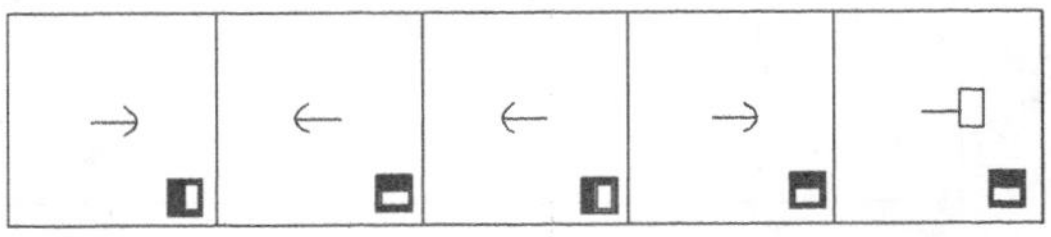

(a) (b) (c) (d) (e)

34. प्रश्न आकृतियाँ

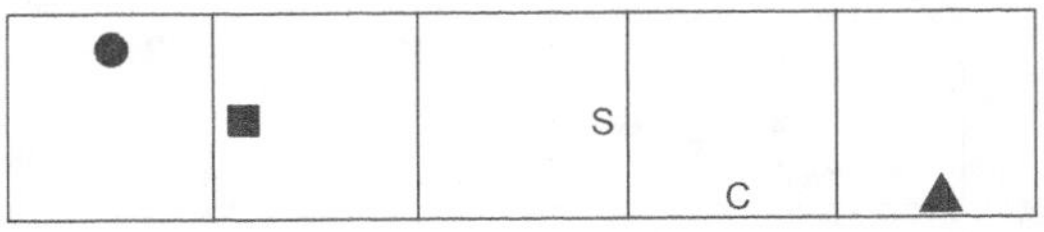

उत्तर आकृतियाँ

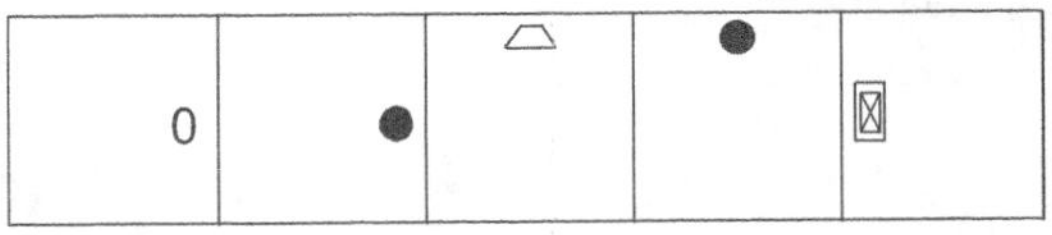

(a) (b) (c) (d) (e)

35. प्रश्न आकृतियाँ

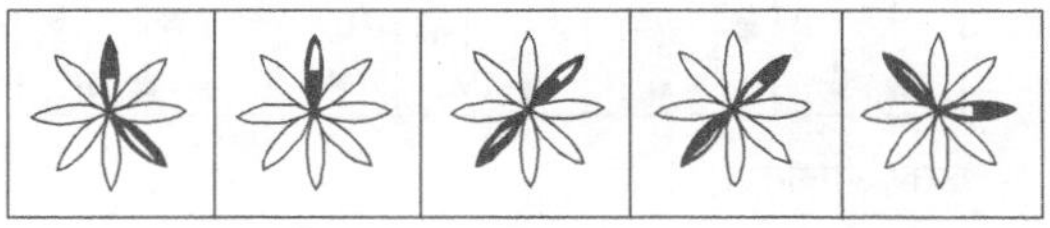

उत्तर आकृतियाँ

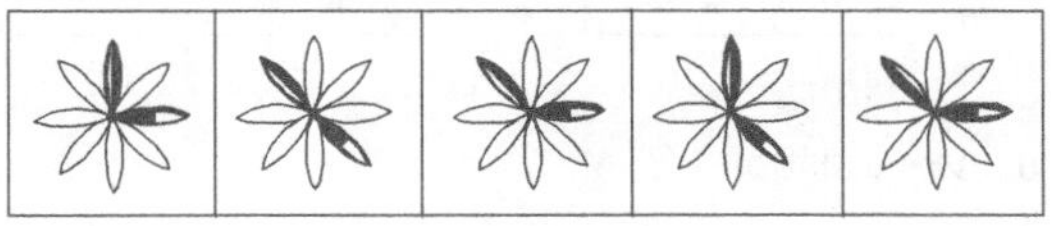

(a) (b) (c) (d) (e)

36. प्रश्न आकृतियाँ

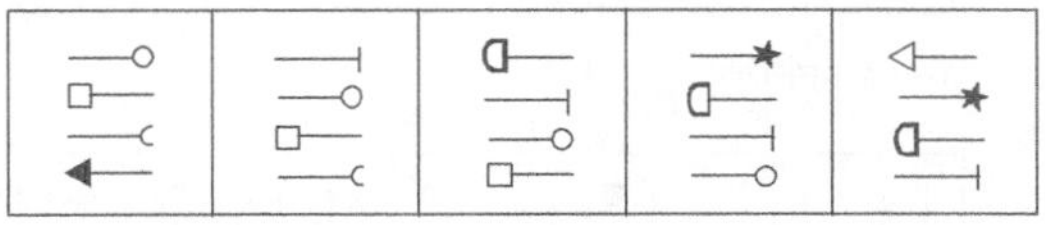

उत्तर आकृतियाँ

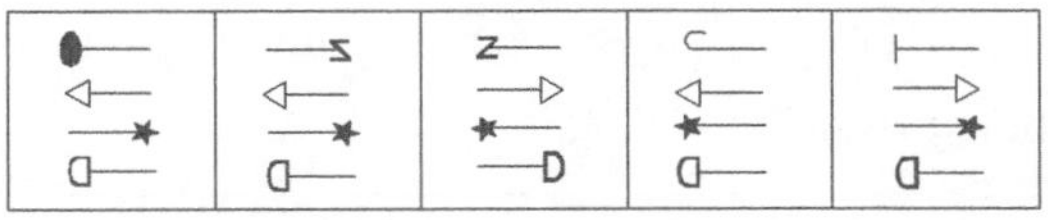

(a) (b) (c) (d) (e)

37. प्रश्न आकृतियाँ

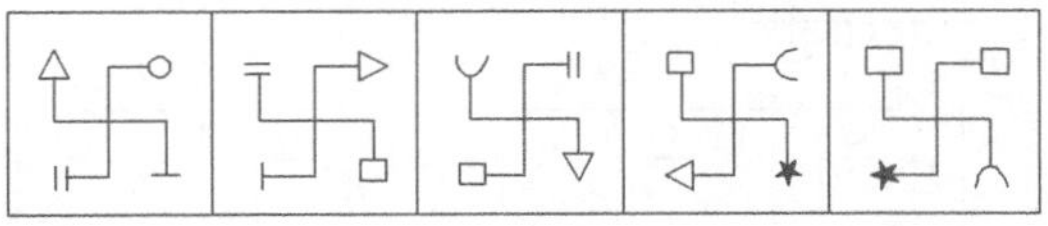

उत्तर आकृतियाँ

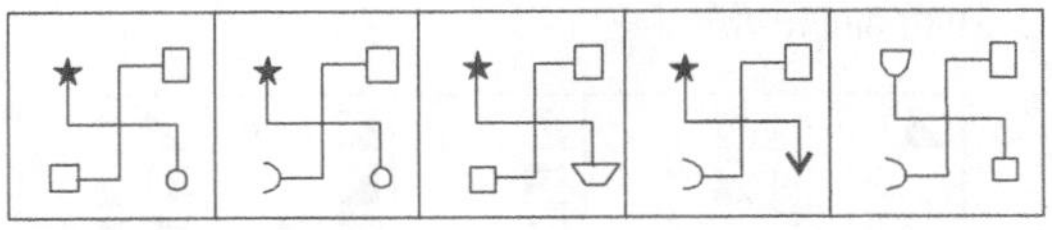

(a) (b) (c) (d) (e)

38. प्रश्न आकृतियाँ

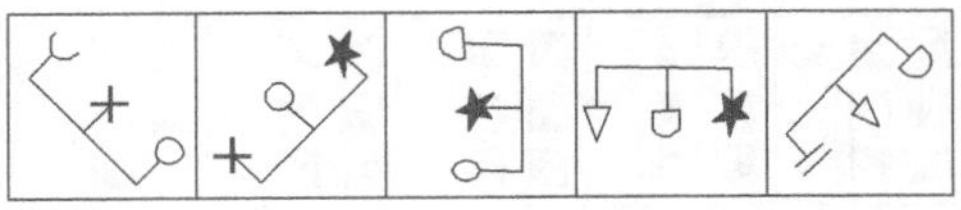

उत्तर आकृतियाँ

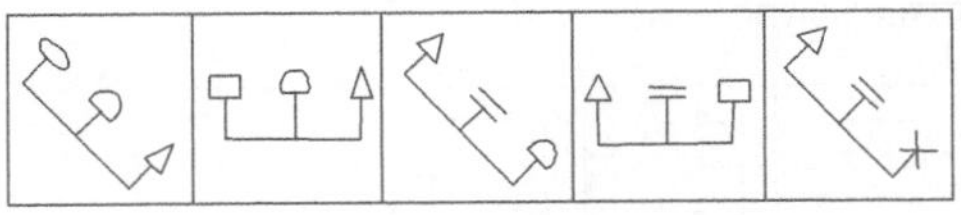

(a) (b) (c) (d) (e)

39. प्रश्न आकृतियाँ

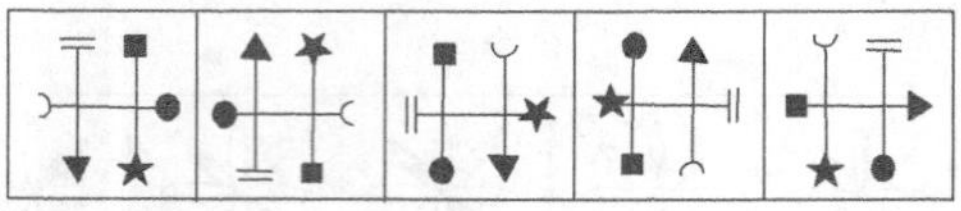

उत्तर आकृतियाँ

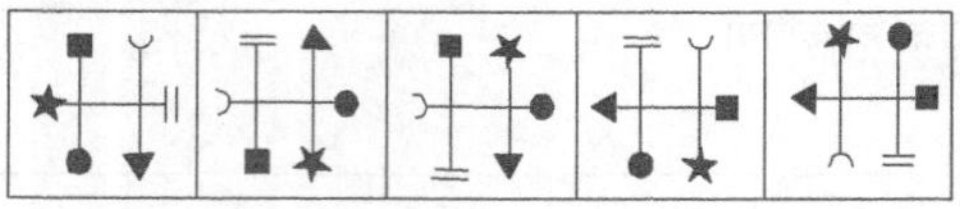

(a) (b) (c) (d) (e)

40. प्रश्न आकृतियाँ

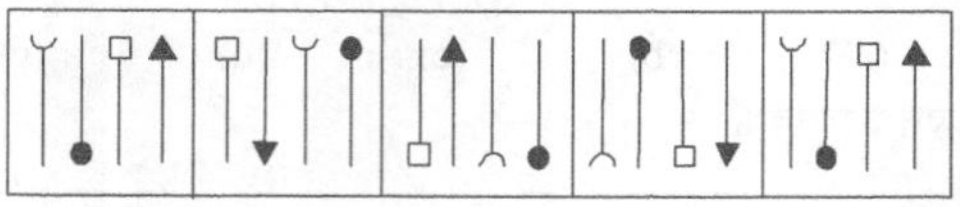

उत्तर आकृतियाँ

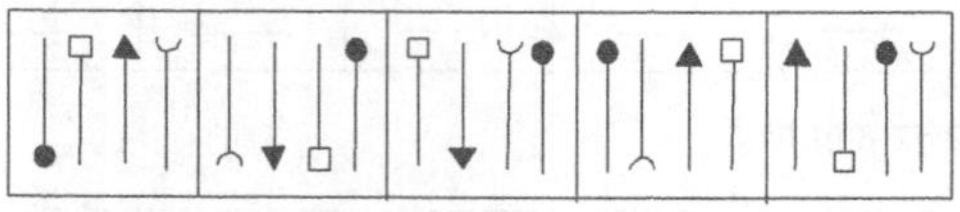

(a) (b) (c) (d) (e)

41. प्रश्न आकृतियाँ

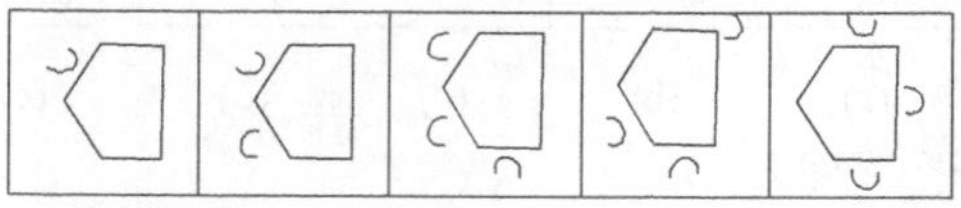

उत्तर आकृतियाँ

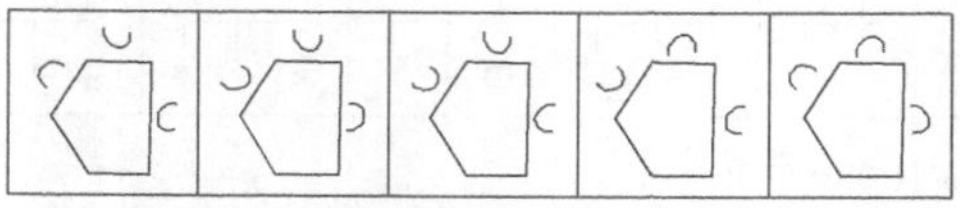

(a) (b) (c) (d) (e)

42. प्रश्न आकृतियाँ

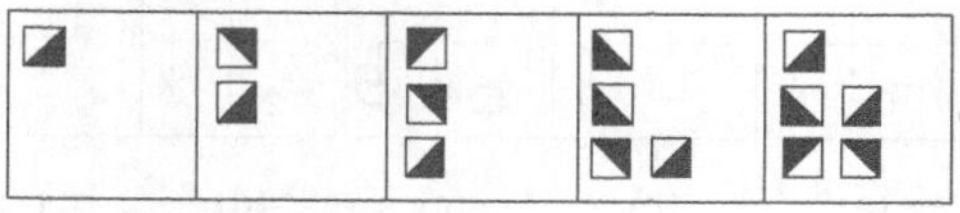

उत्तर आकृतियाँ

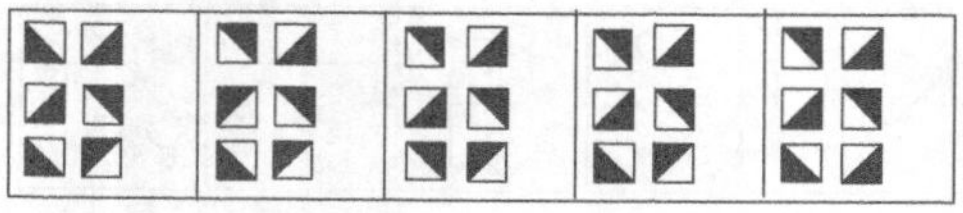

(a) (b) (c) (d) (e)

43. प्रश्न आकृतियाँ

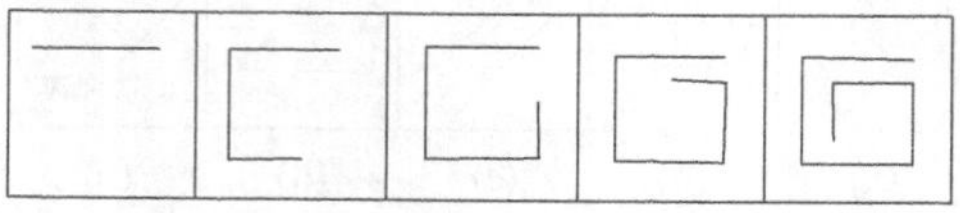

उत्तर आकृतियाँ

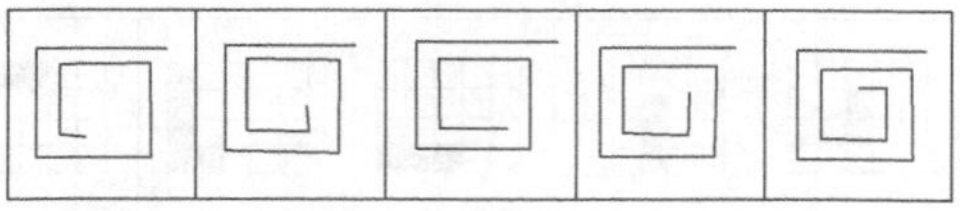

(a) (b) (c) (d) (e)

44. प्रश्न आकृतियाँ

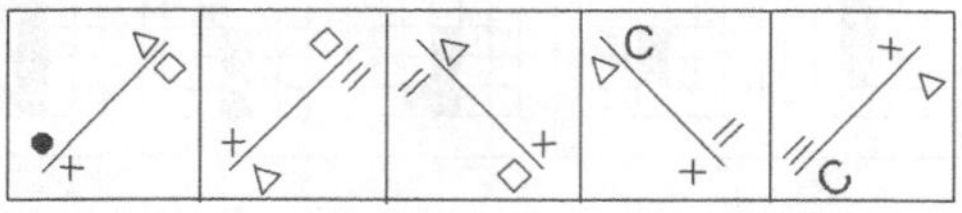

उत्तर आकृतियाँ

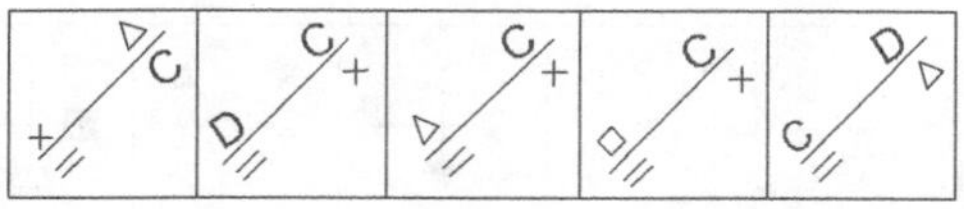

(a) (b) (c) (d) (e)

45. प्रश्न आकृतियाँ

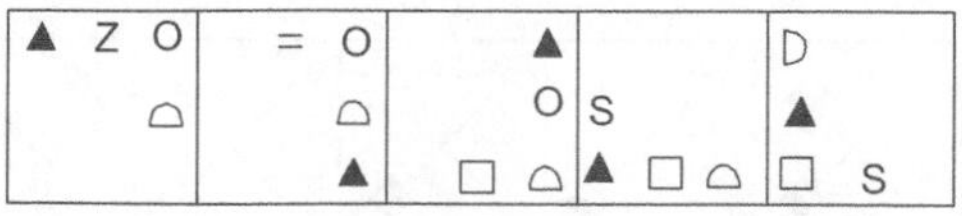

उत्तर आकृतियाँ

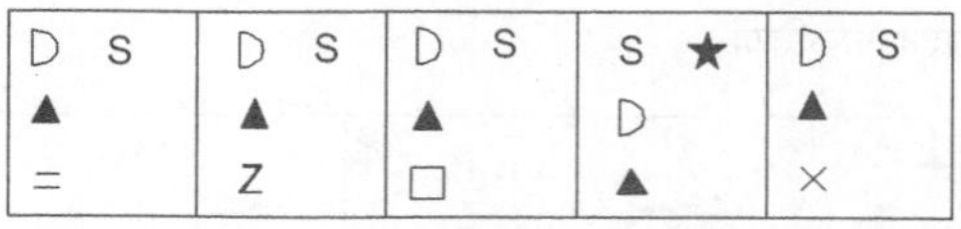

(a) (b) (c) (d) (e)

46. प्रश्न आकृतियाँ

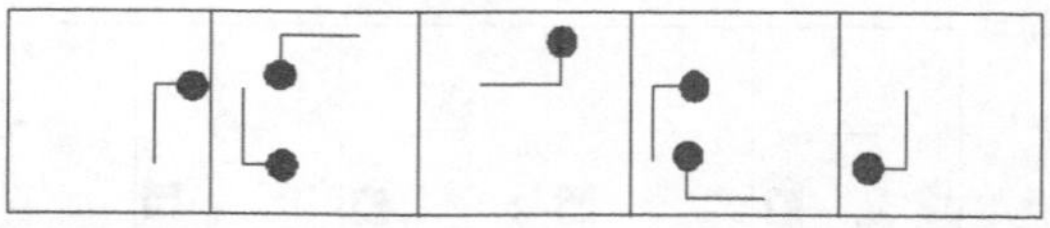

उत्तर आकृतियाँ

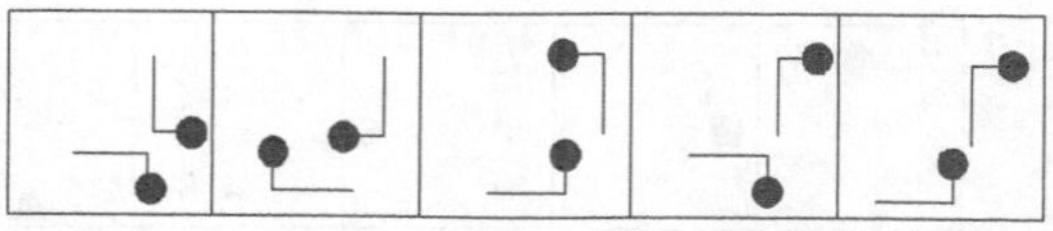

(a) (b) (c) (d) (e)

47. प्रश्न आकृतियाँ

उत्तर आकृतियाँ

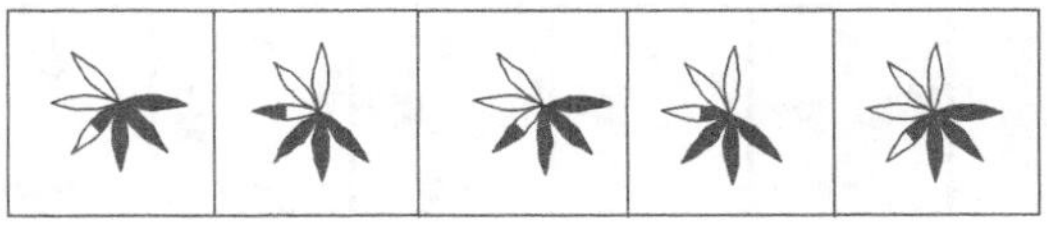

(a) (b (c) (d) (e)

48. प्रश्न आकृतियाँ

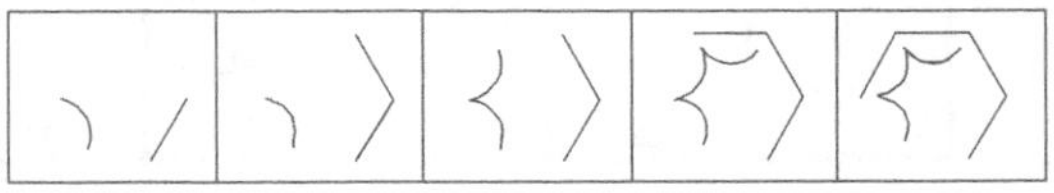

उत्तर आकृतियाँ

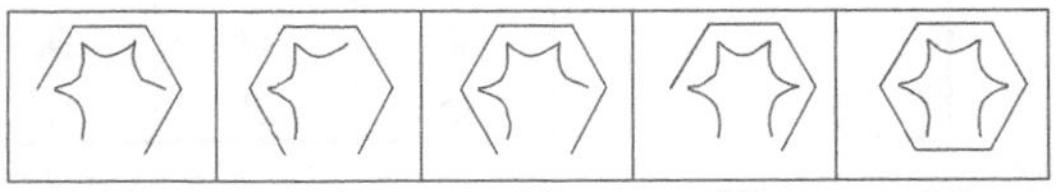

(a) (b) (c) (d) (e)

49. प्रश्न आकृतियाँ

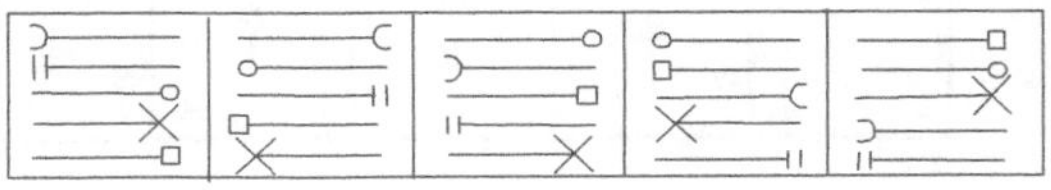

उत्तर आकृतियाँ

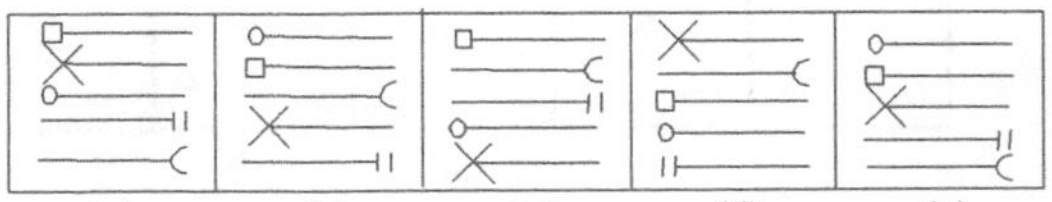

(a) (b) (c) (d) (e)

50. प्रश्न आकृतियाँ

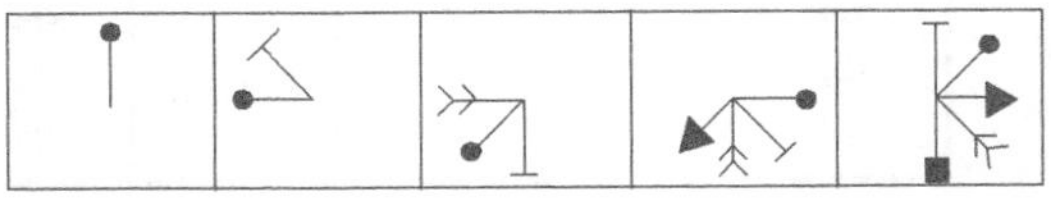

उत्तर आकृतियाँ

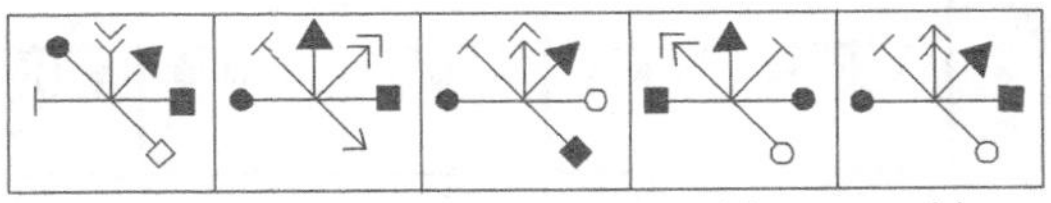

(a) (b) (c) (d) (e)

51. प्रश्न आकृतियाँ

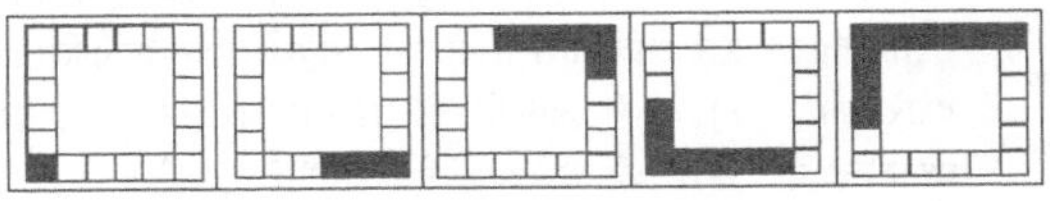

उत्तर आकृतियाँ

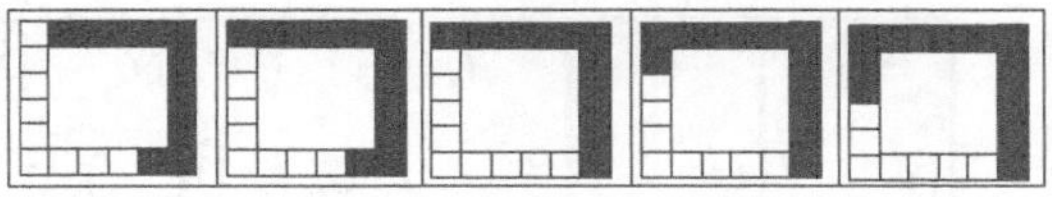

(a) (b) (c) (d) (e)

52. प्रश्न आकृतियाँ

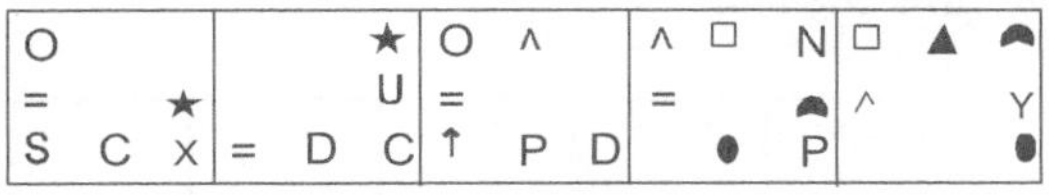

उत्तर आकृतियाँ

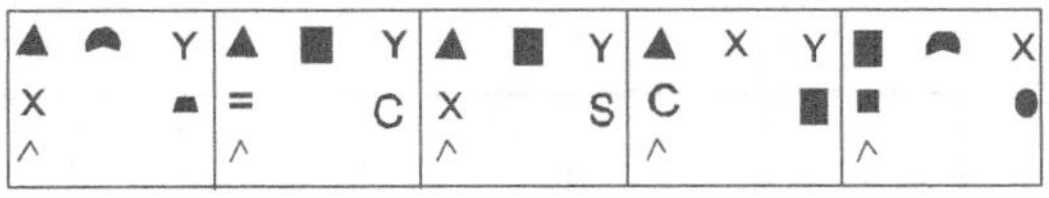

(a) (b) (c) (d) (e)

53. प्रश्न आकृतियाँ

उत्तर आकृतियाँ

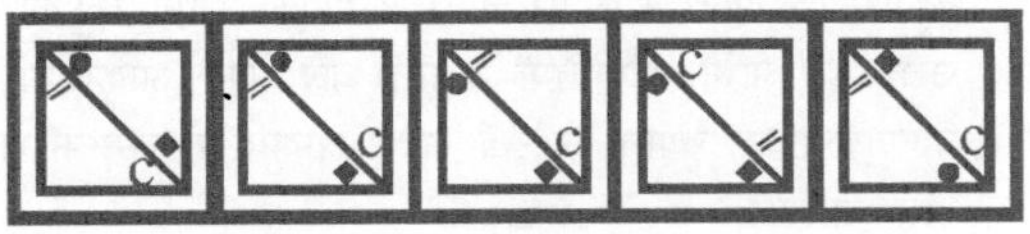

(a) (b) (c) (d) (e)

54. प्रश्न आकृतियाँ

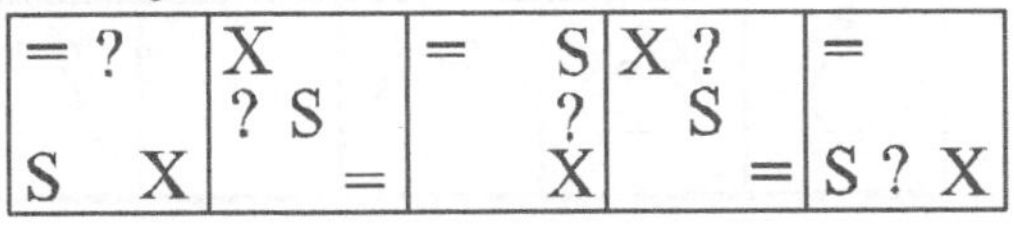

उत्तर आकृतियाँ

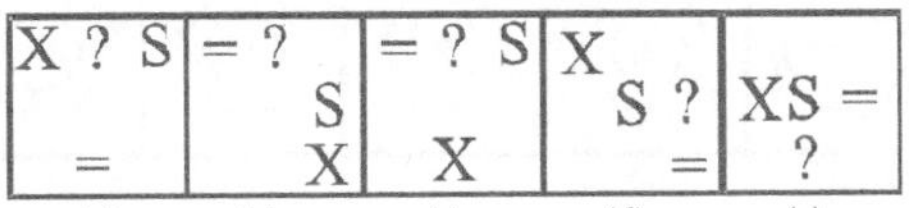

(a) (b) (c) (d) (e)

55. प्रश्न आकृतियाँ

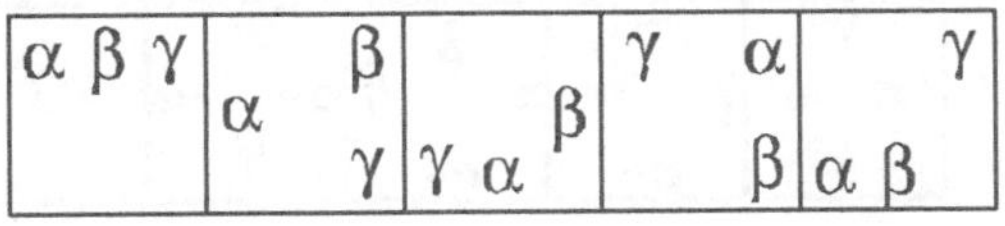

उत्तर आकृतियाँ

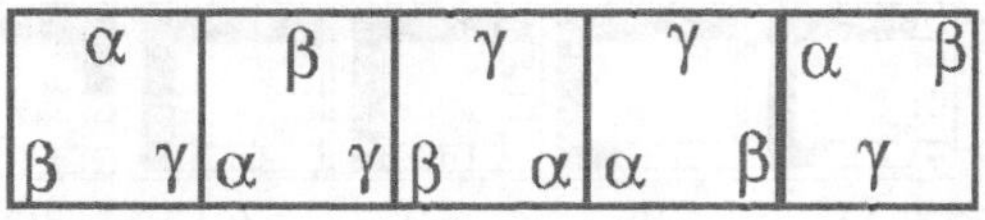

(a) (b) (c) (d) (e)

56. **प्रश्न आकृतियाँ**

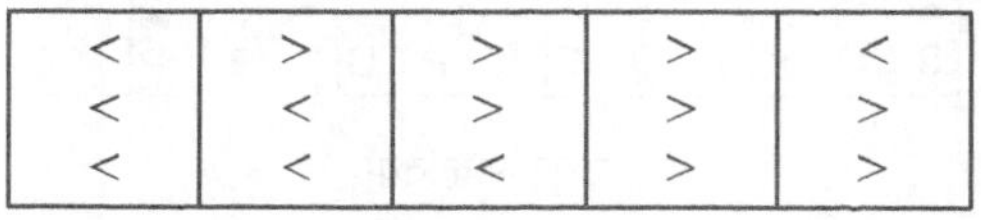

उत्तर आकृतियाँ

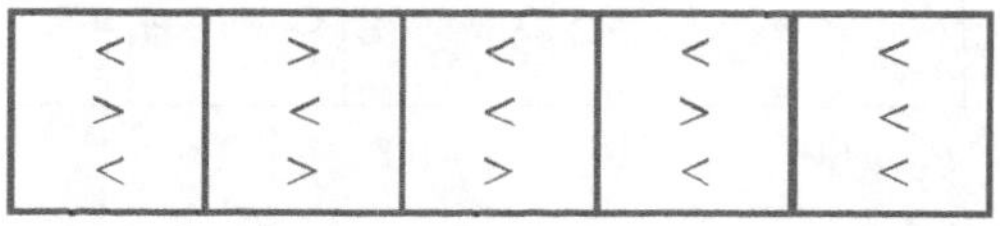

(a) (b) (c) (d) (e)

निर्देश (57-61) : इन प्रश्नों में प्रत्येक में आकृतियों के दो समूह दिये गये हैं। उपर प्रश्न की आकृतियां हैं (चार आकृतियों और एक प्रश्न चिन्हांकित स्थान) तथा उसके नीचे (a) (b) (c) (d) और (e) इन अक्षरों से दर्शायी गयी उत्तर-आकृतियां हैं। उत्तर-आकृतियों में से एक आकृति को प्रश्नचिंह के स्थान पर रखने से एक क्रम संस्थापित होता है। प्रश्न चिह्नांकित स्थान पर जो उत्तर आकृति आएगी उसका अक्षर उत्तर है। पांचों आकृतियों अर्थात् चार प्रश्न आकृतियां और प्रश्नाचिह्नांकित स्थान पर रखी उत्तर आकृति से क्रम संस्थापित होना चाहिये।

57. **प्रश्न आकृतियाँ**

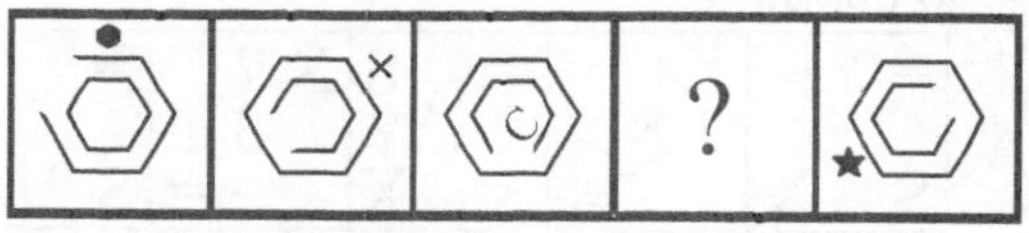

उत्तर आकृतियाँ

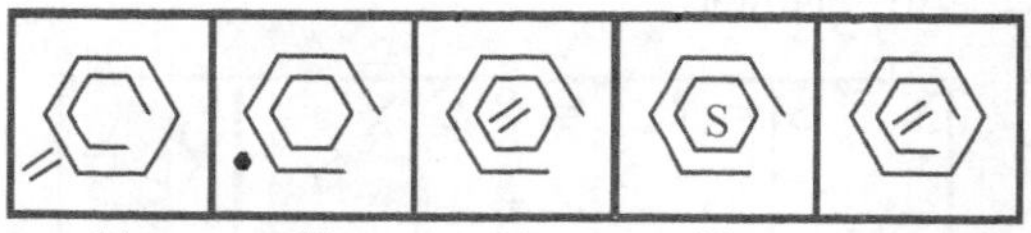

(a) (b) (c) (d) (e)

58. **प्रश्न आकृतियाँ**

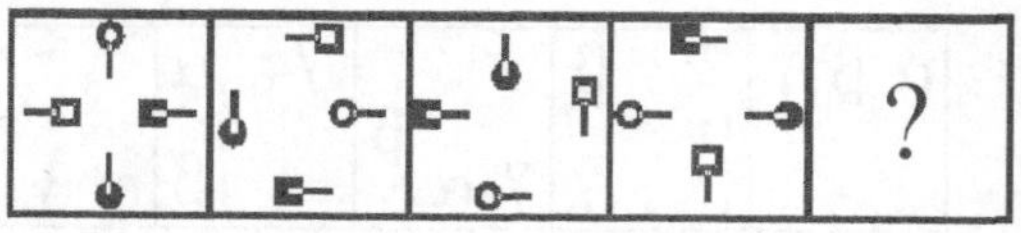

उत्तर आकृतियाँ

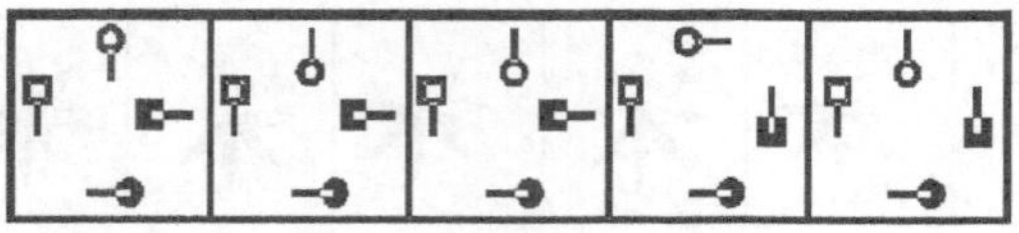

(a) (b) (c) (d) (e)

59. **प्रश्न आकृतियाँ**

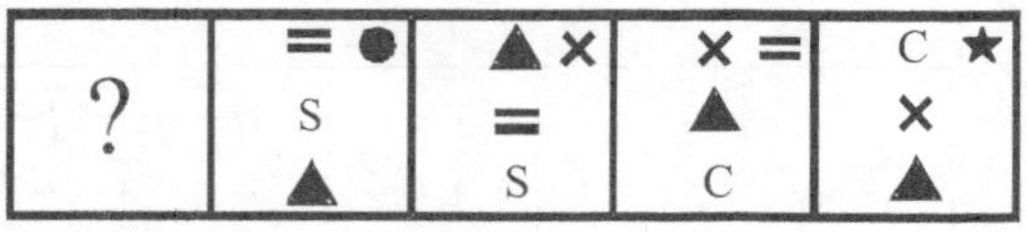

उत्तर आकृतियाँ

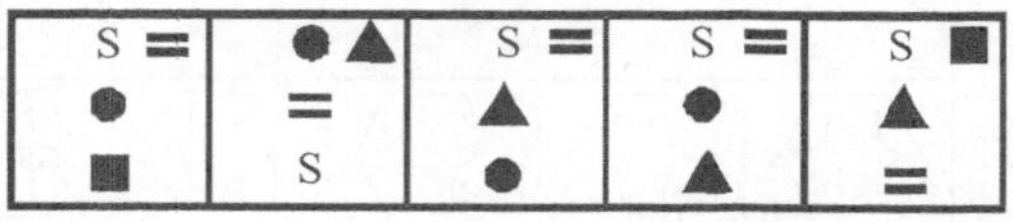

(a) (b) (c) (d) (e)

60. **प्रश्न आकृतियाँ**

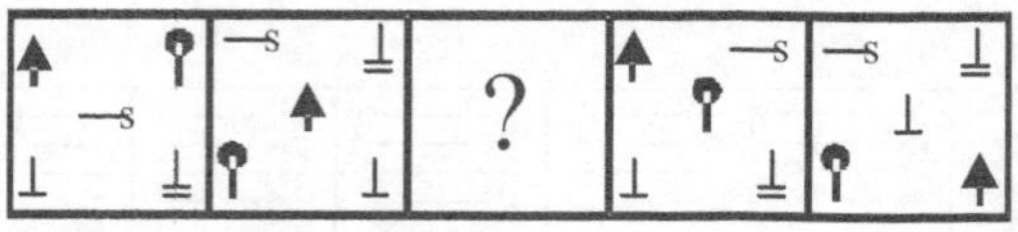

उत्तर आकृतियाँ

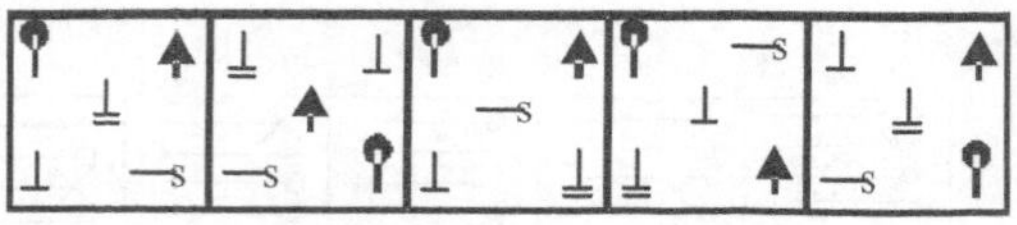

(a) (b) (c) (d) (e)

61. **प्रश्न आकृतियाँ**

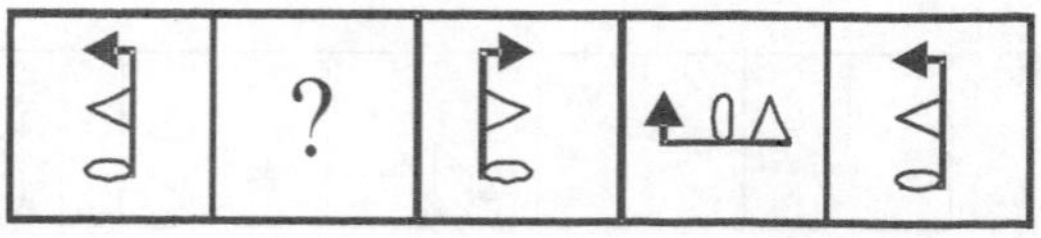

उत्तर आकृतियाँ

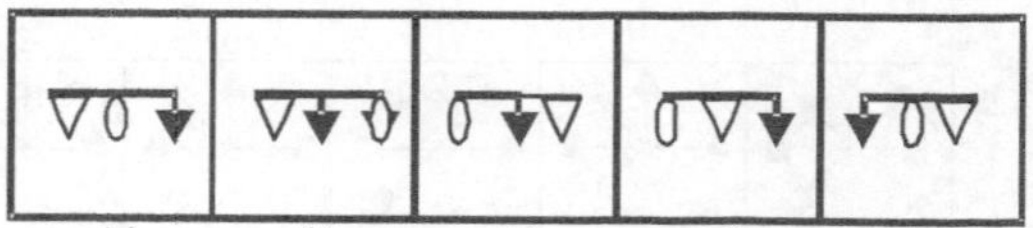

(a) (b) (c) (d) (e)

निर्देश (62 - 76) : प्रश्न आकृतियों में से पहले इकाई की पहली आकृति उसी इकाई की दूसरी आकृति से किसी प्रकार संबंधित है। उसी प्रकार उत्तर आकृतियों में से एक आकृति प्रश्न आकृतियों में से दूसरे इकाई की दूसरी आकृति से वही संबंध रखती है। इसलिए प्रश्नचिन्ह की जगह कौनसी आकृति आएगी?

62. प्रश्न आकृतियाँ

उत्तर आकृतियाँ

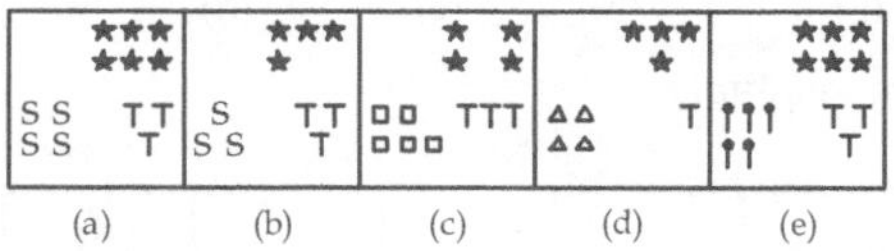

63. प्रश्न आकृतियाँ

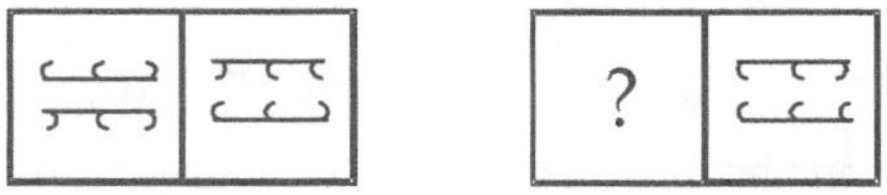

उत्तर आकृतियाँ

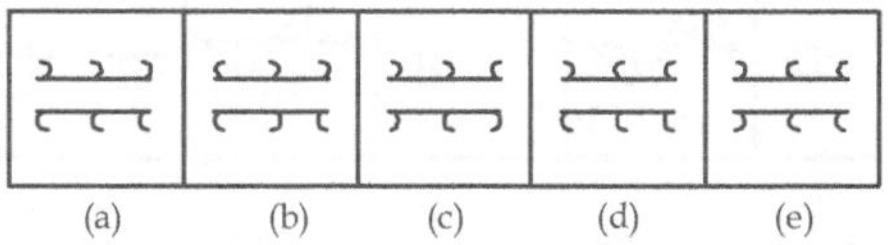

64. प्रश्न आकृतियाँ

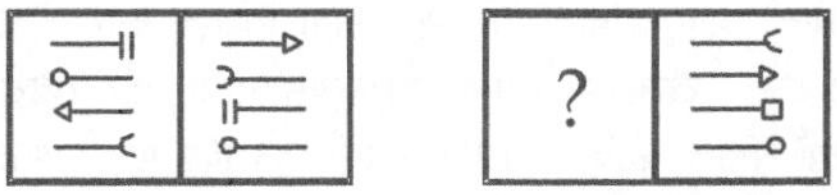

उत्तर आकृतियाँ

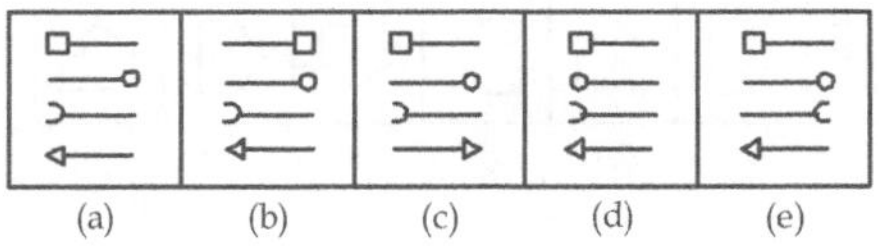

65. प्रश्न आकृतियाँ

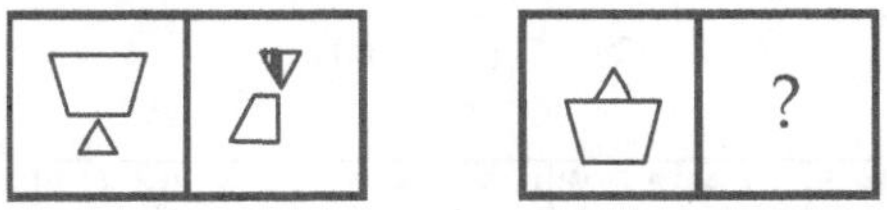

उत्तर आकृतियाँ

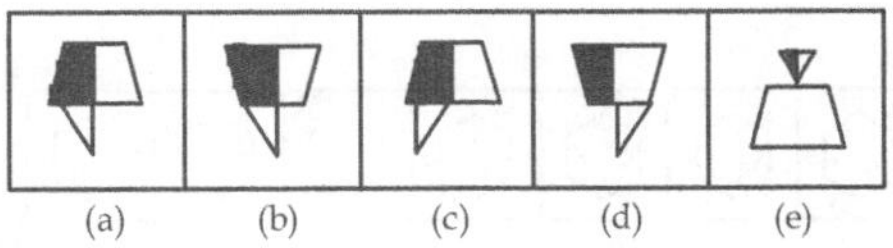

66. प्रश्न आकृतियाँ

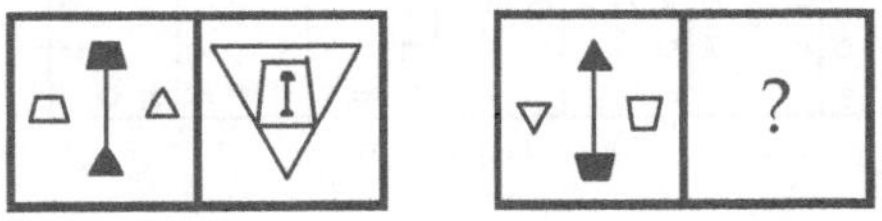

उत्तर आकृतियाँ

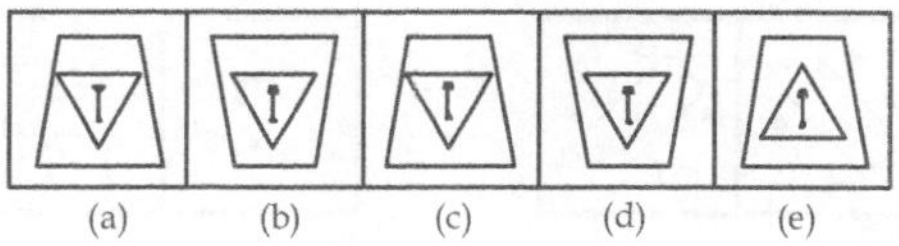

67. प्रश्न आकृतियाँ

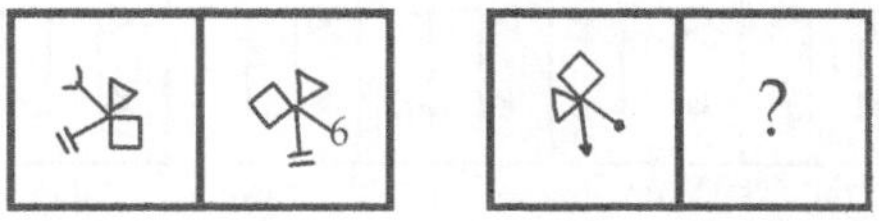

उत्तर आकृतियाँ

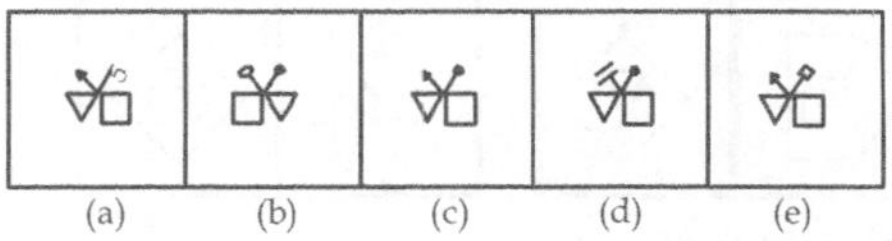

68. प्रश्न आकृतियाँ

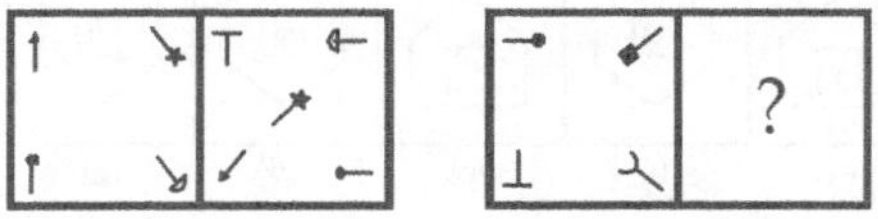

उत्तर आकृतियाँ

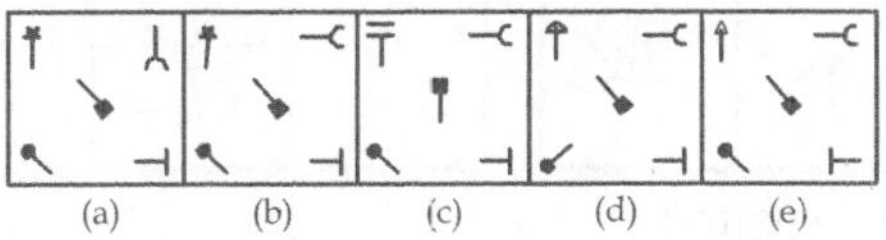

69. प्रश्न आकृतियाँ

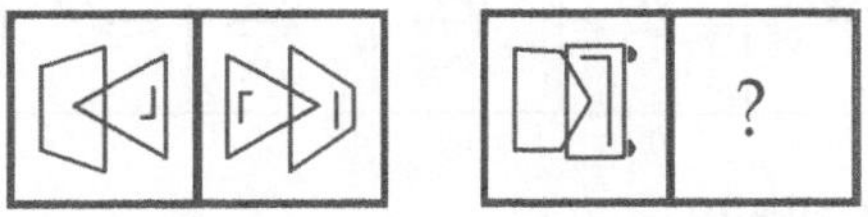

उत्तर आकृतियाँ

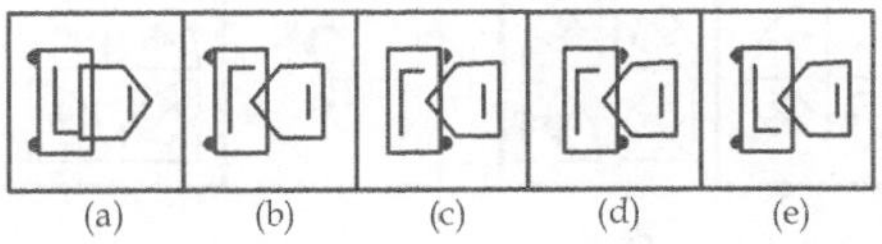

70. प्रश्न आकृतियाँ

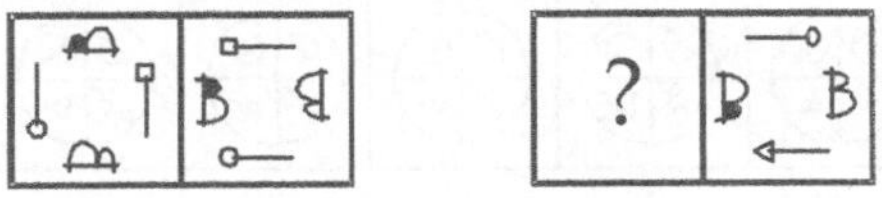

उत्तर आकृतियाँ

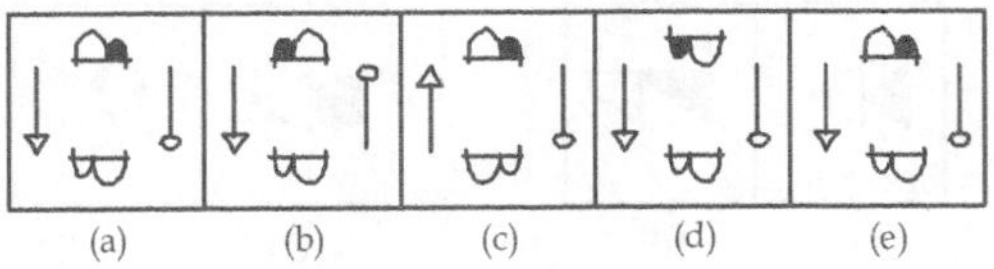

71. **प्रश्न आकृतियाँ**

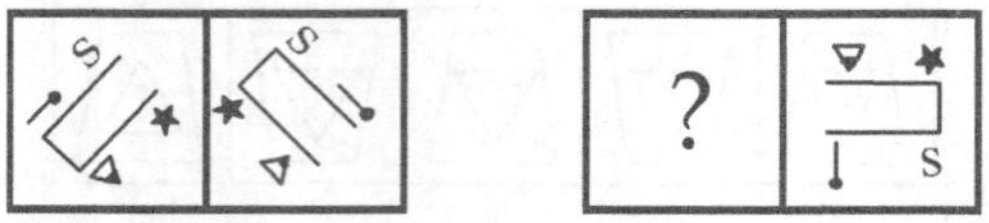

उत्तर आकृतियाँ

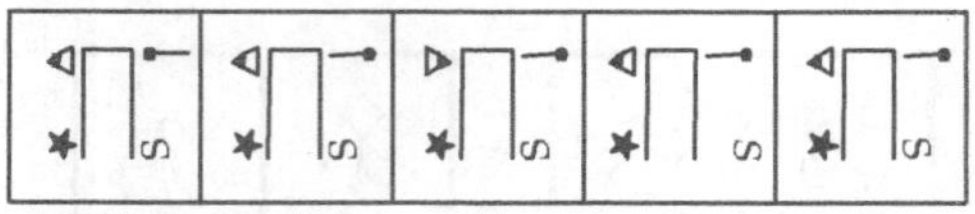

(a) (b) (c) (d) (e)

72. **प्रश्न आकृतियाँ**

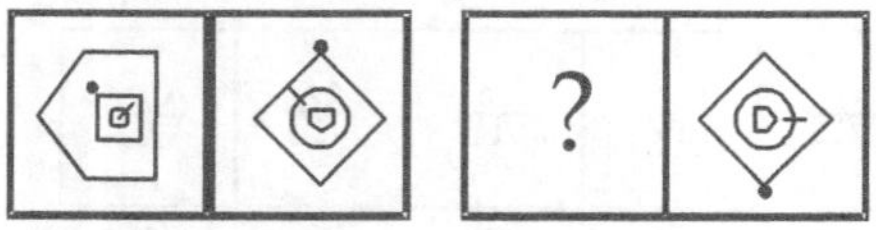

उत्तर आकृतियाँ

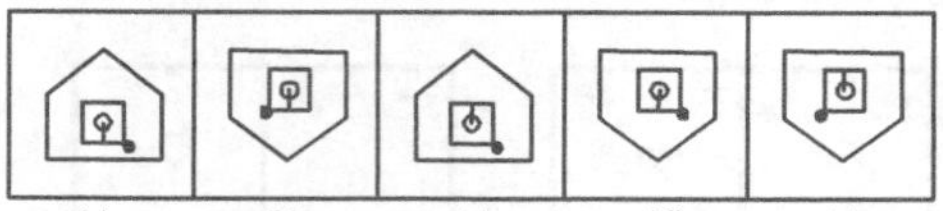

(a) (b) (c) (d) (e)

73. **प्रश्न आकृतियाँ**

उत्तर आकृतियाँ

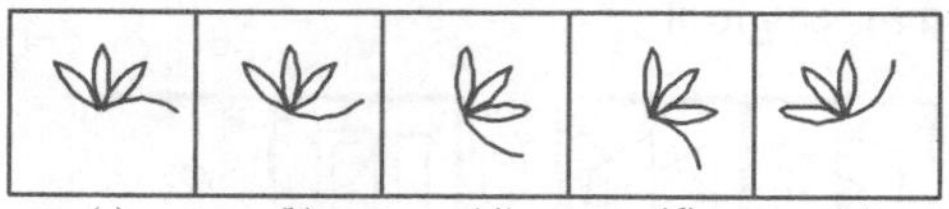

(a) (b) (c) (d) (e)

74. **प्रश्न आकृतियाँ**

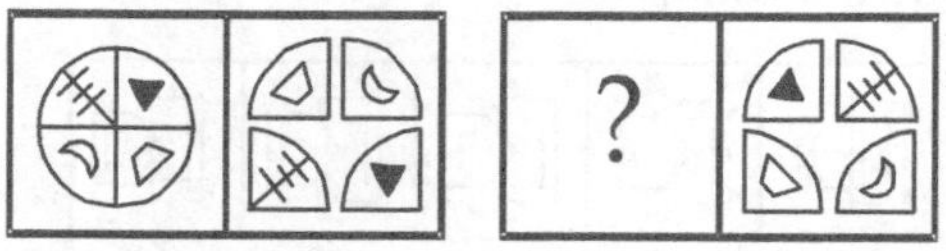

उत्तर आकृतियाँ

(a) (b) (c) (d) (e)

75. **प्रश्न आकृतियाँ**

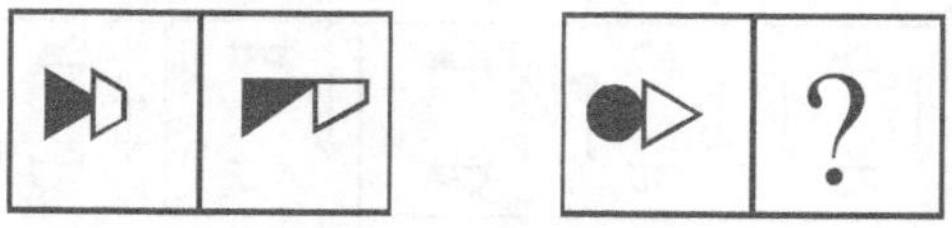

(A) (B) (C) (D)

उत्तर आकृतियाँ

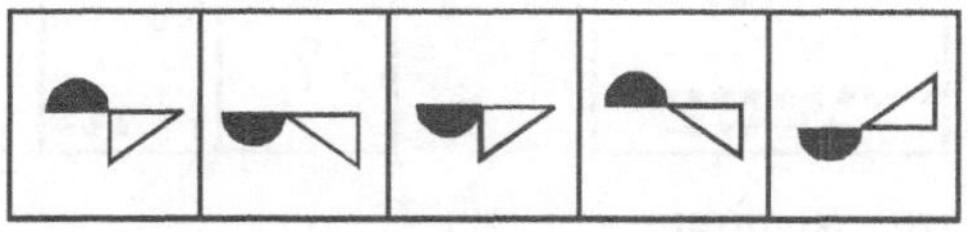

(a) (b) (c) (d) (e)

76. **प्रश्न आकृतियाँ**

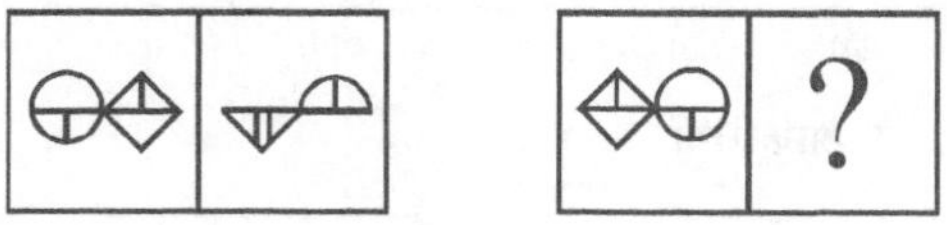

(A) (B) (C) (D)

उत्तर आकृतियाँ

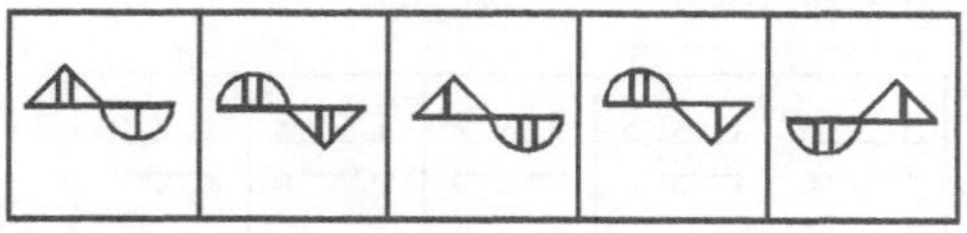

(a) (b) (c) (d) (e)

निर्देश (77-81) : निम्नलिखित प्रत्येक प्रश्न श्रृंखला में एक बिना संख्या वाली आकृति बायीं ओर शुरू होती है। एक और केवल एक आकृति इस श्रृंखला में असंगत है। सबसे बायीं और सबसे दायीं आकृतियाँ श्रृंखला के अनुरूप दिए गए हैं। इन दिए गए आकृतियों में से वैसी आकृति को चुनना है जो इस श्रृंखला में असंगत है।

77.

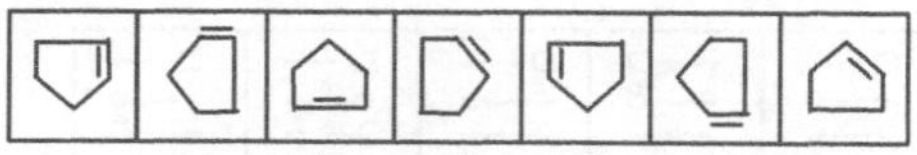

(a) (b) (c) (d) (e)

78.

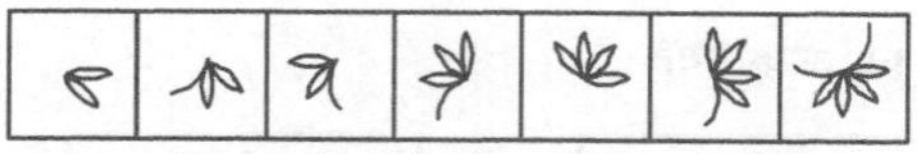

(a) (b) (c) (d) (e)

79.

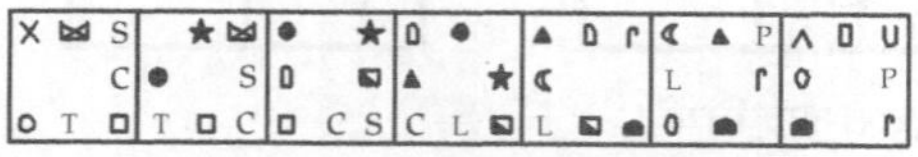

(a) (b) (c) (d) (e)

80.

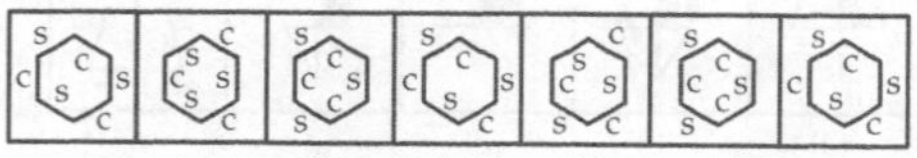

(a) (b) (c) (d) (e)

81.

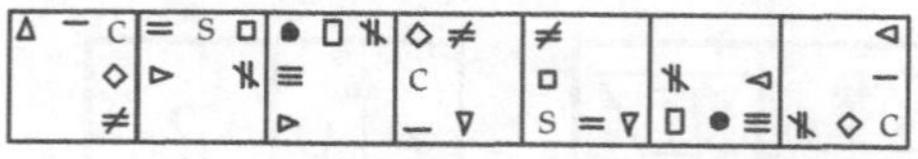

(a) (b) (c) (d) (e)

Answer Key

1	(c)	17	(d)	33	(d)	49	(a)	65	(a)
2	(c)	18	(b)	34	(a)	50	(e)	66	(c)
3	(e)	19	(e)	35	(c)	51	(c)	67	(a)
4	(c)	20	(a)	36	(b)	52	(d)	68	(d)
5	(d)	21	(c)	37	(e)	53	(b)	69	(e)
6	(a)	22	(d)	38	(c)	54	(d)	70	(a)
7	(b)	23	(e)	39	(e)	55	(a)	71	(b)
8	(e)	24	(c)	40	(c)	56	(c)	72	(d)
9	(d)	25	(a)	41	(a)	57	(d)	73	(b)
10	(a)	26	(b)	42	(d)	58	(d)	74	(c)
11	(c)	27	(b)	43	(b)	59	(e)	75	(c)
12	(a)	28	(e)	44	(b)	60	(e)	76	(e)
13	(c)	29	(b)	45	(e)	61	(e)	77	(a)
14	(e)	30	(b)	46	(c)	62	(b)	78	(b)
15	(b)	31	(e)	47	(a)	63	(b)	79	(c)
16	(e)	32	(a)	48	(a)	64	(a)	80	(d)
								81	(e)

व्याख्या सहित हल — Answers & Explanations

1. (c) प्रत्येक अगली आकृति में ऊपर व नीचे की दो डिजाइनों में ऊपर की डिजाइन नीचे आती है तथा ऊपर एक नई डिजाइन बनती है तथा इन डिजाइनों में बनी एक रेखा प्रत्येक बार 45° वामावर्त घूमकर नीचे से ऊपर व फिर ऊपर से नीचे डिजाइन में क्रमशः बनती जाती है।

2. (c) प्रत्येक अगली आकृति में डिजाइनें निम्न प्रकार स्थान बदलती हैं तथा R का तात्पर्य पलटकर स्थान बदलती हैं

(1) से (2) में (2) से (3) में
(2) से (4) में (4) से (5) में
(5) से (6) में

3. (e) प्रत्येक अगली आकृति में वृत्त के बाहर चाप पहले एक चौथाई, फिर आधे पर क्रमशः वामावर्त दिशा में बनते जाते हैं तथा वृत्त के अन्दर छायांकित भाग पहले एक–चौथाई फिर आधा वामावर्त बनकर फिर दक्षिणावर्त एक–चौथाई क्रमशः होता रहता है।

4. (c) प्रत्येक अगली आकृति में पत्तियों का समूह 90° दक्षिणावर्त घूमता है तथा एक पत्ती इसी दिशा में आगे नई बनती है। यही क्रम क्रमशः जारी रहता है।

5. (d) प्रत्येक अगली आकृति में डिजायनें निम्न प्रकार से स्थान बदलती हैं तथा N के स्थान पर नई डिजाइन बनती हैं।

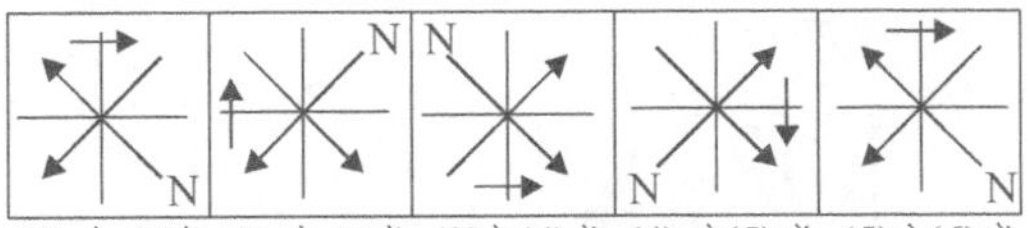

(1) से (2) में (2) से (3) में (3) से (4) में (4) से (5) में (5) से (6) में

6. (a) प्रत्येक अगली आकृत में मुख्य डिजाइन के ऊपर 'Δ', 135°, 180°, 225°, 270° तथा 315° दक्षिणावर्त घूमता जाता है तथा वृत्त 'O', 135° व 180° इसी दिशा में क्रमशः घूमकर बनता है।

7. (b) प्रत्येक अगली आकृति में मध्य की डिजाइन प्रत्येक बार पलटकर नयी बनती जाती है तथा फिर 135° दक्षिणावर्त घूमकर बाएं की ओर बनती है तथा फिर 90° वामावर्त घूमकर ऊपर बनती है। यही क्रम क्रमशः जारी रहता है।

8. (e) प्रश्नाकृति (1) से (2) में तथा (3) से (4) में डिजाइनें निम्नवत् क्रम में स्थान परिवर्तन करती हैं।

(1) से (2) में

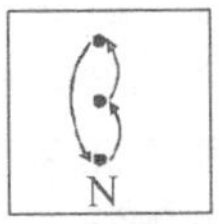

(3) से (4) में

साथ ही स्तम्भ बाएं से दाएं एक–एक क्रम आगे बढ़कर फिर से बाएं आता है तथा N के स्थान एक नई डिजाइन आती है। इसी प्रकार प्रश्नाकृति (e) में परिवर्तन करने पर उत्तराकृति (e) प्राप्त होती है।

9. (d) प्रत्येक अगली आकृति में डिजाइन 'C' तथा '=' एक भुजा आगे वामावर्त घूमती जाती है जिसमें डिजाइन 'C' दो बार बाहर तथा दो बार भीतर प्रतिस्थापित होती है, जबकि डिजाइन '=' क्रमशः भीतर–बाहर प्रतिस्थापित होती है तथा प्रश्नाकृति (1) से (2) में उसी भुजा पर भीतर प्रतिस्थापित होती है तथा डिजाइन '■' प्रश्नाकृति (2) से (3) में एक भुजा वामावर्त आगे बढ़ती है फिर उसे (4) में उसी भुजा पर बाहर प्रतिस्थापित होती है, आगे यही क्रम जारी रहता है। इस प्रकार उत्तराकृति (d) प्राप्त होती है।

10. (a) प्रत्येक अगली प्रश्नाकृति में डिजाइनें निम्नवत् क्रम में स्थान परिवर्तित करती है।

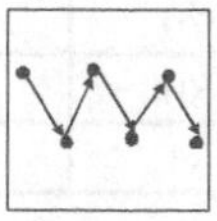
(1) से (2)

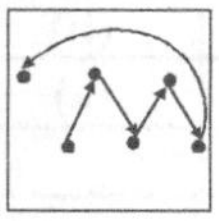
(2) से (3)

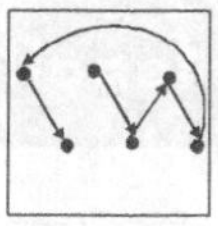
(3) से(4)

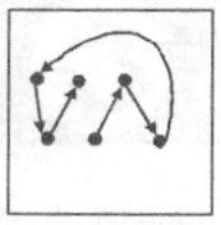
(4) से (5)

अतः प्रश्नाकृति (e) से (6) में डिजाइनें निम्नवत् स्थान परिवर्तन करेंगी।

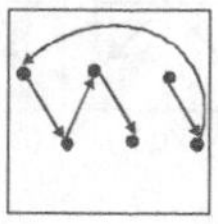
अर्थात
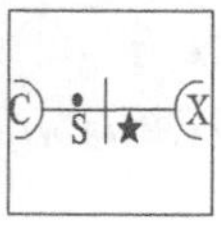

इस प्रकार उत्तराकृति (a) प्राप्त होती है।

11. (c) प्रत्येक अगली प्रश्नाकृति में डिजाइन 'S' दक्षिणावर्त एक भुजा आगे बढ़ती है तथा उसके क्रमशः पीछे–आगे एक नई डिजाइन जुड़ती है। इस प्रकार उत्तराकृति (c) प्राप्त होती है।

12. (a) प्रत्येक अगली प्रश्नाकृति में डिजाइनों निम्नवत् क्रम में स्थान परिवर्तन करती हैं :

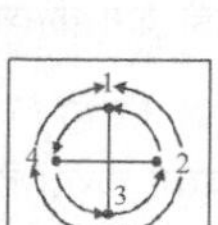

प्रश्नाकृति (1) से (2) में, 1 व 2 तथा 3 व 4 तथा 3 के स्थान पर नई डिजाइन (2) प्रश्नाकृति (2) से(3) में 1 व 4 तथा 2 व 3 तथा 3 के स्थान पर नई डिजाइन। आगे यही क्रम जारी रहता है। इस प्रकार उत्तराकृति (a)प्राप्त होती है।

13. (c) प्रत्येक अगली प्रश्नाकृति में बाएं से ऊपर कोने की डिजाइन नीचे दाएं कोने में पहुचती है। साथ ही 90^0 दक्षिणावर्त धूमकर पलटती है। तथा उसके स्थान पर एक नई डिजाइन स्थापित होती हैं। इस प्रकार उत्तराकृति (c) में प्राप्त होती है।

14. (e) प्रश्नाकृति (1) से (2) में उपर से दो डिजाइन पलटती है। पुनः वही क्रम जारी रहता है। इस प्रकार उत्तराकृति (e) प्राप्त होती है।

15. (b) अगली आकृतियों में डिजाइनें एकांतर क्रम से डेढ़ धर तथा आधा धर दक्षिणावर्त दिशा में आगे बढ़ते है तथा एकांतर क्रम से पूर्ववर्ती डिजाइनों के पीछे एवं आगे एक नया डिजाइन आ जाता है।

16 (e) प्रश्नाकृति (1) से (2) में दायीं ओर की दो डिजाइनें आपस में स्थान परिवर्तन करती है, तथा नीचे दाएं का डिजाइन एक नए डिजाइन द्वारा विस्थापित हो जाता है। इसी प्रकार का परिवर्तन प्रश्नाकृति (3) से (4) में तथा प्रश्नाकृति (5) से उत्तर आकृति में होगा।

17. (d) प्रश्नाकृति (1) से (2) में डिजाइनों का तल 90^0 दक्षिणावर्त धूम जाता है तथा एक डिजाइन नए डिजाइन द्वारा विस्थापित हो जाता है। जबकि दोनों डिजाइनें आपस में स्थान परिवर्तित करते हे। इसी प्रकार का परिवर्तन प्रश्नाकृति (3) से (4) में तथा प्रश्नाकृति (5) से उत्तर आकृति में आ रहा है।

18. (b) प्रत्येक अगली आकृति प्रश्न ओ़ति में नीचे से दो डिजाइनें एक स्थान ऊपर जाकर 180° घूम जाती हैं तथा ऊपर की डिजाइन नीचे आकर नया रूप धारण कर लेती है।

19. (e) प्रश्न आकृति (1) से (5) में प्रत्येक बाहरी डिजाइन एक–एक भुजा घड़ी की सुइयों के चलने की विपरीत दिशा में सरक जाती हैं। यही परिर्तन प्रश्न आकृति (2) से (6) में होगा।

20. (a) प्रत्येक अगली प्रश्न आकृति में क्रमशः 1, 2, 3, 4, 5 एवं 6 डिजाइनें क्रम से नई बनती जाती हैं, जिनके बनने का क्रम इस प्रकार हैः '|>|Ɔ|' इसके साथ ही पिछली डिजाइनें '>' एवं 'Ɔ' अपने स्थान पर ही पलटती जाती है।

21. (c) प्रत्येक अगली प्रश्न आकृति बाहर की ओर बढ़ी रेखा घड़ी की सुइयों के चलने की विपरीत दिशा में क्रमशः एक, दो तीन, चार व पांच आगे बढ़ जाती हैं। इसके अतिरिक्त अन्दर का डैश विपरीत दिशा में क्रमशः 2, 3, 2, 3 एवं 2 भुजा आगे सरककर क्रमशः बाहर व भीतर हो जाता है।

22. (d) प्रश्न आकृति (1) से (2) में ऊपर की दोनों डिजाइनें परस्पर स्थान बदल लेती हैं तथा नीचे की दोनों डिजाइनें पलट जाती हैं। प्रश्न आकृति (2) से (3) में बीच की दोनों डिजाइनें परस्पर स्थान बदल लेती हैं तथा ऊपर और नीचे की पलट जाती हैं। प्रश्न आकृति (3) से (4) में नीचे की दोनों डिजाइनें परस्पर स्थान बदल लेती हैं तथा ऊपर की दोनों पलट जाती हैं। यही क्रम परिवर्तन जारी रहता है।

23. (e) प्रत्येक अगली प्रश्न आकृति में ऊपर की तीनों डिजाइनें एक–एक स्टेप नीचे चली जाती हैं तथा पलट जाती हैं। चौथी डिजाइन भी एक स्टेप नीचे चली जाती है तथा सबसे नीचे की डिजाइन सबसे ऊपर आ जाती है।

24. (d) प्रत्येक अगली प्रश्न आकृति में एक काला वृत्त तथा एक अन्दर डैश बढ़ता जाता है। यह काला वृत्त एकान्तर क्रम में घड़ी की सुइयों के चलने की विपरीत दिशा तथा सुइयों के चलने की दिशा में बढ़ जाता है।

25. (a) काली पत्ती घड़ी की सुइयों के चलने की विपरीत दिशा में 90° तथा 45° घूमती हैं फिर 90° घड़ी की सुइयों के चलने की दिशा में घूमती है। इसके बाद फिर 45° एवं 90° घड़ी की सुइयों के चलने की विपरीत दिशा में घूमती हैं। जबकि प्रत्येक अगली आकृति में एक सफेद पत्ती बढ़ जाती है।

26. (b) प्रश्न आकृति (1) एव (2) समान हैं। अतः प्रश्न आकृति (2) एवं (6) भी समान होंगी।

27. (b) प्रत्येक अगली आकृती में प्रत्येक डिजाइन घड़ी की सुइयों के चलने की विपरीत दिशा में आधा भुजा सरक जाती है तथा हमेशा दो नई डिजाइनें बनती हैं। इन नई डिजाइनों में एक अंतिम डिजाइन के पहले और दूसरी डिजाइन बाद में बनती है।

28. (e) प्रत्येक अगली आकृति में वर्ग क्रमशः एक भुजा व फिर दो भुजा वामावर्त दिशा में सरक रहा है तथा डिजाइन 'T' क्रमशः $1\frac{1}{2}$ भुजा दक्षिणावर्त व फिर $\frac{1}{2}$ भुजा वामावर्त सरककर बनता जाता है।

29. (b) प्रत्येक अगली आकृति में दो वर्गों में से क्रमशः पहले अन्दर वाले वर्ग की एक भुजा वृत्ताकार होती है तथा फिर बाहर वाले वर्ग की भुजा वृत्ताकार होती है। अन्दर वाले वर्ग में भुजाओं को में भुजाओं को वृत्ताकार में बदलना वामावर्त दिशा में क्रमशः जारी रहता है।

30. (b) प्रत्येक अगली आकृति में षटभुज के अन्दर रेखाएं दक्षिणावर्त दिशा में एक–एक भुजा आगे बढ़ रही हैं तथा दो बार के बाद एक रेखा की वृद्धि होती है। इसके साथ ही काले वृत्त व वर्ग वामावर्त दिशा में एक भागे आगे बढ़ रहे हैं तथा दो बार के बाद एक काले वृत्त में एक की वृद्धि हो जाती है।

31. (e) प्रत्येक अगली आकृति ऊपर से नीचे की ओर एक काली आकृति विलुप्त होती है व बाएँ से दाएँ एक–एक करके क्रमशः एक, दो व तीन खाने काले होते जा रहे हैं।

32. (a) प्रथम से द्वितीय आकृति में तथा तृतीय से चतुर्थ आकृति में डिजाइनें 135° वामावर्त घूमकर बनती हैं, जिसमें केवल नीचे वाली डिजाइन पलटकर बनी है।

33. (d) प्रत्येक अगली आकृति में ऊपर बाएँ कोने की डिजाइन मध्य में, फिर दाएँ ऊपर फिर मध्य में व फिर बाएँ ऊपर क्रमशः दो बार समान रहकर फिर नई बनती है तथा 90° वामावर्त घूमती जाती है। नीचे के वर्ग में पहली, तीसरी व पांचवीं आकृति में एक चौथाई काला भाग एक भुजा वामावर्त सरकता जाता है। इसी प्रकार, दूसरी, चौथी व छठी आकृति में आधा काला भाग वामावर्त एक भुजा सरकता जाता है। इसके साथ ही साथ वर्ग नीचे बाएँ से मध्य, मध्य से दाएँ व दाएँ से बाएँ क्रमशः सरकता जाता है।

34. (a) प्रत्येक अगली आकृति में एक नई डिजाइन क्रमशः एक, दो, तीन, चार व पाँच भुजा वामावर्त सरककर बनती है।

35. (c) प्रत्येक अगली आकृति में ऊपरी मध्य वाली पत्ती पहले ऊपर व फिर नीचे आधी काली होती है व फिर दक्षिणावर्त अगली पत्ती पहले नीचे व फिर ऊपर आधी काली होती जाती है। अतः दक्षिणावर्त अगली पत्ती पहले ऊपर व फिर नीचे आधी काली होगी। दूसरी पत्ती इसी दिशा में एक पत्ती पत्ती छोड़कर आधी–आधी काली होती जाती हैं।

36. (b) प्रत्येक अगली आकृति में सबसे ऊपर एक नई डिजाइन दिशा बदलकर बनती है तथा क्रमशः एक–एक स्थान नीचे सरकती जाती है।

37. (e) प्रत्येक अगली आकृति में चारों डिजाइनें दक्षिणावर्त अगले स्थान पर आ जाती हैं। इसके साथ ही साथ पहले दाएँ ऊपर से नीचे तथा फिर बाएँ नीचे से ऊपर क्रमशः नई डिजाइन आती है।

38. (e) प्रत्येक अगली आकृति में मुख्य डिजाइन क्रमशः 90° एवं 45° वामावर्त दिशा में घूम रहीं है। तथा इसकी तीन भुजाओं पर बनी तीनों डिजाइनें एक निश्चित क्रम में अगली भुजा पर आ जाती है तथा प्रत्येक बार एक पुरानी डिजाइन लुप्त होती है व एक नई डिजाइन बनती है।

39. (e) प्रत्येक अगली आकृति में मुख्य डिजाइन पर डिजाइनें निम्नलिखित प्रकार से स्थान बदल रहीं हैः

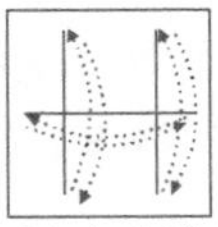

(a) से (b)में
(c) से (d)में
(e) से (f)में

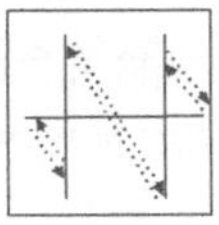

(b) से (c)में
(d) से (e)में

40. (c) पहली से द्वितिय आकृति में चारों डिजाइनों में से पहली व तीसरी (बाएं. से) डिजाइनों आपस में स्थान बदलती है। तथा दूसरी एवं चौथी डिजाइनों भी आपस में स्थान पलटकर बदलती है। द्वितीय से तीसरी आकृति में सभी डिजाइनें अपने स्थान पर ही पलटकर बनती है। आगे भी ये दोनों प्रक्रियाएं क्रमशः जारी रहती है।

41. (a) पहले पंचभुज के बाहर एक निश्चित भुजा पर एक–एक करके तीन बार छोटे अर्द्धवृत बनते है। तत्पश्चात् प्रत्येक अगली आकृति में पंचभुज के बाहर वामावर्त दिशा में ये छोटे अर्द्धवृत एक–एक भुजा सरकते जाते है।

42. (d) प्रत्येक अगली आकृति में छायांकित भाग सहित एक नया वर्ग बन रहा है। इस नए वर्ग में त्रिभुजाकार छायांकित भाग प्रत्येक बार वामावर्त दिशा में एक भुजा सरक रहा है।

43. (b) प्रत्येक अगली आकृति में एक व डेढ़ रेखा वामावर्त दिशा में, चक्रीय क्रम में अन्दर की ओर क्रमशः बनती रही है।

44. (b) प्रथम से द्वितीय आकृति में डिजाइनें निम्नलिखित प्रकार से स्थान बदलती हैं तथा N के स्थान पर नयी डिजाइन आती हैं:

प्रथम से द्वितीय आकृति में डिजाइनें निम्नलिखित प्रकार से स्थान बदलती हैं तथा N के स्थान पर नयी डिजाइन आती है:

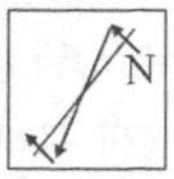

द्वितीय से तृतीय में सरल रेखा 90° दक्षिणावर्त घूमती है तथा डिजाइनें निम्नलिखित प्रकार से स्थान बदलती हैं:

तृतीय से चतुर्थ आकृति में डिजाइनें निम्नलिखित प्रकार से स्थान बदलती हैं तथा N के स्थान पर नई डिजाइन आती है:

चतुर्थ से पंचम आकृति में सरल रेखा 90° दक्षिणावर्त घूमती है तथा डिजाइनें निम्नलिखित प्रकार में स्थान बदलती हैं:

पंचम से षष्ठम आकृति में डिजाइनें निम्नलिखित प्रकार से स्थान बदलती हैं तथा N के स्थान पर नई डिजाइन आएगी:

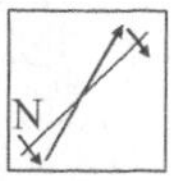

45. (e) प्रत्येक अगली आकृति में डिजाइनें निम्नलिखित प्रकार से स्थान बदलती है तथा N के स्थान पर नई डिजाइन आती है:

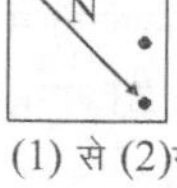

(1) से (2)में

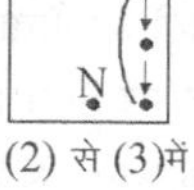

(2) से (3)में

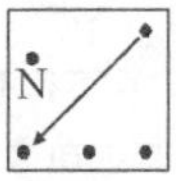

(3) से (4) में

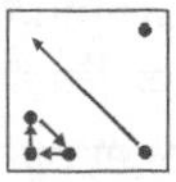
(4) से (5)में

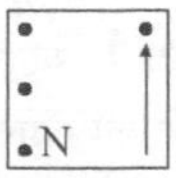

(5) से (6) में

46. (c) प्रथम से तृतीय से पंचम आकृति में तथा इसी प्रकार, द्वितीय से चतुर्थ व चतुर्थ से षष्ठम आकृति में डिजाइनें एक भुजा वामावर्त सरकाकर व पलटकर बनती जाती हैं।

47. (a) प्रत्येक अगली आकृति में दक्षिणावर्त दिशा में एक नई पत्ती बनती जा रही है तथा दो बार समान स्थिति में रहकर पत्तियों का समूह 45° दक्षिणावर्त घूम जाता है तथा पीछे से आधी व एक पत्ती क्रम से क्रमशः छायांकित होती जा रही हैं।

57. (d) प्रत्येक चरण में मूल आकृति ACW दिशा में 45° पर घूमती हैं जबकि छोटी आकृतियां CW दिशा में एक घर आगे बढ़ती है और प्रत्येक दो चरण के बाद मूल आकृति के अंदर और बाहर होती है।

58. (d) प्रत्येक चरण में सबसे ऊपर की आकृति ACW दिशा में 90° पर घूमती है और सभी तत्व CW दिशा में एक घर आगे बढ़ते हैं।

59. (e) प्रत्येक चरण में चार में से एक तत्व नये तत्व में बदल जाता है और बचे हुए तीन तत्व आपस में स्थान परिवर्तित करते हैं।

60. (e) प्रत्येक चरण में दो चित्र आपस में स्थान परिवर्तित करते हैं जबकि बचे हुए तीन चित्र भी एक निश्चित क्रम में स्थान बदलते हैं।

61. (e) प्रत्येक चरण में पूरी आकृति ACW दिशा में 90° पर घूमती है। एक चरण में दो तत्व आपस में स्थान परिवर्तित करते हैं जबकि तीसरा तत्व स्थिर रहता है। दूसरे चरण में सभी तत्व ACW दिशा में एक घर आगे बढ़ते हैं। यह दो चरण एकांतरित रूप से चलता है।

62. (b) चित्र II से I में तत्वों का एक सेट नये सेट द्वारा परिवर्तित कर दिया जाता है जबकि शेष दो सेट अपरिवर्तित रहते हैं और तत्वों की कुल संख्या एक कम हो जाती है।

63. (b) चित्र II से I में छह में से तीन आड़ी रेखा दिशा बदलते हैं जबकि शेष तीन पूर्ववत दिशा में रहते हैं।

64. (a) चित्र II से I में ऊपर से पहला और तीसरा तत्व आपस में स्थान परिवर्तित करते हैं और अपने अपने स्थान पर पलट जाते हैं जबकि दूसरा और चौथा तत्व भी आपस में स्थान परिवर्तित करते हैं और एक अपने स्थान पर पलट जाता है।

80. (d) प्रत्येक तीन पदों के बाद पैटर्न का दोहराव होता है।

❖❖❖

अध्याय 1 आँकड़ों का विश्लेषण (DATA INTERPRETATION)

आँकड़ों का विश्लेषण

'आँकड़ों का विश्लेषण' के प्रश्नों में, आँकड़ों को तालिका, दण्ड-आलेख, वृत्त-चित्र आदि से प्रदर्शित किया जाता है, साथ ही कई प्रश्नों को इसके साथ संलग्न किया जाता है। इन संलग्न प्रश्नों का उत्तर, दिए चित्र में प्रदर्शित आँकड़ों का विश्लेषण करके देना होता है। इस प्रकार के प्रश्नों को हल करने के लिए प्रतिशत, लाभ-हानि, अनुपात आदि का ज्ञान होना आवश्यक है। परीक्षा में मुख्यतया निम्न विधियों से प्रदर्शित आँकड़ों से सम्बंधित प्रश्न पूछे जाते हैं:

प्रश्नों के प्रकार

टाइप 1 : तालिका पर आधारित प्रश्न

निर्देश: निम्नलिखित सारणी का दिए गए प्रश्नों के उत्तर देने के लिए अध्ययन कीजिए:

सात विद्यार्थियों में प्राप्त अंकों का प्रतिशत

विषय	अंग्रेजी	इतिहास	कंप्यूटर	गणित	विज्ञान	अर्थशास्त्र
अधिकतम अंक	(60)	(40)	(130)	(150)	(120)	(80)
मीरा	100	80	50	90	90	60
सुबोध	80	70	80	100	80	40
कुणाल	90	70	60	90	70	70
सोनी	60	60	65	80	80	80
रिचु	50	90	62	80	85	95
आयरीन	40	60	64	70	65	85
विजय	80	80	35	65	30	75

उदाहरण 1 : मीरा को कुल मिलाकर सभी विषयों में कितने अंक मिले हैं?

(a) 448 **(b)** 589
(c) 470 **(d)** 74.68
(e) इनमें से कोई नहीं

हल (a) मीरा को कुल मिलाकर सभी विषयों में मिला अंक

$$= \frac{100 \times 60}{100} + \frac{80 \times 40}{100} + \frac{130 \times 50}{100} + \frac{150 \times 90}{100} + \frac{120 \times 90}{100} + \frac{80 \times 60}{100}$$

$$= 60 + 32 + 65 + 135 + 108 + 48 = 448$$

उदाहरण 2 : इन सात विद्यार्थियों को इतिहास में औसतन कितने अंक मिले हैं? (दो अंकों तक पूर्णांकित करें)

(a) 72.86 **(b)** 27.32
(c) 24.86 **(d)** 29.14
(e) इनमें से कोई नहीं

हल (d) सातों विद्यार्थियों को इतिहास में मिले अंक

$$= \frac{40}{100}(80 + 70 + 70 + 60 + 90 + 60 + 80)$$

$$= \frac{40}{100} \times 510 = 204$$

$$\therefore \text{ औसत अंक } = \frac{204}{7} = 29.14$$

उदाहरण 3 : कितने विद्यार्थियों को सभी विषयों में 60% या उससे अधिक अंक प्राप्त हुए हैं?

(a) एक **(b)** दो
(c) तीन **(d)** किसी को भी नहीं
(e) इनमें से कोई नहीं

हल (b) केवल दो विद्यार्थी, कुणाल और सोनी ने सभी विषयों में 60% या उससे अधिक अंक प्राप्त किया।

उदाहरण 4 : कुणाल को कुल कितने प्रतिशत अंक मिले हैं?

(a) 64 **(b)** 65
(c) 75 **(d)** 64.24
(e) इनमें से कोई नहीं

हल (c) कुणाल को कुल मिला अंक

$$= \frac{60 \times 90}{100} + \frac{40 \times 70}{100} + \frac{130 \times 60}{100} + \frac{150 \times 90}{100} + \frac{120 \times 70}{100} + \frac{80 \times 70}{100}$$

$$= 54 + 28 + 78 + 135 + 84 + 56 = 435$$

कुल अंक $= 60 + 40 + 130 + 150 + 120 + 80 = 580$

$$\therefore \text{ अभीष्ट प्रतिशत } = \frac{435}{580} \times 100 = 75$$

उदाहरण ▶ 5 : सामान्यतः किस विषय में प्रतिशतता श्रेष्ठ है?

(a) गणित (b) अर्थशास्त्र
(c) इतिहास (d) विज्ञान
(e) इनमें से कोई नहीं

हल (a)

टाइप 2 : दण्ड-आलेख पर आधारित प्रश्न

निर्देशः निम्नलिखित आलेख का सावधानीपूर्वक अध्ययन कर प्रश्नों का उत्तर दीजिए।

सात कम्पनियों का वर्ष 2007 के आय-व्यय का लेखा जोखा (करोड़ में)

$$\%\text{लाभ/हानि} = \frac{\text{आय} - \text{व्यय}}{\text{व्यय}} \times 100$$

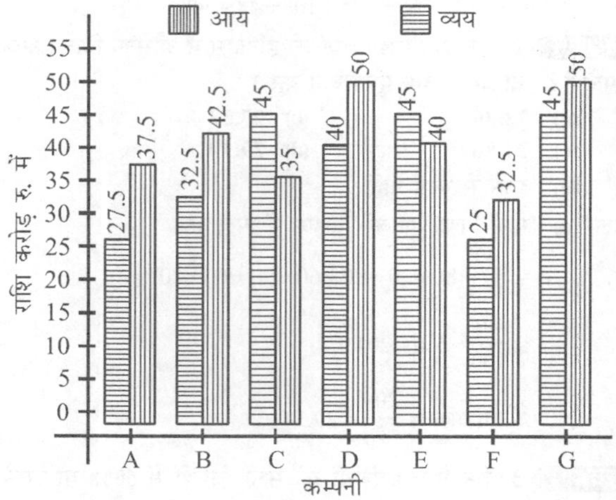

उदाहरण ▶ 5 : अगर कम्पनी A की आय वर्ष 2007 में 2006 से 10% बढ़ती है और वर्ष 2006 में 20% लाभ प्राप्त किया तो वर्ष 2006 में खर्च क्या था? (करोड़ ₹ में दशमलव के दो अंकों तक)

(a) 36.36 (b) 32.32
(c) 30.30 (d) जानकारी अधूरी है
(e) इनमें से कोई नहीं

हल (e) वर्ष 2006 में कंपनी A की आय

$\left(\frac{100}{110} \times 37.5\right)$ करोड़ ₹

$= 34.09$ करोड़ ₹

माना कि 2006 में कंपनी A का खर्च = x करोड़ ₹

$\therefore \quad 20 = \frac{34.09 - x}{x} \times 100$

या, $0.2x = 34.09 - x$

या, $1.2x = 34.09$

या, $x = \frac{34.09}{1.2}$

$= 28.41$ करोड़ ₹

उदाहरण ▶ 6 : नीचे दी गयी कम्पनियों में किसकी वर्ष 2007 में प्रतिशत लाभ/हानि उच्चतम रही थी?

(a) B (b) C
(c) F (d) A
(e) इनमें से कोई नहीं

हल (d) कंपनियों का लाभ/हानि प्रतिशतः

कंपनी B: $\frac{42.5 - 32.5}{32.5} \times 100 = 30.77\%$ (लाभ)

कंपनी C: $\frac{35 - 45}{45} \times 100 = 22.2\%$ (हानि)

कंपनी F: $\frac{32.5 - 25}{25} \times 100 = 30\%$ (लाभ)

कंपनी A: $\frac{37.5 - 27.5}{27.5} \times 100 =$ **36.36 % (लाभ)**

उदाहरण ▶ 7 : कम्पनी C और D का संयुक्त रूप से लाभ और हानि का प्रतिशत (लगभग) क्या है?

(a) 10% लाभ (b) 12% लाभ
(c) 10% हानि (d) 12% हानि
(e) यहाँ न लाभ हुआ न हानि

हल (e) कंपनी C तथा D का आय = 35 + 50 = 85 करोड ₹ कंपनी C तथा D का व्यय = 45 + 40 = 85 करोड़ ₹, चूंकि आय तथा व्यय बराबर है।

अतः न लाभ, न हानि

उदाहरण ▶ 8 : अगर कम्पनी E का व्यय वर्ष 2007 में वर्ष 2006 में व्यय का 20% अधिक है। और कम्पनी वर्ष 2006 में 10% लाभ अर्जित करता है तो वर्ष 2006 में कम्पनी की आय (करोड़ ₹ में) क्या था?

(a) 37.5 (b) 41.25
(c) 34.9 (d) तय नहीं कर सकते
(e) इनमें से कोई नहीं

हल (b) कम्पनी E का वर्ष 2006 में व्यय

$= \frac{45 \times 100}{120} = \frac{75}{2}$ करोड़ ₹

$= 37.5$ करोड़ ₹

अतः $10 = \frac{\text{आय} - 37.5}{37.5} \times 100$

$\therefore$ आय = 41.25 करोड़ ₹

उदाहरण ▶ 9 : सभी कम्पनियों का वर्ष 2007 में अर्जित प्रतिशत लाभ (लगभग) क्या है?

(a) 11 (b) 11.5
(c) 10.5 (d) 15
(e) 12.5

हल (c) सभी कंपनियों का कुल आय

$= 37.5 + 42.5 + 35 + 50 + 40 + 32.5 + 50 = 287.5$

सभी कंपनियों का कुल व्यय

$= 27.5 + 32.5 + 45 + 40 + 45 + 25 + 45 = 260$

कुल लाभ

$= 287.5 - 260 = 27.5$ करोड़ ₹

$\therefore$ % लाभ $= \frac{27.5 \times 100}{260}$

$= 10.57\%$

$\approx 10.5\%$

टाइप 3 : रेखा आरेख पर आधारित प्रश्न

निर्देश: नीचे दिए हुए आलेख का ध्यानपूर्वक अध्ययन कर इन प्रश्नों के उत्तर दीजिए

अर्जित लाभ (करोड़ रुपये में) 2003 और 2004 के दौरान सात कम्पनियों द्वारा

लाभ = आय – व्यय

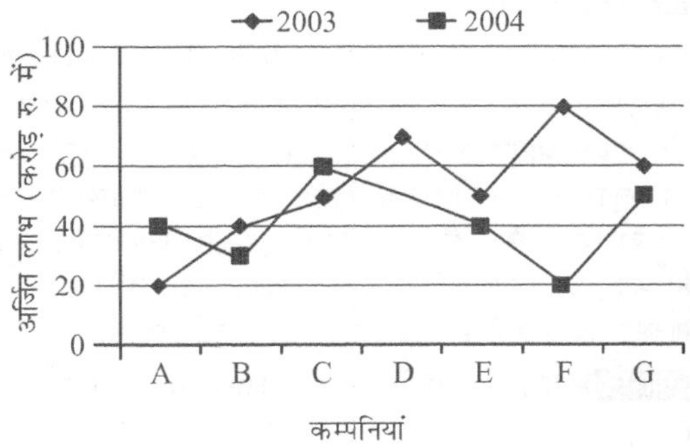

उदाहरण 10 : कम्पनी C द्वारा 2003 और 2004 में मिलकर अर्जित कुल लाभ और कम्पनी E द्वारा इन्हीं दो वर्षों में अर्जित कुल लाभ के बीच क्रमशः क्या अनुपात है?

(a) **11 : 9** (b) **9 : 10**
(c) **10 : 11** (d) **11 : 10**
(e) **इनमें से कोई नहीं**

हल (a) कम्पनी C द्वारा वर्ष 2003 और 2004 में अर्जित लाभ

$= 50 + 60 = 110$ करोड़ ₹

कम्पनी E द्वारा वर्ष 2003 और 2004 में अर्जित लाभ

$= 40 + 50 = 90$ करोड़ ₹

अभीष्ट अनुपात $= 110 : 90 = 11 : 9$

उदाहरण 11 : कम्पनी A द्वारा 2004 में अर्जित लाभ और कम्पनी B द्वारा 2003 में अर्जित लाभ के बीच क्रमशः क्या अनुपात है?

(a) **4 : 3** (b) **3 : 2**
(c) **3 : 4** (d) **2 : 3**
(e) **इनमें से कोई नहीं**

हल (e) कम्पनी A द्वारा वर्ष 2004 में अर्जित लाभ $= 40$ करोड़ ₹ कम्पनी B द्वारा वर्ष कथन 2003 में अर्जित लाभ $= 40$ करोड़ ₹

$\therefore$ अभीष्ट अनुपात $= 40 : 40 = 1 : 1$

उदाहरण 12 : सभी कम्पनियों द्वारा अर्जित औसत लाभ वर्ष 2003 में कितना था? (करोड़ रुपये में, दशमलव के बाद दो अंकों तक पूर्णांकित)

(a) **52.75** (b) **53.86**
(c) **52.86** (d) **53.75**
(e) **इनमें से कोई नहीं**

हल (c) वर्ष 2003 में अर्जित औसत लाभ

$\left(\frac{20+40+50+70+50+80+60}{7}\right)$ करोड़ ₹

$= \frac{370}{7} = 52.86$ करोड़ ₹

उदाहरण 13 : 2004 में कम्पनी B द्वारा अर्जित लाभ, उसी कम्पनी द्वारा 2003 में अर्जित लाभ का कितना प्रतिशत है?

(a) **133.33** (b) **75**
(c) **67.66** (d) **75.25**
(e) **इनमें से कोई नहीं**

हल (b) कम्पनी B द्वारा वर्ष 2004 में अर्जित लाभ =30 करोड़ रुपये

कम्पनी B द्वारा वर्ष 2003 में अर्जित लाभ =40 करोड़ रुपये

अभीष्ट प्रतिशत $= \frac{30}{40} \times 100 = 75\%$

उदाहरण 14 : 2003 में कम्पनी E, F और G द्वारा अर्जित कुल लाभ और इन्हीं के द्वारा 2004 में अर्जित कुल लाभ के बीच क्या अन्तर (करोड़ रुपये में) है?

(a) **70** (b) **75**
(c) **78** (d) **82**
(e) **इनमें से कोई नहीं**

हल (e) कम्पनी E, F और G द्वारा अर्जित लाभ:

वर्ष 2003 में $\rightarrow 50 + 80 + 60 = 190$ करोड़ रुपये

वर्ष 2004 में $\rightarrow 40 + 20 + 50 = 110$ करोड़ रुपये

$\therefore$ अभीष्ट अंतर $190 - 110 = 80$ करोड़ रुपये

टाइप 4 : वृत्त-चित्र पर आधारित प्रश्न

निर्देश: निम्नलिखित प्रश्नों का उत्तर देने के लिए इन पाई चार्ट को ध्यान से पढ़ें।

एक कालेज की विभिन्न धाराओं में दाखिल हुए छात्रों का प्रतिशत

छात्रों की कुल संख्या = 3,500

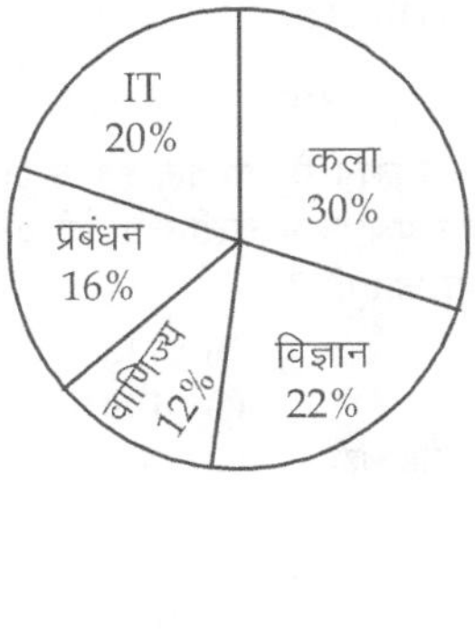

कुल छात्रों में से इन धाराओं में दाखिल हुई लड़कियों के प्रतिशत का विवरण
लड़कियों की कुल संख्या = 1,500

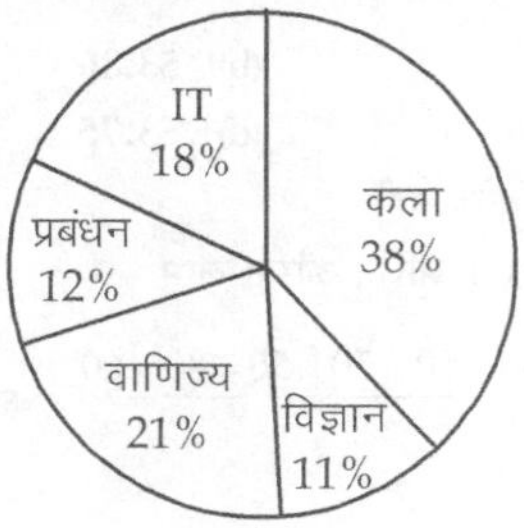

उदाहरण ▶ 15 : प्रबंधन और IT में मिलाकर दाखिल हुए लड़कों की कुल संख्या कितनी है ?

(a) **1050** (b) **810**
(c) **1120** (d) **980**
(e) **इनमें से कोई नहीं**

हल (b) प्रबंधन और IT में मिलाकर दाखिल हुए लड़कों की संख्या
$=(16+20)\% \times 3500-(12+18)\% \times 1500$
$=3500\times\frac{36}{100}-1500\times\frac{30}{100}$
$=1260-450=810$

उदाहरण ▶ 16 : कला में दाखिल हुई लड़कियों की संख्या का विज्ञान में दाखिल हुए लड़कों की संख्या से क्रमशः अनुपात क्या है ?

(a) **14 : 23** (b) **2 : 3**
(c) **114 : 121** (d) **53 : 65**
(e) **इनमें से कोई नहीं**

हल (c) कला में दाखिल लड़कियों की संख्या
$=1500\times\frac{38}{100}=570$
विज्ञान में दाखिल लड़कों की संख्या
$=3500\times\frac{22}{100}-1500\times\frac{11}{100}$
$=770-165=605$
$\therefore$ अनुपात $=570:605=114:121$

उदाहरण ▶ 17 : विज्ञान और वाणिज्य में मिलाकर दाखिल हुई लड़कियों की कुल संख्या कितनी है ?

(a) **450** (b) **495**
(c) **345** (d) **480**
(e) **इनमें से कोई नहीं**

हल (d) विज्ञान और वाणिज्य में मिलाकर दाखिल लड़कियों की संख्या
$=1500\times(11+21)\%$
$=1500\times\frac{32}{100}=480$

उदाहरण ▶ 18 : यदि विज्ञान में दाखिल हुई लड़कियों में से 20% अपनी धारा बदल कर प्रबंधन में चली जाएं जो प्रबंधन के कुल छात्रें की संख्या कितनी हो जाएगी ?

(a) **593** (b) **733**
(c) **453** (d) **1003**
(e) **इनमें से कोई नहीं**

हल (a) अभीष्ट संख्या
$=3500\times\frac{16}{100}+1500\times\frac{11}{100}\times\frac{20}{100}$
$=560+33=593$

उदाहरण ▶ 19 : कला, विज्ञान और वाणिज्य में दाखिल हुई लड़कियों की संख्या कालेज की कुल छात्र संख्या का कितने प्रतिशत है?

(a) **25** (b) **40**
(c) **60** (d) **75**
(e) **इनमें से कोई नहीं**

हल (e) कला, विज्ञान और वाणिज्य में मिलाकर दाखिल लड़कियों की संख्या $=(38+11+21)\times\frac{1500}{100}=1050$
अभीष्ट प्रतिशत $=\frac{1050}{3500}\times100=30\%$

टाइप 5 : सांख्यिकीय आँकड़े पर आधारित अनुच्छेद

निर्देशः नीचे दिए गए प्रश्नों के उत्तर देने के लिए इस जानकारी को ध्यानपूर्वक पढ़िये।

ये सांख्यिकीय डाटा वर्ष 2005 में एक सर्वेक्षण में एकत्रित किए गए थे। हमीरपुर गुजरात का एक छोटा शहर है जिसकी जनसंख्या 75000 है। 35 वर्ष की आयु से अधिक के लोग कुल आबादी का 40% हैं। पुरुष एवं महिला का अनुपात 1: 1. 5 है। पूर्व के रिकार्ड दर्शाते है कि हमीरपुर की जनसंख्या 7% वार्षिक दर से बढ़ती है। हमीरपुर में कुल कृषि योग्य भूमि 2 लाख एकड़ है। धान मुख्य फसल है जिसकी उत्पादकता 2.5 टन प्रति एकड़ है। सामान्य मानसून वर्ष में हमीरपुर में लगभग 10 इंच वर्षा होती है।

उदाहरण ▶ 20 : हमीरपुर में 35 वर्ष से कम आयु वाले लोगों की संख्या है:

(a) **41000** (b) **42000**
(c) **45000** (d) **43000**
(e) **44000**

हल (c) हमीरपुर की जनसंख्या = 75000
35 वर्ष से कम आयु वाली जनसंख्या
$=\frac{60}{100}\times75000=45000$

उदाहरण ▶ 21 : हमीरपुर में पुरुषों की संख्या, महिलाओं की संख्या से

(a) **15000 कम है** (b) **15000 अधिक है**
(c) **10000 कम है** (d) **10000 अधिक है**
(e) **इनमें से कोई नहीं**

हल (a) पुरूष: महिला = 1 : 1.5
$\therefore\ 1\times x+1.5x=75000$
या, $2.5x=75000$
$\therefore\ x=\frac{75000}{2.5}=30000$
$\therefore$ पुरुषों की जनसंख्या = 30000
महिलाओं की जनसंख्या $=1.5\times30000=45000$
$\therefore$ अंतर $=45000-30000=15000$

उदाहरण 22 : यदि पुरुष एवं महिलाओं का अनुपात 2006 में भी समान रहता है जो वर्ष 2005 में था तो वर्ष 2006 में पुरुषों की संख्या कितनी होगी?

(a) **30600** (b) **32100**
(c) **31500** (d) **32700**
(e) **33000**

हल (b) 2006 में हमीरपुर की जनसंख्या = 1.07 × 75000 = 80250 (चूंकि जनसंख्या 7% वार्षिक दर से बढ़ती है)

$$\frac{\text{पुरुष}}{\text{महिला}} = \frac{1}{1.5}$$

$\therefore$ 2.5 x = 80250

$\therefore$ $x = \frac{80250}{2.5} = 32100$

$\therefore$ 2006 में पुरुषों की संख्या = 32100

उदाहरण 23 : हमीरपुर में जनसंख्या वर्ष 2007 में लगभग क्या होगी?

(a) **85000** (b) **84750**
(c) **83900** (d) **85870**
(e) **86850**

हल (d) पिछले प्रश्न से,
2006 में शहर की जनसंख्या = 80250
जनसंख्या वृद्धि दर = 7%
$\therefore$ 2007 में हमीरपुर की जनसंख्या
$= 1.07 \times 80250 = 85868 \approx 85870$

उदाहरण 24 : यदि वर्ष 2005 में, औसत उत्पादकता स्तर का 60% प्राप्त किया गया हो, तो हमीरपुर में धान का कुल उत्पादन क्या होगा?

(a) **2.6 लाख टन** (b) **3.0 लाख टन**
(c) **2.8 लाख टन** (d) **3.3 लाख टन**
(e) **3.6 लाख टन**

हल (b) $\text{उत्पादकता} = \frac{\text{धान उत्पादन (टन में)}}{\text{कुल कृषि योग्य क्षेत्र}}$

हमीरपुर में औसत उत्पादकता = 2.5 टन प्रति एकड़ औसत उत्पादकता का 60% = 0.6 × 2.5 = 1.50 टन प्रति एकड़
कुल धान उत्पादन = 1.5 टन/एकड़ × 2 लाख एकड़
= 3 लाख टन

अभ्यास प्रश्न (Exercise)

निर्देश (प्र. 1-5) : इस सारणी को ध्यानपूर्वक अध्ययन कर इन प्रश्नों के उत्तर दीजिए:

विगत वर्षों में एक कॉलेज की पांच संकायों में लड़कों और लड़कियों की संख्या

वर्ष	संकाय									
	कला		विज्ञान		वाणिज्य		प्रबंधन		IT	
	लड़के	लड़कियाँ	लड़के	लड़कियाँ	लड़के	लड़कियाँ	लड़के	लड़कियाँ	लड़के	लड़कियाँ
2002	556	414	619	505	668	612	770	633	670	515
2003	763	608	793	612	781	616	667	439	866	722
2004	672	519	540	516	859	713	778	727	781	619
2005	809	602	928	908	870	811	849	729	977	817
2006	745	510	884	820	967	819	562	938	990	808
2007	698	413	765	616	571	515	1288	1016	1151	1010

1. वर्ष 2004 में सभी संकायों में मिलाकर लड़कों की संख्या क्या है?
(a) 4148 (b) 3630
(c) 4433 (d) 3247
(e) इनमें से कोई नहीं

2. वर्ष 2007 में कला संकाय में लड़कों की संख्या, सभी वर्षों के लिए मिलाकर कला संकाय में लड़कों की कुल संख्या का लगभग कितना प्रतिशत है?
(a) 27 (b) 34
(c) 08 (d) 39
(e) 16

3. वर्ष 2007 के सभी संकायों में मिलाकर लड़कों की कुल संख्या का लड़कियों की कुल संख्या से अनुपात क्या है?
(a) 2 : 3 (b) 14 : 13
(c) 52 : 49 (d) 213 : 170
(e) इनमें से कोई नहीं

4. सभी वर्षों के लिए मिलाकर प्रबंधन संकाय में लड़कों की कुल संख्या का लड़कियों की कुल संख्या से अनुपात क्या है?
(a) 9 : 8 (b) 71 : 86
(c) 91 : 83 (d) 27 : 23
(e) इनमें से कोई नहीं

5. दिये गए वर्षों में वाणिज्य संकाय में लड़कियों की औसत संख्या कितनी है?
(a) 681 (b) 675
(c) 618 (d) 657
(e) इनमें से कोई नहीं

निर्देश (प्र. 6-10) : नीचे दी गई सारणी का ध्यानपूर्वक अध्ययन कर इन प्रश्नों के उत्तर दीजिए

अलग-अलग राज्यों के लिए 2005 और 2006 में बेराजगार युवक, युवतियों का प्रतिशत और कुल जनसंख्या दर्शाती हुई सारणी

राज्य	2005			2006		
	M%	F%	T (Pop.)	M%	F%	T (Pop.)
A	12	15	32	7	8	35
B	8	7	18	10	9	20
C	9	10	28	10	12	34
D	10	6	24	8	8	30
E	6	8	30	7	6	32
F	7	5	28	8	7	35

M = कुल जनसंख्या में बेरोजगार युवकों का प्रतिशत

F = कुल जनसंख्या में बेरोजगार युवतियों का प्रतिशत

T = राज्य की कुल जनसंख्या लाखों में

6. 2005 में राज्य F में बेरोजगार युवकों की संख्या और 2006 में राज्य A में बेरोजगार युवकों की संख्या के बीच क्या अन्तर था?
(a) 70000 (b) 45000
(c) 68000 (d) 65000
(e) इनमें से कोई नहीं

7. 2005 में राज्य D में बेरोजगार युवकों और 2006 में राज्य D में बेरोजगार युवकों के बीच क्रमशः अनुपात क्या था?
(a) 1 : 1 (b) 2 : 3
(c) 3 : 2 (d) 4 : 5
(e) इनमें से कोई नहीं

8. 2006 में राज्य A में बेरोजगार युवाओं की कुल संख्या क्या थी?
(a) 220000 (b) 325000
(c) 520000 (d) 525000
(e) इनमें से कोई नहीं

9. 2005 में राज्य D में कितनी युवतियां बेरोजगार थी?
(a) 14400 (b) 144000
(c) 140000 (d) 14000
(e) इनमें से कोई नहीं

10. 2005 में राज्य A में बेरोजगार युवकों की संख्या 2006 में राज्य E में बेरोजगार युवतियों की संख्या का कितना प्रतिशत थी?
(a) 66 (b) 50
(c) 200 (d) 133
(e) इनमें से कोई नहीं

निर्देश (11 - 15) : निम्नलिखित सारणी का ध्यान से अध्ययन कर नीचे दिए गए प्रश्नों के उत्तर दीजिए :

विगत वर्षों में एक कालेज के पांच संकायों में विद्यार्थियों की संख्या

संकाय / वर्ष	कला	विज्ञान	वाणिज्य	प्रबंधन	कृषि
2001	240	358	275	215	314
2002	260	390	286	234	365
2003	275	374	265	269	336
2004	284	368	290	255	348
2005	296	415	272	284	326
2006	312	432	364	276	383

11. पिछले वर्ष की तुलना में किस वर्ष कृषि संकाय के संबंध में प्रतिशत बदलाव अधिकतम था ?
(a) 2002 (b) 2003
(c) 2004 (d) 2005
(e) 2006

12. 2003 से 2004 में वाणिज्य संकाय में विद्यार्थियों की संख्या में प्रतिशत वृद्धि लगभग कितनी थी ?
(a) 14 (b) 18
(c) 20 (d) 9
(e) 22

13. किस वर्ष कला और विज्ञान में विद्यार्थियों की संख्या के बीच का अंतर ठीक 130 था ?
(a) 2001 (b) 2002
(c) 2004 (d) 2006
(e) इनमें से कोई नहीं

14. 2001 और 2005 में मिलाकर कृषि में विद्यार्थियों की कुल संख्या इसी संकाय में 2002 में विद्यार्थियों की संख्या का लगभग कितना प्रतिशत थी ?
(a) 75 (b) 165
(c) 65 (d) 175
(e) 190

15. दिए गए वर्षों में किस संकाय में विद्यार्थियों की संख्या में सतत वृद्धि हुई थी ?
(a) विज्ञान (b) कृषि
(c) कला (d) वाणिज्य
(e) प्रबंधन

निर्देश (16 - 20) : नीचे दिए गए प्रश्नों के उत्तर देने के लिए इस सारणी का ध्यानपूर्वक अध्ययन कीजिए।

छह विद्यार्थियों द्वारा छह अलग-अलग विषयों में प्राप्त अंकों का प्रतिशत

विषय	गणित	अंग्रेजी	विज्ञान	हिन्दी	समाजशास्त्र	मराठी
विद्यार्थी	(150 में से)	(75 में से)	(125 में से)	(50 में से)	(100 में से)	(25 में से)
A	74	68	62	68	81	74
B	64	72	82	68	63	66
C	72	84	78	66	77	70
D	78	32	64	70	69	84
E	82	64	84	72	65	60
F	68	72	74	74	83	80

16. परीक्षा में पास होने के लिए अंग्रेजी में न्यूनतम 54 और विज्ञान में न्यूनतम 93 अंक पाना जरूरी है तो परीक्षा में कितने विद्यार्थी पास हुए हैं ?
(a) एक (b) चार
(c) दो (d) तीन
(e) इनमें से कोई नहीं

17. सभी विषयों में मिलाकर किस विद्यार्थी को सर्वाधिक अंक मिले हैं ?
(a) F (b) E
(c) B (d) C
(e) इनमें से कोई नहीं

18. सभी विद्यार्थियों द्वारा मिलाकर हिन्दी में प्राप्त औसत अंक कितने हैं? (दशमलव के बाद दो अंकों तक पूर्णांकित)
(a) 35.02 (b) 32.68
(c) 31.33 (d) 30.83
(e) इनमें से कोई नहीं

19. सभी विषयों में मिलाकर F को प्राप्त अंकों का समग्र प्रतिशत कितना है?
(a) 74 (b) 72
(c) 75 (d) 78
(e) इनमें से कोई नहीं

20. B को गणित और समाजशास्त्र में मिलाकर कुल कितने अंक मिले हैं?
(a) 153 (b) 159
(c) 146 (d) 149
(e) इनमें से कोई नहीं

निर्देश (प्र. 21 - 25) : नीचे दिए गए प्रश्नों का उत्तर देने के लिए इस ग्राफ का ध्यानपूर्वक अध्ययन कीजिए।

एक वर्ष में विभिन्न संस्थानों में अलग-अलग हॉबी वर्गों में दाखिला लेने वाली लड़कियों की संख्या

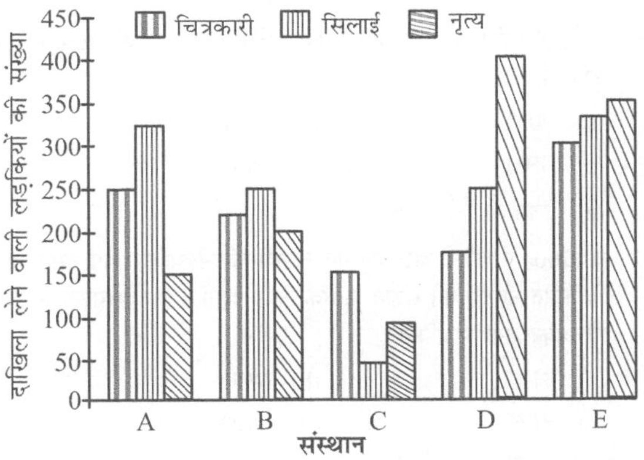

21. संस्था A और C में मिलकर चित्रकारी में दाखिला लेने वाली लड़कियों की कुल संख्या का संस्था C और E में मिलाकर सिलाई में दाखिला लेने वाली लड़कियों की संख्या से क्रमशः अनुपात क्या है?
(a) 5 : 4 (b) 5 : 7
(c) 16 : 23 (d) 9 : 8
(e) इनमें से कोई नहीं

22. संस्था B में दाखिला लेने वाली लड़कियों की संख्या, सभी संस्थाओं में मिलकर सिलाई में दाखिला लेने वाली लड़कियों की कुल संख्या का लगभग कितना प्रतिशत है?
(a) 29 (b) 21
(c) 33 (d) 37
(e) 45

23. सभी संस्थाओं में मिलकर चित्रकारी, सिलाई और नृत्य में दाखिला लेने वाली लड़कियों की कुल संख्या का क्रमशः अनुपात क्या है?
(a) 44 : 48 : 47 (b) 43 : 47 : 48
(c) 44 : 47 : 48 (d) 47 : 48 : 44
(e) इनमें से कोई नहीं

24. संस्था A में नृत्य में दाखिला लेने वाली लड़कियों की संख्या, इसी संस्था में सभी हॉबी वर्गों में दाखिला लेने वाली लड़कियों की कुल संख्या का कितना प्रतिशत है? (दशमलव के बाद दो अंकों तक पूर्णांकित)
(a) 23.87 (b) 17.76
(c) 31.23 (d) 33.97
(e) 20.69

25. सभी संस्थाओं में मिलकर चित्रकारी में दाखिला लेने वाली लड़कियों की कुल संख्या क्या है?
(a) 1150 (b) 1200
(c) 1275 (d) 1100
(e) इनमें से कोई नहीं

निर्देश (26 - 30) : नीचे दिए गए प्रश्नों का उत्तर देने के लिए इस ग्राफ को ध्यान से पढिए।

पांच विभिन्न संस्थाओं में पुरुषों और महिलाओं की कुल संख्या

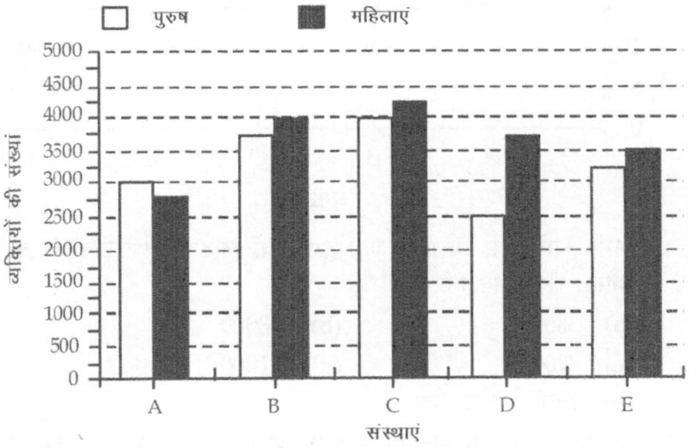

26. सभी संस्थाओं को मिलाकर महिलाओं की औसत संख्या कितनी है ?
(a) 3800 (b) 3550
(c) 3300 (d) 3150
(e) इनमें से कोई नहीं

27. संस्था A से पुरुषों की संख्या सभी संस्थाओं को मिलाकर पुरुषों की कुल संख्या का लगभग कितने प्रतिशत है ?
(a) 18 (b) 28
(c) 11 (d) 31
(e) 36

28. सभी संस्थाओं को मिलाकर महिलाओं की कुल संख्या और पुरुषों की कुल संख्या के बीच कितना अंतर है ?
(a) 1500 (b) 1750
(c) 1800 (d) 2050
(e) इनमें से कोई नहीं

29. संस्था C की महिलाओं की संख्या का संस्था E की महिलाओं की संख्या से क्रमश: कितना अनुपात है ?
(a) 14:17 (b) 17:14
(c) 14:15 (d) 15:14
(e) इनमें से कोई नहीं

30. संस्था A व B को मिलाकर पुरुषों की कुल संख्या, संस्था C,D व E को मिलाकर पुरुषों की कुल संख्या का लगभग कितने प्रतिशत है ?
(a) 58 (b) 75
(c) 69 (d) 83
(e) 52

निर्देश (31-35) : निम्नलिखित ग्राफ का ध्यान से अध्ययन कीजिए और उसके नीचे दिए गए प्रश्नों के उत्तर दीजिए।

एक वर्ष में विभिन्न कालेजों से पास हुए छात्रें (लड़के व लड़कियां) की संख्या (हजारों में)

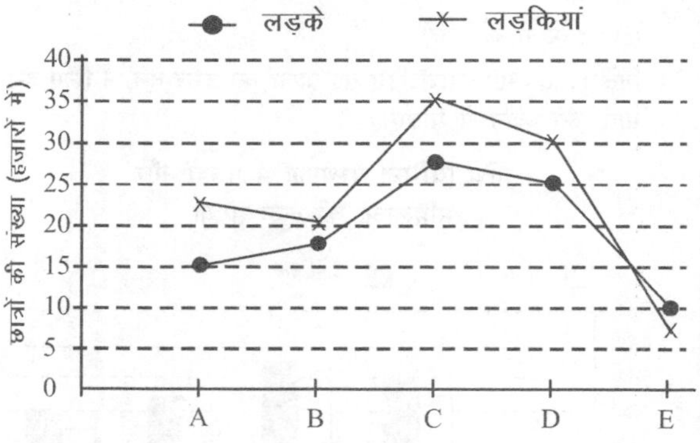

31. सभी कालेजों से मिलाकर पास हुए छात्रों (लड़कों व लड़कियों) की औसत संख्या कितनी है ?
(a) 38000 (b) 48000
(c) 42000 (d) 51000
(e) इनमें से कोई नहीं

32. कालेज C से पास होने वाली लड़कियों की संख्या सभी कालेजों में मिलाकर पास होने वाली लड़कियों की कुल संख्या का **लगभग** कितने प्रतिशत है ?
(a) 28 (b) 30
(c) 36 (d) 25
(e) 40

33. कालेज A से पास होने वाले छात्रों की कुल संख्या और कालेज E से पास होने वाले छात्रों की कुल संख्या के बीच कितना अंतर है ?
(a) 20,500 (b) 21,000
(c) 10,500 (d) 10,000
(e) इनमें से कोई नहीं

34. सभी कालेजों में मिलाकर पास होने वाले लड़कों की संख्या का पास होने वाली लड़कियों की संख्या से क्रमश: क्या अनुपात है?
(a) 19 : 23 (b) 18 : 25
(c) 23 : 19 (d) 25 : 18
(e) इनमें से कोई नहीं

35. कालेज A व B में मिलाकर पास होने वाले लड़कों की संख्या कालेज C व D मे मिलाकर पास होने वाली लड़कियों की संख्या का कितने प्रतिशत है ?
(a) 45 (b) 40
(c) 35 (d) 50
(e) इनमें से कोई नहीं

निर्देश (36-40) : इन प्रश्नों के उत्तर देने के लिए नीचे दिए गए ग्राफ का ध्यान से अध्ययन कीजिए।

विगत वर्षों में एक कंपनी द्वारा विनिर्मित और बेचे गए उत्पादों की संख्या (हजारों में)

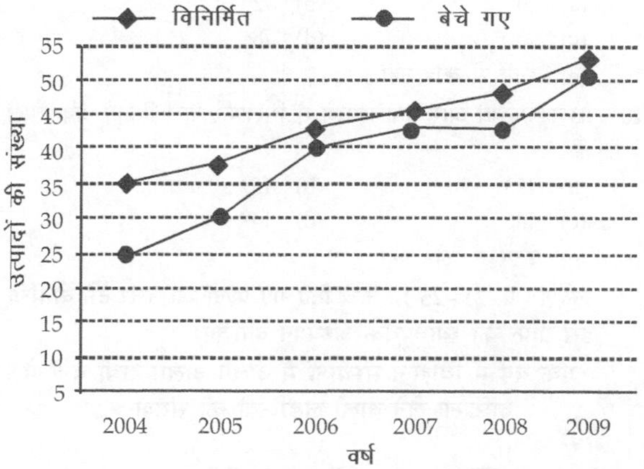

36. वर्ष 2009 और 2008 में कंपनी द्वारा विनिर्मित उत्पादों की संख्या में क्या अंतर है ?
(a) 4000 (b) 5500
(c) 3500 (d) 4500
(e) इनमें से कोई नहीं

37. वर्ष 2004 में कंपनी द्वारा बेचे गए उत्पादों की संख्या उस वर्ष उसके द्वारा विनिर्मित उत्पादों की संख्या का कितना प्रतिशत है ? (दशमलव के बाद दो अंको तक पूर्णांकित)
(a) 71.43 (b) 67.51
(c) 81.67 (d) 56.29
(e) इनमें से कोई नहीं

38. पिछले वर्ष की तुलना में वर्ष 2006 में कंपनी द्वारा बेचे गए उत्पादों की संख्या में कितने प्रतिशत वृद्धि हुई है? (दशमलव के बाद दो अंकों तक पूर्णांकित)
(a) 19.25 (b) 33.33
(c) 10.45 (d) 42.66
(e) इनमें से कोई नहीं

39. वर्ष 2007 में और वर्ष 2005 में कंपनी द्वारा नहीं बेचे गए उत्पादों की संख्या का क्रमश: अनुपात क्या है?
(a) 3:1 (b) 6:5
(c) 1:3 (d) 5:6
(e) इनमें से कोई नहीं

40. सभी वर्षों में मिलाकर कंपनी द्वारा विनिर्मित उत्पादों की औसत संख्या लगभग कितनी है ?

(a) 36550 (b) 39480
(c) 41220 (d) 43330
(e) 34420

निर्देश (41 - 45) : निम्नलिखित पाई-चार्ट को ध्यान से पढ़िए और नीचे दिए गए प्रश्नों के उत्तर दीजिए।

स्कूल को विभिन्न स्रोतों से मिलने वाली सम्पूर्ण निधि ₹ 500 लाख के बराबर है।

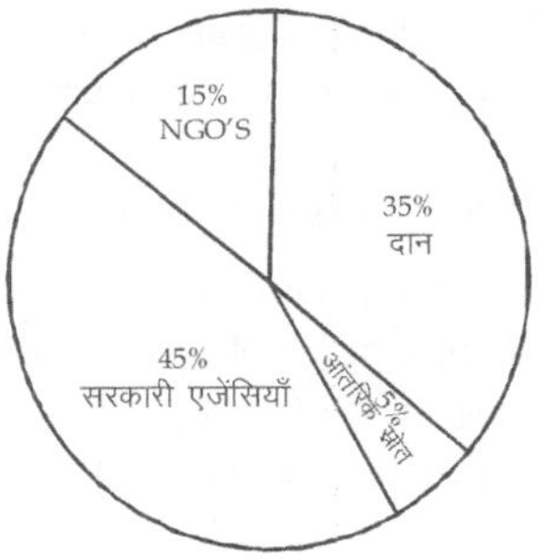

स्कूल में निधियों के स्रोत

स्कूल द्वारा निधियों का प्रयोग

41. स्कूल को NGO's और आंतरिक स्रोतों से मिली निधि के बीच कितना अंतर है ?

(a) ₹ 50 लाख (b) ₹ 45 लाख
(c) ₹ 75 लाख (d) ₹ 25 लाख
(e) इनमें से कोई नहीं

42. यदि स्कूल ने अपने 'रखरखाव' का प्रबंध केवल 'सरकारी एजेंसियों' से मिली निधि से कर लिया, तो सरकारी एजेंसियों से मिली निधि में से कितनी राशि दूसरे प्रयोग के लिए बची रहेगी ?

(a) ₹ 120 लाख (b) ₹ 150 लाख
(c) ₹ 110 लाख (d) ₹ 95 लाख
(e) इनमें से कोई नहीं

43. यदि छात्रवृत्ति, दान से मिली निधि में से दी जानी हो, तो इस प्रयोजन के लिए दान से मिली निधि का लगभग कितने प्रतिशत प्रयोग होगा?

(a) 43% (b) 53%
(c) 37% (d) 47%
(e) 32%

44. स्कूल द्वारा भुगतान के लिए कुल कितनी राशि प्रयोग की जाती है ?

(a) ₹ 100 लाख (b) ₹ 110 लाख
(c) ₹ 150 लाख (d) ₹ 140 लाख
(e) इनमें से कोई नहीं

45. स्कूल को सरकारी एजेंसियों से निधि की कितनी राशि मिली है ?

(a) ₹ 220 लाख (b) ₹ 310 लाख
(c) ₹ 255 लाख (d) ₹ 225 लाख
(e) इनमें से कोई नहीं

निर्देश (46-55) : निम्न प्रश्नों के उत्तर देने के लिए निम्नलिखित पाई-चार्ट और सारणी का अध्ययन कीजिए ।

एक देश की वयस्क जनसंख्या का राज्यवार ग्रेजुएट एवं कक्षा XII पास तक कुल संख्या का विवरण

ग्रेजुएट संख्या = 24 लाख

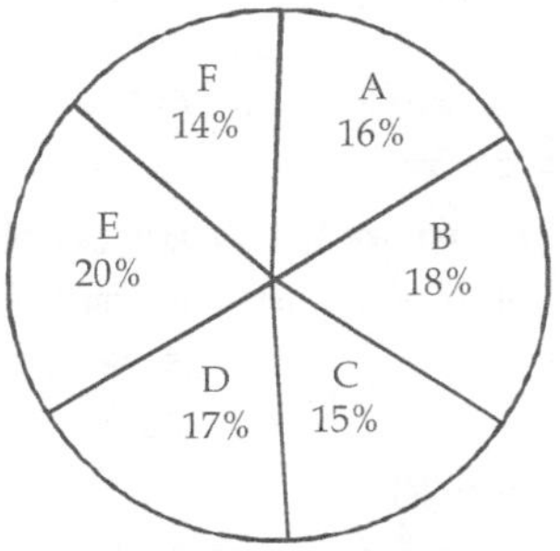

कक्षा XII पास संख्या = 32 लाख

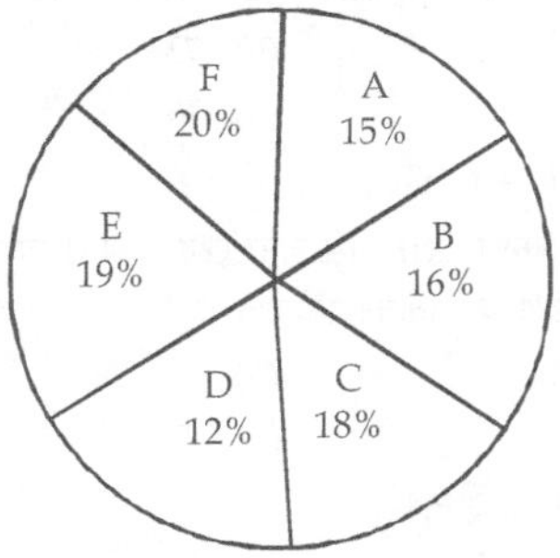

पुरुषों-महिला (M : F) अनुपात

राज्य	ग्रेजुएट एवं अधिक		कक्षा XII पास तक	
	M	F	M	F
A	7	5	7	9
B	5	3	3	5
C	5	4	4	5
D	9	8	5	7
E	9	7	9	10
F	4	3	3	2

46. राज्य A में ग्रेजुएट पुरुष जनसंख्या और कक्षा XII की पुरुष जनसंख्या के बीच कितना अंतर है ?

(a) 24,000 (b) 14,000
(c) 28,000 (d) 36,000
(e) इनमें से कोई नहीं

47. राज्य E की ग्रेजुएट महिला जनसंख्या और राज्य D की कक्षा XII पास महिला जनसंख्या के बीच क्रमशः कितना अनुपात है ?

(a) 7 : 5 (b) 5 : 7
(c) 16 : 15 (d) 15 : 16
(e) इनमें से कोई नहीं

48. राज्य C की ग्रेजुएट महिला जनसंख्या उस राज्य की कक्षा XII पास महिला जनसंख्या का कितने प्रतिशत है ?

(a) 40 (b) 62.5
(c) 50 (d) 52.5
(e) इनमें से कोई नहीं

49. राज्य C की कक्षा XII पुरुष जनसंख्या सभी राज्यों को मिलाकर कक्षा XII की कुल जनसंख्या का कितने प्रतिशत है ?

(a) 8% (b) 12%
(c) 11% (d) 9%
(e) इनमें से कोई नहीं

50. राज्य E की ग्रेजुएट पुरुष जनसंख्या और उसी राज्य की कक्षा XII पास महिला जनसंख्या के बीच क्रमशः क्या अनुपात है ?

(a) 28 : 35 (b) 35 : 28
(c) 32 : 45 (d) 45 : 32
(e) इनमें से कोई नहीं

51. राज्य F की कुल ग्रेजुएट जनसंख्या राज्य A की कक्षा XII पास की कुल जनसंख्या का कितने प्रतिशत है ?

(a) 56 (b) 72
(c) 68 (d) 76
(e) इनमें से कोई नहीं

52. राज्य E की कक्षा XII पास जनसंख्या राज्य F की कक्षा XII पास पुरुष जनसंख्या का कितने प्रतिशत है ?

(a) 70 (b) 75
(c) 68 (d) 72
(e) इनमें से कोई नहीं

53. राज्य A की कुल ग्रेजुएट और कक्षा XII पास पुरुष जनसंख्या और उसी राज्य की कुल ग्रेजुएट और कक्षा XII पास महिला जनसंख्या के बीच क्रमशः क्या अनुपात है ?

(a) 215 : 216 (b) 214 : 215
(c) 217 : 215 (d) 215 : 217
(e) इनमें से कोई नहीं

54. राज्य D की कुल ग्रेजुएट जनसंख्या और उसी राज्य की कुल कक्षा XII पास जनसंख्या के बीच क्रमशः क्या अनुपात है ?

(a) 17 : 16 (b) 16 : 17
(c) 64 : 51 (d) 51 : 64
(e) इनमें से कोई नहीं

55. राज्य B की ग्रेजुएट महिला जनसंख्या राज्य E की ग्रेजुएट महिला जनसंख्या का कितने प्रतिशत है ? (निकटस्थ पूर्णांक तक पूर्णांकित)

(a) 129 (b) 82
(c) 77 (d) 107
(e) इनमें से कोई नहीं

निर्देश (56 - 60) : नीचे दिए गए प्रश्नों के उत्तर देने के लिए इस जानकारी को ध्यानपूर्वक पढ़िए।

750 कर्मचारियों वाले एक संगठन में पुरुषों और महिलाओं का अनुपात क्रमशः 8 : 7 है। सभी कर्मचारी पांच अलग-अलग विभागों में अर्थात HR, प्रबंधन, PR, IT और भर्ती विभाग में काम करते हैं। 16 प्रतिशत महिलाएं प्रबंधन विभाग में काम करती हैं। 32 प्रतिशत पुरुष HR विभाग में हैं। $\frac{1}{5}$ महिलाएं भर्ती विभाग में हैं। प्रबंधन विभाग में पुरुषों और महिलाओं का क्रमशः अपुनात 3 : 2 है। कर्मचारियों की कुल संख्या में से 20 प्रतिशत PR विभाग में हैं। भर्ती विभाग में कार्यरत महिलाओं की संख्या उसी विभाग में कार्यरत पुरुषों की संख्या का 50 प्रतिशत है। 8 प्रतिशत पुरुष IT विभाग में हैं। 22 प्रतिशत महिलाएं HR विभाग में और शेष महिलाएं IT विभाग में कार्य करती हैं।

56. IT और भर्ती विभाग में मिलकर काम करने वाली महिलाओं की कुल संख्या कितनी हैं?

(a) 147 (b) 83
(c) 126 (d) 45
(e) इनमें से कोई नहीं

57. HR विभाग में कितनी महिलाएं काम करती हैं?

(a) 77 (b) 70
(c) 56 (d) 134
(e) इनमें से कोई नहीं

58. HR विभाग में कार्य कर रहे पुरुषों की संख्या, संगठन में कार्य कर रहे कुल कर्मचारियों का लगभग कितना प्रतिशत है?

(a) 20 (b) 28
(c) 32 (d) 9
(e) 17

59. PR विभाग में काम कर रहे पुरुषों की संख्या उसी विभाग में काम कर रही महिलाओं की संख्या का कितना प्रतिशत है। (दशमलव के बाद दो अंकों तक पूर्णांकित)

(a) 22.98 (b) 16.68
(c) 11.94 (d) 6.79
(e) 27.86

60. प्रबंधन विभाग में काम करने वाले कर्मचारियों की कुल संख्या कितनी है?

(a) 128 (b) 77
(c) 210 (d) 140
(e) इनमें से कोई नहीं

निर्देश (61 - 65) : निम्नलिखित जानकारी का ध्यान से अध्ययन कर इन प्रश्नों के उत्तर दीजिए ।

450 कर्मचारियों वाले एक संस्थान ने अपने सभी कर्मचारियों को HRM, कंप्यूटर कौशल और वित्तीय कौशल में से एक या अधिक क्षेत्रों में प्रशिक्षण हेतु भेजा है। कर्मचारियों को अधिकारियों और लिपिकों के दो वर्गों में वर्गीकृत किया गया है जो क्रमश: 4 : 5 के अनुपात मे हैं। 10% अधिकारी केवल कंप्यूटर कौशल में, 16% लिपिक केवल HRM में प्रशिक्षण लेते हैं जो केवल वित्तीय कौशल में प्रशिक्षण लेने वाले अधिकारियों की संख्या और HRM और वित्तीय कौशल दोनों में प्रशिक्षण ले रहे अधिकारियों की संख्या के 50% के समान है। कुल कर्मचारियों का 6% तीनों में प्रशिक्षण लेता है, जिनमें से दो-तिहाई अधिकारी हैं। कुल कर्मचारियों में से 10% HRM और कंप्यूटर कौशल दोनों में प्रशिक्षण ले रहे हैं जो कंप्यूटर कौशल और वित्तीय कौशल में प्रशिक्षण ले रहे लिपिकों की संख्या का 5 गुना है। 10% लिपिक HRM और कंप्यूटर कौशल दोनों में प्रशिक्षण ले रहे हैं। केवल HRM में प्रशिक्षण लेने वाले अधिकारियों की संख्या केवल HRM में प्रशिक्षण लेने वाले लिपिकों की संख्या का 25% है। कर्मचारियों की कुल संख्या का 20% केवल कंप्यूटर कौशल का प्रशिक्षण ले रहा है। HRM और वित्तीय कौशल दोनों में प्रशिक्षण ले रहे लिपिकों की संख्या, लिपिकों की कुल संख्या का 20% है।

61. HRM में कुल कितने अधिकारी प्रशिक्षण ले रहे हैं ?

(a) 110 (b) 128
(c) 118 (d) 98
(e) इनमें से कोई नहीं

62. कुल कितने लिपिक कंप्यूटर कौशल में प्रशिक्षण ले रहे हैं किंतु HRM में प्रशिक्षण नहीं ले रहे हैं ?

(a) 113 (b) 104
(c) 88 (d) 79
(e) इनमें से कोई नहीं

63. कुल कितने कर्मचारी वित्तीय कौशल में प्रशिक्षण ले रहे हैं किंतु HRM में प्रशिक्षण नहीं ले रहे हैं ?

(a) 106 (b) 135
(c) 127 (d) 134
(e) इनमें से कोई नही

64. कुल कितने लिपिक वित्तीय कौशल में प्रशिक्षण ले रहे हैं ?

(a) 115 (b) 106
(c) 47 (d) 97
(e) इनमें से कोई नहीं

65. कुल अधिकारियों का कितना प्रतिशत कंप्यूटर कौशल में प्रशिक्षण ले रहा है किंतु वित्तीय कौशल में प्रशिक्षण नहीं ले रहा है ?

(a) 25 (b) 40
(c) 20 (d) 15
(e) इनमें से कोई नहीं

Answer Key

1	(b)	14	(d)	27	(a)	40	(d)	53	(c)
2	(e)	15	(c)	28	(b)	41	(a)	54	(a)
3	(d)	16	(c)	29	(b)	42	(e)	55	(c)
4	(c)	17	(d)	30	(c)	43	(a)	56	(c)
5	(a)	18	(e)	31	(c)	44	(c)	57	(a)
6	(e)	19	(a)	32	(b)	45	(d)	58	(e)
7	(a)	20	(b)	33	(e)	46	(b)	59	(c)
8	(d)	21	(c)	34	(a)	47	(d)	60	(d)
9	(b)	22	(b)	35	(d)	48	(c)	61	(b)
10	(c)	23	(a)	36	(e)	49	(a)	62	(d)
11	(e)	24	(e)	37	(a)	50	(e)	63	(e)
12	(d)	25	(d)	38	(b)	51	(e)	64	(a)
13	(b)	26	(e)	39	(c)	52	(b)	65	(c)

व्याख्या सहित हल — Answers & Explanations

1. (b) वर्ष 2004 में सभी संकायों में मिलाकर लड़कों की कुल संख्या
$= 672 + 540 + 859 + 778 + 781 = 3630$

2. (e) सभी वर्षों के लिए मिलाकर कला संकाय में लड़कों की संख्या
$= 556 + 763 + 672 + 809 + 745 + 698 = 4243$
वर्ष 2004 में कला संकाय में लड़कों की संख्या $= 672$
$\therefore$ अभीष्ट प्रतिशत $= \frac{672}{4243} \times 100 \approx 16$

3. (d) वर्ष 2007 में सभी संकायों में मिलाकर लड़कों की संख्या
$= 698 + 765 + 571 + 1288 + 1151 = 4473$
लड़कियों की कुल संख्या
$= 413 + 616 + 515 + 1016 + 1010 = 3570$
$\therefore$ अभीष्ट अनुपात $= 4473 : 3570 = 213 : 170$

4. (c) प्रबंधन संकाय में लड़कों की संख्या
$= 770 + 667 + 778 + 849 + 562 + 1288 = 4914$
प्रबंधन संकाय में लड़कियों की कुल संख्या
$= 633 + 439 + 727 + 729 + 938 + 1016 = 4482$
$\therefore$ अभीष्ट अनुपात $= 4914 : 4482 = 91 : 83$

5. (a) वाणिज्य संकाय में लड़कियों की औसत संख्या
$\frac{612 + 616 + 713 + 811 + 819 + 515}{6}$
$= \frac{4086}{6} = 681$

6. (e) राज्य F में वर्ष 2005 में बेरोजगार युवकों की संख्या
$= \frac{7 \times 28}{100} = 1.96$ लाख
राज्य A में वर्ष 2006 में बेरोजगार युवकों की संख्या
$= \frac{7 \times 35}{100} = 2.45$ लाख
$\therefore$ अभीष्ट अंतर $= (2.45 - 1.96)$ लाख
$= 0.49$ लाख $= 49000$

7. (a) राज्य D में वर्ष 2005 में बेरोजगार युवकों की संख्या
$= \frac{10 \times 24}{100} = 2.4 =$ लाख
राज्य D में वर्ष 2006 में बेरोजगार युवकों की संख्या
$= \frac{8 \times 30}{100} = 2.4 =$ लाख
$\therefore$ अभीष्ट अनुपात $= 2.4 : 2.4 = 1 : 1$

8. (d) अभीष्ट कुल संख्या
= 2006 में राज्य A में बेरोजगार युवाओं की कुल संख्या
= 35 लाख का $(7\% + 8\%)$
$= 3500000 \times \frac{15}{100} = 525000$

9. (b) 2005 में राज्य D में बेरोजगार युवतियों की संख्या

= 24 लाख का 6%

$= 2400000 \times \frac{6}{100}$

$= 144000$

10. (c) राज्य A में वर्ष 2005 में बेरोजगार युवकों की संख्या

$= \frac{12 \times 32}{100} = 3.84$ लाख

राज्य E में वर्ष 2006 में बेरोजगार युवतियों की संख्या

$= \frac{6 \times 32}{100} = 1.92$ लाख

$\therefore$ अभीष्ट प्रतिशत $= \frac{3.84}{1.92} \times 100 = 200$

11. (e) पिछले वर्ष की तुलना में वर्ष 2006 में कृषि संकाय के संबंध में प्रतिशत बदलाव अधिकतम था।

i.e. $\frac{383 - 326}{326} \times 100 = 17.48\%$

12. (d) अभीष्ट %

$= \frac{290 - 265}{265} \times 100$

= 9 (लगभग)

13. (b) वर्ष 2002 में कला और विज्ञान में विद्यार्थियों को संख्या के बीच का अंतर 130 था।

14. (d) अभीष्ट %

$= \frac{314 - 326}{365} \times 100$

= 175 (लगभग)

15. (c) कला संकाय में विद्यार्थियों की संख्या में सतत् वृद्धि हुई थी।

16. (c) अंग्रेजी में पासिंग प्रतिशत अंक

$= \frac{54}{75} \times 100 = 72\%$

विज्ञान में पासिंग प्रतिशत अंक

$= \frac{93}{125} \times 100 = 74.4\%$

अत: केवल B और C परीक्षा में पास हुए।

17. (d) सभी विषयों में मिलाकर अंक

$A = 111 + 51 + 77.5 + 34 + 81 + 18.5 = 373$

$B = 96 + 54 + 102.5 + 34 + 63 + 16.5 = 366$

$C = 108 + 63 + 97.5 + 33 + 77 + 17.5 = 396$

$D = 117 + 61.5 + 80 + 35 + 69 + 21 = 383.5$

$E = 123 + 48 + 105 + 36 + 65 + 15 = 392$

$F = 102 + 54 + 92.5 + 37 + 83 + 20 = 388.5$

अत: सभी विषयों में मिलाकर C के सबसे अधिक अंक है।

18. (e) अभीष्ट औसत

$= (34 + 34 + 33 + 35 + 36 + 37) \div 6$

$= 209 \div 6 = 34.83$

19. (a) F के सभी विषयों में मिलाकर कुल अंक = 388.5

कुल अधिकतम अंक $= 150 + 75 + 125 + 50 + 100 + 25 = 525$

$\therefore$ अभीष्ट प्रतिशत $= \frac{388.5 \times 100}{525} = 74$

20. (b) B का गणित और समाजशास्त्र में कुल अंक

$= 150 \times \frac{64}{100} + 100 \times \frac{63}{100}$

$= 96 + 63 = 159$

(21 - 25) :

21. (c) संस्था A और C में मिलाकर चित्रकारी में लड़कियों की कुल संख्या $= 250 + 150 = 400$

संस्था D और E में मिलाकर सिलाई में लड़कियों की कुल संख्या $= 250 + 325 = 575$

$\therefore$ अभीष्ट अनुपात $= 400 : 575 = 16 : 23$

22. (b) सभी संस्थाओं में मिलाकर सिलाई में लडकियों की कुल संख्या

$= 325 + 250 + 50 + 250 + 325 = 1200$

संस्था B में सिलाई में लड़कियों की संख्या = 250

$\therefore$ अभीष्ट प्रतिशत $= \frac{250}{1200} \times 100 \approx 21$

23. (a) सभी संस्थाओं में मिलाकर लड़कियों की संख्या:

चित्रकारी: $250 + 225 + 150 + 175 + 300 = 1100$

सिलाई: 1200

नृत्य: $150 + 200 + 75 + 400 + 350 = 1175$

$\therefore$ अभीष्ट अनुपात $= 1100 : 1200 : 1175$

$= 44 : 48 : 47$

24. (e) संस्था A में लड़कियों की कुल संख्या

$= 250 + 325 + 150 = 725$

संस्था A में नृत्य में लड़कियों की कुल संख्या = 150

$\therefore$ अभीष्ट प्रतिशत $= \frac{150}{725} \times 100 = 20.69$

25. (d) चित्रकारी में लड़कियों की कुल संख्या = 1100

26. (e) महिलाओं की औसत संख्या

$= (2750 + 4000 + 4250 + 3750 + 3500) \div 5$

$= 18250 \div 5$

$= 3650$

27. (a) पुरुषों की कुल संख्या

$= 3000 + 3750 + 4000 + 2500 + 3250 = 16500$

$\therefore$ अभीष्ट प्रतिशत $= \frac{3000 \times 100}{16500}$

$= 18$ (लगभग)

28. (b) अभीष्ट अंतर $= 18250 - 16500$

$= 1750$

29. (b) अभीष्ट अनुपात $= 4250 : 3500$

$= 17 : 14$

30. (c) अभीष्ट प्रतिशत

$= \frac{(3000 + 3750) \times 100}{(4000 + 2500 + 3250)}$

$= \frac{6750 \times 100}{9750} = 69$ (लगभग)

(31-35) :

31. (c) अभीष्ट औसत

$= (15000 + 22500 + 17500 + 20000 + 27500 + 35000 + 25000 + 30000 + 10000 + 7500) \div 5$

$= 210000 \div 5 = 42000$

32. (b) सभी कालेजो से पास होने वाली लड़कियों की संख्या

$= 22500 + 20000 + 35000 + 30000 + 7500 = 115000$

$\therefore$ अभीष्ट प्रतिज़त

$= \frac{35000 \times 100}{115000}$

$= 30$ (लगभग)

33. (e) अभीष्ट अंतर

$= (15000 + 22500) - (10000 + 7500)$

$= 37500 - 17500 = 20000$

34. (a) अभीष्ट अनुपात

$= 95000 : 115000$

$= 19 : 23$

35. (d) अभीष्ट प्रतिशत

$= \frac{(15000 + 17500) \times 100}{(35000 + 30000)}$

$= 50$

(36 - 40) :

36. (e) अभीष्ट अंतर $= 52500 - 47500 = 5000$

37. (a) अभीष्ट प्रतिशत $= \frac{25000 \times 100}{35000} = 71.43$

38. (b) प्रतिशत वृद्धि $= \frac{(40 - 30)}{30} \times 100$

$= \frac{10}{30} \times 100 = 33.33$

39. (c) अभीष्ट अनुपात $= (45 - 42.5) : (37.5 - 30)$

$= 2.5 : 7.5 = 1 : 3$

40. (d) अभीष्ट औसत

$= [(35 + 37.5 + 42.5 + 45 + 47.5 + 52.5) \times 1000] \div 6$

$= \frac{260000}{6} = 43330$

41. (a) अभीष्ट अंतर

$= 500 \times (15 - 5)\%$

$= 500 \times \frac{10}{100}$

$=$ ₹ 50 लाख

42. (e) अभीष्ट योग

$= 500 \times (45 - 20)\%$

$= 500 \times \frac{25}{100}$

$=$ ₹ 125 लाख

43. (a) अभीष्ट प्रतिशत

$= \frac{15}{35} \times 100$

$= 43$ (लगभग)

44. (c) अभीष्ट राशि

$= 500 \times \frac{30}{100}$

$=$ ₹ 150 लाख

45. (d) अभीष्ट राशि

$= 500 \times \frac{45}{100}$

$=$ ₹ 225 लाख

46. (b) राज्य A में ग्रेजुएट पुरुष जनसंख्या

$= 2400000 \times \frac{16}{100} \times \frac{7}{12}$

$= 224000$

राज्य A में कक्षा XII की पुरुष जनसंख्या

$= 3200000 \times \frac{15}{100} \times \frac{7}{16}$

$= 210000$

$\therefore$ अंतर $= 224000 - 210000$

$= 14000$

47. (d) राज्य E की ग्रेजुएट महिला जनसंख्या

$= 2400000 \times \frac{20}{100} \times \frac{7}{16}$

$= 210000$

राज्य D की कक्षा XII की महिला जनसंख्या

$= 2200000 \times \frac{12}{100} \times \frac{7}{12}$

$= 224000$

$\therefore$ अनुपात $= 210000 : 224000$

$= 15 : 16$

48. (c) अभीष्ट प्रतिशत

$= \frac{15 \times 24 \times 4}{18 \times 32 \times 5} \times 100 = 50$

49. (a) अभीष्ट प्रतिशत

$= \frac{32 \times \frac{18}{100} \times \frac{4}{9}}{32} \times 100$

$= \frac{32 \times 18 \times 4 \times 100}{32 \times 100 \times 9} = 8$

50. (e) अभीष्ट अनुपात

$= \frac{20 \times 24 \times 9}{100 \times 16} : \frac{19 \times 32 \times 10}{100 \times 9}$

$= 270 : 320 = 27 : 20$

51. (e) अभीष्ट प्रतिशत

$\frac{14 \times 24 \times 100}{15 \times 32} = 70$

52. (b) अभीष्ट प्रतिशत

$= \frac{32 \times 9 \times 100}{4 \times 32 \times 3} = 75$

53. (c) राज्य A की ग्रेजुएट और कक्षा XII की कुल पुरुष जनसंख्या

$24 \times \frac{16}{100} \times \frac{7}{12} + 32 \times \frac{15}{100} \times \frac{7}{16}$

$2.24 + 2.1 = 4.34$

राज्य A की ग्रेजुएट और कक्षा XII की कुल महिला जनसंख्या

$= 24 \times \frac{16}{100} \times \frac{5}{12} + 32$

$\frac{15}{100} \times \frac{9}{16} = 1.6 + 2.7 = 4.3$

$\therefore$ अनुपात $= 4.34 : 4.3 = 217 : 215$

54. (a) अभीष्ट अनुपात

$= \left(24 \times \frac{17}{100}\right) : \left(32 \times \frac{12}{100}\right)$

$= 24 \times 17 : 32 \times 12 = 17 : 16$

55. (c) अभीष्ट प्रतिशत

$= \frac{24 \times \frac{18}{100} \times \frac{3}{8}}{24 \times \frac{20}{100} \times \frac{7}{16}} \times 100$

$= \frac{18 \times 3}{8} \times \frac{16}{20 \times 7} \times 100$

$= 77$ (लगभग)

(56 - 60)

संगठन में कुल कर्मचारियों की संख्या = 750

पुरूष : महिला = 8:7

पुरूषों की संख्या $= \frac{8}{15} \times 750 = 400$

महिलाओं की संख्या $= 750 - 400 = 350$

प्रबंधन विभाग में महिलाओं की संख्या $= \frac{350 \times 16}{100} = 56$

प्रबंधन विभाग में पुरूषों की संख्या $= \frac{3}{2} \times 56 = 84$

HR विभाग में पुरूषों की संख्या $= \frac{32 \times 400}{100} = 128$

भर्ती विभाग में महिलाओं की संख्या $= 350 \times \frac{1}{5} = 70$

भर्ती विभाग में पुरूषों की संख्या $= 2 \times 70 = 140$

IT विभाग में पुरूषों की संख्या $= \frac{8 \times 400}{100} = 32$

HR विभाग में महिलाओं की संख्या $= 350 \times \frac{22}{100} = 77$

PR विभाग में कर्मचारियों को कुल संख्या

$= 20 \times \frac{750}{100} = 150$

इस विभाग में पुरूषों की कुल संख्या

$= 400 - (84 + 128 + 140 + 32)$

$= 400 - 384 = 16$

$\therefore$ महिलाओं की संख्या $= 150 - 16 = 134$

IT विभाग में महिलाओं की संख्या

$= 350 - (56 + 70 + 77 + 134)$

$= 350 - 337 = 13$

56. (b) महिलाओं की संख्या $= 13 + 70 = 83$

57. (a) H R विभाग में महिलाओं की कुल संख्या = 77

58. (e) HR विभाग में पुरूषों की संख्या = 128

अभीष्ट प्रतिशत $= \frac{128}{750} \times 100 \approx 17$

59. (c) अभीष्ट प्रतिशत $= \frac{16}{134} \times 100 \approx 11.94$

60. (d) प्रबंधन विभाग मं कर्मचारियों की कुल संख्या

$= 56 + 84 = 140$

For Q. 61 - 65

श्रेणी क्षेत्र	अधिकारी (200)	लिपिक (250)	कुल (450)
HRM	10	40	50
कंप्यूटर कौशल	20	70	90
वित्तीय कौशल	40	47	87
HRM + वित्तीय कौशल	80	50	130
HRM + कंप्यूटर कौशल	20	25	45
कंप्यूटर कौशल + वित्तीय कौशल	12	9	21
सभी तीनों	18	9	27

61. (b) HRM में प्रशिक्षण वाले अधिकारियों की संख्या
$= 10 + 80 + 20 + 18$
$= 128$

62. (d) अभीष्ट संख्या $= 70 + 9 = 79$

63. (e) अभीष्ट संख्या $= 87 + 21 = 108$

64. (a) अभीष्ट संख्या
$= 47 + 50 + 9 + 9 = 115$

65. (c) अभीष्ट प्रतिशत

$$= \frac{(20 \quad 20)}{200} \times 100 = 20\%$$

अध्याय

2 आँकड़ों की पर्याप्तता (DATA SUFFICIENCY)

आँकड़ों की पर्याप्तता

'आँकड़ों की पर्याप्तता' में, एक प्रश्न के साथ दो कथनों को जोड़ा जाता है। उसके नीचे दिए गए विकल्पों में से सही विकल्प का चयन करना होता है। विकल्प का चयन करने के लिए यह जाँचना होता है, कि दिए गए प्रश्न का उत्तर देने के लिए, दिए गए किस कथन के आँकड़े पर्याप्त हैं या नहीं। इस प्रकार के प्रश्न आँकिक व तार्किक दोनों परीक्षणों में पूछे जाते हैं। अत: इस प्रकार के प्रश्नों को हल करने के लिए इन विषयों का ज्ञान भी आवश्यक है।

इस अध्याय में निम्नलिखित विकल्प दिये जाते हैं जिसका क्रम कोई निश्चित नहीं होता है। यहाँ एक आदर्श विकल्प का क्रम दिया जा रहा है।

(a) केवल कथन I में दिया गया डाटा प्रश्न को उत्तर देने के लिए पर्याप्त है जबकि केवल कथन II में दिया गया डाटा प्रश्न का उत्तर देने के लिए पर्याप्त नहीं है।

(b) केवल कथन II में दिया गया डाटा प्रश्न को उत्तर देने के लिए पर्याप्त है जबकि केवल कथन I में दिया गया डाटा प्रश्न का उत्तर देने के लिए पर्याप्त नहीं है।

(c) कथन I और कथन II दोनों का डाटा मिलाकर प्रश्न का उत्तर देने के लिए आवश्यक है।

(d) या तो केवल कथन I या केवल कथन II में दिया गया डाटा प्रश्न का उत्तर देने के लिए पर्याप्त है।

(e) दीजिए यदि कथन I और कथन II दोनों का डाटा मिलकर भी प्रश्न का उत्तर देने के लिए पर्याप्त नहीं है।

आँकड़ों की पर्याप्तता संबंधी प्रश्नों को हल करने के लिए निम्नलिखित फ्लो चार्ट का परीक्षण करना चाहिए

फ्लो चार्ट द्वारा परीक्षण

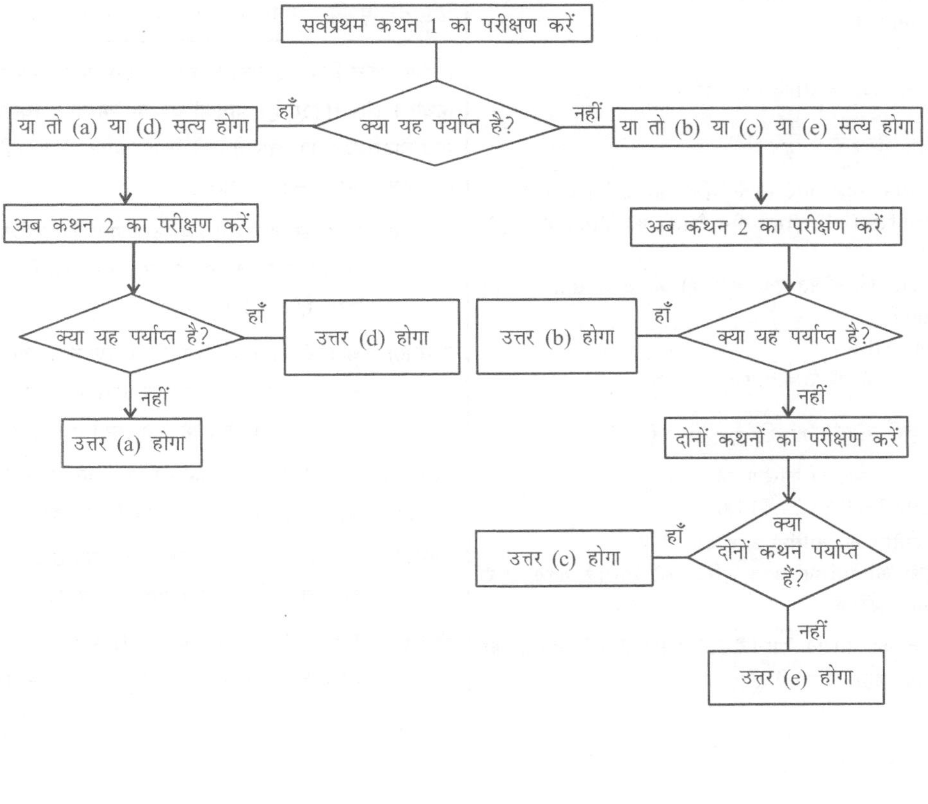

साधित उदाहरण (Solved Examples)

टाइप 1 : आंकिक क्षमता पर आधारित प्रश्न

निर्देशः नीचे दिए गए प्रत्येक प्रश्न में एक प्रश्न और उसके नीचे दो कथन I और II दिए गए हैं। आपको यह तय करना है कि कथनों में दिया गया डाटा प्रश्न का उत्तर देने के लिए पर्याप्त है या नहीं है। दोनों कथनों को पढिए और:

उत्तर **(a)** दीजिए यदि केवल कथन I में दिया गया डाटा प्रश्न का उत्तर देने के लिए पर्याप्त है जबकि केवल कथन II में दिया गया डाटा प्रश्न का उत्तर देने के लिए पर्याप्त नहीं है।

उत्तर **(b)** दीजिए यदि केवल कथन II में दिया गया डाटा-प्रश्न का उत्तर देने के लिए पर्याप्त है जबकि केवल कथन I में दिया गया डाटा प्रश्न का उत्तर देने के लिए पर्याप्त नहीं है।

उत्तर **(c)** दीजिए यदि या तो कथन I या केवल कथन II में दिया गया डाटा प्रश्न का उत्तर देने के लिए पर्याप्त है।

उत्तर **(d)** दीजिए यदि कथन I और कथन II दोनों का डाटा प्रश्न का उत्तर देने के लिए पर्याप्त नहीं है।

उत्तर **(e)** दीजिए यदि कथन I और कथन II दोनों का डाटा मिलकर प्रश्न का उत्तर देने के लिए आवश्यक है।

उदाहरण 1 : वृत्त का क्षेत्रफल क्या है ?

I. आयत की चौड़ाई वृत्त की त्रिज्या का तीन-चौथाई है।

II. वृत्त की त्रिज्या **144** वर्ग सें.मी. क्षेत्रफल वाले वर्ग की भुजा के समान है।

हल (b) कथन II ⇒

वृत्त की त्रिज्या = $\sqrt{144}$ = 12 वर्ग से. मी.

वृत्त का क्षेत्रफल = $\frac{22}{7} \times (12)^2$

उदाहरण 2 : तीन टेबल और दो कुर्सियों की कीमत क्या है?

I. चार कुर्सियों की कीमत तीन टेबलों की कीमत से दुगुनी है।

II. दो टेबल की कीमत एक खाट की कीमत के समान अर्थात् **₹ 500** है ?

हल (e) कथन I + II से

⇒ एक टेबल की कीमत = 500 ÷ 2 = ₹ 250

एक कुर्सी की कीमत = $\frac{250 \times ? \times 2}{4}$ = ₹ 375

तीन टेबल और दो कुर्सियों की कीमत

= 250 × 3 + 375 × 2 = ₹ 1500

उदाहरण 3 : ज्योति की वार्षिक आय क्या है ?

I. ज्योति की मासिक आय अमित की मासिक आय से **₹ 8,500/-** अधिक है।

II. रोहित की मासिक आय **₹ 3.5** हजार है जो अमित की मासिक आय से आधी है।

हल (e) कथन I + II से ⇒

अमित की मासिक आय = 3500 × 2 = ₹ 7000

ज्योति की वार्षिक आय = (7000 + 8500) × 12

= ₹ 186000

उदाहरण 4 : आठ वर्ष बाद सूरज की आयु क्या होगी ?

I. काम्या और सूरज की वर्तमान आयु के बीच क्रमशः **4 : 7** का अनुपात है।

II. काम्या सूरज से **15** वर्ष छोटी है।

हल (e) कथन I + II से ⇒

8 वर्ष बाद सूरज की आयु = 35 + 8 = 43 वर्ष

उदाहरण 5 : परीक्षा में न्यूनतम पासिंग प्रतिशत क्या है ?

I. राजु को परीक्षा में **162** अंक मिले और वह **104** अंक से फेल हो गया।

II. परीक्षा में अधिकतम अंक राजू को मिले अंक से **538** अधिक है।

हल (e) कथन I + II से ⇒

अधिकतम अंक = 538 + 162 = 700

न्यूनतम पासिंग प्रतिशत = $\frac{(162 - 104)}{700} \times 100$ = 38%

टाइप 2 : तार्किक क्षमता पर आधारित प्रश्न

निर्देशः नीचे दिए गए प्रत्येक प्रश्न में एक प्रश्न और उसके नीचे दो कथन I और II दिए हैं। आपको यह तय करना हैं कि कथनों में दिया गया डाटा प्रश्न का उत्तर देने के लिए पर्याप्त हैं या नहीं। दोनों कथनों को पढ़िए और उत्तर दीजिए।

उत्तर (a) **यदि केवल कथन I में दिया गया डाटा प्रश्न का उत्तर देने के पर्याप्त है, जबकि केवल कथन II में दिया डाटा प्रश्न का उत्तर देने के लिए पर्याप्त नहीं है।**

उत्तर (b) **यदि केवल कथन II में दिया गया डाटा प्रशन का उत्तर देने के लिए पर्याप्त है, जबकि केवल कथन I में दिया डाटा प्रश्न का उत्तर देने के लिए पर्याप्त नहीं है।**

उत्तर (c) **यदि या तो केवल कथन I या केवल कथन II में दिया डाटा प्रश्न का उत्तर देने के लिए पर्याप्त है।**

उत्तर (d) **यदि कथन I और कथन II दोनों का डाटा मिलकर भी प्रश्न का उत्तर देने के लिए पर्याप्त नहीं है।**

उत्तर (e) **यदि कथन I और कथन II दोनों में दिया गया डाटा मिलाकर प्रश्न का उत्तर देने के लिए आवश्यक है।**

उदाहरण 6 : कोड भाषा में 'Pa' का अर्थ क्या है?

I. उस कोड भाषा में 'Pe Bo Pa' का अर्थ 'Look at me' और 'Bo Se Pe Ki' का अर्थ 'don't look at him' है।

II. उस कोड भाषा में 'Ka Ta Pa' का अर्थ 'take me and go' और 'Li Wa Si Pa' का अर्थ 'either me or you' है।

हल (c) कथन I से:

[Pe Bo] Pa → [Look at] me

[Bo] Se [Pe] Ki → don't [look at] him

'Pa' का अर्थ 'me'

कथन II से :

Ka Ta Ne (Pa) → take (me) and go

Li Wa Si (Pa) → either (me) or you

उदाहरण 7 : सीमा का मंगेश से क्या संबंध हैं?

I- शालिनी, मंगेश की कजिन, सीमा की नीस है।

II- सुलेखा, सीमा की बहन, ओमकार की पत्नी है जो मंगेश का पिता है।

हल (d) **कथन I से :**

सीमा का लिंग ज्ञात नहीं है।

सीमा मंगेश का/की या तो पिता या अंकल अथवा मां या आंट है।

कथन II से :

सीमा मंगेश की या तो मामा है या मौसी है।

उदाहरण 8 : 40 की कक्षा में शेखर का क्रमांक क्या है?

I. समीर जो कक्षा में उपर से नौवां है, यह शैलेन्द्र से 12 क्रमांक ऊपर है जो शेखर से 5 क्रमांक नीचे है।

II. निलेश, जो शेखर और सुधांशु के बीच है, वह नीचे से 15वां है।

हल (a) प्रश्न का उत्तर केवल कथन से दिया जा सकता है।

उदाहरण 9 : P, Q, R, S और T के रैंक अलग-अलग है। इन सबमें किसका रैंक सबसे नीचे है?

I. S, R से दो रैंक नीचे है, जिसका रैंक सबसे ऊंचा नहीं है।

II. P का रैंक S से ऊंचा किंतु Q और T से नीचा है।

हल (e) दोनो कथनों से,

Q > T > R > P > S या T > Q > R > P > S

उदाहरण 10 : A, B, C, D और E में सबसे तेज कौन दौड़ता है

I. B, E से तेज दौड़ता है किंतु सबसे तेज नहीं दौड़ता है।

II. C, यद्यपि A और B जितना तेज नहीं दौड़ता है, तथापि D और E से तेज दौड़ता है।

हल (e) दोनो कथनों से,

A > B > C > E > D or A > B > C > D > E

अभ्यास प्रश्न (Exercise)

निर्देश (1-5) : नीचे दिए गए प्रत्येक प्रश्न में एक प्रश्न और उसके नीचे दो कथन I और II दिए गए हैं। आपको यह तय करना है कि कथनों में दिया गया डाटा प्रश्न का उत्तर देने के लिए पर्याप्त है या नहीं है। दोनों कथनों को पढ़िए और

उत्तर (a) दीजिए, यदि केवल कथन I में दिया गया डाटा प्रश्न का उत्तर देने के लिए पर्याप्त है, जबकि केवल II में दिया गया डाटा प्रश्न का उत्तर देने के लिए पर्याप्त नहीं है।

उत्तर (b) दीजिए, यदि केवल कथन II में दिया गया डाटा प्रश्न का उत्तर देने के लिए पर्याप्त है, जबकि केवल I में दिया गया डाटा प्रश्न का उत्तर देने के लिए पर्याप्त नहीं है।

उत्तर (c) दीजिए, यदि केवल कथन I या केवल कथन II में दिया गया डाटा प्रश्न का उत्तर देने के लिए पर्याप्त है।

उत्तर (d) दीजिए, यदि केवल कथन I और कथन II दोनों में दिया गया डाटा मिलाकर भी प्रश्न का उत्तर देने के लिए पर्याप्त नहीं है।

उत्तर (e) दीजिए, यदि केवल कथन I और II दोनों में दिया गया डाटा प्रश्न का उत्तर देने के लिए आवश्यक है।

1. वृत्त का क्षेत्रफल क्या है?
   कथन I: वृत्त की परिधि 88 सेमी है।
   कथन II: वृत्त का व्यास 28 सेमी है।
2. एक समकोण तिकोने का क्षेत्रफल क्या है?
   कथन I: तिकोन की ऊँचाई आधार का तीन-चौथाई है।
   कथन II: तिकोन का विकर्ण 5 मीटर है।
3. पिता की वर्तमान आयु क्या है?
   कथन I: पिता की वर्तमान आयु पुत्र की वर्तमान आयु से पांच गुना है।
   कथन II: पांच वर्ष पहले पिता की आयु इस समय पुत्र की आयु से पन्द्रह गुनी थी।
4. ब्याज दर क्या है?
   कथन I: दो वर्ष में ₹25000 की एक राशि पर उपचित साधारण ब्याज उतनी ही अवधि में उपचित चक्रवृद्धि ब्याज से ₹250 कम है।
   कथन II: 10 वर्ष में उपचित साधारण ब्याज मूल राशि के समान है।
5. खेतों में पंक्तियों और कॉलमों में रोपित पेड़ों की संख्या क्या है?
   कथन I: कॉलमों की संख्या पंक्तियों की संख्या से 4 अधिक है।
   कथन I: प्रत्येक कॉलम में पेड़ों की संख्या एक सम संख्या है।

निर्देश 6-10: नीचे प्रत्येक प्रश्न के बाद दो कथन I और II दिए गए हैं। आपको यह तय करना है कि कथन में दिया गया डाटा प्रश्न का उत्तर देने के लिए पर्याप्त है या नहीं। संभावित उत्तर के बीच चुनाव करने के लिए आपको डाटा और गणित के अपने ज्ञान का प्रयोग करना होगा।

उत्तर (a) दीजिए यदि अकेला कथन I प्रश्न का उत्तर देने के लिए पर्याप्त है, लेकिन अकेला कथन II पर्याप्त नहीं है।

उत्तर (b) दीजिए यदि अकेला कथन II प्रश्न का उत्तर देने के लिए पर्याप्त है, लेकिन अकेला कथन I पर्याप्त नहीं है।

उत्तर (c) दीजिए यदि अकेला कथन I या अकेला कथन II दोनों मिलाकर प्रश्न का उत्तर देने के लिए पर्याप्त है।

उत्तर (d) दीजिए यदि कथन I और II दोनों को मिलाकर उत्तर नहीं मिल सकता, बल्कि और अधिक डाटा की जरूरत है।

उत्तर (e) दीजिए, यदि केवल कथन I और II दोनों में दिया गया डाटा प्रश्न का उत्तर देने के लिए आवश्यक है।

6. आनंद और सुजीत की आयु का अनुपात क्रमशः 6 : 5 हैं आनंद की आयु क्या है ?
   कथन I: आनंद और संदीप की आयु का अनुपात 10 : 7 है।
   कथन II: 5 वर्ष बाद आनंद और सुजीत की आयु का अनुपात 7 : 6 होगा
7. त्रिअंकी संख्या क्या है?
   कथन I: उस संख्या का तीन–पंचमांश उस संख्या से 90 कम है।
   कथन II: उस संख्या का एक–चौथाई उस संख्या से 25% है।
8. 14 पुरुष कितने दिन में एक काम पूरा कर सकते हैं?
   कथन I: यदि 18 महिलाएं इसी काम को 24 दिन में पूरा कर सकती है।
   कथन II: यदि 28 बच्चे इसी काम को 56 दिन में पूरा कर सकते हैं।
9. A, B, C, D और E के के समूह का औसत वेतन ₹ 65,780/– है। A का वेतन कितना है?
   कथन I: B और C का कुल वेतन ₹ 88,545/– है।
   कथन II: D और E का कुल वेतन ₹ 59,020/– है।
10. एक घड़ी ₹ 15,675/– में बेचने पर कितना लाभ होगा ?
    कथन I: ऐसी 5 घड़ियों की लागत कीमत, ऐसी 4 घड़ियों की विक्रय कीमत के समान है।
    कथन II: प्रत्येक घड़ी की बिक्री पर 25% लाभ होता है।

निर्देश (11-15) : नीचे प्रत्येक प्रश्न के बाद दो कथन A और B दिये गए हैं। आपको यह तय करना है कि कथन में दिया गया डाटा प्रश्न का उत्तर देने के लिए पर्याप्त है या नहीं। संभवित उत्तर के बीच चुनाव करने के लिए आपको डाटा और गणित के अपने ज्ञान का प्रयोग करना होगा।

उत्तर (a) दीजिए यदि अकेला कथन I प्रश्न का उत्तर देने के लिए पर्याप्त है, लेकिन अकेला कथन II पर्याप्त नहीं है।

उत्तर (b) दीजिए यदि अकेला कथन II प्रश्न का उत्तर देने के लिए पर्याप्त है, लेकिन अकेला कथन I पर्याप्त नहीं है।

उत्तर (c) दीजिए यदि कथन I और II प्रश्न का उत्तर देने के लिए आवश्यक है।

उत्तर (d) दीजिए यदि या तो अकेला कथन I या अकेला कथन II प्रश्न का उत्तर देने के लिए पर्याप्त है।

उत्तर (e) दीजिए यदि कथन I और II दोनों को मिलाकर उत्तर नहीं मिल सकता, बल्कि और अधिक डाटा की जरूरत है।

11. एक बैंक में जमा किए गए ₹ 12,000 की राशि पर ब्याज दर कितने प्र श. प्र व. है ?

कथन I : साधारण ब्याज और चक्रवृद्धि ब्याज में ₹ 172.8 का अंतर है।

कथन II : दो वर्ष का साधारण ब्याज ₹ 2,880 है।

12. एक लैपटॉप को ₹ 26,250 में बेचकर कितना लाभ हुआ ?

कथन I : ऐसे 5 लैपटॉपों की लागत कीमत ऐसे 4 लैपटॉपों की बिक्री कीमत के बराबर है।

कथन II : प्रत्येक लैपटॉप को बेचकर 25% लाभ अर्जित हुआ।

13. एक काम को 15 दिन में कितनी महिलाएं पूरा कर सकती हैं?

कथन I : यदि 12 महिलाएं इसी काम को 20 दिन में पूरा करती है।

कथन II : यदि 10 पुरूष इसी काम को 12 दिन में पूरा करते हैं।

14. त्रिअंकीय संख्या क्या है ?

कथन I : त्रिअंकीय संख्या 13 का एकदम सही गुणज है।

कथन I : पहला और तीसरा अंक 7 है।

15. A, B, C, D, और E समूह की औसत आयु 45 वर्ष है। C की आयु कितनी है ?

कथन I : A तथा B की आयु का औसत 53 वर्ष है।

कथन II : D तथा E की आयु का औसत 47 वर्ष है।

दिशा निर्देश (16-20): नीचे प्रत्येक प्रश्न के बाद दो कथन A और B दिए गए हैं। आपको यह तय करना है कि कथन में दिया गया डाटा प्रश्न का उत्तर देने के लिए पर्याप्त है या नही। संभावित उत्तर के बीच चुनाव करने के लिए आपको डाटा और गणित के अपने ज्ञान का प्रयोग करना होगा।

उत्तर (a) दीजिए यदि अकेला कथन I प्रश्न का उत्तर देने के लिए पर्याप्त है, लेकिन अकेला कथन II पर्याप्त नहीं है।

उत्तर (b) दीजिए यदि अकेला कथन II प्रश्न का उत्तर देने के लिए पर्याप्त है, लेकिन अकेला कथन I पर्याप्त नहीं है।

उत्तर (c) दीजिए यदि कथन I और II दोनों प्रश्न का उत्तर देने के लिए आवश्यक है।

उत्तर (d) दीजिए यदि या तो अकेला कथन I या अकेला कथन II प्रश्नों उत्तर देने के लिए पर्याप्त है।

उत्तर (e) दीजिए यदि कथन I और II दोनों को मिलाकर उत्तर नहीं मिल सकता, बल्कि और अधिक डाटा की जरूरत है।

16. स्कूल में शिक्षकों की संख्या क्या है ?

कथन I : प्रत्येक शिक्षक एक दिन में कम से कम तीन व्याख्यान देता है।

कथन II : सप्ताह में 45 व्याख्यान होते हैं।

17. ₹ 36,500 की राशि पर ₹ 6,570/- का साधारण ब्याज कितने वर्षो में मिल सकता है ?

कथन I : साधारण ब्याज की दर 6 प्र. श. प्र. व. है।

कथन II : साधारण ब्याज और चक्रवृद्धि ब्याज के बीच का अंतर ₹ 402.084 है।

18. त्रिअंकी संख्या क्या है ?

कथन I : संख्या का $\frac{2}{5}$, 204 का आधा है।

कथन II : संख्या का 20%, 51 है।

19. रवीना की उम्र क्या है ?

कथन I : रवीना की उम्र करिश्मा की उम्र से आधी है।

कथन II : रवीना की उम्र उसकी माता की आयु का $\frac{3}{5}$ है, जो 45 वर्ष की हैं।

20. आयताकार प्लाट का क्षेत्रफल क्या है?

कथन I : लाट की लंबाई 375 मीटर है।

कथन II : प्लाट की लंबाई उसकी चौड़ाई से तीन गुना है।

निर्देश (21-25) : इन प्रश्नों में, एक प्रश्न और उसके बाद तीन कथनों में जानकारी दी गई है। आपको तीनों कथनों में दी गई जानकारी पर विचार करना है और तय करना है कि किन कथन/कथनों में दी गई जानकारी प्रश्न का उत्तर देने के लिए आवश्यक नहीं है और इसलिए उसे/उन्हें निकाल दिया जा सकता है। तदनुसार अपना उत्तर दीजिए।

21. संस्थान 'A' से कितने विद्यार्थियों का नियोजन हुआ है ?

कथन I : संस्थान A और B में पढ़ रहे विद्यार्थियों की संख्या क्रमशः 3:4 के अनुपात में है।

कथन II : संस्थान B से नियोजन पाने वाले विद्यार्थियों की संख्या संस्थान A से नियोजन पाने वाले विद्यार्थियों की संख्या का 120% है।

कथन III : संस्थान B में पढ़ रहे विद्यार्थियों में से 80% का नियोजन हुआ है।

(a) कोई भी कथन निकाला नहीं जा सकता है
(b) केवल I
(c) केवल II
(d) तीनों में से कोई एक
(e) तीनों कथनों की जानकारी के साथ भी प्रश्न का उत्तर नहीं दिया जा सकता है

22. श्री X की मासिक आय कितनी है ?

कथन I : श्री X विभिन्न मदों पर अपनी आय का 85% खर्च करता है और शेष राशि की बचत करता है।

कथन II : श्री X की मासिक बचत ₹ 4,500 है।

कथन III : श्री X द्वारा एक महीने में खर्च किए गए कुल धन में से एक बटा पांच खाद्य पदार्थो पर और षेष ₹ 20,400 की राशि अन्य वस्तुओं पर खर्च की जाती है।

(a) केवल II
(b) केवल III
(c) केवल कथन I और या तो II या III
(d) तीनों कथनों की जानकारी के साथ भी प्रश्न का उत्तर नहीं दिया जा सकता है
(e) इनमें से कोई नहीं

23. सुचित्रा की वर्तमान आयु क्या है ?

कथन I : सुचित्रा की वर्तमान आयु उसके पुत्र की आयु से दुगुनी है।

कथन II : सुचित्रा और उसकी माता की वर्तमान आयु के बीच का क्रमशः अनुपात 2 : 3 है।

कथन III : चार वर्ष बाद सुचित्रा और उसके पुत्र की आयु के बीच क्रमशः अनुपात 13 : 24 हो जाएगा।

(a) केवल II

(b) केवल III

(c) केवल या तो I या II

(d) केवल या तो II या III

(e) इनमें से कोई नहीं

24. नीता, सीता और गीता द्वारा चलाए जा रहे संयुक्त कारोबार में 2 वर्ष के अंत में अर्जित लाभ में नीता का हिस्सा कितना है ?

कथन I : कारोबार शुरू करने के लिए नीता ने ₹ 85,000 का निवेश किया था।

कथन II : क्रमशः 3 : 5 के अनुपात में राशि का निवेश करते हुए छह महीने बाद सीता और गीता, नीता के कारोबार में शामिल हो गयीं।

कथन III :सीता और गीता के निवेश की कुल राशि ₹ 2.5 लाख है।

(a) केवल II

(b) केवल III

(c) केवल या तो II या III

(d) तीनों कथनों की जानकारी प्रश्न का उत्तर देने के लिए जरूरी है।

(e) तीनों कथनों की जानकारी के साथ भी प्रश्न का उत्तर नहीं दिया जा सकता है।

25. वस्तु की लेबल पर लिखी कीमत क्या है?

कथन I : वस्तु की लागत कीमत ₹ 500 है।

कथन II : वस्तु की लेबल पर लिखी कीमत पर 5% की छूट देने के बाद विक्रय कीमत ₹ 608 है।

कथन III :यदि कोई छूट नहीं दी गई होती तो अर्जित लाभ 28% होता।

(a) केवल I

(b) केवल III

(c) केवल II और III

(d) केवल I और III

(e) केवल I और II

निर्देश (26-30) : नीचे दिए गए प्रत्येक प्रश्न में एक प्रश्न और उसके नीचे दो कथन I और II दिए गए हैं। आपको यह तय करना है कि कथनों में दिया गया डाटा प्रश्न का उत्तर देने के लिए पर्याप्त है या नहीं है। दोनों कथनों को पढिए और –

उत्तर (a) दीजिए यदि केवल कथन I में दिया गया डाटा प्रश्न का उत्तर देने के लिए पर्याप्त है जबकि केवल कथन II में दिया गया डाटा प्रश्न का उत्तर देने के लिए पर्याप्त नहीं है।

उत्तर (b) दीजिए यदि केवल कथन II में दिया गया डाटा प्रश्न का उत्तर देने के लिए पर्याप्त है जबकि केवल कथन I में दिया गया डाटा प्रश्न का उत्तर देने के लिए पर्याप्त नहीं है।

उत्तर (c) दीजिए यदि या तो केवल कथन I या केवल कथन II में दिया गया डाटा प्रश्न का उत्तर देने के लिए पर्याप्त है।

उत्तर (d) दीजिए यदि कथन I और कथन II दोनों का डाटा मिलकर भी प्रश्न का उत्तर देने के लिए पर्याप्त नहीं है।

उत्तर (e) दीजिए यदि कथन I और कथन II दोनों का डाटा मिलाकर प्रश्न का उत्तर देने के लिए आवश्यक है।

26. A का B से क्या संबंध है ?

कथन I : A, C की सिस्टर-इन-लॉ है जो B की डॉटर-इन-लॉ है जो D की पत्नी है।

कथन II : B, A के इकलौते अंकल के पुत्र की माता है।

27. A, B, C, D, E और F में से सबकी लंबाई अलग-अलग है। सबसे छोटा कौन है ?

कथन I : C केवल B से छोटा है।

कथन II : A केवल D और F से लंबा है।

28. Y के संबंध में बिन्दु X किस दिशा में है ?

कथन I : बिन्दु Z, बिन्दु X और बिन्दु Y से एक समान दूरी पर है।

कथन II : बिन्दु X से पूरब को 5 कि.मी. चलकर और प्रत्येक मोड़ से पहले 5 कि.मी. चलकर लगातार दो बार दांए मुड़ने पर बिन्दु Y आता है।

29. कोड भाषा में 'must' कैसे लिखा जाता है ?

कथन I : उस कोड भाषा में 'you must see' को 'la pa ni' और 'did you see' को 'jo ni pa' लिखा जाता है।

कथन II : उस कोड भाषा में 'you did that' को 'pa si jo" लिखा जाता है।

30. आरती का जन्मदिन सप्ताह के किस दिन आता है?

कथन I : सोनू को ठीक से याद है कि आरती का जन्मदिन बुधवार के बाद लेकिन रविवार के पहले आता है।

कथन II : राज को अच्छी तरह याद है कि आरती का जन्मदिन शुक्रवार से पहले लेकिन मंगलवार के बाद आता है।

निर्देश (प्र. 31-35) : नीचे दिए गए प्रत्येक प्रश्न में एक प्रश्न और उसके नीचे दो कथन I और II दिए गए हैं। आपको यह तय करना है कि कथनों में दिया गया डाटा प्रश्न का उत्तर देने के लिए पर्याप्त है या नहीं है। दोनों कथनों की पढ़िए और–

उत्तर (a) दीजिए, यदि केवल कथन I में दिया गया डाटा प्रश्न का उत्तर देने के लिए पर्याप्त है, जबकि केवल II में दिया गया डाटा प्रश्न का उत्तर देने के लिए पर्याप्त नहीं है।

उत्तर (b) दीजिए, यदि केवल कथन II में दिया गया डाटा प्रश्न का उत्तर देने के लिए पर्याप्त है, जबकि केवल I में दिया गया डाटा प्रश्न का उत्तर देने के लिए पर्याप्त नहीं है।

उत्तर (c) दीजिए, यदि केवल कथन I या केवल कथन II में दिया गया डाटा प्रश्न का उत्तर देने के लिए पर्याप्त है।

उत्तर (d) दीजिए, यदि केवल कथन I और कथन II दोनों में दिया गया डाटा मिलकर भी प्रश्न का उत्तर देने के लिए पर्याप्त नहीं है।

उत्तर (e) दीजिए, यदि कथन I और II दोनों में दिया गया डाटा मिलाकर प्रश्न का उत्तर देने के लिए आवश्यक है।

31. A, B ,C, D और E की पंक्ति में मध्य में कौन है?

कथन I : B, C के दाएं है जो बाएं से दूसरा है।

कथन II : A, C के बाएं है जो D का पडोसी है।

32. कक्षा में शिल्पा का क्रमांक कौन सा है?
कथन I: कक्षा में कुल 45 विद्यार्थी हैं।
कथन II: शिल्पा, महेश से 8 क्रमांक नीचे है जो 17 वां है।

33. L, M, N, और P में सबसे तेज कौन दौड़ता है?
कथन I: P, L से तेज दौड़ता है, जो सबसे धीमा है।
कथन II: M, N से तेज दौड़ता है किन्तु P से धीमा दौड़ता है।

34. सप्ताह के किस दिन सतीश ने चलचित्र देखा?
कथन I: सतीश केवल अपने मित्र के साथ चलचित्र देखता है।
कथन II: सतीश मंगलवार को भोजन के लिए बाहर गया।

35. गीता का गणेश से क्या संबंध है?
कथन I: गीता का भाई गणेश के पिता का सबसे बड़ा पुत्र है।
कथन II: गणेश की पत्नी की सास, गीता की माता है।

निर्देश (36-55): निचे दिये गए प्रत्येक प्रश्न में एक प्रश्न और उसके नीचे दो कथन I और II दिए गए है। आपको यह तय करना है कि कथनों में दिया गया डाटा प्रश्न का उत्तर देने के लिए पर्याप्त है या नहीं है। दोनों कथनों की पढ़िए और-

उत्तर (a) दीजिए, यदि केवल कथन I में दिया गया डाटा प्रश्न का उत्तर देने के लिए पर्याप्त है, जबकि केवल II में दिया गया डाटा प्रश्न का उत्तर देने के लिए पर्याप्त नहीं है।

उत्तर (b) दीजिए, यदि केवल कथन II में दिया गया डाटा प्रश्न का उत्तर देने के लिए पर्याप्त है, जबकि केवल I में दिया गया डाटा प्रश्न का उत्तर देने के लिए पर्याप्त नहीं है।

उत्तर (c) दीजिए, यदि केवल कथन I या केवल कथन II में दिया गया डाटा प्रश्न का उत्तर देने के लिए पर्याप्त है।

उत्तर (d) दीजिए, यदि केवल कथन I और कथन II दोनों में दिया गया डाटा मिलकर भी प्रश्न का उत्तर देने के लिए पर्याप्त नहीं है।

उत्तर (e) दीजिए, यदि कथन I और II दोनों में दिया गया डाटा मिलाकर प्रश्न का उत्तर देने के लिए आवश्यक है।

36. संगीता के संदर्भ में ललिता किस दिशा में है?
कथन I: ललिता प्रभा के पूर्व को है जो संगीता के दक्षिण को है।
कथन II: विनिता ललिता के उत्तर को है जो संगीता के पूर्व को है।

37. कोड भाषा में 'play' का कोड क्या है?
कथन I: कोड भाषा में 'play and dance' को 'ka to pe' लिखा जाता है।
कथन II: कोड भाषा में 'enjoy the dance' को 'pe jo ra' लिखा जाता है।

38. कक्षा में कितने बच्चे है?
कथन I: कक्षा में वन्दना का स्थान नंदिनी से पांच स्थान नीचे है जो नीचे से पच्चीसवीं है।
कथन II: ऊपर से नंदिनी का स्थान सत्रहवां है।

39. नीता, सुधा, माया और गीता में से सबसे लंबी कौन है?
कथन I: राधा, नीता,और सुधा से छोटी है लेकिन माया और गीता से छोटी नहीं है।
कथन II: नीता सबसे लंबी नहीं है।

40. रमेश के कितने पुत्र हैं?
कथन I: F, H की बहन है जो रमेश का पुत्र है।
कथन II: R, H का भाई है।

41. कोड भाषा में 'cricket' कैसे लिखा जाता है?
कथन I: 'Dinesh play cricket' को 'do si ha' लिखा जाता है।
कथन II: 'play cricket now' को 'ha si ma' लिखा जाता है।

42. L, M, N, O, P में सबसे अधिक उम्र वाला कौन है?
कथन I: P, M और N से बड़ा लेकिन O से नहीं।
कथन II: L, O से बड़ा है।

43. राहुल का जन्म दिन कब है?
कथन I: राहुल और शिवानी जुड़वां हैं।
कथन II: राहुल का जन्म लीप वर्ष में फरवरी के अंतिम दिन हुआ था।

44. कक्षा में छात्रों की संख्या कितनी है?
कथन I: शेखर सर्वोच्च स्थान वाले से 28 स्थान नीचे था और महेश, जो उससे 5 स्थान नीचे था। अंतिम स्थान पर था।
कथन II: जयेश, रमेश 9 स्थान नीचे था जो सर्वोच्च स्थान से 72वें स्थान पर था।

45. श्रुति स्कूल से कितनी दूर रहती है?
कथन I: श्रुति को अपनी सहेली मीना के घर पहुंचने के लिए 3 किमी तक साइकल चलानी पडती है, जो स्कूल से 4 किमी है।
कथन II: **गीतांजलि** स्कूल के ठीक सामने रहती है और श्रुति के घर पहुंचने के लिए 2 किमी पैदल चलती है।

46. P, Q, R, S और T में सबसे छोटा कौन है?
कथन I: Q, R और S से छोटा किंतु P जितना छोटा नहीं है।
कथन II: T सबसे छोटा है।

47. कक्षा में कितने बच्चें है?
कथन I: ऊँचाई के आरोही क्रम में क्रमबद्ध किया जाए तो सुमा ऊपर से दसवें स्थान पर है।
कथन II: ऊँचाई के आधार पर, सुमा, रंजीत से पांच स्थान ऊपर है जो नीचे से आठवीं है।

48. कोड़ भाषा में 'going' का कोड क्या है?
कथन I: इस कोड भाषा में 'where are you going' को 'ma ka ta re' लिखते है।
कथन II: इस कोड भाषा में 'going to collage' को 'lo pe ta' लिखते है।

49. शमीम का श्री वर्गिस से क्या संबंध है?
कथन I: शमीम का पुत्र श्री वर्गिस का एकमात्र ग्रैंडसन है।

कथन I: श्री वर्गिस को केवल एक पुत्र है।

50. ग्राम X के संदर्भ में ग्राम Y किस दिशा में है?
कथन I: X, Z के पूर्व में है। जो Y के उत्तर में है।
कथन II: X, L के उत्तर में है जो Y के पूर्व में है।

51. 'E' के सन्दर्भ में 'D' किस दिशा में है?
कथन I: N, E के पश्चिम में और D, N के पूर्व में है।
कथन II: P, E के पूर्व में और D, P ओर E के मध्य में है।

52. M, N, O, P और Q में से कौन सबसे पहले मन्दिर पहुचा?
कथन I: केवल N, P से पहले मन्दिर पहुँचा था।
कथन I: M, O और Q से पहले मन्दिर पहुँचा था, किन्तु सबसे पहले नहीं।

53. 45 विद्यार्थियों की कक्षा में केतन का क्रमांक क्या है?
कथन I: लतीश, जो केतन से 7 क्रमांक से ऊपर है, नीचे से 25वॉं है।
कथन II: सात्विक ऊपर से 20वॉं और केतन से 4 क्रमांक ऊपर है।

54. 'nail' का कोड क्या है?
कथन I: 'best nail polish' को 'te to ni' के रूप में कोड किया गया है।
कथन II: 'sharp nail' को 'me te' के रूप में कोड किया गया है।

55. R, S,T, U और V में सबसे छोटा कौन है?
कथन I: T, S से छोटा और R तथा V से बड़ा है।
कथन II: U, T से छोटा है, किन्तु सबसे छोटा नहीं है।

निर्देश (56-59) : नीचे दिए गए प्रश्न में एक प्रश्न और उसके नीचे I और II कथन दिए गए हैं। आपको यह तय करना है कि कथनों में दिया गया डाटा प्रश्न का उत्तर देने के लिए पर्याप्त है या नहीं। दोनों कथनों को पढ़िए और :

उत्तर (a) दीजिए यदि केवल कथन I में दिया गया डाटा प्रश्न का उत्तर देने के लिए पर्याप्त है, जबकि केवल कथन II में दिया गया डाटा प्रश्न का उत्तर देने के लिए पर्याप्त नहीं है।

उत्तर (b) दीजिए यदि केवल कथन II में दिया गया डाटा प्रश्न का उत्तर देने के लिए पर्याप्त है, जबकि केवल कथन I में दिया गया डाटा प्रश्न का उत्तर देने के लिए पर्याप्त नहीं है।

उत्तर (c) दीजिए यदि या तो केवल कथन I या केवल कथन II में दिया गया डाटा प्रश्न का उत्तर देने के लिए पर्याप्त है।

उत्तर (d) दीजिए यदि कथन I और कथन II दोनों में दिया गया डाटा मिलकर प्रश्न का उत्तर देने के लिए पर्याप्त नहीं है।

उत्तर (e) दीजिए यदि कथन I और कथन II दोनों में दिया गया डाटा प्रश्न का उत्तर देने के लिए आवश्यक है।

56. राज किस दिशा की ओर देख रहा है ?
कथन I: राज और रोहन एक दूसरे को देख रहे हैं।
कथन II: रोहन उत्तर-पश्चिम की ओर देख रहा है।

57. दीना, मीना, टीना और रीना में सबसे बड़ी कौन है ?
कथन I: मीना सबसे बड़ी नहीं है।
कथन II: टीना रीना से छोटी है।

58. 'SOLID' को कोडबद्ध कैसे किया जाएगा--
कथन I: सभी स्वरों को उस अक्षर को कोड दिया जाएगा जो अंग्रेजी वर्णमाला में उनके बाद आता है।
कथन II: C, R और N क्रमशः B, Q व M कोड दिया जाता है और O, U व I को क्रमशः P, V व J कोड दिया जाता है और अन्य अक्षरों के लिए भी यही तर्क लगाया जाता है।

59. J का N से क्या संबंध है ?
कथन I: R, J का भाई है और N, R का पुत्र है।
कथन I: J, R की बहन है और N,R का पुत्र है।

निर्देश (60-64) : नीचे दिए गए प्रत्येक प्रश्न में एक प्रश्न और उसके नीचे दो कथन I और II दिए गए हैं। आपको यह तय करना है कि कथनों में दिया गया डाटा प्रश्न का उत्तर देने के लिए पर्याप्त है या नहीं है। दोनों कथनों को पढ़िए और –

उत्तर (a) दीजिए यदि केवल कथन I में दिया गया डाटा प्रश्न का उत्तर देने के लिए पर्याप्त है जबकि केवल कथन II में दिया गया डाटा प्रश्न का उत्तर देने के लिए पर्याप्त नहीं है।

उत्तर (b) दीजिए यदि केवल कथन II में दिया गया डाटा प्रश्न का उत्तर देने के लिए पर्याप्त है जबकि केवल कथन I में दिया गया डाटा प्रश्न का उत्तर देने के लिए पर्याप्त नहीं है।

उत्तर (c) दीजिए यदि या तो केवल कथन I या केवल कथन II में दिया गया डाटा प्रश्न का उत्तर देने के लिए पर्याप्त है।

उत्तर (d) दीजिए यदि कथन I और कथन II दोनों का डाटा प्रश्न का उत्तर देने के लिए पर्याप्त नहीं है।

उत्तर (e) दीजिए यदि कथन I और कथन II दोनों का डाटा मिलकर प्रश्न का उत्तर देने के लिए आवश्यक है।

60. उस कोड भाषा में 'last' को कैसे कोडबद्ध किया जाता है ?
कथन I: 'heavy rains last night' को 'na ke ja lo' और 'finished last in race' को 'so lo to pa' कोड दिया जाता है।
कथन II: 'the furniture should last' को 'di wi lo be' और 'give me last chance' को 'lo fa ra qi' लिखा जाता है।

61. उत्तर की ओर मुंह करके एक सीधी रेखा में बैठे हुए पांच मित्रों में से क्या B बाईं ओर अंतिम छोर पर बैठा है ?
कथन I: B, D एक दूसरे के अगल-बगल बैठे हुए हैं। इसी तरह E, C एक दूसरे के अगल-बगल बैठे हुए हैं। A रेखा के ठीक बीच में बैठा हैं।
कथन II: A, जो रेखा के ठीक मध्य में बैठा है, C के बांए को दूसरा है। B, A के बगल में नहीं बैठा है।

62. शिल्पा का मुंह किस ओर है ?
कथन I: यदि मीता, जिसका मुंह दक्षिण की ओर है, अपने बाएं को 90° मुड़े, तो उसका मुंह उसी दिशा में हो जाएगा, जिस दिशा की ओर शिल्पा का मुंह है।
कथन II: यदि उदय इस समय जिसका मुंह उत्तर की ओर है, अपने बाएं से 90° मुड़े तो उसका मुंह उस दिशा के एकदम विपरीत दिशा में होगा जिस दिशा की ओर शिल्पा का मुंह है।

63. क्या A, B का भाई है ?
कथन I: D, B की माता है और B, C का पुत्र है। C,A का पिता है।
कथन I: E, A की बहन है और F, A का भाई है।

64. आज करण ने कितने किलोमीटर ड्राइव किया ?
कथन I: करण ठीक कहता है कि उसने आज 20 कि.मी. से कम लेकिन 14 कि.मी. से ज्यादा ड्राइव किया।
कथन II: करण का मित्र ठीक कहता है कि करण ने आज 10 कि.मी. से ज्यादा लेकिन 16 कि.मी. से कम ड्राइव किया।

दिर्नेशः (65-69) नीचे दिए प्रत्येक प्रश्न में एक प्रश्न है और उसके नीचे दो कथन I और II दिए गए हैं। आपको यह तय करना है कि कथनों में दिया गया डाटा प्रश्न का उत्तर देने के लिए पर्याप्त है या नहीं है। दोनों कथनों को पढ़िए और :

उत्तर (a) दीजिए यदि केवल I में दिया गया डाटा प्रश्न का उत्तर देने के लिए पर्याप्त नहीं है।

उत्तर (b) दीजिए यदि केवल II में दिया गया डाटा प्रश्न का उत्तर देने के लिए पर्याप्त है जबकि केवल कथन I में दिया गया डाटा प्रश्न का उत्तर देने के लिए पर्याप्त नहीं।

उत्तर (c) दीजिए या यदि केवल कथन I या केवल कथन II में दिया गया डाटा प्रश्न का उत्तर देने के लिए पर्याप्त है।

उत्तर (d) दीजिए यदि कथन I और कथन II दोनों का डाटा मिलकर भी प्रश्न का उत्तर देने के लिए पर्याप्त नहीं है।

उत्तर (e) दीजिए यदि कथन I और कथन II दोनों का डाटा मिलकर प्रश्न का उत्तर देने के लिए आवश्यक है।

65. यदि कोई दो व्यक्ति एक साथ स्टेशन नहीं पहुंचे तो L, M, J, T और R में से स्टेशन पर सबसे पहले कौन पहुंचा ?

    कथन I : M केवल J और T के बाद पहुंचा ।

    कथन II : L, R से पहले पहुंचा ।

66. टावर 'Q' के संदर्भ में 'P' किस दिशा में है ?

    कथन I : P, H के पश्चिम में है, जो Q के दक्षिण में है।

    कथन II : F, Q के पश्चिम में है, और P के उत्तर में है।

67. कक्षा में ऊपर से सुनीता का क्रमांक कौनसा है?

    कथन I : 42 विद्यार्थियों की कक्षा में सुनीता नीचे से 29 वीं है।

    कथन II : सुनीता, समीर से 10 क्रमांक नीचे हैं।

68. कोड भाषा में 'walks' का कोड क्या है ?

    कथन I : इस कोड भाषा में 'she walks fast' को 'he ka to' लिखा जाता है।

    कथन II : इस कोड भाष में 'she learns fast' को 'jo ka he' लिखा जाता है।

69. K का N से क्या संबंध है?

    कथन I : N, M का भाई है जो K की पुत्री है।

    कथन II : F, K का पति है।

निर्देश (70-74): नीचे दिए गए प्रत्येक प्रश्न में एक प्रश्न और उसके नीचे I और II कथन दिए गए हैं। आपको यह तय करना है कि कथनों में दिया गया डाटा प्रश्न का उत्तर देने के लिए पर्याप्त है या नहीं है। दोनों कथनों को पढिए और :

उत्तर (a) दीजिए यदि केवल कथन I में दिया गया डाटा प्रश्न का उत्तर देने के लिए के लिए पर्याप्त है जबकि केवल कथन II में दिया गया डाटा प्रश्न का उत्तर देने के लिए प्रर्याप्त नहीं है।

उत्तर (b) दीजिए यदि केवल कथन II में दिया गया डाटा प्रश्न का उत्तर देने के लिए के लिए पर्याप्त है जबकि केवल कथन I में दिया गया डाटा प्रश्न का उत्तर देने के लिए प्रर्याप्त नहीं है।

उत्तर (c) दीजिए यदि या तो केवल कथन I या केवल कथन II में दिया गया डाटा प्रश्न का उत्तर देने के लिए प्रर्याप्त नहीं है।

उत्तर (d) दीजिए यदि कथन I और केवल कथन II दोनों का डाटा मिलकर भी प्रश्न का उत्तर देने के लिए प्रर्याप्त नहीं है।

उत्तर (e) दीजिए यदि कथन I और कथन II दोनों का डाटा मिलकर प्रश्न का उत्तर देने के लिए आवश्यक है।

70. M का F से क्या रिश्ता है।

    कथन I : F, N की बहन है जो R की माता है।

    कथन II : M के दो भाई हैं, उनमें से एक R भी है।

71. प्रवीण के पिता का जन्म दिन मार्च की किस तारीख को था?

    कथन I : प्रवीण को अच्छी तरह याद है कि उसके पिता का जन्मदिन 14 मार्च के बाद तथा 19 मार्च से पहले है।

    कथन II : प्रवीण की बहन को अच्छी तरह याद है कि उसके पिता का जन्मदिन 17 मार्च के बाद लेकिन 21 मार्च के पहले है।

72. M, N, T, R और D में से प्रत्येक की आयु अलग–अलग है। सबसे छोटा कौन है?

    कथन I : उनमें से N सिर्फ D से छोटा है।

    कथन II : T, R से बड़ा है और M से छोटा है।

73. कोड भाषा में 'food' कैसे लिखा जाता है?

    कथन I : उस कोड भाषा में 'Always eat good food' को 'ha na pa ta' लिखा जाता है।

    कथन II: उस कोड भाषा में 'Enjoy eat ing good food' को 'ni ha ja pa' लिखा जाता है।

74. गावं D, गांव H के किस दिशा में है ?

    कथन I : गांव H, गावं H के दक्षिण है जो गांव D के दक्षिण–पूर्व को है।

    कथन II: गांव M, गांव D के पूर्व की है और गांव के H के उत्तर–पूर्व को है।

Answer Key

1	(c)	16	(e)	31	(a)	46	(e)	61	(b)
2	(e)	17	(a)	32	(b)	47	(e)	62	(c)
3	(d)	18	(d)	33	(e)	48	(e)	63	(d)
4	(c)	19	(b)	34	(d)	49	(e)	64	(e)
5	(d)	20	(c)	35	(d)	50	(c)	65	(d)
6	(b)	21	(e)	36	(c)	51	(b)	66	(c)
7	(a)	22	(c)	37	(d)	52	(a)	67	(a)
8	(e)	23	(a)	38	(e)	53	(c)	68	(e)
9	(c)	24	(d)	39	(e)	54	(e)	69	(e)
10	(d)	25	(d)	40	(a)	55	(d)	70	(d)
11	(b)	26	(c)	41	(d)	56	(e)	71	(e)
12	(d)	27	(d)	42	(e)	57	(d)	72	(a)
13	(a)	28	(e)	43	(b)	58	(b)	73	(d)
14	(c)	29	(a)	44	(a)	59	(e)	74	(c)
15	(c)	30	(e)	45	(b)	60	(c)		

व्याख्या सहित हल — Answers & Explanations

1. (c) माना वृत्त की त्रिज्या = R सेमी

तब, वृत्त का क्षेत्रफल = πR^2

कथन I से,

वृत्त की परिधि = $2\pi R = 88$ सेमी

या, $R = \frac{88 \times 7}{2 \times 22} = 14$ सेमी

कथन II से,

वृत्त का व्यास = $2R = 28$ सेमी

या, $R = \frac{28}{2} = 14$ सेमी

अत: या तो केवल कथन I या केवल कथन II में दिया गया डाटा प्रश्न का उत्तर देने के लिए प्रर्याप्त है

2. (e) माना समकोण तिकोन का आधार एवं ऊँचाई क्रमश: a मीटर और h मीटर हैं।

कथन I से,

$h = \frac{3}{4}a$ ...(i)

कथन II से,

तिकोन का विकर्ण = 5 मी

या, $\sqrt{a^2 + h^2} = 5$

या, $\sqrt{a^2 + \left(\frac{3}{4}a\right)^2} = 5$

या, $a^2\left(\frac{9}{16}\right)^2 = 25$

$\therefore a^2 = 16$

या, $a = 4$

अत: प्रश्न का उत्तर देने के लिए, दोनों कथनों की जानकारी आवश्यक है।

3. (d) माना पिता और पुत्र की वर्तमान आयु क्रमश: x वर्ष और y वर्ष हैं। तब,

कथन I से,

$x = 5 \times y$ ...(i)

कथन II से,

$x - 5 = 15 \times y$ (सम्भव नहीं है) ...(i)

अत: दोनों कथनों में दिया गया डाटा मिलकर भी प्रश्न का उत्तर देने के लिए पर्याप्त नहीं हैं।

4. (c) माना ब्याज दर = R% वार्षिक है। तब,
कथन I से,

$$250 = 25000\left(\frac{R}{100}\right)^2$$

या, $R^2 = 100$

या, R = 10%

कथन II से,

$$P = \frac{P \times R \times 10}{100}$$

या, $\frac{R}{10} = 1$

या, R = 10%

अतः या तो केवल I या केवल कथन II में दिया गया डाटा प्रश्न का उत्तर देने के लिए पर्याप्त है।

5. (d) स्पष्ट है कि कथन I और कथन II दोनों में दिया गया डाटा मिलकर भी प्रश्न का उत्तर देने के लिए पर्याप्त नहीं है।

6. (b) कथन II से

$$\Rightarrow \frac{6x+5}{5x+5} = \frac{7}{6}$$

$\Rightarrow 36x - 35x = 35 - 30$

$\Rightarrow x = 5$

$\therefore$ आनंद की आयु $= 6 \times 5 = 30$ वर्ष

7. (a) कथन I से ⇒

संख्या $= \frac{90 \times 5}{5-3} = 225$

8. (e) महिलाओं या बच्चों के साथ पुरुषों की तुलना नहीं की गई है इसलिए इसका उत्तर नहीं दिया जा सकता है।

9. (c) कथन I + II से ⇒
A का वेतन
$= 65780 \times 5 - (88545 + 59020)$
$= 328900 - 147565$
= ₹ 181335

10. (d) कथन I से ⇒

लाभ $= 15675 - 15675 \times \frac{4}{5} =$ ₹ 3135

कथन II से ⇒

लाभ $= 15675 - 15675 \times \frac{100}{125} =$ ₹ 3135

11. (b) कथन II से ⇒

दर $= \frac{2880 \times 100}{12000 \times 2} = 12\%$

12. (d) कथन I से ⇒

लाभ $= 26250 - 26250 \times \frac{4}{5}$

= ₹ 5250

कथन II से ⇒

$$26,250 - 26,250 \times \frac{100}{125}$$

13. (a) कथन I से ⇒ $\frac{12 \times 20}{15}$

कथन II से ⇒ पुरुष और महिलाओं में तुलना नहीं की गई है।

14. (c) कथन (II) से ⇒ संख्याएं हो सकती हैं: 707, 717, 727, 737, 747, 757, 767, 777, 787, 797.
अब कथन (I) से 10 में से 13 से विभाजित होने वाली संख्या केवल 767 है।

15 (c) कथन A + B से ⇒ C की आयु
$= 45 \times 5 - (53 \times 2 + 47 \times 2)$
$= 225 - 200 = 25$ वर्ष

16. (e) अतः दोनों कथन मिलकर भी उत्तर के लिए पर्याप्त नहीं है।

17. (a) कथन I से

$$\Rightarrow \text{years} = \frac{6570 \times 100}{36500 \times 6} = 3 \text{ years}$$

18. (d) कथन I से ⇒ Three digit number

$$= \frac{204}{2} \times \frac{5}{2} = 255$$

कथन II से ⇒ Three digit number

$$= \frac{51 \times 100}{20} = 255$$

19. (b) कथन II से ⇒ Raveena's age $= 45 \times \frac{3}{5} = 27$ years

20. (c) कथन I से ⇒
Length = 375 metres
कथन II से

$$\Rightarrow \text{Breadth} = \frac{375}{3} = 125 \text{ metres}$$

21. (e) प्रश्न का उत्तर तीनों कथनो को मिलाकर भी नहीं दिया जा सकता है।

22. (c) प्रश्न का उत्तर कथन I और या तो II या III के साथ दिया जा सकता है।

23. (a) प्रश्न का उत्तर केवल कथन I और III को मिलाकर दिया जा सकता है।

24. (d) प्रश्न का उत्तर देने के लिये तीनों कथन आवश्यक हैं।

25. (d) प्रश्न का उत्तर केवल कथन II से दिया जा सकता है।

लेबल कीमत $= 608 \times \frac{100}{95}$

$= ₹ 640$

26. (c) कथन I से

⇒ A, B की डांटर–इन–लॉ है।

कथन II से

⇒ B, A की सिस्टर– इन–लॉ है।

27. (d) कथन I से

⇒ _ _ _ _ C B

कथन II से

⇒ D F A _ _ _ या F D A _ _ _

कथन I + II से

⇒ सबसे छोटा ज्ञात नहीं किया जा सकता है।

28. (e) कथन II से ⇒ बिन्दु X, Y की उत्तर में है।

29. (a) कथन I से ⇒ (you) must = (see) = la (pa) (ni)

did (you) (see) = jo (ni) (pa)

अतः must = la

30. (e) कथन I से ⇒ गुरूवार या शुक्रवार या शनिवार।

कथन II से ⇒ बुधवार या गुरूवार।

कथन I + II से ⇒ आरती का जन्मदिन गुरूवार को आता है।

32. (b) दूसरे कथन से,

शिल्पा का स्थान = 17 + 8 = 25वां

33. (e) दोनों कथनों से,

P > M > N > L

34. (d) दोनों कथनों में दी गयी जानकारी भी प्रश्न का उत्तर देने के लिए पर्याप्त नहीं है।

35. (d) गीता के लिंग के बारे में कोई जानकारी नहीं दी गई है। अत: गीता व गणेश के बिच संबंध स्थापित नहीं किया जा सकता

36. (c) कथन I से :

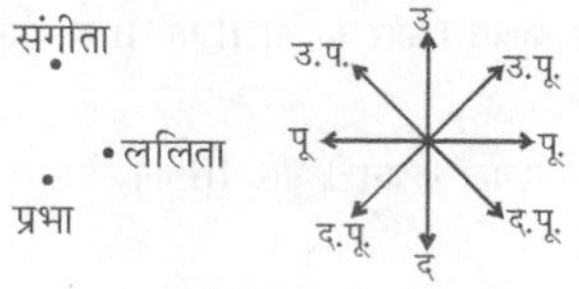

ललिता, संगीता के दक्षिण–पूर्व में दिशा में है।

कथन II से :

• विनिता

• • ललिता

संगीता

ललिता, संगीता के पूर्व दिशा में है।

37. (d) play and [dance] → ka to [pe]

enjoy the [dance] → [pe] jo ra

अत: 'play' का कोड या तो 'ka' या 'to' होगा।

39. (e) दोनों कथनों से:

सुधा > नीता > राधा > माया, गीता

41. (d) दोनों कथनों से

Dinesh [play cricket] → do [si ha]

[play cricket] now → [ha si] ma

42. (e) दोनों कथनों से

L > O > P > M, N

43. (b) दूसरे कथन से

राहुल का जन्मदिन = 29 फरवरी

44. (a) कथन I से

[T] → [S] (29वां) → [M] (34वां)

46. (e) दोनों कथनों से,

R S > Q > P

(R, S के नीचे T)

अत: P सबसे छोटा है।

47. (e) दोनों कथनों से,

सुमा का ऊपर से स्थान = 10 वॉं

सुमा का निचे से स्थान = 13 वॉं

वर्ग में बच्चो की संख्या = (10+13) − 1 = 22

48. (e) दोनों कथनों से,

where are you [going] ma ka [ta] re

[going] to collage lo pe [ta]

49. (e) कथन I से,
शमीम श्री वर्गिस का बच्चा है।
शमीम का लिंग ज्ञात नहीं है।
दोनों कथनो से सपष्ट है कि शमीम श्री वर्गिस का पुत्र है।

50. (c) कथन I से,

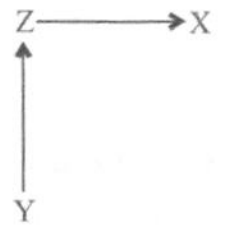

X, Y के उत्तर-पूर्व में है।
कथन II से,

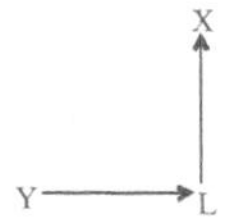

X, Y के उत्तर-पूर्व में है।

51. (b) (I) से,
N.......... E.............
D_1 D_2
चूंकि, D का स्थान स्पष्ट नहीं है इसलिए केवल कथन I पर्याप्त नहीं हैं।
(II) से,
E............ D........... P
इस प्रकार, D, E के पूर्व में है।

52. (a) I से, केवल N, P से पहले मंदिर पहुंचा अर्थात N सबसे पहले मंदिर पहुंचा शेष M, O व Q, P के बाद मंदिर पहुंचे। कथन II से N व P में से सबसे पहले मंदिर पहुंचने वाला स्पष्ट नहीं है।

53. (c) I से,

∴ केतन का ऊपर से 28वाँ क्रमांक है।
II से,

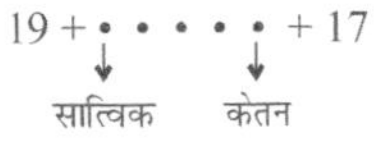

∴ केतन का ऊपर से 24वाँ क्रमांक है।

54. (e) I से,
'best nail polish' → 'te lo ni'
II से,
'sharp nail → 'me te'
∴ I व II से : nail → te

55. I से: S > T > R, V
II से: T > U

56. (e) कथन I + II से ⇒
राज दक्षिण-पूर्व की ओर देख रहा है।

57. (d) दीना के विषय में कोई जानकारी नही दी गई है अतः प्रश्न का उत्तर नहीं दिया जा सकता है।

58. (b) कथन II से :
SOLID ⇒ RPKJC

59. (e) कथन I + II से
⇒ J, N की पैटरनल आंट है।

60. (c) कथन I से ⇒
heavy rains last night
= na ke ja lo
finished last in race
= so lo to pa
∴ last = lo
कथन II से ⇒
the furniture should last
= di wi lo be
give me last chance = lo fa ra qi
∴ last = lo

61. (b) कथन II से ⇒ B D A E C
or B E A D C
अतः B बांयी ओर अंतिम छोर पर बैठा है।

62. (c) कथन I से ⇒ शिल्पा का मुंह पूर्व की ओर है।
कथन II से ⇒ शिल्पा का मुंह पूर्व की ओर है।

63. (d) कथन I से ⇒ A का लिंग ज्ञात नहीं किया जा सकता है।
कथन II से ⇒ A का लिंग ज्ञात नहीं किया जा सकता है।

64. (e) कथन I + II से ⇒ करण ने आज 15 कि.मी. ड्राइव किया।

Sol. 65-69

65. (d) कथन I से ⇒
J, T, M or T, J, M
कथन II से ⇒ L, R

66. (c) कथन I से ⇒

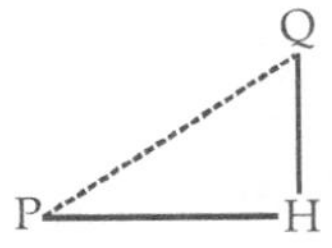

So, P is in South - West of Q.

कथन II से ⇒

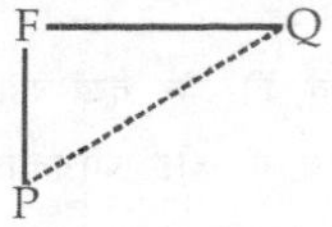

So, P is in South - West of Q.

67. (a) कथन I से ⇒

सुनीता का उपर से स्थान

$= 42 - 29 + 1 = 14\text{th}$

कथन II से ⇒ Sameer's rank is not known. So Sunita's rank can't be determined.

68. (e) कथन I से ⇒ she walks fast

= he ka to

कथन II से ⇒ she learns fast = ja ka he

कथन I + II से ⇒

walks = to

69. (e) कथन I से ⇒

N is son of K.

कथन II से ⇒

F is husband of K.

कथन I + II से ⇒

K is mother of N.

70. (d) कथन I और केवल कथन II दोनों का डाटा मिलकर भी प्रश्न का उत्तर देने के लिए प्रर्याप्त नहीं है।

71. (e) कथन I से ⇒ 15 th or 16th or 17th or 18 th

कथन I से ⇒ 18th or 19th or 20th

कथन I + II से ⇒ Birthday was on 18th March.

72. (a) कथन I से ⇒ D > N

कथन II से ⇒ M > T > R

73 (d) कथन I से ⇒ Always eat good food ⇒ ha na pa ta

कथन II से ⇒ Enjoy eating good food ⇒ ni ha ja pa

74. (c) कथन I से ⇒

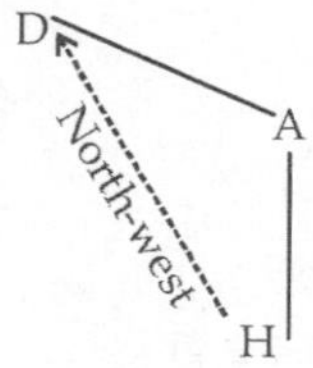

कथन II से ⇒

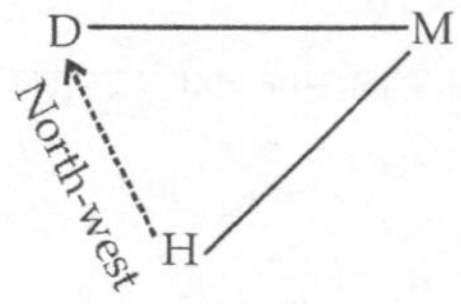

◆ ◆ ◆

अध्याय 1

संख्याएँ
(NUMBERS)

संख्याएँ

संख्याओं को दर्शाने की कई प्रणालियाँ हैं। इन प्रणालियों में सबसे अधिक प्रचलित प्रणाली दाशमिक प्रणाली है जिसे हिन्दू-अरेबिक संख्याकन पद्धति भी कहते हैं। इस प्रणाली के अंतर्गत किसी संख्या को दर्शाने के लिए हम चिह्नों (संकेतों) 0, 1, 2, 3, 4, 5, 6, 7, 8 और 9 का उपयोग करते हैं जिन्हें अंक कहते हैं। इन्हीं दस अंकों का उपयोग हम किसी संख्या को दर्शाने के लिए करते हैं।

संख्याओं के प्रकार :

❖ **प्राकृत संख्याएँ :** वस्तुओं को गिनने के लिए जिन संख्याओं का प्रयोग किया जाता है, उन संख्याओं को गणन संख्याएँ या प्राकृत 'संख्याएँ' कहते हैं।

जैसे- 1, 2, 3, 4, 5, ...

❖ **पूर्ण संख्याएँ:** प्राकृत संख्याओं में शून्य को सम्मिलित करने पर जो संख्याएँ प्राप्त होती हैं उन्हें 'पूर्ण संख्याएँ' कहते हैं। जैसे 0, 1, 2, 3, 4, 5, 6, 7, 8, 9 ....

पूर्णांक संख्याएँ: प्राकृत संख्याओं में शून्य एवं ऋणात्मक संख्याओं को भी सम्मिलित करने पर जो संख्याएँ प्राप्त होती हैं, उन्हें 'पूर्णांक संख्याएँ' कहते हैं।

जैसे- .... - 3, -2, -1, 0, 1, 2, 3, ...

❖ **सम संख्याएँ:** वे संख्याएँ जो 2 से पूर्णत: विभाजित हो जाती हैं उन्हें 'सम संख्याएँ' कहते हैं। इस प्रकार 2, 4, 8, 6, 26 .... आदि 'सम संख्याएँ' हैं।

❖ **विषम संख्याएँ:** वे संख्याएँ जो 2 से पूर्णत: विभाजित नहीं होती हैं उन्हें 'विषम संख्याएँ कहते हैं। जैसे- 1, 3, 5, 11, 17, 29, 39 . ... आदि 'विषम संख्याएँ' हैं।

❖ **अभाज्य संख्याएँ :** वे संख्याएँ जो स्वयं और 1 के अतिरिक्त अन्य किसी भी संख्या से विभाजित न हो उन्हें 'अभाज्य संख्याएँ' कहते हैं।

जैसे- 2, 3, 7, 11, 13, 17 .... आदि 'अभाज्य संख्याएँ' हैं। '1' एक विशेष संख्या है जो न तो अभाज्य संख्या है और न ही भाज्य संख्या है।

❖ **भाज्य संख्याएँ:** वे संख्याएँ जो स्वयं और 1 के अतिरिक्त अन्य किसी संख्या से पूर्णत: विभाजित हो जाती है तो उसे भाज्य संख्या कहते हैं।

जैसे- 4, 6, 8, 9, 10, ...

❖ **परिमेय संख्याएँ:** वे संख्याएँ जिन्हें $\frac{p}{q}$ के रूप में लिखा जा सके 'परिमेय संख्याएँ' कहलाती हैं जहाँ p और q दोनों पूर्णांक हो लेकिन q कभी शून्य न हो।

जैसे- $4, \frac{3}{4}$, 0 .... आदि 'परिमेय संख्याएँ' हैं।

❖ **अपरिमेय संख्याएँ:** वे संख्याएँ जिन्हें $\frac{p}{q}$ के रूप में न लिखा जा सके अपरिमेय संख्याएँ कहलाती है। जहाँ p और q दोनों पूर्णांक हो लेकिन q कभी शून्य न हो।

जैसे- $\sqrt{7}, \sqrt{5}$, 2+ [illegible], π, ... आदि अपरिमेय संख्याएँ हैं।

❖ **वास्तविक संख्याएँ:** वे संख्याएँ जो या तो परिमेय हैं अथवा अपरिमेय 'वास्तविक संख्याएँ' कहलाती हैं।

जैसे- $8, -6, +\sqrt{3}, \frac{3}{5}$, ... आदि वास्तविक संख्याएँ हैं।

❖ **सह-अभाज्य संख्याएँ:** ऐसी संख्याओं के जोड़े जिनके गुणनखण्डों में 1 के अतिरिक्त कोई भी उभयनिष्ठ गुणनखण्ड न हो उन्हें 'सह-अभाज्य संख्याएँ' कहते हैं। जैसे- 16, 21 में 1 के अतिरिक्त अन्य कोई उभयनिष्ठ गुणनखण्ड नहीं है।

❖ **युग्म-अभाज्य संख्याएँ:** ऐसी अभाज्य संख्याएँ जिनके बीच का अंतर 2 हो 'युग्म-अभाज्य संख्याएँ' कहलाती हैं। जैसे- 11, 13 युग्म-अभाज्य संख्याएँ हैं।

संख्याएँ एक दृष्टि में	
उदाहरण	संख्या के प्रकार
0.45	परिमेय, वास्तविक (rational, real)
3.1415926535....	अपरिमेय, वास्तविक (irrational, real)
3.14159	परिमेय, वास्तविक (rational, real)
0	पूर्ण, पूर्णांक, परिमेय, वास्तविक (whole, integer, rational, real)
$\frac{5}{3}$	परिमेय, वास्तविक (rational, real)
$1\frac{2}{3}=\frac{5}{3}$	परिमेय, वास्तविक (rational, real)
$\sqrt{2}$= 1. 41421356....	परिमेय, वास्तविक (irrational, real)
$-\sqrt{81} = -9$	पूर्णांक, परिमेय, वास्तविक (integer, rational, real)
–3	परिमेय, वास्तविक (rational, real)
$\sqrt{25}=5$	प्राकृत, पूर्ण, पूर्णांक, परिमेय, वास्तविक (natural, whole, integer, rational, real)
9/3 = 3	प्राकृत, पूर्ण, पूर्णांक, परिमेय, वास्तविक (natural, whole, integer, rational, real)
–0.75	परिमेय, वास्तविक (rational, real)
π = 3.1428571…	अपरिमेय, वास्तविक (irrational, real)
3.144444.......	वास्तविक परिमेय (क्योंकि, यहाँ दशमलव के बाद अंकों की पुनरावृत्ति हो रही है।) (rational, real (since it is a repeating decimal)

अंकों के जातीय एवं स्थानीय मान

किसी भी संख्या के अंकों के निम्न दो मान होते हैं।

1. **जातीय या वास्तविक मानः** किसी भी संख्या के किसी अंक का जातीय मान वही अंक होता है। जैसे- 255 में 5 का जातीय मान 5 और 2 का जातीय मान 2 ही होगा।

2. **स्थानीय मान :** किसी संख्या के प्रत्येक अंक का स्थानीय मान उसके स्थान के अनुसार होता है। जैसे- संख्या 832 में 2 का स्थानीय मान 2, 3 का स्थानीय मान 30 तथा 8 का स्थानीय मान 800 होगा।

   उदाहरणः संख्या 495, 784 का जातीय और स्थानीय मान

संख्या	अंक	स्थानीय मान	जातीय मान
495,784	4	400000	4
	9	90000	9
	5	5000	5
	7	700	7
	8	80	8
	4	4	4

स्थानीय मान के अनुसार अंकों के नाम :

अंकों के स्थान के अनुसार इनके अलग-अलग नाम होते हैं, जो निम्न प्रकार हैं।

भारतीय विधि / अंतर्राष्ट्रीय विधि			
इकाई	इकाई	1	1
दहाई	दहाई	10	10^1
सैकड़ा	सैकड़ा	100	10^2
हजार	हजार	1000	10^3
दस हजार	दस हजार	10000	10^4
लाख	सौ हजार	100000	10^5
दस लाख	एक मिलियन	1000000	10^6
करोड़	दस मिलियन	10000000	10^7
दस करोड़	सौ मिलियन	100000000	10^8

भिन्न (Fraction)

यदि किसी संख्या को $\frac{p}{q}$ के रूप में जहाँ p और q पूर्णांक हैं तथा $q \neq 0$ लिखा जाये तो ऐसी संख्या को भिन्न कहते हैं। भिन्न में भाज्य को एक रेखा के उपर तथा भाजक को रेखा के नीचे लिखा जाता है, ऊपर की संख्या अर्थात भाज्य को अंश तथा नीचे की संख्या अर्थात भाजक को हर कहा जाता है।

$\frac{1}{3}, \frac{4}{5}, \frac{6}{7}$ आदि भिन्न के उदाहरण हैं जिसमें 1, 4 , 6 अंश तथा 3, 5, 7 हर हैं।

भिन्नों के प्रकार

- **उचित भिन्न** - यदि भिन्न का अंश हर से कम हो, तो भिन्न को उचित भिन्न कहते हैं।

  जैसे- $\frac{2}{3}, \frac{5}{6}, \frac{10}{11}$ .... इत्यादि।

- **अनुचित भिन्न**- यदि भिन्न का अंश हर से बड़ा हो तो भिन्न को अनुचित भिन्न कहते हैं।

  जैसे– $\frac{3}{2}, \frac{6}{5}, \frac{8}{7}$ .... इत्यादि।

- **मिश्र भिन्न**- यदि भिन्न एक पूर्णांक तथा भिन्न से मिलकर बनी हो तो भिन्न को मिश्र भिन्न कहते हैं।

  जैसे $2\frac{1}{2}, 3\frac{3}{4}, 5\frac{6}{7}$ .... इत्यादि।

- **मिश्रित भिन्न** - यदि अंश या हर या दोनों भिन्न हो, तो भिन्न को मिश्रित भिन्न कहते हैं।

  जैसे- $\cfrac{2}{\cfrac{3}{4}}, \cfrac{2}{\cfrac{5}{\cfrac{6}{7}}}, \cfrac{3}{\cfrac{7}{\cfrac{5}{6}}}$ .... इत्यादि।

- **दशमलव भिन्न**- वे भिन्न जिनके हर 10, 10^2 या 10^3 इत्यादि हो, तो दशमलव भिन्न कहलाते हैं।

  जैसे- $\frac{7}{10}, \frac{11}{100}, \frac{12}{1000}$ .... इत्यादि।

- **वितत भिन्न**- सामान्य तौर पर किसी भिन्न के हर या कभी-कभी अंश में किसी संख्या के जोड़ने या घटाने से बनने वाले भिन्न को वितत भिन्न कहते हैं।

  जैसे- $\cfrac{2}{2 - \cfrac{2}{2 + \cfrac{3}{4}}}$

भिन्नों की तुलना

- यदि दी गई भिन्नों के हर समान हो, तो सबसे बड़े अंश वाली संख्या बड़ी होगी।

  जैसे $\frac{4}{7}, \frac{2}{7}, \frac{8}{7}, \frac{9}{7}$ में $\frac{9}{7} > \frac{8}{7} > \frac{4}{7} > \frac{2}{7}$

- यदि दी गई भिन्नों के अंश समान हो, तो सबसे छोटे हर वाली संख्या बड़ी होगी।

  जैसे- $\frac{7}{4}, \frac{7}{2}, \frac{7}{8}, \frac{7}{9}$ में $\frac{7}{2} > \frac{7}{4} > \frac{7}{8} > \frac{7}{9}$

- यदि दी गई भिन्नों में उनके अंशों और हरों का अंतर समान हो, तो सबसे छोटे अंश वाली संख्या सबसे बड़ी होगी, जबकि अंश हर से बड़ा है।

  जैसे- $\frac{5}{2}, \frac{7}{4}, \frac{11}{8}, \frac{8}{5}$ में $\frac{5}{2} > \frac{7}{4} > \frac{8}{5} > \frac{11}{8}$

- यदि दी गई भिन्नों में उनके अंशों और हरों का अंतर समान हो, तो सबसे बड़े अंश वाली संख्या सबसे बड़ी होगी, जबकि अंश, हर से छोटा है।

  जैसे- $\frac{2}{5}, \frac{4}{7}, \frac{8}{11}, \frac{5}{8}$ में $\frac{8}{11} > \frac{5}{8} > \frac{4}{7} > \frac{2}{5}$

तिर्यक विधि द्वारा भिन्नों की तुलनाः

यह भिन्नों की तुलना के लिए एक **संक्षिप्त विधि** है। इस विधि के द्वारा हम सभी प्रकार के भिन्नों की तुलना कर सकते हैं। उदाहरणस्वरूप इस विधि द्वार $\frac{5}{9}$ और $\frac{4}{7}$ की तुलना इस प्रकार करेंगे।

$$5 \times 7 = 35 \qquad 9 \times 4 = 36$$

$$\frac{5}{9} \; ? \; \frac{4}{7}$$

यहाँ 36 बड़ी संख्या है अतः $\frac{4}{7} > \frac{5}{9}$

महत्तम समापवर्तक लघुत्तम समापवर्त्य

गुणक और गुणजः यदि एक संख्या 'x' दूसरी संख्या 'y' को पूर्णतः विभाजित करती है तो हम 'x' को 'y' का गुणक कहते हैं। इस अवस्था में 'y', 'x' का गुणज कहलाता है।

गुणनखण्डः जब कोई संख्या किसी दूसरी संख्या को पूरा-पूरा विभाजित करे और शेष कुछ न बचे तो वह संख्या उस दूसरी संख्या का गुणनखण्ड कहलाती हैं।

जैसे– संख्या 15, 3 और 5 से पूरी-पूरी विभाजित हो जाती है। अतः 3 और 5, 15 के गुणनखण्ड होंगे।

महत्तम समापवर्त्तक :

दो या दो से अधिक संख्या का महत्तम समावर्त्तक वह बड़ी से बड़ी संख्या होती है, जो प्रत्येक दी गई संख्याओं को पूरा-पूरा विभाजित कर सके। महत्तम समापवर्त्तक ज्ञात करने की दो विधियाँ हैं।

1. अभाज्य गुणनखण्ड विधिः

144, 180 और 108 का महत्तम समापवर्त्तक इस विधि द्वारा निम्न प्रकार ज्ञात कर सकते हैं -

$144 = \underline{2 \times 2} \times 2 \times 2 \times \underline{3 \times 3}$

$108 = \underline{2 \times 2} \times \underline{3 \times 3} \times 3$

$180 = \underline{2 \times 2} \times \underline{3 \times 3} \times 5$

उपरोक्त तीनों संख्याओं के अभाज्य गुणनखण्डों में उभयनिष्ठ गुणनखण्ड $2 \times 2 \times 3 \times 3 = 36$ है।

$\therefore$ 144, 180 और 108 का अभीष्ट महत्तम समापवर्त्तक 36 होगा।

2. भाग विधिः उपरोक्त संख्याओं का महत्तम समापवर्त्तक भाग विधि द्वारा निम्न प्रकार ज्ञात कर सकते हैं -

```
144) 180 (1
     144
     ----
      36) 144 (4
          144
          ----
          ×××
```

अब 36 और 108 का महत्तम समापवर्त्तक ज्ञात करना है।

```
36) 108 (3
    108
    ---
    ×××
```

अतः 144,180 और 108 का महत्तम समापवर्त्तक 36 होगा।

लघुत्तम समापवर्त्य :

दो या दो से अधिक दी गई संख्याओं का लघुत्तम समापवर्त्य वह छोटी से छोटी संख्या होती है जो प्रत्येक दी गई संख्या से पूरी पूरी-पूरी विभाजित हो सके।

लघुत्तम समापवर्त्य हम निम्नलिखित दो विधियों द्वारा ज्ञात कर सकते हैं:

1. अभाज्य गुणनखण्ड विधि- जैसे 12, 16 तथा 30 का लघुत्तम समापवर्त्य ज्ञात करना है, तब

$12 = 2 \times 2 \times \underline{3}$

$16 = \underline{2 \times 2 \times 2 \times 2}$

$30 = 2 \times 3 \times \underline{5}$

अब तीनों संख्याओं के अभाज्य गुणनखंडों में 2 सबसे अधिक 4 बार तथा 3 एक बार और 5 एक बार आया है।

इस प्रकार दी गई संख्याओं का अभीष्ट लघुत्तम समापवर्त्य $= \underline{2 \times 2 \times 2 \times 2} \times \underline{3} \times \underline{5} = 240$ होगा।

2. भाग विधिः उपरोक्त संख्याओं का लघुत्तम समापवर्त्य भाग विधि द्वारा इस प्रकार ज्ञात करेंगे।

```
2 | 12, 16, 30
  |-----------
2 | 6, 8, 15
  |-----------
3 | 3, 4, 15
  |-----------
    1, 4, 5
```

$\therefore$ दी गई संख्याओं का अभीष्ट लघुत्तम समापवर्त्य $= 2 \times 2 \times 3 \times 1 \times 4 \times 5 = 240$ होगा।

भिन्नों का महत्तम समापवर्त्तक व लघुत्तम समापवर्त्य :

1. दी गई भिन्नों का महत्तम समापवर्त्तक $= \dfrac{\text{अंशों का महत्तम समापवर्त्तक}}{\text{हरों लघुत्तम समापवर्त्य}}$

उदाहरण $\dfrac{1}{2}$ और $\dfrac{3}{4}$ का महत्तम समापवर्तक

$= \dfrac{\text{1 और 3 का महत्तम समापवर्त्तक}}{\text{2 और 4 का लघुत्तम समापवर्त्य}} = \dfrac{1}{4}$

2. दी गई भिन्नों का लघुत्तम समापवर्त्य $= \dfrac{\text{अंशों का लघुत्तम समापवर्त्य}}{\text{हरों का महत्तम समापवर्त्तक}}$

उदाहरण $\dfrac{1}{2}$ और $\dfrac{3}{4}$ का लघुत्तम समापवर्त्य

$= \dfrac{\text{1 और 3 का लघुत्तम समापवर्त्य}}{\text{2 और 4 का महत्तम समापवर्त्तक}} = \dfrac{3}{2}$

स्मरणीय सूत्र *(Rememberable Formulas)*

- दो संख्याओं का गुणनफल = (उन संख्याओं का HCF) × (उन संख्याओं का LCM)
- 1 से लेकर n तक प्राकृतिक संख्याओं का योग $= \dfrac{n(n+1)}{2}$
- 1 से लेकर n तक सम संख्याओं का योग

  $= \dfrac{\text{अंतिम सम संख्या (अंतिम सम संख्या +2)}}{4}$
- 1 से लेकर n तक विषम संख्याओं का योग

  $= \left(\dfrac{\text{अंतिम विषम संख्या +1}}{2}\right)^2$
- श्रेणी A, A + D, A + 2D, A + 3D .... में N वीं संख्या

  $= a + (N - 1) D$

  तथा N पदों का योगफल $= \dfrac{N}{2}[2A + (N-1)D]$

विभाज्यता की जाँच (Divisibility Conditions)		
कोई संख्या विभाजित होगी	यदि	उदाहरण
2 से	यदि अंतिम अंक सम है। (0,2,4,6 और 8)	12**8** विभाजित होगा
		129 विभाजित नहीं होगा
3 से	यदि अंकों का योग 3 से विभाजित हो।	381 (3+8+1=12, और 12÷3 = 4) विभाजित होगा
		217 (2+1+7=10, और 10÷3 = 3 $^{1}/_{3}$) विभाजित नहीं होगा
4 से	यदि अंतिम दो अंक 4 से विभाजित हो।	13**12**, (12÷4=3) विभाजित होगा
		70**19** विभाजित नहीं होगा
5 से	यदि अंतिम अंक 0 या 5 हो।	17**5** विभाजित होगा
		80**9** विभाजित नहीं होगा
6 से	यदि संख्या 2 और 3 दोनों से विभाजित हो।	114 (सम संख्या, 1+1+4=6 और 6÷3 = 2) विभाजित होगा
		308 (सम संख्या, लेकिन 3+0+8=11 और 11÷3 = $3\frac{2}{3}$) विभाजित नहीं होगा
7 से	यदि अंतिम अंक को दुगुना कर और दी हुई संख्या में घटा देते हैं तो प्राप्त उत्तर 0 हो या 7 हो से विभाजित हो।	672 (2 का दोगुना 4 है, 67-4=63, और 63÷7=9) विभाजित होगा
		905 (5 का दोगुना 10 है , 90-10=80, और 80÷7=11 $^{3}/_{7}$) विभाजित नहीं होगा
8 से	यदि अंतिम तीन अंक 8 से विभाजित हो।	109**816** (816÷8=102) विभाजित होगा
		216**302** (302÷8=37 $^{3}/_{4}$) विभाजित नहीं होगा
9 से	यदि अंकों का योग 9 से विभाजित हो।	1629 (1+6+2+9=18, और पुन: 1+8=9) विभाजित होगा
		2013 (2+0+1+3=6) विभाजित नहीं होगा
10 से	यदि अंतिम अंक शून्य हो।	22**0** विभाजित होगा
		221 विभाजित होगा
11 से	यदि प्रत्येक दूसरे अंकों का योग और शेष बचे अंक के योग का अंतर 0 हो या 11 से विभाजित हो।	**1**3**6**4 ((3+4) - (1+6) = **0**) विभाजित होगा
		25**1**7**6** ((5+7) - (2+1+6) = **3**) विभाजित नहीं होगा
12 से	• यदि संख्या 3 और 4 से विभाजित हो	648 (6+4+8=18 और 18÷3=6, और 48÷4=12) विभाजित होगा
		916 (9+1+6=16, 16÷3= $5\frac{1}{3}$) विभाजित नहीं होगा

साधित उदाहरण (Solved Examples)

उदाहरण ▶ 1 : यदि 47 लोगों के बीच ₹ 198011 की राशि समान रूप से बांटी जाती है तो प्रत्येक को कितनी राशि मिलेगी?

(a) ₹4123 (b) ₹4231
(c) ₹4213 (d) ₹4132
(e) इनमें से कोई नहीं

हल (c) प्रत्येक व्यक्ति को प्राप्त धनराशि = ₹ $\left(\frac{198011}{47}\right)$ = ₹4213

उदाहरण ▶ 2 : एक कैंटीन को एक सप्ताह में 798 केले की आवश्यकता पड़ती है। जनवरी, फरवरी और मार्च 2008 के महीनों के लिए उसे कुल कितने केलों की आवश्यकता पड़ेगी?

(a) 10480 (b) 10277
(c) 10586 (d) 10374
(e) इनमें से कोई नहीं

हल (d) वर्ष 2008 में जनवरी, फरवरी एवं मार्च में दिनों की संख्या $= 31 + 29 + 31 = 91$ दिन $= 91 \div 7 = 13$ सप्ताह

$\because$ 1 सप्ताह में केलों की खपत = 798

$\therefore$ 13 सप्ताह में केलों की खपत $= 13 \times 798 = 10374$

उदाहरण ▶ 3 : 2 अगूंठियों और 4 चूड़ियों की कीमत ₹ 46854 है। 5 अगूंठियों और 10 चूड़ियों की कीमत क्या होगी?

(a) ₹ 115345 (b) ₹ 117135
(c) ₹ 116675 (d) निर्धारित नहीं किया जा सकता
(e) इनमें से कोई नहीं

हल (b) माना कि 1 अंगूठी एवं 1 चूड़ी की कीमत क्रमश: ₹ x एवं ₹ y हैं।

प्रश्नानुसार,

$$2x + 4y = 46854$$

$\Rightarrow 2.5\,(2x + 4y) = 2.5 \times 46854$

$\Rightarrow 5x + 10y =$ ₹ 117135

उदाहरण ▶ 4 : यदि चार क्रमिक सम संख्याओं का योग 228 होगा, तो सबसे छोटी संख्या कौन सी है?

(a) 52 (b) 54
(c) 56 (d) 48
(e) इनमें से कोई नहीं

हल (b) प्रश्नानुसार,

$x + x + 2 + x + 4 + x + 6 = 228$

$\Rightarrow 4x + 12 = 228$

$\Rightarrow 4x = 228 - 12 = 216$

$\therefore x = \frac{216}{4} = 54$

$\therefore$ सबसे छोटी सम संख्या = 54

उदाहरण ▶ 5 : एक द्विअंकी संख्या और इस संख्या के दोनों अंकों को परस्पर बदलने के बाद प्राप्त संख्या के बीच का अंतर 27 है। इस द्विअंकी संख्या के दोनों अंकों का योग 15 है। यह द्विअंकी संख्या क्या है?

(a) 87 (b) 96
(c) 69 (d) निर्धारित नहीं किया जा सकता
(e) इनमें से कोई नहीं

हल (d) माना संख्या $10x + y$ है।

$(10x + y) - (10y + x) = 27$

$9x - 9y = 27$

$x - y = 3$ ....(a)

तथा $x + y = 15$ ....(b)

$\therefore$ $x = 9$ और $y = 6$ या $x = 6$ और $y = 9$

$\therefore$ अभीष्ट संख्या 96 अथवा 69 है।

अत: निर्धारित नहीं कर सकते।

उदाहरण ▶ 6 : 5 घंटियाँ क्रमश: 9 सेकण्ड, 6 सेकण्ड, 4 सेकण्ड, 10 सेकण्ड और 8 सेकण्ड के अंतरालों पर बजने लगती है। एक घंटे की अवधि में ये एक साथ कितनी बार बजेंगी (आरम्भिक बजने को छोड़कर)?

(a) 5 (b) 8
(c) 10 (d) निर्धारित नहीं किया जा सकता
(e) इनमें से कोई नहीं

हल (c)

2	9,	6,	4,	10,	8
2	9,	3,	2,	5,	4
3	9,	3,	1,	5,	2
	3,	1,	1,	5,	2

$\therefore$ ल.स. $= 2 \times 2 \times 2 \times 3 \times 3 \times 5 = 360$ से.

$= \frac{1}{10}$ घंटा

एक घंटे की अवधि में 10 बार साथ-साथ बजेंगी।

उदाहरण ▶ 7 : सामंत, जेसिका और रोजलीन एक वृताकार स्टेडियम के गिर्द जॉगिग करना आरंभ करते हैं। वे अपनी परिक्रमा क्रमश: 84,56 और 63 सेकेंण्ड में पूरी करते हैं। कितने सेकंड के बाद ये लोग आरंभिक बिंदु पर फिर से एकत्रित होंगे ?

(a) 336 (b) 504
(c) 252 (d) निर्धारित नहीं किया जा सकता
(e) इनमें से कोई नहीं

हल (b) 84, 56, 63 का लघुत्तम समापवर्त्य

2	84, 56, 63,
2	42, 28, 63,
7	21, 14, 63,
3	3, 2 9
	1, 2, 3,

$\therefore 2 \times 2 \times 7 \times 3 \times 2 \times 3 = 504$

अत: तीनों लोग 504 सेकेण्ड पश्चात् आरंभिक बिन्दु पर होंगे।

उदाहरण ▶8 : भिन्न $\frac{2}{5}, \frac{3}{8}, \frac{4}{9}, \frac{5}{13}$ और $\frac{6}{11}$ उनके मूल्य के आरोही क्रम में लगाए जाएं तो कौनसा चौथा भिन्न होगा ?

(a) $\frac{4}{9}$ (b) $\frac{5}{13}$

(c) $\frac{3}{8}$ (d) $\frac{2}{5}$

(e) **इनमें से कोई नहीं**

हल (a) $\frac{2}{5} = 0.4,$ $\frac{3}{8} = 0.375,$

$\frac{4}{9} = 0.44,$ $\frac{5}{13} = 0.38,$

$\frac{6}{11} = 0.54$

आरोही क्रम $= \frac{3}{8}, \frac{5}{13}, \frac{2}{5}, \frac{4}{9}, \frac{6}{11}$

उदाहरण ▶9 : भुवन के पास कुछ मुर्गियां और कुछ गायें हैं। पशुओं के कुल सिरों की संख्या 71 और कुल पांवों की संख्या 228 है। भुवन के पास कितनी मुर्गियां हैं ?

(a) **43** (b) **32**

(c) **24**

(d) **निर्धारित नहीं किया जा सकता**

(e) **इनमें से कोई नहीं**

हल (e) माना कि भुवन के पास मुर्गियों की संख्या = x और गायों की संख्या = y

प्रश्नानुसार,

$x + y = 71$ ...(i)

$2x + 4y = 228$ ...(ii)

समीकरण (i) × 4 – (ii) से

$4x + 4y - 2x - 4y = 284 - 228$

या, $2x = 56$

या, $x = \frac{56}{2} = 28$

$\therefore$ मुर्गियों की संख्या = 28

उदाहरण ▶10 : एक संख्या के $\frac{2}{5}$ का $\frac{1}{4}$, 82 होता है। तो संख्या क्या होगी?

(a) **410** (b) **820**

(c) **420** (d) **220**

(e) **इनमें से कोई नहीं**

हल (b) माना कि संख्या = x

प्रश्नानुसार,

$x \times \frac{2}{5} \times \frac{1}{4} = 82$

या, $x = \frac{82 \times 5 \times 4}{2} = 820$

अभ्यास प्रश्न (Exercise)

1. 456 गुना 121 कितना होता है?
   (a) 56453 (b) 54167
   (c) 55176 (d) 54155
   (e) इनमें से कोई नहीं
2. दो सतत् सम संख्याओं का गुणनफल 12768 है। इनमें से बड़ी संख्या क्या है?
   (a) 110 (b) 108
   (c) 114 (d) 112
   (e) इनमें से कोई नहीं
3. यदि ₹ 50,176 की राशि को 32 व्यक्तियों के बीच बराबर-बराबर बांटा जाय तो प्रत्येक व्यक्ति को कितनी राशि मिलेगी?
   (a) ₹ 1,555 (b) ₹ 1,478
   (c) ₹ 1,460 (d) ₹ 1,568
   (e) इनमें से कोई नहीं
4. ₹ 1,72,850 की राशि 25 लोगों में समानत: बांटी जाए, तो प्रत्येक को कितने रुपये मिलेंगे?
   (a) ₹ 8912.50 (b) ₹ 8642.50
   (c) ₹ 7130 (d) ₹ 6914
   (e) इनमें से कोई नहीं
5. लगातार चार सम संख्या A, B, C और D का योग 180 है। अगली चार लगातार सम संख्याओं के समूह का योग क्या होगा?
   (a) 214 (b) 212
   (c) 196 (d) 204
   (e) इनमें से कोई नहीं
6. 786 का 964 गुना कितना होता है?
   (a) 759276 (b) 749844
   (c) 75416 (d) 757704
   (e) इनमें से कोई नहीं
7. एक द्विअंकीय संख्या और इस द्विअंकीय संख्या के दोनों अंकों को परस्पर बदलने के बाद प्राप्त संख्या के बीच का अंतर 18 है। इस संख्या के दोनों अंकों का योग 12 है। इस द्विअंकीय संख्या के दोनों अंकों का गुणनफल क्या है?
   (a) 35 (b) 27
   (c) 32 (d) निर्धारित नहीं किया जा सकता
   (e) इनमें से कोई नहीं
8. 783 बार 869 कितना होता है?
   (a) 678689 (b) 678861
   (c) 680427 (d) 681993
   (e) इनमें से कोई नहीं
9. एक बॉक्स में 15 दर्जन मोमबत्तियां हैं। ऐसे 39 बॉक्स हैं। सभी बॉक्सों में मिलकर कितनी मोमबत्तियां हैं?
   (a) 7020 (b) 6660
   (c) 6552 (d) 3510
   (e) इनमें से कोई नहीं
10. मोनिका, वेरोनिका और रेचल एक वृत्ताकार स्टेडियम के गिर्द दौड़ना शुरू करती हैं। वे अपनी परिक्रमाएं क्रमश: 42, 56 और 63 सेकंड में पूरी करती हैं। कितने सेकण्ड के बाद से प्रस्थान बिन्दु पर एक साथ होंगी?
    (a) 336 (b) 252
    (c) 504 (d) निर्धारित नहीं किया जा सकता
    (e) इनमें से कोई नहीं
11. लगातार दो विषम संख्याओं का गुणफल 19043 है। छोटी संख्या कौन सी है?
    (a) 137 (b) 131
    (c) 133 (d) 129
    (e) इनमें से कोई नहीं
12. 131 का 333 गुना कितना होता है?
    (a) 46323 (b) 43623
    (c) 43290 (d) 44955
    (e) इनमें से कोई नहीं
13. उत्तरोत्तर दो संख्याओं का गुणनफल 8556 है। इनमें से छोटी संख्या क्या है?
    (a) 89 (b) 94
    (c) 90 (d) 92
    (e) इनमें से कोई नहीं
14. एक कैंटीन को एक सप्ताह में 112 किग्रा गेहूं की आवश्यकता पड़ती है। 69 दिनों के लिए इसे कितने किग्रा गेहूं की आवश्यकता पड़ेगी?
    (a) 1204 किग्रा (b) 1401 किग्रा
    (c) 1104 किग्रा (d) 1014 किग्रा
    (e) इनमें से कोई नहीं
15. ₹41910 की राशि 22 लोगों में समानत: बांटी जाए तो प्रत्येक को कितनी राशि मिलेगी?
    (a) ₹1905 (b) ₹2000
    (c) ₹745 (d) ₹765
    (e) इनमें से कोई नहीं
16. दो क्रमिक सम संख्याओं का गुणनफल 4488 है, तो छोटी वाली संख्या कौन सी है?
    (a) 62 (b) 71
    (c) 66 (d) 65
    (e) इनमें से कोई नहीं

17. एक कैंटीन को एक हफ्ते के लिए 21 दर्जन केलों की जरूरत होती है। 54 दिनों के लिए उसे कितने दर्जन केलों की जरूरत होगी ?
(a) 162 (b) 1944
(c) 165 (d) 2052
(e) इनमें से कोई नहीं

18. यदि ₹72128 की राशि को 46 व्यक्तियों के बीच बराबर-बराबर बाँटा जाए, तो प्रत्येक व्यक्ति को कितनी राशि मिलेगी?
(a) ₹1555 (b) ₹1478
(c) ₹1460 (d) ₹1568
(e) इनमें से कोई नहीं

19. 234 गुणा 167 कितना होता है?
(a) 42768 (b) 41184
(c) 40581 (d) 39078
(e) इनमें से कोई नहीं

20. 1500 में छोटी से छोटी कौन-सी संख्या जोड़ी जाए कि यह पूर्ण वर्ग बन जाए?
(a) 20 (b) 21
(c) 22 (d) 23
(e) इनमें से कोई नहीं

21. तीन क्रमिक पूर्णांकों का योग 39 है। उन तीनों में से सबसे बड़ा निम्नलिखित में से कौन है?
(a) 12 (b) 15
(c) 13 (d) 16
(e) इनमें से कोई नहीं

22. 455.8 मीटर लंबे कपड़े के 8.6 मीटर लंबे कितने टुकड़े काटे जा सकते हैं?
(a) 43 (b) 48
(c) 55 (d) 53
(e) 62

23. दो उत्तरोत्तर संख्याओं का गुणनफल 3192 है। छोटी वाली संख्या कौन-सी है?
(a) 59 (b) 58
(c) 57 (d) 56
(e) इनमें से कोई नहीं

24. 184 गुणा 156 कितना होता है?
(a) 28704 (b) 29704
(c) 30604 (d) 27604
(e) इनमें से कोई नहीं

25. यदि ₹15,487 की राशि को 76 छात्रों में बराबर-बराबर बांटा जाए, तो प्रत्येक छात्र को लगभग कितनी राशि मिलेगी?
(a) ₹206 (b) ₹210
(c) ₹204 (d) ₹218
(e) ₹212

26. दो सतत सम संख्याओं का गुणनफल 16128 है। बड़ी संख्या कौन सी है?
(a) 132 (b) 128
(c) 124 (d) 126
(e) इनमें से कोई नहीं

27. एक बॉक्स में 12 दर्जन आम हैं। यदि ऐसे 43 बॉक्स हैं तो सभी बॉक्सों में कुल कितने आम हैं?
(a) 516 (b) 3096
(c) 6192 (d) 628
(e) इनमें से कोई नहीं

28. 768 बार 859 कितना होता है। ?
(a) 656276 (b) 661248
(c) 658176 (d) 659712
(e) इनमें से कोई नहीं

29. एक कैन्टीन को प्रति दिन 13 दर्जन केलों की आवश्यकता पड़ती है। 9 सप्ताह में इसे कितने केलों की आवश्यकता पड़ेगी?
(a) 728 (b) 9828
(c) 1404 (d) 9882
(e) इनमें से कोई नहीं

30. 3 कुर्सियों और 10 टेबलों की कीमत ₹9,856 है। 6 कुर्सियों और 20 टेबलों की कीमत क्या होगी?
(a) ₹17227 (b) ₹18712
(c) ₹19172 (d) निर्धारित नहीं किया जा सकता
(e) इनमें से कोई नहीं

31. ₹123098 की राशि 61 व्यक्तियों में समानतः बांटी जानी है। प्रत्येक व्यक्ति को कितनी राशि मिलेगी?
(a) ₹2018 (b) ₹2108
(c) ₹2258 (d) ₹2388
(e) इनमें से कोई नहीं

32. पांच क्रमिक सम संख्याओं के एक सेट का योग 140 है। पांच क्रमिक सम संख्याओं के अगले सेट का योग कितना होगा?
(a) 190 (b) 180
(c) 200 (d) 160
(e) इनमें से कोई नहीं

33. 963 गुणा 788 कितना होता है?
(a) 757268 (b) 759632
(c) 758056 (d) 758844
(e) इनमें से कोई नहीं

34. 5 मेज और 6 कुर्सियों की कीमत ₹2,884 है। 15 मेजों और 18 कुर्सियों की कीमत कितनी होगी?
(a) ₹3300 (b) ₹7332
(c) ₹5600 (d) ₹8652
(e) इनमें से कोई नहीं

35. एक दो अंकीय संख्या और दो अंकीय संख्या के दोनों अंकों को परस्पर बदल कर बनी संख्या के बीच 27 का अंतर है। दोनों अंकों का योग 15 है। दो अंकीय संख्याओं के दोनों अंकों का गुणफल कितना होगा?
(a) 54 (b) 28
(c) 36 (d) निर्धारित नहीं किया जा सकता
(e) इनमें से कोई नहीं

36. दो क्रमिक विषम संख्याओं का गुणफल 1763 है। बड़ी वाली संख्या कौन सी है?
(a) 43 (b) 39
(c) 41 (d) 37
(e) इनमें से कोई नहीं

37. एक कैंटीन को 30 दिन के लिए 4,560 किग्रा चावल की जरूरत होती है। कैंटीन को एक सप्ताह के लिए कितने किग्रा चावल चाहिए?
(a) 1078 ग्राम (b) 944 ग्राम
(c) 1054 ग्राम (d) 1068 ग्राम
(e) इनमें से कोई नहीं

38. यदि ₹13,957 की रकम को 45 लोगों के बीच एक समान बांटा जाए तो प्रत्येक व्यक्ति को लगभग कितनी रकम मिलेगी?
(a) ₹330 (b) ₹250
(c) ₹275 (d) ₹310
(e) इनमें से कोई नहीं

39. सतत दो सम संख्याओं का गुणनफल 5328 है। इसमें से छोटी संख्या क्या है?
(a) 70 (b) 68
(c) 74 (d) 72
(e) इनमें से कोई नहीं

40. तीन लड़कियां एक वृत्ताकार ट्रैक के गिर्द एक साथ दौड़ना शुरू करती हैं और प्रत्येक एक राउंड क्रमशः 24 सेकंड, 36 सेकंड और 48 सेकंड में पूरा करती है। कितने समय बाद ये एक बिंदु पर मिलेगीं ?
(a) 2 मिनट 20 सेकंड (b) 2 मिनट 24 सेकंड
(c) 4 मिनट 12 सेकंड (d) 3 मिनट 36 सेकंड
(e) इनमें से कोई नहीं

41. सतत चार सम संख्याओं का औसत 27 है। सबसे बड़ी संख्या कौनसी है?
(a) 32 (b) 28
(c) 30 (d) 34
(e) इनमें से कोई नहीं

42. तीन मित्र A, B और C एक वृत्ताकार स्टेडियम के गिर्द दौड़ना शुरू करते हैं। वे एक चक्कर क्रमशः 24, 36 और 30 सेकेंड में पूरा करते हैं। कितने मिनट बाद वे आरंभिक बिंदु पर मिलेंगे ?
(a) 12 (b) 6
(c) 8 (d) 15
(e) 18

43. यदि भिन्न $\frac{1}{2}$, $\frac{2}{3}$, $\frac{5}{9}$, $\frac{6}{13}$, और $\frac{7}{9}$ अपने मूल्य के आरोही क्रम में सजाए जाएं तो इनमें से कौन सा चौथा भिन्न होगा?
(a) $\frac{2}{3}$ (b) $\frac{6}{13}$
(c) $\frac{5}{9}$ (d) $\frac{7}{9}$
(e) इनमें से कोई नहीं

44. यदि इन भिन्नों $\frac{7}{8},\frac{4}{5},\frac{8}{14},\frac{3}{5}$ और $\frac{5}{6}$ को अवरोही क्रम में लगाया जाए तो श्रृंखला में अंतिम कौन सा होगा?
(a) $\frac{8}{14}$ (b) $\frac{7}{8}$
(c) $\frac{4}{5}$ (d) $\frac{3}{5}$
(e) $\frac{5}{6}$

45. यदि भिन्न $\frac{2}{5},\frac{3}{4},\frac{4}{5},\frac{5}{7}$ और $\frac{6}{11}$ को उसके मान के आरोही क्रम में लगाए जाएं, तो चौथा भिन्न कौन सा होगा?
(a) $\frac{2}{5}$ (b) $\frac{3}{4}$
(c) $\frac{4}{5}$ (d) $\frac{6}{11}$
(e) $\frac{5}{7}$

46. यदि भिन्न $\frac{5}{2},\frac{4}{3},\frac{5}{4},\frac{7}{5}$ और $\frac{11}{6}$ को उनके मान के आरोही क्रम में लगाए जाए, तो चौथा भिन्न कौन सा होगा?
(a) $\frac{5}{2}$ (b) $\frac{11}{6}$
(c) $\frac{4}{3}$ (d) $\frac{5}{4}$
(e) $\frac{7}{5}$

47. एक संख्या और संख्या के दो बटा पांच के बीच 30 का अंतर है। संख्या का पता लगाइए।
(a) 50 (b) 75
(c) 57 (d) 60
(e) इनमें से कोई नहीं

48. यदि 54 में से प्रत्येक विद्यार्थी ₹ 60 का योगदान करता है, तो पुस्तकालय के लिए नई किताबें खरीदने के लिए एक राशि एकत्र की जा सकती है। यदि 9 विद्यार्थी योगदान नहीं करते हैं। तो प्रत्येक विद्यार्थी को कितनी अतिरिक्त राशि देनी होगी?
(a) ₹ 18 (b) ₹ 10
(c) ₹ 12 (d) निर्धारित नहीं किया जा सकता
(e) इनमें से कोई नहीं

49. यदि एक संख्या के वर्ग से $(12)^3$ घटाया जाए, तो उत्तर 976 प्राप्त होता है, तो संख्या क्या है?
(a) 58 (b) 56
(c) 54 (d) 52
(e) इनमें से कोई नहीं

50. 5 कुर्सियों और 8 मेजों की कीमत ₹ 6574 है। 10 कुर्सियों और 16 मेजों की कीमत कितनी होगी?
(a) ₹ 15674 (b) ₹ 16435
(c) ₹ 13148 (d) निर्धारित नहीं किया जा सकता
(e) इनमें से कोई नहीं

51. यदि एक संख्या के वर्ग में $(56)^2$ जोड़ा जाता है, तो उत्तर 4985 प्राप्त होगा, तो संख्या क्या है?
(a) 52 (b) 43
(c) 65 (d) 39
(e) इनमें से कोई नहीं

52. यदि एक संख्या और उसके $\frac{1}{5}$ के बीच 84 का अंतर है, तो संख्या क्या होगी?
(a) 95 (b) 100
(c) 105 (d) 108
(e) 112

53. किशन के पास कुछ मुर्गियां और गायें हैं। कुल 59 प्राणी हैं। उनके पांवों की कुल संख्या 190 है। किशन के पास कितनी गायें हैं?
(a) 36 (b) 32
(c) 23 (d) निर्धारित नहीं किया जा सकता
(e) इनमें से कोई नहीं

54. गोपाल के पास कुछ मुर्गियां और कुछ बकरियां हैं। यदि जानवरों के कुल 43 सिर है और कुल 142 पैर हैं तो गोपाल के पास कुल कितनी मुर्गियां हैं?
(a) 28 (b) 21
(c) 15 (d) निर्धारित नहीं किया जा सकता
(e) इनमें से कोई नहीं

55. यदि द्विअंकीय संख्या और इस संख्या के दोनों अंकों को परस्पर बदलने के बाद प्राप्त संख्या के बीच का अंतर 9 है। इस संख्या के दोनों अंकों का योग 15 है। इस द्विअंकीय संख्या के दोनों अंकों का गुणनफल क्या है?
(a) 54 (b) 72
(c) 56 (d) निर्धारित नहीं किया जा सकता
(e) इनमें से कोई नहीं

56. एक द्विअंकीय संख्या के दोनों अंको को परस्पर बदलने के बाद प्राप्त संख्या, मूल संख्या से 18 कम है। संख्या के दोनो अंको का योग 16 है। मूल संख्या क्या है ?
(a) 97 (b) 87
(c) 79 (d) निर्धारित नहीं किया जा सकता
(e) इनमें से कोई नहीं

57. $\frac{3}{5}, \frac{1}{8}, \frac{8}{11}, \frac{4}{9}, \frac{2}{7}, \frac{5}{7}$ और $\frac{5}{12}$ इन सभी भिन्नों को उनके मूल्य के अवरोही क्रम में लगाया जाए तो कौनसा तीसरा होगा?
(a) $\frac{1}{8}$ (b) $\frac{4}{9}$
(c) $\frac{5}{12}$ (d) $\frac{8}{11}$
(e) इनमें से कोई नहीं

58. फराह का विवाह 8 वर्ष पहले हुआ था। विवाह के समय उसकी जितनी आयु थी, उससे आज उसकी आयु $1\frac{2}{7}$ गुनी है। इस समय उसकी पुत्री की आयु उसकी आयु से एक–छठमांस है। 3 वर्ष पूर्व उसकी पुत्री की आयु कितनी थी ?
(a) 6 वर्ष (b) 2 वर्ष
(c) 3 वर्ष (d) निर्धारित नहीं किया जा सकता
(e) इनमें से कोई नहीं

59. स्वप्निल, आकाश और विनय एक वृत्ताकार स्टेडियम के गिर्द दौड़ना आरम्भ करते हैं। वे अपनी परिक्रमा क्रमशः 36, 48 और 42 सेकंड में पूरी करते हैं। कितने सेकंड के बाद वे आरम्भ बिंदु पर एक साथ होंगे?
(a) 504 सेकंड (b) 940 सेकंड
(c) 1008 सेकंड (d) 470 सेकंड
(e) इनमें से कोई नहीं

60. A, B, C, D और E निरंतर 5 विषम संख्याएं हैं। A और C का योग 146 है। E का मूल्य कितना है ?
(a) 75 (b) 81
(c) 71 (d) 79
(e) इनमें से कोई नहीं

61. सतत दो सम संख्याओं का गुणन फल 582168 है। छोटी संख्या क्या है ?
(a) 760 (b) 762
(c) 764 (d) 766
(e) 756

62. सीमा की वर्तमान आयु, उसके पुत्र की वर्तमान आयु से चौगुनी और उसके पिता की वर्तमान आयु की चार बटा सात है। तीनों की वर्तमान आयु का औसत 32 वर्ष है। सीमा के पुत्र की वर्तमान आयु और उसके पिता की वर्तमान आयु के बीच का अंतर क्या है ?
(a) 44 वर्ष (b) 48 वर्ष
(c) 46 वर्ष (d) निर्धारित नहीं किया जा सकता
(e) इनमें से कोई नहीं

63. सेट -A की पांच सतत सम संख्याओं का योग 280 है। सतत पांच संख्याओं के एक भिन्न सेट का योग क्या है जिसकी न्यूनतम संख्या सेट -A की न्यूनतम संख्या के दुगुने से 71 कम है ?
(a) 182 (b) 165
(c) 172 (d) 175
(e) इनमें से कोई नहीं

64. दीपक के पास कुछ मुर्गियां और कुछ बकरियां हैं। प्राणियों के सिरों की कुल संख्या 90 और पांवों की कुल संख्या 248 है तो, दीपक के पास कुल कितनी बकरियां हैं ?
(a) 32 (b) 36
(c) 34
(d) निर्धारित नहीं किया जा सकता
(e) इन में से कोई नहीं

65. एक द्विअंकी संख्या के दो अंकों का योग 15 और उन दो अंकों के बीच का अंतर 3 है। इस द्विअंकी संख्या के दो अंकों का गुणनफल क्या है ?
(a) 56 (b) 63
(c) 42
(d) निर्धारित नहीं किया जा सकता
(e) इनमें से कोई नहीं

66. दो क्रमागत सम संख्याओं के वर्गों का योग 6500 है। इनमें से छोटी संख्या कौन सी है ?
(a) 54 (b) 52
(c) 48 (d) 56
(e) इनमें से कोई नहीं

Answer Key

1	(c)	14	(c)	27	(c)	40	(b)	53	(a)
2	(c)	15	(a)	28	(d)	41	(c)	54	(c)
3	(d)	16	(c)	29	(b)	42	(b)	55	(c)
4	(d)	17	(a)	30	(e)	43	(a)	56	(a)
5	(b)	18	(d)	31	(a)	44	(a)	57	(e)
6	(d)	19	(d)	32	(a)	45	(b)	58	(c)
7	(a)	20	(b)	33	(d)	46	(b)	59	(c)
8	(c)	21	(e)	34	(d)	47	(a)	60	(d)
9	(a)	22	(d)	35	(a)	48	(c)	61	(b)
10	(c)	23	(d)	36	(a)	49	(d)	62	(b)
11	(a)	24	(a)	37	(e)	50	(c)	63	(d)
12	(b)	25	(c)	38	(d)	51	(b)	64	(c)
13	(d)	26	(b)	39	(d)	52	(c)	65	(e)
								66	(d)

व्याख्या सहित हल Answers & Explanations

1. (c) $456 \times 121 = 55176$

2. (c) दिए गए विकल्पों से,
$112 \times 114 = 12768$
$\therefore$ बड़ी संख्या = 114

3. (d) प्रत्येक व्यक्ति को प्राप्त धनराशि
$= ₹\ \frac{50176}{32} = 1578$

4. (d) प्रत्येक को मिलने वाली राशि
$= \frac{172850}{25} = ₹\ 6914$

7. (a) माना कि संख्या $= 10x + y$ जहां $x > y$
प्रश्नानुसार,
$10x + y - 10y - x = 18$
या, $9x - 9y = 18$
या, $9(x - y) = 18$
या, $x - y = \frac{18}{9} = 2$ ...(i)
एवं, $x + y = 12$ ...(ii)
समीकरण (i) एवं (ii) से
$2x = 14 \Rightarrow x = \frac{14}{2} = 7$
समीकरण (i) से
$y = 7 - 2 = 5$
$\therefore$ अभीष्ट गुणनफल $= xy = 7 \times 5 = 35$

8. (c) $783 \times 869 = 680427$

9. (a) मोमबत्तियों की कुल संख्या $= 15 \times 12 \times 39 = 7020$

10. (c) अभीष्ट समय = 42, 56 एवं 63 सेकण्ड का लघुत्तम समापवर्त्य

7	42,	56,	63
2	6,	8,	9
3	3,	4,	9
	1,	4,	3

ल. स. $= 7 \times 2 \times 3 \times 4 \times 3 = 504$ सेकण्ड

11. (a) दिए गए विकल्पों से,
$137 \times 139 = 19043$
$\therefore$ अभीष्ट छोटी संख्या = 137

12. (b) $? = 333 \times 131 = 43623$

13. (d) माना उत्तरोत्तर दो संख्याएं क्रमशः x तथा $(x + 1)$ हैं।
$\therefore x(x+1) = 8556$
या, $x^2 + x - 8556 = 0$
या, $x^2 + 93x - 92x - 8556 = 0$
या, $(x + 93)(x - 92) = 0$
$\therefore$ छोटी संख्या $x = 92$

14. (c) $\therefore$ 7 दिन के लिए गेहूं की आवश्यक मात्रा = 112 किग्रा
$\therefore$ 1 दिन के लिए गेहूं की आवश्यक मात्रा $= \frac{112}{7}$ किग्रा
$\therefore$ 69 दिन के लिए गेहूं की आवश्यक मात्रा
$= \frac{112}{7} \times 69 = 1104$ किग्रा

15. (a) अभीष्ट प्राप्त राशि $= \frac{41910}{22} =$ ₹1905

16. (c) माना छोटी संख्या x है।

$\because x \times (x+2) = 4488$

$\Rightarrow x^2 + 2x - 4488 = 0$

$\Rightarrow (x+68)(x-66) = 0$

$\therefore x = 66$

17. (a) आवश्यक केलों की संख्या $= \frac{21}{7} \times 54 = 162$ दर्जन

18. (d) प्रत्येक व्यक्ति को मिलने वाली राशि $= \frac{72128}{46} =$ ₹1568

19. (d) $234 \times 167 = 39078$

20. (b) $38^2 = 1444$

$39^2 = 1521$

$\therefore$ अभीष्ट संख्या $= 1521 - 1500 = 21$

21. (e) माना कि तीन क्रमिक पूर्णांक संख्याएं क्रमशः: x, x + 1 और $x + 2$ हैं।

प्रश्नानुसार,

$x + x + 1 + x + 2 = 39$

या, $3x + 3 = 39$

या, $3x = 39 - 3 = 36$

या, $x = \frac{36}{3} = 12$

$\therefore$ अभीष्ट सबसे बड़ी संख्या $= x + 2 = 12 + 2 = 14$

22. (d) टुकड़ों की अभीष्ट संख्या $= \frac{455.8}{8.6} = 53$

23. (d) दिए गए विकल्पों से,

$56 \times 57 = 3192$

24. (a) अभीष्ट गुणनफल $= 184 \times 156 = 28704$

25. (c) प्रत्येक छात्र को प्राप्त धनराशि

$= \frac{15487}{76} = \approx$ ₹204

26. (b) संख्या 16128 में इकाई का अंक 8 है।

दिए गए विकल्पों से, $126 \times 128 = 16128$

$\therefore$ अभीष्ट बड़ी संख्या = 128 है

27. (c) एक बॉक्स में आमों की संख्या = 12 दर्जन

$= 12 \times 12 = 144$

$\therefore$ 43 बॉक्सों में आमों की संख्या

$= 43 \times 144 = 6192$

28. (d) अभीष्ट गुणनफल $= 768 \times 859 = 659712$

29. (b) कैन्टीन की 1 दिन के लिए केलों की आवश्यकता = 13 दर्जन

$\therefore$ कैन्टीन की 9 सप्ताह यानी 63 दिनों के लिए केलों की आवश्यकता $= 63 \times 13$ दर्जन

$= 63 \times 13 \times 12 = 9828$ केले

30. (e) माना कि एक कुर्सी की कीमत $= x$ एवं एक टेबल की कीमत = ₹y

प्रश्नानुसार,

$3x + 10y =$ ₹9856

या, $2 \times (3x + 10y) = 2 \times 9856$

$\therefore 6x + 20y =$ ₹19712

31. (a) प्रत्येक व्यक्ति को प्राप्त धनराशि

$= \frac{123098}{61} =$ ₹2018

32. (a) प्रश्नानुसार,

$x + x + 2 + x + 4 + x + 6 + x + 8 = 140$

या, $5x + 20 = 140$

या, $5x = 120$

$\therefore x = \frac{120}{5} = 24$

$\therefore x + 8 = 24 + 8 = 32$

अतः अगले सेट की पहली संख्या = 34

$\therefore$ अभीष्ट योग $= 34 + 36 + 38 + 40 + 42 = 190$

33. (d) $963 \times 788 = 758844$

34. (d) माना कि एक मेज की कीमत = ₹x एवं एक कुर्सी की कीमत = ₹y है।

प्रश्नानुसार,

$5x + 6y =$ ₹2884

$\therefore 3 \times 5x + 3 \times 6y = 3 \times$ ₹2884

या, $15x + 18y =$ ₹8652

35. (a) माना कि दो अंकीय संख्या $= 10x + y$

जहां $x > y$

प्रश्नानुसार,

$10x + y - 10y - x = 27$

या, $9x - 9y = 27$

या, $9(x - y) = 27$

$\therefore x - y = 3$ ...(i)

एवं $x + y = 15$ ...(ii)

दोनों समीकरणों को हल करने पर, $x = 9, y = 6$

$\therefore$ अभीष्ट गुणनफल $= 9 \times 6 = 54$

36. (a) दिए गए विकल्पों से,

$1763 = 43 \times 41$

37. (e) चावल की अभीष्ट मात्रा $= \frac{4560 \times 7}{30}$ किग्रा = 1064 किग्रा.

38. (d) प्रत्येक व्यक्ति को प्राप्त धनराशि

$= \frac{13957}{45} =$ ₹310.15 ≈ ₹310

39. (d) माना छोटी संख्या x है।

$\because x(x+2) = 5358$

$\Rightarrow x^2 + 2x - 5328 = 0$

$\Rightarrow (x+74)(x-72) = 0$

$\therefore x = 72$

40. (b) अभीष्ट समय
= 24, 36 और 48 का ल. स. प.
= 144 सेकन्ड
= 2 मिनट 24 सेकन्ड

41. (c) $\frac{x+x+2+x+4+x+6}{4}=27$

$\Rightarrow x=\frac{27\times4-12}{4}$

$=\frac{96}{4}=24$

$\therefore$ सबसे बड़ी संख्या = 24 + 6 = 30

42. (b) अभीष्ट समय = 24, 36 और 30 का ल.स.प.
= 360 सेकेन्ड = 6 मिनट

43. (a) दिए गए भिन्नों का दशमलव समतुल्य :

$\frac{1}{2}=0.5;$ $\frac{2}{3}=0.67;$

$\frac{5}{9}=0.56;$ $\frac{6}{13}=0.46;$

$\frac{7}{9}=0.78$

$\therefore 0.46<0.5<0.56<0.67<0.78$

$\frac{6}{13}<\frac{1}{2}<\frac{5}{9}<\frac{2}{3}<\frac{7}{9}$

$\therefore$ अभीष्ट भिन्न $=\frac{2}{3}$

44. (a) भिन्नों का दशमलव समतुल्य:

$\frac{7}{8}=0.875,$ $\frac{4}{5}=0.8$

$\frac{8}{14}=0.57,$ $\frac{3}{5}=0.6$

$\frac{5}{6}=0.83$

$\therefore 0.875>0.83>0.8>0.6>0.57$

$\therefore \frac{7}{8}>\frac{5}{6}>\frac{4}{5}>\frac{3}{5}>\frac{8}{14}$

45. (b) भिन्नों का दशमलब समतुल्य :

$\frac{2}{5}=0.4;$ $\frac{3}{4}=0.75;$ $\frac{4}{5}=0.8;$

$\frac{5}{7}=0.714;$ $\frac{6}{11}=0.545$

स्पष्टतः, $0.4<0.545<0.714<0.75<0.8$

$\therefore \frac{2}{5}<\frac{6}{11}<\frac{5}{7}<\frac{3}{4}<\frac{4}{5}$

46. (b) आरोही क्रम में लगाने पर,

अभीष्ट क्रम = $\frac{5}{4},\frac{4}{3},\frac{7}{5},\frac{11}{6}$ और $\frac{5}{2}$

$\therefore$ चौथी भिन्न = $\frac{11}{6}$

47. (a) माना कि संख्या = x
प्रश्नानुसार,

$x-\frac{2x}{5}=30$

$\Rightarrow \frac{3x}{5}=30$

$\Rightarrow x=\frac{30\times5}{3}=50$

48. (c) 54 विद्यार्थियों से प्राप्त होने वाली राशि
$=60\times54=$ ₹ 3240
45 विद्यार्थियों से प्राप्त होने वाली राशि
$=60\times45=$ ₹ 2700
अंतर $=3240-2700=$ ₹ 540
$\therefore$ प्रत्येक विद्यार्थी के लिए अतिरिक्त राशि

$=\frac{540}{45}=$ ₹ 12

49. (d) माना संख्या x है।
$\because x^2-12^3=976$
$\Rightarrow 976+1728=2704$
$\therefore x=\sqrt{2704}=52$

50. (c) $\because$ 5 कुर्सी + 8 मेजों की कीमत = ₹ 6574
$\therefore$ 10 कुर्सी + 16 मेजों की कीमत = 6574×2
= ₹ 13148

51. (b) माना संख्या x है।
$\because x^2+(56)^2=4985$
$\Rightarrow x^2=4985-3136=1849$
$\therefore x=\sqrt{1849}=43$

52. (c) संख्या का $\left(1-\frac{1}{5}\right)=84$

$\therefore$ संख्या $=\left(\frac{84\times5}{4}\right)=105$

53. (a) एक मुर्गी को दो पैर एवं एक गाय के चार पैर होते हैं। परंतु प्रत्येक को केवल एक सिर होता है।
अब, माना कि किशन के पास x गायें हैं।
$\therefore$ मुर्गियों की संख्या $=59-x$.
प्रश्नानुसार,
$4\times x+(59-x)\times2=190$
या, $4x+118-2x=190$
या, $2x=190-118=72$

$\therefore x = \frac{72}{2} = 36$

अत: गायों की संख्या = 36

54. (c) माना कि मुर्गियों की संख्या $= x$

$\therefore$ बकरियों की संख्या $= 43 - x$

प्रश्नानुसार,

$x \times 2 + (43 - x) \times 4 = 142$

या, $2x + 172 - 4x = 142$

या, $2x = 172 - 142$

$\therefore x = \frac{30}{2} = 15$

$\therefore$ मुर्गियों की संख्या = 15

55. (c) माना कि दो अंकों की संख्या $= 10x + y$, जहाँ $x < y$.

अंक बदलने पर प्राप्त संख्या $= 10y + x$

प्रश्नानुसार,

$10y + x - 10x - y = 9$

या, $9y - 9x = 9$

या, $9(y - x) = 9$

या, $y - x = 1$ ...(i)

एवं $x + y = 15$ ...(ii)

समीकरण, (i) एवं (ii) से,

$y = 8$ एवं $x = 7$

$\therefore$ अभीष्ट गुणनफल $= 8 \times 7 = 56$

56. (a) माना संख्या $(10x + y)$ है

तब $(10x + y) - (10y + x) = 18$

$\Rightarrow 9x - 9y = 18$

$\Rightarrow x - y = 2$ ...(i)

और $x + y = 16$ ...(ii)

$x = 9, y = 7$

(i) और (ii), से

अत: संख्या $= (10 \times 9 + 7) = 97$

57. (e) $\frac{3}{5} = 0.6, \frac{1}{8} = 0.125,$

$\frac{8}{11} = 0.727, \frac{4}{9} = 0.44,$

$\frac{2}{7} = 0.285, \frac{5}{7} = 0.714,$

$\frac{5}{12} = 0.416$

अवरोही क्रम :

$\frac{8}{11}, \frac{5}{7}, \frac{3}{5}, \frac{4}{9}, \frac{5}{12}, \frac{2}{7}, \frac{1}{8}$

अत: $\frac{3}{5}$ तीसरा होगा।

58. (c) माना शादी के समय फराह की आयु $= x$.

तब $(x + 8) = x \times \frac{9}{7}$

$\Rightarrow \frac{9x}{7} - x = 8$

$\Rightarrow x = \frac{8 \times 7}{2} = 28$ वर्ष

$\therefore$ फराह की वर्तमान आयु $= 28 + 8 = 36$ वर्ष

$\therefore$ 3 वर्ष पूर्व पुत्री की आयु $= 36 \times \frac{1}{6} - 3$

$= 3$ वर्ष

59. (c) समय जब वे प्रारंभिक बिन्दु पर साथ होंगे = 36, 48 और 42 का लघुतम समापवर्त्य

= 1008 सेकण्ड

60. (d) $A + C = 146$

या $A + A + 4 = 146$

(लगातार विषम संख्या)

या $A = \frac{146 - 4}{2} = 71$

$\therefore E = A + 8 = 71 + 8 = 79$

61. (b) माना संख्याएँ x एवं $(x + 2)$ हैं।

तब $x \times (x + 2) = 582168$

$\Rightarrow x^2 + 2x - 582168 = 0$

$\Rightarrow x^2 + 764x - 762x - 582168 = 0$

$\Rightarrow (x + 764)(x - 762) = 0$

$\Rightarrow x = 762$

62. (b) माना सीमा की वर्तमान आयु x वर्ष है।

तो सीमा के पुत्र की वर्तमान आयु $= \frac{x}{4}$ वर्ष

सीमा के पिता की वर्तमान आयु $= \frac{7x}{4}$ वर्ष

अत: $x + \frac{x}{4} + \frac{7x}{4} = 32 \times 3$

$\Rightarrow 12x = 96 \times 4$

$\Rightarrow x = \frac{96 \times 4}{12} = 32$

$\therefore$ अभीष्ट अंतर = $\frac{7 \times 32}{4} - \frac{32}{4}$

= 56 – 8 = 48 वर्ष

63. (d) सेट A की न्यूनतम संख्या

$= \frac{280}{5} - 4 = 52$

दूसरे सेट की न्यूनतम संख्या

$= 52 \times 2 - 71 = 33$

$\therefore$ अभीष्ट योग = 33 + 34 + 35 + 36 + 37

= 175

64. (c) माना बकरियों की कुल संख्या x है।

तो मुर्गियों की कुल संख्या = $(90 - x)$

अतः $x \times 4 + (90 - x) \times 2 = 248$

$\Rightarrow 4x - 2x = 248 - 180$

$x = \frac{68}{2} = 34$

65. (e) माना दोनों अंक क्रमशः x और y हैं।

तो $x + y = 15$ .... (i)

$x - y = 3$ .... (ii)

समीकरण (i) और (ii) से

$x = 9, y = 6$

$\therefore$ गुणनफल = $9 \times 6 = 54$

66. (d) माना दोनों संख्याएं क्रमशः x और $(x + 2)$ हैं।

तो $x^2 + (x + 2)^2 = 6500$

$\Rightarrow x^2 + x^2 + 4x + 4 = 6500$

$\Rightarrow 2x^2 + 4x - 6496 = 0$

$\Rightarrow x^2 + 2x - 3248 = 0$

$\Rightarrow x^2 + 58x - 56x - 3248 = 0$

$\Rightarrow (x + 58)(x - 56) = 0 \Rightarrow x = 56$

◆ ◆ ◆

अध्याय 2

सरलीकरण

(SIMPLIFICATION)

सरलीकरण

संख्याओं के जटिल व्यंजक या भिन्न को एक साधारण भिन्न या संख्या के रूप में परिवर्तित करने को सरलीकरण कहते हैं। सरलीकरण के अंतर्गत जोड़ने, घटाने, गुणा, भाग, कोष्ठक और 'का' की क्रिया संबंधी सभी गणनाएँ सरलतम रूप में की जाती हैं।

BODMAS नियम :

'BODMAS' शब्द का क्रमानुसार आशय निम्नलिखित हैं–

B → कोष्ठक (Bracket)
O → को (of)
D → भाग (Division)
M → गुणा (Multiplication)
A → जोड़ (Addition)
S → घटाना (Subtraction)

सबसे पहले 'कोष्ठक' उसके बाद 'का' फिर 'भाग' फिर 'गुणा' उसके बाद 'जोड़' और अंत में 'घटाना' को सरल करते हैं।

कोष्ठक संबंधी प्रश्नों का सरलीकरण करने के लिए क्रमशः रेखा कोष्ठक या बंधनी कोष्ठक (——) फिर छोटा कोष्ठक ( ), फिर मझला कोष्ठक { } और अंत में बड़ा कोष्ठक [ ] हटाया जाता है।

घातांक एवं करणी (Laws of Surds and Indices)

करणी के नियम :

❖ $\left(a^{\frac{1}{n}}\right)^n = a$ ❖ $\left(a^{\frac{1}{n}} \cdot b^{\frac{1}{n}}\right) = (ab)^{\frac{1}{n}}$

❖ $\left(a^{\frac{1}{n}}\right)^{\frac{1}{m}} = a^{\frac{1}{mn}}$

उपरोक्त नियम घातांक में भी लागू होते हैं।

करणी के प्रकार :

मिश्र करणी : जब किसी करणी का एक गुणक परिमेय संख्या तथा दूसरा गुणक अपरिमेय संख्या हो तो वह मिश्र करणी कहलाती है।

उदाहरणः $2\sqrt{5}, -2\sqrt{3}$ **आदि**

सामान्य करणी : वह करणी जिसका गुणांक 1 होता है, सामान्य करणी कहलाती है।

उदाहरणः $\sqrt{3}, 3\sqrt{2}, n\sqrt{a}$ आदि।

चूँकि करणी अपरिमेय संख्या होती हैं इसलिए ये वास्तविक संख्याओं की तरह जोड़ी या घटायी जा सकती हैं। करणियों में परिमेय संख्या भी जोड़ी या घटायी जा सकती हैं जिसका परिणाम एक वास्तविक संख्या होता है।

उदाहरणः $\sqrt{5} + 3;\ 2 - \sqrt{7};\ \sqrt{3} - 2$

करणियों का जोड़ व घटाव

उदाहरणः $5\sqrt{2} + 20\sqrt{2} - 3\sqrt{2} = 22\sqrt{2}$

उदहरणः $\sqrt{45} - 3\sqrt{20} + 4\sqrt{5} = \sqrt{5}$

करणियों का गुणा और भाग

हम करणियों के नियम का उपयोग करके करणियों का गुणन कर सकते हैं। करणियों के गुणा या भाग के लिए सबसे पहले करणी को समान क्रम में लिखना पड़ता है।

उदाहरणः $\sqrt{4} \times \sqrt{22} = \sqrt{88}$, $\frac{\sqrt{162}}{\sqrt{9}} = 3\sqrt{2}$

घातांकों के नियम

❖ $a^m \times a^n = a^{m+n}$
❖ $a^m \div a^n = a^{m-n}$
❖ $(a^m)^n = a^{mn}$
❖ $a^{\frac{1}{m}} = \sqrt[m]{a}$
❖ $a^{-m} = \frac{1}{a^m}$
❖ $a^{\frac{m}{n}} = \sqrt[n]{a^m}$
❖ $a^0 = 1$

उदाहरणः

❖ $\sqrt[5]{4^3} = (4^3)^{\frac{1}{5}} = (4^{\frac{3}{5}})$
❖ $5^3 \times 5^4 = 5^7$
❖ $\frac{5^5}{5^2} = 5^3$

स्मरणीय सूत्र (Rememberable Formulas)

- $(a+b)^2 = a^2 + 2ab + b^2$
- $(a^2+b^2) = (a-b)(a+b)$
- $(a+b)^2 = (a-b)^2 + 4ab$
- $(a-b)^3 = a^3 - b^3 - 3ab(a-b)$
- $a^3 - b^3 = (a-b)(a^2+ab+b^2)$
- $(a+b+c)^2 = a^2+b^2+c^2+2ab+2bc+2ca$
- $x^3 + \frac{1}{x^3} = \left(x+\frac{1}{x}\right)^3 - 3\left(x+\frac{1}{x}\right)$
- यदि $a+b+c=0$, तो $a^3+b^3+c^3=3abc$
- $(a-b)^2 = a^2 - 2ab + b^2$
- $(a+b)^2 + (a-b)^2 = 2(a^2+b^2)$
- $(a+b)^3 = a^3 + b^3 + 3ab(a+b)$
- $a^3 + b^3 = (a+b)(a^2-ab+b^2)$
- $a^3+b^3+c^3-3abc = (a+b+c)(a^2+b^2+c^2-ab-bc-ac)$
- $x^2 + \frac{1}{x^2} = \left(x+\frac{1}{x}\right)^2 - 2 = \left(x-\frac{1}{x}\right)^2 + 2$

साधित उदाहरण (Solved Examples)

उदाहरण 1 : निम्नलिखित प्रश्न में प्रश्नचिह्न (?) के स्थान पर क्या आएगा?

432×66 –1562 = ?

(a) 23450 **(b) 24360**
(c) 25890 **(d) 26950**
(e) इनमें से कोई नहीं

हल (d) $? = 432 \times 66 - 1562$
$= 28512 - 1562 = 26950$

उदाहरण 2 : निम्नलिखित प्रश्न में प्रश्नचिह्न (?) के स्थान पर क्या आएगा?

$44^3 \times 16^3 - 18678^2 = ?$

(a) 45980 **(b) 44890**
(c) 43780 **(d) 42670**
इनमें से कोई नही

हल (a) $? = 44^3 \times 16^3 - 18678^2$
$= 348913664 - 348867684$
$= 45980$

उदाहरण 3 : निम्नलिखित प्रश्न में प्रश्नचिह्न (?) के स्थान पर क्या आएगा?

$6\frac{2}{3} \div 4\frac{4}{5} = ?$

(a) $1\frac{1}{3}$ (b) $1\frac{7}{18}$
(c) $1\frac{12}{19}$ (d) $1\frac{5}{8}$
(e) इनमें से कोई नहीं

हल (b)

$? = \frac{20}{3} \div \frac{24}{5}$

$= \frac{20}{3} \times \frac{5}{24} = \frac{25}{18} = 1\frac{7}{18}$

उदाहरण 4 : निम्नलिखित प्रश्न में प्रश्नचिह्न (?) के स्थान पर क्या आएगा?

1680 का $\frac{2}{5}$ का $\frac{5}{7}$ का $\frac{3}{8}$ = ?

(a) 150 **(b) 180**
(c) 210 **(d) 240**
(e) इनमें से कोई नहीं

हल (b) $? = 1680 \times \frac{2}{5} \times \frac{5}{7} \times \frac{3}{8} = 180$

उदाहरण 5 : एक संख्या के वर्ग में से $(28)^3$ घटाने पर उत्तर 1457 आता है। यह संख्या क्या है?

(a) 127 **(b) 136**
(c) 142 **(d) 153**
(e) इनमें से कोई नहीं

हल (d) माना कि संख्या $= x$
प्रश्नानुसार,
$x^2 - (28)^3 = 1457$
$\Rightarrow x^2 - 21952 = 1457$
$\Rightarrow x^2 - 21952 - 1457 = 0$
$\Rightarrow x^2 = 23409$
$\Rightarrow x = \sqrt{23409} = 153$

उदाहरण 6 : एक संख्या के वर्ग में $(89)^2$ जोड़ने पर उत्तर 16202 आता है। यह संख्या क्या है?

(a) 91 **(b) 8281**
(c) 8649 **(d) 93**
(e) इनमें से कोई नहीं

हल (a) माना कि संख्या x है
प्रश्नानुसार,
$x^2 + (89)^2 = 16202$
$\Rightarrow x^2 + 7921 = 16202$
$\Rightarrow x^2 = 16202 - 7921 = 8281$
$\Rightarrow x = \sqrt{8281} = 91$

उदाहरण 7 : $\frac{4\times2+6}{5\times16-2}=?$

(a) 5 (b) $\frac{16}{35}$

(c) $\frac{1}{5}$ (d) $\frac{16}{39}$

(e) इनमें से कोई नहीं

हल (e) $?=\frac{4\times2+6}{5\times16-2}=\frac{8+6}{80-2}=\frac{14}{78}=\frac{7}{39}$

उदाहरण 8 : यदि $(41)^2$ को एक संख्या के वर्ग में जोड़ने पर उत्तर 7457 आता है तो यह संख्या क्या है?

(a) 76 (b) 63

(c) 81 (d) 82

(e) इनमें से कोई नहीं

हल (a) अभीष्ट संख्या

$=\sqrt{7457-(41)^2}$

$=\sqrt{7457-1681}$

$=\sqrt{5776}=76$

उदाहरण 9 : निम्नलिखित प्रश्न में प्रश्नचिह्न (?) के स्थान पर क्या आएगा? (तथ्यत: मूल्य की गणना अपेक्षित नहीं हैं।)

$(935.82)^2=?$

(a) 870000 (b) 867500

(c) 888800 (d) 875800

(e) 899800

हल (d) $?=(935.82)^2\approx 875759.0724$

≈ 875800

उदाहरण 10 : निम्नलिखित प्रश्न में प्रश्नचिह्न (?) के स्थान पर क्या आएगा? (तथ्यत: मूल्य की गणना अपेक्षित नहीं हैं।)

$4444\div56\times(23)^2+63=?$

(a) 45670 (b) 46290

(c) 44630 (d) 43530

(e) 42050

हल (e) $?=\left(\frac{4444\times23\times23}{56}\right)+63$

$=42042.92$

≈ 42050

अभ्यास प्रश्न (Exercise)

निर्देश : निम्नलिखित प्रश्नों में प्रश्नचिह्न (?) के स्थान पर क्या आएगा?

1. $56.6\times16.6\times6.6=?$

(a) 6102.196 (b) 6021.196

(c) 6210.196 (d) 6012.196

(e) इनमें से कोई नही

2. $?\div46\times16=368$

(a) 1124 (b) 1236

(c) 1058 (d) 966

(e) इनमें से कोई नहीं

3. $999.99+99.99+9.99=?$

(a) 1109.99 (b) 1019.89

(c) 1108.99 (d) 1099.88

(e) इनमें से कोई नही

4. $11.6\times?=899$

(a) 77.5 (b) 78.5

(c) 79.5 (d) 81.5

(e) इनमें से कोई नही

5. $85332-11638-60994=?$

(a) 12700 (b) 12600

(c) 12800 (d) 12500

(e) इनमें से कोई नहीं

6. $?-\frac{3187.8}{57.75\times0.8}=69$

(a) 45 (b) 27

(c) 64 (d) 69

(e) इनमें से कोई नहीं

7. यदि एक संख्या के वर्ग से $(12)^3$ घटाया जाए तो उत्तर 976 प्राप्त होता है। संख्या क्या है?

(a) 58 (b) 56

(c) 54 (d) 52

(e) इनमें से कोई नहीं

8. $351\div6\div0.5=?$

(a) 117 (b) 119

(c) 121 (d) 123

(e) इनमें से कोई नहीं

9. $18 \times ? = 7776 \div 12$
(a) 32 (b) 42
(c) 160 (d) 36
(e) इनमें से कोई नहीं

10. $11 \times 55 \div 5 + 9 = ?$
(a) 120 (b) 140
(c) 48 (d) 180
(e) इनमें से कोई नहीं

11. $85333 - 11638 - 60994 = ?$
(a) 12701 (b) 12600
(c) 12800 (d) 12500
(e) इनमें से कोई नहीं

12. $8^4 - 8^2 = ?$
(a) 64 (b) 512
(c) 4032 (d) 4096
(e) इनमें से कोई नहीं

13. $6.3 \times 12.8 \times 9.9 - 69.996 = ?$
(a) 738.54 (b) 758.94
(c) 728.34 (d) 748.74
(e) इनमें से कोई नहीं

14. $8 + 18 \times 368 \div 16 = ?$
(a) 598 (b) 356
(c) 648 (d) 422
(e) इनमें से कोई नहीं

15. $11059 + 8889 - 908 = ? \times 85$
(a) 236 (b) 212
(c) 248 (d) 272
(e) इनमें से कोई नहीं

16. $66606 + 40998 = ? - 24848$
(a) 132452 (b) 132242
(c) 132425 (d) 132254
(e) इनमें से कोई नहीं

17. $894.65 - 388.24 + 100.99 = ?$
(a) 617.4 (b) 607.4
(c) 597.4 (d) 587.4
(e) इनमें से कोई नहीं

18. $1181 + 1520 = (26)^2 + (?)^2$
(a) 49 (b) 43
(c) 47 (d) 45
(e) इनमें से कोई नहीं

19. $59475 \div \sqrt{?} = 195 \times 5$
(a) 3969 (b) 3481
(c) 4225 (d) 3249
(e) इनमें से कोई नहीं

20. $\sqrt{?} + 29 = \sqrt{2704}$
(a) 23 (b) 529
(c) 441 (d) 21
(e) इनमें से कोई नहीं

21. 1500 को पूर्ण वर्ग बनाने के लिए इसमें न्यूनतम कौन सी संख्या जोड़नी पड़ेगी?
(a) 21 (b) 35
(c) 43 (d) 59
(e) इनमें से कोई नहीं

22. 1150 का $\frac{4}{5}$, 1248 के $\frac{5}{6}$ से कितना कम है ?
(a) 140 (b) 115
(c) 125 (d) 120
(e) इनमें से कोई नहीं

23. $235 + 75 \times 8 = ?$
(a) 2480 (b) 835
(c) 1955 (d) 2840
(e) इनमें से कोई नही

24. $5986 - 2340 = 1496 + ?$
(a) 2150 (b) 1150
(c) 2140 (d) 1970
(e) इनमें से कोई नही

25. $7^{\frac{1}{4}} \times (343)^{0.25} = ?$
(a) $\sqrt{7}$ (b) 49
(c) 7 (d) $7\sqrt{7}$
(e) इनमें से कोई नहीं

26. $57.63 - 37.26 = 39.27 - ?$
(a) 18.90 (b) 18.54
(c) 19.73 (d) 19.54
(e) इनमें से कोई नहीं

27. $\sqrt{1089} + \sqrt{289} = \sqrt{?}$
(a) 625 (b) 50
(c) 25 (d) 1378
(e) इनमें से कोई नहीं

28. $12.8 \times 2.5 + 8.6 = ?$
(a) 41.3 (b) 39.6
(c) 40.6 (d) 142.08
(e) इनमें से कोई नहीं

29. $(14^2 - 13^2) \div 3 = ?^2$
(a) 9 (b) 3
(c) 27 (d) 6
(e) इनमें से कोई नहीं

30. $(19)^{12} \times (19)^8 \div (19)^4 = (19)^?$
(a) 24 (b) 8
(c) 6 (d) 12
(e) इनमें से कोई नहीं

31. $70.56 \div 11.2 = ?$
(a) 63 (b) 6.3
(c) 7.72 (d) 0.53
(e) इनमें से कोई नहीं

32. यदि $x+y=23$ और $xy=126$; तो $(x)^2+(y)^2$ का मान क्या होगा?
(a) 250 (b) 317
(c) 340 (d) निर्धारित नहीं किया जा सकता
(e) इनमें से कोई नहीं

33. $986.23+7.952+8176.158=?$
(a) 9170.340 (b) 9169.230
(c) 9241.908 (d) 9170.762
(e) इनमें से कोई नहीं

34. $\sqrt{1296} \div \sqrt{36} = ?$
(a) 1 (b) 36
(c) 6 (d) 18
(e) इनमें से कोई नहीं

35. $112 \div 7 \div 4 = 8 \times ?$
(a) 0.25 (b) 0.05
(c) 0.5 (d) 8
(e) इनमें से कोई नही

36. 3750 का $\frac{4}{8}$ का $\frac{2}{3}$ का $\frac{1}{2}=?$
(a) 625 (b) 312.5
(c) 125 (d) 250
(e) इनमें से कोई नहीं

37. $\frac{3 \quad 8 \quad 4}{9\times \ldots}=?$ [illegible]
(a) $\frac{16}{9}$ (b) $\frac{2}{3}$
(c) $\frac{4}{9}$ (d) $\frac{3}{2}$
(e) इनमें से कोई नहीं

38. $(87324-79576)\times 1.5=?$
(a) 1162.2 (b) 11622
(c) 1372.2 (d) 1163.7
(e) इनमें से कोई नहीं

39. $(331+19)\times(15-11)\times(37+13)=?$
(a) 70000 (b) 4131
(c) 30250 (d) 20350
(e) इनमें से कोई नहीं

40. $11.88\times\frac{250}{18}=?$
(a) 16.50 (b) 4131
(c) 30250 (d) 20350
(e) इनमें से कोई नहीं

41. $\frac{1}{2}\times\frac{3}{4}\div\left(\frac{9}{2}\ \ldots\ \frac{5}{8}\right)=?$ [illegible]
(a) $\frac{5}{96}$ (b) $\frac{15}{8}$
(c) $\frac{5}{108}$ (d) $\frac{12}{5}$
(e) इनमें से कोई नहीं

42. $\frac{18 \quad 17 \quad 3 \quad 1}{8-\ldots}=?$ [illegible]
(a) 17 (b) 26
(c) 13 (d) 34
(e) इनमें से कोई नहीं

43. $1\frac{1}{2}+1\frac{2}{3}\ \ldots\ \left(\frac{6}{\ldots}\ \ldots\ \frac{5}{\ldots}\right)=?$ [illegible]
(a) 71.5 (b) 133
(c) $\frac{19}{252}$ (d) $\frac{19}{180}$
(e) इनमें से कोई नहीं

44. $\sqrt{?}-63=9^2$
(a) 12 (b) 144
(c) 324 (d) 128
(e) इनमें से कोई नहीं

45. $916.28-72.4=728.2+?$
(a) 115.86 (b) 125.68
(c) 215.68 (d) 216.04
(e) इनमें से कोई नहीं

46. $7776\div 18\times 3=?$
(a) 144 (b) 1926
(c) 1296 (d) 1266
(e) इनमें से कोई नहीं

47. $8994-4178-2094=?$
(a) 2720 (b) 2726
(c) 2730 (d) 2734
(e) इनमें से कोई नहीं

48. $315\times 114-1565=?$
(a) 34534 (b) 34435
(c) 34345 (d) 33445
(e) इनमें से कोई नहीं

49. $1256\div(32\times 0.25)=?$
(a) 160 (b) 154
(c) 165 (d) 157
(e) इनमें से कोई नहीं

50. $69.2\times 18.4\times 4.5=?$
(a) 5729.76 (b) 5972.76
(c) 5279.76 (d) 5792.76
(e) इनमें से कोई नहीं

51. $3.2 \times 6.8 \times 9.5 = ?$

(a) 207.62 (b) 202.67
(c) 206.27 (d) 207.72
(e) इनमें से कोई नही

52. $15^3 \times 9^3 - 1555^2 = ?$

(a) 41250 (b) 43250
(c) 42350 (d) 44250
(e) इनमें से कोई नहीं

53. $8\frac{2}{5} \div 10\frac{2}{25} = ?$

(a) $\frac{5}{6}$ (b) $\frac{7}{8}$
(c) $\frac{4}{5}$ (d) $\frac{3}{4}$
(e) इनमें से कोई नहीं

54. 992 का $\frac{5}{6}$ का $\frac{3}{4}$ का $\frac{3}{5} = ?$

(a) 388 (b) 390
(c) 372 (d) 376
(e) इनमें से कोई नहीं

55. $\sqrt{?} + 17 = \sqrt{961}$

(a) 169 (b) 256
(c) 225 (d) 196
(e) इनमें से कोई नहीं

56. $123 \div 6 \div 0.8 = ?$

(a) 25.625 (b) 23.545
(c) 27.455 (d) 21.365
(e) इनमें से कोई नही

57. 3986 को पूर्ण वर्ग बनाने के लिए उसमें सबसे छोटी कौन सी संख्या जोड़ी जाए?

(a) 118 (b) 95
(c) 110 (d) 100
(e) इनमें से कोई नही

58. निम्नलिखित प्रश्न में प्रश्नचिह्न (?) के स्थान पर लगभग क्या मूल्य आएगा? $\sqrt{3781} \times 5.36 \approx ?$

(a) 350 (b) 330
(c) 240 (d) 280
(e) 410

59. एक संख्या के वर्ग में $(26)^2$ घटाने पर प्राप्त उत्तर 549 है। वह संख्या क्या है?

(a) 35 (b) 33
(c) 29 (d) 41
(e) इनमें से कोई नहीं

60. $[(4)^3 \times (5)^4] \div (4)^5 = ?$

(a) 30.0925 (b) 39.0625
(c) 35.6015 (d) 29.0825
(e) इनमें से कोई नहीं

61. $\frac{1.6 \times 3.2}{0.08} = ?$

(a) 6.4 (b) 8
(c) 64 (d) 0.8
(e) इनमें से कोई नहीं

62. $(7857 + 3596 + 4123) \div 96 = ?$

(a) 155.06 (b) 162.25
(c) 151.83 (d) 165.70
(e) इनमें से कोई नहीं

63. निम्नलिखित प्रश्न में प्रश्नचिह्न (?) के स्थान पर लगभग कितना मूल्य आएगा?

$5321 \div 305 \times (19)^2 = ?$

(a) 6150 (b) 6425
(c) 6380 (d) 6355
(e) 6300

64. एक संख्या के वर्ग में $(61)^2$ जोड़ने पर उत्तर 5242 आता है। यह संख्या क्या है?

(a) 40 (b) 39
(c) 37 (d) 43
(e) इनमें से कोई नहीं

65. 4400 को पूर्ण वर्ग बनाने के लिए उसमें न्यूनतम कौन सी संख्या जोड़ी जानी चाहिए?

(a) 87 (b) 91
(c) 93 (d) 89
(e) इनमें से कोई नहीं

66. दो संख्याओं के बीच का अंतर 3 और उनके वर्गों के बीच का अंतर 63 है। इनमें से बड़ी संख्या कौनसी है ?

(a) 12
(b) 9
(c) 15
(d) निर्धारित नहीं किया जा सकता है
(e) इनमें से कोई नहीं

67. 1150 का $\frac{4}{5}$, 1248 के $\frac{5}{6}$ से कितना कम है ?

(a) 140 (b) 115
(c) 125 (d) 120
(e) इनमें से कोई नहीं

68. एक संख्या के वर्ग से $(74)^2$ घटाने पर प्राप्त उत्तर 5340 है। यह संख्या क्या है ?

(a) 98 (b) 102
(c) 104 (d) 110
(e) इनमें से कोई नहीं

69. यदि $2x + 3y = 78$ और $3x + 2y = 72$, तो $x + y$ का मूल्य क्या है ?

(a) 36
(b) 32
(c) 30
(d) निर्धारित नहीं किया जा सकता
(e) इनमें से कोई नहीं

70. $741560 + 935416 + 1143 + 17364 = ?$
(a) 1694583 (b) 1695438
(c) 1695483 (d) 1659483
(e) इनमें से कोई नहीं

71. $(84)^2 \div \sqrt{?} = 168$
(a) 1936 (b) 1521
(c) 1681 (d) 1764
(e) इनमें से कोई नहीं

72. $514789 - 317463 - 87695 - 11207 = ?$
(a) 96584 (b) 98242
(c) 96845 (d) 98424
(e) इनमें से कोई नहीं

73. $\sqrt[3]{50653} = ?$
(a) 39 (b) 43
(c) 33 (d) 41
(e) इनमें से कोई नहीं

74. $(17891 + 16239 - 26352) \times ? = 93336$
(a) 12 (b) 15
(c) 18 (d) 8
(e) इनमें से कोई नहीं

75. $\frac{1}{4} \times 6624 \times \frac{1}{6} \times 12 = ?$
(a) 3312 (b) 3864
(c) 2208 (d) 4416
(e) इनमें से कोई नहीं

76. $\frac{18 \quad 15 \quad 50}{(40 \times 80) \div 160} = ?$
(a) 20 (b) 8.5
(c) 11.5 (d) 22
(e) इनमें से कोई नहीं

77. $\sqrt{?} \times \sqrt{1681} = 2296$
(a) 2196 (b) 3364
(c) 2809 (d) 3025
(e) इनमें से कोई नहीं

78. यदि $(74)^2$ को एक संख्या के वर्ग से घटाया जाए, तो उत्तर 3740 मिलता है। संख्या कितनी है?
(a) 9216 (b) 98
(c) 9604 (d) 96
(e) इनमें से कोई नहीं

79. $93 \times 45 \div 25 = ?$
(a) 167.4 (b) 837
(c) 279 (d) 130.2
(e) इनमें से कोई नहीं

80. $0.08 \times ? \times 1.6 = 0.2944$
(a) 1.3 (b) 0.4
(c) 0.2 (d) 2.3
(e) इनमें से कोई नहीं

81. $6 \times 66 \times 666 = ?$
(a) 263736 (b) 267336
(c) 263763 (d) 263376
(e) इनमें से कोई नहीं

82. $5\frac{1}{7} \times 2\frac{1}{6} \div 7\frac{7}{8} = ?$
(a) $1\frac{7}{9}$ (b) $1\frac{7}{8}$
(c) $5\frac{1}{3}$ (d) $5\frac{2}{3}$
(e) इनमें से कोई नहीं

83. $(7)^3 \div \sqrt{?} + 7 = 14$
(a) 49 (b) 1764
(c) 441 (d) 3136
(e) इनमें से कोई नहीं

84. $\sqrt[3]{12167} \times ? = 1035$
(a) 35 (b) 25
(c) 55 (d) 15
(e) इनमें से कोई नहीं

85. $1256 \times 3892 = ?$
(a) 4883582 (b) 4888352
(c) 4888532 (d) 4883852
(e) इनमें से कोई नहीं

86. $0.08 \times 0.5 + 0.9 = ?$
(a) 1.3 (b) 0.94
(c) 0.112 (d) 1.5
(e) इनमें से कोई नहीं

87. $8195 \div 745 + ? \times 12 = 7847$
(a) 648 (b) 593
(c) 601 (d) 653
(e) इनमें से कोई नहीं

88. नीचे दिए गए प्रश्न में प्रश्न चिह्न (?) के स्थान पर लगभग क्या मूल्य आयेगा?
$4123 \div (2.3)^2 - 446 = ?$
(a) 401 (b) 441
(c) 301 (d) 333
(e) 386

89. यदि $x + y = 18$ और $xy = 72$, तो $(x)^2 + (y)^2$ का मूल्य क्या है?
(a) 120 (b) 90
(c) 180 (d) निर्धारित नही किया जा सकता
(e) इनमें से कोई नहीं

90. 8115 को पूर्ण वर्ग बनाने के लिए इसमें कौन सी न्यूनतम संख्या जोड़ी जानी चाहिए?
(a) 349 (b) 166
(c) 144 (d) 194
(e) इनमें से कोई नहीं

91. एक संख्या के वर्ग में से $(46)^2$ घटाने पर उत्तर 485 आता है। यह संख्या क्या है?

(a) 4 (b) 51
(c) 56 (d) 53
(e) इनमें से कोई नहीं

92. $666 \div (2.4 \times ?) = 185$

(a) 1.5 (b) 2.5
(c) 0.5 (d) 5
(e) इनमें से कोई नहीं

93. $956 \times 753 = ?$

(a) 723692 (b) 727398
(c) 710308 (d) 719868
(e) इनमें से कोई नहीं

94. $\frac{3}{8} \times \frac{4}{7} \times ? = 5376$

(a) 30912 (b) 25144
(c) 24808 (d) 25088
(e) इनमें से कोई नहीं

95. $[(9)^3 \times (?)^2] \div 21 = 1701$

(a) 6 (b) 3
(c) 11 (d) 4
(e) इनमें से कोई नहीं

96. $897214 - 336 - 46521 - 1249 - 632176 = ?$

(a) 217832 (b) 216725
(c) 216932 (d) 315950
(e) इनमें से कोई नहीं

97. $\sqrt{11881} \times \sqrt{?} = 10137$

(a) 8649 (b) 9216
(c) 8281 (d) 9409
(e) इनमें से कोई नहीं

98. $3.5 \times 2.4 \times ? = 42$

(a) 1.5 (b) 0.2
(c) 0.8 (d) 1.2
(e) इनमें से कोई नहीं

99. $\sqrt[3]{804357} = ?$

(a) 98 (b) 89
(c) 96 (d) 93
(e) इनमें से कोई नहीं

100. $\sqrt{?} \div 16 \times 24 = 186$

(a) 14884 (b) 13924
(c) 15376 (d) 15876
(e) इनमें से कोई नहीं

101. $(?)^2 \div (0.04)^2 \times 5.6 = 117740$

(a) 33.64 (b) 6.2
(c) 38.44 (d) 5.4
(e) इनमें से कोई नहीं

102. $9418 - ? + 1436 + 2156 = 5658$

(a) 7523 (b) 7352
(c) 7232 (d) 7325
(e) इनमें से कोई नहीं

103. $9865 + ? + 3174 + 2257 = 19425$

(a) 4047 (b) 4136
(c) 4129 (d) 4092
(e) इनमें से कोई नहीं

104. $\frac{9}{?} \times 33824 = 63$

(a) 4228 (b) 4832
(c) 2416 (d) 8456
(e) इनमें से कोई नहीं

105. $(99)^2 - (?)^2 + (38)^2 = 8436$

(a) 57 (b) 53
(c) 49 (d) 61
(e) इनमें से कोई नहीं

106. $12.36 \times 18.15 + 21.52 = ?$

(a) 250.3036 (b) 209.1448
(c) 249.454 (d) 245.854
(e) इनमें से कोई नहीं

107. $(98764 + 89881 + 99763 + 66342) \div (1186 + ? + 1040 + 1870) = 55$

(a) 2354 (b) 2368
(c) 2254 (d) 2404
(e) इनमें से कोई नहीं

108. $(64)^2 \div \sqrt[3]{32768} = ?$

(a) 128 (b) 132
(c) 142 (d) 104
(e) इनमें से कोई नहीं

109. $\frac{21 \quad 14 \quad 34}{12.4 + 5.6 - 15.5} = ?$

(a) 95 (b) 100
(c) 110 (d) 106
(e) इनमें से कोई नहीं

110. $0.09 \times 6.8 \times ? = 2.142$

(a) 2.5 (b) 4.4
(c) 3.5 (d) 2.4
(e) इनमें से कोई नहीं

111. $11\frac{1}{7} + 2\frac{5}{8} = ?$

(a) $110\frac{1}{7}$ (b) $13\frac{45}{56}$
(c) $96\frac{3}{8}$ (d) $13\frac{43}{56}$
(e) इनमें से कोई नहीं

112. निम्नलिखित प्रश्न में प्रश्नचिह्न (?) के स्थान पर लगभग क्या मूल्य आएगा?

$894 \div 28 \times \sqrt{589} = ?$

(a) 700 (b) 686
(c) 796 (d) 775
(e) 754

113. यदि $(57)^2$ को एक संख्या के वर्ग में जोड़ने पर प्राप्त उत्तर 8010 है। यह संख्या क्या है?

(a) 61 (b) 63
(c) 67 (d) 59
(e) इनमें से कोई नहीं

114. $7275.84 - 889.4 + 124.518 = ?$

(a) 6550.202 (b) 6560.598
(c) 6550.958 (d) 6510.958
(e) इनमें से कोई नहीं

115. $\frac{12^2 - 4^2}{9^2 - 3^2} = ?$

(a) $1\frac{7}{9}$ (b) $1\frac{8}{9}$
(c) $1\frac{1}{3}$ (d) 9
(e) इनमें से कोई नहीं

116. $18800 \div 470 \div 20 = ?$

(a) 800 (b) 2
(c) 23.5 (d) 0.10
(e) इनमें से कोई नहीं

117. $\sqrt{?} +$ [illegible] $= 320$ का $\frac{5}{8}$

(a) 1936 (b) 4624
(c) 4196 (d) 4096
(e) इनमें से कोई नहीं

118. $777.07 + 77.77 + 0.77 + 7.07 + 7 + 77 = ?$

(a) 946.78 (b) 946.68
(c) 964.68 (d) 946.86
(e) इनमें से कोई नहीं

119. $0.4 \times ? = 0.000016$

(a) 4 (b) 0.04
(c) 0.0004 (d) 400
(e) इनमें से कोई नहीं

120. $4^7 \div 16^4 \times \sqrt{16} = ?$

(a) $\frac{1}{16}$ (b) $\frac{1}{4}$
(c) 4 (d) 1
(e) इनमें से कोई नहीं

निर्देश (प्र.121–125): निम्नलिखित प्रश्न में प्रश्नवाचक चिन्ह (?) के स्थान पर लगभग मान कितना आएगा?

121. $0.99 \times 1000 \times 14 \div 11 \div 0.7 = ?$

(a) 18 (b) 180
(c) 1.8 (d) 1800
(e) इनमें से कोई नहीं

122. $95^{3.7} - 95^{0.9989} = 95^?$

(a) 1.9 (b) 3
(c) 2.99 (d) 3.6
(e) इनमें से कोई नहीं

123. $\sqrt{10000} + 1891.992$ का $\frac{3.001}{4.987} = ?$

(a) 2500 (b) 1230
(c) 1640 (d) 1525
(e) 2130

124. $0.0004 \div 0.0001 \times 36.000009 = ?$

(a) 0.10 (b) 1.45
(c) 145 (d) 14.5
(e) 1450

125. $3739 + 164 \times 27 = ?$

(a) 1054000 (b) 4000
(c) 8200 (d) 690
(e) 6300

126. निम्नलिखित समीकरण में प्रश्नचिह्न (?) के स्थान पर आसन्नतः क्या मूल्य आएगा?

$9876 \div 24.96 + 215.005 - ? = 309.99$

(a) 395 (b) 395
(c) 300 (d) 315
(e) 310

127. $[(135)^2 \div 15 \times 32] \div ? = 45 \times 24$

(a) 18 (b) 24
(c) 36 (d) 44
(e) इनमें से कोई नहीं

128. $(96)^2 + (63)^2 = (?)^2 - (111)^2 - 8350$

(a) 33856 (b) 30276
(c) 174 (d) 184
(e) इनमें से कोई नहीं

129. $4368 + 2158 - 596 - ? = 3421 + 1262$

(a) 1066 (b) 1174
(c) 1247 (d) 1387
(e) इनमें से कोई नहीं

130. $2172 \div ? = 1832 - 956 - 514$

(a) 6 (b) 8
(c) 10 (d) 12
(e) इनमें से कोई नहीं

131. $666.06 + 66.60 + 0.66 + 6.06 + 6 + 60 = ?$

(a) 819.56 (b) 805.38
(c) 826.44 (d) 798.62
(e) इनमें से कोई नहीं

132. $205 \times ? \times 13 = 33625 + 25005$

(a) 22 (b) 27
(c) 33 (d) 39
(e) इनमें से कोई नहीं

133. $(10)^{24} \times (10)^{-21} = ?$

(a) 3 (b) 10
(c) 100 (d) 1000
(e) इनमें से कोई नहीं

134. 4321 को पूर्ण वर्ग बनाने के लिए उसमें कौन सी न्यूनतम संख्या जोड़ी जानी चाहिए?
(a) 32 (b) 34
(c) 36 (d) 38
(e) इनमें से कोई नहीं

निर्देश (प्र.135–138): निम्नलिखित प्रश्न में प्रश्नवाचक चिन्ह (?) के स्थान पर लगभग मान कितना आएगा?

135. $628.306 + 6.1325 \times 44.0268 = ?$
(a) 820 (b) 970
(c) 1050 (d) 1175
(e) 900

136. $1896 \div 29 + 445 = ?$
(a) 485 (b) 510
(c) 528 (d) 493
(e) 536

137. $(9795 + 7621 + 938) \div (541 + 831 + 496) = ?$
(a) 9 (b) 13
(c) 17 (d) 23
(e) 29

138. $814296 \times 36 = ? \times 96324$
(a) 326 (b) 272
(c) 304 (d) 358
(e) 260

139. $78 \div 5 \div 0.5 = ?$
(a) 15.6 (b) 31.2
(c) 7.8 (d) 0.4
(e) इनमें से कोई नहीं

140. $12.22 + 22.21 + 221.12 = ?$
(a) 250.55 (b) 255.50
(c) 250.05 (d) 255.05
(e) इनमें से कोई नहीं

141. $12^4 \times 12^{13} = ?$
(a) 12^7 (b) 12^{39}
(c) 12^{17} (d) 12^{-7}
(e) इनमें से कोई नहीं

142. $464 \div (16 \times 2.32) = ?$
(a) 12.5 (b) 14.5
(c) 10.5 (d) 8.5
(e) इनमें से कोई नहीं

143. एक संख्या के वर्ग में से $(9)^3$ घटाने पर उत्तर 567 आता है। यह संख्या क्या है?
(a) 36 (b) 28
(c) 42 (d) 48
(e) इनमें से कोई नहीं

144. एक संख्या के वर्ग से $(78)^2$ घटाने पर उत्तर 6460 आता है। यह संख्या क्या है?
(a) 109 (b) 111
(c) 113 (d) 115
(e) इनमें से कोई नहीं

145. निम्नलिखित प्रश्न में प्रश्नचिह्न (?) के स्थान पर लगभग कितना मान आना चाहिए?
$4275 \div 496 \times (21)^2 = ?$
(a) 3795 (b) 3800
(c) 3810 (d) 3875
(e) 3995

146. $14^{13} \times 14^3 = ?$
(a) 14^{39} (b) 14^7
(c) 14^{16} (d) 14^{10}
(e) इनमें से कोई नहीं

147. 4700 को पूर्ण वर्ग बनाने के लिए उसमें कौन सी न्यूनतम राशि जोड़ी जानी चाहिए?
(a) 74 (b) 69
(c) 76 (d) 61
(e) इनमें से कोई नहीं

148. $21.25 + 22.52 \times 212.22 = ?$
(a) 256.99 (b) 245.99
(c) 252.99 (d) 258.99
(e) इनमें से कोई नहीं

149. 992 का $\frac{5}{6}$ का $\frac{3}{4}$ का $\frac{3}{5} = ?$
(a) 388 (b) 390
(c) 372 (d) 376
(e) इनमें से कोई नहीं

150. $6.4 \times ? = 361.6$
(a) 63.5 (b) 52.5
(c) 66.5 (d) 56.5
(e) इनमें से कोई नहीं

151. $2412 + 1139 + 5498 = ?$
(a) 8949 (b) 9049
(c) 8749 (d) 9249
(e) इनमें से कोई नहीं

152. $3.2 \times 6.8 \times 9.5 = ?$
(a) 207.62 (b) 202.67
(c) 206.27 (d) 207.72
(e) इनमें से कोई नहीं

153. $8994 - 4178 - 2094 = ?$
(a) 2720 (b) 2726
(c) 2730 (d) 2734
(e) इनमें से कोई नहीं

154. $\sqrt{?} +$ [illegible] $= \sqrt{961}$
(a) 169 (b) 256
(c) 225 (d) 196
(e) इनमें से कोई नहीं

155. $9441 + 3991 - 606 = ? \times 53$
(a) 236 (b) 238
(c) 230 (d) 234
(e) इनमें से कोई नहीं

156. $1719 \div 18 = ?$

(a) 95.5 (b) 96
(c) 97.5 (d) 99
(e) इनमें से कोई नहीं

157. $58369 + 69521 = ? + 31972$

(a) 95998 (b) 95189
(c) 95918 (d) 95981
(e) इनमें से कोई नहीं

158. निम्नलिखित प्रश्न में प्रश्नचिह्न (?) के स्थान पर लगभग मान कितना आना चाहिए?

$5470 \div 378 \times (19)^2 = ?$

(a) 5236 (b) 5265
(c) 5204 (d) 5250
(e) इनमें से कोई नहीं

159. 3986 को पूर्ण वर्ग बनाने के लिए सबसे छोटी कौन सी संख्या जोड़ी जाए?

(a) 188 (b) 95
(c) 110 (d) 100
(e) 5224

160. $832.456 - 539.982 - 123.321 = ?$

(a) 196.153 (b) 149.153
(c) 169.153 (d) 176.135
(e) इनमें से कोई नहीं

161. $236.69 + 356.74 = 393.39 + ?$

(a) 200.04 (b) 201.04
(c) 200.14 (d) 202.14
(e) 203.04

162. $\dfrac{35 \times 15 \times 10}{25 \times 2} = ?$

(a) 105 (b) 115
(c) 70 (d) 35
(e) इनमें से कोई नहीं

163. $859.05 + 427.89 + 663.17 = ?$

(a) 1585.91 (b) 1286.94
(c) 1950.02 (d) 1950.11
(e) 1951.01

164. $7 \times ? = 29.05$

(a) 4.05 (b) 4.15
(c) 3.95 (d) 4.25
(e) इनमें से कोई नहीं

165. $\dfrac{558 \times 45}{18 \times 4.5} = ?$

(a) 314 (b) 313
(c) 312 (d) 311
(e) इनमें से कोई नहीं

166. $559 + 965 = ? \times 16$

(a) 92.05 (b) 95.25
(c) 93.15 (d) 94.35
(e) इनमें से कोई नहीं

167. $7\frac{3}{4} + [illegible]\frac{1}{4} + 8\frac{1}{2} = ?$

(a) $20\frac{1}{4}$ (b) $21\frac{1}{2}$
(c) $21\frac{3}{4}$ (d) $21\frac{3}{4}$
(e) $20\frac{3}{4}$

168. $9.1 \times 7.5 \times 6.2 = ?$

(a) 423.15 (b) 68.25
(c) 593.775 (d) 472.5
(e) इनमें से कोई नहीं

169. $49 + \sqrt{?} = 87$

(a) 1444 (b) 1442
(c) 1448 (d) 1456
(e) 1460

170. $\sqrt{?} - 17 = 22$

(a) 1511 (b) 1531
(c) 1515 (d) 1553
(e) 1521

171. निम्नलिखित प्रश्न में प्रश्नचिह्न (?) के स्थान पर लगभग कितना मान आएगा?

$5989 \div 48 \times 11 = ?$

(a) 1375 (b) 1370
(c) 1372 (d) 1368
(e) 1365

172. यदि $3x + 5y = 44$ और $10x - 2y = 16$, तो x का मूल्य क्या होगा?

(a) 7 (b) 3
(c) 5.5 (d) 6.5
(e) इनमें से कोई नहीं

173. यदि $x + y = 20$ और $xy = 84$, तो $(x)^2 + (y)^2 = ?$

(a) 232 (b) 400
(c) 128 (d) निर्धारित नहीं किया जा सकता
(e) इनमें से कोई नहीं

174. निम्नलिखित प्रश्न में प्रश्नचिह्न (?) के स्थान पर लगभग क्या आयेगा ?

$\sqrt{876} \times 20.6 + 165.34 = ?$

(a) 700 (b) 686
(c) 775 (d) 846
(e) 745

Answer Key

1	(e)	36	(a)	71	(d)	106	(d)	141	(c)
2	(c)	37	(e)	72	(d)	107	(a)	142	(a)
3	(e)	38	(b)	73	(e)	108	(a)	143	(a)
4	(a)	39	(a)	74	(a)	109	(e)	144	(e)
5	(a)	40	(e)	75	(a)	110	(c)	145	(b)
6	(d)	41	(e)	76	(e)	111	(d)	146	(d)
7	(d)	42	(d)	77	(e)	112	(d)	147	(d)
8	(a)	43	(a)	78	(d)	113	(e)	148	(e)
9	(d)	44	(e)	79	(a)	114	(d)	149	(c)
10	(e)	45	(e)	80	(d)	115	(a)	150	(d)
11	(a)	46	(c)	81	(a)	116	(b)	151	(b)
12	(c)	47	(e)	82	(c)	117	(d)	152	(e)
13	(c)	48	(c)	83	(e)	118	(b)	153	(e)
14	(d)	49	(d)	84	(e)	119	(c)	154	(d)
15	(e)	50	(a)	85	(b)	120	(d)	155	(e)
16	(a)	51	(e)	86	(b)	121	(b)	156	(a)
17	(b)	52	(c)	87	(d)	122	(e)	157	(c)
18	(d)	53	(a)	88	(d)	123	(b)	158	(e)
19	(e)	54	(c)	89	(c)	124	(c)	159	(c)
20	(b)	55	(d)	90	(b)	125	(c)	160	(c)
21	(a)	56	(a)	91	(b)	126	(c)	161	(a)
22	(d)	57	(c)	92	(a)	127	(c)	162	(a)
23	(b)	58	(b)	93	(d)	128	(d)	163	(d)
24	(a)	59	(a)	94	(d)	129	(c)	164	(b)
25	(a)	60	(b)	95	(e)	130	(a)	165	(e)
26	(a)	61	(c)	96	(c)	131	(b)	166	(b)
27	(e)	62	(b)	97	(a)	132	(a)	167	(b)
28	(c)	63	(e)	98	(e)	133	(d)	168	(a)
29	(b)	64	(b)	99	(d)	134	(e)	169	(a)
30	(e)	65	(d)	100	(c)	135	(e)	170	(e)
31	(b)	66	(a)	101	(e)	136	(b)	171	(c)
32	(e)	67	(d)	102	(b)	137	(a)	172	(b)
33	(a)	68	(c)	103	(c)	138	(c)	173	(a)
34	(c)	69	(c)	104	(b)	139	(b)	174	(c)
35	(c)	70	(c)	105	(b)	140	(e)		

व्याख्या सहित हल Answers & Explanations

1. (e) $? = 56.6 \times 16.6 \times 6.6$
$= 6201.096$

2. (c) $\frac{?}{46} \times 16 = 368$
$\Rightarrow ? = \frac{368 \times 46}{16} = 1058$

3. (e) $? = 999.99 + 99.99 + 9.99 = 1109.97$

4. (a) $? = \frac{899}{11.6} = 77.5$

5. (a) $? = 85332 - 11638 - 60994$
$? = 85332 - 72632$
$\therefore ? = 12700$

6. (d) $? = \frac{3187.8}{57.75 \times 0.8} = 69$

7. (d) माना कि संख्या $= x$
प्रश्नानुसार,
$x^2 - (12)^3 = 976$
या, $x^2 - 1728 = 976$
या, $x^2 = 1728 + 976 = 2704$
या, $x = \sqrt{2704} = 52$

8. (a) $? = \frac{351}{6 \times 0.5} = 117$

9. (d) $18 \times ? = \frac{7776}{12}$
$\Rightarrow ? = \frac{7776}{12 \times 18} = 36$

10. (e) $? = \frac{11 \times 55}{5} + 9$
$= 121 + 9 = 130$

11. (a) $? = 85333 - 11638 - 60994$
$? = 85333 - 72632$
$\therefore ? = 12701$

12. (c) $? = 8^4 - 8^2$
$= 8^2(8^2 - 1) = 64(64 - 1)$
$= 64 \times 63 = 4032$

13. (c) $? = 6.3 \times 12.8 \times 9.9 - 69.996$
$= 798.336 - 69.996 = 728.34$

14. (d) $? = 8 + \left(\frac{18 \times 368}{16}\right)$
$= 8 + 414 = 422$

15. (e) $? \times 85 = 11059 + 8889 - 908$
$\Rightarrow ? \times 85 = 19040$
$\Rightarrow ? = \frac{19040}{85} = 224$

16. (a) $24848 + 107604 = ?$
$\Rightarrow ? = 107604 + 24848 = 132452$

17. (b) $? = 894.65 + 100.99 - 388.24$
$995.64 - 388.24 = 607.4$

18. (d) $(?)^2 + (26)^2 = 1181 + 1520$
$\Rightarrow ?^2 + 676 = 2701$
$\Rightarrow ?^2 = 2701 - 676 = 2025$
$\Rightarrow ? = \sqrt{2025} = 45$

19. (e) $\frac{59475}{\sqrt{?}} = 195 \times 5$
$\Rightarrow \sqrt{?} = \frac{59475}{195 \times 5} = 61$
$= 61 \times 61 \Rightarrow 3721$

20. (b) $\sqrt{?} + 29 = \sqrt{2704}$
$\Rightarrow \sqrt{?} + 29 = 52$
$\Rightarrow \sqrt{?} = 52 - 29 = 23$
$\therefore ? = 23 \times 23 = 529$

21. (a) $39^2 = 1521$; $38^2 = 1444$
स्पष्टत: $38^2 < 1500 < 39^2$
$\therefore$ 1500 का पूर्ण वर्ग बनाने के लिए इसमें 21 जोड़ना होगा।

22. (d) $1248 \times \frac{5}{6} - 1150 \times \frac{4}{5}$
$= 1040 - 920 = 120$

23. (b) $? = 235 + 75 \times 8$
$= 235 + 600 = 835$

24. (a) $5986 - 2340 = 1496 + ?$
$\Rightarrow 3646 = 1496 + ?$
$\Rightarrow ? = 3646 - 1496 = 2150$

25. (c) $(7)^{1/4} \times (343)^{0.25} = (7)^{1/4} \times (7^3)^{1/4} = (7^4)^{1/4} = 7$

26. (a) $57.63 - 37.26 = 39.27 - ?$
$\Rightarrow 20.37 = 39.27 - ?$
$\Rightarrow ? = 39.27 - 20.37 = 18.90$

27. (e) $\sqrt{?} = \sqrt{1089} + \sqrt{289}$
$= 33 + 17 = 50$
$? = (50)^2 = 2500$

28. (c) $? = 12.8 \times 2.5 + 8.6$
$= 32 + 8.6 = 40.6$

29. (b) $?^2 = (14^2 - 13^2) \div 3$
$= (14 + 13)(14 - 13) \div 3$
$= 27 \times \frac{1}{3} = 9$
$\therefore ? = \sqrt{9} = 3$

30. (e) $(19)^? = \frac{(19)^{12} \times (19)^8}{(19)^4}$
या, $(19)^? = \frac{(19)^{20}}{(19)^4}$
या, $(19)^? = (19)^{20-4} = (19)^{16}$
या, $? = 16$

31. (b) $? = \frac{70.56}{11.2} = 6.3$

32. (e) $x + y = 23$ एवं $xy = 126$
अब, $x^2 + y^2 = (x + y)^2 - 2xy$
$= (23)^2 - 2 \times 126$
$= 529 - 252$
$\Rightarrow x^2 + y^2 = 277$

33. (a) $? = 986.23 + 7.952 + 8176.158 = 9170.340$

34. (c) $? = \sqrt{1296} \div \sqrt{36}$
$= 36 \div 6 = 6$

35. (c) $112 \div 7 \div 4 = 8 \times ?$
$\Rightarrow 8 \times ? = \frac{112}{7 \times 4}$
$\Rightarrow ? = \frac{4}{8} = \frac{1}{2} = 0.5$

36. (a) $? = 3750 \times \frac{4}{8} \times \frac{2}{3} \times \frac{1}{2} = 625$

37. (e) $? = \frac{24 \times 4}{135 - 9} = \frac{28}{126} = \frac{2}{9}$

38. (b) $? = (87324 - 79576) \times 1.5$
$= 7748 \times 1.5 = 11622$

39. (a) $? = 350 \times 4 \times 50 = 70000$

40. (e) $? = 11.88 \times \frac{250}{18} = 165$

41. (e) $? = \frac{1}{2} \times \frac{3}{4} \div \left(\frac{9}{2} \times \frac{5}{8}\right)$
$= \frac{1}{2} \times \frac{3}{4} \div \frac{45}{16}$
$= \frac{1}{2} \times \frac{3}{4} \times \frac{16}{45} = \frac{2}{15}$

42. (d) $? = \frac{18 \cdot 17 \cdot 3 \quad 1}{8 - 15 \div 3 - 1}$
$= \frac{18}{8} \cdot \frac{51}{5 - 1} \cdot \frac{1}{} = \frac{68}{2} = 34$

43. (a) $? = \frac{3}{2} + \frac{5}{3} \div \left(\frac{6}{7} - \frac{5}{6}\right)$
$= \frac{3}{2} + \frac{5}{3} \div \left(\frac{36 - 35}{42}\right)$
$= \frac{3}{2} + \frac{5}{3} \div \frac{1}{42} = \frac{3}{2} + \frac{5}{3} \times 42$
$= \frac{3}{2} + 70 = \frac{3 + 140}{2} = \frac{143}{2}$
$= 71.5$

44. (e) $\sqrt{?} - 63 = 9^2$
$\Rightarrow \sqrt{?} = 81 + 63 = 144$
$\Rightarrow ? = (144)^2 = 20736$

45. (e) $916.28 - 72.4 = 728.2 + ?$
$\Rightarrow 843.88 = 728.2 + ?$
$\Rightarrow ? = 843.88 - 728.2 = 115.68$

46. (c) $? = 7776 \times \frac{1}{18} \times 3 = 1296$

47. (e) $? = 8994 - 4178 - 2094$
$= 8994 - 6272 = 2722$

48. (c) $? = 315 \times 114 - 1565$
$= 35910 - 1565 = 34345$

49. (d) $? = 1256 \div (32 \times 0.25)$
$= 1256 \div 8 = 157$

50. (a) $? = 69.2 \times 18.4 \times 4.5 = 5729.76$

51. (e) $? = 3.2 \times 6.8 \times 9.5 = 206.72$

52. (c) $? = 15^3 \times 9^3 - (1555)^2$
$= 3375 \times 729 - 2418025 = 42350$

53. (a) $? = 8\frac{2}{5} \div 10\frac{2}{25}$
$= \frac{42}{5} \div \frac{252}{25}$
$= \frac{42}{5} \times \frac{25}{252} = \frac{5}{6}$

54. (c) $? = 992 \times \frac{5}{6} \times \frac{3}{4} \times \frac{3}{5} = 372$

55. (d) $\sqrt{?} + 17 = \sqrt{961}$

या, $\sqrt{?} + 17 = 31$

या, $\sqrt{?} = 31 - 17$

या, $\sqrt{?} = 14$

या, $? = 14 \times 14 = 196$

56. (a) $? = \frac{123}{6 \times 0.8} = 25.625$

57. (c)

6	3986	63
6	36	
123	386	
3	369	
126	17	

$\because$ स्पष्टत: $63^2 < 3986 < 64^2$

$\because$ $64^2 = 4096$

$\because$ अभिष्ट संख्या $= 4096 - 3986 = 110$

58. (b) $? = \sqrt{3781} \times 5.36$

$\approx 61.5 \times 5.36 \approx 329.64 \approx 330$

59. (a) माना कि संख्या = x

प्रश्नानुसार,

$x^2 - 26^2 = 549$

या, $x^2 - 676 = 549$

या, $x^2 = 549 + 676 = 1225$

या, $x = \sqrt{1225} = 35$

60. (b) $? = [(4)^3 \times (5)^4] \div (4)^5$

$= \frac{4^3 \times 5^4}{4^5} = \frac{5^4}{4^2}$

$= \frac{5 \times 5 \times 5 \times 5}{4 \times 4} = 39.0625$

61. (c) $? = \frac{1.6 \times 3.2}{0.08} = 64$

62. (b) $? = \frac{7857 + 3596 + 4123}{96}$

$= \frac{15576}{96} = 162.25$

63. (e) $? = \frac{5321}{305} \times (19)^2 = 6297.97 \approx 6300$ (लगभग)

64. (b) माना संख्या x है, तब

$\because x^2 + 61^2 = 5242$

$\Rightarrow x^2 = 5242 - 3721$

$= 1521$

$\therefore x = 39$

65. (d) $\because \sqrt{4400} = 66.33$

$\therefore$ अभीष्ट संख्या $= 67^2 - 4400$

$= 4489 - 4400$

$= 89$

66. (a) माना बड़ी व छोटी संख्या क्रमश: x एवं y है।

तब $x - y = 3$ ...(i)

और $x^2 - y^2 = 63$

$\Rightarrow (x + y)(x - y) = 63$

$\Rightarrow (x + y) = \frac{63}{3} = 21$ ...(ii)

समीकरण (i) और (ii) से $x = 12$

67. (d) $1248 \times \frac{5}{6} - 1150 \times \frac{4}{5}$

$= 1040 - 920 = 120$

68. (c) माना संख्या है x

तब

$x^2 - (74)^2 = 5340$

$\Rightarrow x^2 = 5340 + 5476$

$= 10816$

$\Rightarrow x = \sqrt{10816} = 104$

69. (c) $2x + 3y = 78$ ...... (i)

$3x + 2y = 72$ ....(ii)

समीकरण (i) और (ii) से

$x = 12, y = 18$

$\therefore x + y = 12 + 18$

$= 30$

70. (c) $? = 741560 + 935416 + 1143 + 17364 = 1695483$

71. (d) $\frac{(84)^2}{\sqrt{?}} = 168$

$\sqrt{?} = \frac{84 \times 84}{168} = 42$

$\Rightarrow ? = (42)^2 = 1764$

72. (d) $? = 514789 - 317463 - 87695 - 11207 = 98424$

73. (e) $? = \sqrt[3]{50653} = 37$

74. (a) $? = \frac{93336}{17891 + 16239 - 26352} = \frac{93336}{7778} = 12$

75. (a) $? = \frac{1}{4} \times 6624 \times \frac{1}{6} \times 12 = 3312$

76. (e) $? = \frac{18 \times 15 \times 50}{(40 \times 80) \div 160} = \frac{220}{20} = 11$

77. (e) $\sqrt{?} = \frac{2296}{\sqrt{1681}} = \frac{2296}{41} = 56$

$? = (56)^2 = 3136$

78. (d) माना कि संख्या $= x$

प्रश्नानुसार,

$x^2 - (74)^2 = 3740$

या, $x^2 = 3740 + 5476 = 9216$

$\therefore x = \sqrt{9216} = 96$

79. (a) $? = 93 \times 45 \div 25$

$= \frac{93 \times 45}{25} = 167.4$

80. (d) $? = \frac{0.2944}{0.08 \times 1.6} = 2.3$

81. (a) $? = 6 \times 66 \times 666 = 263736$

82. (c) $? = \frac{36}{7} \times \frac{49}{6} \times \frac{8}{63}$

$= \frac{16}{3} = 5\frac{1}{3}$

83. (e) $\frac{(7)^3}{\sqrt{?}} = 14 - 7 = 7$

$\Rightarrow \sqrt{?} = \frac{7^3}{7} = 49$

$\Rightarrow ? = 49^2 = 2401$

84. (e) $? = \frac{1035}{\sqrt[3]{12167}} = \frac{1035}{23} = 45$

85. (b) $? = 1256 \times 3892 = 4888352$

86. (b) $? = 0.08 \times 0.5 + 0.9$

$= 0.04 + 0.9 = 0.94$

87. (d) $? \times 12 = 7847 - \frac{8195}{745}$

$\Rightarrow ? \times 12 = 7847 - 11 = 7836$

$\Rightarrow ? = 653$

88. (d) $? = 4123 \div (2.3)^2 - 446$

$= \frac{4123}{2.3 \times 2.3} - 446$

$\approx 779 - 446 = 333$ (लगभग)

89. (c) $x + y = 18$

$\Rightarrow (x+y)^2 = 18^2 = 324$

$\Rightarrow x^2 + y^2 + 2xy = 324$

$\Rightarrow x^2 + y^2 = 324 - 2xy$

$\Rightarrow x^2 + y^2 = 324 - 2(72)$

$\Rightarrow x^2 + y^2 = 324 - 144 = 180$

90. (b)

```
        90
     9 |8115
       |81
   180 |15
```

$\therefore$ अभीष्ट संख्या $= 91 \times 91 - 8115 = 166$

91. (b) माना कि संख्या x है।

$\therefore x^2 - (46)^2 = 485$

$\Rightarrow x^2 = 485 + (46)^2 = 2601$

$\therefore x = \sqrt{2601} = 51$

92. (a) $666 \div (2.4 \times ?) = 185$

या, $\frac{666}{2.4 \times ?} = 185$

या, $? = \frac{666}{2.4 \times 185} = 1.5$

93. (d) $? = 956 \times 753 = 719868$

94. (d) $\frac{3}{8} \times \frac{4}{7} \times ? = 5376$

या, $? \times \frac{3}{14} = 5376$

या, $? = \frac{5376 \times 14}{3} = 25088$

95. (e) $[9^3 \times (?)^2] \div 21 = 1701$

या, $\frac{9^3 \times (?)^2}{21} = 1701$

या, $?^2 = \frac{1701 \times 21}{9 \times 9 \times 9} = 49$

$\therefore ? = \sqrt{49} = 7$

96. (c) $? = 897214 - (336 + 46521 + 1249 + 632176)$

$= 897214 - 680282 = 216932$

97. (a) $\sqrt{11881} \times \sqrt{?} = 10137$

या, $109 \times \sqrt{?} = 10137$

या, $\sqrt{?} = \frac{10137}{109} = 93$

या, $? = 93 \times 93 = 8649$

98. (e) $3.5 \times 2.4 \times ? = 42$

या, $? = \frac{42}{3.5 \times 2.4} = 5$

99. (d) $? = \sqrt[3]{804357}$

$= \sqrt[3]{93 \times 93 \times 93}$

[दिए गए विकल्पों से]

$= 93$

100. (c) $\sqrt{?} \div 16 \times 24 = 186$

या, $? = \frac{\sqrt{?}}{16} \times 24 = 186$

या, $\sqrt{?} = \frac{186 \times 16}{24} = 124$

$\therefore ? = 124 \times 124 = 15376$

101. (e) $\frac{?^2}{(0.04)^2} \times 5.6 = 117740$

या, $(?)^2 = \frac{117740 \times 0.04 \times 0.04}{5.6} = 33.64$

या, $? = \sqrt{33.64} = 5.8$

102. (b) $9418 - ? + 1436 + 2156 = 5658$

या, $13010 - ? = 5658$

या, $? = 13010 - 5658 = 7352$

103. (c) $9865 + ? + 3174 + 2257 = 19425$

या, $? + 15296 = 19425$

या, $? = 19425 - 15296 = 4129$

104. (b) $\frac{9}{?} \times 33824 = 63$

या, $? = \frac{9 \times 33824}{63} = 4832$

105. (b) $(99)^2 - (?)^2 + (38)^2 = 8436$

या, $9801 - (?)^2 + 1444 = 8436$

या, $11245 - (?)^2 = 8436$

या, $(?)^2 = 11245 - 8436 = 2809$

या, $? = \sqrt{2809} = 53$

106. (d) $? = 12.36 \times 18.15 + 21.52$

$= 224.334 + 21.52$

$= 245.854$

107. (a) $(98764 + 89881 + 99763 + 66342) \div (1186 + ? + 1040 + 1870) = 55$

या, $354750 \div (? + 4096) = 55$

या, $\frac{354750}{? + 4096} = 55$

या, $? + 4096 = \frac{354750}{55}$

या, $? = 4096 = 6450$

या, $? = 6450 - 4096 = 2354$

108. (a) $? = (64)^2 \div \sqrt[3]{32 \times 32 \times 32}$

या, $? = \frac{64 \times 64}{32} = 128$

109. (e) $? = \frac{21 \times 14 - 34}{12.4 + 5.6 - 15.5}$

$= \frac{294 - 34}{18 - 15.5} = \frac{260}{2.5} = 104$

110. (c) $0.09 \times 6.8 \times ? = 2.142$

या, $? = \frac{2.142}{0.09 \times 6.8} = 3.5$

111. (d) $? = 11 + \frac{1}{7} + 2 + \frac{5}{8}$

$= (11+2) + \left(\frac{1}{7} + \frac{5}{8}\right) = 13 + \left(\frac{8 + 35}{56}\right)$

$= 13 + \frac{43}{56} = 13\frac{43}{56}$

112. (d) $894 \div 28 \times \sqrt{589} = ?$

या, $? = \frac{894}{28} \times 24.3 \approx 775.86$

≈ 775

113. (e) माना कि संख्या $= x$

प्रश्नानुसार,

$x^2 + 57^2 = 8010$

या, $x^2 + 3249 = 8010$

या, $x^2 = 8010 - 3249 = 4761$

या, $x = \sqrt{4761} = 69$

114. (d) $? = 7275.84 + 124.518 - 889.4$

$= 7400.358 - 889.4 = 6510.958$

115. (a) $? = \frac{(12+4)(12-4)}{(9+3)(9-3)} = \frac{16 \times 8}{12 \times 6} = \frac{16}{9} = 1\frac{7}{9}$

116. (b) $? = \frac{18800}{470} \div 20 = 40 \div 20 = 2$

117. (d) $\sqrt{?} + 136 = 320 \times \frac{5}{8}$

या, $\sqrt{?} + 136 = 200$

या, $\sqrt{?} = 200 - 136 = 64$

या, $? = 64 \times 64 = 4096$

118. (b) 946.68

119. (c) $? = \frac{0.000016}{0.04} = 0.0004$

120. (d) $? = 4^7 \div (4^2)^4 \times 4$

122. (e) $95^{3.7} \div 95^{0.9989} = 95^{?}$
या, $95^{(3.7 \div 09989)} = 95^{?}$
या, $95^{2.7011} = 95^{?}$
या, $? = 2.7011 \approx 2.7$

123. (b) $\sqrt{10000} + 1891.992$ का $\frac{3.001}{4.987}$
$= 100 + 1892 \times \frac{3}{5} = 100 + 1135.2$
$= 1235.2 = 1230$

124. (c) $0.0004 \div 0.0001 \times 36.000009$
$= 4 \div 1 \times 36$
$= 144 \approx 145$

125. (c) $3739 + 164 \times 27$
$= 3739 + 4428 = 8167 \approx 8200$

127. (c) $[(135)^2 \div 15 \times 32] \div ? = 45 \times 24$
या, $\left[\frac{135 \times 135 \times 32}{15}\right] \div ? = 45 \times 24$
या, $38880 \div ? = 45 \times 24$
या, $? = \frac{388880}{45 \times 24} = 36$

128. (d) $(96)^2 + (63)^2 = (?)^2 - (111)^2 - 8350$
या, $9216 + 3969 = (?)^2 - 12321 - 8350$
या, $13185 = ?^2 - 20671$
या, $?^2 = 33856$
या, $? = \sqrt{33856} = 184$

129. (c) $4368 - 2158 - 596 - ? = 3421 + 1262$
या, $6526 - 596 - ? = 4683$
या, $? = 5930 - ? = 4683$
या, $? = 5930 - 4683 = 1247$

130. (a) $2172 \div ? = 1832 - 956 - 514$
या, $= \frac{2172}{?} = 362$
या, $? = \frac{2172}{362} = 6$

131. (b) $? = 666.06 + 66.60 + 0.66 + 6.06 + 6 + 60$
$= 805.38$

132. (a) $205 \times ? \times 13 = 33625 + 25005$
या, $205 \times ? \times 13 = 58630$
या, $? = \frac{58630}{205 \times 13} = 22$

133. (d) $? = (10)^{24} \times (10)^{-21}$
$= (10)^{24-21} = 10^3 = 1000$

134. (e)

```
         66
     6 | 4321
     6 |   36
       |------
   126 |  721
       |  756
       |------
          -35
```

$\therefore$ न्यूनतम संख्या $= (66)^2 - 4321$
$= 4356 - 4321 = 35$

135. (e) $? = 628.306 + 6.1325 \times 44.0268$
$? \approx 628 + 6 \times 44$
$\approx 628 + 264 = 892 = 900$

136. (b) $? = 1896 \div 29 + 445$
$= \frac{1896}{29} + 445$
$= 65.4 + 445 = 510.4$
≈ 510

137. (a) $? = (9795 + 7621 + 938) \div (541 + 831 + 496)$
$= 18354 \div 1868 \approx 9.8 \approx 9$

138. (c) $814296 \times 36 = ? \times 96324$
या, $? = \frac{814296 \times 36}{96324} \approx 304$

139. (b) $? = 78 \div 5 \div 0.5$
$= \frac{78}{5 \times 0.5} = 31.2$

140. (e) $? = 12.22 + 22.21 + 221.12$
$= 255.55$

141. (c) $? = 12^4 \times 12^{13} = 12^{4+13} = 12^{17}$

142. (a) $? = 464 \div (16 \times 2.32)$
$= \frac{464}{16 \times 2.32} = 12.5$

143. (a) माना अभीष्ट संख्या
तब प्रश्नानुसार,
$\therefore$ $x^2 - (9)^3 = 567$
$x^2 = 567 + 729 = 1296$
$\therefore$ $x = \sqrt{1296} = \sqrt{(36)^2} = 36$

144. (e) माना कि संख्या x है।
प्रश्नानुसार,
$x^2 - 78^2 = 6460$
या, $x^2 = 6460 + 6084$
या, $x^2 = 12544$
या, $x = \sqrt{12544} = 112$

145. (b) $? = 4275 \div 496 \times 21^2$
$= \frac{4275 \times (21)^2}{496} \approx \frac{4275 \times 441}{495} \approx 3800$

147. (d) $69 \times 69 = 4761$ एवं
$68 \times 68 = 4624$
स्पष्टतः, $4624 < 4700 < 4761$
$\therefore$ अभीष्ट संख्या $= 4761 - 4700 = 61$

148. (e) 4800.4444

150. (d) $\frac{361.6}{6.4} = 56.5$

151. (b) 9049

152. (e) 206.72

153. (e) 2722

154. (d) $\sqrt{?} = 31 - 17 = 14 = \sqrt{196}$

155. (e) 242

156. (a) 95.5

157. (c) 95918

158. (e) $? = 5470 \div 378 \times 19^2$

$= \frac{5470}{378} \times 361$

$= 5223.996$

$= 5224$ (लगभग)

159. (c) $\because \sqrt{3986} = 63.13$

$\therefore$ अभीष्ट संख्या $= (64)^2 - 3986$

$= 4096 - 3986 = 110$

160. (c) $? = 832.456 - (539.982 + 123.321)$

$= 832.456 - 663.303 = 169.153$

161. (a) $236.69 + 356.74 = 393.39 + ?$

या, $593.43 = 393.39 + ?$

या, $? = 593.43 - 393.39 = 200.04$

162. (a) $? = \frac{35 \times 15 \times 10}{25 \times 2} = 105$

163. (d) $? = 859.05 + 427.89 + 663.17 = 1950.11$

164. (b) $? = \frac{29.05}{7} = 4.15$

165. (e) $? = \frac{558 \times 45}{18 \times 4.5} = 310$

166. (b) $559 + 965 = ? \times 16$

या, $1524 = ? \times 16$

या, $\Rightarrow ? = \frac{1524}{16} = 95.25$

167. (b) $? = 7 + \frac{3}{4} + 5 + \frac{1}{4} + 8 + \frac{1}{2}$

$= (7 + 5 + 8) + \left(\frac{3}{4} + \frac{1}{4} + \frac{1}{2}\right)$

$= 20 + \left(\frac{3 + 1 + 2}{4}\right)$

$= 20 + \frac{3}{2} = 20 + 1 + \frac{1}{2} = 21\frac{1}{2}$

168. (a) $? = 9.1 \times 7.5 \times 6.2$

$= 423.15$

169. (a) $49 + \sqrt{?} = 87$

या, $= 87 - 49 = 38$

या, $? = (38)^2 = 1444$

170. (e) $\sqrt{?} = 17 + 22 = 39$

$\Rightarrow ? = 39 \times 39$

$= 1521$

171. (c) $? = \frac{5989}{48} \times 11 = 124.8 \times 11 = 1372$

172. (b) $3x + 5y = 44$ ...(i)

$10x - 2y = 16$ ...(ii)

समीकरण (i) $\times 2$ + समीकरण (ii) $\times 5$ से

$6x + 10y + 50x - 10y = 88 + 80$

या, $56x = 168$

$\therefore x = \frac{168}{56} = 3$

173. (a) दिया है, $x + y = 20$ एवं $xy = 84$

$\therefore x^2 + y^2 = (x + y)^2 - 2xy$

$= (20)^2 - 2 \times 84$

$= 400 - 168 = 232$

174. (c) $? = \sqrt{876} \times 20.6 + 165.34$

$= 29 \times 21 + 165$

$= 609 + 165 = 774 \approx 775$

◆◆◆

अध्याय 3

प्रतिशतता (PERCENTAGE)

प्रतिशतता

प्रतिशत का अर्थ है, ''प्रत्येक 100 के लिए'', या ''प्रत्येक 100 में''। किसी संख्या के x प्रतिशत का अर्थ है उस संख्या के 100 बराबर भागों में से x भाग

उदाहरणस्वरूप- 45 प्रतिशत = 45 के 100 भागों में से 45 भाग अर्थात्

$$\frac{45}{100}$$

इसे प्राय: 45% से व्यक्त करते हैं।

अत: स्पष्ट है कि $45\% = \frac{45}{100} = 0.45$

प्रतिशत संबंधी प्रश्नों को हल करने की संक्षिप्त विधियाँ

❖ **साधारण भिन्न या दशमलव भिन्न को प्रतिशत भिन्न में बदलने के लिए उस भिन्न में 100 से गुणा करते हैं।**

उदाहरण 1 : $\frac{3}{5}$ को प्रतिशत भिन्न में लिखिए।

हल $\frac{3}{5}=\left(\frac{3}{5}\times 100\right)\%=60$ प्रतिशत

उदाहरण 2 : $\frac{3.5}{100}$ को प्रतिशत भिन्न में लिखिए।

हल $\frac{3.5}{100}=\left(\frac{3.5\times 100}{100}\right)\%=3.5$ प्रतिशत

❖ **प्रतिशत भिन्न को दशमलव या साधारण भिन्न में बदलने के लिए उस भिन्न में 100 से भाग देते हैं।**

उदाहरण 3 : 60 प्रतिशत को साधारण भिन्न में लिखिए।

हल $60\%=\frac{60}{100}=\frac{3}{5}$

❖ **किसी वस्तु के भाव में $x\%$ वृद्धि हो जाने पर, इस मद पर खर्च न बढ़े इसके लिए वस्तु की खपत में कमी $= \frac{x}{(100+x)}\times 100$**

उदाहरण 4 : चीनी के भाव में 25 प्रतिशत वृद्धि हो जाने के कारण कोई परिवार उसकी खपत कितने प्रतिशत कम कर दे ताकि परिवार का खर्च न बढ़े?

हल चीनी की खपत में प्रतिशत कमी

$=\left(\frac{25}{100+25}\times 100\right)$ प्रतिशत

$=\left(\frac{25\times 100}{125}\right)$ प्रतिशत = 20 प्रतिशत

❖ **किसी वस्तु के भाव में x प्रतिशत कमी हो जाने पर इस मद पर खर्च कम न हो, इसके लिए वस्तु की खपत में वृद्धि $=\frac{x}{100-x}\times 100$ प्रतिशत**

उदाहरण 5 : मिट्टी के तेल का भाव 10 प्रतिशत घट जाने के कारण किसी गृहिणी को तेल की खपत कितने प्रतिशत ज्यादा कर देनी चाहिए ताकि उसका खर्च समान रहे?

हल तेल की खपत में प्रतिशत वृद्धि

$=\left(\frac{10}{100-10}\times 100\right)$ प्रतिशत

$=\left(\frac{1000}{90}\right)$ प्रतिशत

$=11.11$ प्रतिशत

❖ **यदि A, B से x% अधिक है तो B, A से $\left(\frac{x}{100+x}\times 100\right)$ प्रतिशत कम होगा।**

उदाहरण 6 : यदि रवि का वेतन, गोपाल से ५० प्रतिशत ज्यादा है तो गोपाल का वेतन, रवित के वेतन से कितना प्रतिशत कम है?

हल रवि के वेतन की तुलना में, गोपाल के वेतन की प्रतिशत कमी

$=\left(\frac{50}{100+50}\times 100\right)$ प्रतिशत

$=33\frac{1}{3}$ प्रतिशत

❖ यदि A, B से x% कम है तो B, A से $\left(\frac{x}{100-x}\times 100\right)$ प्रतिशत अधिक होगा।

उदाहरण 7 : यदि रेखा की आमदनी, वीना की आमदनी से 30 प्रतिशत कम है तो वीना की आमदनी, रेखा की आमदनी से कितने प्रतिशत ज्यादा है?

हल रेखा की आमदनी की तुलना में, वीना की आमदनी

$= \left[\frac{30}{100-30}\times 100\right]$ प्रतिशत

$= \left[\frac{30}{70}\times 100\right]$ प्रतिशत

$= 42\frac{6}{7}$ प्रतिशत

स्मरणीय सूत्र (Rememberable Formulas)

कुछ प्रमुख प्रतिशततों के समतुल्यांक भिन्नः

$1\% = \frac{1}{100}$	$2\% = \frac{1}{50}$	$4\% = \frac{1}{25}$	$8\% = \frac{2}{25}$	$16\% = \frac{4}{25}$	$64\% = \frac{16}{25}$	$96\% = \frac{24}{25}$
$5\% = \frac{1}{20}$	$10\% = \frac{1}{10}$	$20\% = \frac{1}{5}$	$40\% = \frac{2}{5}$	$60\% = \frac{3}{5}$	$80\% = \frac{4}{5}$	$120\% = \frac{6}{5}$
$6\frac{1}{4}\% = \frac{1}{16}$	$12\frac{1}{2}\% = \frac{1}{8}$	$25\% = \frac{1}{4}$	$37\frac{1}{2}\% = \frac{3}{8}$	$50\% = \frac{1}{2}$	$87\frac{1}{2}\% = \frac{7}{8}$	$100\% = 1$
$8\frac{1}{3}\% = \frac{1}{12}$	$16\frac{2}{3}\% = \frac{1}{6}$	$33\frac{1}{3}\% = \frac{1}{3}$	$66\frac{2}{3}\% = \frac{2}{3}$	$83\frac{1}{3}\% = \frac{5}{6}$	$133\frac{1}{3}\% = \frac{4}{3}$	$166\frac{2}{3}\% = \frac{5}{3}$

साधित उदाहरण (Solved Examples)

उदाहरण 1 : 900 का 88% – $(?)^2$ = 623

(a) 69 (b) 121
(c) 13 (d) 169
(e) इनमें से कोई नहीं

हल. (c) $(?)^2 = \frac{900\times 88}{100} - 623$

$= 792 - 623 = 169$

$\Rightarrow ? = \sqrt{169} = 13$

उदाहरण 2 : यदि वार्षिक परीक्षा में हरीश को 675 में से 421 अंक मिले हैं इस वार्षिक परीक्षा में हरीश का प्रतिशत लगभग कितना है?

(a) 56 (b) 72
(c) 92 (d) 88
(e) 62

हल (e) हरीश का प्राप्तांक प्रतिशत $= \frac{421}{675}\times 100 = 62.4 \approx 62$

उदाहरण 3 : एक परीक्षा में पास होने के लिए कुल 270 अंक पाना जरूरी है। एक विद्यार्थी को 216 अंक मिलते हैं और उसे 8% अंकों से अनुत्तीर्ण घोषित किया जाता हैं। विद्यार्थी को अधिकतम कुल कितने अंक मिल सकते हैं?

(a) 825 (b) 675
(c) 750 (d) निर्धारित नहीं किया जा सकता
(e) इनमें से कोई नहीं

हल (b) अंतर = 270 - 216 = 54

प्रश्नानुसार,

अधिकतम अंक का 8% = 54

$\Rightarrow$ अधिकतम अंक $= \frac{54\times 100}{8} = 675$

उदाहरण 4 : एक संख्या का 56%, 1064 है। इस संख्या का 38% क्या है?

(a) 666 (b) 722
(c) 856 (d) 912
(e) इनमें से कोई नहीं

हल (b) माना कि संख्या = x

$\therefore x$ का 56% = 1064

$\Rightarrow \frac{x\times 56}{100} = 1064$

$\Rightarrow x = \frac{1064 \times 100}{56} = 1900$

1900 का 38% $= \frac{1900 \times 38}{100} = 722$

उदाहरण 5 : नूपुर अपनी वार्षिक आय का 26% अर्थात् ₹ 89856 का म्यूचुअल फंड में निवेश करती है। उसकी मासिक आय कितनी है?

(a) ₹ 33606.25 **(b) ₹ 28990**
(c) ₹ 28800 **(d) ₹ 23980.50**
(e) इनमें से कोई नहीं

हल (c) माना कि नूपुर की वार्षिक आय = ₹ x

प्रश्नानुसार,

$\therefore x$ का 26% = 89856

$\Rightarrow \frac{x \times 26}{100} = 89856$

$\Rightarrow x = \frac{89856 \times 100}{26} =$ ₹ 345600

$\therefore$ नूपुर की मासिक आय = ₹ $\left(\frac{345600}{12}\right)$

= ₹ 28800

उदाहरण 6 : दो उम्मीदवारों ने चुनाव लड़ा। यदि एक को 520 वोट मिले जो 65% वोट थे तो वोटों की कुल संख्या कितनी थी?

(a) 858 **(b) 702**
(c) 780 **(d) 754**
(e) इनमें से कोई नहीं

हल (e) प्रश्नानुसार,

$\frac{65}{100} \times$ कुल वोट = 520

$\therefore$ कुल वोट $= \frac{520 \times 100}{65} = 800$

उदाहरण 7 : सुरजीत सिंह का वेतन रंजीत सिंह के वेतन का 80% है। और लतिका के वेतन का 120% है। यदि रंजीत का वेतन ₹ 15,000 है, तो सुरजीत सिंह का वेतन कितना है?

(a) ₹ 10,000 **(b) ₹ 18,000**
(c) ₹ 12,500 **(d) ₹ 12,000**
(e) इनमें से कोई नही

हल (d) सुरजीत का वेतन = 15000 का 80%

$= 15000 \times \frac{80}{100} =$ ₹ 12000

उदाहरण 8 : एक शहर की जनसंख्या 189000 है। यह पहले वर्ष 8% घटती है और दूसरे वर्ष 5% बढ़ती है। 2 वर्ष के बाद शहर की जनसंख्या कितनी होगी?

(a) 193914 **(b) 185472**
(c) 182574 **(d) 191394**
(e) इनमें से कोई नहीं

हल (c) 2 वर्ष बाद शहर की अभीष्ट जनसंख्या

$= 189000\left(1 - \frac{8}{100}\right)\left(1 + \frac{5}{100}\right)$

$= 189000\left(1 - \frac{2}{25}\right)\left(1 + \frac{1}{20}\right)$

$= 189000 \times \frac{23}{25} \times \frac{21}{20}$

$= 182574$

उदाहरण 9 : एक भिन्न के अंश को 400% और हर को 500% बढ़ा दिया जाए तो परिणामी भिन्न $\frac{10}{21}$ हो जाता है। मूल भिन्न क्या है?

(a) $\frac{5}{12}$ **(b)** $\frac{8}{13}$
(c) $\frac{17}{14}$ **(d)** $\frac{4}{7}$
(e) इनमें से कोई नहीं

हल (d) माना कि मूल भिन्न $= \frac{x}{y}$

प्रश्नानुसार,

$\frac{x + 400\% \text{ of } x}{y + 500\% \text{ of } y} = \frac{10}{21}$

या, $\frac{x \times \frac{500}{100}}{y \times \frac{600}{100}} = \frac{10}{21}$

या, $\frac{5x}{6y} = \frac{10}{21}$

या, $\frac{x}{y} = \frac{10}{21} \times \frac{6}{5} = \frac{4}{7}$

अभ्यास प्रश्न (Exercise)

1. एक संगठन में कर्मचारियों की कुल संख्या 1225 है। इसमें से 40% का अलग-अलग संस्थानों पर तबादला हो गया है। ऐसे कितने कर्मचारियों का तबादला हो गया है?
   (a) 540 (b) 490
   (c) 630 (d) 710
   (e) इनमें से कोई नहीं
2. एक संख्या के 89% और 73% के बीच 448 का अंतर है। इस संख्या का 49% क्या है?
   (a) 1426 (b) 1372
   (c) 1218 (d) 1124
   (e) इनमें से कोई नहीं
3. 740 के 25% का $\frac{3}{5} = ?$
   (a) 121 (b) 91
   (c) 555 (d) 111
   (e) इनमें से कोई नहीं
4. शिल्पा ने 8% स्कूल फीस पर, 25% किराए पर और 17% फर्नीचर पर खर्च किया। बची हुई राशि का 25% मेडिकल बिलों पर खर्च हुआ और बाकी बचे ₹ 6,000 निवेश करने के लिए अलग रख दिए गए। वह किराए पर कितनी रकम खर्च करती है?
   (a) ₹ 3,750 (b) ₹ 6,000
   (c) ₹ 4,000 (d) ₹ 3,250
   (e) इनमें से कोई नहीं
5. एक संख्या के 64% और 48% के बीच 448 का अंतर है। इस संख्या का 49% क्या है?
   (a) 1426 (b) 1372
   (c) 1218 (d) 1124
   (e) इनमें से कोई नहीं
6. 740 के 75% का $\frac{3}{5} = ?$
   (a) 121 (b) 91
   (c) 555 (d) 333
   (e) इनमें से कोई नहीं
7. यदि एक फैक्ट्री का उत्पादन 8% प्र.व. की दर से बढ़ता है और 2004 में यदि इसका उत्पादन 70 लाख टन था तो वर्ष 2006 में, इसका उत्पादन कितना होगा?
   (a) 63.48 लाख टन (b) 81.68 लाख टन
   (c) 81 लाख टन (d) 80.68 लाख टन
   (e) इनमें से कोई नहीं
8. एक संख्या के 58% और उसी संख्या के 39% के बीच 247 का अंतर है। इस संख्या का 62% कितना होगा?
   (a) 1,300 (b) 806
   (c) 754 (d) 1,170
   (e) इनमें से कोई नहीं
9. 700 का 240% क्या होगा?
   (a) 1650 (b) 1780
   (c) 1560 (d) 1710
   (e) इनमें से कोई नहीं
10. 6500 का 15% = 12500 का ?%
   (a) 8.2 (b) 7.5
   (c) 6.3 (d) 7.8
   (e) इनमें से कोई नहीं
11. एक शहर की जनसंख्या 126800 है। पहले वर्ष में यह 15% बढ़ती है। और दूसरे वर्ष में यह 20% घटती है। 2 वर्ष के अन्त में इस शहर की जनसंख्या कितनी है?
   (a) 174984 (b) 135996
   (c) 116656 (d) 145820
   (e) इनमें से कोई नहीं
12. 8926 - 650 का ?% = 8848
   (a) 15 (b) 8
   (c) 12 (d) 10
   (e) इनमें से कोई नहीं
13. 666 का 52% + ? = 500
   (a) 138.53 (b) 168.46
   (c) 144.54 (d) 153.68
   (e) इनमें से कोई नहीं
14. एक संख्या के 75% और उसी संख्या के 20% के बीच का अंतर 378.4 है। इस संख्या का 40% कितना होगा?
   (a) 275.2 (b) 274
   (c) 267.2 (d) 266
   (e) इनमें से कोई नहीं
15. एक भिन्न का अंश 200% और हर 150% बढ़ा दिया जाए, तो परिणामी भिन्न $\frac{9}{35}$ आता है। मूल भिन्न क्या है?
   (a) $\frac{3}{10}$ (b) $\frac{2}{15}$
   (c) $\frac{3}{16}$ (d) $\frac{2}{7}$
   (e) इनमें से कोई नहीं

16. एक संख्या के $\frac{3}{4}$ का 15% का 40%, 153 है। यह संख्या क्या है?
(a) 3400 (b) 3650
(c) 3600 (d) 3200
(e) इनमें से कोई नहीं

17. (?) का × 680% = 290360
(a) 43800 (b) 42700
(c) 41900 (d) 42500
(e) इनमें से कोई नहीं

18. 920 का ?% × 7.5 = 2898
(a) 42 (b) 36
(c) 45 (d) 48
(e) इनमें से कोई नहीं

19. एक संख्या का 42% और 35% के बीच का अंतर 110.6 है। इस संख्या का 60% क्या है?
(a) 936 (b) 948
(c) 790 (d) 1106
(e) इनमें से कोई नहीं

20. एक भिन्न का अंश 250% और हर 300% बढ़ाने पर परिणामी भिन्न $\frac{7}{9}$ है। मूल भिन्न क्या है?
(a) $\frac{8}{11}$ (b) $\frac{7}{8}$
(c) $\frac{8}{9}$ (d) $\frac{7}{11}$
(e) इनमें से कोई नहीं

21. एक पंसारी (grocer) द्वारा बेचे गए गेहूं में 10% गेहूं निम्न स्तर का था। 150 कि.ग्रा. गेहूं में अच्छे दर्जे के गेहूं की कितनी मात्रा मिलानी चाहिए, जिससे कि निम्न स्तर के गेहूं की मात्रा 5% होगी?
(a) 150 कि.ग्रा (b) 135 कि.ग्रा.
(c) 50 कि.ग्रा. (d) 85 कि.ग्रा.
(e) इनमें से कोई नहीं

22. 6100 के $\frac{10}{13}$ का 55% का 26% कितना है?
(a) 617 (b) 681
(c) 706 (d) 734
(e) इनमें से कोई नहीं

23. एक संख्या का एक बटा आठ 17.25 है। इस संख्या का 73% होगा। क्या होगा?
(a) 100.74 (b) 138.00
(c) 96.42 (d) 82.66
(e) इनमें से कोई नहीं

24. एक संख्या का 45%, 255.6 है। इस संख्या का 25% क्या है?
(a) 162 (b) 132
(c) 152 (d) 142
(e) इनमें से कोई नहीं

25. एक संख्या के 42% और 28% के बीच 210 का अन्तर है। इस संख्या का 59% क्या है?
(a) 630 (b) 885
(c) 420 (d) 900
(e) इनमें से कोई नहीं

26. एक परीक्षा में पास होने के लिए कुल अंकों का 40% अंक पाना जरूरी है। एक विद्यार्थी को 261 अंक मिलते हैं और उसे 4% अंकों से फेल घोषित किया जाता है। किसी विद्यार्थी को अधिकतम कुल कितने अंक मिल सकते है?
(a) 700 (b) 730
(c) 745 (d) 765
(e) इनमें से कोई नहीं

27. एक संख्या के 58% और उसी संख्या के 39% के बीच 247 का अंतर है। उस संख्या का 82% कितना होगा?
(a) 1300 (b) 1066
(c) 1052 (d) 1000
(e) इनमें से कोई नहीं

28. एक संख्या का 56%, 463.68 है। उस संख्या का 25% कितना होगा?
(a) 202 (b) 204
(c) 206 (d) 208
(e) इनमें से कोई नहीं

29. मनीष बीमा पॉलिसियों में ₹3818 निवेश करता है, जो उसकी मासिक आय का 20 प्रतिशत है। उसका मासिक वेतन कितना है?
(a) ₹19090 (b) ₹19900
(c) ₹19990 (d) ₹19009
(e) इनमें से कोई नहीं

30. एक संस्था में 1556 कर्मचारी हैं। उनमें से 25% का अलग-अलग जगह स्थानांतरण हो गया। ऐसे कितने कर्मचारियों का स्थानांतरण हुआ?
(a) 394 (b) 404
(c) 419 (d) 399
(e) इनमें से कोई नहीं

31. एक परीक्षा में निशा को 850 में से 555 अंक मिलते हैं। परीक्षा में उसकी लगभग प्रतिशतता कितनी है?
(a) 59 (b) 72
(c) 68 (d) 65
(e) 70

32. 460 का 280% कितना होगा ?
(a) 1188 (b) 1284
(c) 1288 (d) 1280
(e) इनमें से कोई नहीं

33. एक छात्र को 6 प्रश्नपत्रों में 64% अंक मिले। प्रत्येक प्रश्नपत्र 150 अंकों का था। उसे हिंदी और अंग्रेजी में मिलाकर उसके कुल अंकों के 25% अंक मिले। इन दोनों प्रश्नपत्रों में उसे कुल कितने अंक मिले?
(a) 120 (b) 124
(c) 140 (d) 144
(e) 150

34. सुमित को एक परीक्षा में 1150 में से कुल 1012 अंक मिले। परीक्षा में उसका प्रतिशत क्या था?

(a) 86 (b) 88
(c) 84 (d) 90
(e) इनमें से कोई नहीं

35. ? का 570% = 377910

(a) 64900 (b) 66300
(c) 64100 (d) 65600
(e) इनमें से कोई नहीं

36. एक शहर की जनसंख्या 198000 है। पहले वर्ष में यह 7% बढ़ती है और दूसरे वर्ष में यह 5% घटती है। दो वर्ष के अंत में शहर की जनसंख्या क्या होगी?

(a) 211860 (b) 201267
(c) 222453 (d) 198900
(e) इनमें से कोई नहीं

37. एक संख्या के 38% और 24% के बीच का अंतर 135.10 इस संख्या का 40% क्या होगा?

(a) 394 (b) 370
(c) 378 (d) 386
(e) इनमें से कोई नहीं

38. एक स्कूल में लड़कों की कुल संख्या, लड़कियों की कुल संख्या से 24% अधिक है। स्कूल में लड़कों की कुल संख्या का लड़कियों की कुल संख्या से क्रमशः अनुपात क्या है?

(a) 25 : 31 (b) 31 : 25
(c) 91 : 21 (d) निर्धारित नहीं किया जा सकता
(e) इनमें से कोई नहीं

39. एक संख्या के 58% और 37% के बीच का अंतर 399 है। इस संख्या का 72% क्या है?

(a) 1913 (b) 1330
(c) 1425 (d) 1368
(e) इनमें से कोई नहीं

40. एक परीक्षा में पास होने के लिए अधिकतम अंकों में से 296 अंक प्राप्त करना आवश्यक है। एक विद्यार्थी को 259 अंक मिलते हैं तो उसे अनुत्तीर्ण घोषित किया जाता है। विद्यार्थी को मिले अंक और पास होने के लिए आवश्यक अंकों के बीच 5% का अंतर है। विद्यार्थी को अधिकतम कितने अंक मिल सकते हैं?

(a) 690 (b) 780
(c) 740 (d) निर्धारित नहीं किया जा सकता
(e) इनमें से कोई नहीं

41. 3342 का 150% कितना होगा?

(a) 4869 (b) 5013
(c) 5163 (d) 5019
(e) इनमें से कोई नहीं

42. एक संख्या के 58 प्रतिशत और उसी संख्या के 28 प्रतिशत के बीच 225 अंतर है। उस संख्या का 38 प्रतिशत कितना होगा?

(a) 292.50 (b) 285
(c) 281.20 (d) 300
(e) इनमें से कोई नहीं

43. एक संख्या के 67% और 42% के बीच का अन्तर 214 है। इस संख्या का 75% कितना है?

(a) 528 (b) 595
(c) 642 (d) 684
(e) इनमें से कोई नहीं

44. एक संगठन में 1850 कर्मचारी हैं। इनमें से 38% का तबादला अलग-अलग स्थानों पर हो गया। ऐसे कितने कर्मचारियों का तबादला हुआ?

(a) 740 (b) 723
(c) 703 (d) 717
(e) इनमें से कोई नहीं

45. एक परीक्षा में पास होने के लिए कुल अधिकतम अंकों में से 256 अंक पाना आवश्यक है। एक विद्यार्थी को 192 अंक मिलते हैं। और उसे अनुत्तीर्ण घोषित किया जाता है। विद्यार्थी के प्राप्तांक और उत्तीर्ण होने के लिए आवश्यक अंक के बीच का अन्तर 10% है। किसी विद्यार्थी को अधिकतम कुल कितने अंक मिल सकते हैं?

(a) 690 (b) 670
(c) 640 (d) निर्धारित नहीं किया जा सकता
(e) इनमें से कोई नहीं

46. एक संख्या का 70%, 644 है। इस संख्या का 30% क्या है?

(a) 274 (b) 302
(c) 252 (d) 328
(e) इनमें से कोई नहीं

47. मनीष ₹ 3,960 जो उसकी मासिक आय का 30 प्रतिशत है, का निवेश बीमा पॉलिसियों में करता है, उसकी मासिक आय कितनी है?

(a) ₹13,200 (b) ₹13,400
(c) ₹13,600 (d) ₹13,800
(e) इनमें से कोई नहीं

48. एक परीक्षा में क्रिश को 950 में से 654 अंक मिलते हैं। इस परीक्षा में उसका अंक लगभग प्रतिशत कितना है?

(a) 74 (b) 65
(c) 63 (d) 78
(e) 69

49. दीपावली की खरीदी पर स्वप्ना ने ₹ 44,620 खर्च किए, ₹ 32,764 लैपटॉप की खरीदी पर खर्च किए और शेष राशि जो कुल राशि का 32% है, उसके पास नकद थी। कुल कितनी राशि थी ?

(a) ₹ 36,416 (b) ₹ 1,13,800
(c) ₹ 77,384
(d) निर्धारित नहीं किया जा सकता
(e) इनमें से कोई नहीं

50. श्री सारंग अपने वेतन का 6% आर्थत् ₹ 2,100 बीमा पालिसियों में निवेश करते हैं। वे मासिक वेतन 8% पारिवारिक मेडिक्लेम पालिसियों में और वेतन के 9% का NSCs में निवेश करते हैं। श्री सारंग की कुल वार्षिक निवेश राशि कितनी होगी ?
(a) ₹ 11,400 (b) ₹ 96,600
(c) ₹ 8,050 (d) ₹ 9,500
(e) इनमें से कोई नहीं

51. 550 का 12% + 320 का ?% = 82
(a) 6 (b) 8
(c) 5 (d) 9
(e) इनमें से कोई नहीं

52. एक परीक्षा में पास होने के लिए कुल अंको में से 40% अंक पाना अपेक्षित है। एक विद्यार्थी को 265 अंक मिलते है। और उसे 55 अंकों से फेल घोषित किया जाता है। अधिकतम कुल कितने अंक किसी विद्यार्थी को मिल सकते हैं?
(a) 800 (b) 750
(c) 650 (d) निर्धारित नही किया जा सकता
(e) इनमें से कोई नहीं?

53. (?) का 64% – 1120 का 96% = 499.2
(a) 2600 (b) 2540
(c) 2460 (d) 2280
(e) इनमें से कोई नहीं

54. यदि एक भिन्न के अंश को 200% और हर को 160% बढ़ा दिया जाए तो परिणामी भिन्न $\frac{7}{13}$ होता है। मूल भिन्न क्या है?
(a) $\frac{7}{15}$ (b) $\frac{2}{5}$
(c) $\frac{8}{15}$ (d) $\frac{5}{7}$
(e) इनमें से कोई नहीं

55. 960 का 58% - 635 का ? % = 277.4
(a) 24 (b) 36
(c) 44 (d) 58
(e) इनमें से कोई नहीं

56. 599 का 65% = ?
(a) 345.65 (b) 389.35
(c) 413.75 (d) 436.85
(e) इनमें से कोई नही

57. (250 का 18% + 144 का 25%) का ? = 54
(a) $\frac{2}{3}$ (b) $\frac{3}{2}$
(c) $\frac{4}{9}$ (d) $\frac{1}{3}$
(e) इनमें से कोई नहीं

58. 4800 का 36% × 1320 का 0.2% = ?
(a) 4535.52 (b) 4551.36
(c) 4561.92 (d) 4572.48
(e) इनमें से कोई नहीं

59. 35568 ÷ 650 का ?% = 456
(a) 12 (b) 16
(c) 18 (d) 14
(e) इनमें से कोई नहीं

60. $8\frac{1}{4}+\frac{6}{5}$ का 60% = 15 - ?
(a) 5.55 (b) 6.27
(c) 6.03 (d) 6.13
(e) इनमें से कोई नहीं

61. 160 का 35% + 180 का ?% = 310 का 50%
(a) 35 (b) 55
(c) 65 (d) 45
(e) इनमें से कोई नहीं

62. 12345 का 137% = ?
(a) 17000 (b) 15000
(c) 1500 (d) 14300
(e) 900

63. (365 का 8.2%) – (108 का 1.75%) = ?
(a) 16.02 (b) 28.04
(c) 42.34 (d) 53.76
(e) इनमें से कोई नहीं

64. (383 का 739%) ÷ 628 = ?
(a) 10.00 (b) 4.50
(c) 15.75 (d) 19.25
(e) 24.15

65. 550 का 94.5% = ?
(a) 506.45 (b) 521.65
(c) 518.55 (d) 519.75
(e) इनमें से कोई नहीं

66. 248 का $\frac{7}{8}$ + 110 का 20% = ?
(a) 192 (b) 202
(c) 212 (d) 239
(e) इनमें से कोई नहीं

67. बोवीना ने ₹ 44,668 एयर टिकट पर और ₹ 56,732 परिवार के सदस्यों के लिए उपहार खरीदने पर खर्च किए और कुल रकम का शेष 22% उसके पास नकद था। कुल राशि कितनी थी?
(a) ₹ 28,600 (b) ₹ 1,30,000
(c) ₹ 1,01,400 (d) ₹ 33,800
(e) इनमें से कोई नहीं

68. रूबीना ने अपने मासिक वेतन का 16% एक NGO को दान देने का फैसला किया। दान देने वाले दिन उसका मन बदल गया और उसने ₹ 6,567 दान में दिए जो पहले तय की गई रकम का 75% है। रूबीना का मासिक वेतन कितना है?

(a) ₹ 8,756 (b) ₹ 54,725
(c) ₹ 6,56,700 (d) ₹ 45,696
(e) इनमें से कोई नहीं

69. दो उम्मीदवारों के बीच कालेज के एक चुनाव में, एक को कुल वैध वोट के 55% वोट मिले। कुल वोट 15,200 थे। 15% वोट वैध नही थे। दूसरे उम्मीदवार को प्राप्त वैध वोट कितने थे ?

(a) 7106 (b) 6840
(c) 8360 (d) 5814
(e) इनमें से कोई नहीं

70. एक संख्या के 45% का 15%, 105.3 है। इस संख्या का 24% कितना है ?

(a) 385.5 (b) 374.4
(c) 390 (d) 375
(e) इनमें से कोई नहीं

71. 250 प्रश्नों वाली एक परीक्षा में जस्सी ने पहले 125 प्रश्नों में से 40% के उत्तर सही दिए। संपूर्ण परीक्षा में उसका ग्रेड 60% हो इसके लिए उसे शेष 125 प्रश्नों में से कितने प्रतिशत के उत्तर सही देने होंगे ?

(a) 75
(b) 80
(c) 60
(d) निर्धारित नहीं किया जा सकता
(e) इनमें से कोई नहीं

72. एक भिन्न का अंश 220% और हर 150%, बढ़ाने पर परिणामी भिन्न $\frac{4}{5}$ है। मूल भिन्न क्या है ?

(a) $\frac{5}{8}$ (b) $\frac{3}{5}$
(c) $\frac{4}{5}$ (d) $\frac{5}{6}$
(e) इनमें से कोई नहीं

73. एक शहर की जनसंख्या 48600 है। पहले वर्ष में यह 25% बढ़ी और दूसरे वर्ष में यह 8% घटी। दो वर्ष के अंत में शहर की जनसंख्या कितनी होगी ?

(a) 65610 (b) 55580
(c) 60750 (d) 64850
(e) इनमें से कोई नहीं

74. प्रणव के वार्षिक वेतन का 25% सूर्य के वार्षिक वेतन के 80% के समान है। सूर्य का मासिक वेतन धीरू के मासिक वेतन का चालीस प्रतिशत है। धीरू का वार्षिक वेतन ₹ 6 लाख है। प्रणव का मासिक वेतन क्या है ? (कहीं पर वार्षिक आय और कहीं पर मासिक आय दी गई है।)

(a) ₹ 7.68 लाख (b) ₹ 56,000
(c) ₹ 8.4 लाख (d) ₹ 64,000
(e) इनमें से कोई नहीं

75. एक परीक्षा में, लड़कियों और लड़कों के लिए न्यूनतम पासिंग प्रतिशत क्रमशः 30% और 45% है। एक लड़के को 280 अंक मिले और वह 80 अंक से फेल हो गया। एक लड़की को 108 अंक मिले हैं तो पास होने के लिए उसे और कितने अंक मिलने चाहिए थे ?

(a) 132 (b) 140
(c) 160 (d) 112
(e) इनमें से कोई नहीं

76. दो उम्मीदवारों ने चुनाव लड़ा। इनमें से एक को कुल मतों का 64% मत मिले और वह 992 मतों से जीता। कुल कितने मत डाले गए थे ?

(a) 1500 (b) 1580
(c) 1550 (d) निर्धारित नहीं किया जा सकता
(e) इनमें से कोई नहीं

77. एक भिन्न का अंश 200% और हर 250%, बढ़ा देने पर परिणामी भिन्न $\frac{3}{14}$ है। मूल भिन्न क्या है ?

(a) $\frac{1}{2}$ (b) $\frac{3}{14}$
(c) $\frac{1}{6}$ (d) $\frac{2}{3}$
(e) इनमें से कोई नहीं

78. एक परीक्षा उत्तीर्ण होने के लिए कुल 336 अंक प्राप्त करना जरूरी है। एक छात्र को 35% अंक मिलते हैं और वह 42 अंकों से फेल हो जाता है। कोई छात्र अधिकतम कितने अंक प्राप्त कर सकता है?

(a) 800 (b) 825
(c) 850 (d) निर्धारित नहीं किया जा सकता
(e) इनमें से कोई नहीं

Answer Key

1	(b)	17	(b)	33	(d)	49	(b)	65	(d)
2	(b)	18	(a)	34	(b)	50	(c)	66	(d)
3	(d)	19	(b)	35	(b)	51	(c)	67	(b)
4	(c)	20	(c)	36	(b)	52	(a)	68	(b)
5	(b)	21	(a)	37	(d)	53	(c)	69	(d)
6	(d)	22	(e)	38	(b)	54	(a)	70	(b)
7	(e)	23	(a)	39	(d)	55	(c)	71	(b)
8	(b)	24	(d)	40	(c)	56	(b)	72	(a)
9	(e)	25	(b)	41	(b)	57	(a)	73	(e)
10	(d)	26	(e)	42	(b)	58	(c)	74	(d)
11	(c)	27	(b)	43	(c)	59	(a)	75	(a)
12	(c)	28	(e)	44	(c)	60	(c)	76	(e)
13	(d)	29	(a)	45	(c)	61	(b)	77	(e)
14	(a)	30	(e)	46	(e)	62	(a)	78	(e)
15	(e)	31	(d)	47	(a)	63	(b)		
16	(a)	32	(e)	48	(e)	64	(b)		

व्याख्या सहित हल — Answers & Explanations

1. (b) तबादला किए गए कर्मचारियों की संख्या

$= 1225$ का 40%

$$= \frac{1225 \times 40}{100} = 490$$

2. (b) माना कि संख्या $= x$

$\therefore x$ का $(89 - 73)\% = 448$

$$\Rightarrow \frac{x \times 16}{100} = 448$$

$$\Rightarrow x = \frac{448 \times 100}{16} = 2800$$

$\therefore 2800$ का $49\% = \frac{2800 \times 49}{100} = 1372$

3. (d) $? = 740 \times \frac{25}{100} \times \frac{3}{5} = 111$

4. (c) शिल्पा की आय = ₹x

$\therefore$ स्कूल फीस, किराए एवं फर्नीचर पर खर्च

$= (8 + 25 + 17)\% = 50\%$

बची राशि = ₹$\frac{x}{2}$

मेडिकल बिल पर खर्च = ₹$\frac{x}{2} \times \frac{1}{4} = \frac{x}{8}$

शेष राशि $= \frac{x}{2} - \frac{x}{8} = \frac{3x}{8}$

$$= \frac{4x - x}{8} = \frac{3x}{8}$$

$$\therefore \frac{3x}{8} = 6000$$

$$\Rightarrow x = \frac{6000 \times 8}{3} = ₹16000$$

$\therefore$ किराए पर खर्च $= 16000 \times \frac{25}{100} =$ ₹4000

5. (b) माना कि संख्या $= x$

$\therefore x$ का $(64 - 48)\% = 448$

$$\Rightarrow \frac{x \times 16}{100} = 448$$

$$\Rightarrow x = \frac{448 \times 100}{16} = 2800$$

$\therefore 2800$ का $49\% = \frac{2800 \times 49}{100} = 1372$

6. (d) $740 \times \frac{75}{100} \times \frac{3}{5} = 333$

7 (e) अभीष्ट उत्पादन = $70\left(1+\frac{8}{100}\right)^2$ लाख टन

$= 70\left(1+\frac{2}{25}\right)^2$ लाख टन

$= 70 \times \frac{27}{25} \times \frac{27}{25} = 81.648$ लाख टन

8. (b) माना कि संख्या = x
प्रश्नानुसार,
x का (58 - 39)% = 247

या, $x \times \frac{19}{100} = 247$

या, $x = \frac{247 \times 100}{19} = 1300$

$\therefore$ 1300 का 62% = $1300 \times \frac{62}{100} = 806$

9. (e) 700 का 240%

$= 700 \times \frac{240}{100} = 1680$

10. (d) $\frac{15}{100} \times 6500 = \frac{?}{100} \times 12500$

$? = \frac{15 \times 6500}{12500} = 7.8$

11. (c) अभीष्ट जनसंख्या

$= 126800 \times \left(1+\frac{15}{100}\right) \times \left(1-\frac{20}{100}\right)$

$= 126800 \times \frac{115}{100} \times \frac{80}{100} = 116656$

12. (c) $8926 - \frac{?}{100} \times 650 = 8848$

$\Rightarrow \frac{?}{100} \times 650 = 8926 - 8848 = 78$

$\Rightarrow ? = \frac{78 \times 100}{650} = 12$

13. (d) $666 \times \frac{52}{100} + ? = 500$

$\therefore ? = 500 - 346.32 = 153.68$

14. (a) माना कि संख्या x है।

$\therefore \frac{75x}{100} - \frac{20x}{100} = 378.4$

या, $x = \frac{378.4 \times 100}{55} = 688$

$\therefore \frac{40x}{100} = 688 \times \frac{40}{100} = 275.20$

15. (e) माना कि मूल भिन्न $\frac{x}{y}$ है।

$\therefore \frac{x + \frac{200}{100}x}{y + \frac{150}{100}y} = \frac{9}{35}$

$\Rightarrow \frac{x + 2x}{y + 1.5y} = \frac{9}{35}$

$\Rightarrow \frac{3x}{2.5y} = \frac{9}{35}$

$\therefore \frac{x}{y} = \frac{9 \times 2.5}{3 \times 35} = \frac{3}{14}$

16. (a) माना कि अभीष्ट संख्या x है।

$x \times \frac{3}{4} \times \frac{15}{100} \times \frac{40}{100} = 153$

$\Rightarrow x = \frac{153 \times 4 \times 100 \times 100}{3 \times 15 \times 40} = 3400$

17. (b) $? \times \frac{680}{100} = 290360$

या, $? = \frac{290360 \times 100}{680} = 42700$

18. (a) $\frac{920 \times ? \times 7.5}{100} = 2898$

या, $? = \frac{2898 \times 100}{920 \times 7.5} = 42$

19. (b) माना कि संख्या = x
प्रश्नानुसार,
x का (42 - 35)% = 110.6

या, $x \times \frac{7}{100} = 110.6$

या, $x = \frac{110.6 \times 100}{7} = 1580$

$\therefore$ 1580 का 60% = $\frac{1580 \times 60}{100} = 948$

20. (c) माना कि मूल भिन्न $= \frac{x}{y}$

प्रश्नानुसार,

$$\frac{x \times \frac{350}{100}}{y \times \frac{400}{100}} = \frac{7}{9}$$

$$\Rightarrow \frac{7x}{8y} = \frac{7}{9} \Rightarrow \frac{x}{y} = \frac{7}{9} \times \frac{8}{7} = \frac{8}{9}$$

21. (a) 150 किग्रा. गेहूं में निम्न स्तर के गेहूं का वजन

$= \frac{150 \times 10}{100} = 15$ किग्रा.

माना कि x किग्रा. अच्छे दर्जे का गेहूं मिलाया जाता है।

प्रश्नानुसार, $\frac{(x+150) \times 5}{100} = 15$

या, $x = 150$ किग्रा.

22. (e) अभीष्ट मान $= 6100 \times \frac{10}{13} \times \frac{55}{100} \times \frac{26}{100} = 671$

23. (a) माना कि संख्या = x
प्रश्नानुसार,

$\therefore \frac{x}{8} = 17.25$

या, $x = 17.25 \times 8 = 138$

$\therefore$ 138 का 73% $= 138 \times \frac{73}{100} = 100.74$

24. (d) माना अभीष्ट संख्या = x
तब प्रश्नानुसार,

$\therefore x \times \frac{45}{100} = 255.6$

या $x = 255.6 \times \frac{20}{9} = 568$

$\therefore$ संख्या का 25% $= x \times \frac{25}{100}$

$= 568 \times \frac{25}{100} = 142$

25. (b) माना कि अभीष्ट संख्या $= x$
प्रतिशतता में अंतर $= 42 - 28 = 14\%$

या, $x = \frac{210 \times 100}{14} = 1500$

$\therefore$ अभीष्ट उत्तर $= \frac{59}{100} \times 1500 = 885$

26. (e) माना परीक्षा में अधिकतम प्राप्तांक $= x$
तब, प्रश्नानुसार,
x का 40% $- x$ का 4% $= 261$

या, $x \times \frac{(40-4)}{100} = 261$

$\therefore x = \frac{261}{36} \times 100 = 725$

27. (b) माना संख्या x है।

$\therefore \frac{x \times 58}{100} - \frac{x \times 39}{100} = 247$

$x = \frac{247 \times 100}{19} = 1300$

$x \times \frac{82}{100} = 1300 \times \frac{82}{100} = 1066$

28. (e) माना संख्या x है।

$\therefore x \times \frac{56}{100} = 463.68$

$x = \frac{463.68 \times 100}{56} = 828$

$\therefore x$ का 25% $= 828 \times \frac{25}{100} = 207$

29. (a) मासिक आय $= \frac{3818 \times 100}{20} =$ ₹19090

30. (e) अभीष्ट संख्या $= \frac{1556 \times 25}{100} = 389$

31. (d) अभीष्ट % $= \frac{555 \times 100}{850} = 65.294\%$

$= 65\%$ (लगभग)

32. (c) अभीष्ट उत्तर $= 460 \times \frac{280}{100} = 1288$

33. (d) छात्र का कुल प्राप्तांक $= 6 \times \frac{64}{100} \times 150 = 576$
हिंदी एवं अंग्रेजी के प्राप्तांक = 576 का 25%

$= 576 \times \frac{25}{100} = 144$

34. (b) अभीष्ट प्रतिशत $= \frac{1012}{1150} \times 100 = 88$

35. (b) $? \times \frac{570}{100} = 377910$

या, $? = \frac{377910 \times 100}{570} = 66300$

36. (b) 2 वर्ष पश्चात् शहर की जनसंख्या

$$=198000\left(1+\frac{7}{100}\right)\left(1-\frac{5}{100}\right)$$

$$=\frac{198000\times 107\times 95}{100\times 100}=201267$$

37. (d) माना कि संख्या x है।
प्रश्नानुसार,
x का (38 – 24) % = 135.10

$$\text{या, } x\times\frac{14}{100}=135.10$$

$$\text{या, } x=\frac{135.10\times 100}{14}=965$$

∴ 965 का 40%

$$=965\times\frac{40}{100}=386$$

38. (b) माना कि स्कूल में लड़कियों की संख्या = x

$$\therefore \text{ लड़कों की संख्या } =\frac{124x}{100}$$

$$\therefore \text{ अभीष्ट अनुपात } =\frac{124x}{100}:x$$

= 124 : 100 = 31 : 25

39. (d) माना कि संख्या = x
प्रश्नानुसार,
x का (58 – 37)% = 399

$$\text{या, } x\times\frac{21}{100}=399$$

$$\therefore x=\frac{399\times 100}{21}=1900$$

$$\therefore 1900 \text{ का } 72\% = 1900\times\frac{72}{100}=1368$$

40. (c) माना कि अधिकतम संख्या = x
प्रश्नानुसार,
x का 5% = 296 – 259

$$\text{या, } \frac{x\times 5}{100}=37$$

$$\therefore x=\frac{3700}{5}=740$$

41. (b) अभीष्ट संख्या $=3342\times\frac{150}{100}=5013$

42. (b) माना कि संख्या = x
प्रश्नानुसार,

$$\frac{58x}{100}-\frac{28x}{100}=225$$

$$\text{या, } \frac{30x}{100}=225$$

$$\text{या, } x=\frac{225\times 100}{30}=750$$

$$\therefore \text{ अभीष्ट उत्तर } =750\times\frac{38}{100}=285$$

43. (c) माना संख्या x है।

$$\therefore \frac{67x}{100}-\frac{42x}{100}=214$$

$$\Rightarrow x=\frac{214\times 100}{25}$$

$$\therefore \frac{75x}{100}=\frac{214\times 100}{25}\times\frac{75}{100}=642$$

44. (c) अभीष्ट संख्या $=\frac{1850\times 38}{100}=703$

45. (c) अधिकतम प्राप्तांक $=(256-192)\times\frac{100}{10}=640$

46. (e) माना संख्या x है।

$$\because \frac{x\times 70}{100}=644$$

$$\Rightarrow x=\frac{644\times 100}{70}$$

$$\therefore \frac{x\times 30}{10}=\frac{644\times 100}{70}\times\frac{30}{100}=276$$

47. (a) मासिक आय $=\frac{3960\times 100}{30}=₹13200$

48. (e) अभीष्ट % $=\frac{654\times 100}{950}\%$
= 68.84%
≈ 69% (लगभग)

49. (b) कुल खर्च राशि = 44620 + 32764 = ₹ 77384
खर्च राशि का % = 100 – 32 = ₹ 68%
∴ 68% = 77384

$$\therefore 100\%=\frac{77384\times 100}{68}=₹\,113800$$

50. (c) निवेश राशि

$$=\frac{2100}{6}\times(6+8+9)$$

$$=\frac{2100}{6}\times 23=₹\,8050$$

51. (c) $\frac{550 \times 12}{100} + \frac{320 \times ?}{100} = 82$

$\Rightarrow 66 + 3.2 \times ? = 82$

$\Rightarrow 3.2 \times ? = 82 - 66$

$\Rightarrow ? = \frac{16}{3.2} = 5$

52. (a) माना कि अधिकतम अंक x है।

$\therefore \quad (265 + 55) = \frac{40x}{100}$

या, $320 \times 100 = 40x$

$\therefore \quad x = \frac{320 \times 100}{40} = 800$

53. (c)

$\frac{? \times 64}{100} - \frac{1120 \times 96}{100} = 499.2$

या, $? \times \frac{64}{100} - 1075.2 = 499.2$

या, $? \times \frac{64}{100} = 499.2 + 1075.2$

या, $? \times \frac{64}{100} = 1574.4$

$\therefore ? = \frac{1574.4 \times 100}{64} = 2460$

54. (a) माना कि मूल भिन्न $= \frac{x}{y}$

प्रश्नानुसार,

$\frac{\frac{300x}{100}}{\frac{260y}{100}} = \frac{7}{13}$

या, $\frac{30x}{26y} = \frac{7}{13}$

$\therefore \frac{x}{y} = \frac{7}{13} \times \frac{26}{30} = \frac{7}{15}$

55. (c) $960 \times \frac{58}{100} - \frac{635 \times ?}{100} = 277.4$

$\Rightarrow 960 \times 58 - 635 \times ? = 277.4 \times 100$

$\Rightarrow 55680 - 635 \times ? = 27740$

$\Rightarrow 635 \times ? = 55680 - 27740 = 27940$

$\Rightarrow ? = \frac{27940}{635} = 44$

56. (b) $? = \frac{599 \times 65}{100} = 389.35$

57. (a) $\left(250 \times \frac{18}{100} + 144 \times \frac{25}{100}\right)$ का ? = 54

$\Rightarrow (45 + 36)$ का ? = 54

$\Rightarrow 81 \times ? = 54$

$\Rightarrow ? = \frac{54}{81} = \frac{2}{3}$

58. (c) $? = \frac{36}{100} \times 4800 \times \frac{0.2}{100} \times 1320$

$= 1728 \times 2.64 = 4561.92$

59. (a) $\frac{35568}{\frac{?}{100} \times 650} = 456$

$\Rightarrow ? = \frac{35568 \times 100}{650 \times 456} = 12$

60. (c) $? = \left(15 - \frac{33}{4}\right) - \frac{6}{5}$ का 60%

$= \left(\frac{60 - 33}{4}\right) - \frac{6}{5} \times \frac{60}{100}$

$= \frac{27}{4} - \frac{18}{25} = \frac{675 - 72}{100} = \frac{603}{100} = 6.03$

61. (b) $160 \times \frac{35}{100} + \frac{180 \times ?}{100} = \frac{310 \times 50}{100}$

या, $160 \times 35 + 180 \times ? = 310 \times 50$

या, $5600 + 180 \times ? = 15500$

या, $180 \times ? = 15500 - 5600 = 9900$

या, $? = \frac{9900}{180} = 55$

62. (a) 12345 का 137%

$= \frac{12345 \times 137}{100}$

$= 16912.65 \approx 17000$

63. (b) $? = 365 \times \frac{8.2}{100} - 108 \times \frac{1.75}{100}$

$= 29.93 - 1.89 = 28.04$

64. (b) $? = \left(383 \times \frac{739}{100}\right) \div 628$

$\approx \left(\frac{380 \times 740}{100}\right) \div 630$

$\approx 2812 \div 630$

$\approx 4.46 \approx 4.50$

65. (d) 550 का 94.5% = ?

$$? = 550 \times \frac{94.5}{100} = 519.75$$

66. (d) $? = 248 \times \frac{7}{8} + 110 \times \frac{20}{100}$

$= 217 + 22 = 239$

67 (b) कुल खर्च = 44668 + 56732 = 101400

कुल प्रतिशत खर्च = 100 – 22 = 78 %

$\therefore$ कुल राशि = $\frac{101400 \times 100}{78}$ = ₹ 130000

68. (b) 16% का 75% = 12%

$\therefore$ मासिक वेतन का 12%

= 6567

$\therefore$ 100% = $\frac{6567 \times 100}{12}$ = ₹ 54725

69. (d) कुल वैद्य मतों की संख्या = 15200 का 85% = 12920

$\therefore$ दूसरे उम्मीदवार के कुल वैद्य मतों की संख्या

= 12920 का 45% = 5814

70. (b) माना संख्या x है

तब $x \times \frac{15}{100} \times \frac{45}{100} = 105.3$

$\Rightarrow x = \frac{105.3 \times 100 \times 100}{15 \times 45} = 1560$

अतः 1560 का 24% = 374.4

71. (b) 250 का 60% = 150

125 का 40% = 50

शेष 125 प्रश्नों में से सही उत्तरें की संख्या = 150 – 50 = 100

$\therefore$ प्रतिशत = $\frac{100 \times 100}{125}$ = 80%

72. (a) माना मूल भिन्न = $\frac{x}{y}$, तब $\frac{x \times 320}{y \times 250} = \frac{4}{5}$

$$\frac{x}{y} = \frac{25 \times 4}{32 \times 5} = \frac{5}{8}$$

73. (e) दो वर्षों के अंत में जनसंख्या

$= 48600 \times \frac{125}{100} \times \frac{92}{100} = 55890$

74. (d) धीरू का मासिक वेतन = $\frac{600000}{12}$ = ₹ 50000

सूर्य का मासिक वेतन = $50000 \times \frac{40}{100}$

= ₹ 20000

प्रणव का मासिक वेतन = $20000 \times \frac{80}{25}$ = ₹ 64000

75. (a) परीक्षा में कुल अंक

$= (280 + 80) \times \frac{100}{45} = 800$

लड़कियों के लिए पासिंग अंक

$= 800 \times \frac{30}{100} = 240$

$\therefore$ अभीष्ट अंक = 240 – 108 = 132

76. (e) जीतने वाले उम्मीदवार द्वारा प्राप्त मत 64%

हारने वाले उम्मीदवार द्वारा प्राप्त मत

= (100 – 64) = 36%

मतों में अंतर = (64 – 36) = 25%

प्रश्नानुसार,

कुल मत = $\frac{992 \times 100}{28} \approx 3542$

77. (e) माना मूल भिन्न $\frac{x}{y}$ है।

तो $\frac{x + 2x}{y + 2.5y} = \frac{3}{14}$

$\Rightarrow \frac{3x}{3.5y} = \frac{3}{14}$

$\Rightarrow \frac{x}{y} = \frac{3 \times 3.5}{14 \times 3} = \frac{1}{4}$

78. (e) माना अधिकतम अंक x है।

$\because \frac{35x}{100} + 42 = 336$

$\therefore x = 840$

◆ ◆ ◆

अध्याय 4

साधारण और चक्रवृद्धि ब्याज

SIMPLE & COMPOUND INTEREST

साधारण ब्याज और चक्रवृद्धि ब्याज

ब्याज : जब कोई व्यक्ति किसी अन्य व्यक्ति अथवा बैंक से रुपया उधार लेता है तो उसे दूसरे व्यक्ति या बैंक का धन प्रयोग करने के लिए जो किराया देना पड़ता है उसे ब्याज कहते हैं। उधार लिए गए धन को मूलधन और मूलधन तथा ब्याज के योग को मिश्रधन कहते हैं। प्रति सैकड़ा पर निर्धारित अवधि में मिलने वाले ब्याज को ब्याज की दर कहते हैं।

साधारण ब्याज

यदि संपूर्ण ऋण अवधि में मूलधन एक ही रहे, तो उस राशि पर लगने वाला ब्याज साधारण ब्याज होता है।

साधारण ब्याज संबंधी प्रश्नों को हल करने की संक्षिप्त विधियाँ

❖ **साधारण ब्याज** $= \frac{\text{मूलधन} \times \text{दर} \times \text{समय}}{100}$

इस प्रकार मिश्रधन = मूलधन + $\frac{\text{मूलधन} \times \text{दर} \times \text{समय}}{100}$

$= \text{मूलधन}\left[1 + \frac{\text{दर} \times \text{समय}}{100}\right]$

उदाहरण 1 : ₹1000 की राशि का 3 प्रतिशत वार्षिक की दर से 2 वर्ष का साधारण ब्याज तथा मिश्रधन क्या होगा?

हल साधारण ब्याज $= \frac{\text{मूलधन} \times \text{दर} \times \text{समय}}{100}$

$= \frac{1000 \times 3 \times 2}{100} = ₹60$

मिश्रधन = मूलधन + ब्याज = 1000 + 60 = ₹1,060

❖ **मूलधन** $= \frac{\text{साधारण ब्याज} \times 100}{\text{दर} \times \text{समय}}$

उदाहरण 2 : यदि 4 प्रतिशत वार्षिक दर से 2 वर्ष के लिए साधारण ब्याज ₹60 हो, तो मूलधन क्या होगा?

हल मूलधन $= \frac{\text{साधारण ब्याज} \times 100}{\text{दर} \times \text{समय}}$

$= \frac{60 \times 100}{4 \times 2} = ₹750$

❖ समय $= \frac{\text{साधारण ब्याज} \times 100}{\text{दर} \times \text{मूलधन}}$

उदाहरण 3 : कितने समय में ₹500, ४ प्रतिशत वार्षिक ब्याज की दर से ₹ 620 हो जायेगा?

∴ समय $= \frac{\text{साधारण ब्याज} \times 100}{\text{दर} \times \text{मूलधन}}$

$= \frac{120 \times 100}{4 \times 500}$ वर्ष

= 6 वर्ष

❖ दर $= \frac{\text{साधारण ब्याज} \times 100}{\text{मूलधन} \times \text{समय}}$

उदाहरण 4 : कितने प्रतिशत वार्षिक साधारण ब्याज की दर से एक राशि 8 वर्षों में दुगुनी हो जायेगी?

हल माना, मूलधन = ₹P

तथा, साधारण ब्याज = ₹P

और समय = 8 वर्ष

∴ दर $= \frac{\text{साधारण ब्याज} \times 100}{\text{मूलधन} \times \text{समय}}$

$= \frac{P \times 100}{P \times 8} = \frac{100}{8}$

$= \frac{25}{2} = 12\frac{1}{2}$ प्रतिशत प्रतिवर्ष

चक्रवृद्धि ब्याज

जब उधार ली गई धनराशि का ब्याज समय पर न देकर उसे धनराशि में जोड़ दिया जाता है और फिर उस धनराशि और ब्याज के प्राप्त योग पर ब्याज लगाया जाता है, तो उसे चक्रवृद्धि ब्याज कहते हैं। उधार दी गई राशि को मूलधन तथा (मूलधन + ब्याज) के योग को चक्रवृद्धि मिश्रधन कहते हैं।

चक्रवृद्धि ब्याज संबंधी प्रश्नों को हल करने की संक्षिप्त विधियाँ

❖ **माना मूलधन P का R प्रतिशत वार्षिक ब्याज की दर से T वर्ष का चक्रवृद्धि ब्याज C.I. है, तब विभिन्न समय अवधि के लिए ब्याज इस प्रकार होगा।**

❖ **जब ब्याज वार्षिक समायोजित होता है**

तब C.I. $= P\left[\left(1+\frac{R}{100}\right)^T-1\right]$

और मिश्रधन $= P\left(1+\frac{R}{100}\right)^T$

उदाहरण 5 : ₹ 2000 का 3 वर्ष में 5 प्रतिशत वार्षिक दर से चक्रवृद्धि ब्याज कितना होगा?

हल चक्रवृद्धि ब्याज = मूलधन $\left[\left(1+\frac{\text{दर}}{100}\right)^{\text{समय}}-1\right]$

$= 2000\left[\left(1+\frac{5}{100}\right)^3-1\right]$

$= 2000\left[\left(\frac{21}{20}\right)^3-1\right] = 2000\left[\frac{9261-8000}{8000}\right]$

$= 2000\times\frac{1261}{8000} = ₹315.25$

❖ **यदि ब्याज छमाही समायोजित होता है**

तब C.I. $= P\left[\left(1+\frac{R/2}{100}\right)^{2T}-1\right]$

और मिश्रधन $= P\left(1+\frac{R/2}{100}\right)^{2T}$

उदाहरण 6 : ₹5000 का 6 प्रतिशत वार्षिक दर से 3 वर्ष का चक्रवृद्धि ब्याज क्या होगा, जबकि ब्याज अर्द्धवार्षिक देय हो?

हल सूत्र, A $= P\left(1+\frac{R}{200}\right)^{2T}$ का उपयोग करने पर

जहाँ A = मिश्रधन है

मिश्रधन $= 5000\left(1+\frac{6}{200}\right)^{3\times2}$

$= 5000\,(1.03)^6 = 5971$

चक्रवृद्धि ब्याज = 5971 − 5000 = ₹971

❖ **यदि ब्याज तिमाही समायोजित होता है**

तब C.I. $= P\left[\left(1+\frac{R/4}{100}\right)^{4T}-1\right]$

और मिश्रधन (A) $= P\left(1+\frac{R/4}{100}\right)^{4T}$

उदाहरण 7 : ₹51200 का 15 प्रतिशत वार्षिक दर से 9 माह का चक्रवृद्धि ब्याज क्या होगा, जबकि ब्याज तिमाही देय हो?

हल समय = 9 महीना = $\frac{3}{4}$ वर्ष

मिश्रधन $= P\left(1+\frac{R}{400}\right)^{4T} = 51200\times\left(1+\frac{15}{400}\right)^{4\times\frac{3}{4}}$

$= 51200\times\left(1+\frac{15}{400}\right)^3$

$= 51200\times\frac{83}{80}\times\frac{83}{80}\times\frac{83}{80}$

$= ₹57178.70$

$\therefore$ C.I. = ₹(57178.70 − 51200)
= ₹5978.70

❖ **यदि ब्याज की दर पहले वर्ष R_1 प्रतिशत, दूसरे वर्ष R_2 प्रतिशत तथा तीसरे वर्ष R_3 प्रतिशत हो, तब ३ वर्ष बाद चक्रवृद्धि मिश्रधन**

= मूलधन $\left(1+\frac{R_1}{100}\right)\left(1+\frac{R_2}{100}\right)\left(1+\frac{R_3}{100}\right)$

उदाहरण 8 : ₹5000 का 3 वर्ष का चक्रवृद्धि ब्याज ज्ञात कीजिए जबकि ब्याज की वार्षिक दर पहले, दूसरे व तीसरे वर्ष में क्रमशः 6 प्रतिशत, 7 प्रतिशत और 8 प्रतिशत हो।

हल चक्रवृद्धि मिश्रधन $= 5000\times\left(1+\frac{6}{100}\right)\left(1+\frac{7}{100}\right)\left(1+\frac{8}{100}\right)$

= ₹6125 (लगभग)

$\therefore$ C.I. = 6125 − 5000 = ₹1125

❖ **दो वर्षों के चक्रवृद्धि ब्याज और साधारण ब्याज का अंतर**

$P\left(\frac{R}{100}\right)^2$

उदाहरण 9 : एक राशि ₹3000 पर दो वर्ष का साधारण ब्याज तथा चक्रवृद्धि ब्याज क्रमशः ₹660 और ₹696.30 है। ब्याज की वार्षिक दर क्या होगी?

हल ब्याजों का अंतर $= P\left(\frac{R}{100}\right)^2$

$\Rightarrow \quad 696.30 - 660 = 3000\left(\frac{R}{100}\right)^2$

$\Rightarrow \quad \frac{12.1}{1000} = \frac{R^2}{10000}$

$\Rightarrow \quad R^2 = 121 \quad \Rightarrow R = 11\%$

❖ **तीन वर्षों के चक्रवृद्धि ब्याज और साधारण ब्याज का अंतर**

$= \frac{PR^2(300+R)}{(100)^3}$

उदाहरण 10 : किसी राशि पर 7% वार्षिक दर से 3 वर्षों में प्राप्त साधारण ब्याज और चक्रवृद्धि ब्याज का अंतर ₹225.645 है तो वह धनराशि क्या है?

हल ब्याजों का अंतर $= \frac{PR^2(300+R)}{(100)^3}$

$$\Rightarrow \quad 225.645 = P \times \frac{(7)^2(300+7)}{(100)^3}$$

$$\Rightarrow \quad P = \frac{225.645 \times 100 \times 100 \times 100}{49 \times 307}$$

$$= ₹\,15000$$

❖ **यदि कोई भी धनराशि (*x*), *n* वर्ष बाद R% की दर से देय हो तो उस धनराशि का वर्तमान**

$$\text{मूल्य} = \frac{\text{धनराशि}\ (x)}{\left(1+\frac{R}{100}\right)^n} \ \textbf{होगा।}$$

जहाँ x = धनराशि, n = समय और R = दर है।

उदाहरण 11 : किसी व्यक्ति ने 10 प्रतिशत वार्षिक चक्रवृद्धि ब्याज की दर से कुछ धन उधार लिया तथा उसे ₹968 वार्षिक की दो किस्तों में चुकता कर दिया। बताइये उस व्यक्ति ने कितना धन उधार लिया था?

हल उधार लिया गया धन

= (1 वर्ष बाद देय ₹968 का वर्तमान मूल्य)
+ (2 वर्ष बाद देय ₹968 का वर्तमान मूल्य)

$$= \frac{968}{\left(1+\frac{10}{100}\right)^1} + \frac{968}{\left(1+\frac{10}{100}\right)^2}$$

$$= 968\left[\frac{1}{\left(\frac{11}{10}\right)} + \frac{1}{\left(\frac{11}{10}\right)^2}\right]$$

$$= 968\left[\frac{10}{11} + \left(\frac{10}{11}\right)^2\right] = 968\left[\frac{10 \times 11 + 10 \times 10}{121}\right]$$

$$= 968\left[\frac{10\,(11+10)}{11 \times 11}\right] = 968 \times \frac{10}{11} \times \frac{21}{11}$$

$$= ₹1680$$

साधित उदाहरण (Solved Examples)

उदाहरण 1 : 6 वर्ष के बाद 10 प्रतिशत प्रति वर्ष की दर से ₹ 6535 की राशि पर साधारण ब्याज कितना मिलेगा?

(a) ₹ 3414 **(b) ₹ 3921**
(c) ₹ 3807 **(d) ₹ 3149**
(e) इनमें से कोई नहीं

हल (b) $\text{साधारण ब्याज} = \frac{\text{मूलधन} \times \text{समय} \times \text{दर}}{100}$

$$= \frac{6535 \times 6 \times 10}{100} = ₹\,3921$$

उदाहरण 2 : 3 वर्ष बाद 5 प्रतिशत प्रति वर्ष की दर से ₹ 7800 की राशि पर कितना चक्रवृद्धि ब्याज प्राप्त होगा?

(a) ₹ 1235.685 **(b) ₹ 1229.475**
(c) ₹ 1287.68 **(d) ₹ 1248.750**
(e) इनमें से कोई नहीं

हल (b) $\text{चक्रवृद्धि ब्याज} = \left[7800\left(1+\frac{5}{100}\right)^3 - 7800\right]$

$$= 7800\left[\left(\frac{105}{100}\right)^3 - 1\right]$$

$$= 7800\left[\frac{105 \times 105 \times 105 - 100 \times 100 \times 100}{100 \times 100 \times 100}\right]$$

$$= (7800 \times 0.157625)$$

$$= ₹1229.475$$

उदाहरण 3 : यदि 2 वर्ष के लिए 5 प्र.श.प्र.व. की दर से अर्जित साधारण और चक्रवृद्धि ब्याज की दर में अंतर ₹16 का है तो मूलधन का पता लगाइए।

(a) ₹6,200 **(b) ₹6,400**
(c) ₹6,250 **(d) निर्धारित नहीं किया जा सकता**
(e) इनमें से कोई नहीं

हल (b) संक्षिप्त विधि (Quicker Method):
यदि 2 वर्ष के लिए साधारण व चक्रवृद्धि ब्याज का अंतर दिया हो तो

$$\text{मूलधन} = \frac{\text{अंतर} \times (100)^2}{(\text{दर})^2}$$

$$= \frac{16 \times 100 \times 100}{5 \times 5} = ₹\,6400$$

उदाहरण 4 : ₹ 19800 की राशि पर तीन वर्ष के अंत में उपचित साधारण ब्याज ₹ 7128 है। इस राशि पर, इसी दर पर, इसी अवधि में उपचित चक्रवृद्धि ब्याज कितना होगा?

(a) ₹ 8934.6784 **(b) ₹ 8017.5744**
(c) ₹ 7861.8754 **(d) निर्धारित नहीं किया जा सकता**
(e) इनमें से कोई नहीं

हल (b) $\text{दर} = \frac{\text{ब्याज} \times 100}{\text{मूलधन} \times \text{समय}} = \frac{7128 \times 100}{19800 \times 3} = 12\%$

$$\text{चक्रवृद्धि ब्याज} = \text{मूलधन}\left[\left(1+\frac{\text{दर}}{100}\right)^{\text{समय}} - 1\right]$$

$$= 19800\left[\left(1+\frac{12}{100}\right)^3 - 1\right]$$

$$= 19800[(1.12)^3 - 1]$$

$$= ₹8017.5744$$

अभ्यास प्रश्न (Exercise)

1. अनिल ने 9 प्र.श.प्र.व. साधरण ब्याज की दर पर एक राशि को तीन वर्ष के लिए निवेश किया। तीन वर्ष के अंत में उन्हें ₹19,050 की रकम मिली। उन्होनें कितने मूलधन का निवेश किया था?
   (a) ₹14,500 (b) ₹11,050
   (c) ₹1,440 (d) ₹10,950
   (e) इनमें से कोई नहीं

2. 8 प्र.श.प्र.व. की दर से 2 वर्ष की अवधि के लिए ₹5,000 की राशि पर चक्रवृद्धि ब्याज कितना होगा?
   (a) ₹840 (b) ₹400
   (c) ₹823 (d) ₹416
   (e) इनमें से कोई नहीं

3. ₹450 के मूलधन पर 2 वर्ष में कितना ब्याज मिलेगा यदि चार वर्ष बाद ₹1 पर साधारण ब्याज की उसी दर से ₹0.40 का ब्याज मिलता है।
   (a) ₹90 (b) ₹180
   (c) ₹36 (d) निर्धारित नहीं किया जा सकता
   (e) इनमें से कोई नहीं

4. ₹1,250 पर 8 प्र.श.प्र.व. की दर से 2 वर्ष के अंत में चक्रवृद्धि ब्याज कितना होगा?
   (a) ₹200 (b) ₹208
   (c) ₹212 (d) ₹220
   (e) इनमें से कोई नहीं

5. सुश्री संध्या 12 प्र.श.प्र.व. की दर से साधारण ब्याज पाने के लिए ₹31,400 की राशि को 8 वर्ष के लिए जमा करता है। 8 वर्ष के अंत में सुश्री संध्या को कुल कितनी राशि मिलेगी?
   (a) ₹31,444 (b) ₹61,544
   (c) ₹41,544 (d) ₹31,144
   (e) इनमें से कोई नहीं

6. दो वर्ष के अंत में 6 प्र.श.प्र.व. की दर से ₹15,800 की मूल राशि पर कितना चक्रवृद्धि ब्याज मिलेगा?
   (a) ₹1,986 (b) ₹2,012.48
   (c) ₹1,952.88 (d) ₹1,956
   (e) इनमें से कोई नहीं

7. श्री दीपक ने 6 वर्ष के लिए ₹21,250 की राशि का निवेश किया। साधारण ब्याज की दर से किस दर पर उसे 6 वर्ष के अंत में ₹26,350 की कुल राशि प्राप्त होगी?
   (a) 6 प्र. श. प्र. व. (b) 5 प्र. श. प्र. व.
   (c) 8 प्र. श. प्र. व. (d) 12 प्र. श. प्र. व.
   (e) इनमें से कोई नहीं

8. 3 वर्ष के अंत में 7 प्र. श. प्र. व. की दर से 3,080 की राशि पर चक्रवृद्धि ब्याज की लगभग कितनी राशि मिल सकती है?
   (a) ₹586 (b) ₹693
   (c) ₹646 (d) ₹596
   (e) ₹621

9. महेश ₹8,560 रुपए की राशि 4 प्रतिशत प्रति वर्ष की दर से 2 वर्ष के लिए निवेश करता है। 2 वर्ष के बाद उसे चक्रवृद्धि ब्याज की लगभग कितनी राशि प्राप्त होगी?
   (a) ₹684 (b) ₹689
   (c) ₹645 (d) ₹698
   (e) इनमें से कोई नहीं

10. कतिपय अवधि के बाद साधारण ब्याज पर कुल ₹12,710 की राशि पाने के लिए अनुरिमा ने 4 प्रतिशत प्रति वर्ष की दर से ₹10,250 का निवेश किया। यह कुल राशि पाने के लिए उसने कितने वर्ष के लिए निवेश किया?
   (a) 6 वर्ष (b) 8 वर्ष
   (c) 5 वर्ष (d) 4 वर्ष
   (e) इनमें से कोई नहीं

11. सुधांशु ने एक वर्ष के लिए 10 प्र.श.प्र.व. ब्याज की दर से ₹15,000 निवेश किए। यदि ब्याज प्रत्येक छह माहों में चक्रवृद्धि है तो सुधांशु को एक वर्ष के अंत में कितनी राशि प्राप्त होगी?
   (a) ₹16,537.500 (b) ₹16,5000
   (c) ₹16,525.50 (d) ₹18,150
   (e) इनमें से कोई नहीं

12. दो वर्ष बाद 8 प्रतिशत प्रति वार्षिक की दर से ₹3000 की राशि पर कितना चक्रवृद्धि ब्याज मिलेगा?
   (a) ₹501.50 (b) ₹499.20
   (c) ₹495 (d) ₹510
   (e) इनमें से कोई नहीं

13. 3 वर्ष बाद 6 प्रतिशत प्रति वार्षिक की दर से ₹5760 की राशि पर कितना साधारण ब्याज मिलेगा?
   (a) ₹1036.80 (b) ₹1666.80
   (c) ₹1336.80 (d) ₹1063.80
   (e) इनमें से कोई नहीं

14. सुश्री शुचि 14 प्रतिशत प्रति वार्षिक की दर से साधारण ब्याज पाने के लिए 8 वर्ष के लिए ₹24000 की राशि जमा करती है। 8 वर्ष के अंत में सुश्री शुची को कुल कितनी राशि मिलेगी?
   (a) ₹52080 (b) ₹28000
   (c) ₹50880 (d) ₹26880
   (e) इनमें से कोई नहीं

15. ₹1250 पर 8 प्रतिशत प्रति वार्षिक की दर से 2 वर्ष में अंत में प्राप्त चक्रवृद्धि ब्याज कितना होगा?
   (a) ₹200 (b) ₹208
   (c) ₹212 (d) ₹220
   (e) इनमें से कोई नहीं

16. ₹6420 की राशि पर 7 प्रतिशत प्रति वार्षिक की दर से 4 वर्ष बाद कितना साधारण ब्याज मिलेगा?
   (a) ₹1869.8 (b) ₹1796.6
   (c) ₹1786 (d) ₹1896
   (e) इनमें से कोई नहीं

17 श्याम ₹5,690 का 5 प्रतिशत प्रति वर्ष की दर से 3 वर्ष के लिए निवेश करता है। 3 वर्ष के अंत में उसे चक्रवृद्धि ब्याज की लगभग कितनी राशि मिलती है?

(a) ₹854 (b) ₹799
(c) ₹843 (d) ₹ 787
(e) ₹ 897

18. ₹11442 की कुल राशि पाने के लिए अस्मिता ने 4 प्रतिशत प्रति वर्ष को साधारण ब्याज पर किसी खास अवधि के लिए ₹ 9535 का निवेश किया। यह कुल राशि पाने के लिए उसने कितने वर्ष तक इस राशि का निवेश किया ?

(a) 10 वर्ष (b) 2 वर्ष
(c) 5 वर्ष (d) 4 वर्ष
(e) इनमें से कोई नहीं

19. सुश्री नीलम ने ₹16,420 की राशि जमा की और 5 वर्ष के अंत में ₹ 25,451 पाए। प्रति वर्ष ब्याज की दर क्या थी?

(a) 10.5 (b) 13
(c) 12.5 (d) 11
(e) इनमें से कोई नहीं

20. 6 वर्ष बाद 8.5 प्रतिशत प्रति वर्ष की दर से ₹3,460 पर प्राप्त साधारण ब्याज कितना होगा?

(a) ₹1746 (b) ₹1764.6
(c) ₹1766 (d) ₹1756.4
(e) इनमें से कोई नहीं

21. गिरीश ने 8 प्र.श.प्र.व. की दर से 6 वर्ष के लिए एक राशि का निवेश किया ताकि उसे ₹28,046 की राशि मिल सके। गिरीश को साधारण ब्याज के तौर पर कितनी रकम मिली?

(a) ₹12,550 (b) ₹9,096
(c) ₹18,950 (d) निर्धारित नहीं किया जा सकता
(e) इनमें से कोई नहीं

22. ₹4,500 की राशि पर 4 प्र.श.प्र.व. की दर से 2 वर्ष के अंत में कितना चक्रवृद्धि बयाज मिल सकता है?

(a) ₹360 (b) ₹358.40
(c) ₹367.20 (d) ₹350
(e) इनमें से कोई नहीं

23. सुश्री माया ₹17,800 की राशि जमा करती है। 6 वर्ष के अंत में उसे ₹31,684 मिलते हैं। प्रति वर्ष ब्याज दर क्या है?

(a) 14.5 (b) 11
(c) 12.5 (d) 13
(e) इनमें से कोई नहीं

24. 6.5 प्रतिशत की दर से 5 वर्ष के बाद ₹5,580 की राशि पर कितना साधारण ब्याज मिलेगा?

(a) ₹1,825 (b) ₹1,813.5
(c) ₹1,827.5 (d) ₹1,819
(e) इनमें से कोई नहीं

25. 12 प्रतिशत प्रति वर्ष की दर से साधाारण ब्याज पाने के लिए श्री अनुराग अवस्थी 3 वर्ष के लिए 56500 रूपये की राशि जमा करता है। तीन वर्ष के अंत में श्री अनुराग अवस्थी को कुल कितनी राशि मिलेगी?

(a) ₹75680 (b) ₹77540
(c) ₹76840 (d) ₹73420
(e) इनमें से कोई नही

26. ₹ 84,000 की एक राशि पर तीन साल के अंत में उपचित साधारण ब्याज ₹ 30,240 है। इसी राशि पर, इसी दर पर, इसी अवधि के लिए उपचित चक्रवृद्धि ब्याज कितना होगा ?

(a) ₹ 30,013.95 (b) ₹ 31,013.95
(c) ₹ 32,013,95 (d) ₹ 33,013,95
(e) ₹ 34,013,95

27. वीणा को 6 वर्ष बाद 8 प्र. श. प्र. व. की दर से एक राशि पर साधारण ब्याज के ₹ 8,376 मिले। वीणा ने कितनी राशि का निवेश किया था?

(a) ₹ 17,180 (b) ₹ 18,110
(c) ₹ 16,660 (d) ₹ 17,450
(e) इनमें से कोई नहीं

28. मनीषा 4 प्र.श.प्र.व. की दर पर 4 वर्ष के लिए ₹ 39,300 का निवेश करती है। 4 वर्ष के अंत में उसे लगभग कितना चक्रवृद्धि ब्याज मिलेगा ?

(a) ₹ 6,675 (b) ₹ 6,650
(c) ₹ 6,288 (d) ₹ 6,356
(e) ₹ 6,450

29. 2 वर्ष के अंत में 5 प्र.श.प.व. की दर से ₹ 4,000 की राशि पर चक्रवृद्धि और साधारण ब्याज के बीच का अंतर क्या होगा ?

(a) ₹ 10 (b) ₹ 20
(c) ₹ 30 (d) डाटा अपर्याप्त है
(e) इनमें से कोई नहीं

30. ₹ 14,500 की राशि पर दो वर्ष में उपचित चक्रवृद्धि ब्याज ₹ 4676.25 है तो प्र. श. प्र. व. ब्याज की दर क्या है?

(a) 11 (b) 9
(c) 15 (d) 18
(e) इनमें से कोई नहीं

31. 3 वर्ष के बाद 12.5 प्र.श.प्र.व. की दर से ₹ 8,400 की राशि पर कितना चक्रवृद्धि ब्याज उपचित होगा ? (दशमलव के बाद दो अंकों तक पूर्णांकित)

(a) ₹ 4205.62 (b) ₹ 2584.16
(c) ₹ 3560.16 (d) ₹ 3820.14
(e) इनमें से कोई नहीं

32. ₹ 25,500 की राशि पर तीन वर्ष के अंत में उपचित चक्रवृद्धि ब्याज ₹ 8,440.5 है। इसी राशि पर, इसी दर पर और इसी अवधि में कितना साधारण ब्याज उपचित होगा ?

(a) ₹ 4,650 (b) ₹ 5,650
(c) ₹ 6,650 (d) ₹ 7,650
(e) इनमें से कोई नहीं

33. ₹ 45,000 की राशि पर 4 वर्ष के अंत में ₹ 15,300 साधारण ब्याज मिलता है। इतनी ही अवधि में इसी ब्याज दर पर, इसी राशि पर लगभग कितना चक्रवृद्धि ब्याज मिलेगा ?
(a) ₹ 18,244 (b) ₹ 18,244
(c) ₹ 16,285 (d) ₹ 18,566
(e) ₹ 17,364

34. मूलधन की अमुक राशि पर चार वर्ष में 8 प्र.श.प्र.व. की दर से उपचित साधारण ब्याज ₹ 1,200 है। इस मूलधन के तिगुने पर 3 वर्ष में 6 प्र.श.प्र.व. की दर से उपचित साधारण ब्याज क्या होगा ?
(a) ₹ 2,025 (b) ₹ 3,025
(c) ₹ 2,250 (d) ₹ 2,150
(e) इनमें से कोई नहीं

35. पमिला ने ₹ 35,000 दो वर्ष के लिए 5% की दर से निवेश किया। 2 वर्ष के बाद उसे चक्रवृद्धि ब्याज के रूप में कितनी राशि प्राप्त होगी?
(a) ₹ 3587.50 (b) ₹ 3500
(c) ₹ 3580.50 (d) ₹ 3565.50
(e) इनमें से कोई नहीं

Answer Key

1	(e)	8	(b)	15	(b)	22	(c)	29	(a)
2	(e)	9	(d)	16	(e)	23	(d)	30	(c)
3	(a)	10	(a)	17	(e)	24	(b)	31	(c)
4	(b)	11	(a)	18	(c)	25	(c)	32	(d)
5	(b)	12	(b)	19	(d)	26	(e)	33	(e)
6	(c)	13	(a)	20	(b)	27	(d)	34	(a)
7	(e)	14	(c)	21	(b)	28	(a)	35	(a)

व्याख्या सहित हल Answers & Explanations

1. (e) माना कि मूलधन = ₹x

∴ ब्याज = (19050 - x)

अब सूत्र से,

$$\text{मूलधन} = \frac{\text{ब्याज} \times 100}{\text{समय} \times \text{दर}}$$

$$= \frac{x(19050 - x) \times 100}{3 \times 9}$$

⇒ 27x = 1905000 − 100x

⇒ 127x = 1905000

⇒ $x = \frac{1905000}{127}$ = ₹15000

2. (e) $\text{मिश्रधन} = \text{मूलधन}\left(1 + \frac{\text{दर}}{100}\right)^{\text{समय}}$

$$= 5000\left(1 + \frac{8}{100}\right)^2$$

$$= 5000\left(1 + \frac{2}{25}\right)^2$$

$$= 5000 \times \frac{27}{25} \times \frac{27}{25} = ₹\,5832$$

∴ चक्रवृद्धि ब्याज = (5832 − 5000) = ₹ 832

3. (a) ∵ ₹ 1 पर 4 वर्ष का ब्याज = ₹ 0.4

∴ ₹ 100 पर 4 वर्ष का ब्याज = ₹ 40

∴ ₹ 100 पर 1 वर्ष का ब्याज = ₹ 10

∴ $\text{ब्याज} = \frac{\text{मूलधन} \times \text{समय} \times \text{दर}}{100}$ = ₹ 90

4. (b) $\text{चक्रवृद्धि ब्याज} = P\left[\left(1 + \frac{R}{100}\right)^T - 1\right]$

$$= 1250\left[\left(1 + \frac{8}{100}\right)^2 - 1\right]$$

= 1250 × [(1.08)² - 1)]

= 1250 × (1.1664 - 1)

= ₹ (1250 × 0.1664)

= ₹ 208

5. (b) $\text{साधारण ब्याज} = \frac{\text{मूलधान} \times \text{समय} \times \text{दर}}{100}$

$$\frac{31400 \times 8 \times 12}{100} = ₹30144$$

∴ अभिष्ट धनराशि = ₹ (31400 + 30144)

= ₹ 61544

6. (c) चक्रवृद्धि ब्याज $= P\left[\left(1+\frac{R}{100}\right)^T - 1\right]$

$= 15800\left[\left(1+\frac{6}{100}\right)^2 - 1\right]$

$= 15800 \times [(1.06)^2 - 1)]$
$= 15800 \times (1.1236 - 1)$
$= 15800 \times 0.1236$
$=$ ₹ 1952.88

7. (e) दर $= \frac{(26350 - 21250) \times 100}{21250 \times 6}$

$= \frac{510000}{127500} = 4\%$

8. (b) चक्रवृद्धि ब्याज

$= 3080\left[\left(1+\frac{7}{100}\right)^3 - 1\right]$

$= 3080\left[\left(\frac{107}{100}\right)^3 - 1\right]$

$= 3080\left[\frac{1225043 - 1000000}{1000000}\right]$

$= 3080 \times \frac{225043}{1000000}$

$=$ ₹ 693 (लगभग)

9. (d) चक्रवृद्धि ब्याज

$= P\left[\left(1+\frac{R}{100}\right)^T - 1\right]$

$= 8560\left[\left(1+\frac{4}{100}\right)^2 - 1\right]$

$= 8560[(1.04)^2 - 1]$
$= 8560(1.0816 - 1)$
$= 8560 \times 0.0816$
$=$ ₹698.496 $\approx$ ₹ 698

10. (a) ब्याज = ₹ (12710 - 10250) = ₹ 2460

समय $= \frac{\text{ब्याज} \times 100}{\text{मूलधन} \times \text{दर}}$

$= \frac{2460 \times 100}{10250 \times 4} = 6$ वर्ष

11. (a) अभीष्ट धनराशि $= 15000\left(1+\frac{5}{100}\right)^2 =$ ₹ 16537.50

12. (b) अभीष्ट चक्रवृद्धि ब्याज $= P\left[\left(1+\frac{R}{100}\right)^T - 1\right]$

$= 3000\left[\left(1+\frac{8}{100}\right)^2 - 1\right]$

$= 3000\left[\left(\frac{27}{25}\right)^2 - 1\right]$

$= 3000\left[\frac{729 - 625}{625}\right]$

$= \frac{3000 \times 104}{625}$
$=$ ₹499.20

13. (a) अभीष्ट साधारण ब्याज $= \frac{5760 \times 3 \times 6}{100}$
$=$ ₹ 1036.80

14. (c) अभीष्ट राशि $= 24000\left(1+\frac{14 \times 8}{100}\right)$

$= 24000 \times \frac{212}{100} =$ ₹50880

15. (b) चक्रवृद्धि ब्याज

$= 1250\left[\left(1+\frac{8}{100}\right)^2 - 1\right]$

$= 1250\left(\frac{108 \times 108 - 100 \times 100}{100 \times 100}\right)$

$= \frac{1250 \times 1664}{10000} =$ ₹ 208

16. (e) साधारण ब्याज $= \frac{6420 \times 7 \times 4}{100} = 1797.60$

17. (e) मिश्रधन = मूलधन$\left(1+\frac{\text{दर}}{100}\right)^{\text{समय}}$

$= 5690\left(1+\frac{5}{100}\right)^3$

$= 5690 \times \frac{21}{20} \times \frac{21}{20} \times \frac{21}{20} =$ ₹ 6586.9

$\therefore$ चक्रवृद्धि ब्याज = ₹ (6586.9 – 5690)
$=$ ₹ 896.9 $\approx$ 897

18. (c) माना कि अभीष्ट समय = t वर्ष

साधारण ब्याज = (11442 – 9535) = ₹1907

$$\text{साधारण ब्याज} = \frac{\text{मूलधन} \times \text{समय} \times \text{दर}}{100}$$

$$1907 = \frac{9535 \times 4 \times t}{100}$$

$$\therefore t = \frac{1907 \times 100}{9535 \times 4} = 5 \text{ वर्ष}$$

19. (d) ब्याज = (25451 – 16420) = ₹9031

$$\text{दर} = \frac{\text{ब्याज} \times 100}{\text{मूलधन} \times \text{समय}}$$

$$\frac{9031 \times 100}{16420 \times 5} = 11\%$$

20. (b) $\text{साधारण ब्याज} = \frac{3460 \times 6 \times 8.5}{100} = ₹1764.60$

21. (b) माना कि मूलधन = ₹100

∴ साधारण ब्याज

$$= \frac{100 \times 8 \times 6}{100} = ₹48$$

∴ मिश्रधन = (100 + 48) = ₹148

∴ जब मिश्रधन = ₹148 तो मूलधन = ₹100

∴ जब मिश्रधन = ₹28046 तो मूलधन

$$= \frac{100}{48} \times 28046$$

= ₹18950

∴ साधारण ब्याज = (28046 – 18950) = ₹9096

22. (c) $\text{चक्रवृद्धि ब्याज} = \text{मूलधन}\left[\left(+ \frac{\text{दर}}{}\right) - \right]$

$$= 4500\left[\left(1+\frac{4}{100}\right)^2 - 1\right]$$

$$= 4500\left[\frac{26}{25} \times \frac{26}{25} - 1\right]$$

$$= 4500\left[\frac{676 - 625}{625}\right]$$

$$= 4500 \times \frac{51}{625} = ₹367.20$$

23. (d) ब्याज की दर

$$= \frac{(31684 - 17800) \times 100}{17800 \times 6}\%$$

$$= \frac{1388400}{106800} = 13\%$$

24. (b) $\text{साधारण ब्याज} = ₹\frac{5580 \times 5 \times 6.5}{100}$

= ₹1813.5

25. (c) $\text{साधारण ब्याज} = \frac{\text{मूलधन} \times \text{समय} \times \text{दर}}{100}$

$$= ₹\frac{56500 \times 3 \times 12}{100} = 20340$$

∴ अभीष्ट धनराशि = (56500 + 20340) = ₹76840

26. (e) $\text{दर} = \frac{30240 \times 100}{84000 \times 3} = 12\%$

उपचित चक्रवृद्धि ब्याज

$$= 84000\left(1+\frac{12}{100}\right)^3 - 84000$$

= 118013.95 – 84000

= ₹ 34013.95

27. (d) $\text{निवेश राशि} = \frac{8376 \times 100}{8 \times 6}$

= ₹ 17450

28. (a) चक्रवृद्धि ब्याज

$$= 39300\left(1+\frac{4}{100}\right)^4$$

– 39300

$$= 39300\left(\frac{26}{25}\right)^4 - 39300$$

= ₹ 6675 (लगभग)

29. (a) साधारण ब्याज

$$= \frac{4000 \times 5 \times 2}{100} = ₹\,400$$

चक्रवृद्धि ब्याज

$$= 4000\left(1+\frac{5}{100}\right)^2 - 4000$$

$$= \frac{4000 \times 105 \times 105}{100 \times 100} - 4000$$

= 4410 – 4000 = ₹ 410

∴ अंतर = 410 – 400 = ₹ 10

30. (c) $14500\left(1+\frac{r}{100}\right)^2$

$= 14500 + 4676.25$

$\Rightarrow \left(1+\frac{r}{100}\right)^2 = \frac{19176.25}{14500} = \frac{529}{400}$

$\Rightarrow \left(1+\frac{r}{100}\right)^2 = \left(\frac{23}{20}\right)^2$

$\Rightarrow 1+\frac{r}{100} = \frac{23}{20}$

$\Rightarrow \frac{r}{100} = \frac{23}{20} - 1 = \frac{3}{20}$

$\Rightarrow r = \frac{100 \times 3}{20} = 15$

31. (c) चक्रवृद्धि ब्याज $= 8400\left(1+\frac{12.5}{100}\right)^3 - 8400$

$= 11960.1562 - 8400 = ₹\ 3560.1562$

32 (d) $25500\left(1+\frac{r}{100}\right)^3 - 25500 = 8440.5$

$\Rightarrow 25500\left(1+\frac{r}{100}\right)^3 = 8440.5 + 25500$

$\Rightarrow \left(1+\frac{r}{100}\right)^3 = \frac{33940.5}{25500} = \frac{1331}{1000} = \left(\frac{11}{10}\right)^3$

$\Rightarrow \left(1+\frac{r}{100}\right) = \left(\frac{11}{10}\right)$

$\Rightarrow 1+\frac{r}{100} = \frac{11}{10}$

$\Rightarrow \frac{r}{100} = \frac{11}{10} - 1 = \frac{1}{10}$

$\Rightarrow r = \frac{100}{10} = 10$

$\therefore$ साधारण ब्याज $= \frac{25500 \times 10 \times 3}{100} = ₹\ 7650$

33 (e) दर $= \frac{15300 \times 100}{45000 \times 4} = 8.5\%$

चक्रवृद्धि ब्याज

$= 45000\left(1+\frac{8.5}{100}\right)^4 - 45000$

$= 45000\left[\left(\frac{108.5}{100}\right)^4 - 1\right]$

$= 45000 \times 0.3858 = ₹\ 17364$ (approx)

34. (a) मूलधन $= \frac{1200 \times 100}{4 \times 8} = ₹\ 3750$

साधारण ब्याज $= \frac{3750 \times 2 \times 6 \times 3}{100} = ₹\ 2025$

35. (a) चक्रवृद्धि ब्याज $= 35000\left(1+\frac{5}{100}\right)^2 - 35000$

$= 38587.50 - 35000 = ₹\ 3587.50$

◆ ◆ ◆

अध्याय 5

लाभ और हानि

(PROFIT & LOSS)

लाभ और हानि

लाभ और हानि से संबंधित प्रश्नों को हल करने के लिए निम्नलिखित आधारभूत जानकारी आवश्यक है।

क्रय मूल्य: कोई भी वस्तु जिस मूल्य पर खरीदी जाती है तो उस मूल्य को उस वस्तु का लागत-मूल्य या क्रय-मूल्य कहते हैं।

विक्रय-मूल्य: कोई भी वस्तु जिस मूल्य पर बेची जाती है तो उस मूल्य को उस वस्तु का विक्रय-मूल्य कहते हैं।

लाभ: जब किसी वस्तु का विक्रय-मूल्य वस्तु के क्रय-मूल्य से अधिक होता है तो उस वस्तु पर लाभ होता है।

$\therefore$ लाभ = विक्रय-मूल्य − क्रय-मूल्य

$$\text{प्रतिशत लाभ} = \frac{\text{लाभ} \times 100}{\text{क्रय-मूल्य}}$$

उदाहरण 1 : एक दुकानदार ने ₹15 प्रति कैलकुलेटर की दर से बहुत से कैलकुलेटरों को खरीदा। अगर वह उसे ₹40 प्रति कैलकुलेटर की दर से बेचता है तो प्रत्येक कैलकुलेटर पर होने वाले लाभ (रुपया में) और लाभ प्रतिशत की गणना करें।

हल दिया हुआ है:

क्रय-मूल्य = ₹15

विक्रय-मूल्य = ₹40

लाभ = विक्रय-मूल्य - क्रय-मूल्य

= ₹(40 − 15) = ₹25

लाभ को लाभ प्रतिशत में व्यक्त करने पर,

$$\text{लाभ प्रतिशत} = \frac{\text{लाभ} \times 100}{\text{क्रय-मूल्य}}\%$$

$$= \frac{25 \times 100}{15}\% = 166.7\%$$

हानि: जब किसी वस्तु का क्रय-मूल्य, वस्तु के विक्रय-मूल्य से अधिक होता है तो उस वस्तु पर हानि होती है।

$\therefore$ हानि = क्रय-मूल्य − विक्रय-मूल्य

$$\text{प्रतिशत हानि} = \frac{\text{हानि} \times 100}{\text{क्रय-मूल्य}}$$

उदाहरण 2 : यदि एक किताब का क्रय-मूल्य ₹150 तथा विक्रय-मूल्य ₹ 137.50 हो तो उस पर होने वाली हानि और हानि प्रतिशत की गणना करें।

हल यहाँ क्रय-मूल्य = ₹150

विक्रय-मूल्य = ₹137.50

$\therefore$ हानि = 150 − 137.50 = ₹12.50

$$\text{हानि प्रतिशत} = \frac{\text{हानि} \times 100}{\text{क्रय-मूल्य}}$$

$$= \frac{12.50 \times 100}{150}\% \Rightarrow \frac{25}{3} = 8.33\%$$

लाभ और हानि से संबंधित प्रश्नों को हल करने की संक्षिप्त विधियाँ

❖ **जब किसी वस्तु का क्रय-मूल्य और प्रतिशत लाभ दिया हो तब,**

$$\textbf{विक्रय-मूल्य} = \textbf{क्रय-मूल्य}\left(\frac{100 + \text{लाभ\%}}{100}\right)$$

उदाहरण 3 : एक कुर्सी को ₹470 में खरीदा जाता है और 10 प्रतिशत के लाभ पर बेचा जाता है। कुर्सी का विक्रय-मूल्य ज्ञात कीजिए।

हल दिया हुआ है:

क्रय-मूल्य = ₹470

और लाभ प्रतिशत = 10%

$$\therefore \quad \text{विक्रय-मूल्य} = \text{क्रय-मूल्य}\left(\frac{100 + \text{प्रतिशत लाभ}}{100}\right)$$

$$= 470\left(\frac{100 + 10}{100}\right) = 470 \times \frac{110}{100} = ₹517$$

❖ **जब किसी वस्तु का क्रय-मूल्य और प्रतिशत हानि दिया हो, तब**

$$\textbf{विक्रय-मूल्य} = \textbf{क्रय-मूल्य}\left(\frac{100 - \text{हानि\%}}{100}\right)$$

उदाहरण 4 : एक व्यक्ति ने एक मेज ₹ 420 में खरीदी और उसे 15 प्रतिशत की हानि पर बेच दिया, तो मेज का विक्रय-मूल्य ज्ञात कीजिए?

हल मेज का क्रय-मूल्य = ₹420

हानि = 15%

$\therefore$ मेज का विक्रय-मूल्य = क्रय-मूल्य $\left(\frac{100 - \text{हानि}\%}{100}\right)$

$$=420\left(\frac{100-15}{100}\right)=\frac{420\times 85}{100}=₹357$$

❖ **जब किसी वस्तु का विक्रय-मूल्य और प्रतिशत लाभ दिया गया हो तब,**

क्रय-मूल्य = विक्रय-मूल्य $\left(\frac{100}{100+\text{लाभ}\%}\right)$

उदाहरण ▶5 : एक कुर्सी को ₹517 में बेचने पर 10 प्रतिशत का लाभ होता है। बताइये कुर्सी का क्रय-मूल्य कितना होगा?

हल क्रय-मूल्य = विक्रय-मूल्य $\left(\frac{100}{100+\text{लाभ}\%}\right)$

$$=517\times\frac{100}{110}=₹470$$

❖ **जब कोई दुकानदार अपने माल को क्रय-मूल्य पर बेचने का दावा करता हो किन्तु वह माप के दौरान कम वाट का प्रयोग करता हो तब, उसका प्रतिशत लाभ** = $\frac{100\times \text{वाट में कमी}}{\text{मूलवाट} - \text{वाट में कमी}}$

उदाहरण ▶6 : एक दुकानदार प्रति किलोग्राम चावल को क्रय-मूल्य पर बेचता है किन्तु वह एक किलोग्राम वाट के स्थान पर इससे कम वाट का प्रयोग करता है। इससे दुकानदार को $\frac{100}{8}$ प्रतिशत का लाभ होता है। वह एक किलोग्राम की जगह कितने ग्राम वाट का प्रयोग करता है?

हल लाभ प्रतिशत = $\frac{100\times \text{वाट में कमी}}{\text{मूलवाट} - \text{वाट में कमी}}$

$$\frac{100}{8}=\frac{100\times \text{वाट में कमी}}{\text{मूलवाट} - \text{वाट में कमी}}$$

अत: वाट में कमी = 0.11 kg = 111.11 gm

दुकानदार द्वारा प्रयोग किया गया वाट का मान
= 1000 − 111.11 = 888.89 gm

❖ **जब किसी वस्तु का विक्रय-मूल्य और प्रतिशत हानि दी गई हो तब,**

क्रय-मूल्य = विक्रय-मूल्य $\left(\frac{100}{100-\text{हानि}\%}\right)$

उदाहरण ▶7 : राम ने एक घड़ी ₹ 376 में बेची। यदि उसे 6 प्रतिशत की हानि हुई हो तो घड़ी का क्रय-मूल्य ज्ञात करें।

हल क्रय-मूल्य = विक्रय-मूल्य $\times\left(\frac{100}{100-\text{हानि}\%}\right)$

$$376\times\frac{100}{94}=₹400$$

❖ **जब दो वस्तुएँ एक ही मूल्य पर बेची जाएँ, एक वस्तु पर निश्चित प्रतिशत लाभ तथा दूसरी वस्तु पर उतने ही प्रतिशत हानि हो तो उस स्थिति में हमेशा हानि होगी।**

अर्थात्, प्रतिशत हानि = $\left(\frac{\text{हानि}\% \times \text{लाभ}\%}{100}\right)$

उदाहरण ▶8 : राम ने दो मोबाइल फोन 1000 की दर से बेची। यदि एक मोबाइल फोन पर 10 प्रतिशत हानि तथा दूसरे पर 10 प्रतिशत लाभ हो तो इस सौदे में राम को होने वाले लाभ या हानि की गणना करें।

हल प्रतिशत हानि = $\left(\frac{\text{हानि}\% \times \text{लाभ}\%}{100}\right)$

$$\frac{10\times 10}{100}=1\%$$

स्मरणीय सूत्र (*Rememberable Formulas*)

यदि विक्रय-मूल्य, क्रय-मूल्य से ज्यादा हो।

❖ लाभ = विक्रय मूल्य − क्रय-मूल्य

❖ विक्रय-मूल्य = क्रय-मूल्य + लाभ

❖ क्रय-मूल्य = विक्रय-मूल्य − लाभ

❖ लाभ प्रतिशत = $\frac{\text{लाभ}}{\text{क्रय-मूल्य}}\times 100$

❖ लाभ = $\frac{\text{क्रय-मूल्य}\times\text{लाभ}\%}{100}$

❖ विक्रय-मूल्य = क्रय-मूल्य $\times\left(\frac{100+\text{लाभ}\%}{100}\right)$

❖ क्रय-मूल्य = $\frac{100\times\text{विक्रय-मूल्य}}{100+\text{लाभ}\%}$

(यदि विक्रय-मूल्य, क्रय-मूल्य से कम हो।)

❖ हानि = क्रय-मूल्य − विक्रय-मूल्य

❖ विक्रय मूल्य = क्रय-मूल्य − हानि

❖ क्रय-मूल्य = विक्रय-मूल्य + हानि

❖ हानि % = $\frac{\text{हानि}}{\text{क्रय-मूल्य}}\times 100$

❖ हानि = $\frac{\text{क्रय-मूल्य}\times\text{हानि}\%}{100}$

❖ विक्रय-मूल्य = क्रय-मूल्य $\frac{(100-\text{हानि}\%)}{100}$

❖ क्रय-मूल्य = $\frac{100\times\text{विक्रय-मूल्य}}{100-\text{हानि}\%}$

साधित उदाहरण (Solved Examples)

उदाहरण 1 : एक सेलफोन की दुकान का मालिक अपने ग्राहक को लागत कीमत से 32% अधिक चार्ज करता है। एक ग्राहक ने सेलफोन d sfy , ₹ 6660 अदा किये तो सेलफोन की लागत कीमत क्या है?

(a) ₹ 5800 (b) ₹ 6100
(c) ₹ 5000 (d) ₹ 5400
(e) इनमें से कोई नहीं

हल (c) माना कि सेलफोन का क्रय मूल्य = ₹ x

प्रश्नानुसार,

x का 132% = 6600

$$\Rightarrow \frac{x \times 132}{100} = 6600$$

$$\Rightarrow x = \frac{6600 \times 100}{132} = 5000$$

उदाहरण 2 : मोहन ने ₹ 475 में एक साइकिल खरीदी और फिर लागत कीमत के 8% घाटे पर उसे बेच दिया। उसने साइकिल कितने में बेची?

(a) ₹ 453 (b) ₹ 419
(c) ₹ 441 (d) ₹ 437
(e) इनमें से कोई नहीं

हल (d) साइकिल का विक्रय मूल्य

$$= \left(\frac{92}{100} \times 475\right) = ₹ 437$$

उदाहरण 3 : एक व्यक्ति स्काई केबल के अभिदान के लिए एक वर्ष के लिए ₹ 1,785 अदा करता है। यदि मासिक अभिदान ₹ 175 हो तो वार्षिक अभिदाता को कितनी छूट मिलती है?

(a) 18% (b) 11%
(c) 13% (d) 15%
(e) इनमें से कोई नहीं

हल (d) कुल वार्षिक अभिदान = ₹ (175 × 12) = ₹ 2100

वास्तविक अभिदान = ₹ 1785

∴ छूट = ₹ (2100 – 1785) = ₹ 315

$$\therefore \text{ प्रतिशत छूट } = \frac{315}{2100} \times 100 = 15\%$$

उदाहरण 4 : एक उत्पाद की लेबल पर लगी कीमत 750 रूपये है। यदि वह 20% छूट पर बेची जाए तो डीलर को 25% लाभ होता है, तो लागत कीमत कितनी होगी?

(a) ₹ 550 (b) ₹ 450
(c) ₹ 435 (d) ₹ 480
(e) इनमें से कोई नहीं

हल (d) उत्पाद का विक्रय मूल्य

$$= \left(\frac{80}{100} \times 750\right) = ₹ 600$$

लाभ = 25 %

$$\therefore \text{ क्रय मूल्य } = \frac{100}{125} \times 600 = ₹ 480$$

उदाहरण 5 : एक सेल में एक ट्राउजर्स विक्रय कीमत पर 15% की छूट सहित मिलता है। छूट के बाद ट्राउजर्स की विक्रय कीमत ₹ 837.25 है। ट्राउजर्स की मूल विक्रय कीमत क्या थी?

(a) ₹ 995 (b) ₹ 990
(c) ₹ 1,005 (d) ₹ 985
(e) ₹ 1,012

हल (d) अभीष्ट विक्रय मूल्य

$$= \left(\frac{100}{85} \times 837.25\right) ₹ = 985 ₹$$

उदाहरण 6 : सोने का एक ब्रेसलेट 20% के घाटे पर ₹ 14,500 में बेचा गया है। सोने के इस ब्रेसलेट की लागत कीमत क्या है?

(a) ₹ 18,125 (b) ₹ 17,400
(c) ₹ 15,225 (d) ₹ 16,800
(e) इनमें से कोई नहीं

हल (a) ब्रेसलेट पर घाटा = 100 – 20 = 80

$$\text{ब्रेसलेट की लागत कीमत} = \frac{14500 \times 100}{80} = ₹ 18125$$

उदाहरण 7 : 16 कि.ग्रा. चीनी की कीमत ₹ 448 है। 18 कि.ग्रा चावल की कीमत ₹ 756 और 14 कि.ग्रा. गेहूं की कीमत ₹ 546 है। 23 कि.ग्रा चीनी, 26 कि.ग्रा चावल और 21 कि.ग्रा गेहूं की कुल कीमत क्या है?

(a) ₹ 2,585 (b) ₹ 2,615
(c) ₹ 2,555 (d) ₹ 2,600
(e) इनमें से कोई नहीं

हल (c) ∵ 16 किग्रा चीनी की कीमत = ₹ 448

$$\therefore \text{ 23 किग्रा चीनी की कीमत } = \frac{448}{16} \times 23 = ₹ 644$$

इसी प्रकार 26 किग्रा चावल की कीमत

$$= \frac{756 \times 26}{18} = ₹ 1092$$

एवं 21 किग्रा गेहूं की कीमत

$= \frac{546}{14} \times 21 = ₹819$

अभीष्ट कीमत = ₹(644 + 1092 + 819)

= ₹2555

उदाहरण 8 : एक वस्तु को ₹ 996 में बेच कर हुआ लाभ, और उस वस्तु को ₹ 894 में बेचकर हुई हानि दोनों समान हैं। उस वस्तु की लागत कीमत क्या है ?

(a) ₹ 935 **(b) ₹ 905**

(c) ₹ 945 **(d) ₹ 975**

(e) इनमें से कोई नहीं

हल (c) लागत कीमत $= \frac{996 \quad 894}{2}$

= ₹945

उदाहरण 9 : एक ट्राउजर को ₹ 863 में बेचने पर उतना ही लाभ होता है जितनी उसे ₹ 631 में बेचने पर हानि होती है। ट्राउजर की लागत कीमत कितनी है ?

(a) ₹ 750 **(b) ₹ 800**

(c) ₹ 763

(d) निर्धारित नहीं किया जा सकता

(e) इनमें से कोई नहीं

हल (e) लागत कीमत $= \frac{863 + 631}{2} = ₹747$

उदाहरण 10 : श्री रामलाल ने ₹ 12,500 में एक TV सेट खरीदा और परिवहन में ₹ 300 और ₹ 800 इंस्टालेशन पर खर्च किए कुल 15% के लाभार्जन के लिए उसे TV सेट को कितनी कीमत में बेचना चाहिए ?

(a) ₹ 14,560 (b) ₹ 14,375

(c) ₹ 15,460 (d) ₹ 15,375

(e) इनमें से कोई नहीं

हल (e) विक्रय मूल्य

$= (12500 + 300 + 800) \times \frac{115}{100}$

$= 13600 \times \frac{115}{100}$

= ₹ 15640

अभ्यास प्रश्न (Exercise)

1. विक्रय कीमत पर 25% बट्टा से मोहन ने एक घड़ी खरीदी। घड़ी की कीमत ₹ 1,545 रुपए पड़ी तो घड़ी की मूल विक्रय कीमत क्या है?

   (a) ₹2,050 (b) ₹2,000

   (c) ₹2,040 (d) निर्धारित नहीं किया जा सकता

   (e) इनमें से कोई नहीं

2. एक इलेक्ट्रॉनिक की दुकान का मालिक अपने ग्राहक को लागत कीमत से 22% अधिक प्रभार लगाता है। एक ग्राहक ने एक DVD प्लेयर के लिए ₹ 10980 अदा किए, तो DVD प्लेयर की लागत कीमत क्या है?

   (a) ₹8000 (b) ₹8800

   (c) ₹9500 (d) ₹9200

   (e) इनमें से कोई नहीं

3. स्टेशनरी की दुकान वाला अपने ग्राहकों से लागत कीमत से 28% अधिक लेता है। यदि एक ग्राहक ने स्कूल की किताबों के लिए ₹4544 अदा किए, तो स्कूल की पुस्तकों की लागत कीमत कितनी थी?

   (a) ₹3550 (b) ₹3500

   (c) ₹3450 (d) ₹3400

   (e) इनमें से कोई नहीं

4. 9 किग्रा. चीनी की कीमत ₹ 279 है। 153 किग्रा. चीनी की कीमत कितनी होगी ?

   (a) ₹3,377 (b) ₹4,473

   (c) ₹4,377 (d) ₹4,743

   (e) ₹4,347

5. एक केले की कीमत ₹ 2.25 और एक सेब की कीमत ₹ 3.00 है। 4 दर्जन केलों और 3 दर्जन सेबों की कुल कीमत क्या होगी?

   (a) ₹216 (b) ₹108

   (c) ₹189 (d) ₹225

   (e) ₹162

6. जब एक खिलौने की मूल कीमत में 25% की वृद्धि की गई, तो एक दर्जन खिलौनों की कीमत ₹ 300 थी। एक खिलौने की मूल कीमत क्या थी?

   (a) ₹120 (b) ₹29

   (c) ₹30 (d) ₹15

   (e) ₹20

7. इलेक्ट्रॉनिक की दुकान वाला अपने ग्राहकों को लागत कीमत से 25% अधिक पर बेचता है। यदि एक ग्राहक एक टेलीविजन सेट के लिए ₹11,500 अदा करता है, तो टेलीविजन सेट की लागत कीमत कितनी रही होगी?

(a) ₹9,200 (b) ₹7,200
(c) ₹8,600 (d) ₹9,800
(e) ₹10,000

8. 13 किग्रा चीनी की कीमत ₹ 195 है। 17 किग्रा चावल की कीमत ₹ 544 है और 21 किग्रा गेहूँ की कीमत ₹ 336 है। 21 किग्रा चीनी, 26 किग्रा चावल और 19 किग्रा गेहूँ की कुल कीमत क्या होगी?

(a) ₹1461 (b) ₹1306
(c) ₹1500 (d) ₹1636
(e) इनमें से कोई नहीं

9. विक्रय कीमत पर 24% बट्टा सहित विनीता ने एक घड़ी खरीदी। घड़ी की कीमत ₹ 779 उसने अदा की तो घड़ी का मूल विक्रय मूल्य क्या है?

(a) ₹1000 (b) ₹950
(c) ₹1040 (d) निर्धारित नहीं किया जा सकता
(e) इनमें से कोई नहीं

10. 15 ग्राम सोने की लागत ₹ 8,250 है। 21 ग्राम चांदी की लागत ₹ 6,825 और 26 ग्राम तांबे की लागत ₹ 312 है। 26 ग्राम सोने, 24 ग्राम चांदी और 52 ग्राम तांबे की लागत कितनी होगी?

(a) ₹22,866 (b) ₹24,724
(c) ₹20,198 (d) ₹23,250
(e) इनमें से कोई नहीं

11. खिलौने की एक दुकान का मालिक ग्राहक से लागत कीमत से 33% अधिक लेता है। ग्राहक ने एक खिलौने के लिए ₹4,921अदा किए, तो उस खिलौने की लागत कीमत क्या है?

(a) ₹3,850 (b) ₹3,700
(c) ₹3,550 (d) ₹3,900
(e) इनमें से कोई नहीं

12. मोहन ने एक वस्तु खरीद कर ₹ 2817.50 में बेचकर लागत कीमत पर 15% लाभ कमाया। इस वस्तु की लागत कीमत क्या है ?

(a) ₹ 2,500 (b) ₹ 2,450
(c) ₹ 2,540 (d) ₹ 3,315
(e) इनमें से कोई नहीं

13. 24 बैट और 32 स्टिक्स की कीमत ₹ 5,600 तो 3 बैट और 4 स्टिक्स की कीमत क्या है ?

(a) ₹ 1,400 (b) ₹ 2,800
(c) ₹ 700 (d) डाटा अपर्याप्त है
(e) इनमें से कोई नहीं

14. 4 सेल-फोन और 7 डिजिटल कैमरों की कीमत ₹125627 है। 8 सेल-फोन और 14 डिजिटल कैमरों की कीमत क्या होगी?

(a) ₹251254 (b) ₹252627
(c) ₹225524 (d) निर्धारित नहीं किया जा सकता है
(e) इनमें से कोई नहीं

15. महेश ने तीन कैलकुलेटर और चार पैन-स्टैंड ₹ 2,140 में खरीदे। उसके बाद उसने एक और कैलकुलेटर और पांच पैन-स्टैंड ₹ 1,335 में खरीदे। उसने सिर्फ कैलकुलेटर खरीदने में कितने ₹ खर्च किए?

(a) ₹ 1,575 (b) ₹ 1,920
(c) ₹ 1,440 (d) ₹ 1,540
(e) इनमें से कोई नहीं

16. एक वस्तु को ₹ 1,754 में बेचकर उतना ही लाभ होता है जितनी उसे ₹ 1,492 में बेचकर हानि होती है। वस्तु की लागत कीमत कितनी है ?

(a) ₹ 1,623 (b) ₹ 1,523
(c) ₹ 1,689 (d) ₹ 1,589
(e) इनमें से कोई नहीं

17. प्रतीक ने 20% लाभ पर कार्तिक को एक म्यूजिक सिस्टम बेचा और कार्तिक ने इसे स्वस्तिक को 40% लाभ पर बेचा। यदि स्वस्तिक ने म्यूजिक के लिए ₹ 10,500 अदा किए तो प्रतीक ने इसके लिए कितनी राशि अदा की थी ?

(a) ₹ 8,240 (b) ₹ 7,500
(c) ₹ 6,250
(d) निर्धारित नहीं किया जा सकता
(e) इनमें से कोई नहीं

18. 5 पेंडेंट और 8 चेन की लागत ₹ 1,45,785 है। 15 पेंडेंट और 24 चेन की लागत क्या होगी ?

(a) ₹ 3,25,285
(b) ₹ 4,39,355
(c) ₹ 5,50,000
(d) निर्धारित नहीं किया जा सकती है
(e) इनमें से कोई नहीं

19. एक सेल में एक परफ्यूम विक्रय कीमत पर 15% डिस्काउंट पर मिलता है। डिस्काउंट के बाद परफ्यूम की विक्रय कीमत ₹ 3,675.4 है। परफ्यूम की मूल विक्रय कीमत क्या है ?

(a) ₹ 4,324
(b) ₹ 4,386
(c) ₹ 4,400
(d) ₹ 4,294
(e) इनमें से कोई नहीं

20. रवि ने एक वस्तु ₹ 5,600 में खरीद कर उसे लागत कीमत के तीन-चौथाई दाम पर बेच दी तो उसे क्या लाभ/हानि हुआ/हुई ?

(a) हानि 20 प्रतिशत (b) लाभ 25 प्रतिशत
(c) न लाभ न हानि (d) हानि 25 प्रतिशत
(e) इनमें से कोई नहीं

21. 5 कि.ग्रा. सेब की कीमत ₹ 450 है। 12 दर्जन आम की कीमत ₹ 4,320 है। और 4 कि.ग्रा. नारंगी की कीमत ₹ 240 है। 8 कि.ग्रा. सेब, 8 दर्जन आम और 8 कि.ग्रा. नारंगी की कुल कीमत क्या है ?

(a) ₹ 4,020 (b) ₹ 4,080
(c) ₹ 4,000 (d) ₹ 4,050
(e) इनमें से कोई नहीं

Answer Key

1	**(e)**	5	**(a)**	9	**(e)**	13	**(c)**	17	**(c)**
2	**(e)**	6	**(e)**	10	**(e)**	14	**(a)**	18	**(e)**
3	**(a)**	7	**(a)**	11	**(b)**	15	**(b)**	19	**(a)**
4	**(d)**	8	**(e)**	12	**(b)**	16	**(a)**	20	**(d)**
								21	**(b)**

व्याख्या सहित हल Answers & Explanations

1. (e) माना कि अंकित मूल्य (विक्रय मूल्य) = ₹ x
प्रश्नानुसार,
x का 75% = 1545
या, $x = \frac{1545 \times 100}{75}$ = ₹ 2060

2. (e) माना DVD प्लेयर की लागत कीमत = x
तब प्रश्नानुसार,
$\because$ $x\left(1+\frac{22}{100}\right)$ = ₹ 10980
$\therefore$ $x = 10980 \times \frac{50}{61}$ = ₹ 9000

3. (a) माना लागत कीमत ₹ x है।
$x \times \frac{128}{100} = 4544$
$\therefore x = \frac{4544 \times 100}{128}$
= ₹ 3550

4. (d) 9 किग्रा. चीनी का मूल्य = ₹ 279
$\therefore$ 1 किग्रा. चीनी का मूल्य = ₹ $\frac{279}{9}$
$\therefore$ 153 किग्रा. चीनी का मूल्य = ₹ $\left(\frac{279}{9} \times 153\right)$ = ₹4743

5. (a) अभीष्ट कीमत
$= (4 \times 12 \times 2.25 + 3 \times 12 \times 3)$
$= (108 + 108)$ = ₹ 216

6. (e) माना कि खिलौने की मूल कीमत = ₹ x
प्रश्नानुसार,
$\therefore x \times \frac{125 \times 12}{100} = 300$
या, $x = \frac{300 \times 100}{125 \times 12}$ ₹ = ₹ 20

7. (a) टेलीविजन की लागत कीमत
= ₹ $\left(\frac{11500 \times 100}{125}\right)$ = ₹9200

8. (e) $\because$ 13 किग्रा. चीनी की कीमत = ₹195
$\therefore$ 1 किग्रा. चीनी की कीमत = ₹ $\frac{195}{13}$
$\therefore$ 21 किग्रा. चीनी की कीमत = $\frac{195}{13} \times 21$ = ₹315
इसी प्रकार,
26 किग्रा. चावल की कीमत = $\frac{544}{17} \times 26$ = ₹ 832
एवं 19 किग्रा. गेहूँ की कीमत = $\frac{336}{21} \times 19$ = ₹ 304
$\therefore$ कुल कीमत = (315 + 832 + 304)
= ₹ 1451

9. (e) माना कि घड़ी का मूल विक्रय मूल्य = ₹ x
प्रश्नानुसार,
$x \times \frac{76}{100} = 779$
or, $x = \frac{779 \times 100}{76}$ = ₹1025

10. (e) 26 ग्राम सोने की कीमत = $\frac{8250}{15} \times 26$ = ₹14300
24 ग्राम चांदी की कीमत = $\frac{6825}{21} \times 24$ = ₹7800
52 ग्राम तांबे की कीमत = $\frac{312}{26} \times 52$ = ₹624
$\therefore$ कुल कीमत = (14300 + 7800 + 624) = ₹22724

11. (b) खिलौने की लागत कीमत = $\frac{100 \times 4921}{133}$ = ₹3700

12. (b) लागत कीमत = $\frac{2817.50 \times 100}{115}$

= ₹ 2450

13. (c) 24 बैट + 32 स्टिक्स = ₹ 5600

∴ 8(3 बैट + 4 सिटक्स) = ₹ 5600

⇒ 3 बैट + 4 सिटक्स

= $\frac{5600}{8}$ = ₹ 700

14. (a) ∴ 4 सेल फोन + 7 कैमरों की कीमत = ₹125627

∴ 8 सेल फोन + 14 कैमरों की कीमत = (2 × 125627)

= ₹251254

15. (b) माना कि एक कैलकुलेटर एवं एक पेन स्टैंड का क्रय मूल्य क्रमशः ₹ x एवं ₹ y है।

प्रश्नानुसार,

$3x + 4y = 2140$ ...(i)

$x + 5y = 1355$ ...(ii)

समीकरण (i) × 5 – समीकरण (ii) × 4

$15x + 20y - 4x - 20y = 10700 - 5420$

⇒ $11x = 5280$

⇒ $x = \frac{5280}{11}$ = ₹480

∴ 4 – कैलकुलेटर का क्रय मूल्य = ₹ (4 × 480) = ₹ 1920

16. (a) लागत कीमत = $\frac{1754 + 1492}{2}$ = ₹. 1623

17. (c) अभीष्ट राशि

= $\frac{10500 \times 100 \times 100}{120 \times 140}$ = ₹ 6250

18. (e) 15 पेडेंट + 24 चेन

= 3 (5 पेडेंट + 8 चेन)

= 3 × 145785 = ₹ 437355

19. (a) मूल विक्रय मूल्य = $\frac{3675.4 \times 100}{85}$

= ₹ 4324

20. (d) विक्रय मूल्य = $5600 \times \frac{3}{4}$ = ₹ 4200

∴ प्रतिशत हानि = $\frac{(5600 - 4200)}{5600} \times 100 = 25\ \%$

21. (b) अभीष्ट कीमत = $\frac{450}{5} \times {}^{\wedge} + \frac{4320}{12} \times {}^{\wedge} + \frac{240}{4} \times 8$

= 720 + 2880 + 480 = ₹ 4080

◆◆◆

अध्याय

6

औसत (AVERAGE)

औसत

किसी दी गई राशियों का औसत प्राप्त करने के लिए उन समस्त राशियों के योग में राशियों की संख्या से भाग देते हैं।

अत: औसत $= \dfrac{\text{समस्त राशियों का योग}}{\text{राशियों की संख्या}}$

उदाहरणस्वरूप: संख्याएँ 3, 5 और 7 का औसत

$= \dfrac{3+5+7}{3} = \dfrac{15}{3} = 5$ होगा।

औसत संबंधी प्रश्नों को हल करने की संक्षिप्त विधियाँ (Quicker Method)

❖ **समस्त राशियों का योग = औसत × राशियों की संख्या**

उदाहरण 1 : निम्नलिखित स्कोरों के सेटो का औसत बताइए
124 856 331 227 963 338 259 662

हल अभीष्ट औसत

$$= \frac{124+856+331+227+963+338+259+662}{8}$$

$$= \frac{3760}{8} = 470$$

उदाहरण 2 : किसी कक्षा के 4 विद्यार्थियों के प्राप्तांकों का औसत 65 है, तो समस्त राशियों का योग ज्ञात करें।

हल यहाँ, राशियों की संख्या = 4

औसत = 65

∴ समस्त राशियों का योग

$= 65 \times 4 = 260$

❖ **दो भिन्न ज्ञात समूहों का औसत:**

माना समूह A, जिसमें m राशियाँ हैं का औसत a है और समूह B, जिसमें n राशियाँ का औसत b है तो समूह C, जिसमें $a+b$ राशियाँ हैं का औसत

$= \dfrac{ma+nb}{m+n}$ होगा।

उदाहरण 3 : एक कक्षा में 30 विद्यार्थी हैं। प्रथम 10 विद्यार्थियों की उम्र का औसत 12-5 वर्ष और अगले 20 विद्यार्थियों की उम्र का औसत 13-1 वर्ष है। पूरी कक्षा का औसत ज्ञात करें।

हल 10 विद्यार्थियों की कुल उम्र

$= 12.5 \times 10 = 125$ वर्ष

20 विद्यार्थियों की कुल उम्र

$= 13.1 \times 20 = 262$ वर्ष

∴ 30 विद्यार्थियों की औसत उम्र

$= \dfrac{125+262}{30} = \dfrac{387}{30} = 12.9$ वर्ष

❖ **यदि एक समूह में एक या एक से अधिक नयी राशियों को जोड़ा या घटाया जाता है तो नयी राशि या जोड़ी या घटायी गयी राशियों का योग**

= (परिवर्तित राशियों की संख्या × मूल औसत) ± (परिवर्तित औसत × अंतिम राशियों की संख्या)

यदि राशि जोड़ी जाती है तो (+) चिन्ह और यदि घटायी जाती है तो (–) चिन्ह का उपयोग करेंगे।

उदाहरण 4 : एक कक्षा के 24 विद्यार्थियों के भार का औसत मान 35 किग्रा है। यदि इस मान में शिक्षक के भार को जोड़ा जाता है तो औसत भार में 400 ग्राम की वृद्धि हो जाती है। शिक्षक का भार ज्ञात करें।

हल 24 विद्यार्थियों का कुल भार $= (24 \times 35) = 840$ kg

24 विद्यार्थियों और शिक्षक का भार $= (25 \times 35.4) = 885$ kg

∴ शिक्षक का भार $= (885 - 840)$ kg

$= 45$ kg

स्मरणीय सूत्र (Rememberable Formulas)

- ❖ n क्रमागत संख्याओं / सम संख्याओं / विषम संख्याओं का औसत हमेशा मध्य की संख्या होती है, यदि n एक विषम संख्या है।
- ❖ प्रथम n प्राकृत संख्याओं का औसत $\frac{n+1}{2}$ होगा।
- ❖ प्रथम n क्रमागत सम संख्याओं का औसत $(n+1)$ होगा।
- ❖ प्रथम n क्रमागत विषम संख्याओं का औसत n होगा।
- ❖ 1 से n तक की विषम संख्याओं का औसत $\left(\frac{\text{अंतिम विषम संख्या} + 1}{2}\right)$ होगा।
- ❖ 1 से n तक की सम संख्याओं का औसत $\left(\frac{\text{अंतिम सम संख्या}}{2}\right) + 1$ होगा।
- ❖ प्रथम n प्राकृत संख्याओं के वर्गों का औसत $\frac{1}{6}(n+1)(2n+1)$ होगा।
- ❖ प्रथम n क्रमागत सम संख्याओं के वर्गों का औसत $\frac{2(n+1)(2n+1)}{3}$ होगा।
- ❖ n तक की क्रमागत सम संख्याओं के वर्गों का औसत $\frac{(n+1)(n+2)}{3}$ होगा।
- ❖ प्रथम n प्राकृत संख्याओं के घनों का औसत $\frac{n(n+1)^2}{4}$ होगा।

साधित उदाहरण (Solved Examples)

उदाहरण 1 : पांच सतत विषम संख्याओं A, B, C, D और E का औसत 45 है। B और D का गुणनफल क्या होगा?

(a) 2107 **(b) 2205**
(c) 1935 **(d) 2021**
(e) इनमें से कोई नहीं

हल (d) माना कि पहली विषम संख्या, A = x

प्रश्नानुसार,

$A+B+C+D+E = 5 \times 45$

$\Rightarrow x + x + 2 + x + 4 + x + 6 + x + 8 = 225$

$\Rightarrow 5x + 20 = 225$

$\Rightarrow 5x = 225 - 20 = 205$

$\Rightarrow x = \frac{205}{5} = 41$

$\therefore A = 41, B = 43, C = 45, D = 47$

$\therefore B \times D = 43 \times 47 = 2021$

उदाहरण 2 : नीचे दिये गये स्कोरों के सेट के औसत का पता लगाइए।

566, 455, 231, 678, 989, 342, 715

(a) 590 **(b) 555**
(c) 568 **(d) 513**
(e) इनमें से कोई नहीं

हल (c) औसत स्कोर

$= \frac{566 + 455 + 231 + 678 + 989 + 342 + 715}{7}$

$= \frac{3976}{7} = 568$

उदाहरण 3 : एक विभाग में पांच अधिकारियों की औसत आयु 32 वर्ष है। यदि इसमें उनके सुपरवाइजर की आयु जोड़ दी जाए तो औसत में 1 की वृद्धि हो जाती है। सुपरवाइजर की आयु कितनी है?

(a) 32 वर्ष **(b) 48 वर्ष**
(c) 38 वर्ष **(d) 42 वर्ष**
(e) इनमें से कोई नहीं

हल (c) सुपरवाइजर की आयु = 32 + 6 = 38 वर्ष

उदाहरण 4 : पांच क्रमिक संख्याओं A, B, C, D और E का औसत 48 है। A और E का गुणनफल कितना होगा?

(a) 2162 **(b) 2208**
(c) 2024 **(d) 2300**
(e) इनमें से कोई नहीं

हल (d) माना कि पांच क्रमिक संख्याएं क्रमशः

x, x+1, x+2, x+3 एवं x+4 है।

प्रश्नानुसार,

$x + x + 1 + x + 2 + x + 3 + x + 4 = 5 \times 48$

या, $5x + 10 = 5 \times 48$

या, $5x + 10 = 240$

या, $5x = 240 - 10 = 230$

$\therefore x = \frac{230}{5} = 46$

अतः A और E का गुणनफल

$= 46 \times 50 = 2300$

उदाहरण 5 : यदि 47a + 47b = 5452, तो a और b का औसत क्या है?

(a) 11 **(b) 23.5**
(c) 96 **(d) 58**
(e) इनमें से कोई नहीं

हल (d) $\therefore 47a+47b=5452$

$\Rightarrow 47(a+b)=5452$

$\Rightarrow \frac{a+b}{2}=\frac{5452}{47\times 2}$

$\therefore$ अभीष्ट औसत = 58

उदाहरण 6 : एक पुरुष और उसके पुत्र की औसत आयु 33 वर्ष है। उनकी आयु का अनुपात क्रमशः 8 : 3 है, तो पुरुष की आयु कितनी है?

(a) 48 वर्ष **(b) 44 वर्ष**
(c) 42 वर्ष **(d) 50 वर्ष**
(e) इनमें से कोई नहीं

हल (a) माना पिता और पुत्र की आयु क्रमशः 8x और 3x वर्ष है।

$\therefore 8x+3x=2\times 33$

$\Rightarrow 11x=66$

$\Rightarrow x=6$

$\therefore$ पिता की आयु $=8\times 6=48$

उदाहरण 7 : 75 लड़कियों की एक कक्षा में लड़कियों की कुल आयु 1050 है, इनमें से पहले 25 की औसत आयु 12 वर्ष ओर दूसरे 25 की 16 वर्ष है। शेष लड़कियों की औसत आयु का पता लगाइए ।

(a) 12 वर्ष **(b) 13 वर्ष**
(c) 14 वर्ष **(d) 15 वर्ष**
(e) इनमें से कोई नहीं

हल (c) शेष लड़कियों की औसत आयु

$=\frac{1050-(25\times 12+25\times 16)}{75-(25+25)}$

$=\frac{1050-700}{25}=14$ वर्ष

उदाहरण 8 : एक आदमी और उसके पुत्र की औसत आयु 35 वर्ष है। उनकी आयु का अनुपात क्रमशः 5 : 2 है। पुत्र की आयु कितनी है?

(a) 50 वर्ष **(b) 35 वर्ष**
(c) 15 वर्ष **(d) 20 वर्ष**
(e) इनमें से कोई नहीं

हल (d) माना कि पिता एवं पुत्र की आयु क्रमशः $5x$ एवं $2x$ वर्ष है।

प्रश्नानुसार,

$5x+2x=2\times 35$

$\Rightarrow 7x=70$

$\Rightarrow x=\frac{70}{7}=10$

$\therefore$ पुत्र की आयु $=2x=2\times 10=20$ वर्ष

अभ्यास प्रश्न (Exercise)

1. पांच संख्याओं का औसत 281 है। पहली दो संख्याओं का औसत 280 और अंतिम दो संख्याओं का औसत 178.5 है। तीसरी संख्या क्या है?
   (a) 488 (b) 336
   (c) 228 (d) 464
   (e) इनमें से कोई नहीं
2. तीन मित्रों की औसत आयु 32 वर्ष है। चौथे मित्र की आयु जोड़ने पर उनकी औसत आयु 31 वर्ष हो जाती है। चौथे मित्र की आयु क्या है?
   (a) 32 वर्ष (b) 28 वर्ष
   (c) 24 वर्ष (d) 26 वर्ष
   (e) इनमें से कोई नहीं
3. निम्नलिखित स्कोरों के समुच्चय के औसत का पता लगाइए।
   965, 362, 189, 248, 461, 825, 524, 234
   (a) 476 (b) 504
   (c) 461 (d) 524
   (e) इनमें से कोई नहीं
4. यदि $21a+21b=1134$, तो $a+b$ का औसत क्या होगा।
   (a) 29 (b) 27
   (c) 58 (d) 54
   (e) इनमें से कोई नहीं
5. दी गई तीन संख्याओं में से पहली, दूसरी से दुगुनी और तीसरी से तिगुनी है। तीनों संख्याओं का औसत 154 है। पहली और तीसरी संख्या के बीच का अंतर क्या है?
   (a) 126 (b) 42
   (c) 166 (d) 52
   (e) इनमें से कोई नहीं
6. तीन लड़कों P, T और R का औसत वजन $54\frac{1}{3}$ कि.ग्रा. है, जबकि तीन लड़कों T, F, और G का औसत वजन 53 कि.ग्रा. है। P,T, R,F, और G का औसत वजन कितना है?
   (a) 53.8 कि.ग्रा. (b) 52.4 कि.ग्रा.
   (c) 53.2 कि.ग्रा. (d) जानकारी अधूरी है
   (e) इनमें से कोई नहीं
7. नीचे दिए गए स्कोरों के सेट के औसत का पता लगाइए।
   221, 231, 441, 359, 665, 525
   (a) 399 (b) 428
   (c) 407 (d) 415
   (e) इनमें से कोई नहीं

8. लगातार 5 सम संख्या A, B, C, D और E का औसत 52 है, तो B और E का गुणनफल क्या है?
(a) 2916 (b) 2988
(c) 3000 (d) 2800
(e) इनमें से कोई नहीं

9. पांच क्रमिक संख्याओं A, B, C, D और E का औसत 48 है। A और E का गुणनफल कितना होगा?
(a) 2162 (b) 2208
(c) 2024 (d) 2300
(e) इनमें से कोई नहीं

10. निम्नलिखित अंकों के सेट का औसत बताइए-
341, 292, 254, 375, 505, 639
(a) 401 (b) 399
(c) 405 (d) 397
(e) इनमें से कोई नहीं

11. निम्नलिखित अंकों के सेट के औसत का पता लगाइए।
118, 186, 138, 204, 175, 229
(a) 148 (b) 152
(c) 156 (d) 160
(e) 175

12. स्कोरों के निम्नलिखित समुच्चय के औसत का पता लगाइए।
178, 863, 441, 626, 205, 349, 462, 820
(a) 505 (b) 441
(c) 349 (d) 493
(e) इनमें से कोई नहीं

13. दी गई तीन संख्याओं में से, पहली संख्या दूसरी से दुगुनी और तीसरी से तिगुनी है। तीन संख्याओं का औसत 121है तो पहली और तीसरी संख्या के बीच का अंतर क्या है।
(a) 132 (b) 99
(c) 77 (d) 144
(e) इनमें से कोई नहीं

14. यदि $16a + 16b = 672$ है, तो a और b का औसत क्या है?
(a) 44 (b) 21
(c) 24 (d) 42
(e) इनमें से कोई नहीं

15. पांच विषम संख्याएँ A, B, C, D और E का औसत 41 है। A और E का गुणनफल क्या है?
(a) 1977 (b) 1517
(c) 1665 (d) 1591
(e) इनमें से कोई नहीं

16. अंकों के निम्नलिखित सेटों के औसत का पता लगाइए।
361, 188, 547, 296, 656, 132, 263
(a) 278 (b) 449
(c) 356 (d) 296
(e) इनमें से कोई नहीं

17. यदि $37a + 37b = 5661$ है तो $a + b$का औसत कितना होगा?
(a) 74.5 (b) 151
(c) 76.5 (d) 153
(e) इनमें से कोई नहीं

18. A, B, C, D और E इन पांच सतत सम संख्याओं का औसत 34 है। B और D का गुणनफल क्या है?
(a) 1088 (b) 1224
(c) 1368 (d) 1152
(e) इनमें से कोई नहीं

19. नीचे दिए गए स्कोर्स के समूह का औसत क्या होगा?
191, 257, 384, 466, 525, 631
(a) 409 (b) 376
(c) 413 (d) 398
(e) इनमें से कोई नहीं

20. गणना करने पर 75 लड़कियों के एक समूह का औसत भार 47 किग्रा आता है। बाद में पता चला कि एक लड़की का भार 45 किग्रा गिन लिया गया था, जबकि वास्तव में उसका भार 25 किग्रा था। 75 लड़कियों के समूह का वास्तविक औसत भार कितना है ? (दशमलव के बाद 2 अंकों तक पूर्णांकित)
(a) 46.73 किग्रा
(b) 46.64 किग्रा
(c) 45.96 किग्रा
(d) निर्धारित नहीं किया जा सकता
(e) इनमें से कोई नहीं

21. एक कक्षा में 32 लड़के और 28 लड़कियां है। कक्षा मे लड़कों की औसत आयु 14 वर्ष और लड़कियों की औसत आयु 13 वर्ष है। पूरी कक्षा की औसत आयु कितनी है ? (दशमलव के बाद दो अंकों तक पूर्णांकित)
(a) 13.50 (b) 13.53
(c) 12.51 (d) 13.42
(e) इनमें से कोई नहीं

22. पांच संख्याओं का योग 290 है। पहली दो संख्याओं का औसत 48.5 और अंतिम दो संख्याओं का औसत 53.5 है। तीसरी संख्या क्या है ?
(a) 72 (b) 84
(c) 96 (d) 108
(e) इनमें से कोई नहीं

23. एक कक्षा में 45 विद्यार्थियों के औसत वजन की गणना 36 कि.ग्रा. की गई थी। बाद में यह पता चला कि कक्षा में दो विद्यार्थियों के वजन की गणना गलत की गई थी। एक लड़के का वास्तविक वजन 32 कि.ग्रा. था किन्तु इसे 34 कि.ग्रा. गिना गया था और कक्षा में दूसरे लड़के का वजन 45 कि.ग्रा. था जबकि इसकी गणना 40 कि.ग्रा. की गई थी। कक्षा में 45 विद्यार्थियों का वास्तविक औसत वजन कितना है ? (दशमलव के बाद दो अंकों तक पूर्णांकित)
(a) 36.07 कि.ग्रा. (b) 36.16 कि.ग्रा.
(c) 35.84 कि.ग्रा. (d) निर्धारित नहीं किया जा सकता
(e) इनमें से कोई नहीं

24. 53 लड़कियों के समूह का औसत भार 58 कि. ग्रा. निकाला गया था। बाद में पता चला कि एक लड़की का भार 65 कि. ग्रा. पढ़ा गया था। जबकि उसका वास्तविक भार 45 कि. ग्रा. था। 53 लड़कियों के समूह का वास्तविक औसत भार कितना है ? (दशमलव के बाद दो अंकों तक पूर्णांकित)
(a) 58.62 (b) 58.37
(c) 57.37 (d) 57.62
(e) इनमें से कोई नहीं

25. अभिषेक ने क्रमश: ₹ 450 और ₹ 550 की दर से 140 शर्ट और 250 ट्राउजर्स खरीदे। 40 प्रतिशत लाभार्जन के लिए शर्ट और ट्राउजर्स की कुल औसत विक्रय कीमत कितनी होनी चाहिए ? (अगले पूर्णांक तक पूर्णांकित)
(a) ₹ 725 (b) ₹ 710
(c) ₹ 720 (d) ₹ 700
(e) इनमें से कोई नहीं

26. संख्याओं के निम्नलिखित सेट का औसत क्या है ?
38, 92, 45, 25 60
(a) 48 (b) 54
(c) 56 (d) 50
(e) इनमें से कोई नहीं

27. चार धनात्मक पूर्णांकों का औसत 73.5 है। सबसे बड़ा पूर्णांक 108 और सबसे छोटा पूर्णांक 29 है। शेष दो पूर्णांकों के बीच का अंतर केवल 15 है। निम्नलिखित में से कौन सा शेष दो पूर्णांकों में छोटा पूर्णांक है?
(a) 80 (b) 86
(c) 7 (d) निर्धारित नहीं किया जा सकता
(e) इनमें से कोई नहीं

28. चार कमाने वाले सदस्यों के एक परिवार की औसत मासिक आय ₹ 15,130 थी। परिवार में एक पुत्री का विवाह हुआ और वह घर से बिदा हो गई। इससे परिवार की औसत मासिक आय घटकर ₹ 14,660 हो गई। विवाहित पुत्री की मासिक आय कितनी है ?
(a) ₹ 15,350
(b) ₹ 12,000
(c) ₹ 16,540
(d) निर्धारित नहीं किया जा सकता है
(e) इनमें से कोई नहीं

29. यदि $25a + 25b = 115$ है ता, a और b का औसत क्या है ?
(a) 4.6 (b) 2.5
(c) 4.5 (d) 3.4
(e) इनमें से कोई नहीं

30. 5 धनात्मक पूर्णांकों का औसत 436 है। पहली दो संख्याओं का औसत 344 और अंतिम दो संख्याओं का औसत 554 है। तीसरी संख्या क्या है ?
(a) 482 (b) 346
(c) 556 (d) 384
(e) इनमें से कोई नहीं

Answer Key

1	(a)	7	(c)	13	(a)	19	(a)	25	(c)
2	(b)	8	(d)	14	(b)	20	(a)	26	(e)
3	(a)	9	(d)	15	(c)	21	(b)	27	(e)
4	(b)	10	(a)	16	(e)	22	(e)	28	(c)
5	(e)	11	(e)	17	(c)	23	(a)	29	(e)
6	(d)	12	(d)	18	(d)	24	(d)	30	(d)

व्याख्या सहित हल — Answers & Explanations

1. (a) माना कि तीसरी संख्या = x
प्रश्नानुसार,
$2 \times 280 + x + 178.5 \times 2 = 281 \times 5$
या, $560 + x + 357 = 1405$
या, $x + 917 = 1405$
या, $x = 1405 - 917 = 488$

2. (b) चौथे मित्र की आयु $= 31 \times 4 - 32 \times 3$
$= 124 - 96 = 28$ वर्ष

3. (a) अभीष्ट औसत
$$= \frac{965 + 362 + 189 + 248 + 461 + 825 + 524 + 234}{8}$$
$$= \frac{3808}{8} = 476$$

4. (b) $21a + 21b = 1134$
या, $21(a + b) = 1134$
$$a + b = \frac{1134}{21} = 54$$
$\therefore$ अभीष्ट औसत $= \frac{a+b}{2} = \frac{54}{2} = 27$

5. (e) माना कि पहली संख्या = 6x
$\therefore$ दूसरी संख्या = 3x
एवं तीसरी संख्या = 2x
प्रश्नानुसार,
$6x + 3x + 2x = 154 \times 3$
या, $11x = 154 \times 3$
$$\therefore x = \frac{154 \times 3}{11} = 42$$
$\therefore$ अभीष्ट अंतर $= 6x - 2x = 4x = 4 \times 42 = 168$

7. (c) अभीष्ट औसत संख्या
$$= \frac{1}{6}[221 + 231 + 441 + 359 + 665 + 525]$$
$$= \frac{1}{6}[2442] = 407$$

8. (d) माना लगातार पांच सम संख्या A, B, C, D और E क्रमशः x, $x + 2, x + 4, x + 6\,x + 8$ हैं।
प्रश्नानुसार,
$x + x + 2 + x + 4 + x + 6 + x + 8 = 5 \times 52$
या, $5x + 20 = 260$
या, $5x = 260 - 20$
$$\text{या, } x = \frac{240}{5} = 48$$
$\therefore$ B = x + 2 = 48 + 2 = 50 और E = x + 8 = 48 + 8 = 56
$\therefore B \times E = 50 \times 56 = 2800$

9. (d) माना A = x है।
$x + x + 1 + x + 2 + x + 3 + x + 4$
$= 5 \times 48$
$\Rightarrow 5x + 10 = 240$
$\Rightarrow 5x = 230$
$\therefore x = 46$
$\therefore E = 46 + 4 = 50$
$\therefore A \times E = 46 \times 50 = 2300$

10. (a) अभीष्ट औसत
$$= \frac{(341 + [illegible] + [illegible] + [illegible] + [illegible] + 639)}{6}$$
$$= \frac{2406}{6} = 401$$

11. (e) अभीष्ट औसत $= \frac{118 + [illegible] + [illegible] + [illegible] + [illegible] + 229}{6}$
$$= \frac{1050}{6} = 175$$

12. (d) अभीष्ट औसत
$$= \frac{178 + [illegible] + [illegible] + [illegible] + [illegible] + [illegible] + [illegible] + 820}{8}$$
$$= \frac{3944}{8} = 493$$

13. (a) माना कि तीसरी संख्या = x
$\therefore$ पहली संख्या = 3x और दूसरी संख्या $= \frac{3x}{2}$
प्रश्नानुसार,
$$\text{या, } 3x + \frac{3x}{2} + x = 3 \times 121$$
$$\text{या, } \frac{6x + [illegible] + 2x}{2} = 3 \times 121$$
$$\text{या, } \frac{11x}{2} = 3 \times 121$$
$$\therefore x = \frac{3 \times 121 \times 2}{11} = 66$$
$\therefore$ तीसरी संख्या = 66
अभीष्ट अंतर $= 3x - x = 2x = 2 \times 66 = 132$

14. (b) $16a + 16b = 672$
या, $16(a + b) = 672$
$$\therefore a + b = \frac{672}{16} = 42$$
अभीष्ट औसत $= \frac{a+b}{2} = \frac{42}{2} = 21$

15. (c) माना कि पांच सतत विषम संख्याएं $x, x+2, x+4, x+6$ और $x+8$ हैं।
प्रश्नानुसार,

$$\frac{x+[illegible]+[illegible]+[illegible]+[illegible]+8}{5}=41$$

या, $5x+20=41\times 5=205$
या, $5x=205-20=185$

$\therefore x=\frac{185}{5}=37$

$\therefore A=37$ एवं $E=37+8=45$
अभीष्ट गुणनफल $=37\times 45=1665$

16. (e) अभीष्ट औसत

$$=\frac{361+[illegible]+[illegible]+[illegible]+[illegible]+[illegible]+263}{7}$$

$$=\frac{2443}{7}=349$$

17. (c) $37a+37b=5661$
या, $37(a+b)=5661$

या, $a+b=\frac{5661}{37}=153$

$\therefore$ औसत $=\frac{a\ \ b}{2}=\frac{153}{2}=76.5$

18. (d) माना $A=x$, तब प्रश्नानुसार,
$\because A+B+C+D+E$
$=x+(x+2)+(x+4)+(x+6)+(x\ 8)$
$\Rightarrow 5x+20=34\times 5=170 \Rightarrow x=30$
$\Rightarrow B\times D=32\times 36=1152$

19. (a) अभीष्ट औसत

$$=\frac{191+[illegible]+[illegible]+[illegible]+[illegible]+631}{6}$$

$$=\frac{2454}{6}=409$$

20. (a) अतिरिक्त भार = 45 – 25 = 20 किग्रा

$\therefore$ वास्तविक औसत भार $=47-\frac{20}{75}$

$=46.73$ किग्रा

21. (b) पूरी कक्षा की औसत आयु

$$=\frac{32\ \ 14\ \ 28\ \ 13}{32\ \ 28}$$

$$=\frac{448\ \ 364}{60}=13.53$$

22. (e) तीसरी संख्या $=290$
$-(48.5\times 2)-(53.5\times 2)$
$=290-97-107=86$

23. (a) वास्तविक औसत भार

$$=36+\frac{(32\ \ 45\ \ 34\ \ 40)}{45}$$

$$=36+\frac{3}{45}=36+0.07=36.07$$ कि.ग्रा.

24. (d) भार में वृद्धि $=65-45=20$ kg.

$\therefore$ औसत में वृद्धि $=\frac{20}{53}=0.38$

$\therefore$ वास्तविक औसत भार
$=58-0.38=57.62$

25. (c) औसत विक्रय मूल्य

$$=\frac{140\ \ 450\ \ 250\ \ 550}{140\ \ 250}\times\frac{140}{100}$$

$$=\frac{200500}{390}\times\frac{140}{100}$$

$=$ ₹ 720 (लगभग)

26. (e) औसत $=\frac{38+[illegible]+[illegible]+[illegible]+60}{5}=52$

27. (e) चारों संख्याओं का योग $=73.5\times 4=294$
$\therefore$ बीच की संख्याओं का योग $=294-(108+29)=157$
तथा बीच की संख्याओं का अंतर $=15$

$\therefore$ बीच की संख्याओं में से छोटी संख्या $=\frac{157-14}{2}=71$

28. (c) विवाहित पुत्री की मासिक आय
$=15130\times 4-14660\times 3$
$=60520-43980=$ ₹ 16540

29. (e) $25a+25b=115$

$\Rightarrow a+b=\frac{115}{25}=4.6$

$\therefore$ a और b का औसत $=\frac{4.6}{2}=2.3$

30. (d) तीसरी संख्या $=(436\times 5)-(344\times 2+554\times 2)$
$=2180-1796$
$=384$

◆◆◆

अध्याय

7 अनुपात एवं समानुपात

(RATIO AND PROPORTION)

अनुपात एवं समानुपात

अनुपातः अनुपात हमेशा दो सजातीय राशि में होता है। एक राशि का दूसरी में भाग देने पर अनुपात प्राप्त होता है। जैसे यदि A राशि को B राशि से भाग दिया जाये, तब $\frac{A}{B}$ को A तथा B का अनुपात कहते हैं।

इसे निम्न प्रकार लिखते हैं।

$$\frac{A}{B} = A : B$$

अतः अनुपात $A : B$ में A को प्रथम पद तथा B को द्वितीय पद कहा जाता है। यदि किसी अनुपात के प्रत्येक पद को 0 को छोड़कर किसी निश्चित संख्या से गुणा या भाग करते हैं तो वह अनुपात अपरिवर्तित रहता है।

समानुपातः जब दो अनुपात बराबर होते हैं तो वे समानुपात कहलाते हैं।

जैसे- $\frac{A}{B} = \frac{C}{D} \Rightarrow A : B :: C : D$ यहाँ $AD = BC$

उदाहरण ▶ 1 : यदि $12 : 18 :: x : 24$ हो, तो x का मान कितना होगा?

हल $12 : 18 :: x : 24 \Rightarrow 12 \times 24 = 18 \times x$

$$\Rightarrow x = \frac{12 \times 24}{18} = 16$$

समानुपात के प्रकार

❖ **वितानुपाती :** यदि तीन सजातीय राशियाँ a, b तथा c इस प्रकार हों कि पहली और दूसरी राशि का अनुपात, दूसरी और तीसरी राशि के अनुपात के बराबर हो, तो वे राशियाँ वितानुपाती कहलाती हैं।

i.e., $\frac{a}{b} = \frac{b}{c}$

$b^2 = ac \Rightarrow b = \sqrt{ac}$

यहाँ a प्रथम समानुपात, c तृतीय समानुपात तथा b मध्य समानुपात कहलाता है।

❖ **अनुलोमानुपातीः** यदि एक राशि के बढ़ने से या घटाने पर दूसरी राशि उसी अनुपात में क्रमशः बढ़ती या घटती है, तो वे राशियाँ परस्पर अनुलोमानुपाती होती हैं।

❖ **विलोमानुपाती :** यदि एक राशि के बढ़ने या घटने पर दूसरी राशि उसी अनुपात में क्रमशः घटती या बढ़ती है, तो वे राशियाँ परस्पर विलोमानुपाती होती हैं।

साझेदारी :

किसी व्यापार को शुरू करने के लिए कई व्यक्तियों द्वारा विभिन्न धनों का निवेश किया जाता है। इसे साझेदारी कहते हैं। वे व्यक्ति जो धन का निवेश करते हैं, साझेदार कहलाते हैं। जो साझेदार, व्यापार में केवल धन का निवेश करते हैं, निष्क्रिय साझेदार कहलाते हैं और जो साझेदार निवेश के साथ कार्यकलापों में भी हिस्सा लेते हैं, सक्रिय साझेदार कहलाते हैं।

व्यापार में प्राप्त लाभ, साझेदारों के बीच उनके द्वारा निवेशित धन के अनुपात में बाँटा जाता है। सक्रिय साझेदार के कार्य का पारिश्रमिक लाभ से निकालकर सभी साझेदारों में निवेशित धन के अनुपात में वितरित किया जाता है।

उदाहरण ▶ 2 : रोहन एवं रवि (बराबर का साझेदार) के साथ एक व्यापार में राम ₹10,000 छः महीनों के लिए लगाकर शामिल होता है। जिससे छः महीनों के लिए कुल पूंजी ₹25,000 हो जाता है। यदि वर्ष के अंत में लाभ ₹2500 हो तो राम का कुल लाभ कितना है?

हल राम की पूंजी = 10000, छः महीनों के लिए

कुल पूंजी = 25000, छः महीनों के लिए

रवि और रोहन की पूंजी

= 25000 – 10000 = 15000, 12 महीनों के लिए

रवि की पूंजी = 7500, 12 महीनों के लिए

रोहन की पूंजी = 7500, 12 महीनों के लिए

राम का हिस्सा

$$= \frac{(10000 \times 6)}{(10000 \times 6) + (7500 \times 12) + (7500 \times 12)}$$

$$= \frac{60000}{240000} = \frac{1}{4}$$

राम का लाभ = $\frac{1}{4} \times 2500 =$ ₹625

मिश्रण

जब दो या दो से अधिक समान या असमान पदार्थों को एक निश्चित अनुपात में मिला देते हैं, तो प्राप्त पदार्थ मिश्रण कहलाता है।

उदाहरण 3: यदि 100 मिली जल को 1000 मिली दूध के साथ मिलाया जाता है तो मिश्रण का अनुपात क्या होगा?

हल कुल विलयन = 1100 मिली

इसलिए $= \frac{100}{1100} = \frac{1}{11}$

जल: दूध = 1 : 11

मिश्रण संबंधी प्रश्नों को हल करने की संक्षिप्त विधि

मिश्रण का नियम:

माना दो वस्तुएँ, जिनका मूल्य ज्ञात है, को मिलाकर एक ज्ञात मूल्य का मिश्रण प्राप्त किया जाता है तो मिश्रण में उन वस्तुओं का अनुपात होगा।

$$\frac{\text{सस्ती वस्तु का मूल्य (c)}}{\text{महंगी वस्तु का मूल्य (d)}}$$

$$= \frac{\text{महँगी वस्तु का मूल्य (d)} - \text{मिश्रण का मूल्य (m)}}{\text{मिश्रण का मूल्य (m)} - \text{सस्ती वस्तु का मूल्य (c)}}$$

$$\Rightarrow \frac{c}{d} = \frac{d-m}{m-c}$$

उपरोक्त नियम को निम्न प्रकार से भी प्रदर्शित किया जा सकता है:

सस्ती वस्तु का मूल्य : महँगी वस्तु का मूल्य

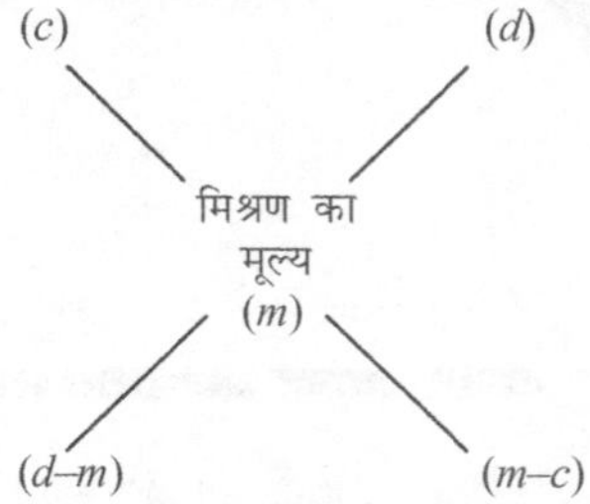

सस्ती वस्तु का मूल्य : महँगी वस्तु का मूल्य

$$= (d-m) : (m-c) \Rightarrow \frac{c}{d} = \frac{d-m}{m-c}$$

उदाहरण 4 : ₹40/kg की चाय और ₹27/kg की चाय को किस अनुपात में मिश्रित किया जाना चाहिए कि मिश्रण की दर ₹30/kg हो?

हल उपरोक्त विधि का उपयोग करने पर,

$$\frac{\text{सस्ती वस्तु का मूल्य}}{\text{महंगी वस्तु का मूल्य}} = \frac{(40-30)}{(30-27)} = \frac{10}{3}$$

इसलिए चाय $\frac{10}{3}$ के अनुपात में मिलाया जाना चाहिए।

स्मरणीय सूत्र *(Rememberable Formulas)*

- यदि किसी साझेदारी में पहले, दूसरे तथा तीसरे साझेदार द्वारा लगायी पूँजी क्रमशः x_1, x_2 और x_3 हो तथा पूँजी लगाने का समय क्रमशः t_1, t_2 और t_3 हो, तो उनके लाभों का अनुपात $x_1t_1 : x_2t_2 : x_3t_3$ होगा।
- यदि पूँजियों को क्रमशः $x_1 : x_2 : x_3$ के अनुपात में लगाने पर, उनके द्वारा प्राप्त लाभों का अनुपात क्रमशः P_1, P_2 और P_3 हो, तो निवेश के समयों का अनुपात $\frac{P_1}{x_1} : \frac{P_2}{x_2} : \frac{P_3}{x_3}$ होगा।
- यदि पूँजी का निवेश क्रमशः $t_1 : t_2 : t_3$ समय के अनुपात में करने पर, प्राप्त लाभों का अनुपात क्रमशः $P_1 : P_2 : P_3$ हो, तो निवेशित पूँजियों का अनुपात $\frac{P_1}{t_1} : \frac{P_2}{t_2} : \frac{P_3}{t_3}$ होगा।

साधित उदाहरण (Solved Examples)

उदाहरण 1 : एक स्कूल में विद्यार्थियों की कुल संख्या 1224 है। स्कूल में लड़कियों की संख्या 600 है। स्कूल में लड़कों की कुल संख्या का लड़कियों की कुल संख्या से क्रमशः अनुपात क्या है?

(a) 26 : 25 (b) 21 : 17
(c) 18 : 13 (d) 5 : 4
(e) इनमें से कोई नहीं

हल (a) स्कूल में विद्यार्थियों की कुल संख्या = 1224

लड़कियों की संख्या = 600

∴ लड़कों की संख्या = 1224 - 600 = 624

∴ अभीष्ट अनुपात = 624 :600 = 26 : 25

उदाहरण 2 : अमर ने ₹45,000 का निवेश करके व्यवसाय शुरू किया। छः माह बाद ₹30,000 के साथ प्रकाश उसके साथ आ मिला। वर्ष के अंत में अर्जित लाभ किस अनुपात में वितरित होना चाहिए?

(a) 3:1 (b) 3:4
(c) 3:2 (d) डाटा अपर्याप्त
(e) इनमें से कोई नहीं

हल (a) अमर एवं प्रकाश का 1 वर्ष के लिए समतुल्य पूंजी का अनुपात

$= 45000 \times 12 : 30000 \times 6$

$= 540000 : 180000 = 3 : 1$

∴ लाभ वितरण का अनुपात = 3 : 1

उदाहरण 3 : अविनाश, मनोज और अरूण ने क्रमशः 3 : 2 : 5 के अनुपात में निवेश करके भागीदारी में एक व्यवसाय शुरू किया। वर्ष के अंत में ₹ 45,000 का लाभ हुआ जो कुल निवेश का 15% है। मनोज ने कितना निवेश किया था?

(a) ₹ 60,000 (b) ₹ 1,80,00
(c) ₹ 30,000 (d) ₹ 90,000
(e) इनमें से कोई नहीं

हल (a) कुल निवेश $= \frac{100}{15} \times 45000 =$ ₹ 300000

∴ अविनाश : मनोज : अरुण = 3 : 2 : 5

∴ मनोज का निवेश $= \left(\frac{2}{10} \times 300000\right) =$ ₹ 60000

उदाहरण 4 : मैनेजर और मैनेजमेंट ट्रेनियों का अनुपात 3:5 है। 21 नए मैनेजमेंट ट्रेनी भर्ती किए जाते हैं तो यह अनुपात 3:8 हो जाता है। समूह में कितने मैनेजर होंगे?

(a) 27 (b) 24
(c) 21 (d) निर्धारित नहीं किया जा सकता
(e) इनमें से कोई नहीं

हल (c) माना कि मैनेजर एवं मैनेजमेंट ट्रेनियों की संख्या क्रमशः 3x एवं 5x है।

प्रश्नानुसार,

$\frac{3x}{5x+21} = \frac{3}{8}$

$\Rightarrow 24x = 15x + 63$

$\Rightarrow 9x = 63 \Rightarrow x = \frac{63}{9} = 7$

∴ मैनेजर की संख्या $= 3x = 3 \times 7 = 21$

उदाहरण 5 : आरजू और अर्णव की आयु का क्रमशः अनुपात 11 : 13 है। सात वर्ष बाद उनकी आयु का अनुपात 20 : 23 होगा। दोनों की आयु में कितने वर्ष का अन्तर है?

(a) 4 वर्ष (b) 7 वर्ष
(c) 6 वर्ष (d) 5 वर्ष
(e) इनमें से कोई नहीं

हल (c) माना कि आरजू एवं अर्णव की वर्तमान आयु क्रमशः 11x और 13x वर्ष है। 7 वर्ष पश्चात् उनकी आयु का अनुपात, प्रश्नानुसार निम्न प्रकार होगा :

या, $\frac{11x+7}{13x+7} = \frac{20}{23}$

या, $260x + 140 = 253x + 161$

या, $260x - 253x = 161 - 140$

या, $7x = 21$

$\therefore x = \frac{21}{7} = 3$

दोनों की आयु में अंतर $= 13x - 11x$

$= 2x = 2 \times 3 = 6$ वर्ष

उदाहरण 6 : समीर की आयु अपने पिता की आयु से एक-चौथाई और अपनी बहन रीमा की आयु से दो तिहाई है। समीर, रीमा और उनके पिता की आयु का क्रमशः अनुपात कितना है ?

(a) 3 : 2 : 8 (b) 3 : 4 : 8
(c) 2 : 3 : 8 (d) 4 : 3 : 8
(e) इनमें से कोई नहीं

हल (c) माना समीर की आयु x वर्ष है। तो उसके पिता की आयु $= 4x$ वर्ष

रीमा की आयु

$= \frac{3x}{2}$ वर्ष

∴ अभीष्ट अनुपात

$= x : \frac{3x}{2} : 4x$

$= 2 : 3 : 8$

अभ्यास प्रश्न (Exercise)

1. एक स्कूल में विद्यार्थियों की कुल संख्या 819 है। स्कूल में लड़कियों की संख्या 364 है। स्कूल में लड़कों की कुल संख्या का लड़कियों की कुल संख्या से क्रमश: अनुपात क्या है?
(a) 26:25 (b) 21:17
(c) 18:13 (d) 5:4
(e) इनमें से कोई नहीं

2. यदि ₹57,834 के लाभांश को मीना, उर्मीला और वैशाली के बीच 3 : 2 : 1 के अनुपात में बांटना हो, तो उर्मिला के हिस्से का पता लगाइए।
(a) ₹19,281 (b) ₹17,350
(c) ₹23,133 (d) ₹19,278
(e) इनमें से कोई नहीं

3. एक रकम Z, X, Y के बीच क्रमश: 4 : 5 : 6 के अनुपात में बांटनी है। तथा दूसरी रकम A तथा B में बराबर-बराबर बांटनी है। यदि Z को A से ₹ 2,000 कम मिलते हैं। तों X को कितने रुपये मिले?
(a) ₹ 10,000 (b) ₹ 5,000
(c) ₹ 4,000 (d) तय नहीं कर सकते
(e) इनमें से कोई नहीं

4. सुषमा और करिश्मा की वर्तमान आयु का अनुपात क्रमश: 6 : 7 है। 8 वर्ष बाद उनकी आयु का अनुपात क्रमश: 8 : 9 होगा। 12 वर्ष बाद उनकी आयु का क्रमश: अनुपात क्या होगा?
(a) 17:19 (b) 15:17
(c) 9:10 (d) 10:11
(e) इनमें से कोई नहीं

5. एक स्कूल में लड़कों की कुल संख्या लड़कियों की कुल संख्या से 16% अधिक है। स्कूल में लड़कों की कुल संख्या का लड़कियों की कुल संख्या से अनुपात क्या है?
(a) 25:21 (b) 29:35
(c) 25:29 (d) निर्धारित नहीं किया जा सकता
(e) इनमें से कोई नहीं

6. धन की एक राशि P, Q और R के बीच क्रमश: 5 : 6 : 7 के अनुपात में और एक अन्य राशि S और T के बीच समान रूप से बांटी जानी है। S को ₹2100, P से कम मिले हैं तो Q को कितनी राशि मिली है?
(a) ₹2,500 (b) ₹2,000
(c) ₹1,500 (d) निर्धारित नहीं किया जा सकता
(e) इनमें से कोई नहीं

7. A और B की कमाई का अनुपात क्रमश: 4 : 7 है। यदि A की कमाई में 50% की वृद्धि हुई और B की कमाई में 25% की कमी हुई, तो उनकी कमाई का नया अनुपात क्रमश: 8 : 7 बन जाता है, A की कमाई कितनी है?
(a) ₹26,000 (b) ₹28,000
(c) ₹21,000 (d) जानकारी अधूरी है
(e) इनमें से कोई नहीं

8. पिंकू रिंकू और टिंकू आपस में ₹4200 की राशि क्रमश: 7 : 8 : 6 के अनुपात में बांटते हैं। इनमें से प्रत्येक के हिस्से में ₹200 जोड़े जाएं, तो उनकी राशि के हिस्सों का क्रमश: नया अनुपात क्या होगा?
(a) 8:9:6 (b) 7:9:5
(c) 7:8:6 (d) 8:9:7
(e) इनमें से कोई नहीं

9. एक स्कूल में छात्रों की कुल संख्या 3250 है। यदि उस स्कूल में लड़कियों की संख्या 1495 है, तो लड़कों की कुल संख्या का लड़कियों की कुल संख्या से क्रमश: कितना अनुपात है?
(a) 23:27 (b) 25:29
(c) 27:23 (d) 29:25
(e) इनमें से कोई नहीं

10. रिंकू और पूजा ने आरंभ में ₹5,100 और ₹6,600 के साथ एक कारोबार शुरू किया। यदि कुल लाभ ₹2,730 हुआ तो उसमें रिंकू का हिस्सा कितना था?
(a) ₹1,530 (b) ₹1,540
(c) ₹1,200 (d) ₹1,180
(e) इनमें से कोई नहीं

11. ऋचा और शैली की आयु का क्रमश: अनुपात 5 : 8 है। 10 वर्ष बाद उनकी आयु का अनुपात क्रमश: 7 : 10 होगा। शैली की वर्तमान आयु क्या है?
(a) 45 वर्ष (b) 40 वर्ष
(c) 35 वर्ष (d) 30 वर्ष
(e) 25 वर्ष

12. धन की एक अमुक राशि A, B और C के बीच क्रमश: 3: 4 : 5 के अनुपात में बांटी जानी है और धन की एक और राशि E और F के बीच समानत: बांटी जानी है। F को A से ₹1050 कम मिले हैं तो B को कितनी राशि मिली?
(a) ₹750 (b) ₹2000
(c) ₹1500 (d) निर्धारित नहीं किया जा सकता
(e) इनमें से कोई नहीं

13. एक महिला और उसकी पुत्री की औसत आयु 42 वर्ष है। उनकी आयु का क्रमश: अनुपात 2 : 1 है, तो पुत्री की आयु क्या है?
(a) 28 वर्ष (b) 48 वर्ष
(c) 52 वर्ष (d) 32 वर्ष
(e) इनमें से कोई नहीं

14. एक स्कूल में लड़कों की कुल संख्या लड़कियों की कुल संख्या से 15 प्रतिशत अधिक है। स्कूल में कुल लड़कों का कुल लड़कियों से क्रमश: अनुपात कितना है?
(a) 17:23 (b) 24:11
(c) 23:20 (d) 11:24
(e) इनमें से कोई नहीं

15. स्मिता और कविता की वर्तमान आयु का अनुपात क्रमशः 3 : 8 है। अब से सात वर्ष बाद उनकी आयु का क्रमशः अनुपात 4 : 9 होगा। कविता की वर्तमान आयु कितनी है?
(a) 56 वर्ष (b) 63 वर्ष
(c) 42 वर्ष (d) 49 वर्ष
(e) इनमें से कोई नहीं

16. A और B ने क्रमशः ₹35,000 और ₹20,000 का निवेश करके एक व्यवसाय आरंभ किया। B ने 5 माह बाद व्यवसाय छोड़ दिया और C ने ₹15,000 डालकर व्यवसाय में शामिल हो गया। वर्ष के अंत में अर्जित लाभ ₹84,125 है। B के हिस्से का लाभ कितना है?
(a) ₹14133 (b) ₹15,000
(c) ₹13,460 (d) निर्धारित नहीं किया जा सकता
(e) इनमें से कोई नहीं

17. एक आदमी और उसके पुत्र की औसत आयु 48 वर्ष है। उनकी उम्र का क्रमशः अनुपात 5 : 3 है। पुत्र की आयु कितनी है?
(a) 36 वर्ष (b) 48 वर्ष
(c) 60 वर्ष (d) 24 वर्ष
(e) इनमें से कोई नहीं

18. निशी और विनी की आयु क्रमशः 6: 5 के अनुपात में है। 9 वर्ष बाद इनकी आयु का अनुपात 9 : 8 होगा । उनकी आयु के बीच क्या अंतर है?
(a) 9 वर्ष (b) 7 वर्ष
(c) 5 वर्ष (d) 3 वर्ष
(e) इनमें से कोई नहीं

19. अरूण और दीपक के वर्तमान आयु में 14 वर्ष का अंतर है। सात वर्ष पहले उनकी आयु का अनुपात क्रमशः 5 : 7 था। दीपक की वर्तमान आयु कितनी है ?
(a) 49 वर्ष (b) 42 वर्ष
(c) 63 वर्ष (d) 35 वर्ष
(e) इनमें से कोई नहीं

20. निनाद, विकास और मानव आपस में भागीदारी करते हैं। शुरू में निनाद कुछ राशि का निवेश करता है। 6 महीने बाद विकास दुगनी रकम का निवेश करता है और निनाद के निवेश करने के 8 महीने बाद मानव उससे तीन गुना रकम का निवेश करता है। वर्ष के अंत में उन्हें ₹ 45,000 का लाभ होता है। लाभ में मानव का हिस्सा कितना है?
(a) ₹ 25,000 (b) ₹ 15,000
(c) ₹ 12,000 (d) ₹ 9,000
(e) इनमें से कोई नहीं

21. रानी और कोमल की आयु का क्रमशः अनुपात 3 : 5 है। कोमल और पूजा की आयु का क्रमशः अनुपात 2 : 3 है। यदि रानी की आयु पूजा की आयु की $\frac{2}{5}$ है तो रानी की आयु कितनी है ?
(a) 10 वर्ष (b) 15 वर्ष
(c) 24 वर्ष
(d) निर्धारित नहीं किया जा सकता
(e) इनमें से कोई नहीं

22. दूध और पानी के मिश्रण में भार के मुताबिक पानी का अनुपात 75% है। यदि 60 ग्राम मिश्रण में 15 ग्राम पानी मिलाया जाए, पानी का प्रतिशत कितना होगा ? (भार ग्राम में)
(a) 75% (b) 88%
(c) 90%
(d) 100%
(e) इनमें से कोई नहीं

23. एक कॉलेज में कला और वाणिज्य संकाय में विद्यार्थी क्रमशः 4 : 5 के अनुपात में थे। 65 अधिक विद्यार्थी वाणिज्य संकाय में शामिल हुए तो यह अनुपात क्रमशः 8 : 11 हो गया। कला संकाय में कितने विद्यार्थी हैं ?
(a) 520 (b) 650
(c) 715
(d) निर्धारित नहीं किया जा सकता है
(e) इनमें से कोई नहीं

24. ₹ 50,000 के निवेश से सरिता ने एक बुटीक चालू किया। 6 महीने बाद ₹ 80,000 की राशि सहित नीता उसके साथ जुड़ गई। एक वर्ष के अंत में उन्होंने ₹ 18,000 का लाभ कमाया। इस लाभ में सरिता का हिस्सा कितना है ?
(a) ₹ 9,000 (b) ₹ 8,000
(c) ₹ 12,000 (d) ₹ 10,000
(e) इनमें से कोई नहीं

25. एक कक्षा में लड़कों और लड़कियों के बीच का अनुपात 6 : 5 है। 8 अधिक लड़के कक्षा में भर्ती हों और दो लड़कियां कक्षा छोड़ दें तो क्रमशः अनुपात 11 : 7 हो जाता है। अब कक्षा में कितने लड़के हैं ?
(a) 28 (b) 38
(c) 44 (d) 36
(e) इनमें से कोई नहीं

26. *P* और *Q* की वर्तमान आयु के बीच का क्रमशः अनुपातः 3 : 4 है। चार वर्ष बाद *Q*, *P* से पांच वर्ष बड़ा होगा। *P* की वर्तमान आयु कितनी है?
(a) 15 वर्ष (b) 20 वर्ष
(c) 25 वर्ष
(d) निर्धारित नहीं किया जा सकता
(e) इनमें से कोई नहीं

27. इस समय मीना की आयु अपनी बेटी से 8 गुना है। अब से आठ वर्ष बाद मीना और उसकी बेटी की आयु क्रमशः 10 : 3 के अनुपात में होगी। मीना की वर्तमान आयु क्या है ?
(a) 32 वर्ष (b) 40 वर्ष
(c) 36 वर्ष
(d) निर्धारित नहीं किया जा सकता है
(e) इनमें से कोई नहीं

28. यदि सुमित का $\frac{1}{2}$ वेतन राजन के $\frac{2}{5}$ के बराबर है और उनका कुल वेतन ₹ 36,000 हैं तो राजन के वेतन का पता लगाइए।
(a) ₹16,000 (b) ₹20,000
(c) ₹22,000 (d) ₹14,000
(e) इनमें से कोई नहीं

29. निम्नलिखित समीकरण में दोनों प्रश्नचिह्नों के स्थान पर क्या आएगा?

$\frac{?}{84}=\frac{189}{?}$

(a) 126 (b) 124
(c) 130 (d) 132
(e) 136

30. एक पिता और पुत्र की आयु का अनुपात क्रमशः 17 : 7 है। छह वर्ष पूर्व यह अनुपात क्रमशः 3 : 1 था। पिता की वर्तमान आयु कितनी है ?

(a) 64 (b) 51
(c) 48
(d) निर्धारित नहीं किया जा सकता है
(e) इनमें से कोई नहीं

31. करण ₹ 60,000 के निवेश से एक कारोबार आरंभ करता है। 6 महीने बाद ₹ 1,00,000 के निवेश सहित शिरीष उसके साथ हो लिया। कारोबार आरंभ हाने के एक वर्ष बाद उन्होंने ₹ 1,51,800 का लाभ कमाया। लाभ में शिरीष का हिस्सा कितना है ?

(a) ₹ 55,200 (b) ₹ 82,800
(c) ₹ 62,500 (d) ₹ 96,600
(e) इनमें से कोई नहीं

32. एक धनराशि को A, B, C तथा D में क्रमशः 3 : 4 : 9 : 10 के अनुपात में बांटा जाता है। यदि C का हिस्सा B के हिस्से ₹ 2,580 अधिक है तो A व D की कुल मिलाकर कितनी राशि है ?

(a) ₹ 5,676 (b) ₹ 6,192
(c) ₹ 6,708 (d) ₹ 7,224
(e) इनमें से कोई नहीं

33. एक तिकोन के सबसे बड़े और दूसरे सबसे बड़े कोण क्रमशः 13 : 12 के अनुपात में है। सबसे छोटा कोण सबसे बड़े और दूसरे सबसे बड़े कोण के योग का 20 प्रतिशत है। सबसे छोटे और दूसरे सबसे बड़े कोण का योग क्या है ?

(a) 120° (b) 108°
(c) 100° (d) 102°
(e) इनमें से कोई नहीं

34. श्री पंडित के पास 950 सोने के सिक्के थे। ये सिक्के उसने अपनी तीन बेटियां ललिता, अमिता और नीता में बांट दिए। ललिता ने 25 सोने के सिक्के अपने पति को दिए, अमिता ने 15 सोने के सिक्के दान में दिए और नीता ने 30 सोने के सिक्कों से आभूषण बनवाये। उसके पास बचे सिक्कों का नया क्रमशः अनुपात 20 : 73 : 83 था। अमिता को श्री पंडित से कितने सोने के सिक्के मिले थे ?

(a) 380 (b) 415
(c) 400 (d) 350
(e) इनमें से कोई नहीं

35. स्वाति और तृप्ति की वर्तमान आयु का क्रमशः अनुपात 4 : 5 है। अब से 6 वर्ष बाद उनकी आयु का क्रमशः अनुपात 6 : 7 होगा। इनकी आयु की बीच कितना अंतर है ?

(a) 2 वर्ष
(b) 3 वर्ष
(c) 4 वर्ष
(d) निर्धारित नहीं किया जा सकता
(e) इनमें से कोई नहीं

Answer Key

1	**(d)**	8	**(d)**	15	**(a)**	22	**(e)**	29	**(a)**
2	**(d)**	9	**(c)**	16	**(c)**	23	**(a)**	30	**(b)**
3	**(d)**	10	**(e)**	17	**(a)**	24	**(d)**	31	**(e)**
4	**(c)**	11	**(b)**	18	**(d)**	25	**(c)**	32	**(c)**
5	**(e)**	12	**(d)**	19	**(e)**	26	**(a)**	33	**(d)**
6	**(d)**	13	**(a)**	20	**(b)**	27	**(a)**	34	**(a)**
7	**(d)**	14	**(c)**	21	**(d)**	28	**(b)**	35	**(b)**

व्याख्या सहित हल / Answers & Explanations

1. (d) स्कूल में विद्यार्थियों की कुल संख्या = 819
लड़कियों की संख्या = 364
∴ लड़कों की संख्या = 819 - 364 = 435
∴ अभीष्ट अनुपात = 435 : 364 = 5 : 4

2. (d) लाभांश में उर्मिला का हिस्सा

$=\left(\frac{2}{6}\times 57834\right)=₹\,19278$

4. (c) माना सुषमा और करिश्मा की वर्तमान आयु क्रमशः 6x और 7x वर्ष हैं।

$\therefore \quad \frac{6x+8}{7x+8}=\frac{8}{9}$

या, $56x+64=54x+72$

$x=\frac{8}{2}=4$

अभीष्ट अनुपात $=\frac{6\times 4+12}{7\times 4+12}=\frac{36}{40}=9:10$

5. (e) माना कि लड़कियों की संख्या = x
∴ लड़कों की संख्या = 1.16 x
∴ अभीष्ट अनुपात = 1.16 x : x
= 116 : 100 = 29 : 25

7 (d) प्रश्न से, $\frac{A}{B}=\frac{4}{7}$ ....(i)

तथा $\frac{A\left(1+\frac{50}{100}\right)}{B\left(1-\frac{25}{100}\right)}=\frac{8}{7}$ ....(ii)

समीकरण (i) तथा (ii) से A तथा B की कमाई का पता नहीं चलता है।

8. (d) पिंकू, रिंकू और टिंकू को वितरति राशि का अनुपात
$=7:8:6$

$\therefore$ अनुपाती योग $=7+8+6=21$

पिंकू को प्राप्त धन $=\frac{7}{21}\times 4200=$ ₹ 1400

रिंकू को प्राप्त धन $=\frac{8}{21}\times 4200=$ ₹1600

टिंकू को प्राप्त धन $=\frac{6}{21}\times 4200=$ ₹1200

प्रश्नानुसार,

₹200 जोड़ने पर उनके हिस्से का नया अनुपात
$=1600:1800:1400$
$=8:9:7$

9. (c) लड़कियों की संख्या = 1495

$\therefore$ लड़कों की संख्या $=3250-1495=1755$

$\therefore$ अभीष्ट अनुपात $=1755:1495=27:23$

10. (e) रिंकु और पूजा की पूंजीयों का अनुपात

$=\frac{5100}{6600}=\frac{51}{66}=\frac{17}{22}$

$\therefore$ रिंकु का हिस्सा $=\frac{2730\times 17}{17+22}=$ ₹1190

11. (b) माना कि ऋचा एवं शैली की वर्तमान आयु क्रमशः 5x एवं 8x वर्ष है।

प्रश्नानुसार,

10 वर्ष बाद

$\frac{5x+10}{8x+10}=\frac{7}{10}$

या, $56x+70=50x+100$

या, $56x-50x=100-70$

या, $6x=30$

$\therefore x=\frac{30}{6}=5$

$\therefore$ शैली की वर्तमान आयु $=8x$
$=8\times 5=40$ वर्ष

12. (d) धन की दूसरी राशि अज्ञात है।

13. (a) माना कि महिला की वर्तमान आयु 2x वर्ष और पुत्री की वर्तमान आयु x वर्ष

प्रश्नानुसार,

$2x+x=2\times 42$

या, $3x=84$

या, $x=\frac{84}{3}=28$

$\therefore$ पुत्री की आयु $=28$ वर्ष

14. (c) माना कि लड़कियों की कुल संख्या = x

$\therefore$ लड़कों की कुल संख्या $=\frac{115x}{100}$

$\therefore$ अभीष्ट अनुपात $=\frac{115x}{100};x=23:20$

15. (a) माना कि स्मिता एवं कविता की वर्तमान आयु क्रमशः 3x एवं 8x वर्ष है।

प्रश्नानुसार,

$\frac{3x+7}{8x+7}=\frac{4}{9}$

या, $32x+28=27x+63$

या, $32x-27x=63-28$

या, $5x=35$

या, $x=\frac{35}{5}=7$

$\therefore$ कविता की वर्तमान आयु $=8x$
$=8\times 7=56$ वर्ष

16. (c) A, B और C की एक माह के लिए समतुल्य पूंजी का अनुपात
$=35000\times 12:20000\times 5:15000\times 7$
$=35\times 12:20\times 5:15\times 7$
$=84:20:21$

आनुपातिक योग $=84+20+21=125$

$\therefore$ B को प्राप्त लाभ = ₹$\left(\frac{20}{125}\times 84125\right)$

=₹13460

17. (a) माना पिता और पुत्र की आयु क्रमशः 5x वर्ष और 3x वर्ष है।

$\because 5x+3x=2\times 48$

$\Rightarrow 8x=96$

$\Rightarrow x=\frac{96}{8}=12$

$\therefore$ पुत्र की आयु $=12\times 3=36$ वर्ष

18. (d) आयु का अनुपात

$=\frac{9\times(6-5)(9-8)}{6\times 8-9\times 5}$

$=\frac{9\times 1\times 1}{3}=3$ वर्ष

19. (e) माना अरूण की वर्तमान आयु x वर्ष है।

$\therefore$ दीपक की वर्तमान आयु $=(x+14)$ वर्ष

तब, $\frac{x-7}{x+14-7}=\frac{5}{7}$

$\Rightarrow 7x-5x=35+49$

$\Rightarrow x = \frac{84}{2} = 42$

$\therefore$ दीपक की वर्तमान आयु

$= 42 + 14 = 56$ वर्ष

20. (b) लाभ का अनुपात $= 1 \times 12 : 2 \times 6 : 3 \times 4$

$= 1 : 1 : 1$

$\therefore$ मानव का हिस्सा

$= 45000 \times \frac{1}{3} =$ ₹ 15000

21. (d) आंकड़े अनुपात में दिये गये हैं। जिससे आयु ज्ञात नहीं की जा सकती है।

22. (e) 60 ग्रा मिश्रण में पानी की मात्रा

$= 60 \times \frac{75}{100} = 45$ ग्राम

नये मिश्रण में पानी की मात्रा

$= 45 + 15 = 60$ ग्राम

$\therefore$ पानी का प्रतिशत

$= \frac{60}{60 + 15} \times 100 = 80\%$

23. (a) माना विद्यार्थियों की संख्या कला और वाणिज्य में क्रमश: $4x$ और $5x$ थे।

$\frac{4x}{5x + 65} = \frac{8}{11}$

$\Rightarrow 44x - 40x = 520$

$\Rightarrow x = \frac{520}{4} = 130$

$\therefore$ कला में विद्यार्थियों की संख्या

$= 4 \times 130 = 520$

24. (d) राशि का अनुपात

$= 50000 \times 12 : 80000 \times 6$

$= 5 : 4$

$\therefore$ सरिता का हिस्सा

$= \frac{18000 \times 5}{(5 + 4)}$

= ₹ 10000

25. (c) माना लड़कों और लड़कियों की मूल संख्या क्रमश: $6x$ और $5x$ है।

तब, $\frac{6x + 8}{5x + 2} = \frac{11}{7}$

$\Rightarrow 55x - 42x = 56 + 22$

$\therefore x = \frac{78}{13} = 6$

$\therefore$ लड़कों की संख्या

$= 6 \times 6 + 8 = 44$

26. (a) माना P और Q की वर्तमान आयु क्रमश: $3x$ और $4x$ है।

तब,

$(4x + 4) - (3x + 4) = 5$

$\Rightarrow 4x - 3x = 5$

$\Rightarrow x = 5$

$\therefore$ P की वर्तमान आयु

$= 3 \times 5 = 15$ वर्ष

27. (a) मीना की वर्तमान आयु

$= \frac{8 \times 8 \times (10 - 3)}{24 - 10}$

$= \frac{8 \times 2 \times 7}{14} = 32$ वर्ष

28. (b) सुमित एवं राजन के वेतन का अनुपात

$= \frac{2}{5} : \frac{1}{2} = 4 : 5$

राजन का वेतन $= \frac{5}{9} \times 36000 =$ ₹20000

29. (a) $\frac{?}{84} = \frac{189}{?}$

या, $?^2 = 84 \times 189$

या, $?^2 = 21 \times 4 \times 21 \times 9$

या, $?^2 = 21^2 \times 2^2 \times 3^2$

$\therefore ? = 21 \times 2 \times 3 = 126$

30. (b) माना कि पिता और पुत्र की आयु क्रमशः 17x और 7x है।

तो $\frac{17x - 6}{7x - 6} = \frac{3}{1}$

$\Rightarrow 21x - 17x = 18 - 6$

$\Rightarrow x = 12 \div 4 = 3$

$\therefore$ पिता की वर्तमान आयु

$= 17 \times 3 = 51$ वर्ष

31. (e) लाभ का अनुपात $= 60000 \times 12 : 100000 \times 6$

$= 6 : 5$

$\therefore$ शिरीष का हिस्सा $= \frac{151800 \times 5}{(6 + 5)} =$ ₹ 69000

32. (c) अभीष्ट राशि $= \frac{2580}{(9 - 4)} \times (3 + 10)$

$= \frac{2580 \times 13}{5} =$ ₹ 6708

33. (d) सबसे छोटा कोण $= (13 + 12) \times \frac{20}{100} = 5$

$\therefore$ कोणों का अनुपात $= 13 : 12 : 5$

$\therefore$ सबसे छोटे और दूसरे सबसे बड़े कोणों का योग

$= \frac{180 \times (12 + 5)}{(13 + 12 + 5)} = \frac{180 \times 17}{30} = 102°$

34. (a) सोने के सिक्कों की अभीष्ट संख्या

$= \frac{\{950 - (25 + 15 + 30)\} \times 73}{[illegible]} + 15$

$= 365 + 15 = 380$

35. (b) माना वर्तमान आयु क्रमशः 4x और 5x है।

तो $\frac{4x + 6}{5x + 6} = \frac{6}{7}$

$\Rightarrow 30x - 28x = 42 - 36$

$\Rightarrow x = \frac{6}{2} = 3$ $\therefore$ आयु में अंतर $= 5x - 4x$

$= x = 3$ वर्ष

◆ ◆ ◆

अध्याय

8

कार्य और समय

(WORK & TIME)

कार्य और समय

इस अध्याय के अन्तर्गत हम निम्न दो विषयों पर आधारित प्रश्नों का अध्ययन करेंगे।

(i) कार्य और समय (Work and Time)

(ii) नल एवं टंकी (Pipe and Cisterns)

कार्य और समय संबंधी प्रश्नों को हल करने की संक्षिप्त विधि

❖ **यदि कोई आदमी किसी कार्य को n दिन में पूरा करता हो तो वह एक दिन में उस कार्य का $\frac{1}{n}$ भाग ही पूरा कर सकता है।**

उपरोक्त तथ्य निम्न उदाहरण द्वारा स्पष्ट हो जाता है।

उदाहरण 1 : यदि राम एक काम को 15 दिन में समाप्त करता है तो 2 दिन में वह कितना भाग काम करता है?

हल दिया हुआ है,

राम 15 दिनों में एक काम को पूरा करता है,

$\therefore$ 2 दिनों में $\frac{1}{15} \times 2 = \frac{2}{15}$ भाग काम पूरा करता है।

❖ **यदि किसी व्यक्ति A की अन्य व्यक्ति B से कार्य करने की क्षमता दो गुनी हो तो किसी कार्य को समाप्त करने में A, B से आधा समय लेगा।**

उदाहरण 2 : राम की कार्य करने की क्षमता श्याम से दुगुनी है। यदि श्याम किसी कार्य को 30 दिनों में पूरा करता है तो बताइये राम उस कार्य को कितने दिनों में पूरा करेगा?

हल चूँकि राम की कार्य करने की क्षमता श्याम से दुगुनी है, इसलिए वह $\frac{30}{2} = 15$ दिनों में उस काम को पूरा करेगा।

❖ **यदि A और B अकेले किसी कार्य को क्रमशः x और y दिनों में पूरा करते हैं, तो वे दोनों साथ मिलकर उसी कार्य को $\frac{xy}{(x+y)}$ दिनों में पूरा करेंगे।**

प्रमाणः A का 1 दिन का कार्य $= \frac{1}{x}$

B का 1 दिन का कार्य $= \frac{1}{y}$

इसलिए $(A+B)$ के कुल 1 दिन के कार्य

$=$ कुल कार्य का $\left(\frac{1}{x} + \frac{1}{y}\right)$

माना कुल कार्य W है,

अब, W का $\left(\frac{1}{x} + \frac{1}{y}\right)$ समाप्त होता है 1 दिन में

$\therefore$ W (कुल कार्य) समाप्त होगा $\frac{1}{\frac{1}{x}+\frac{1}{y}} = \frac{xy}{x+y}$ दिनों में।

उदाहरण 3 : श्याम एक कार्य को 30 दिनों में पूरा करता है। राम उसी कार्य को 15 दिनों में पूरा करता है तो वे दोनों मिलकर उस कार्य को कितने दिनों में पूरा करेंगे?

हल सूत्र के अनुसार,

अभीष्ट दिन $= \frac{30 \times 15}{30+15} = \frac{450}{45} = 10$ दिन

❖ **यदि A, B और C किसी कार्य को अकेले क्रमशः x, y और z दिनों में पूरा करते हैं तो वे तीनों मिलकर उसी काम को $\frac{xyz}{[xy+yz+zx]}$ दिनों में पूरा करेंगे।**

उदाहरण 4 : श्याम एक कार्य को 30 दिनों में पूरा करता है, राम उसी कार्य को 15 दिनों में पूरा करता है और भुवन उस कार्य को 10 दिनों में पूरा करता है। वे तीनों मिलकर इस कार्य को कितने दिनों में पूरा करेंगे?

हल सूत्र के अनुसार, अभीष्ट दिन

$$= \frac{30 \times 15 \times 10}{[30 \times 15 + 15 \times 10 + 30 \times 10]}$$

$$= \frac{4500}{900} = 5 \text{ दिन}$$

❖ **यदि A किसी कार्य को x दिनों में, B, y दिनों में और A, B और C तीनों मिलकर उसी कार्य को S दिनों में पूरा करते हैं तो C अकेले उस कार्य को $\frac{sxy}{xy - sy - sx}$ दिनों में पूरा करेगा।**

❖ **$B + C$ उस कार्य को $\frac{sx}{x - s}$ दिनों में पूरा करेगा।**

❖ **$A + C$ उस कार्य को $\frac{sy}{y - s}$ दिनों में पूरा करेगा।**

नल और टंकी

नल और टंकी से संबंधित प्रश्न कार्य और समय के सिद्धांत पर आधारित होते हैं।

नल एवं टंकी संबंधी प्रश्नों को हल करने की संक्षिप्त विधि

❖ यदि कोई पाइप किसी टंकी को A घंटे में भरता हो तो 1 घंटे में भरा गया हिस्सा $= \frac{1}{A}$

❖ **यदि पाइप A, पाइप B से x गुना बड़ा हो तब पाइप A, पाइप B की अपेक्षा, टंकी को भरने में $\frac{1}{x^{th}}$ समय लेगा।**

उदाहरण 5 : यदि पाइप A किसी 100 लीटर की टंकी को भरने में 4 घंटे का समय लेता है। तो पाइप B जो कि दोगुने आकार का है उस टंकी को कितने समय में खाली करेगा?

हल चूँकि पाइप B दोगुने आकार का है, इसलिए यह पाइप A की अपेक्षा आधे समय में टंकी को खाली करेगा।

इस प्रकार $\frac{1}{2} \times 4 = 2$ घंटे

❖ **यदि एक नल किसी टंकी को a घंटों में भरता है तथा दूसरा निकासी नल इस टंकी को b घंटों में खाली करता है तो दोनों नलों को एक साथ खोल देने पर, 1 घंटे में कुल भरा (या खाली) हुआ हिस्सा** $= \frac{1}{a} - \frac{1}{b}$

$\therefore$ खाली टंकी को भरने या खाली करने में लगा समय $= \frac{ab}{b - a}$ घंटे

❖ **यदि नल x और y एक टंकी को क्रमशः m और n घंटे में खाली/भरता हो तो दोनों नलों को एक साथ खोल देने पर ये $\left(\frac{mn}{m - n}\right)$ घंटे में टंकी को भरेगा/खाली करेगा।**

उदाहरण 6 : एक नल किसी टंकी को 2 घंटे में भरता है तथा दूसरा निकासी नल इस टंकी को 4 घंटे में खाली करता है। यदि दोनों नलों को एक साथ खोल दिया जाए तो टंकी को भरने में कितना समय लगेगा?

हल टंकी को भरने में लिया गया समय = 2 घंटे

टंकी को खाली करने में लिया गया समय = 4 घंटे

टंकी को भरने में लिया गया समय $= \frac{2 \times 4}{4 - 2} = \frac{8}{2} = 4$ घंटे

❖ **यदि एक पाइप किसी टंकी को a मिनट में भर सकता है, किन्तु टंकी में लीकेज होने के कारण इस टंकी के भरने में x मिनट ज्यादा समय लगता हो तो भरी हुई टंकी के खाली होने में लगा समय** $= a\left(1 + \frac{a}{x}\right)$.

उदाहरण 7 : 1000 लीटर वाली टंकी को कोई नल 2 घंटे में भर सकता है किन्तु इसमें एक छेद होने के कारण इस टंकी को भरने में 2 घंटे का समय अधिक लगता है। यह छेद इस भरी हुई टंकी को कितने समय में खाली करेगा?

हल टंकी को भरने में लिया गया समय = 2 घंटे

छेद के कारण लिया गया अतिरिक्त समय = 2 घंटे

छेद के कारण टंकी को खाली होने में लगा समय $= a\left(1 + \frac{a}{x}\right)$

$$= 2\left(1 + \frac{2}{2}\right)$$

$$= 2 \times 2 = 4 \text{ घंटे}$$

साधित उदाहरण (Solved Examples)

उदाहरण 1 : 26 पुरुष एक काम को 17 दिनों में पूरा कर सकते है। 13 दिनों में काम पूरा करने के लिए और कितने लोगों को काम पर लगाना चाहिए?

(a) 9 (b) 8
(c) 6 (d) 18
(e) इनमें से कोई नहीं

हल (b) दिन आदमी

17 ↑ 26 ↓
13 x

$\Rightarrow$ 13 : 17 = 26 : x
$\Rightarrow$ 13x = 17 × 26

$\Rightarrow$ $x = \frac{17 \times 26}{13} = 34$ पुरुष

$\therefore$ अतिरिक्त पुरुषों की संख्या = 34 – 26 = 8

उदाहरण 2 : 18 पुरुष एक काम को 5 दिन में पूरा कर सकते हैं। यही काम 21 पुरुष कितने दिन में पूरा कर सकते हैं?

(a) $3\frac{17}{21}$ **(b)** $4\frac{2}{7}$
(c) 4 (d) निर्धारित नहीं किया जा सकता
(e) इनमें से कोई नहीं

हल (b) $\because$ 18 पुरुष किसी काम को 5 दिन में पूरा करते है।
$\therefore$ 1 पुरुष उस काम को 18 × 5 दिन में करेगा।
$\therefore$ 21 पुरुष उस काम को $\frac{18 \times 5}{21} = \frac{30}{7} = 4\frac{2}{7}$ दिन में पूरा करेंगे।

उदाहरण 3 : A द्वारा एक दिन में किया गया कार्य, B द्वारा एक दिन में किए गए कार्य का आधा है। B द्वारा एक दिन में किया गया कार्य C द्वारा एक दिन में किए गए कार्य का आधा है। अकेले C, सात दिन में कार्य पूरा कर सकता है। A, B और C तीनों मिलकर कितने दिन में कार्य पूरा कर सकते हैं ?

(a) 28 (b) 14
(c) 4 (d) 21
(e) इनमें से कोई नहीं

हल (c) A, B और C के कार्य क्षमता का अनुपात
= 1 : 2 : 4
कार्य को पूरा करने में लिए गये समय का अनुपात
= 8 : 4 : 2 = 4 : 2 : 1
अकेले B द्वारा कार्य को पूरा करने में लिया गया समय
= 7 × 2 = 14 दिन
अकेले A द्वारा कार्य को पूरा करने में लिया गया समय
= 7 × 4 = 28 दिन
$\therefore$ 1 दिन में किया गया कार्य A, B और C द्वारा 1 दिन में किया गया कार्य

$= \frac{1}{28} + \frac{1}{14} + \frac{1}{7} = \frac{1+2+4}{28} = \frac{7}{28} = \frac{1}{4}$

इसलिए A, B और C द्वारा एक साथ कार्य को पूरा करने में लिया गया समय = 4 दिन

अभ्यास प्रश्न (Exercise)

1. 15 व्यक्ति एक काम को 3 दिन में पूरा करते हैं। 10 व्यक्तियों को उसी काम को पूरा करने के लिए कितने दिन लगेंगे?
(a) 2 (b) 5
(c) $2\frac{2}{3}$ (d) $3\frac{1}{4}$
(e) $4\frac{1}{2}$

2. 16 पुरुष एक काम 8 दिन में पूरा करते हैं इसी काम को 12 पुरुष कितने दिन में पूरा करेंगे?
(a) 10 (b) $9\frac{1}{3}$
(c) $10\frac{2}{3}$ (d) निर्धारित नहीं किया जा सकता
(e) इनमें से कोई नहीं

3. 17 पुरुष एक काम को 12 दिन में पूरा कर करते हैं। उसी काम को 6 पुरुष कितने दिन में पूरा कर सकेंगे?
(a) 28 दिन (b) 34 दिन
(c) 26 दिन (d) 32 दिन
(e) इनमें से कोई नहीं

4. 'A' एक काम को 12 दिन में पूरा कर सकता है। 'A' और 'B' दोनों मिलकर इस काम को 8 दिन में पूरा कर सकते हैं। 'B' अकेला इस काम को कितने दिन में पूरा कर सकता है ?
(a) 15 दिन (b) 18 दिन
(c) 24 दिन (d) 28 दिन
(e) इनमें से कोई नहीं

5. अकेला A, 6 दिन में 100 बास्केट बना सकता है। अकेला B, 12 दिन में 100 बास्केट बना सकता है A और B मिलकर 100 बास्केट कितने दिन में बनायेंगे ?

(a) 3 दिन (b) 5 दिन

(c) $2\frac{1}{2}$ दिन (d) $3\frac{1}{2}$ दिन

(e) इनमें से कोई नहीं

6. 12 पुरुष एक-तिहाई काम 8 दिन में पूरा कर सकते हैं। इस काम को 16 पुरुष कितने दिन में पूरा कर सकते हैं?

(a) 18 (b) 12

(c) 24

(d) निर्धारित नहीं किया जा सकता है।

(e) इनमें से कोई नहीं

7. कंप्यूटर A एक इनपुट को 3 मिनट में प्रोसेस करता है जबकि कंप्यूटर B को 5 मिनट लगते है। यदि कंप्यूटर A, B और C एक घंटे में औसतन 14 इनपुट प्रोसेस करते हैं, तो कंप्यूटर C अकेला एक इनपुट को कितने मिनट में प्रोसेस करेगा?

(a) 10 (b) 4

(c) 6 (d) 8

(e) इनमें से कोई नहीं

8. 21 बाइंडर 1400 किताबों को 15 दिन में बाइंड कर सकते हैं। 800 किताबों को 20 दिन में बाइंड करने के लिए कितने बाइंडर जरूरी है?

(a) 7 (b) 9

(c) 12 (d) 14

(e) इनमें से कोई नहीं

9. विकास को प्रत्येक दिन काम करने के ₹ 350 मिलते हैं। 31 दिन के महीने में वह ₹ 9,800 कमाता है तो उसने कितने दिन काम किया ?

(a) 25 दिन (b) 30 दिन

(c) 24 दिन (d) 28 दिन

(e) इनमें से कोई नहीं

10. राजू किसी काम को 6 दिन में कर सकता है। जबकि मोहन उसी काम को 8 दिन में कर सकता है। दोनों मिलकर उसी काम को कितने दिन में कर लेंगे?

(a) $4\frac{3}{7}$ दिन (b) $3\frac{3}{7}$ दिन

(c) $2\frac{3}{7}$ दिन (d) $2\frac{1}{7}$ दिन

(e) इनमें से कोई नहीं

11. A किसी काम को 10 दिन में, B 15 दिन में तथा C 18 दिन में कर सकता है। तीनों मिलकर उस काम को कितने दिन में पूरा कर लेंगे?

(a) $4\frac{1}{2}$ दिन (b) 5 दिन

(c) $5\frac{1}{2}$ दिन (d) $7\frac{1}{2}$ दिन

(e) इनमें से कोई नहीं

12. A और B मिलकर किसी काम को 15 दिन में कर सकते हैं। A अकेले उस काम को 24 दिन में कर सकता है। तो बताइये अकेले B उस काम को कितने दिन में पूरा कर लेगा?

(a) 42 दिन (b) 40 दिन

(c) 38 दिन (d) 22 दिन

(e) इनमें से कोई नहीं

13. दो नल A और B किसी हौज को क्रमशः 40 मिनट और 50 मिनट में भर सकते हैं। यदि दोनों नल एक साथ खोल दिये जायें, तो पूरे हौज को भरने में कितना समय लगेगा?

(a) $21\frac{1}{9}$ मिनट (b) $22\frac{5}{9}$ मिनट

(c) $22\frac{2}{9}$ मिनट (d) 23 मिनट

(e) इनमें से कोई नहीं

14. x किसी काम को 12 दिन में कर सकता है। y, x से 20% अधिक सक्षम है। तो दोनों मिलकर उस काम को कितने दिन में समाप्त कर लेंगे?

(a) $6\frac{6}{11}$ दिन (b) $5\frac{5}{11}$ दिन

(c) $7\frac{3}{11}$ दिन (d) $5\frac{5}{7}$ दिन

(e) इनमें से कोई नहीं

15. A किसी काम को 8 दिन में पूरा कर सकता है जबकि B उसी काम से 12 दिन में कर सकता है। यदि A ने 5 दिन काम किया हो, तो शेष बचे काम को B कितने दिन में पूरा कर लेगा?

(a) $5\frac{3}{5}$ दिन (b) $4\frac{1}{2}$ दिन

(c) $5\frac{1}{2}$ दिन (d) $4\frac{2}{3}$ दिन

(e) इनमें से कोई नहीं

16. रहीम एक काम को 12 दिन में, करीम 20 दिन में तथा सलीम 30 दिन में पूरा कर सकता है। यदि वे तीनों मिलकर उस काम को करें, तो पूरा काम कितने दिन में हो जायेगा?

(a) 7 दिन (b) 8 दिन

(c) 10 दिन (d) 6 दिन

(e) इनमें से कोई नहीं

17. दो नल A और B किसी टंकी को क्रमश: 4 और 5 घंटे में भर सकते हैं। यदि दोनों नल बारी-बारी से एक-एक घंटे के लिए खोले जायें? तो पूरी टंकी को भरने में किना समय लगेगा?

(a) 3 घंटे 24 मिनट (b) 4 घंटे 22 मिनट
(c) 4 घंटे 24 मिनट (d) 4 घंटे 36 मिनट
(e) इनमें से कोई नहीं

18. राधेश्याम किसी काम को 12 दिन में कर सकता है, परन्तु उसने नरेश के सहयोग से उस काम को 8 दिन में समाप्त कर लिया। यदि नरेश उस काम को अकेले करता, तो वह कितने दिन में पूरा कर लेता?

(a) 28 दिन (b) 27 दिन
(c) 25 दिन (d) 24 दिन
(e) इनमें से कोई नहीं

19. A किसी काम को 24 दिन में कर सकता है। यदि B की काम करने की क्षमता A से दुगुनी हो तो दोनों मिलकर उस काम को कितने दिन में पूरा कर लेंगे?

(a) 12 दिन (b) 10 दिन
(c) 6 दिन (d) 8 दिन
(e) इनमें से कोई नहीं

20. A किसी काम को 4 दिन में तथा B उसी काम को 8 दिन में पूरा कर सकता है। यदि दोनों मिलकर एक अन्य व्यक्ति C की सहायता से 2 दिन में काम का सिर्फ $\frac{4}{5}$ भाग ही पूरा करते हों तो अकेला C उस काम को कितने दिन में पूरा कर लेगा?

(a) 40 दिन (b) 44 दिन
(c) 56 दिन (d) 52 दिन
(e) इनमें से कोई नहीं

21. A, B से 40% अधिक सक्षम है। यदि A किसी काम को 15 दिन में पूरा करता हो, तो दोनों मिलकर उस काम कितने दिन में पूरा कर लेंगे?

(a) $3\frac{3}{4}$ दिन (b) $6\frac{3}{4}$ दिन
(c) $8\frac{3}{4}$ दिन (d) $9\frac{3}{4}$ दिन
(e) इनमें से कोई नहीं

22. 12 मजदूर एक दीवार का निर्माण 24 दिन में कर सकते हैं। 8 मजदूर उसी कार्य को कितने दिन में पूरा कर लेंगे?

(a) 38 दिन (b) 32 दिन
(c) 36 दिन (d) 34 दिन
(e) इनमें से कोई नहीं

23. एक नल A किसी टंकी को 15 मिनट में भर सकता है तथा दूसरा नल B उसी टंकी को 20 मिनट में भर सकता है। एक अन्य नल C जो टंकी में लगा है, 18 ली०/ मिनट के हिसाब से पानी को बाहर निकालता है। यदि तीनों नल एक साथ खोल दिये जायें, तो टंकी 20 मिनट में पूरी भर जाती है। बताइये टंकी में कितना पानी आता है?

(a) 288 ली. (b) 270 ली.
(c) 310 ली. (d) 280 ली.
(e) इनमें से कोई नहीं

Answer Key

1	(e)	6	(a)	11	(a)	16	(d)	21	(c)
2	(c)	7	(c)	12	(b)	17	(c)	22	(c)
3	(b)	8	(b)	13	(c)	18	(d)	23	(b)
4	(c)	9	(d)	14	(b)	19	(d)		
5	(e)	10	(b)	15	(b)	20	(a)		

व्याख्या सहित हल — Answers & Explanations

1. (e) ∵ 15 आदमी 1 काम को 3 दिन में पूरा करते हैं।
∴ 1 आदमी 1 काम को 3 × 15 दिन में पूरा करेगा।
∴ 10 आदमी उस काम को $\frac{3\times15}{10}=\frac{9}{2}=4\frac{1}{2}$ दिन में पूरा करेंगे।

2. (c) ∵ 16 पुरुष 1 काम को 8 दिन में पूरा करते हैं।
∴ 1 पुरुष 1 काम को 16 × 8 दिन में पूरा करेगा।
∴ 12 पुरुष उसी काम को $\frac{16\times8}{12}$
$=\frac{32}{3}=10\frac{2}{3}$ दिन में पूरा करेंगे।

3. (b) ∵ 17 पुरुष 1 काम को 12 दिनों में पूरा करते हैं।
∴ 1 पुरुष 1 काम को 12 × 17 दिन में पूरा करेगा।
∴ 6 पुरुष 1 काम को $\frac{12\times17}{6}=34$ दिन में पूरा करेंगे।

4. (c) दिनों की संख्या $=\frac{12\times8}{12-8}$
= 24 दिन

5 (e) अभीष्ट दिनों की संख्या
$=\frac{6\times12}{6+12}$
= 4 दिन

6. (a) 12 आदमी संपूर्ण कार्य को 8 × 3 = 24 दिन में पूरा कर सकते हैं।
∴ अभीष्ट दिनों की संख्या
$=\frac{12\times24}{16}=18$

7. (c) कम्प्यूटर A द्वारा 1 मिनट में प्रोसेस किया गया भाग $=\frac{1}{3}$
कम्प्यूटर B द्वारा 1 मिनट में प्रोसेस किया गया भाग $=\frac{1}{5}$
कम्प्यूटर C द्वारा 1 मिनट में प्रोसेस किया गया भाग
$=\frac{42}{60}-\frac{1}{3}-\frac{1}{5}$
$=\frac{42-20-12}{60}=\frac{10}{60}=\frac{1}{6}$
∴ C, 6 मिनट में एक इनपुट प्रोसेस करेगा

8. (b) बाइंडरों की अभीष्ट संख्या $=\frac{800\times21\times15}{1400\times20}-9$

9. (d) अभीष्ट दिन $=\frac{9800}{350}=28$ दिन

10. (b) राजू के द्वारा 1 दिन में किया गया काम $=\frac{1}{6}$
तथा मोहन के द्वारा 1 दिन में किया गया काम $=\frac{1}{8}$
∴ (राजू + मोहन) के द्वारा 1 दिन में किया गया काम
$=\frac{1}{6}+\frac{1}{8}=\frac{7}{24}$
∴ $\frac{7}{24}$ काम (राजू + मोहन) करते हैं = 1 दिन में
∴ 1 काम (राजू + मोहन) करेंगे $=\frac{24}{7}=3\frac{3}{7}$ दिन में

11. (a) A के द्वारा 1 दिन में किया गया काम $=\frac{1}{10}$
B के द्वारा 1 दिन में किया गया काम $=\frac{1}{15}$
तथा C के द्वारा 1 दिन में किया गया काम $=\frac{1}{18}$
∴ (A + B + C) के द्वारा 1 दिन में किया गया काम
$=\frac{1}{10}+\frac{1}{15}+\frac{1}{18}=\frac{2}{9}$
∴ $\frac{2}{9}$ काम (A + B+ C) करते हैं = 1 दिन में
∴ 1 काम (A + B+ C) करेंगे $=\frac{9}{2}=4\frac{1}{2}$ दिन में

12. (b) (A + B) के द्वारा 1 दिन में किया गया काम $=\frac{1}{15}$
तथा A के द्वारा 1 दिन में किया गया काम $=\frac{1}{24}$
∴ B के द्वारा 1 दिन में किया गया काम $=\frac{1}{15}-\frac{1}{24}=\frac{3}{120}=\frac{1}{40}$
∴ 1 काम B करेगा = 40 दिन में

13. (c) नल A के द्वारा 1 मिनट में हौज का भरा भाग = $\frac{1}{40}$

तथा नल B के द्वारा 1 मिनट में हौज का भरा भाग = $\frac{1}{50}$

∴ नल (A + B) के द्वारा 1 मिनट में हौज का भरा भाग

$= \frac{1}{40} + \frac{1}{50} = \frac{9}{200}$

∴ $\frac{9}{200}$ भाग नल (A + B) भरते हैं = 1 मिनट में

1 भाग (A + B) भरते हैं = 200/9 = $22\frac{2}{9}$ मिनट में

14. (b) x के द्वारा 1 दिन में किया गया काम = $\frac{1}{12}$

∴ y के द्वारा 1 दिन में किया गया काम = $\frac{1}{12} \times \frac{120}{100} = \frac{1}{10}$

∴ (x + y) के द्वारा 1 दिन में किया गया काम = $\frac{1}{12} + \frac{1}{10} = \frac{11}{60}$

∴ 1 काम (x + y) करते हैं = 60/11 दिन में

15. (b) A के द्वारा 1 दिन में किया गया काम = $\frac{1}{8}$

∴ A के द्वारा 5 दिन में किया गया काम = $\frac{1}{8} \times 5 = \frac{5}{8}$

∴ शेष बचा काम = $1 - \frac{5}{8} = \frac{3}{8}$

∴ 1 काम B करता है 12 दिन में

∴ $\frac{3}{8}$ काम B करेगा $12 \times \frac{3}{8} = \frac{9}{2} = 4\frac{1}{2}$ दिन में

16. (d) रहीम के द्वारा 1 दिन में किया गया काम = $\frac{1}{12}$

करीम के द्वारा 1 दिन में किया गया काम = $\frac{1}{20}$

तथा सलीम के द्वारा 1 दिन में किया गया काम = $\frac{1}{30}$

∴ (रहीम + करीम + सलीम) के द्वारा 1 दिन में किया गया काम

$= \frac{1}{12} + \frac{1}{20} + \frac{1}{30} = \frac{10}{60} = \frac{1}{6}$

∴ $\frac{1}{6}$ काम (रहीम + करीम + सलीम) करते हैं = 1 दिन में

∴ 1 काम (रहीम + करीम + सलीम) करेंगे = 6 दिन में

17. (c) नल A के द्वारा 1 घंटे में टंकी का भरा भाग = $\frac{1}{4}$

तथा नल B के द्वारा 1 घंटे में टंकी का भरा भाग = $\frac{1}{5}$

∴ नल A और नल B के द्वारा 2 घंटे में टंकी का भार भाग

$= \frac{1}{4} + \frac{1}{5} = \frac{9}{20}$

∴ नल A और नल B के द्वारा 4 घंटे में टंकी का भरा भाग

$= \frac{9}{20} \times 2 = \frac{9}{10}$

$\frac{1}{10}$ भाग को नल A द्वारा पूरा भरने में लगा समय

$= \frac{4 \times 60}{10} = 24$ मिनट शेष खाली भाग $= 1 - \frac{9}{10} = \frac{1}{10}$

∴ टंकी को पूरा भरने में लगा समय

= 4 घंटे + 24 मिनट

= 4 घंटे 24 मिनट

18. (d) राधेश्याम के द्वारा 1 दिन में किया गया काम = $\frac{1}{12}$

तथा (राधेश्याम + नरेश) के द्वारा 1 दिन में किया गया काम

$= \frac{1}{8}$

∴ नरेश के द्वारा 1 दिन में किया गया काम

$= \frac{1}{8} - \frac{1}{12} = \frac{1}{24}$

∴ $\frac{1}{24}$ काम नरेश करता है = 1 दिन में

∴ 1 काम नरेश करेगा 24 दिन में

19. (d) A के द्वारा 1 दिन में किया गया काम = $\frac{1}{24}$

∴ B के द्वारा 1 दिन में किया गया काम

$= \frac{1}{24} \times 2 = \frac{1}{12}$

∴ (A + B) के द्वारा 1 दिन में किया काम

$= \frac{1}{24} + \frac{1}{12} = \frac{1}{8}$

∴ $\frac{1}{8}$ काम (A + B) करते हैं = 1 दिन में

∴ 1 काम (A + B) करेंगें = 8 दिन में

20. (a) A के द्वारा 1 दिन में किया गया काम = $\frac{1}{4}$

तथा B के द्वारा 1 दिन में किया गया काम = $\frac{1}{8}$

$\therefore$ (A + B) के द्वारा 1 दिन में किया गया काम

$= \frac{1}{4} + \frac{1}{8} = \frac{3}{8}$

प्रश्नानुसार

(A + B + C) के द्वारा 2 दिन में किया गया काम = $\frac{4}{5}$

$\therefore$ C के द्वारा 1 दिन में किया गया काम

$= \frac{2}{5} - \frac{3}{8} = \frac{1}{40}$

$\therefore$ $\frac{1}{40}$ काम C करता है = 1 दिन में

$\therefore$ 1 काम C करेगा = 40 दिन में

21. (c) A के द्वारा 1 दिन में किया गया काम = $\frac{1}{15}$

$\therefore$ B के द्वारा 1 दिन में किया गया काम = $\frac{1}{15} \times \frac{100}{140} = \frac{1}{21}$

$\therefore$ (A + B) के द्वारा 1 दिन में किया गया काम

$= \frac{1}{15} + \frac{1}{21} = \frac{12}{105}$

$\therefore$ $\frac{12}{105}$ काम (A+ B) करते हैं = 1 दिन में

1 काम (A+ B) करेंगे = $\frac{105}{12} = 8\frac{3}{4}$ दिन में

22. (c) 12 मजदूर दीवार का निर्माण पूरा करते हैं 24 दिन में

$\therefore$ 1 मजदूर दीवार का निर्माण पूरा करेगा $24 \times 12 = 288$ दिन में

$\therefore$ 8 मजदूर दीवार का निर्माण पूरा करेंगे $\frac{288}{8} = 36$ दिन में

23. (b) नल A के द्वारा 1 मिनट में टंकी का भरा भाग = $\frac{1}{15}$

तथा नल B के द्वारा 1 मिनट में टंकी का भरा भाग = $\frac{1}{20}$

$\therefore$ नल (A + B) के द्वारा 1 मिनट में टंकी का भरा भाग

$= \frac{1}{15} + \frac{1}{20} + = \frac{7}{60}$

प्रश्नानुसार

नल (A + B+C) के द्वारा 1 मिनट में टंकी का भरा हुआ भाग

$= \frac{1}{20}$

$\therefore$ C के द्वारा 1 मिनट में टंकी का खाली हुआ भाग

$= \frac{7}{60} - \frac{1}{20} = \frac{4}{60} = \frac{1}{15}$

$\therefore$ $\frac{1}{15}$ भाग में टंकी में पानी आता है = 18 ली.

$\therefore$ 1 भाग में टंकी में पानी आयेगा = $18 \times 15 = 270$ ली.

◆◆◆

अध्याय

9 दूरी, समय और चाल (TIME, SPEED & DISTANCE)

इस अध्याय के अंतर्गत हम निम्न दो विषयों पर आधारित प्रश्नों का अध्ययन करेंगे।

(i) दूरी, चाल और समय

(ii) नाव व धारा

दूरी, चाल और समय

चाल: किसी पिण्ड द्वारा इकाई समय में तय की गई दूरी को उसकी चाल कहते हैं।

$$\text{चाल} = \frac{\text{दूरी}}{\text{समय}}$$

$$\text{दूरी} = \text{चाल} \times \text{समय}$$

$$\text{और समय} = \frac{\text{दूरी}}{\text{चाल}}$$

मुख्य इकाईयाँ

समय : सेकण्ड, मिनट, घंटा

दूरी : मीटर, किलोमीटर

चाल : किमी / घंटा, मीटर / सेकण्ड

इकाईयों का परिवर्तन (Conversion)

- 1 किमी / घंटा $= \frac{5}{18}$ मीटर / सेकण्ड
- 1 मीटर / सेकण्ड $= \frac{18}{5}$ किमी / घंटा
- 1 किमी / घंटा $= \frac{5}{8}$ मील / घंटा
- 1 मील / घंटा $= \frac{22}{15}$ फुट / सेकण्ड

उदाहरण 1 : एक स्कूटर सवार 45 किमी / घंटा की चाल से 4 मिनट में कितनी दूरी तय कर लेगा?

हल स्कूटर सवार की चाल = 45 किमी / घंटा

$$= \frac{45 \times 1000}{60} = 750 \text{ मीटर / मिनट}$$

$\therefore$ 4 मिनट में तय की गई दूरी $= 4 \times 750 = 3000$ मीटर

दूरी, समय और चाल संबंधी प्रश्नों को हल करने की संक्षिप्त विधियाँ

- **औसत चाल : किसी पिण्ड द्वारा तय की गई कुल दूरी तथा उस दूरी को तय करने में लगे कुल समय के अनुपात को उस पिण्ड की औसत चाल कहते हैं।**

$$\text{औसत चाल} = \frac{\text{तय की गई कुल दूरी}}{\text{लिया गया कुल समय}}$$

- **यदि कोई व्यक्ति x से y किमी की दूरी A मीटर/सेकण्ड की चाल से और y से x किमी की दूरी B मीटर/सेकण्ड की चाल से तय करें तो पूरी यात्रा के दौरान औसत चाल [illegible] मीटर/सेकण्ड होगी।**

उदाहरण 2 : सुनील दिल्ली से पटना की यात्रा 40 किमी/घंटा की चाल से तय करता है और वापस दिल्ली 50 किमी/घंटा की चाल से आता है। यात्रा की औसत चाल क्या है ?

हल सूत्र के अनुसार,

$$\text{औसत चाल} = \frac{2 \times 40 \times 50}{40 + 50} \text{ किमी/घंटा}$$

$$= \frac{4000}{90} \text{ किमी/ घंटा}$$

$= 44.44$ किमी/घंटा

- **आपेक्षिक चाल :** जब कोई दो गतिशील पिंड विपरीत दिशा में जा रही हो तो उसकी आपेक्षिक चाल उन दोनों पिंडों की चालों का योग होता है। इसके विपरीत यदि दोनों पिंड एक ही दिशा में जा रही हो तो उनकी आपेक्षिक चाल उन दोनों पिंडों की चालों का अंतर होता है।

उदाहरण के तौर पर जब दो ट्रेनें विपरीत दिशा में क्रमशः x किमी/घंटा और y किमी/घंटा के चाल से गतिमान हो तो उनकी आपेक्षिक गति $(x+y)$ होगी। दूसरी स्थिति में जब वही दो ट्रेने समान दिशा में गतिमान हो तो उनकी आपेक्षिक गति $(x-y)$ होगी।

पहली स्थिति में पहली ट्रेन दूसरी ट्रेन को $\frac{L_1+L_2}{(x+y)}$ घंटे में पूरी तरह पार करेगी जबकि दूसरी स्थिति में पहली ट्रेन दूसरी ट्रेन को $\frac{L_1+L_2}{(x-y)}$ घंटे में पार करेगी जहां L_1 और L_2 ट्रेन की लम्बाईयां हैं।

उदाहरण 3 : 100 मीटर और 80 मीटर लंबाई वाली दो रेलगाड़ियाँ समान दिशा में गतिमान हैं। यदि पहली रेलगाड़ी 51 मीटर / सेकण्ड की चाल से और दूसरी रेलगाड़ी 42 मीटर / सेकण्ड की चाल से गतिमान है तो उन्हें एक-दूसरे को पार करने में कितना समय लगेगा?

हल: यहाँ, पहली रेलगाड़ी की लंबाई = 100 मीटर

दूसरी रेलगाड़ी की लंबाई = 80 मीटर

और पहली रेलगाड़ी की चाल = 51 मीटर / सेकण्ड

दूसरी रेलगाड़ी की चाल = 42 मीटर / सेकण्ड

आपेक्षिक चाल = 51 − 42 = 9 मीटर / सेकण्ड

(चूँकि रेलगाड़ियाँ समान दिशा में हैं)

सूत्र के अनुसार अभीष्ट समय = $\frac{L_1+L_2}{x-y}$

$= \frac{100+80}{9} = 20$ सेकण्ड

उदाहरण 4 : 100 मीटर और 80 मीटर लंबाई वाली दो रेलगाड़ियाँ विपरीत दिशा में गतिमान हैं। यदि पहली रेलगाड़ी 10 मीटर/सेकण्ड की चाल से और दूसरी रेलगाड़ी 15 मीटर/सेकण्ड की चाल से गतिमान है तो उन्हें एक-दूसरे को पार करने में कितना समय लगेगा?

हल पहली रेलगाड़ी की लंबाई = 100 मीटर

दूसरी रेलगाड़ी की लंबाई = 80 मीटर

और पहली रेलगाड़ी की चाल = 10 मीटर / सेकण्ड

दूसरी रेलगाड़ी की चाल = 15 मीटर / सेकण्ड

आपेक्षिक चाल = 10 + 15 = 25 मीटर / सेकण्ड

(चूँकि रेलगाड़ियाँ विपरीत दिशा में है)

सूत्र के अनुसार

अभीष्ट समय = $\frac{L_1+L_2}{x+y}$

$= \frac{100+80}{25} = 7.2$ सेकण्ड

❖ ***x* मीटर लंबी रेलगाड़ी एक सिग्नल पोस्ट को पार करने में *x* मीटर दूरी तय करती है।**

उदाहरण 5 : एक 300 मीटर लंबी रेलगाड़ी 10 मीटर / सेकण्ड की चाल से जा रही है। इसे एक इलेक्ट्रिक पोल को पार करने में कितना समय लगेगा?

हल समय = $\frac{\text{दूरी}}{\text{चाल}}$, यहाँ रेलगाड़ी की लंबाई ही दूरी होगी।

$\therefore$ समय = $\frac{300}{10} = 30$ सेकण्ड

❖ ***x* मीटर लम्बी रेलगाड़ी, *y* मीटर लम्बे प्लेटफार्म को पार करने में $(x+y)$ मीटर, दूरी तय करती है।**

उदाहरण 6 : एक 300 मीटर लंबी रेलगाड़ी 10 मीटर / सेकण्ड की चाल से जा रही है। इसे 50 मीटर लंबे प्लेटफार्म को पार करने में कितना समय लगेगा?

हल समय = $\frac{\text{दूरी}}{\text{चाल}}$

यहाँ, दूरी = रेलगाड़ी की लंबाई + प्लेटफार्म की लंबाई

= 300 + 50 = 350

$\therefore$ समय = $\frac{350}{10} = 35$ सेकण्ड

नाव और धारा

जब हम नदी की धारा के अनुकूल गमन करते हैं तो हमारी चाल धारा की चाल के कारण बढ़ जाती है, इसी प्रकार जब हम धारा के प्रतिकूल गमन करते हैं तो हमारी चाल घट जाती है।

माना शांत जल में नाव की चाल *A* किमी/घंटा और धारा की चाल *B* किमी/घंटा है, तब,

धारा की दिशा में नाव की चाल = $(A+B)$ किमी/घंटा

धारा की विपरीत दिशा में नाव की चाल = $(A-B)$ किमी/घंटा

इस प्रकार हम पाते हैं:

❖ **शांत जल में नाव की चाल**

$= \frac{\text{धारा की दिशा में नाव की चाल} + \text{धारा की विपरीत दिशा में नाव की चाल}}{2}$

उदाहरण 7 : एक नाव धारा की दिशा में और विपरीत दिशा में बराबर दूरी तय करती है। नाव की चाल धारा की विपरीत दिशा में 10 किमी/घंटा तथा धारा की दिशा में 20 किमी/घंटा है। शांत जल में नाव की चाल ज्ञात करें।

हल धारा की विपरीत दिशा में नाव की चाल = 10 किमी/घंटा

धारा की दिशा में नाव की चाल = 20 किमी/घंटा

शांत जल में नाव की चाल

$= \frac{\text{धारा की दिशा में नाव की चाल} + \text{धारा की विपरीत दिशा में नाव की चाल}}{2}$

$\therefore$ शांत जल में नाव की चाल = $\frac{10+20}{2}$

= 15 किमी/घंटा

❖ धारा की चाल

$$= \frac{\text{धारा की दिशा में चाल} - \text{धारा की विपरीत दिशा में चाल}}{2}$$

उदाहरण 8 : एक नाव धारा की दिशा में और विपरीत दिशा में बराबर दूरी तय करती है। नाव की चाल धारा की विपरीत दिशा में 10 किमी/घंटा जबकि धारा की दिशा में 20 किमी/घंटा है। धारा की चाल ज्ञात करें।

हल धारा की विपरीत दिशा में चाल = 10 किमी/घंटा

धारा की दिशा में चाल = 20 किमी/घंटा

इस प्रकार, धारा की चाल

$$= \frac{\text{धारा की दिशा में चाल} - \text{धारा की विपरीत दिशा में चाल}}{2}$$

$$= \frac{20-10}{2} = \frac{10}{2} = 5 \text{ किमी/घंटा}$$

साधित उदाहरण (Solved Examples)

उदाहरण 1 : 175 मीटर लंबी ट्रेन 35 मीटर लंबे प्लेटफॉर्म को 12 सेकेंड में पार करती है। ट्रेन की गति कितने कि.मी./प्रति घंटा है?

(a) 42 **(b) 64**

(c) 63 **(d) 59**

(e) इनमें से कोई नहीं

हल (c) ट्रेन की गति

$$= \frac{(\text{प्लेटफार्म} + \text{ट्रेन})\text{ की लंबाई}}{\text{समय}}$$

$$= \frac{175+35}{12} = \frac{210}{12} \text{ मीटर/सेकण्ड}$$

$$= \frac{210}{12} \times \frac{18}{5} \text{ किमी/घंटा} = 63 \text{ किमी/घंटा}$$

उदाहरण 2 : एक ट्रेन 90 किलोमीटर प्रति घंटे की गति से चल रही है और वह अपने से दुगनी लंबाई वाले प्लेटफार्म को 36 सेकण्ड में पार करती है। प्लेटफार्म की लंबाई (मीटर) में कितनी होगी?

(a) 450 **(b) 200**

(c) 300 **(d) तय नहीं कर सकते**

(e) इनमें से कोई नहीं

हल (e) माना कि ट्रेन की लम्बाई = x मीटर

∴ प्लेटफॉर्म की लम्बाई = 2x मीटर

ट्रेन की चाल = 90 किलोमीटर प्रति घंटा

$= 90 \times \frac{5}{18} = 25$ मीटर प्रति सेकण्ड

प्रश्नानुसार,

$$\frac{x+2x}{25} = 36$$

या, $3x = 25 \times 36$

या, $x = \frac{25 \times 36}{3} = 300$ मीटर

∴ प्लेटफॉर्म की लम्बाई = 2x = 600 मीटर

उदाहरण 3 : एक कार 25 किमी/घंटा की गति से 75 किमी की दूरी तय करती है। अगले 25 किमी की यात्रा 5 किमी/घंटा और अंतिम 50 किमी की यात्रा 25 किमी/घंटा की गति से पूरी करती है। कार की औसत गति क्या है?

(a) 40 किमी/घंटा **(b) 25 किमी/घंटा**

(c) 15 किमी/घंटा **(d) 12.5 किमी/घंटा**

(e) इनमें से कोई नहीं

हल (c) पहले 75 किमी. की दूरी को तय करने में लगा समय

$= \frac{75}{25} = 3$ घंटा

अगले 25 किमी की दूरी को तय करने में लगा समय

$= \frac{25}{5} = 5$ घंटा

अंतिम 50 किमी की दूरी को तय करने में लगा समय

$= \frac{50}{25} = 2$ घंटा

कुल दूरी = 75 + 25 + 50 = 150 किमी

कुल समय = 3 + 5 + 2 = 10 घंटा

∴ औसत चाल = $\frac{150}{10} = 15$ किमी/घंटा

उदाहरण 4 : रमन अपने घर से पड़ोस के शहर में 50 किमी/घंटे की गति से ड्राइव करके गया और 45 किमी/घंटे की गति से वापस आया। घर वापस पहुंचने में उसे एक घंटा ज्यादा लगा। प्रत्येक तरफ उसने कितनी दूरी तय की?

(a) 450 किमी **(b) 225 किमी**

(c) 900 किमी **(d) 500 किमी**

(e) इनमें से कोई नहीं

हल (a) माना दूरी x किमी है।

तब, $\frac{x}{45} - \frac{x}{50} = 1$

$\Rightarrow x = \frac{45 \times 50}{5}$

= 450 किमी

उदाहरण 5 : 60 किमी/घंटा की गति से चलने वाली 240 मीटर लंबी एक ट्रेन, विपरीत दिशा में 48 किमी/घंटा की गति से चल रही 270 मीटर लंबी एक दूसरी ट्रेन को कितने समय में पार करेगी ?

(a) 17 सेकंड (b) 3 सेकंड
(c) 12 सेकंड (d) 8 सेकंड
(e) इनमें से कोई नहीं

हल (a) सापेक्षिक गति

$= (60 + 48) \times \frac{5}{18}$

= 30 मी./ से.

∴ लिया गया समय

$= \frac{240 + 270}{30}$

$= \frac{510}{30}$

= 17 सेकंड

अभ्यास प्रश्न (Exercise)

1. एक कार 12 घंटे में 816 कि.मी. की दूरी तय करती है। कार की गति क्या है?
   (a) 60 किमी./ घंटा (b) 62 किमी./ घंटा
   (c) 64 किमी./ घंटा (d) निर्धारित नहीं किया जा सकता
   (e) इनमें से कोई नहीं
2. एक बस 43 घंटे में 2924 किमी. की दूरी तय करती है। इस बस की गति क्या है?
   (a) 72 किमी/घंटा (b) 60 किमी/घंटा
   (c) 68 किमी/घंटा (d) निर्धारित नहीं किया जा सकता है
   (e) इनमें से कोई नहीं
3. एक ट्रेन 26 घण्टे में 1560 किमी की दूरी तय करती है, तो ट्रेन की गति कितनी है?
   (a) 72 किमी/घण्टा (b) 62 किमी/घण्टा
   (c) 66 किमी/घण्टा (d) निर्धारित नहीं किया जा सकता
   (e) इनमें से कोई नहीं
4. एक बस 49 किमी./घंटा की गति से चलती है और अपने गंतव्य स्थान 7 घंटे में पहुंचती है। बस कितनी दूरी तय करती है?
   (a) 343 किमी. (b) 283 किमी.
   (c) 353 किमी. (d) 245 किमी.
   (e) 340 किमी.
5. एक कार 15 किमी./ घंटा की गति से 45 किमी. की दूरी तय करता है। यह अगले 50 किमी. की यात्रा 25 किमी./ घंटा की गति से और अंतिम 25 किमी की यात्रा 10 किमी./ घंटा की गति से पूरी करती है। कार की औसत गति क्या है?
   (a) 40 किमी./ घंटा (b) 24 किमी./ घंटा
   (c) 15 किमी./ घंटा (d) 18 किमी./ घंटा
   (e) इनमें से कोई नहीं
6. निलेश उपने गांव से स्कूल 4 किमी./घंटा की गति से जाता है और स्कूल से गांव 2 किमी./घंटा की गति से लौटता है। यदि उसे कुल 6 घंटे लगते हैं तो गांव और स्कूल के बीच कितनी दूरी है?
   (a) 6 किमी. (b) 5 किमी.
   (c) 4 किमी. (d) निर्धारित नहीं किया जा सकता
   (e) इनमें से कोई नहीं
7. 200 मीटर लंबी एक ट्रेन अपने से दुगुनी लंबाई के प्लेटफॉर्म को 36 सेंकड में पार करती है। किमी/घंटा में ट्रेन की गति कितनी है ?
   (a) 60 (b) 48
   (c) 64 (d) 66
   (e) इनमें से कोई नहीं
8. 90 किमी प्रति घंटा की गति से चल रही एक 160 मीटर लंबी ट्रेन एक प्लेटफॉर्म को 18 सेकंड में पार करती है। प्लेटफॉर्म की लंबाई कितने मीटर है?
   (a) 210 (b) 240
   (c) 290 (d) 310
   (e) इनमें से कोई नहीं
9. विश्रामों को छोड़कर, एक बस की गति 64 किमी / घंटा है और विश्रामों सहित बस की गति 48 किमी / घंटा है। प्रति घंटा बस कितने समय विश्राम के लिए रूकती है ?
   (a) 12.5 मिनट (b) 15 मिनट
   (c) 10 मिनट (d) 18 मिनट
   (e) इनमें से कोई नहीं
10. एक कार 9 घंटे में 540 किमी की दूरी तय करती है। एक ट्रेन की गति इस कार की गति से **दुगुनी** है। ट्रेन की गति का दो–तिहाई एक बाइक की गति के समान है। बाइक 5 घंटे में कितनी दूरी तय करेगी ?
    (a) 450 किमी. (b) 360 किमी.
    (c) 400 किमी. (d) 500 किमी.
    (e) इनमें से कोई नहीं

11. एक ट्रेन और एक कार की गति के बीच का क्रमशः अनुपात 18 : 13 है। एक बस ने 12 घंटे में 480 कि.मी. की दूरी तय की है। बस की गति ट्रेन की गति का पांच बटा नौ है। 5 घंटे में कार कितनी दूरी तय करेगी ?
(a) 250 कि.मी.
(b) 280 कि.मी.
(c) 260 कि.मी.
(d) निर्धारित नहीं किया जा सकता है
(e) इनमें से कोई नहीं

12. 126 कि.मी./घंटा की गति से चलती 300 मीटर लंबी ट्रेन एक प्लैटफार्म की 24 सेकंड में पार करती है। एक आदमी यही प्लैटफार्म 5 मिनट में पार करता है। इस आदमी की मीटर/सेकंड गति क्या है?
(a) 1.8 मी./से.
(b) 1.2 मी./से.
(c) 1.5 मी./से.
(d) निर्धारित नहीं किया जा सकता है
(e) इनमें से कोई नहीं

13. एक ही गति के ट्रेन - A, एक स्थिर ट्रेन - B को 35 सेकंड और एक खंभे को 14 सेकंड में पार करती है। ट्रेन-A की लम्बाई 280 मीटर है। स्थिर ट्रेन - B की लंबाई कितनी है ?
(a) 360 मीटर
(b) 480 मीटर
(c) 400 मीटर
(d) निर्धारित नहीं किया जा सकता है
(e) इनमें से कोई नहीं

14. एक बाइक 64 कि.मी./घंटा की गति से 8 घंटे में अमुक दूरी तय करती है। यदि यही दूरी लगभग 6 घंटे में कवर करनी हो तो बाइक की गति लगभग कितनी होनी चाहिए ?
(a) 80 कि.मी./घंटा (b) 85 कि.मी./घंटा
(c) 90 कि.मी./घंटा (d) 75 कि.मी./घंटा
(e) 70 कि.मी./घंटा

15. एक रेलगाड़ी जिसकी चाल 60 कि. मी./ घंटा है, 120 मीटर लम्बे प्लेटफार्म को 15 सेकेन्ड में पार कर लेती है। रेलगाड़ी की लम्बाई (मी.)में कितनी होगी?
(a) 100 मी. (b) 120 मी.
(c) 130 मी. (d) 110 मी.
(e) इनमें से कोई नहीं

16. एक रेलगाड़ी की लम्बाई 150 मीटर है और वह 42 कि.मी./घण्टा की चाल से चल रही है। रेलवे लाइन के नजदीक खड़े एक व्यक्ति से गुजरने में वह कितना समय लेगी?
(a) 10 से. (b) 12 से.
(c) 15 से. (d) 20 से.
(e) इनमें से कोई नहीं

17. दो व्यक्ति P और Q एक-दूसरे से 180 मीटर की दूरी पर खड़े हैं। वे एक-दूसरे की तरफ चलना प्रारम्भ करते हैं। यदि P 1 मिनट में 10 मीटर तथा Q 1 मिनट में 8 मीटर चलता हो, तो वे कितने समय बाद आपस से मिलेंगे?
(a) 8 मि. (b) 12 मि.
(c) 15 मि. (d) 10 मि.
(e) इनमें से कोई नहीं

18. दो रेलगाड़ियाँ, प्रत्येक की लम्बाई 300 मीटर समान्तर ट्रेकों पर क्रमश: 45 कि. मी./ घंटा तथा 55 कि.मी./घंटा की चाल से एक-दूसरे की ओर आ रही हैं। बताइये कितने समय में एक गाड़ी दूसरी गाड़ी को पार कर लेगी?
(a) 21.6 से. (b) 20.5 से.
(c) 21.8 से. (d) 21 से.
(e) इनमें से कोई नहीं

19. एक बस मेरठ से दिल्ली 50 कि.मी./ घंटा की गति से जाती है और उसी रास्ते पर 40 कि.मी./ घंटा की गति से वापस आती है। यदि वापिसी की यात्रा में बस $\frac{3}{4}$ घंटे समय अधिक लेती हो, तो मेरठ से दिल्ली के बीच की दूरी कितनी होगी
(a) 160 कि.मी (b) 150 कि.मी
(c) 180 कि.मी (d) 120 कि.मी
(e) इनमें से कोई नहीं

20. अनुराधा अपने घर से विद्यालय जाती है। यदि वह 10 कि.मी./ घंटा की गति से चलती है, तो विद्यालय 20 मिनट देर से पहुँचती है और यदि वह 15 कि. मी./ घंटा की गति से चलती है, तो विद्यालय 10 मिनट जल्दी पहुंच जाती है। घर से विद्यालय के बीच की दूरी कितनी होगी?
(a) 25 कि.मी. (b) 22 कि.मी.
(c) 15 कि.मी. (d) 18 कि.मी.
(e) इनमें से कोई नहीं

21. मनोज 20 कि.मी./ घंटा की चाल से कुछ दूरी तय करता है तथा आगे की उतनी ही दूरी 15 कि.मी./ घंटा की चाल से तय करता है। यदि यात्रा में कुल लगा समय 14 घंटे हो तो यात्रा की कुल दूरी कितनी होगी?
(a) 140 कि. मी. (b) 240 कि.मी.
(c) 220 कि.मी. (d) 120 कि.मी.
(e) इनमें से कोई नहीं

22. एक आदमी कोई दूरी 40 कि.मी/ घंटा की औसत चाल से तय करता है। उतनी ही दूरी वापिसी पर 30 कि. मी./ घंटा की औसत चाल से तय करता है। तो उस आदमी की पूरी यात्रा में औसत चाल क्या होगी?
(a) 32 कि.मी./ घंटा (b) 28 कि.मी. घंटा
(c) $27\frac{2}{7}$ कि. मी./ घंटा (d) $34\frac{2}{7}$ कि.मी./ घंटा
(e) इनमें से कोई नहीं

23. एक रेलगाड़ी की लम्बाई 200 मीटर है। यदि रेलगाड़ी की चाल 80 कि.मी./ घंटा हो, तो 100 मीटर लम्बे पुल को पार करने में कितना समय लेगी?

(a) 12.5 से. (b) 13.5 से.
(c) 10.6 से. (d) 8 से.
(e) इनमें से कोई नहीं

24. एक 100 मीटर लम्बी सवारीगाड़ी 40 कि.मी./ घंटा की गति से चलती हुई दूसरी विपरीत दिशा से आती हुई 120 मीटर लम्बी मालगाड़ी को 9 सेकेन्ड में पार कर लेती है। तो बताइये मालगाड़ी की चाल क्या होगी?

(a) 48 कि.मी./घंटा (b) 42 कि.मी./घंटा
(c) 36 कि.मी./घंटा (d) 40 कि.मी./घंटा
(e) इनमें से कोई नहीं

25. एक रेलगाड़ी जिसकी गति 72 कि.मी./ घंटा है, एक दूसरी रेलगाड़ी को, जो 60 कि.मी./घंटा की रफ्तार से समान दिशा में जा रही है 72 सेकेन्ड में पार कर लेती है। यदि पहली रेलगाड़ी की लम्बाई 150 मीटर हो, तो दूसरी रेलगाड़ी की लम्बाई क्या होगी?

(a) 80 मी. (b) 90 मी.
(c) 60 मी. (d) 50 मी.
(e) इनमें से कोई नहीं

26. किसी मोटर गाड़ी का एक पहिया 2 सेकेन्ड में 3 चक्कर लगाता है। यदि पहिए का व्यास 77 से.मी. हो, तो पहिए की चाल (मी./से. में) क्या होगी?

(a) 3.63 मी./से. (b) 4 मी./से.
(c) 4.5 मी./से. (d) 6.36 मी./से.
(e) इनमें से कोई नहीं

27. दो स्टेशन P और Q के बीच की दूरी 240 कि.मी. है। यदि एक रेलगाड़ी स्टेशन P से 45 कि.मी./ घंटा की रफ्तार से स्टेशन Q की तरफ तथा 40 मिनट बाद स्टेशन Q से दूसरी रेलगाड़ी 55 कि.मी./ घंटा की रफ्तार से स्टेशन P की तरफ चलती है, तो स्टेशन P से कितनी दूरी पर दोनों गाड़ियां मिलेंगी?

(a) 125 कि.मी. (b) 130 कि.मी.
(c) 120.8 कि. मी. (d) 124.5 कि.मी.
(e) इनमें से कोई नहीं

28. एक नाव की चाल स्थिर जल में 12 कि.मी./घंटा है तथा नदी की चाल 4 कि.मी./घंटा है। यदि नाव नदी के बहाव के विरूद्ध 3 घंटे 15 मिनट तक चले, तो नाव कितने दूरी तय करेगी?

(a) 25 कि.मी (b) 27 कि.मी.
(c) 26 कि.मी. (d) 28 कि.मी.
(e) इनमें से कोई नहीं

29. एक रेलगाड़ी जिसकी गति 120 कि.मी./घंटा है, एक खम्भे को 12 सेकेन्ड में पार कर लेती हैं। रेलगाड़ी की लम्बाई क्या होगी?

(a) 400 मी. (b) 300 मी.
(c) 330 मी. (d) 410 मी.
(e) इनमें से कोई नहीं

30. दो रेलगाड़ियों की लम्बाई बाराबर है तथा पहली रेलगाड़ी की चाल दूसरी रेलगाड़ी की चाल से 40% अधिक है। यदि पहली रेलगाड़ी रेलवे लाइन के पास खड़े किसी वृक्ष को 20 सेकेण्ड में पार करे, तो दूसरी रेलगाड़ी उस वृक्ष को कितने समय में पार कर लेगी?

(a) 20 से. (b) 24 से.
(c) 28 से. (d) 14 से.
(e) इनमें से कोई नहीं

31. दो रेलगाड़ियां जिनकी लम्बाई क्रमशः 200 मीटर व 300 मीटर हैं तथा उनकी चाल क्रमशः 70 कि.मी./घंटा व 60 कि.मी./घंटा है, समान्तर पटरी पर एक-दूसरे की तरफ चल रही है। वे कितने समय में एक दूसरे को पार कर लेगी?

(a) 15 सेकेण्ड (b) 12 सेकेण्ड
(c) 17 सेकेण्ड (d) $13\frac{11}{13}$ सेकेण्ड
(e) इनमें से कोई नहीं

32. एक रेलगाड़ी 36 कि.मी./ घंटा की औसत चाल से कोई दूरी 30 मिनट में तय कर लेती है। यदि इस दूरी 20 मिनट में तय करना हो, तो रेलगाड़ी की औसत चाल क्या होगी?

(a) 80 कि.मी./घंटा (b) 50 कि.मी./घंटा
(c) 54 कि.मी./घंटा (d) 52 कि.मी./घंटा
(e) इनमें से कोई नहीं

33. दो रेलगाड़ियाँ A और B स्टेशनों से, जिनके बीच की दूरी 100 कि. मी. है, एक दूसरे की और एक ही समय में छूटती हैं। यदि उनकी चाल क्रमशः 32 कि.मी./घंटा तथा 48 कि.मी./घंटा हो, तो वे कितने समय में एक-दूसरे को पार कर लेगी?

(a) 1 (b) 5
(c) 2 (d) 4
(e) इनमें से कोई नहीं

Answer Key

1	(e)	8	(c)	15	(c)	22	(d)	29	(a)
2	(c)	9	(b)	16	(e)	23	(b)	30	(c)
3	(e)	10	(c)	17	(d)	24	(a)	31	(d)
4	(a)	11	(c)	18	(a)	25	(b)	32	(c)
5	(e)	12	(a)	19	(b)	26	(a)	33	(e)
6	(e)	13	(e)	20	(c)	27	(d)		
7	(a)	14	(b)	21	(b)	28	(c)		

व्याख्या सहित हल — Answers & Explanations

1. (e) कार की गति $= \frac{\text{तय की गई दूरी}}{\text{लिया गया समय}}$

$= \frac{816}{12} = 68$ किमी./घंटा

2. (c) बस की गति $= \frac{\text{तय की गई दूरी}}{\text{लगा समय}}$

$= \frac{2924}{43} = 68$ किमी/घंटा

3. (e) ट्रेन की गति $= \frac{1560}{26}$

$= 60$ किमी/घंटा

4. (a) तय की गई दूरी = चाल × समय

$= 49 \times 7 = 343$ किमी.

5. (e) 45 किमी. की दूरी तय करने में लगा समय

$= \frac{45}{15} = 3$ घंटा

50 किमी. की दूरी तय करने में लगा समय

$= \frac{50}{25} = 2$ घंटा

25 किमी. की दूरी तय करने में लगा समय

$= \frac{25}{10} = 2.5$ घंटा

कुल दूरी $= (45 + 50 + 25)$ किमी. $= 120$ किमी.

कुल समय $= (3 + 2 + 2.5)$ घंटा $= 7.5$ घंटा

$\therefore$ अभीष्ट औसत गति $= \frac{120}{7.5} = 16$ किमी./घंटा

6. (e) माना कि अभीष्ट दूरी $= x$ किमी.

प्रश्नानुसार,

$\frac{x}{4} + \frac{x}{2} = 6$

या, $\frac{x + 2x}{4} = 6$

या, $3x = 6 \times 4$

$\therefore x = \frac{6 \times 4}{3} = 8$ किमी.

7. (a) ट्रेन की गति

$= \frac{(200 + 400)}{36} \times \frac{18}{5}$

$= 60$ किमी / घंटा

8. (c) 18 सेकण्ड में तय की गई दूरी

$= 90 \times \frac{5}{18} \times 18 = 450$ मीटर

$\therefore$ प्लेटफॉर्म की लंबाई

$= 450 - 160 = 290$ मीटर

9. (b) प्रति घंटा बस का ठहराव

$= \frac{(64 - 48) \times 60}{64} = 15$ मिनट

10. (c) कार की गति $= \frac{540}{9} = 60$ कि.मी./घं.

बाइक की गति $= 60 \times 2 \times \frac{2}{3} = 80$ कि.मी./घं.

बाइक द्वारा तय की गई दूरी $= 80 \times 5$

$= 400$ कि.मी.

11. (c) बस की गति $= \frac{480}{12} = 40$ कि.मी./घं.

ट्रेन की गति $= 40 \times \frac{9}{5} = 72$ कि.मी./घं.

कार की गति $= \frac{72}{18} \times 13 = 52$ कि.मी./घं.

कार द्वारा तय की गई दूरी $= 52 \times 5$

$= 260$ कि.मी.

12. (a) प्लेटफार्म की लम्बाई $= 126 \times \frac{5}{18} \times 24 - 300$

$= 540$ मीटर

$\therefore$ आदमी की गति $= \frac{540}{5 \times 60} = 1.8$ मीटर/सैकंड

13. (e) ट्रेन A की गति $= \frac{280}{14} = 20$ मी./से.

ट्रेन B की लम्बाई $= 20 \times 35 - 280$

$= 700 - 280$

$= 420$ मीटर

14. (b) दूरी $= 64 \times 8 = 512$ कि.मी.

$\therefore$ गति $= \frac{512}{6} = 85$ कि.मी./घं. (लगभग)

15. (c) माना रेलगाड़ी की लम्बाई x मीटर है।

$\therefore$ रेलगाड़ी द्वारा तय की गई दूरी $= (120 + x)$ मी.

तथा लिया गया समय $= 15$ सेकेण्ड

$\therefore$ रेलगाड़ी की चाल $= 60$ कि. मी./घंटा $= \frac{60 \times 5}{18}$ मी./ से.

$= \frac{50}{3}$ मी./से.

$\therefore$ चाल $= \frac{\text{तय की गई दूरी}}{\text{लिया गया समय}}$

या $\frac{50}{3} = \frac{120 + x}{15}$

या $360 + 3x = 750$

या $3x = 750 - 360 = 390$

या $x = \frac{390}{3} = 130$ मी.

अतः रेलगाड़ी की लम्बाई 130 मी. है।

16. (e) रेलगाड़ी की चाल $= 42$ कि. मी./ घंटा $= \frac{42 \times 5}{18}$ मी./ से.

$= \frac{35}{3}$ मी./ से.

$\therefore$ गुजरने में लगा समय $= \frac{150}{35/3} = \frac{150 \times 3}{35} = 12\frac{6}{7}$ से.

17. (d) चूँकि व्यक्ति P और Q एक दूसरे की ओर चल रहे हैं।

$\therefore$ सापेक्ष गति $= (10 + 8) = 18$ मी./ मिनट

$\therefore$ एक दूसरे से मिलने में लगा समय $= \frac{180}{18} = 10$ मिनट

अतः वे दोनों 10 मिनट बाद मिलेंगे।

18. (a) चूँकि दोनों रेलगाड़ियाँ एक-दूसरे की ओर चल रही हैं।

$\therefore$ सापेक्ष चाल $= 45 + 55 = 100$ कि. मी./ घंटा

$= \frac{100 \times 5}{18}$ मी./ से. $= \frac{250}{9}$ मी./से.

तथा दोनों गाड़ियों द्वारा तय की गई दूरी $= 300 + 300 = 600$ मी.

$\therefore$ पार करने में लगा समय $= \frac{600}{250/9} = \frac{600 \times 9}{250} = 21.6$ सेकेण्ड

19. (b) माना मेरठ से दिल्ली के बीच की दूरी x कि.मी. की दूरी जाने में लगा समय $= \frac{x}{50}$ घंटे तथा

40 कि.मी./घंटा की चाल से x कि.मी. की दूरी वापस आने में लगा समय $= \frac{x}{40}$ घंटे

प्रश्नानुसार,

वापस आने में लगा समय = जाने में लगा समय $+ \frac{3}{4}$ घंटे

$\therefore \frac{x}{40} = \frac{x}{50} + \frac{3}{4}$

या $\frac{x}{40} - \frac{x}{50} = \frac{3}{4}$

या $\frac{5x - 4x}{200} = \frac{3}{4}$

या $x = 200 \times \frac{3}{4} = 150$ कि.मी

अतः मेरठ से दिल्ली के बीच की दूरी 150 कि. मी. होगी

20. (c) माना घर से विद्यालय के बीच की दूरी x कि. मी. की दूरी तय करने में लगा समय $= \frac{x}{10}$ घंटे

चूँकि अनुराधा विद्यालय 20 मिनट देर से पहुँचती है

$\therefore$ पहुंचने का वास्तविक समय $= \frac{x}{10}$ घंटे $- 20$ मिनट

$= \left(\frac{x}{10} - \frac{1}{3}\right)$ घंटे

तथा 15 कि.मी./ घंटा की गति से x कि.मी. की दूरी तय करने में लगा समय $= \frac{x}{15}$ घंटे

$\therefore$ अनुराधा विद्यालय 10 मिनट जल्दी पहुंचती है

$\therefore$ पहुंचने का वास्तविक समय $= \frac{x}{15}$ घंटे + 10 मिनट $=$

$\left(\frac{x}{15}+\frac{1}{6}\right)$ घंटे

$\therefore \frac{x}{10}-\frac{1}{3}=\frac{x}{15}+\frac{1}{6}$

या $\frac{x}{10}-\frac{x}{15}=\frac{1}{6}+\frac{1}{3}$

या $\frac{x}{30}=\frac{1}{2}$

या $x = 15$ कि.मी./ घंटा

अत: घर से विद्यालय के बीच की दूरी 15 कि.मी. होगी।

21. (b) माना वह दूरी $2x$ कि.मी. है।

$\therefore$ 20 कि.मी./ घंटा की चाल से x कि.मी. की दूरी तय करने में लगा समय $= \frac{x}{20}$ घंटे

तथा 15 कि.मी./ घंटा की चाल से x कि.मी. की दूरी तय करने में लगा समय $= \frac{x}{15}$

प्रश्नानुसार

कुल यात्रा में लगा समय = 14 घंटे

$\therefore \frac{x}{20}+\frac{x}{15}=14$ या $\frac{7x}{60}=14$

या $x=\frac{14\times 60}{7}=120$

$\therefore$ यात्रा की कुल दूरी $= 2\times 120 = 240$ कि. मी.

22. (d) माना वह दूरी एक ओर से x कि. मी. है।

$\therefore$ 40 कि.मी./ घंटा की औसत चाल से x कि. मी. की दूरी जाने में लगा समय $= \frac{x}{40}$ घंटे तथा 30 कि.मी./ घंटा की औसत चाल से x कि.मी. की दूरी वापस आने में लगा समय $= \frac{x}{30}$ घंटे

$\therefore$ यात्रा में लगा कुल समय $= \frac{x}{40}+\frac{x}{30}=\frac{7x}{120}$ घंटे

तथा यात्रा की कुल दूरी $= x + x = 2x$ कि.मी.

$\therefore$ पूरी यात्रा में औसत चाल $= \frac{2x}{7x/120}=\frac{2\times 120}{7}$

$= 34\frac{2}{7}$ कि.मी./घंटा

23. (b) रेलगाड़ी द्वारा तय की गई दूरी $= 200 + 100 = 300$ मी.

तथा रेलगाड़ी की चाल = 80 कि.मी./घंटा

$= \frac{80\times 5}{18}$ मी./से. $= \frac{200}{9}$ मी./से.

$\therefore$ पुल पार करने में लगा समय

$= \frac{300}{200/9} = \frac{300\times 9}{200} = 13.5$ सेकन्ड

24. (a) माना मालगाड़ी की चाल x कि.मी./ घंटा है।

$\therefore$ दोनों गाड़ियाँ विपरीत दिशा में चल रही है।

$\therefore$ सापेक्ष चाल $= (40 + x)$ कि.मी./ घंटा

तथा रेलगाड़ियों द्वारा चली गई दूरी $= 100 + 120 = 220$ मी.

$\therefore$ सापेक्ष चाल $= \frac{\text{चली गयी दूरी}}{\text{लिया गया समय}}$

$\therefore (40 + x)$ कि.मी./घंटा $= \frac{220}{9}$ मी. से.

$= \frac{220}{9}\times\frac{18}{5}$ कि.मी./घंटा

या $40 + x = 88$ या $x = 88 - 40 = 48$

अत: मालगाड़ी की चाल 48 कि.मी./घंटा होगी

25. (b) माना दूसरी रेलगाड़ी की लम्बाई x मी. है।

$\because$ दोनों गाड़ियाँ समान दिशा में चल रही हैं,

$\therefore$ सापेक्ष गति $= 72 - 60 = 12$ कि.मी./घंटा

$= 12\times\frac{5}{18}$ मी./से. $= \frac{10}{3}$ मी./से. तथा गाड़ियों द्वारा तय की गई दूरी $= (150 + x)$ मी.

$\therefore$ सापेक्ष गति $= \frac{\text{तय की गयी दूरी}}{\text{लिया गया समय}}$

या $\frac{10}{3}=\frac{150+x}{72}$ या $450 + 3x = 720$

या $3x = 270$ या $x = 90$

अत: दूसरी रेलगाड़ी की लम्बाई 90 मी. है।

26. (a) पहिए की त्रिज्या $= \frac{72}{2}$ से. मी.

$\therefore$ पहिए की परिधि $= 2\pi\times$ त्रिज्या $= \frac{2\times 22\times 77}{7\times 2}$

$=$ 242 से. मी. $= 2.42$ मी.

$\therefore$ पहिया 2 सेकेण्ड में 3 चक्कर लगाता है

$\therefore$ 2 सेकेण्ड में पहिए द्वारा चली दूरी $= 3\times 2.42 = 7.26$ मी.

$\therefore$ पहिए की चाल $= \frac{7.26}{2} = 3.63$ मी./से.

27. (d) चूँकि स्टेशन P से पहली रेलगाड़ी 40 मिनट पहले छूटती है

∴ 45 कि.मी./घंटा की रफ्तार से 40 मिनट में चली गई दूरी

$= \frac{45 \times 40}{60} = 30$ कि. मी.

∴ शेष बची दूरी $= 240 - 30 = 210$ कि. मी.

अब दूसरी रेलगाड़ी स्टेशन Q से छूटती है

∴ दोनों गाड़ियाँ विपरीत दिशा में चल रही हैं

∴ सापेक्ष चाल $= 45 + 55 = 100$ कि.मी./ घंटा

∴ पहले रेलगाड़ी के चलने से 40 मिनट बाद

एक दूसरे से मिलने का समय $= \frac{210}{100} = 2.1$ घंटे

या 2 घंटे 6 मिनट

∴ स्टेशन P से मिलने के स्थान की दूरी $= 30 + 45 \times 2.1$

$= 30 + 94.5 = 124.50$ कि. मी.

28. (c) माना नाव नदी के बहाव के विरूद्ध x कि.मी. जाती है

∴ बहाव के विरूद्ध नाव की चाल $= 12 - 4 = 8$ कि.मी./घंटा

∴ 8 कि. मी./ घंटा की चाल से x कि.मी. की दूरी तय करने में लगा समय $= \frac{x}{8}$ घंटे

∴ x कि.मी. दूरी की तय करने में लगा समय 3 घंटे 15 मिनट है

∴ $\frac{x}{8}$ घंटे $= 3$ घंटे 15 मिनट $= 3\frac{1}{4}$ घंटे $= \frac{13}{4}$ घंटे

या $\frac{x}{8} = \frac{13}{4}$ या $x = 26$

अतः नाव द्वारा तय की गई दूरी = 26 कि.मी.।

29. (a) रेलगाड़ी की गति = 120 कि.मी./ घंटा $= \frac{120 \times 5}{18}$ मी./से.

$= \frac{100}{3}$ मी./से.

तथा खम्भे को पार करने में लगा समय = 12 सेकेण्ड

∴ रेलगाड़ी की लम्बाई $= \frac{100}{3} \times 12 = 400$ मी.

30. (c) माना प्रत्येक रेलगाड़ी की लम्बाई x मी. तथा दूसरी रेलगाड़ी की चाल y मी./ से. है।

∴ पहली रेलगाड़ी की चाल $= y + (y$ का $40\%)$

$= 1.4y$ मी./ से. है।

∴ दूसरी रेलगाड़ी द्वारा y मी./से. से x मीटर की दूरी तय करने में लगा समय

$= \frac{x}{y}$ से.

तथा पहली रेलगाड़ी द्वारा $1.4y$ मी./से. से x मीटर की दूरी तय करने में लगा समय $= \frac{x}{1.4y} = 20$

या $\frac{x}{y} = 20 \times 1.4 = 28$

अतः स्पष्ट है कि दूसरी रेलगाड़ी द्वारा लिया गया समय 28 सेकेण्ड होगा।

31. (d) चूंकि रेलगाड़ियां विपरीत दिशा में चल रही हैं

∴ सापेक्ष चाल $= 70 + 60 = 130$ कि. मी./घंटा

$= \frac{130 \times 5}{18}$ मी./से.

तथा रेलगाड़ियों द्वारा तय की गई दूरी $= 200 + 300 = 500$ मी.

∴ एक दूसरे को पार करने में लगा समय

$= \frac{500}{130 \times 5/18} = \frac{500 \times 18}{130 \times 5} = 13\frac{11}{13}$ सेकेण्ड

32. (c) माना वह दूरी x कि. मी. है

∴ 36 कि.मी./ घंटा की औसत चाल से x कि. मी. दूरी तय करने में लगा समय

$= \frac{x}{36}$ घंटे

∴ इस दूरी को तय करने में लगा समय 30 मिनट है

∴ $\frac{x}{36}$ घंटे $= 30$ मिनट $= \frac{1}{2}$ घंटे

या $x = 18$ कि.मी.

∴ 18 कि.मी. की दूरी को 20 मिनट में तय करने में औसत चाल

$= \frac{18}{20 \times 1/60} = \frac{18 \times 60}{20} = 54$ कि.मी./घंटा

33. (e) चूँकि दोनों रेलगाड़ियां एक दूसरे की ओर चल रही हैं

∴ सापेक्ष चाल $= 32 + 48 = 80$ कि.मी./घंटा

∴ दोनों स्टेशनों के बीच की दूरी = 100 कि.मी.

∴ एक-दूसरे को पार करने में लगा समय $= \frac{100}{80} = 1\frac{1}{4}$ घंटा

अतः दोनों गाड़ियाँ एक दूसरे को $1\frac{1}{4}$ घंटे बाद पार कर लेगी।

◆◆◆

अध्याय

10

क्षेत्रमिति
(MENSURATION)

क्षेत्रमिति

क्षेत्रमिति के अंतर्गत हम किसी द्विविमीय या त्रिविमीय आकृतियों के क्षेत्रफल, परिमाप, आयतन आदि का अध्ययन करते हैं। इस अध्याय से संबंधित प्रश्नों को हल करने के लिए निम्नलिखित सूत्रों को जानना आवश्यक है।

द्विविमीय आकृतियाँ (Two Dimensional Figures)

❖ **आयत (Rectangle) :**

क्षेत्रफल = लम्बाई × चौड़ाई

परिमिति = 2 (लम्बाई + चौड़ाई)

विकर्ण = $\sqrt{(\text{लम्बाई})^2 + (\text{चौड़ाई})^2}$

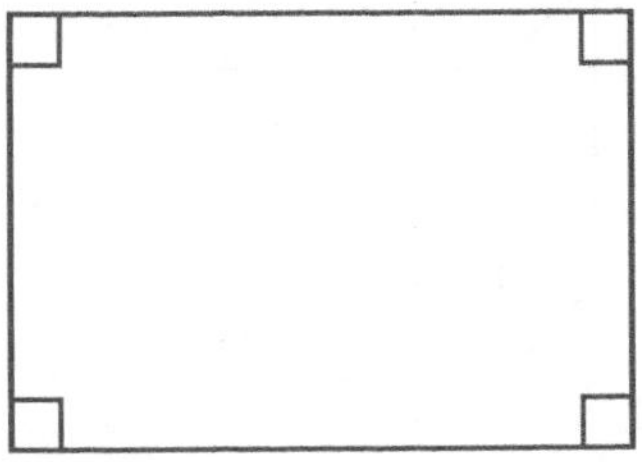

❖ **वर्ग (Square) :**

क्षेत्रफल = (भुजा)^2

परिमिति = 4 × भुजा

विकर्ण = $\sqrt{2}$ × भुजा

❖ **त्रिभुज (Triangle) :**

(i) यदि a, b तथा c क्रमशः पहली, दूसरी व तीसरी भुजा की लम्बाईयाँ हो तब

$s = \frac{a+b+c}{2}$

और, क्षेत्रफल = $\sqrt{s(s-a)(s-b)(s-c)}$

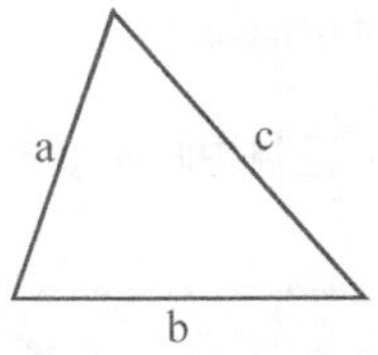

(ii) यदि त्रिभुज समकोण हो, तब क्षेत्रफल

$= \frac{1}{2}$ × आधार × ऊँचाई

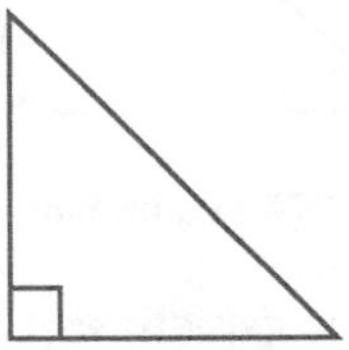

(iii) यदि त्रिभुज समबाहु हो, तब

क्षेत्रफल = $\sqrt{\frac{3}{4}}$ × (भुजा)^2

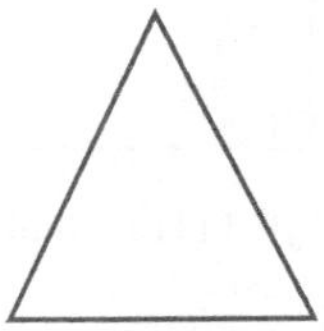

❖ **वृत्त (Circle) :**

क्षेत्रफल = π × (त्रिज्या)^2

परिधि = 2 π × त्रिज्या

त्रिज्या = $\frac{\text{व्यास}}{2}$

❖ **कमरे की चार दीवारों का क्षेत्रफल**
= 2 × ऊंचाई (लम्बाई + चौड़ाई)

$$\text{ऊंचाई} = \frac{\text{क्षेत्रफल}}{2(\text{लम्बाई} + \text{चौड़ाई})}$$

❖ **चतुर्भुज (Quadrilateral) :**

(i) **समांतर चतुर्भुज (Parallelogram)**

क्षेत्रफल = आधार × ऊँचाई

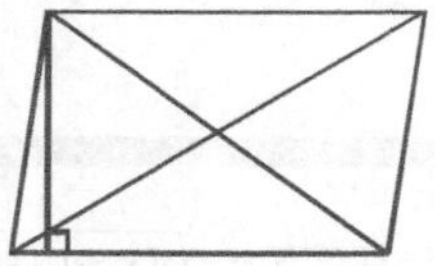

(ii) **समचतुर्भुज (Rhombus) :**

$$\text{क्षेत्रफल} = \frac{1}{2} \times \text{विकर्णों का गुणनफल}$$

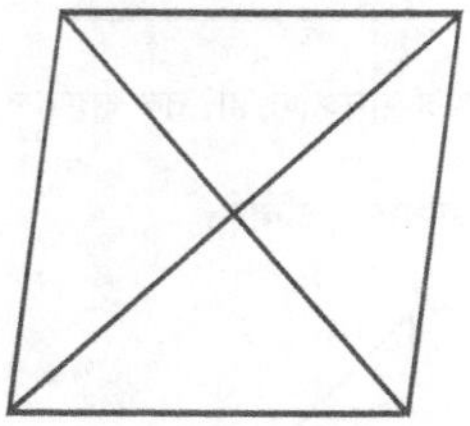

(iii) **समलम्ब चतुर्भुज (Trapezium) :**

$$\frac{1}{2} \times (\text{समान्तर भुजाओं का योग}) \times \text{उनके बीच की दूरी}$$

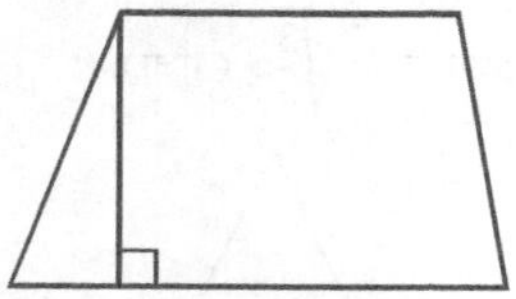

(iv) **विषमबाहु चतुर्भुज (Trapezoid) :**

$$\text{क्षेत्रफल} = \frac{1}{2}(DP + BQ) \times AC$$

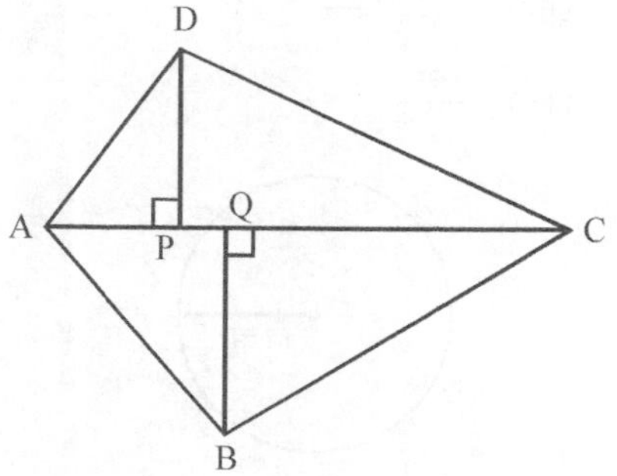

त्रिविमीय आकृतियाँ (Three dimensional Figures)

❖ **घनाभ (Cuboid) :**

यदि घनाभ की लम्बाई चौड़ाई तथा ऊँचाई क्रमशः L, B और H हो तब

आयतन $= L \times B \times H$

सम्पूर्ण पृष्ठ का क्षेत्रफल $= 2\,(L \times B + B \times H + H + L)$

विकर्ण $= \sqrt{(L^2 + B^2 + H^2)}$

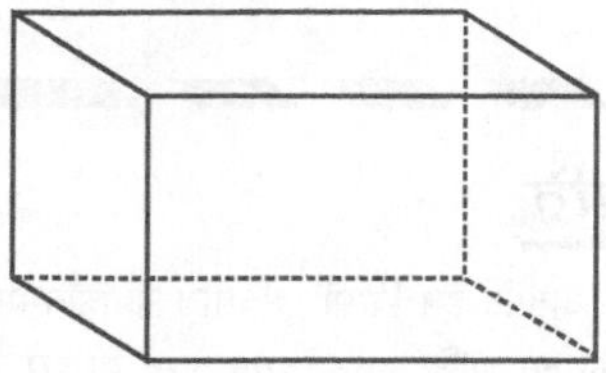

❖ **घन (Cube) :**

यदि घन की प्रत्येक भुजा a हो, तब

आयतन $= a \times a \times a = a^3$

सम्पूर्ण पृष्ठ का क्षेत्रफल

$= 2(a \times a + a \times a + a \times a) = 6a^2$

घन का विकर्ण $= \sqrt{a^2 + a^2 + a^2} = \sqrt{3}a$

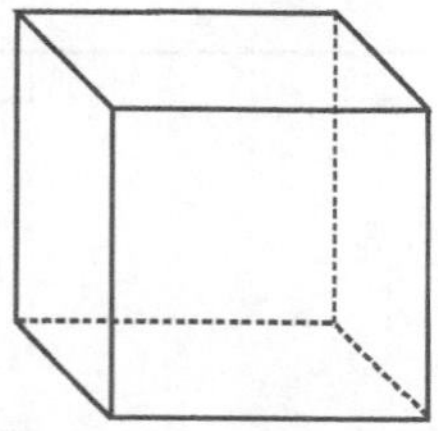

❖ **बेलन (Cylinder) :**

यदि बेलन की त्रिज्या r तथा ऊँचाई या लम्बाई h हो, तब

आयतन $= \pi r^2 h$

क्षेत्रफल $= 2\pi rh$

सम्पूर्ण पृष्ठ का क्षेत्रफल $= (2\pi rh + 2\pi r^2)$

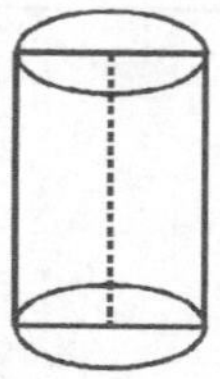

❖ **शंकु (Cone) :**

यदि शंकु के आधार की त्रिज्या, ऊँचाई तथा इसकी तिर्यक-ऊँचाई क्रमशः r, h तथा l हो, तब

आयतन $= \frac{1}{3}\pi r^2 h$

वक्रपृष्ठ का क्षेत्रफल $= \pi rl$

सम्पूर्ण पृष्ठ का क्षेत्रफल = $\pi rl + \pi r^2$

तिर्यक ऊँचाई = $l = \sqrt{r^2 + h^2}$

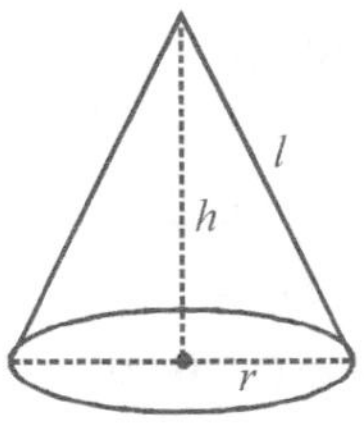

❖ **गोला (Sphere) :**

यदि गोले की त्रिज्या r हो, तब

आयतन = $\frac{4}{3}\pi r^3$

वक्रपृष्ठ क्षेत्रफल = $4\pi r^2$

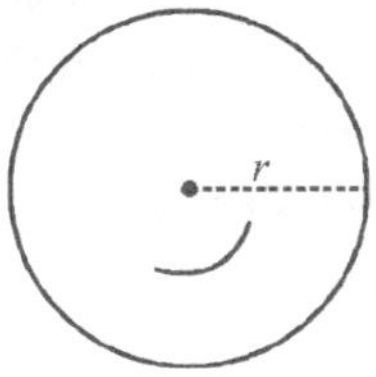

❖ **अर्द्ध गोला (Semisphere) :**

आयतन = $\frac{2}{3}\pi r^3$

वक्रपृष्ठ क्षेत्रफल = $2\pi r^2$

सम्पूर्ण पृष्ठ क्षेत्रफल = $2\pi r^2 + \pi r^2 = 3\pi r^2$

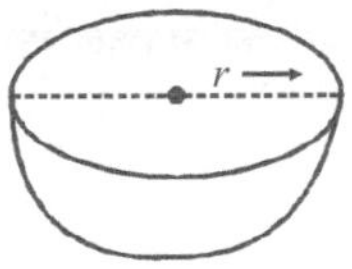

स्मरणीय तथ्य (Facts to Remember)

आयतन से संबंधित कुछ इकाईयाँ

❖ 1 लीटर = 1000 घन सेमी

❖ 1 घन हेक्टोमीटर = 10000 घन मीटर

❖ 1 घन डेकामीटर = 100 घन मीटर

❖ 1 घन मीटर = 1000000 घन सेमी

❖ 1 घन डेसीमीटर = 1000 घन सेमी

❖ 1 घन मिलीमीटर = $\frac{1}{1000}$ घन सेमी

❖ 1 घन मीटर = 1000 लीटर

क्षेत्रफल से संबंधित कुछ इकाईयाँ

❖ 1 हेक्टेयर = 10000 वर्ग मीटर

❖ 1 वर्ग किमी = 1000000 वर्ग मीटर

❖ 1 वर्ग डेकामीटर = 100 वर्ग मीटर

❖ 1 वर्ग डेसीमीटर = $\frac{1}{100}$ वर्ग मीटर

❖ 1 वर्ग से.मीटर = $\frac{1}{10000}$ वर्ग मीटर

❖ 1 वर्ग मि.मीटर = $\frac{1}{1000000}$ वर्ग मीटर

साधित उदाहरण (Solved Examples)

उदाहरण 1 : एक वृताकार जॉगिंग ट्रैक का क्षेत्रफल 3850 वर्ग मीटर है। इस जॉगिंग ट्रैक की परिधि क्या है?

(a) 225 मीटर **(b)** 214 मीटर

(c) 220 मीटर **(d)** 235 मीटर

(e) इनमें से कोई नहीं

हल (c) माना वृताकार जॉगिंग ट्रैक की त्रिज्या = r मीटर

$\therefore \pi r^2 = 3850$

या, $\frac{22}{7} \times r^2 = 3850$

या, $r^2 = \frac{3850 \times 7}{22} = 1225$

$\therefore r = \sqrt{1225} = 35$ मीटर

$\therefore$ ट्रैक की परिधि = $2\pi r = 2 \times \frac{22}{7} \times 35$

= 220 मीटर

उदाहरण 2 : एक आयत का क्षेत्रफल एक वर्ग के क्षेत्रफल से 4 गुना है। आयत की लम्बाई 90 सेमी हैं और चौड़ाई वर्ग की भुजा का $\frac{2}{3}$ है। वर्ग की भुजा कितनी सेमी है?

(a) **10 सेमी** (b) **20 सेमी**
(c) **9 सेमी** (d) **निर्धारित नहीं किया जा सकता**
(e) **इनमें से कोई नहीं**

हल (e) माना वर्ग की भुजा x सेमी है।

वर्ग का क्षेत्रफल = x^2

आयत का क्षेत्रफल $= 90 \times \frac{2}{3}x$

$90 \times \frac{2}{3}x = 4x^2$

$\therefore$ $x = 15$ सेमी

उदाहरण ▶3 : एक वर्ग की परिधि, 39424 वर्ग सेमी क्षेत्रफल वाले एक वृत्त की त्रिज्या के समान है। वर्ग का क्षेत्रफल क्या है?

(a) **1225 वर्ग सेमी**
(b) **441 वर्ग सेमी**
(c) **784 वर्ग सेमी**
(d) **निर्धारित नहीं किया जा सकता है**
(e) **इनमें से कोई नहीं**

हल (c) वृत्त की त्रिज्या $= \sqrt{\frac{39424 \times 7}{22}} = 112$ से.मी.

वर्ग की परिधि = 112 से.मी.

वर्ग की भुजा $= \frac{112}{4} = 28$ से.मी.

$\therefore$ वर्ग का क्षेत्रफल $= 28 \times 28$

= 784 वर्ग से.मी

उदाहरण ▶4 : एक रोलर का व्यास 140 से. मी. तथा लम्बाई 4 मी. है। यदि उसे एक मैदान पर चलाया जाए, तो 50 पूर्ण चक्कर में रोलर कितने (वर्ग मी.) मैदान पर चलेगा?

(a) **884** (b) **890**
(c) **880** (d) **2800**
(e) **इनमें से कोई नहीं**

हल (c) रोलर की त्रिज्या $(r) = \frac{140}{2} = 70$ से.मी. = .7 मी.

$\therefore$ रोलर के वक्र पृष्ठ का क्षेत्रफल $= 2\pi rh$

$= 2 \times \frac{22}{7} \times .7 \times 4 = 17.6$

$\because$ 1 चक्कर में रोलर मैदान पर चला 17.6 वर्ग मी.

$\therefore$ 50 चक्कर में रोलर मैदान पर चलेगा $17.6 \times 50 = 880$ वर्ग मी.

उदाहरण ▶5 : यदि किसी आयत की लम्बाई, चौड़ाई से 3 से.मी. अधिक हो तथा क्षेत्रफल 40 वर्ग से.मी. हो, तो आयत का परिमाप क्या होगा?

(a) **28 से.मी.** (b) **42 से.मी.**
(c) **26 से.मी.** (d) **30 से.मी.**
(e) **इनमें से कोई नहीं**

हल (c) माना आयत की लम्बाई x से.मी. है

$\therefore$ आयत की चौड़ाई $(x-3)$ से.मी. होगी

$\therefore$ आयत का क्षेत्रफल = लम्बाई × चौड़ाई

या $40 = x \times (x-3)$

या $40 = x^2 - 3x$

या $x^2 - 3x - 40 = 0$

या $x^2 - 8x + 5x - 40 = 0$

या $x(x-8) + 5(x-8) = 0$

या $(x-8)(x+5) = 0$

या $x = 8 \; -5$

$x = -5$ मान्य नहीं है

$\therefore$ आयत की लम्बाई =8 से.मी.

तथा आयत की चौड़ाई $= 8 - 3 = 5$ से.मी.

$\therefore$ आयत का परिमाप = 2 (ल.+चौ.) = $2 \times (8+5) = 2 \times 13$

= 26 से. मी.

उदाहरण ▶6 : एक 7.0 मी. लम्बी, 3.6 मी. ऊंची तथा 8 मी. मोटी दीवार के निर्माण में 20 से.मी. × 12 से.मी. × 5.6 से.मी. माप वाली कितनी ईटों की आवश्यकता होगी?

(a) **17500** (b) **18500**
(c) **17725** (d) **18725**
(e) **इनमें से कोई नहीं**

हल (e) दीवार का आयतन $= 7 \times 3.6 \times 8$ घन मी.

तथा ईट का आयतन $= \frac{20}{100} \times \frac{12}{100} \times \frac{5.6}{100}$ घन मी.

$\therefore$ निर्माण में ईंटों की संख्या

$= \frac{\text{दीवार का आयतन}}{\text{ईट का आयतन}}$

$= \frac{7 \times 3.6 \times 8}{\frac{20}{100} \times \frac{12}{100} \times \frac{5.6}{100}} = \frac{700 \times 360 \times 800}{20 \times 12 \times 5.6} = 150000$

उदाहरण ▶7 : एक 30 से.मी. भुजा वाले वर्गाकार कागज को मोड़कर एक बेलन बनाया जाता है। तो बने हुए बेलन का वक्रपृष्ठ कितना होगा?

(a) **90 वर्ग से.मी.** (b) **90000 वर्ग से. मी.**
(c) **900 वर्ग से.मी.** (d) **4900 वर्ग से.मी.**
(e) **इनमें से कोई नहीं**

हल (c) वर्गाकार कागज का क्षेत्रफल $= 30 \times 30 = 900$ वर्ग से. मी.

$\therefore$ वर्गाकार कागज का क्षेत्रफल = कागज के द्वारा बनाये गये वेलन का वक्र पृष्ठ का क्षेत्रफल

$\therefore$ वेलन का वक्र पृष्ठ = 900 वर्ग से.मी.

अभ्यास प्रश्न (Exercise)

1. यदि पेंटिग की दर ₹ 28 प्रति वर्ग मीटर हो तो एक हॉल को पेंट करने की लागत कितनी होगी जिसका क्षेत्रफल 729 वर्ग मीटर है।
(a) ₹ 3,042 (b) ₹ 3,756
(c) ₹ 3,024 (d) निर्धारित नहीं किया जा सकता
(e) इनमें से कोई नहीं

2. 280 वर्ग फुट के प्लॉट की कुल लागत का 25%, ₹ 132370 है। प्लॉट की प्रति वर्ग फुट दर क्या है?
(a) ₹ 2091 (b) ₹ 1981
(c) ₹ 1991 (d) ₹ 1891
(e) इनमें से कोई नहीं

3. एक आयताकार प्लॉट की लंबाई इसकी चौड़ाई से दुगुनी है। यदि आयताकार प्लॉट का क्षेत्रफल 2592 वर्ग मीटर है तो इसकी लंबाई कितनी होगी?
(a) 76 मीटर (b) 36 मीटर
(c) 74 मीटर (d) 37 मीटर
(e) इनमें से कोई नहीं

4. एक आयताकार प्लॉट की लंबाई और चौड़ाई का अनुपात क्रमशः 6 : 5 है, यदि प्लॉट की चौड़ाई, लंबाई से 34 मीटर कम है, तो उसका परिमाप कितना है?
(a) 374 मीटर (b) 408 मीटर
(c) 814 मीटर (d) 748 मीटर
(e) इनमें से कोई नहीं

5. एक कालीन की आपूर्ति के लिए आदेश दिया गया। कालीन की चौड़ाई 3 मीटर थी और लंबाई, चौड़ाई की 1.44 गुना थी। बाकी में चौड़ाई और लंबाई क्रमशः 25 और 40 प्रतिशत बढ़ा दी गई। ₹45 प्रति वर्ग मीटर की दर से कालीन की लागत में कितनी वृद्धि होगी ?
(a) ₹ 1020.6 (b) ₹ 398.8
(c) ₹ 437.4 (d) ₹ 583.2
(e) इनमें से कोई नहीं

6. एक आयताकार प्लॉट की लंबाई इसकी चौड़ाई की तीन गुनी है। यदि इस आयताकार प्लॉट का क्षेत्रफल 7803 वर्ग मीटर है, आयताकार प्लॉट की चौड़ाई कितनी है?
(a) 51 मीटर (b) 153 मीटर
(c) 104 मीटर (d) 88 मीटर
(e) इनमें से कोई नहीं

7. एक आयत का क्षेत्रफल, 21 से.मी. त्रिज्या वाले एक वृत्त के क्षेत्रफल के समान है। आयत की लंबाई और चौड़ाई क्रमशः 14 : 11 के अनुपात में है, तो इसकी परिधि कितनी है?
(a) 142 से.मी (b) 140 से.मी
(c) 132 से.मी (d) 150 से.मी
(e) इनमें से कोई नहीं

8. 1047.2 मीटर की परिधि वाले वृत्त का क्षेत्रफल कितना होगा ?
(1) 87231.76 वर्ग मीटर (b) 85142.28 वर्ग मीटर
(c) 79943.82 वर्ग मीटर (d) 78621.47 वर्ग मीटर
(e) 69843.23 वर्ग मीटर

9. एक चतुर्भुज के कोणों के बीच का अनुपात 3 : 4 : 6 : 5 है। इसके सबसे बड़े कोण का दो-तिहाई एक समांतर चतुर्भुज के छोटे कोण के समान है। समांतर चतुर्भुज के संलग्न कोण का माप क्या है ?
(a) 120° (b) 110°
(c) 100° (d) 130°
(e) इनमें से कोई नहीं

10. 196 वर्ग सेंमी. क्षेत्रफल वाले एक वर्ग की भुजा एक वृत्त की त्रिज्या से आधी है। वृत्त की परिधि एक आयत की चौड़ाई जितनी है। आयत की परिधि 712 सेंमी. है। आयत की लंबाई क्या है ?
(a) 196 सेंमी. (b) 186 सेंमी.
(c) 180 सेंमी. (d) 190 सेंमी.
(e) इनमें से कोई नहीं

11. एक वृत्त और एक वर्ग का कुल क्षेत्रफल 2611 व.सें.मी. है। वृत्त का व्यास 42 सें.मी. है। वृत्त की परिधि और वर्ग के परिमाप का योग क्या है ?
(a) 272 सें.मी.
(b) 380 सें.मी.
(c) 280 सें.मी.
(d) निर्धारित नहीं किया जा सकता है
(e) इनमें से कोई नहीं

12. एक चतुर्भुज के तीन कोणों के बीच का क्रमशः अनुपात 1 : 6 : 2 है। चतुर्भुज के चौथे कोण का माप 45° है। इस चतुर्भुज के सबसे बड़े और सबसे छोटे कोण के माप के बीच क्या अंतर है?
(a) 165° (b) 140°
(c) 175° (d) 150°
(e) इनमें से कोई नहीं

13. किसी आयत का क्षेत्रफल 1800 वर्ग से.मी. है। यदि आयत की लम्बाई, चौड़ाई से दुगुनी है, तो आयत की लम्बाई कितनी होगी?
(a) 30 से.मी. (b) 40 से.मी.
(c) 60 से.मी. (d) 66 से.मी.
(e) इनमें से कोई नहीं

14. 100 मी.× 85 मी. आयताकार मैदान के चारों तरफ 1.5 मी. चौड़ा रास्ता है। 40 पैसे प्रति वर्ग मी. की दर से रास्ते पर ईंट विछाने का खर्च क्या होगा?
(a) ₹ 230.75 (b) ₹ 225.60
(c) ₹ 220.80 (d) ₹ 226
(e) इनमें से कोई नहीं

15. यदि किसी वर्ग की भुजा में 20% वृद्धि कर दी जाए, तो उसका क्षेत्रफल कितने प्रतिशत बढ़ जाएगा?
(a) 34% (b) 20%
(c) 40% (d) 44%
(e) इनमें से कोई नहीं

16. दो वृत्तों की त्रिज्या क्रमश: 12 से.मी. तथा 5 से.मी. है। उस नये वृत्त की त्रिज्या क्या होगी, जिसका क्षेत्रफल दोनों वृत्तों के क्षेत्रफल के बराबर हो?
(a) 12 से.मी. (b) 5 से.मी.
(c) 13 से.मी. (d) 7 से.मी.
(e) इनमें से कोई नहीं

17. 7 मी. लम्बे तथा 2 मी. त्रिज्या वाले एक ठोस बेलन को पिघलाकर शंकु बनाया जाता है। यदि शंकु की त्रिज्या, बेलन की त्रिज्या के बराबर हो, तो शंकु की ऊंचाई क्या होगी?
(a) 10.5 मी. (b) 21 मी.
(c) 24 मी. (d) 15.5 मी.
(e) इनमें से कोई नहीं

18. यदि एक टंकी 5 मी. लम्बी, 3 मी. चौड़ी और 2 मी. गहरी है, तो उस टंकी की क्षमता कितने लीटर होगी?
(a) 3000 लिटर (b) 30,000 लिटर
(c) 300 लिटर (d) 30 लिटर
(e) इनमें से कोई नहीं

19. एक त्रिभुज की भुजाएं क्रमश: 3 : 4 : 5 के अनुपात में हैं। यदि त्रिभुज का परिमाप 12 मी. हो, तो त्रिभुज का क्षेत्रफल कितना होगा?
(a) 8 वर्ग मी. (b) 7 वर्ग मी.
(c) 6 वर्ग मी. (d) 4 वर्ग मी.
(e) इनमें से कोई नहीं

20. यदि किसी सम चतुर्भुज के दो विकर्णों की लम्बाई क्रमश: 24 से. मी. और 10 से.मी. हो तो सम चतुर्भुज का परिमाप क्या होगा?
(a) 52 से.मी. (b) 26 से.मी.
(c) 13 से.मी. (d) 68 से.मी.
(e) इनमें से कोई नहीं

21. 18 मी. लम्बे, 6 मी. चौड़े तथा 3 मी. मोटे चबूतरे में 9 से.मी. × 4 से.मी × 3 से.मी. माप वाली कितनी ईंटे लगेंगी?
(a) 3×10^4 (b) 3×10^6
(c) 3×10^7 (d) 3×10^8
(e) इनमें से कोई नहीं

22. यदि किसी वृत्त के अर्द्धव्यास से 50% की कमी कर दी जाये, तो उसकी परिधि में कितने प्रतिशत की कमी हो जाएगी?
(a) 10% (b) 75%
(c) 60% (d) 50%
(e) इनमें से कोई नहीं

23. यदि एक समबाहु त्रिभुज का परिमाप 36 से.मी. है तो उस समबाहु त्रिभुज का क्षेत्रफल क्या होगा
(a) $18\sqrt{3}$ वर्ग से. मी. (b) $15\sqrt{3}$ वर्ग से. मी.
(c) $36\sqrt{3}$ वर्ग से. मी. (d) $14\sqrt{3}$ वर्ग से. मी.
(e) इनमें से कोई नहीं

24. किसी घनाभ (cuboid) की लम्बाई और चौड़ाई में 8 : 5 का अनुपात है तथा ऊँचाई 6 से.मी. है। यदि घनाभ का आयतन 6000 घन से. मी. हो, तो घनाभ की लम्बाई क्या होगी?
(a) 10 से. मी. (b) 20 से.मी.
(c) 30 से.मी. (d) 40 से.मी.
(e) इनमें से कोई नहीं

25. एक घन के किनारे की लम्बाई में 25% वृद्धि करने से घन के धरातल के क्षेत्रफल में कितने प्रतिशत की वृद्धि हो जाएगी?
(a) 68.75% (b) 56.25%
(c) 52.25% (d) 62.25%
(e) इनमें से कोई नहीं

26. यदि एक वर्ग की भुजा में 10% की कमी कर दी जाए, तो उसका क्षेत्रफल कितने प्रतिशत घट जायेगा?
(a) 21% (b) 19%
(c) 29% (d) 11%
(e) इनमें से कोई नहीं

27. यदि एक सम चतुर्भुज के विकर्णों की लम्बाई क्रमश: 6 से.मी. व 4 से.मी. है, तो उसका क्षेत्रफल कितना होगा?
(a) 12 वर्ग से.मी. (b) 24 वर्ग से.मी
(c) 6 वर्ग से.मी (d) 8 वर्ग से.मी
(e) इनमें से कोई नहीं

28. एक 10 से. मी. व्यास वाले काँच के गोले को पिघालाकर 8 छोटे-छोटे समान आकार के गोले बनाये जाते हैं। छोटे गोले का व्यास कितना होगा?
(a) 5.0 से.मी. (b) 2.5 से.मी.
(c) 3.5 से.मी. (d) 7 से.मी.
(e) इनमें से कोई नहीं

29. एक आयताकार खेत का परिमाप 220 मी. है और उसकी लम्बाई व चौड़ाई में 8 : 3 का अनुपात है। आयताकार खेत का क्षेत्रफल कितना होगा?
(a) 2500 वर्ग मी. (b) 4400 वर्ग मी.
(c) 2400 वर्ग मी. (d) 3300 वर्ग मी.
(e) इनमें से कोई नहीं

30. एक बक्से की ल. चौ. व ऊं. क्रमश: 12 मी. 9मी. तथा 8 मी. है। इसमें अधिक से अधिक कितना लम्बा बाँस रखा जा सकता है?
(a) 15 से.मी. (b) 16 से.मी
(c) 17 से.मी. (d) 18 से.मी.
(e) इनमें से कोई नहीं

31. यदि किसी वर्ग के क्षेत्रफल में 96% की वृद्धि हो जाए, तो वर्ग की भुजा में कितने प्रतिशत की वृद्धि हो जाएगी?
    (a) 24% (b) 28%
    (c) 40% (d) 32%
    (e) इनमें से कोई नहीं

32. दो वर्गों के क्षेत्रफल में 1 : 4 का अनुपात है। तो उसके परिमापों में क्या अनुपात होगा?
    (a) 2 : 1 (b) 1:2
    (c) 1 : 4 (d) 4 : 3
    (e) इनमें से कोई नहीं

33. उस वर्ग का परिमाप क्या होगा, जिसका क्षेत्रफल उस वृत्त के क्षेत्रफल के बराबर है, जिसका व्यास 4 सेमी. है?
    (a) $9\sqrt{21}$ सेमी. (b) $8\sqrt{\pi}$ सेमी.
    (c) $7\sqrt{17}$ सेमी. (d) $8\sqrt{21}$ सेमी.
    (e) इनमें से कोई नहीं

Answer Key

1	**(e)**	8	**(a)**	15	**(d)**	22	**(d)**	29	**(c)**
2	**(d)**	9	**(c)**	16	**(c)**	23	**(c)**	30	**(c)**
3	**(e)**	10	**(c)**	17	**(b)**	24	**(d)**	31	**(c)**
4	**(d)**	11	**(a)**	18	**(b)**	25	**(b)**	32	**(b)**
5	**(c)**	12	**(c)**	19	**(c)**	26	**(b)**	33	**(b)**
6	**(a)**	13	**(c)**	20	**(a)**	27	**(a)**		
7	**(d)**	14	**(b)**	21	**(b)**	28	**(a)**		

व्याख्या सहित हल — Answers & Explanations

1. (e) पेंटिंग में लागत $= 729 \times 28 = 20412$ ₹

2. (d) प्लॉट की कुल लागत $= (4 \times 132370$ ₹$)$

   $\therefore$ प्लॉट की गति वर्ग फुट लागत = ₹ $\left(\frac{4 \times 132370}{280}\right)$

   = ₹ 1891

3. (e) माना कि आयताकार प्लॉट की चौड़ाई $= x$ मीटर

   $\therefore$ लम्बाई $= 2x$ मीटर

   प्रश्नानुसार,

   $2x \times x = 2592$

   या, $x^2 = \frac{2592}{2} = 1296$

   $\therefore x = \sqrt{1296} = 36$

   $\therefore$ आयताकार प्लॉट की लम्बाई $= 2x$

   $= 2 \times 36 = 72$ मीटर

4. (d) आयताकार प्लॉट की लंबाई $= 6 \times 34 = 204$ मीटर

   आयताकार प्लॉट की चौड़ाई

   $= 5 \times 34 = 170$ मीटर

   $\therefore$ परिमाप $= 2\,(204 + 170)$

   $= 748$ मीटर

5. (c) कारपेट की लंबाई

   $= 3 \times 1.44 = 4.32$ मी.

   कारपेट का क्षेत्रफल $= 3 \times 4.32$

   $= 12.96$ वर्ग मी.

   कारपेट का नया क्षेत्रफल

   $= 3 \times \frac{125}{100} \times 4.32 \times \frac{140}{100}$

   $= 22.68$ वर्ग मी.

   $\therefore$ क्षेत्रफल में वृद्धि $= 22.68 - 12.96$

   $= 9.72$ वर्ग मी.

   $\therefore$ लागत में वृद्धि $= 9.72 \times 45$

   = ₹ 437.40

6. (a) माना चौड़ाई x मी. है।

   तो लंबाई $= 3x$ मी.

   $\therefore$ क्षेत्रफल $\Rightarrow 3x \times x = 7803$

   $\Rightarrow x^2 = \frac{7803}{3} = 2601$

   $\therefore x = \sqrt{2601} = 51$ मी.

7. (d) आयत का क्षेत्रफल

   = वृत्त का क्षेत्रफल

   $= \frac{22}{7} \times 21 \times 21$

   $= 1386$ वर्ग से.मी.

   माना आयत की लंबाई और चौड़ाई क्रमशः $14x$ और $11x$ हैं।

   तो $14x \times 11x = 1386$

   $\therefore x^2 = \frac{1386}{14 \times 11} = 9$

$\Rightarrow x = \sqrt{9} = 3$

आयत की परिधि

$= 2(14x + 11x) = 2 \times 25 \times 3$

$= 150$ से.मी.

8 (a) वृत्त की परिधि

$2\pi r = 1047.2$

$r = \frac{1047.2 \times 7}{2 \times 22} = 166.6$

$\therefore$ वृत्त का क्षेत्रफल $= \pi r^2 = \frac{22}{7} \times (166.6)^2$

$= 87231.76$ वर्ग मी.

9. (c) समांतर चतुर्भुज के छोटे कोण का माप

$= \frac{6}{18} \times 360 \times \frac{2}{3} = 80°$

समांतर चतुर्भुज का आसन्न कोण $= 180° - 80° = 100°$

10. (c) वृत्त की त्रिज्या $= \sqrt{196} \times 2 = 28$ से. मी.

वृत्त की परिधि $= 2 \times \frac{22}{7} \times 28 = 176$ से.मी.

अतः $2(L + 176) = 712$

$\Rightarrow L = \frac{712}{2} - 176 = 180$ से.मी.

11. (a) वृत्त का क्षेत्रफल $= \frac{22}{7} \times \left(\frac{42}{2}\right)^2 = 1386$ वर्ग से.मी.

वर्ग का क्षेत्रफल $= 2611 - 1386$

$= 1225$ वर्ग से.मी.

वर्ग की भुजा $= \sqrt{1225} = 35$ से.मी.

$\therefore$ अभीष्ट योग $= 2 \times \frac{22}{7} \times 21 + 4 \times 35$

$= 132 + 140 = 272$ से.मी.

12. (c) अन्य तीन कोणों का मान $= 360 - 45° = 315°$

चतुर्भुज के कोंण

$315 \times \frac{1}{9} = 35°$

$315 \times \frac{6}{9} = 210°$

$315 \times \frac{2}{9} = 70°$

$\therefore$ अभीष्ट अंतर $= 210 - 35 = 175°$

13. (c) माना आयत की लम्बाई $= x$ से.मी.

$\therefore$ आयत की चौड़ाई $= \frac{x}{2}$ से.मी.

$\therefore$ आयत का क्षेत्रफल = लम्बाई × चौड़ाई

$\therefore 1800 = x \times \frac{x}{2}$

या $x^2 = 3600$

या $x = 60$

अतः आयत की लम्बाई 60 से.मी. होगी।

14. (b)

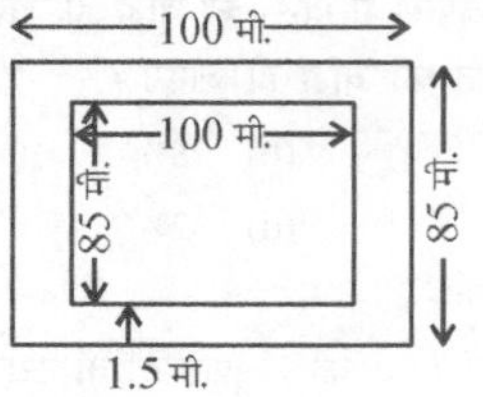

आयतकार मैदान का क्षेत्रफल $= 100 \times 85 = 8500$ वर्ग मी.

तथा रास्ते सहित मैदान का क्षेत्रफल $= 103 \times 88 = 9064$ वर्ग मी.

$\therefore$ रास्ते का क्षेत्रफल $= 9064 - 8500 = 564$ वर्ग मी.

$\therefore$ 40 पैसे प्रति वर्ग मी. की दर से रास्ते पर ईट बिछाने का खर्च

$= 564 \times \frac{40}{100} = 225.60$ रु.

15. (d) माना वर्ग की भुजा $= x$ से.मी

$\therefore$ वर्ग का क्षेत्रफल $= x \times x = x^2$ वर्ग से.मी.

भुजा में 20% वृद्धि होने से नए वर्ग की भुजा

$= x$ से.मी. $+ x$ से.मी. का 20%

$= x$ से.मी. $+ 0.2x$ से.मी. $= 1.2x$ से.मी.

$\therefore$ नए वर्ग का क्षेत्रफल $= (1.2x)^2 = 1.44x^2$ वर्ग से.मी.

$\therefore$ क्षेत्रफल में वृद्धि $= 1.44x^2 - x^2 = 0.44x^2$ वर्ग से.मी.

$\therefore$ प्रतिशत वृद्धि $= \frac{0.44x^2}{x^2} \times 100 = 44\%$

16. (c) माना नए वृत्त की त्रिज्या R से.मी. है

$\therefore$ पहले वृत्त का क्षेत्रफल $\pi \times (12)^2 = 144\pi$ वर्ग से.मी.

तथा दूसरे वृत्त का क्षेत्रफल $= \pi \times (5)^2 = 25\pi$ वर्ग से.मी.

प्रश्नानुसार

नए वृत्त का क्षेत्रफल = दोनों वृत्तों का क्षेत्रफल

या $\pi R^2 = 144\pi + 25\pi = 169\pi$

या $R^2 = 169$

या $R = 13$ से. मी.

$\therefore$ नये वृत्त की त्रिज्या 13 से.मी. होगी।

17. (b) बेलन का आयतन

$= \pi r^2 h = \frac{22}{7} \times 2 \times 2 \times 7 = 88$ घन मी.

शंकु का आयतन = 88 घन मी. होगा

शंकु की त्रिज्या = बेलन की त्रिज्या = 2 मी.

$\therefore \frac{1}{3}\pi r^2 h = 88$

$h = \frac{88 \times 3}{\pi r^2} = \frac{88 \times 3}{22/7 \times 2 \times 2}$

$= \frac{88 \times 3 \times 7}{22 \times 2 \times 2} = 21$ मी.

18. (b) टंकी का आयतन = ल.× चौ.×ऊ.

$= 5 \times 3 \times 2 = 30$ घन मी.

$= 30 \times 1000 = 30{,}000$ लि. [$\because$ 1घन मी. = 1000 ली.]

19. (c) माना त्रिभुज की भुजाएं क्रमशः

$3x$ मी., $4x$ मी. तथा $5x$ मी. हैं।

$\therefore$ त्रिभुज का परिमाप $= 3x + 4x + 5x = 12x$ मी.

प्रश्नानुसार $12x = 12$

$\therefore x = 1$

$\therefore$ त्रिभुज की भुजाएं 3 मी., 4 मी. तथा 5 मी. है।

$\therefore (5)^2 = (3)^2 + (4)^2$

$\therefore$ त्रिभुज समकोण त्रिभुज होगा।

$\therefore$ त्रिभुज का क्षेत्रफल

$= \frac{1}{2} \times$ आधार $\times$ ऊंचाई $= \frac{1}{2} \times 3 \times 4 = 6$ वर्ग मी.

20. (a) एक विकर्ण AC की लम्बाई = 10 से.मी.

तथा दूसरे विकर्ण BD की लम्बाई = 24 से.मी.

$\therefore OA = OC = \frac{AC}{2} = \frac{10}{2} = 5$ से.मी.

तथा $OB = OD = \frac{BD}{2} = \frac{24}{2} = 12$ से.मी.

$\therefore AB^2 = OA^2 + OB^2$

या $AB^2 = (5)^2 + (12)^2 = 25 + 144 = 169$

या $AB = 13$ से.मी.

$\therefore AB = BC = CD = DA = 13$ से.मी.

$\therefore$ सम चतुर्भुज का परिमाप $= 13 \times 4 = 52$ से.मी.

21. (b) चबूतरे का आयतन $= 18 \times 6 \times 3 = 324$ घन मी.

तथा ईट का आयतन $= \frac{9}{100} \times \frac{4}{100} \times \frac{3}{100}$

$= \frac{108}{1000000}$ घन मी.

$\therefore$ चबूतरा बनाने में ईंटों की संख्या = $\frac{\text{चबूतरे का आयतन}}{\text{ईट का आयतन}}$

$= \frac{324}{\frac{108}{10,00,000}} = \frac{324 \times 10,00,000}{108}$

$= 30,00,000 = 3 \times 10^6$

22. (d) माना वृत्त का अर्द्धव्यास या त्रिज्या R से.मी. है।

$\therefore$ वृत्त की परिधि $= 2\pi R$ से. मी.

50% कमी के कारण अर्द्धव्यास की लम्बाई

$= R$ से.मी. $-R$ से.मी. का 50%

$= R - \frac{R}{2} = \frac{R}{2}$ से.मी.

$\therefore$ नए वृत्त की परिधि $= 2\pi \times \frac{R}{2} = \pi R$ से.मी.

$\therefore$ परिधि में कमी $= 2\pi R - \pi R = \pi R$ से.मी.

$\therefore$ प्रतिशत कमी $\frac{\pi R}{2\pi R} \times 100 = 50\%$

23. (c) माना समबाहु त्रिभुज की एक भुजा x से.मी. है।

$\therefore$ समबाहु त्रिभुज का परिमाप $= x + x + x = 3x$ से.मी.

प्रश्नानुसार $3x = 36$

$\therefore x = \frac{36}{3} = 12$ से.मी.

अत: समबाहु त्रिभुज की भुजा 12 से.मी. की होगी

$\therefore$ समबाहु त्रिभुज का क्षेत्रफल $= \frac{\sqrt{3}}{4} \times$ (भुजा)^2

$= \frac{\sqrt{3}}{4} \times (12)^2 = 36\sqrt{3}$ वर्ग से. मी.

24. (d) माना घनाभ की लम्बाई व चौड़ाई क्रमश: $8x$ से.मी. तथा $5x$ से.मी.

$\therefore$ घनाभ का आयतन = लम्बाई × चौड़ाई × ऊंचाई

या $6000 = 8x \times 5x \times 6$

या $\frac{6000}{8 \times 5 \times 6} = x^2$

या $x^2 = 25$ या $x = 5$

$\therefore$ अत: घनाभ की लम्बाई $= 8 \times 5 = 40$ से.मी. होगी।

25. (b) माना घन की लम्बाई x से. मी. है।

$\therefore$ घन के धरातल का क्षेत्रफल $= 6 \times x \times x = 6x^2$ वर्ग से. मी.

लम्बाई में 25% वृद्धि के कारण घन की लम्बाई

$= x$ से. मी. का 25% $= 1.25x$ से. मी.

$\therefore$ नये घन के धरातल का क्षेत्रफल $= 6 \times 1.25x \times 1.25x$

$= 9.375x^2$ वर्ग से.मी.

$\therefore$ धरातल के क्षेत्रफल में वृद्धि $= 9.375x^2 - 6x^2$

$= 3.375x^2$ वर्ग से.मी.

$\therefore$ प्रतिशत वृद्धि $= \frac{3.375x^2}{6x^2} \times 100 = 56.25\%$

26. (b) माना एक वर्ग की भुजा x से.मी. है।

$\therefore$ वर्ग का क्षेत्रफल $= x \times x = x^2$ वर्ग से.मी.

10% कमी के कारण वर्ग की भुजा

$= x$ से.मी. $- x$ से.मी. का 10% $= 0.9x$ से.मी.

$\therefore$ नये वर्ग का क्षेत्रफल $= 0.9x \times 0.9x = 0.81x^2$ वर्ग से.मी.

$\therefore$ वर्ग का क्षेत्रफल में कमी $= x^2 - 0.81x^2$

$= 0.19x^2$ वर्ग से.मी.

$\therefore$ प्रतिशत कमी $= \frac{0.19x^2}{x^2} \times 100 = 19\%$

27. (a) समचतुर्भुज का क्षेत्रफल $= \frac{1}{2} \times$ विकर्णों का गुणनफल

$= \frac{1}{2} \times 6 \times 4 = 12$ वर्ग से.मी.

28. (a) काँच के बड़े गोले की त्रिज्या $(R) = \frac{10}{2} = 5$ से.मी.

माना काँच के छोटे-छोटे गोलों की त्रिज्या r से.मी. है।

$\therefore$ काँच के बड़े गोले का आयतन

$= 8 \times$ काँच के छोटे गोले का आयतन

$\therefore \frac{4}{3}\pi R^3 = 8 \times \frac{4}{3}\pi r^3$

या $R^3 = 8r^3$

या $r^3 = \frac{R^3}{8}$

या $r = \frac{R}{2} = \frac{5}{2} = 2.5$ से. मी.

अत: छोटे-छोटे गोलों की त्रिज्या 2.5 से.मी. होगी।

$\therefore$ व्यास $= 2.5 \times 2 = 5.0$ से.मी.

29. (c) माना आयताकार खेत की लम्बाई व चौड़ाई क्रमश: $8x$ मी. तथा $3x$ मी. है।

$\therefore$ आयाताकार खेत का परिमाप = 2 (लम्बाई + चौड़ाई)

$\therefore 220 = 2(8x + 3x) = 2 \times 11x$

या $x = \frac{220}{11 \times 2} = 10$

$\therefore$ आयताकार खेत की लम्बाई $= 8 \times 10 = 80$ मी.

तथा आयताकार खेत की चौड़ाई $= 3 \times 10 = 30$ मी.

$\therefore$ आयताकार खेत का क्षेत्रफल $= 80 \times 30 = 2400$ वर्ग मी.

30. (c) अधिक से अधिक बाँस की लम्बाई

$= \sqrt{(12)^2 + (9)^2 + (8)^2} = \sqrt{144 + 81 + 64}$

$= \sqrt{289} = 17$ से.मी.

31. (c) माना पहले वर्ग की भुजा x से.मी. थी।

$\therefore$ पहले वर्ग का क्षेत्रफल $= x^2$ वर्ग से.मी.

क्षेत्रफल में 96% वृद्धि के कारण नऐ वर्ग का क्षेत्रफल

$= x^2 + x^2$ का 96%

$= 1.96x^2$ वर्ग से.मी.

$\therefore$ नये वर्ग की भुजा $= \sqrt{1.96x^2} = 1.4x$ से.मी.

$\therefore$ वर्ग की भुजा में वृद्धि $= 1.4x - x = 0.4x$ से.मी.

$\therefore$ प्रतिशत वृद्धि $= \frac{0.4x}{x} \times 100 = 40\%$

32. (b) माना पहले व दूसरे वर्ग की भुजा क्रमशः x सेमी. व y सेमी. है

$\therefore$ पहले वर्ग का क्षेत्रफल $= x^2$ वर्ग सेमी.

प्रश्नानुसार,

$x^2 : y^2 = 1 : 4$

$\therefore x : y = 1 : 2$ ...(i)

$\therefore$ पहले वर्ग का परिमाप $= 4 \times x = 4x$ सेमी.

तथा दूसरे वर्ग का परिमाप $= 4 \times y = 4y$ सेमी.

$\therefore$ अनुपात $4x : 4y = x : y = 1 : 2$

[$\because$ x : y = 1 : 2 है - समीकरण (i) से]

अत: उनके परिमापों का अनुपात 1 : 2 होगा।

33. (b) वृत्त की त्रिज्या $(r) = \frac{4}{2} = 2$ सेमी.

$\therefore$ वृत्त का क्षेत्रफल $\pi r^2 = \pi \times (2)^2 = 4\pi$ वर्ग सेमी.

$\therefore$ वर्ग का परिमाप $= 4 \times x = 4 \times 2\sqrt{\pi} = 8\sqrt{\pi}$ सेमी.

◆ ◆ ◆

अध्याय

11 संख्या श्रेणी/शृंखला (NUMBER SERIES)

संख्या श्रेणी/शृंखला

किसी विशेष समूह में स्थित अंकों के सुव्यवस्थित क्रम को शृंखला कहते हैं।

इस प्रकार के प्रश्नों में कुछ अंक दिये होते हैं। इन अंकों से एक श्रेणी बनती है अर्थात ये बायीं ओर से दायीं ओर किसी विशेष क्रम में बदलते हैं। श्रेणी में एक या एक से अधिक रिक्त स्थान होते हैं या किसी विशेष स्थान पर आने वाले अंक के स्थान पर कोई गलत अंक समायोजित कर दिये जाते हैं। अभ्यर्थी को यह ज्ञात करना होता है कि यदि अंक इसी क्रम में बदलते रहें, तो रिक्त स्थान पर कौन-सा अंक होगा अथवा शृंखला में प्रयुक्त गलत अंक कौन-सा है।

प्रश्नों के प्रकार

▶ टाइप I विलुप्त पदों को ज्ञात करना

उदाहरण ▶ 1 : निम्नलिखित संख्या श्रेणी में प्रश्नवाचक चिह्न के स्थान पर कौन-सी संख्या होगी?

0, 3, 12, 30, ?, 105, 168

हल 0 3 12 30 [60] 105 168

+3 +9 +18 +30 +45 +63

+6 +9 +12 +15 +18

उदाहरण ▶ 2 : निम्नलिखित संख्या श्रेणी में प्रश्नवाचक चिह्न के स्थान पर कौन-सी संख्या होगी?

2 9 30 105 ? 2195

हल श्रेणी इस प्रकार है:

$\times 1 + 1 \times 7, \times 2 + 2 \times 6, \times 3 + 3 \times 5 ...$

उदाहरण ▶ 3 : निम्नलिखित संख्या श्रेणी में प्रश्नवाचक चिह्न के स्थान पर कौन-सी संख्या होगी?

3 4 12 45 ? 1005

हल श्रेणी इस प्रकार है:

$\times 1 + 1^2, \times 2 + 2^2, \times 3 + 3^2 .., ...$

▶ टाइप II अगला पद ज्ञात करना

उदाहरण ▶ 4 : निम्न संख्या श्रेणी का अगला पद क्या होगा?

48, 32, 24, 20, ...

हल 48 32 24 20 [18]

−6 −9 −4 −2

उदाहरण ▶ 5 : निम्न संख्या श्रेणी का अगला पद क्या होगा?

198, 194, 185, 169, ...

हल 198 194 185 169 [144]

-2^2 -3^2 -4^2 -5^2

उदाहरण ▶ 6 : निम्न संख्या श्रेणी का अगला पद क्या होगा?

6, 9, 7, 10, 8, 11, ...

हल श्रेणी इस प्रकार है:

6 9 7 10 8 11 [9]

+3 −2 +3 −2 +3 −2

उदाहरण ▶ 7 : निम्न संख्या श्रेणी का अगला पद क्या होगा?

0, 2, 6, 12, 20, ...

हल 0 2 6 12 20 [30]

+2 +4 +6 +8 +10

▶ टाइप III असंगत/गलत पद ज्ञात करना

उदाहरण ▶ 8 : निम्न संख्या श्रेणी में असंगत पद को ज्ञात करें।

9, 15, 24, 51, 34, 69, 90

हल 9 15 24 [34] 51 69 90

+6 +9 +12 +15 +18 +21

उदाहरण ▶ 9 : निम्न संख्या श्रेणी में असंगत पद को ज्ञात करें।

10 15 24 35 54 75 100

हल श्रेणी इस प्रकार है:

+ 5, +9, + 13, +17 .... दो क्रमागत संख्याओं के बीच का अंतर, 9 − 5 = 13 − 9 = 17 − 13 = ... = 4 है।

इस प्रकार, 35 असंगत संख्या है, यहां 37 होना चाहिए।

उदाहरण ▶ 10 : निम्न संख्या श्रेणी में असंगत पद को ज्ञात करें।

1 3 4 7 11 18 27 47

हल प्रथम दो संख्याओं का योग तीसरी संख्या है इस प्रकार, 27 असंगत संख्या है, यहां 29 होना चाहिए।

साधित उदाहरण (Solved Examples)

उदाहरण 1 : निम्नलिखित संख्या शृंखला में प्रश्नचिह्न (?) के स्थान पर क्या आएगा?

18 38 120 ? 2480 14910

(a) 394 **(b) 450**
(c) 492 **(d) 486**
(e) इनमें से कोई नहीं

हल (c) दी गयी संख्या शृंखला निम्नलिखित पैटर्न पर आधारित है।

$18\times2+2\times1=38$
$38\times3+3\times2=120$
$120\times4+4\times3=\boxed{492}$
$492\times5+5\times4=2480$
$2480\times6+6\times5=14910$

अत: प्रश्नचिह्न के स्थान पर 492 आएगा।

उदाहरण 2 : निम्नलिखित संख्या शृंखला में प्रश्नचिह्न (?) के स्थान पर क्या आएगा?

1 3 9 31 ? 651

(a) 97 **(b) 127**
(c) 129 **(d) 109**
(e) इनमें से कोई नहीं

हल (c) श्रेणी इस प्रकार है:

$\times1+2, \times2+3, \times3+4, ...$

उदाहरण 3 : निम्नलिखित संख्या शृंखला में प्रश्नचिह्न (?) के स्थान पर क्या आएगा?

5 ? 4 7.5 17 45

(a) 3.5 **(b) 3**
(c) 2.5 **(d) 2**
(e) इनमें से कोई नहीं

हल (b) श्रेणी इस प्रकार है:

$\times0.5+0.5, \times1+1, +1.5+1.5, ...$

उदाहरण 4 : निम्नलिखित संख्या शृंखला में प्रश्नचिह्न (?) के स्थान पर क्या आएगा?

15 30 ? 40 8 48

(a) 10 **(b) 20**
(c) 18 **(d) 12**
(e) इनमें से कोई नहीं

हल (a) श्रेणी इस प्रकार है:

$\times2, \times\frac{1}{3}, \times4, \times\frac{1}{5}, ...$

उदाहरण 5 : नीचे दी गई संख्या शृंखला में एक संख्या गलत है। इस गलत संख्या का पता लगाइए।

14 28 112 672 5374 53760

(a) 112 **(b) 672**
(c) 5374 **(d) 28**
(e) इनमें से कोई नहीं

हल (c) क्रम इस प्रकार है

$\times2, \times4, \times6, \times8, \times10$

5374 के स्थान पर 5376 आएगा।

उदाहरण 6 : नीचे दी गई संख्या शृंखला में एक संख्या गलत है। इस गलत संख्या का पता लगाइए।

3 2 3 6 12 37.5 115. 5

(a) 37.5 **(b) 3**
(c) 6 **(d) 2**
(e) 12

हल (e) श्रेणी इस प्रकार है:

$\times0.5+0.5, \times1+1, \times1.5+1.5$ ... इस प्रकार, 12 असंगत संख्या है, यहां 14 होना चाहिए।

उदाहरण 7 : निम्नलिखित संख्या शृंखला में अगला पद क्या आएगा?

6 42 294 2058 14406 ?

(a) 100842 **(b) 72030**
(c) 86436 **(d) 115248**
(e) 129654

हल (a) $6\times7=42$

$42\times7=294$
$294\times7=2058$
$2058\times7=14406$
$14406\times7=100842$

उदाहरण 8 : निम्नलिखित संख्या शृंखला में अगला पद क्या आएगा?

20 33 50 69 92 ?

(a) 196 **(b) 100**
(c) 169 **(d) 144**
(e) 121

हल (e) अभाज्य संख्याओं का योग

$20+13=33$
$33+17=50$
$50+19=69$
$69+23=92$
$92+29=121$

उदाहरण 9 : निम्नलिखित संख्या शृंखला में अगला पद क्या आएगा?

5, 6, 8, 9, 11, ...

(a) 15 (b) 12
(c) 17 (d) 20
(e) इनमें से कोई नहीं

हल (b) 5 6 8 9 11 $\boxed{12}$

+1 +2 +1 +2 +1

उदाहरण 10 : निम्नलिखित संख्या शृंखला में अगला पद क्या आएगा?

35, 30, 25, 20, 15, 10, ...

(a) 15 **(b) 10**
(c) 5 **(d) 2**
(e) इनमें से कोई नहीं

हल (c) श्रेणी 5 के घटते क्रम में है।

अभ्यास प्रश्न (Exercise)

1. निम्नलिखित संख्या शृंखला में प्रश्नचिह्न (?) के स्थान पर क्या आएगा?

   3 3 12 108 ? 43200

   (a) 2700 (b) 1728
   (c) 972 (d) 432
   (e) इनमें से कोई नहीं

2. निम्नलिखित संख्या शृंखला में प्रश्नचिह्न (?) के स्थान पर क्या आएगा?

   8 20 50 125 ? 781.25

   (a) 300 (b) 295.5
   (c) 315 (d) 312.5
   (e) इनमें से कोई नहीं

निर्देश (प्र. 3-7) : नीचे दी गई संख्या शृंखला में एक गलत संख्या दी गई है वह गलत संख्या ढूंढ़ निकालिए।

3. 2 11 38 197 1172 8227 65806

   (a) 11 (b) 38
   (c) 197 (d) 1172
   (e) 8227

4. 16 19 21 30 46 71 107

   (a) 19 (b) 21
   (c) 30 (d) 46
   (e) 71

5. 7 9 16 25 41 68 107 173

   (a) 107 (b) 16
   (c) 41 (d) 68
   (e) 25

6. 4 2 3.5 7.5 26.25 118.125

   (a) 118.125 (b) 26.25
   (c) 3.5 (d) 2
   (e) 7.5

7. 16 4 2 1.5 1.75 1.875

   (a) 1.875 (b) 1.75
   (c) 1.5 (d) 2
   (e) 4

निर्देश (प्र. 8-14) : निम्नलिखित संख्या शृंखला में प्रश्नचिह्न (?) के स्थान पर क्या आएगा?

8. 12 6.5 7.5 12.75 27.5 71.25 ?

   (a) 225.75 (b) 216.75
   (c) 209.75 (d) 236.75
   (e) 249.75

9. 16 24 36 54 81 121.5 ?

   (a) 182.25 (b) 174.85
   (c) 190.65 (d) 166.55
   (e) 158.95

10. 12 12 18 45 180 1170 ?

    (a) 13485 (b) 14675
    (c) 15890 (d) 16756
    (e) 12285

11. 22 23 27 36 52 77 ?

    (a) 111 (b) 109
    (c) 113 (d) 117
    (e) 115

12. 16 14 24 66 256 1270 ?

    (a) 8564 (b) 5672
    (c) 4561 (d) 7608
    (e) 6340

13. निम्नलिखित संख्याशृंखला में प्रश्नचिह्न (?) के स्थान पर क्या आएगा?

    6417, 570, 4991, 4278, 3565, 2852 ?

    (a) 2408 (b) 2426
    (c) 7310 (d) 7130
    (e) 2139

14. निम्नलिखित संख्या शृंखला में प्रश्नचिह्न के स्थान पर क्या आएगा?

    3 7 13 ? 31 43

    (a) 18 (b) 19
    (c) 23 (d) 21
    (e) इनमें से कोई नहीं

15. निम्नलिखित संख्या शृंखला में प्रश्नचिह्न (?) के स्थान पर क्या आना चाहिए?

    250 100 40 ? 6.4 2.56

    (a) 16 (b) 20
    (c) 24 (d) 12
    (e) इनमें से कोई नहीं

निर्देश (प्र. 16 - 18): निम्नलिखित संख्या शृंखला में प्रश्नचिह्न (?) के स्थान पर क्या आएगा?

16. 13 20 14 19 15 ?

    (a) 16 (b) 18
    (c) 21 (d) 17
    (e) 20

17. 9 27 36 63 99 ?

    (a) 151 (b) 167
    (c) 152 (d) 162
    (e) 157

18. 7 26 63 124 215 ?

    (a) 330 (b) 321
    (c) 342 (d) 356
    (e) 339

निर्देश (प्र. 19 - 23) : नीचे दी गई संख्या शृंखला में प्रश्नचिह्न (?) के स्थान पर क्या आयेगा?

19. 7413 7422 7440 ? 7503 7548
(a) 7464 (b) 7456
(c) 7466 (d) 7477
(e) इनमें से कोई नहीं

20. 4 16 36 64 100 ?
(a) 120 (b) 180
(c) 136 (d) 144
(e) इनमें से कोई नहीं

21. 12 33 96 ? 852 2553
(a) 285 (b) 288
(c) 250 (d) 384
(e) इनमें से कोई नहीं

22. 70000 14000 2800 ? 112 22.4
(a) 640 (b) 420
(c) 560 (d) 540
(e) इनमें से कोई नहीं

23. 102 99 104 97 106 ?
(a) 96 (b) 95
(c) 100 (d) 94
(e) इनमें से कोई नहीं

निर्देश (प्र. 24 - 28) : निम्नलिखित संख्या शृंखला में प्रश्नचिह्न (?) के स्थान पर क्या आएगा?

24. 0 5 18 43 84 145 ?
(a) 220 (b) 240
(c) 260 (d) 280
(e) इनमें से कोई नहीं

25. 10 17 48 165 688 3475 ?
(a) 27584 (b) 25670
(c) 21369 (d) 20892
(e) इनमें से कोई नहीं

26. 1 3 24 360 8640 302400 ?
(a) 14525100
(b) 154152000
(c) 14515200
(d) 15425100
(e) इनमें से कोई नहीं

27. 12 14 32 102 416 2090 ?
(a) 15522
(b) 12552 (c) 13525
(d) 17552 (e) इनमें से कोई नहीं

28. 10 25 50 75 75 37.5 ?
(a) 4.375 (b) 3.2375
(c) 4.6275 (d) 3.575
(e) इनमें से कोई नहीं

निर्देश (29-33) : निम्नलिखित संख्या श्रृंखला में केवल एक संख्या गलत है। गलत संख्या का पता लगाइए।

29. 4 6 18 49 201 1011
(a) 1011 (b) 201
(c) 18 (d) 49
(e) इनमें से कोई नहीं

30. 48 72 108 162 243 366
(a) 72 (b) 108
(c) 162 (d) 243
(e) इनमें से कोई नहीं

31. 2 54 300 1220 3674 7350
(a) 3674 (b) 1220
(c) 300 (d) 54
(e) इनमें से कोई नहीं

32. 8 27 64 125 218 343
(a) 27 (b) 218
(c) 125 (d) 343
(e) इनमें से कोई नहीं

33. 19 68 102 129 145 154
(a) 154 (b) 129
(c) 145 (d) 102
(e) इनमें से कोई नहीं

निर्देश (प्र. 34 - 38) : निम्नलिखित संख्या शृंखला में प्रश्नचिह्न (?) के स्थान पर क्या आएगा?

34. 10 14 25 55 140 (?)
(a) 386 (b) 398
(c) 388 (d) 396
(e) इनमें से कोई नहीं

35. 119 131 155 191 239 (?)
(a) 289 (b) 290
(c) 279 (d) 280
(e) इनमें से कोई नहीं

36. 11 57 149 333 701 (?)
(a) 1447 (b) 1347
(c) 1368 (d) 1437
(e) इनमें से कोई नहीं

37. 697 553 453 389 353 (?)
(a) 328 (b) 337
(c) 362 (d) 338
(e) इनमें से कोई नहीं

38. 336 224 168 140 126 (?)
(a) 119 (b) 118
(c) 116 (d) 121
(e) इनमें से कोई नही

निर्देश (प्र. 39 - 53) : निम्नलिखित संख्या शृंखला में प्रश्नचिह्न (?) के स्थान पर क्या आएगा?

39. 588 587 583 574 558 ? 497
(a) 545 (b) 543
(c) 551 (d) 557
(e) इनमें से कोई नहीं

40. 64 54 69 49 74 44 ?
(a) 89 (b) 69
(c) 59 (d) 99
(e) इनमें से कोई नहीं

41. 4000 2008 1012 ? 265 140.5 78.25
(a) 506 (b) 514
(c) 520 (d) 512
(e) इनमें से कोई नहीं

42. 5 5 15 75 ? 4725 51975
(a) 520 (b) 450
(c) 525 (d) 300
(e) इनमें से कोई नहीं

43. 52 26 26 39 78 ? 585
(a) 195 (b) 156
(c) 234 (d) 117
(e) इनमें से कोई नहीं

44. 29, 23, ?, 17, 13, 11, 7
(a) 19 (b) 21
(c) 23 (d) 27
(e) इनमें से कोई नहीं

45. 8, 15, 28, 53, ?
(a) 106 (b) 98
(c) 100 (d) 102
(e) इनमें से कोई नहीं

46. 24, 49, ?, 94, 15, 31, 59, 58
(a) 51 (b) 63
(c) 77 (d) 95
(e) इनमें से कोई नहीं

47. 5, 10, 13, 26, 29, 58, ?, 122
(a) 60 (b) 61
(c) 111 (d) 91
(e) इनमें से कोई नहीं

48. 2, 3, 10, 15, 26, ?, 55
(a) 32 (b) 33
(c) 34 (d) 35
(e) इनमें से कोई नहीं

49. 2, 4, ?, 16, 32
(a) 6 (b) 10
(c) 8 (d) 12
(e) इनमें से कोई नहीं

50. 0, 7, 26, ?, 124, 215
(a) 37 (b) 51
(c) 63 (d) 88
(e) इनमें से कोई नहीं

51. 4, 15, 16, ?, 36, 63, 64
(a) 25 (b) 30
(c) 32 (d) 35
(e) इनमें से कोई नहीं

52. 1, 8, 9, ?, 25, 216, 49
(a) 60 (b) 64
(c) 70 (d) 75
(e) इनमें से कोई नहीं

53. 336, 210, 120, ?, 24, 6, 0
(a) 40 (b) 50
(c) 60 (d) 70
(e) इनमें से कोई नहीं

Answer Key

1	(b)	12	(d)	23	(b)	34	(c)	45	(d)
2	(d)	13	(e)	24	(e)	35	(e)	46	(d)
3	(d)	14	(d)	25	(d)	36	(d)	47	(b)
4	(a)	15	(a)	26	(c)	37	(b)	48	(d)
5	(d)	16	(b)	27	(b)	38	(a)	49	(c)
6	(c)	17	(d)	28	(e)	39	(e)	50	(c)
7	(b)	18	(c)	29	(c)	40	(e)	51	(d)
8	(b)	19	(e)	30	(e)	41	(b)	52	(b)
9	(a)	20	(d)	31	(a)	42	(c)	53	(c)
10	(e)	21	(a)	32	(b)	43	(a)		
11	(c)	22	(c)	33	(d)	44	(a)		

व्याख्या सहित हल Answers & Explanations

1. (b) क्रम इस प्रकार है
$\times 1^2, \times 2^2, \times 3^2, \times 4^2, \times 5^2$
$\therefore$ बभीष्ट संयाा 1728 होगी।

2. (d) दी गई संख्या शृंखला निम्नलिखित पैटर्न पर आधारित है:
$8 \times 2.5 = 20$
$20 \times 2.5 = 50$
$50 \times 2.5 = 125$
$\therefore ? = 125 \times 2.5 = 312.5$

3. (d) दी गई संख्या शृंखला निम्नलिखित पैटर्न पर आधारित है:
$2 \times 3 + 5 = 11$
$11 \times 4 - 6 = 38$
$38 \times 5 + 7 = 197$
$197 \times 6 - 8 = \boxed{1174}$; 1172 नहीं
$1174 \times 7 + 9 = 8227$
$8227 \times 8 - 10 = 65806$
अत: 1172 के स्थान पर 1174 आएगा।

4. (a) दी गई संख्या शृंखला निम्नलिखित पैटर्न पर आधारित है:
$16 + 1^2 = 17$; $\boxed{19}$ नहीं
$17 + 2^2 = 21$
$21 + 3^2 = 30$
$30 + 4^2 = 46$
$46 + 5^2 = 71$
$71 + 6^2 = 107$
अत: 19 के स्थान पर 17 आएगा।

5. (d) दी गई संख्या शृंखला निम्नलिखित पैटर्न पर आधारित है:
$7 + 9 = 16$
$9 + 16 = 25$
$16 + 25 = 41$
$25 + 41 = 66$; $\boxed{68}$ नहीं
$41 + 66 = 107$
$66 + 107 = 173$
अत: 68 के स्थान पर 66 आएगा।

6. (c) दी गई संख्या निम्नलिखित पैटर्न पर आधारित है:
$4 \times .5 = 2$
$2 \times 1.5 = \boxed{3}$; 3.5 नहीं
$3 \times 2.5 = 7.5$
$7.5 \times 3.5 = 26.25$
$26.25 \times 4.5 = 118.125$
अत: 3.5 के स्थान पर 3 आएगा।

7. (b) दी गई संख्या शृंखला निम्नलिखित पैटर्न पर आधारित है
$16 \times 0.25 = 4$
$4 \times 0.50 = 2$
$2 \times 0.75 = 1.5$
$1.5 \times 1.00 = \boxed{1.5}$; 1.75 नहीं
$1.5 \times 1.25 = 1.875$
अत: 1.75 के स्थान पर 1.5 आएगा।

8. (b) दी गई संख्या शृंखला निम्नलिखित पैटर्न पर आधारित है:
$12 \times 0.5 + 0.5 = 6.5$
$6.5 \times 1 + 1 = 7.5$
$7.5 \times 1.5 + 1.5 = 12.75$
$12.75 \times 2 + 2 = 27.5$
$27.5 \times 2.5 + 2.5 = 71.25$
$\therefore ? = 71.25 \times 3 + 3$
$= 213.75 + 3 = 216.75$
अत: प्रश्नचिह्न के स्थान पर 216.75 आएगा।

9. (a) दी गई संख्या शृंखला निम्नलिखित पैटर्न पर आधारित है :
$16 \times \frac{3}{2} = 8 \times 3 = 24$
$24 \times \frac{3}{2} = 12 \times 3 = 36$
$36 \times \frac{3}{2} = 18 \times 3 = 54$
$54 \times \frac{3}{2} = 81$
$81 \times \frac{3}{2} = 121.5$
$\therefore ? = 121.5 \times \frac{3}{2} = 182.25$
अत: प्रश्न चिह्न के स्थान पर 182.25 आएगा।

10. (e) दी गई संख्या शृंखला निम्नलिखित पैटर्न पर आधारित है :
$12 \times 1 = 12,$
$12 \times 1.5 = 18, [0.5 + 1 = 1.5]$
$18 \times 2.5 = 45, [1 + 1.5 = 2.5]$
$45 \times 4 = 180, [1.5 + 2.5 = 4]$
$180 \times 6.5 = 1170, [2.5 + 4 = 6.5]$
$\therefore ? = 1170 \times 10.5 = 12285$
अत: प्रश्नचिह्न के स्थान पर 12285 आएगा।

11. (c) दी गई संख्या शृंखला निम्नलिखित पैटर्न पर आधारित है :
$22 + 1^2 = 22 + 1 = 23$
$23 + 2^2 = 23 + 4 = 27$
$27 + 3^2 = 27 + 9 = 36$
$36 + 4^2 = 36 + 16 = 52$
$52 + 5^2 = 52 + 25 = 77$
$\therefore ? = 77 + 6^2$
$= 77 + 36 = 113$

12. (d) दी गई संख्या शृंखला निम्नलिखित पैटर्न पर आधारित है :
$16 \times 1 - 2 = 14$
$14 \times 2 - 4 = 24$
$24 \times 3 - 6 = 66$
$66 \times 4 - 8 = 256$

$256 \times 5 - 10 = 1270$
$\therefore ? = 1270 \times 6 - 12$
$= 7620 - 12 = 7608$
अत: प्रश्नचिह्न के स्थान पर 7608 आएगा।

13. (e) दी गई संख्याशृंखला निम्नलिखित पैटर्न पर आधारित है:
$6417 - 713 = 5704$
$5704 - 713 = 4991$
$4991 - 713 = 4278$
$4278 - 713 = 3565$
$3565 - 713 = 2852$
$? = 2852 - 713 = 2139$
अत: प्रश्नचिह्न के स्थान पर 2139 आएगा।

14. (d) दी गई संख्या शृंखला निम्नलिखित पैटर्न पर आधारित है
$7 + 6 = 13$
$13 + 8 = \boxed{21}$
$21 + 10 = 31$
$31 + 12 = 43$
अत: प्रश्नचिह्न के स्थान पर 21 आएगा।

15. (a) दी गई संख्या शृंखला निम्नलिखित पैटर्न पर आधारित है
$250_{\div 2.5}\ 100_{\div 2.5}\ 40_{\div 2.5}\ 16_{\div 2.5}\ 6.4_{\div 2.5}\ 2.56$
अत: प्रश्नचिह्न के स्थान पर 16 आएगा।

16. (b) 13 20 14 19 15 ?
यहां प्रश्न सूचक स्थान पर 18 आएगा।

17. (d) नोट - संख्या शृंखला का प्रत्येक अंक, पिछली दो संख्याओं का योग है-
$9 + 27 = 36$
$27 + 36 = 63$
$36 + 63 = 99$
$63 + 99 = 162$

18. (c) $7 = 2^3 - 1$
$26 = 3^3 - 1$
$63 = 4^3 - 1$
$124 = 5^3 - 1$
$215 = 6^3 - 1$
$? = 7^3 - 1 = 342$

19. (e) दी गयी शृंखला है: $+9, +18, +27, +36, +45$
इसलिए, $? = 7440 + 27 = 7467$

20. (d) दी गई शृंखला निम्न प्रकार है:
$(2)^2, (4)^2, (6)^2, (8)^2, (10)^2, (12)^2$
इसलिए, $? = (12)^2 = 144$

21. (a) दी गई शृंखला निम्न प्रकार है: $\times 3 - 3$
इसलिए, $? = 96 \times 3 - 3 = 285$

22. (c) दी गई शृंखला निम्न प्रकार है: $\div 5$
इसलिए, $? = 2800 \div 5 = 560$

23. (b) शृंखला इस प्रकार है:

102 99 104 97 106 95
(99 → 97 → 95: −2, −2; 102 → 104 → 106: +2, +2)

24. (e)

0 5 18 43 84 145 $\boxed{230}$
+5 +13 +25 +41 +61 +85
+8 +12 +16 +20 +24

25. (d) शृंखला इस प्रकार है:
$\times 1 + (7 \times 1), \times 2 + (7 \times 2), \times 3 + (7 \times 3), \times 4 + (7 \times 4), \times 5 + (7 \times 5), \times 6 + (7 \times 6)$....
अत: $? = 3475 \times 6 + (7 \times 6)$
$= 20892$

26. (c) शृंखला इस प्रकार है:
$\times 3, \times 8, \times 15, \times 24, \times 35, \times 48$
अत: $? = 302400 \times 48$
$= 14515200$

27. (b) शृंखला इस प्रकार है:
$\times 1 + 2, \times 2 + 4, \times 3 + 6, \times 4 + 8, \times 5 + 10, \times 6 + 12$...
अत: $? = 2090 \times 6 + 12 = 12552$

28. (e) शृंखला इस प्रकार है:
$\times 2.5, \times 2, \times 1.5, \times 1, \times 0.5, \times 0$
अत: $? = 37.5 \times 0 = 0$

29. (c) शृंखला इस प्रकार है:
$\times 1 + 2, \times 2 + 3, \times 3 + 4, \times 4 + 5, \times 5 + 6$
गलत संख्या 18 है। इसके स्थान पर $6 \times 2 + 3 = 15$ होना चाहिए।

30. (e) शृंखला इस प्रकार है: $\times 1.5$
गलत संख्या 366 है। इसके स्थान पर $243 \times 1.5 = 364.5$ होना चाहिए।

31. (a) शृंखला इस प्रकार है:
$\times 6 + 42, \times 5 + 30, \times 4 + 20, \times 3 + 12, \times 2 + 6,$
गलत संख्या 3674 है। इसके स्थान पर $1220 \times 3 + 12 = 3672$ होना चाहिए।

32. (b) शृंखला इस प्रकार है:
$2^3, 3^3, 4^3, 5^3, 6^3, 7^3$

33. (d) शृंखला इस प्रकार है:
$+(7)^2, +(6)^2, +(5)^2, +(4)^2, +(3)^2$
गलत संख्या 102 है। इसके स्थान पर $68 + (6)^2 = 104$ होना चाहिए।

34. (c) शृंखला इस प्रकार है:
$\times 3 - 16, \times 3 - 17, \times 3 - 20, \times 3 - 25, \times 3 - 32$
अत: $? = 140 \times 3 - 32 = 388$

35. (e) शृंखला इस प्रकार है:
$+(12 \times 1), +(12 \times 2), +(12 \times 3), +(12 \times 4), +(12 \times 5)$
अत: $? = 239 + (12 \times 5) = 299$

36. (d) शृंखला इस प्रकार है: $\times 2 + 35$
अत: $? = 701 \times 2 + 35 = 1437$

37. (b) शृंखला इस प्रकार है:
$-12^2, -10^2, -8^2, -6^2, -4^2$
अत: $? = 353 - 4^2 = 337$

38. (a) शृंखला इस प्रकार है:
$-112, -56, -28, -14, -7$
अत: $? = 126 - 7 = 119$

39. (e) शृंखला इस प्रकार है:
$-1^2, -2^2, -3^2, -4^2, -5^2, -6^2$
अतः ? = $558 - 5^2 = 533$

40. (e) शृंखला एकांतरित है:
64 + 5 = 69;
69 + 5 = 74;
74 + 5 = $\boxed{79}$
54 – 5 = 49;
49 – 5 = 44

41. (b) शृंखला इस प्रकार है:
÷ 2 + 8
अतः ? = 1012 ÷ 2 + 8 = 514

42. (c) शृंखला इस प्रकार है:
× 1, × 3, × 5, × 7, × 9, × 11
अतः ? = 75 × 7 = 525

43. (a) शृंखला इस प्रकार है:
$\times \frac{1}{2}, \times 1, \times 1\frac{1}{2}, \times 2, \times 2\frac{1}{2}, \times 3$
अतः ? = $78 \times 2\frac{1}{2} = 195$

44. (a) यह अभाज्य संख्याओं की शृंखला है।

45. (d) शृंखला इस प्रकार है :
$\times 2-1, \times 2-2, \times 2-3, \ldots$

46. (d) दो शृंखला का संयोजन है
24, 49, –94; और 15, 31, 59, 58
दोनों शृंखलाएं है :
x, (2x + 1), (4x – 1), (4x – 1), (4x – 2)
अभीष्ट संख्या =
$4 \times 24 - 1 = 95$

47. (b) शृंखला इस प्रकार है :
$\times 2+3, \times 2, +3, \times 2, +3, \times 2 \ldots$

48. (d) शृंखला इस प्रकार है :
n^2+1, n^2-1, n का मान 1, 2......1 है

49. (c) शृंखला इस प्रकार है :
× 2, × 2, × 2 ......

50. (c) शृंखला इस प्रकार है:
$n^3 - 1$. n = 1, 2, ...

51. (d) शृंखला इस प्रकार है:
$2^2, 4^2-1, 4^2, 6^2-1, 6^2 \ldots$

52. (b) शृंखला इस प्रकार है:
$1^2, 2^3, 3^2, 4^3, 5^2, 6^3, 7^2$

53. (c) $0 = 1^3 - 1$
$6 = 2^3 - 2$
$24 = 3^3 - 3$

◆ ◆ ◆